Le Routard

Malaisie, Singapour

Cofondateurs : Philippe GLOAGUEN et Michel DUVAL

Directeur de collection et auteur
Philippe GLOAGUEN

Rédacteurs en chef adjoints
Amanda KERAVEL
et Benoît LUCCHINI

Directrice de la coordination
Florence CHARMETANT

Directrice administrative
Bénédicte GLOAGUEN

Directeur du développement
Gavin's CLEMENTE-RUÏZ

Direction éditoriale
Catherine JULHE

Rédaction
Isabelle AL SUBAIHI
Mathilde de BOISGROLLIER
Thierry BROUARD
Marie BURIN des ROZIERS
Véronique de CHARDON
Fiona DEBRABANDER
Anne-Caroline DUMAS
Géraldine LEMAUF-BEAUVOIS
Olivier PAGE
Alain PALLIER
Anne POINSOT
André PONCELET

Conseiller à la rédaction
Pierre JOSSE

Administration
Carole BORDES
Éléonore FRIESS

2017/18

hachette

TABLE DES MATIÈRES

PRÉAMBULE

ARRIVER – QUITTER 35

Important : dernière minute

Sauf rares exceptions, le *Routard* bénéficie d'une parution annuelle à date fixe. Entre deux dates, des événements fortuits (formalités, taux de change, catastrophes naturelles, conditions d'accès aux sites, fermetures inopinées, etc.) peuvent modifier vos projets de voyage. Pour éviter les déconvenues, nous vous recommandons de consulter la rubrique « Guide » par pays de notre site • *routard.com* • et plus particulièrement les dernières ***Actus voyageurs.***

Malaisie, baguettes de restaurant

LA RÉDACTION DU ROUTARD

(sans oublier nos 50 enquêteurs, aussi sur le terrain)

© R. Delalande et E. Dessons

Thierry, Anne-Caroline, Éléonore, Olivier, Pierre, Benoît, Alain, Fiona, Gavin's, André, Véronique, Bénédicte, Jean-Sébastien, Mathilde, Amanda, Isabelle, Géraldine, Marie, Carole, Philippe, Florence, Anne.

La saga du *Routard* : en 1971, deux étudiants, Philippe et Michel, avaient une furieuse envie de découvrir le monde. De retour du Népal germe l'idée d'un guide différent qui regrouperait tuyaux malins et itinéraires sympas, destiné aux jeunes fauchés en quête de liberté. 1973. Après 19 refus d'éditeurs et la faillite de leur première maison d'édition, l'aventure commence vraiment avec Hachette. Aujourd'hui, le *Routard*, c'est plus d'une cinquantaine d'enquêteurs impliqués et sincères. Ils parcourent le monde toute l'année dans l'anonymat et s'acharnent à restituer leurs coups de cœur avec passion.

Merci à tous les Routards qui partagent nos convictions : liberté et indépendance d'esprit ; découverte et partage ; sincérité, tolérance et respect des autres.

NOS SPÉCIALISTES MALAISIE, SINGAPOUR

Isabelle Al Subaihi : une émigration outre-Manche à l'âge de 4 mois, forcément, ça laisse des traces : un goût prononcé pour l'exotisme ! Depuis, elle cherche à transmettre sa passion du voyage. Ce qu'elle aime partager : un bon plat, des éclats de rire, l'émotion d'un paysage qui bouleverse. Et surtout une vision décalée grâce à des rencontres surprenantes.

Eric Milet : né à Saint-Nazaire, il a passé son enfance à regarder s'éloigner les bateaux. Premier voyage à 15 ans. Seul. Depuis, il n'a pas cessé. Voyager, c'est comme une petite vie dans la vie : on naît, on vit, on meurt… et on renaît (ouf !). Juste l'envie de voir, de toucher, de sentir. Envie de raconter, aussi, qu'on arrive du bout du monde ou du fond de son jardin.

UN GRAND MERCI À NOS AMI(E)S SUR PLACE ET EN FRANCE

Pour cette nouvelle édition, nous remercions particulièrement :

- **Serge Jardin** pour son regard attentif et constructif ;
- **Jérôme Bouchaud** pour sa disponibilité et ses conseils ;
- **Laure,** patiente et efficace ;
- **Valérie Thomas-Chin** pour son excellente connaissance du terrain ;
- **Françoise** pour son aide précieuse ;
- ainsi que **Benjamin** de *RSF*.

Pictogrammes du Routard

Établissements

- Hôtel, auberge, chambre d'hôtes
- Camping
- Restaurant
- Boulangerie, sandwicherie
- Glacier
- Café, salon de thé
- Café, bar
- Bar musical
- Club, boîte de nuit
- Salle de spectacle
- Office de tourisme
- Poste
- Boutique, magasin, marché
- Accès Internet
- Hôpital, urgences

Sites

- Plage
- Site de plongée
- Piste cyclable, parcours à vélo

Transports

- Aéroport
- Gare ferroviaire
- Gare routière, arrêt de bus
- Station de métro
- Station de tramway
- Parking
- Taxi
- Taxi collectif
- Bateau
- Bateau fluvial

Attraits et équipements

- Présente un intérêt touristique
- Recommandé pour les enfants
- Adapté aux personnes handicapées
- Ordinateur à disposition
- Connexion wifi
- Inscrit au Patrimoine mondial de l'Unesco

Tout au long de ce guide, découvrez toutes les photos de la destination sur • *routard.com* • Attention au coût de connexion à l'étranger, assurez-vous d'être en wifi !

Le *Routard* est imprimé sur un papier issu de forêts gérées.

I.S.B.N. 978-2-01-330196-1

NORD
HAT YAI
Padang Besar
PERLIS
Kangar
THAÏLANDE
Pulau Langkawi
Kuala Perlis
Arau
Alor Setar
Kuala Kedah
KEDAH
E1
MER D'ANDAMAN
Sungai Petani
PENANG
Georgetown
Butterworth
Pulau Penang
PERAK
Vallée de Lenggong
Taiping
Kuala Kangsar
CÔTE OUEST p. 74
Ipoh
Cameron Highlands
2 031
Tanah Rata
Ringlet
Pulau Pangkor
Lumut
Pulau Pangkor Laut
Tapah
Frasers Hill
1 456
SELANGOR
Genting Highlands
Kuala Selangor
Batu Caves
Kuala Lumpur
Pulau Kelang
Kelang
Port Dickson
Détroit de Malacca
Sumatra (INDONÉSIE)
sites inscrits au Patrimoine mondial de l'Unesco
les incontournables
0
50
100 km

LA PÉNINSULE MALAISE

NORD
MALAISIE
JOHOR
BAHRU
Woodlands
Causeway
Admiralty
Sungei Buloh
Wetland Reserve
Woodlands
Marsiling
Kranji
Seletar
LIM CHU
KANG
Bukit
Timah
Expressway
Singapore
Zoo
Yew Tee
Singapore
Night Safari
Choa Chu Kang
Nature
Reservoir
Tuas Second Link
Bukit Gombak
Bukit Timah
Nature Reserve
Chinese and
Japanese Gardens
Pan
Chinese
Garden
CHOA CHU KANG
Lakeside
Bukit Bakok
Island
Expressway
Boon Lay
Singapore
Science Centre
Jurong East
Ayer
Rajah
Expressway
Ayer
Jurong Bird Park
Clementi
Rajah
Buona Vista
Commonwealth
Queenstown
Expressway
Tiger Balm Gardens
Jurong
Island
0
2,5
5 km

MRT East/West line
MRT North/South line
MRT North/East line
Malaysian Railway
Station
MALAISIE
Détroit de Johore
Sembawang
Yishun
Khatib
YIO CHUN KANG
Expressway
Tampines
Ewy
Central
Expressway
Punggol
Sengkang
Pulau Ubin
Changhi Ferry Terminal
CHANGI INTERNATIONAL AIRPORT
Yio Chu Kang
Ang Mo Kio
Buangkok
Hougang
Kovan
Serangoon
Woodleigh
Pasir Ris
Tampines
TAMPINES
Changi Airport
Airport Boulevard
Simei
Expo
Bishan
Braddell
Toa Payoh
Novena
Pan
Potong Pasir
HOUDANG
Island
Expressway
Paya Lebar
Kembangang
Geyland Rd
Eunos
Bedok
Tanah Merah
Botanic Gardens
Newton
Farrer Park
Boon Keng
Aljunied
Kallang
GEYLANG
KATONG
East Coast Rd
Parkway
Tanah Merah Ferry Terminal
East Coast Park
Orchard
Little India
Lavender
Coast
Somerset
Dhoby Ghaut
Clarke Q.
Tiong B.
Bugis
East
City Hall
Raffles Place
Redhill
Chinatown
Outram Park
Tanjong Pagar
Mount Faber
Marina Bay
Marina South Pier
Harbour Front
Sentosa Island
site inscrit au Patrimoine mondial de l'Unesco
les incontournables

SINGAPOUR

Singapour, vue sur le CBD et Marina Bay

« Apprenant que les Malais étaient mahométans, je m'étais embarqué pour une espèce d'Algérie mais j'avais débarqué dans une ville chinoise. Depuis mon arrivée, je vivais dans l'Inde. Et soudain, je découvre que je suis en Polynésie ».

Henri Fauconnier, Malaisie (1930)

La Malaisie est un pays aux multiples facettes, tant sur le plan politique, religieux, humain que géographique. Elle dessine une mosaïque qui, mis à part les aborigènes orang asli, installés là depuis l'aube de l'humanité, révèle les origines des colons de jadis (Portugais, Hollandais, Anglais) et d'une main-d'œuvre venue de tout l'Orient : Chinois et Indiens en particulier. Du coup, si l'islam est religion d'État, le bouddhisme, le christianisme et l'hindouisme sont largement représentés. Une Malaisie plurielle, dans la continuité de sa propre histoire. Il suffit d'ailleurs d'arpenter les anciennes villes marchandes de Georgetown et de Malacca pour toucher du doigt toute sa diversité.

Le pays ne manque pas non plus de contrastes sur le plan géographique : la forêt primaire (l'une des plus vieilles de notre planète) couvre encore une partie du pays et la beauté des fonds sous-marins des îles de la côte est n'a d'égale que leur fragilité. Car si la Malaisie regorge de trésors, son plus grand défi est de parvenir à concilier croissance économique et protection de ses immenses ressources naturelles.

Une île, un État, une ville : Singapour, quasi de la taille de New York, ordonnée et propre comme une petite Suisse d'Asie du Sud-Est. Particulièrement dynamique, elle mène une politique d'expansion tous azimuts, avide de gagner du temps et de rester à la pointe de la modernité, mais sans renier son passé. Les vieux quartiers restaurés abritent des ateliers d'artistes et des petits restos pour gourmets, tandis que les nouvelles constructions rivalisent d'audace et de gigantisme. Réputée pour accueillir autant la jet-set que les milieux d'affaires, la riche Singapour investit également dans la culture... à faire pâlir d'envie les plus grands musées.

En même temps, son multiculturalisme et sa tolérance religieuse, sa modernité et sa volonté de rayonnement sur l'Asie contrastent avec la nature d'un régime pour le moins ferme. Singapour est en effet connue pour ses nombreuses interdictions et sanctions plus ou moins graves. L'opposition gagne du terrain (parfois une élection) et révèle le pan d'une société moins nantie et souvent ignorée. Une ville complexe, unique et passionnante.

NOS COUPS DE CŒUR

EN MALAISIE

(1) À Kuala Lumpur, accéder comme une fusée au 86e étage des *Petronas Towers,* tours jumelles les plus hautes du monde (451,90 m).

À Kuala Lumpur, on les voit de partout. Ces tours jumelles de verre et d'acier sont l'emblème d'une capitale en pleine ébullition. Leur architecture illustre à merveille l'imbrication entre symbolique musulmane, tradition malaise et influence occidentale à l'œuvre dans les constructions contemporaines. Obtenir le sésame pour atteindre l'*Observation Deck,* avec son panorama à 360°, vous permettra de prendre la capitale de haut. *p. 102*

***Bon à savoir :** 1 400 billets disponibles par jour ; on n'est même pas toujours sûr d'en obtenir un !*

À Malacca, se promener le nez en l'air pour admirer les vieilles maisons restaurées du centre historique.

Ancienne ville carrefour des routes maritimes entre océan Indien et mer de Chine, Malacca a vu se succéder les colonisations portugaise, hollandaise et anglaise, métissage dont elle garde un héritage architectural pittoresque. Restaurée au gré de son classement au Patrimoine mondial de l'Unesco, la vieille cité de Malacca est assurément un temps fort d'un voyage en Malaisie. *p. 109*

Bon à savoir : le centre historique se découvre aisément à pied ou à bord d'un trishaw *enguirlandé de fleurs artificielles…*

Dans le Chinatown de Malacca, s'amuser à compter les dragons et les phénix ornant le toit du temple Cheng Hoon Teng.

Construit au XVIIe s, le « temple des nuages verts », le plus vieux temple chinois de la région, affiche une forme architecturale typique des provinces méridionales de la Chine. Ses toits, très inclinés (à causes des pluies abondantes), sont couverts de dragons, phénix, animaux, fleurs et personnages en tesson de porcelaine, tandis que l'intérieur révèle des panneaux de bois laqué richement ciselés évoquant la vie du Bouddha. Splendide ! *p. 127*

Bon à savoir : ne pas rater les peintures extérieures, elles illustrent Les Trois Royaumes, *un des 4 livres extraordinaires de la littérature chinoise.*

4 Visiter l'une des magnifiques demeures ancestrales chinoises de Penang aux splendides parois de bois ciselé.

Ancienne colonie anglaise, Penang fut longtemps l'un des ports privilégiés sur la route de l'Asie. Sa capitale historique, Georgetown, préserve un patrimoine au charme singulier, mélange d'architectures coloniale et chinoise. Au fil des rues, on découvre quantité de vieilles maisons patinées par le temps, notamment de superbes demeures chinoises aux intérieurs raffinés, meublés dans le style bourgeois du XIXe s : mobilier incrusté de nacre, panneaux en bois sculpté, etc. *p. 162*

Bon à savoir : *ne pas manquer la visite de la* Pinang Peranakan Mansion *et de la* Blue Mansion.

© Jon Arnold Images/hemis.fr

5 Picorer au coin des rues le meilleur des spécialités culinaires de Penang, capitale gastronomique de la Malaisie.

Tradition penangite par excellence, les *stalls* (stands de rue) offrent une incroyable variété de spécialités. Toute la population se retrouve dans ces lieux très fréquentés. De plats malais en spécialités chinoises, de curries indiens en curieux desserts, c'est là qu'on mange le mieux, et le moins cher. *p. 177*

Bon à savoir : *certains n'ouvrent que le midi, d'autres seulement le soir, ceux-là sont parfois gratifié d'une animation musicale. Ambiance garantie !*

© Juliet Ferguson/Alamy/Hemis

6 **Prendre un whisky au bar de l'*Eastern and Oriental Hotel* de Penang, établissement de légende, hanté par les fantômes de Somerset Maugham et Joseph Conrad.**

Construit en 1885, ce palace mythique occupe un bel édifice colonial face à la mer. De nombreux aventuriers, écrivains et artistes le fréquentèrent : Hermann Hesse, Kipling, Chaplin, Orson Welles, Rita Hayworth… L'hôtel est évidemment hors de prix. À défaut d'y dormir, passez donc boire un verre au bar histoire de rencontrer, l'espace d'un instant, les fantômes du passé ou venez y prendre le *high tea* dans l'après-midi : très chic ! *p. 181*

Bon à savoir : High Tea *proposé de 14h à 17h.*

7 **S'émerveiller devant le vert intense des plantations de thé couvrant les collines des Cameron Highlands.**

À 1 500 m d'altitude, les Cameron Highlands offrent à la vue des collines couvertes de plantations de thé, formant un immense et magnifique tapis vert aux géométriques sinuosités, fantastiques paysages ordonnés par la main de l'homme. Plus loin, dans la forêt, un réseau de sentiers promet des incursions passionnantes, au cours desquelles vous croiserez peut-être la mythique rafflésie (la plus grande fleur du monde). *p. 131*

Bon à savoir : *du fait de l'altitude, il peut faire presque frais dans les Cameron Highlands (16 °C la nuit en moyenne), petite laine recommandée.*

8 Explorer le parc national de Taman Negara Pahang, dernier grand pan de forêt tropicale primaire, plus ancienne que la jungle d'Amazonie.

Au cœur du pays, sur plus de 4 300 km², s'étend le Taman Negara Pahang, immense jungle vieille de 130 millions d'années ! Elle renferme un patrimoine exceptionnel : 10 000 espèces de plantes, des arbres hauts de 70 m, 350 espèces d'oiseaux, des animaux et papillons en tout genre… Aventurez-vous sur les sentiers sauvages et sur les passerelles suspendues à hauteur de canopée pour découvrir ses paysages époustouflants, ou laissez-vous bercer par les sons de la jungle au cours d'une balade nocturne. *p. 214*

Bon à savoir : *pour vraiment profiter du parc, 2 ou 3 jours sur place sont nécessaires. Meilleure période : d'avril à septembre (éviter la période de mousson, de novembre à mi-janvier).*

© Westend 61/hemis.fr

9 Au marché central de Kota Bharu, monter au dernier étage pour observer les allées et venues des Malaisiennes.

Sous des dehors un peu rudes, Kota Bharu est une ville pleine de vie. Son *Central Market* est une véritable Babel de couleurs et d'odeurs. Sur trois niveaux, un pot-pourri d'objets du quotidien, idéal pour prendre le pouls d'un foyer malais, voir ses habitudes de consommation, ses choix vestimentaires, toujours conformes à la religion musulmane, dans cet État du Kelantan, garant du dogme islamique. *p. 228*

Bon à savoir : *le marché a lieu tous les jours, de 7h à 18h. Au 1er niveau se trouve un ensemble de petits restos. Mais attention, ici les hommes ne mangent pas avec les femmes, sachez-le !*

© Gavin Hellier/Alamy/Hemis

(10) Dans les îles Perhentian, jouer les Robinson Crusoé sur une plage déserte.
Un peu à l'instar des Seychelles, les îles Perhentian sont constituées d'un chaos d'arènes granitiques (gros rochers ronds) qui, après s'être désagrégé au fil du temps, a donné de magnifiques plages de sable blond. Isolées les unes des autres par une épaisse forêt primaire, la plupart ne sont accessibles que par la mer. Sur certaines d'entre elles, sont construits de petits chalets en bois sur pilotis. Un univers idéal pour une robinsonnade, avec la mer et la plage rien que pour soi ! *p. 240*
Bon à savoir : *c'est sur l'île de Kecil que l'on trouve le plus de petites criques isolées. Besar, elle, offre un choix de logements plus varié mais, hormis Turtle Beach, ses plages ne sont pas aussi sauvages.*

(11) En route pour l'île de Kapas, sauter les vagues à bord d'une barcasse propulsée par deux moteurs de 150 CV !
Frisson garanti ! Kapas, c'est la bande de terre que l'on aperçoit au large de Marang. Elle fait partie de ses îles « tapies comme des jaguars » comme l'écrivait Cendrars dans son poème « Îles ». Dépourvue de route, de village, de commerces et d'infrastructures, Kapas est idéale pour laisser couler le temps un bouquin à la main ! Mais l'île fera aussi le bonheur des commandants Cousteau en herbe puisque ses fonds marins sont d'une étonnante diversité. *p. 269*
Bon à savoir : *comme toutes les îles de la côte orientale de la péninsule malaise, la meilleure période pour y aller court de mi-mars à mi-octobre.*

12 À Cherating, la nuit dans la mangrove, attirer vers soi des milliers de lucioles et ressembler à un sapin de Noël.

L'ancien repère baba de Cherating vit désormais du surf et d'un tourisme écolo. En dehors de sa belle et grande plage, c'est la mangrove qui fascine le plus, avec ses oiseaux et ses singes qui occupent le site. Mais le grand spectacle de Cherating, c'est la nuit, quand des milliers de lucioles se mettent à clignoter à l'appel d'Hafiz, le maître « ès lucioles » de la station ! *p. 273*

***Bon à savoir :** si on vient pendant la saison sèche pour observer les lucioles, les surfeurs préféreront la période entre mi-novembre et mi-février, avec un pic en décembre pour les vagues.*

© CSP_shanin/Fotosearch LBRF/Age fotostock

© Authentic travel/shutterstock

13 Un samedi soir à Kuantan, faire comme les Malaisiens en allant dévorer un mémorable barbecue de poissons et de fruits de mer !

Kuantan est une ville moderne, pluriethnique et vivante. La jeunesse locale se retrouve sur la plage de Teluk Champedak au nord-est du centre, tandis que les aînés prennent la direction de Tanjung Lumpur, de l'autre côté de la rivière qui borde la ville par le sud. Là, ils s'attablent en famille chez *Ana Ikan Bakar Petai* pour dévorer poissons, crabes et clams avec les doigts, comme le veut la tradition du Prophète. *p. 278*

Bon à savoir : *venir tôt, choisir sa table avant d'aller faire peser son poisson. Si vous mangez avec les mains, n'utilisez que la droite (ok, on l'avoue, c'est pas facile d'ouvrir les palourdes d'une seule main !).*

© Michal Sikorski/Alamy/Hemis

14 Dans le parc d'Endau Rompin, partir pour un trek de nuit à la recherche de feuillages et de champignons phosphorescents.

Le parc national d'Endau Rompin est, à l'instar du Taman Negara Pahang, l'un des derniers sanctuaires de la vie animale primitive en Malaisie péninsulaire. Surtout connu pour abriter des insectes rares, il offre plusieurs possibilités de randos vers des cascades où il est très agréable de se baigner. Chaque nuit, à partir de Selai (entrée ouest), un court trek est organisé par les guides du parc pour écouter les bruits de la jungle. *p. 287*

Bon à savoir : *l'entrée ouest du parc (Bekok-Selai) est plus économique pour les individuels. Il suffit de s'adresser au bureau du parc à Bekok, qui se chargera de tout.*

15 Dans l'île de Tioman, faire des ronds dans l'eau avec les requins.
Tioman figure parmi les plus belles îles de Malaisie et même de la planète selon certains ! Rien d'étonnant quand on découvre la beauté de ses paysages (encore mieux, vus de la mer). Tioman, c'est une sorte de petit éden fait de montagnes coiffées d'une jungle épaisse et de plages discrètes ourlées d'une mer d'une incroyable limpidité. D'ailleurs à Tioman, les amateurs de *snorkelling* et de plongée sous-marine seront aux anges, car l'île a su préserver son patrimoine, quand bien même elle est actuellement soumise à une pression touristique énorme. *p. 293*
Bon à savoir : *éviter d'y aller le week-end et pendant les vacances scolaires des Singapouriens.*

À SINGAPOUR

16 Siroter un *Singapore Sling* au bar mythique du *Raffles,* en ne se privant surtout pas de jeter les écorces de cacahuètes par terre comme l'exige la tradition…

C'est au bar du *Raffles,* somptueux hôtel fondé en 1878, que fut inventé le *Singapore Sling,* dont on vous laisse découvrir le savant mélange. Dans un décor d'une élégance rare, sirotez ce cocktail comme le firent Hemingway ou Kipling par le passé, et sacrifiez au rite en jetant vos cosses de cacahuètes par terre, comme les colons britanniques jadis : les serveurs font de même quand elles traînent sur les tables ! Enchaînez sur un billard à la *Billard Room and Enjoy* ! *p. 402*

17 Se balader dans les ruelles animées du quartier chinois avant d'aller visiter le Chinatown Heritage Centre.

Chinatown est notre quartier préféré. Les vieilles maisons aux ornements traditionnels y coexistent sans heurts avec les buildings modernes. Le Chinatown Heritage Centre se visite avec émotion : consacré à l'histoire de l'immigration chinoise, les différents aspects de leur vie quotidienne sont illustrés de façon remarquable, et on mesure bien le chemin parcouru par cette population en deux ou trois générations. *p. 407*

Bon à savoir : *animation garantie dans Smith Street, le soir, lorsque les échoppes de cuisine s'installent à même la rue.*

© Jon Arnold Images/hemis.fr

18 Être épaté par le vaisseau futuriste de verre et d'acier coiffant le *Marina Bay Sands Hotel.*

À l'image de sa population, l'architecture à Singapour est multiple et variée. Dans le genre avant-gardiste, comment ne pas mentionner le *Marina Bay Sands* ? Ces trois tours de 55 étages abritent un hôtel de plus de 2 500 chambres, 37 restaurants, un *food court,* un casino, et, flottant à 200 m dans les airs, un long navire toit-terrasse doté d'une piscine à débordement ! Un monumental mirage… *p. 405*

Bon à savoir : *à son sommet, la vue sur l'Art Science Museum, en forme de fleur de lotus, et sur la ville y est époustouflante !*

© Wilf Doyle/Alamy/Hemis

© Pietro Scozzari/Age fotostock

19 S'imprégner de la culture peranakan au musée du même nom, reflet du pluri-ethnisme de la ville.

Dans cet État aux allures bien souvent occidentales, les musées thématiques permettent aux Singapouriens de renouer avec leurs origines. Le *Peranakan Museum* relate l'histoire mêlée des commerçants chinois et des Malais à travers de magnifiques objets et témoignages. Tout comme l'*Asian Civilisations Museum* permet de mieux comprendre l'influence des pays d'Asie du Sud-Est dans la fondation et l'évolution de Singapour. *p. 401*

***Bon à savoir :** au* Peranakan Museum, *billet à moitié prix le vendredi de 19h à 21h.*

20 Se poser le soir sur une terrasse de Clarke Quay et admirer les immeubles illuminés se refléter dans les eaux de la Singapore River.
Quelque 190 millions de dollars ont été nécessaires pour restaurer les anciennes petites maisons de pêcheurs de Clarke Quay et les transformer en restos, pubs ou magasins. La rive a également été aménagée en une agréable promenade garnie de sculptures rappelant l'activité ancestrale qui régnait sur les quais. Une jolie carte postale, le soir venu, avec le reflet des buildings du quartier des affaires dans la rivière. *p. 407*
Bon à savoir : c'est un des rares quartiers de Singapour où l'on peut se poser en terrasse, et au bord de l'eau.

© Eurasia Press/Photononstop

Lu sur routard.com

Malacca, prières à la déesse Kuan Yin
(tiré du carnet de voyage de Claude Hervé-Bazin)

La clameur gonfle en quelques instants, gommant le bruit de fond de ***Jalan Tokong Emas.*** Le groupe surgit à l'angle de la rue, au son de deux gongs frappés en cadence. Deux porteurs de lanternes emboîtent le pas des musiciens, suivis d'autres hommes. Certains soutiennent des banderoles, d'autres de grands panneaux rouges, peints de caractères chinois honorant Kuan Yin, déesse taoïste de la miséricorde et de la fertilité. C'est aujourd'hui son anniversaire.

Quatre hommes, transportant un autel rouge laqué de noir, forment autour d'eux une petite cohue. Parvenus devant le ***temple Cheng Hoon Teng***, ils se lancent dans une danse qui fait tinter les clochettes des toits de la mini-pagode. Quelques instants plus tard, ils pénètrent dans l'enceinte, et extraient de leur brancard une tablette gravée d'une inscription rehaussée à la feuille d'or.

Face à nous, se dressent sept bâtons d'encens hauts de deux mètres environ. Les plus gros s'ornent de dragons célestes multicolores. Étranges montures pour la déesse Kuan Yin. Leur queue déjà se consume, en d'acres volutes de fumée. Les fidèles se pressent au pied de l'autel, devant lequel trône un cochon écartelé.

L'air est lourd de cendres. Une orange, deux pommes, côtoient des offrandes de nourriture disposées dans des bols de céramique. Sur le rebord, six coupelles s'alignent, trois remplies d'eau pure, trois de thé de Kuan Yin – l'empereur, dit la légende, buvait cet *oolong* miraculeux offert par la déesse à un paysan pauvre pour le remercier d'avoir voulu restaurer son temple. Un peu plus loin trônent deux canards laqués, une chèvre grillée.

Quelques incantations à la déesse de la bonne fortune pour un business prospère, et chacun se retire. Des femmes déposent dans le four à prières de la cour, des feuilles rouges et dorées. Vœux de protection, de santé et de longue vie s'envolent ainsi vers les cieux, résidence de l'Immortelle.

ITINÉRAIRES CONSEILLÉS

EN MALAISIE

2 semaines dans le centre et sur la côte est

Un itinéraire à réaliser de préférence entre avril et septembre.

– ***Kuala Lumpur (1) :*** les Petronas Towers (les plus grandes tours jumelles au monde), le petit cœur colonial à l'étonnante architecture néomoghole, quelques musées intéressants et la vie chaotique de Chinatown et de Little India justifient une visite de 2 jours minimum. Les amateurs de sorties fileront vers le quartier du Triangle d'Or.

– De Kuala Lumpur, on peut facilement rejoindre le centre et le ***Taman Negara Pahang (2)*** : 4 300 km² de jungle, des arbres splendides hauts de 70 m, la rivière Tembeling, des grottes mystérieuses et la rencontre avec les Orang Asli. Rester au minimum 3 nuits.

– Des minibus permettent de relier ensuite Kuala Besut, avant d'embarquer pour ***les îles Perhentian (3)*** pour alterner crapahutage dans la jungle, bronzette et découverte des fonds marins, tout en logeant dans une cahute en bois sur une plage isolée du reste du monde.

– Retour sur le continent, le temps de visiter le Musée national et le quartier chinois de ***Kuala Terengganu (4),*** puis descendre à Marang pour cingler vers ***Kapas (5)*** et jouer les Robinsons sur l'une des petites criques de l'île. De nouveau sur le continent, gagner ***Cherating (6)*** et partir à l'aventure en bateau dans la mangrove, parmi les singes et les oiseaux (le jour) et servir d'arbre de Noël aux lucioles (la nuit). Ensuite, consacrer la journée à ***Kuantan (7)*** pour faire une cure de poissons et de fruits de mer après avoir écumé le marché. Avant de pousser jusqu'à Mersing et gagner ***l'île de Tioman (8),*** où on termine le séjour par de la rando, du *snorkelling* et beaucoup de farniente. Retour par Singapour ou Kuala Lumpur.

2 à 3 semaines à l'ouest et au centre

Itinéraire idéal entre février et octobre pour éviter la mousson sur le Taman Negara Pahang de novembre à janvier. Attention toutefois aux précipitations sur l'île de Langkawi à partir du mois de juin.

Depuis l'aéroport de Kuala Lumpur, se rendre directement à ***Malacca (1)*** et passer au moins 2 jours dans cette ville-carrefour multiculturelle, au riche passé colonial, plus facile à apprivoiser que la frénétique ***Kuala Lumpur (2).*** Reprendre ensuite les étapes (1) et (2) de l'itinéraire précédent (« 2 semaines dans le centre et sur la côte est »).

Des minibus permettent de relier ensuite le ***Taman Negara Pahang (3)*** aux incontournables ***Cameron Highlands (4).*** Là encore, 3 nuits sont nécessaires si on veut admirer les plantations de thé, très zen, et patauger dans la boue en quête de la mythique rafflésie (la plus grande fleur du monde) le temps d'un trek.

Si on dispose de plus de 2 semaines, revenir vers la côte en s'arrêtant une journée à ***Ipoh (5)*** et une autre à ***Kuala Kangsar (6).*** Ipoh constitue une halte intéressante grâce à un quartier chinois bien vivant, tourné vers l'art, notamment de rue. Tandis que l'ancienne ville royale de Kuala Kangsar a su conserver des palais et une incroyable mosquée, façon *Mille et Une Nuits.*

Sinon filer directement vers les îles : ***Penang (7),*** reliée au continent par un pont. Georgetown, la ville principale, est classée au Patrimoine mondial de l'Unesco. Ses temples, petits métiers et maisons chinoises centenaires entretiennent le souvenir de celle qui fut capitale au début de la colonie anglaise. On peut y rester facilement 3 jours en incluant une petite virée dans le reste de l'île, avant de naviguer vers ***Langkawi (8),*** entourée d'une flottille de 99 îlots. Les plages et les (très nombreuses) possibilités d'hébergement incitent au farniente pour une durée seulement limitée par le vol retour.

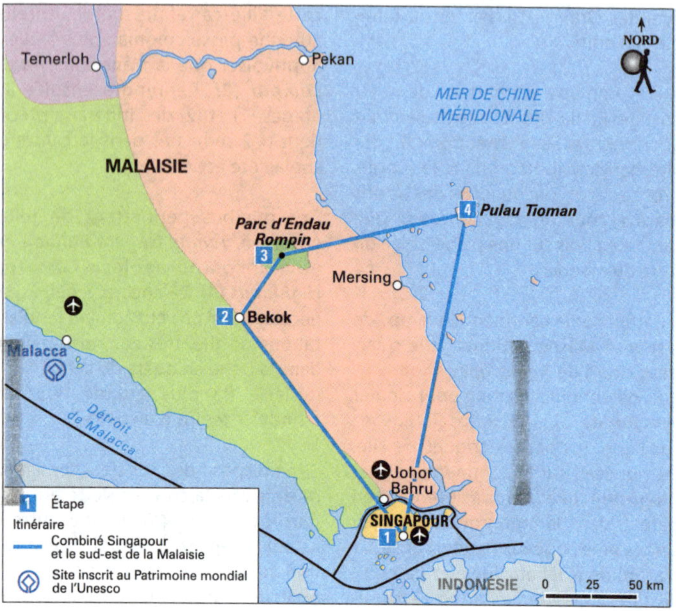

EN MALAISIE ET À SINGAPOUR

Une semaine à Singapour

Sans tarder, direction ***Chinatown,*** puis Little India et Arab Street. Descendre vers la marina par le vieux quartier colonial et faire une halte au *Raffles,* palace mythique. Finir la journée au milieu des lumières de Clarke Quay et de Boat Quay, face à l'*Esplanade,* cette salle de spectacle qui ressemble à un gros hanneton de verre et d'acier.

Ne pas manquer la visite de ***musées,*** comme le Singapore Art Museum, l'Asian Civilisations Museum, la National Gallery, si on ne devait en citer que quelques-uns, mais aussi le superbe petit musée Peranakan, qui valent le coup d'œil pour comprendre la multiplicité et la richesse socioculturelle de Singapour. La ville est aussi réputée pour ses ***parcs,*** comme le Singapore Zoological Garden (le Night Safari au zoo comblera petits et grands le temps d'une soirée) ou le Bukit Timah Nature Reserve, pour les bébêtes sauvages. Les fans d'orchidées ne louperont sous aucun prétexte les merveilleux Botanic Gardens. Les Gardens by the Bay, au pied de l'imposante silhouette du *Marina Bay Sands,* méritent aussi le détour. Ce complexe à trois tours est surmonté d'un *sky park* à 200 m d'altitude et doté d'un immense casino.

Un peu plus loin, on peut prendre l'air dans les South Ridges, un parc verdoyant situé au sud de la ville, et, enfin, dilapider ce qui reste de son budget sur l'île de Sentosa, le grand parc d'attractions à ciel ouvert.

Singapour et le sud-est de la Malaisie : 10 j. (… ou plus)

Singapour (1) : après avoir traîné dans le quartier chinois et s'être requinqué à l'ombre d'un banyan du jardin botanique, cap en train vers la Malaisie et la petite ville de ***Bekok (2),*** porte d'entrée du ***Taman Negara Endau Rompin (3)*** où l'on peut résider au camp de base de l'expédition scientifique de 2002. C'est alors l'occasion d'un véritable corps à corps avec la nature, dans une jungle peuplée de cris d'animaux où, accompagné d'un guide, on peut rejoindre, par de petits sentiers, plusieurs cascades et s'y baigner. Retour ensuite vers Mersing via Kluang pour prendre un bateau pour ***l'île de Tioman (4)*** et découvrir l'une des plus belles îles de la péninsule malaisienne, partir à l'assaut de ses forêts millénaires, zieuter le fond de la mer où simplement buller sur ses plages en se prenant pour Robinson Crusoé, comme à Nipah Beach, par exemple. Retour sur ***Singapour (1)*** par Mersing et Johor Bahru pour celles et ceux qui réussiraient à s'arracher du paradis…

SI VOUS ÊTES…

Plutôt culture : Kota Bharu, ses musées d'art islamique, ses kampungs où l'on fabrique marionnettes et cerfs-volants, Kuala Lumpur, Penang, (le centre historique classé au Patrimoine mondial de l'Unesco), Malacca, Kuala Kangsar, tous les musées de Singapour.

En famille : Cherating et ses lucioles, la forêt vierge du parc d'Endau Rompin, Tioman et ses petits poissons, le Canopy Walkway du Taman Negara Pahang, Kuala Lumpur, le Zoological Garden et le Night Safari de Singapour et les parcs d'attractions.

En amoureux : Tioman pour un coucher de soleil, Redang et ses plages de rêve, les îles Perhentian pour une robinsonnade à deux, sans oublier une balade en trishaw dans les ruelles de Malacca.

Plutôt nature : parc de Taman Negara Cherating, sa rivière et sa mangrove, Tioman et ses îles satellites, le parc d'Endau Rompin et son arboretum, une rando aux abords du lac Chini, les Cameron Highlands et un trek de plusieurs jours dans le Taman Negara Pahang.

Plutôt plage : toutes les îles de la côte est de la Malaisie de mi-mars à mi-octobre, et celles (moins nombreuses) de la côte ouest le reste de l'année.

Malaisie, jeu de dames

LES QUESTIONS QU'ON SE POSE AVANT LE DÉPART

➢ Quels sont les documents nécessaires pour entrer en Malaisie et à Singapour ?

Passeport valable 6 mois après la date de retour et être en possession d'un billet aller-retour ou de continuation (et de suffisamment d'argent pour entrer à Singapour). Pas besoin de visa dans les deux cas pour les ressortissants français, belges, suisses ou canadiens qui effectuent un séjour de moins de 3 mois.

➢ Quelle est la meilleure période pour aller...

... en Malaisie ? Incontestablement de mars à mai, puis en septembre et octobre : on évite ainsi à la fois les vacances malaisiennes et singapouriennes, plus la mousson qui s'étire de novembre à janvier. En été (mai-novembre), mieux vaut privilégier la côte est et en hiver (décembre-avril), les îles de la côte ouest (Pangkor et Langkawi). Attention, en juillet-août, il y a beaucoup de monde sur les plages et les prix sont bien plus élevés.
... à Singapour ? Entre mai et septembre, c'est la saison la moins humide. La mousson sévit entre octobre-novembre et janvier.

➢ Quel budget prévoir ?

En Malaisie, on mange pour trois fois rien, notamment dans les *food courts* et les *hawkers* (les marchés). En revanche, certains sites et grands musées pratiquent des tarifs occidentaux. Attention, les prix augmentent pendant le week-end, les jours fériés et les vacances scolaires. À titre de comparaison, la vie est plus chère en Malaisie qu'en Thaïlande, par exemple.
Rappelons que Singapour a été classée en 2016, pour la 3e année consécutive, ville la plus chère du monde. Certes, on peut y manger pour pas cher, dans les *food courts,* comme en Malaisie, et les musées demeurent abordables, en revanche mieux vaut avoir un portefeuille bien garni pour l'hébergement et la visite de certains sites, comme les parcs.

➢ Est-il facile se déplacer en Malaisie et à Singapour ?

Pas de problème en Malaisie : les trains et bus sont nombreux, fréquents et simples à utiliser. On peut même réserver son billet en ligne. En voiture, les routes sont excellentes, mais mieux vaut être équipé d'un GPS car la signalisation est à la fois complexe et très souvent incomplète. À Kuala Lumpur, en revanche, il ne sera d'aucune utilité...
À Singapour ? On circule surtout en métro, facile d'utilisation et pas cher, et en bus. Il existe des pass de 1 à 3 jours.

➢ Y-a-t-il des problèmes de sécurité ?

La Malaisie n'est pas un pays dangereux, mais désormais, comme partout, il convient de faire preuve de vigilance, surtout lors d'éventuels rassemblements. Plus d'infos sur le site : ● *diplomatie.gouv.fr* ●, rubrique « Conseils aux voyageurs ».

➢ Quel est le décalage horaire ?

Aussi bien en Malaisie qu'à Singapour, il y a 6h de décalage (7h en hiver) avec la France. Un conseil : si vous atterrissez dans la journée, ne vous couchez surtout pas. Tenez bon jusqu'au soir et, alors, offrez-vous un bon gros dodo.

➢ Quel est le temps de vol ?

À l'heure où nous imprimons, il n'existait plus de vol direct entre Kuala

Lumpur et Paris. Du coup, il faut compter minimum 14h de voyage, plus selon les escales.

➢ Côté santé quelles précautions ?

Aucun vaccin n'est exigé et, de fait, la Malaisie comme Singapour font partie des pays d'Asie du Sud-Est les plus sûrs du point de vue sanitaire ; cela dit, être à jour des vaccins les plus courants est fortement recommandé.
Par ailleurs, il n'y a pas besoin de traitement antipaludéen en Malaisie, surtout pour un séjour de courte durée. Le paludisme a été éradiqué des zones urbanisées et touristiques. Attention cependant aux régions reculées du Centre et sur certaines îles comme les Perhentian, où la dengue est endémique. Pas de problème à Singapour, urbanisée à 100 %.

➢ Peut-on y aller avec des enfants ?

Sans problème. Les deux pays sont rûrs sur le plan sanitaire. Et puis, entre baignade, *snorkelling* et marche dans la jungle, les enfants auront de quoi satisfaire leur appetit. De plus, de nombreux hôtels malaisiens proposent des chambres familiales. À Singapour, les enfants adoreront les parcs animaliers. Repérez nos meilleurs sites grâce au symbole .

➢ Quel est le taux de change ?

– En Malaisie, 1 € équivalait à 4 Rm (ringgit malaisien) en 2016.
– À Singapour, on obtenait environ 1,50 $S (dollar Singapour) contre 1 €.

➢ Est-il facile de communiquer ?

En Malaisie, l'anglais est parlé par bon nombre d'habitants, d'autant plus par ceux qui travaillent dans le tourisme, et le niveau est très bon. Peu de francophones en revanche.
À Singapour, on peut avoir du mal avec le singlais (langue parlée dans la rue), mais rassurez-vous, tout le monde parle l'anglais, obligatoirement enseigné à l'école.

➢ Peut-on se baigner ?

Les côtes malaisiennes sont belles, mais les plages sont souvent sales en dehors des sites aménagés pour les touristes. Renseignez-vous localement pour savoir s'il y a des dangers particuliers (courants forts, récifs, etc.). Étant donné la limpidité des eaux, on conseille la côte orientale pour s'adonner au *snorkelling* (nage avec palmes, masque et tuba). Savoir cependant que sur certaines plages publiques des États du nord-est de la péninsule, il est souvent difficile aux femmes de se mettre en maillot deux-pièces.

ARRIVER – QUITTER

EN PROVENANCE D'EUROPE

▲ AIR FRANCE

Rens et résas au ☎ 36-54 (service 0,34 €/mn – tlj 6h30-22h), sur • airfrance.fr •, dans les agences Air France et dans ttes les agences de voyages. Fermées dim.

➢ Au départ de Paris-Charles-de-Gaulle, Air France opère 1 vol direct/j. à destination de Singapour.

Air France propose des tarifs attractifs toute l'année. Pour consulter les meilleurs tarifs du moment, allez directement sur la page « Nos meilleurs tarifs » sur *• airfrance.fr • Flying Blue,* le programme de fidélisation gratuit d'Air France-KLM, permet de cumuler des *miles* et de profiter d'un large choix de primes. Cette carte de fidélité est valable sur l'ensemble des compagnies membres de *Skyteam.*

▲ KLM

Rens et résas : ☎ 0892-70-26-08 (service 0,35 €/mn + prix appel). • klm.fr • Résas par tél, Internet, dans les agences Air France ou les agences de voyages.

➢ KLM dessert Kuala Lumpur à raison de 10 vols/sem, ainsi que Singapour avec 1 vol/j., dans les deux cas via Amsterdam au départ de Paris-Charles-de-Gaulle, Bordeaux, Lyon, Marseille, Nice, Nantes et Strasbourg (et même Toulouse pour Singapour).

▲ EMIRATES AIRLINES

– Paris : 69, bd Haussmann, 75008. ☎ 01-57-32-49-99. • emirates.com/fr • Ⓜ Saint-Lazare ; RER A : Auber. Au 3e étage. Lun-ven 10h-17h30. Accueil téléphonique tlj 8h30-21h30.

➢ Vols vers Singapour et Kuala Lumpur via Dubaï depuis Paris-Charles-de-Gaulle, terminal 2C, Lyon et Nice. Accord de partage de codes avec Malaysia Airlines permettant de réserver de nombreuses destinations en Malaisie. Grand confort en classe éco, cuisine du monde, service de divertissement complet. Wifi gratuit à bord.

▲ ROYAL JORDANIAN AIRLINES

– Paris : 38, av. des Champs-Élysées, 75008. ☎ 01-42-65-99-83/84. • rj.com • Ⓜ Franklin-D.-Roosevelt. Lun-jeu 9h-17h ; ven 9h-16h30.

➢ La Royal Jordanian assure 3 vols/sem à destination de Kuala Lumpur via Amman au départ de Roissy-Charles-de-Gaulle, terminal 2A. Retour possible depuis Jakarta ou Bangkok. Fréquentes promotions sur l'Asie. La compagnie est membre de « One World ».

▲ SINGAPORE AIRLINES

Rens et résa : ☎ 0821-230-380 (service 0,12 €/mn + prix appel). • singaporeair.com •

➢ Singapore Airlines et sa filiale régionale SilkAir proposent depuis Paris via Singapour plusieurs vols quotidiens vers Kuala Lumpur, Penang et Kota Kinabalu (Bornéo), ainsi que plusieurs correspondances hebdomadaires vers Langkawi et Kuching (Bornéo).

▲ CATHAY PACIFIC

☎ 0811-70-60-50. • cathaypacific.com/fr •

➢ Cathay Pacific propose 10 vols directs/sem Paris-Hong Kong, puis correspondance pour Singapour à raison de 9 vols/j. Sa filiale *Cathay Dragon* permet de rejoindre Kuala Lumpur avec 4 vols/j., mais aussi Penang grâce à 11 vols/sem, ainsi que Kota Kinabalu (Bornéo) avec 5 vols/sem (enregistrement de bout en bout).

Cathay Pacific permet de programmer son voyage dans la région en arrivant par l'une des villes mentionnées et en repartant d'une autre (par exemple, entrée Kuala Lumpur et sortie Penang), sans supplément. À noter aussi, selon le billet, possibilité de visiter sans frais

Hong Kong lors du transit aller ou retour (« *stopover* gratuit »).

▲ **THAI**

– Paris : Tour Opus 12, La Défense 9 ; 77, esplanade du Général-de-Gaulle, 92914 La Défense Cedex. ☎ 01-55-68-80-70. • thaiairways.fr • Ⓜ La Défense (Grande-Arche). Lun-ven 9h-12h30, 13h30-17h30 (17h ven).

➢ THAI propose 7 liaisons/sem sans escale Paris-Bangkok en 11h avec un Airbus 380. Depuis Bangkok, THAI assure 1 vol/j. vers Kuala Lumpur, ainsi que 5 vols/j. vers Singapour.

▲ **QATAR AIRWAYS**

– Paris : 19, rue de Ponthieu, 75008. ☎ 01-43-12-84-40. • qatarairways.fr • Résa et enregistrement en ligne possibles.

➢ Au départ de Roissy-Charles-de-Gaulle, 3 vols/j. via Doha vers Singapour et Kuala Lumpur et de 19 villes en France grâce à l'accord TGV AIR avec la SNCF.

▲ **ETIHAD AIRWAYS**

Rens et résas au ☎ 01-57-32-43-43. • etihad.com/fr-fr • Lun-sam 9h-18h.

➢ Propose des vols tlj vers Kuala Lumpur et Singapour avec escale à Abu Dhabi.

LES ORGANISMES DE VOYAGES

En France

▲ **ASIA**

• asia.fr •

– Paris : Asia, 1, rue Dante, 75005. ☎ 01-44-41-50-10. Ⓜ Maubert-Mutualité. Lun-ven 9h-18h30 ; sam 10h-13h, 14h-17h.

– Lyon : 46, rue du Président-Herriot (entrée 10, rue Saint-Nizier), 69002. ☎ 04-78-38-30-40. Lun-ven 9h30-12h30, 13h30-18h30 ; sam 10h-13h, 14h-17h.

– Marseille : 424, rue Paradis, 13008. ☎ 04-91-16-72-32. Lun-ven 9h30-12h30, 14h-18h30 ; sam 9h30-12h30.

– Nice : 23, rue de la Buffa, 06000. ☎ 04-93-82-41-41. Lun-ven 9h-12h30, 14h-18h30 ; sam 9h30-12h30.

– Toulouse : 5, rue Croix-Baragnon, 31000 Toulouse. ☎ 05-61-14-51-50. Lun-ven 9h30-18h15 ; sam 10h30-13h, 14h-17h.

Asia est leader des voyages en Asie et propose des voyages personnalisés en individuel ou en petits groupes en Malaisie. Dans chaque pays, Asia met son expertise au service de ses clients pour réaliser le voyage de leurs envies. Connaissance du terrain et du patrimoine culturel, respect de l'environnement et authenticité, c'est au plus près des populations et toujours dans l'esprit des lieux qu'Asia fait partager ses créations « maison ». Sur les rivages paradisiaques de l'océan Indien à la mer de Chine, Asia a sélectionné des adresses idylliques et des spas raffinés pour des séjours bien-être.

▲ **JAÏPUR**

– Annecy-le-Vieux : 18, rue du Pré-d'Avril, 74940. Lun-ven 9h-13h, 14h-19h. ☎ 04-57-09-80-02. • malaisie@jaipur-voyage.com •

Partez à la découverte de la Malaisie grâce à Amandine, la spécialiste Malaisie chez Jaïpur Voyage. Explorez les jungles antédiluviennes et urbaines de la péninsule à Bornéo, observez les orangs-outangs, les tortues, les toucans, flânez dans les quartiers coloniaux et relaxez-vous sur des plages de rêve. De Kuala Lumpur à Penang, des îles Perhentian à Sipadan, de Sabah au Sarawak, rencontrez une population accueillante et succombez aux gourmands « Tea time ». Composez votre itinéraire sur mesure selon vos envies et avec les conseils d'Amandine. Dates de départ et aéroport de votre choix, n'hésitez pas à la contacter pour un devis sur mesure gratuit.

▲ **LES COMPTOIRS DU MONDE**

☎ 09-80-08-02-00. • comptoirsdumonde.fr •

– Paris : 19, av. d'Italie, 75013. Lun-ven 9h-18h.

– Lyon : Parc Technoland, 3, allée du Lazio, 69800 Saint-Priest. Lun-ven 9h-18h.

Que vous souhaitiez voyager seul, en couple, en famille ou entre amis, les Comptoirs du monde sont à votre écoute pour vous offrir des voyages personnalisés de qualité et vous proposer des prestations qui répondent véritablement à vos attentes.

AIRFRANCE
SKYTEAM
FRANCE IS IN THE AIR
AU DÉPART DE PARIS
SINGAPOUR
1 VOL
PAR JOUR
AIRFRANCE KLM
AIRFRANCE.FR
France is in the air : La France est dans l'air.

Globe-trotters, passionnés d'histoire, amoureux de la nature, ayant une connaissance approfondie des pays, leur équipe de spécialistes peut satisfaire vos demandes les plus diverses tout en respectant votre budget.

▲ **MALAISIE AUTHENTIQUE**
– Paris : 5, rue Thorel, 75002. ☎ 01-53-34-92-71. • malaisie-authentique.com • Ⓜ Bonne-Nouvelle. Lun-ven 9h30-19h, sam sur rdv ou à domicile sur Paris-région parisienne (moyennant participation).
Spécialiste reconnu de la destination depuis 2003, Malaisie Authentique compose votre voyage sur mesure selon vos goûts et votre budget. Ses conseillers experts de la destination attachent une importance particulière à vos envies pour vous proposer des itinéraires hors des sentiers battus et vous conseiller les hébergements de charme adaptés à chacun.

▲ **NOMADE AVENTURE**
☎ 0825-701-702 (service 0,15 €/mn + prix appel). • nomade-aventure.com •
– Paris : 40, rue de la Montagne-Sainte-Geneviève, 75005. ☎ 01-46-33-71-71. Ⓜ Maubert-Mutualité. Lun-sam 9h30-18h30.
– Lyon : 10, quai Tilsitt, 69002. Lun-sam 9h30-18h30.
– Marseille : 12, rue Breteuil, 13001. Lun-sam 9h30-18h30.
– Toulouse : 43, rue Peyrolières, 31000. Lun-sam 9h30-18h30.
Nomade Aventure propose des circuits inédits partout dans le monde, à réaliser en famille, entre amis, avec ou sans guide. Également la possibilité d'organiser, hors de groupes constitués, un séjour libre en toute autonomie et sur mesure. Spécialiste de l'aventure avec plus de 600 itinéraires (de niveau tranquille, dynamique, sportif ou sportif +) faits d'échanges et de rencontres avec les habitants, Nomade Aventure donne la priorité aux expériences authentiques à pied, à VTT, à cheval, à dos de chameau, en bateau ou en 4x4.

▲ **NOSTALASIE**
– Paris : 19, rue Damesme, 75013. ☎ 01-43-13-29-29. • ann.fr • Ⓜ Tolbiac. Permanence : lun-sam 10h-13h, 15h-18h.
Parce qu'il n'est pas toujours aisé de partir seul, NostalAsie, un tour-opérateur indépendant, propose de véritables voyages sur mesure en Asie, notamment en Malaisie et à Singapour, des lieux les plus connus jusqu'aux contrées les plus reculées, en individuel ou en groupe déjà constitué. 2 formules au choix : *Les Estampes* avec billets d'avion, logements, transferts entre les étapes, ou *Les Aquarelles* avec en plus un guide et une voiture privée à chaque étape. Vous trouverez sur le site internet des idées d'itinéraires que vous pourrez ensuite personnaliser et adapter selon vos envies avec Ylinh, la chaleureuse directrice, grande connaisseuse de l'Asie, et son équipe de jeunes passionnés qui vous donneront des conseils avisés pour réussir votre voyage.

▲ **ROUTE DES VOYAGES (LA)**
• route-voyages.com • Agences ouv lun-jeu 9h-19h (18h ven), rdv conseillé.
– Paris : 10, rue Choron, 75009. ☎ 01-55-31-98-80. Ⓜ Notre-Dame-de-Lorette.
– Angers : 6, rue Corneille, 49000. ☎ 02-41-43-26-65.
– Annecy : 4 bis, av. d'Aléry, 74000. ☎ 04-50-45-60-20.
– Bordeaux : 19, rue des Frères-Bonie, 33000. ☎ 05-56-90-11-20.
– Lyon : 59, rue Franklin, 69002. ☎ 04-78-42-53-58.
– Toulouse : 9, rue Saint-Antoine-du-T, 31000. ☎ 05-62-27-00-68.
20 ans d'expérience de voyage sur mesure sur les cinq continents ! Cette équipe de voyageurs passionnée a développé un vrai savoir-faire du voyage personnalisé : écoute, conseils, voyages de repérage réguliers et des correspondants sur place soigneusement sélectionnés avec qui ils travaillent en direct. Son engagement à promouvoir un tourisme responsable se traduit par des possibilités de séjours solidaires à insérer dans les itinéraires de découverte individuelle. Elle a aussi créé un programme de compensation solidaire qui permet de financer des projets de développement locaux.

▲ **TERRES D'AVENTURE**

N° Indigo : ☎ 0825-700-825 (service 0,15 €/mn + prix appel). • terdav.com •
– Paris : 30, rue Saint-Augustin, 75002. Ⓜ Opéra ou Quatre-Septembre. Lun-sam 9h30-19h. ☎ 01-70-82-90-00.
– Agences également à Bordeaux, Grenoble, Lille, Lyon, Marseille, Nantes, Rennes, Rouen, Strasbourg et Toulouse.

Depuis 1976, Terres d'Aventure, spécialiste du voyage à pied, propose aux voyageurs passionnés de marche et de rencontres des randonnées hors des sentiers battus à la découverte des grands espaces de notre planète. Voyages à pied, à cheval, en bateau, à raquettes... Sur tous les continents, des aventures en petits groupes ou en individuel encadrés par des professionnels expérimentés sont proposés. Les hébergements dépendent des sites explorés : camps d'altitude, bivouac, refuges ou petits hôtels. Les voyages sont conçus par niveaux de difficulté : de la simple balade en plaine à l'expédition sportive en passant par la course en haute montagne.
En province, certaines de leurs agences sont de véritables *Cités des Voyageurs* dédiées au voyage. Consultez le programme des manifestations sur leur site internet.

▲ **TERRES LOINTAINES**

– Issy-les-Moulineaux : 2, rue Maurice-Hartmann, 92130. ☎ 01-84-19-44-45. • terres-lointaines.com • Slt sur rdv ou par tél : lun-ven 9h-19h, sam 10h-18h.
– Bordeaux : 4, rue Esprit-des-Lois, 33000. ☎ 09-72-41-71-18. • terres-lointaines.com •

Terres Lointaines est le dernier-né des acteurs du Net qui compte dans le monde du tourisme avec pour conviction : « un voyage réussi est un voyage qui dépasse les attentes du client ». Son ambition est clairement affichée : démocratiser le voyage sur mesure au prix le plus juste. En individuel ou en petit groupe, entre raffinement et excellence, Terres Lointaines met le monde à votre portée. Europe, Amériques, Afrique, Asie, Océanie, la palette de destinations programmées est vaste, toutes proposées par des conseillers-spécialistes à l'écoute des envies du client. Grâce à une sélection rigoureuse de prestataires locaux, Terres Lointaines crée des voyages de qualité, qui laissent de merveilleux souvenirs.

▲ **VOYAGEURS DU MONDE – VOYAGEURS EN ASIE DU SUD-EST**

☎ 01-42-86-16-88. • voyageursdumonde.fr •
– Paris : La Cité des Voyageurs, 55, rue Sainte-Anne, 75002. ☎ 01-42-86-16-00. Ⓜ Opéra ou Pyramides. Lun-sam 9h30-19h. Avec une librairie spécialisée sur les voyages.
– Également des agences à Bordeaux, Grenoble, Lille, Lyon, Marseille, Montpellier, Nantes, Nice, Rennes, Rouen, Strasbourg et Toulouse, ainsi qu'à Bruxelles et Genève.

Parce que chaque voyageur est différent, que chacun a ses rêves et ses idées pour les réaliser, Voyageurs du Monde conçoit, depuis plus de 30 ans, des projets sur mesure. Les séjours proposés sur 120 destinations sont élaborés par leurs 180 conseillers voyageurs. Spécialistes par pays et même par région, ils vous aideront à personnaliser les voyages présentés à travers une trentaine de brochures d'un nouveau type et sur le site internet où vous pourrez également découvrir les hébergements exclusifs et consulter votre espace personnalisé. Au cours de votre séjour, vous bénéficiez des services personnalisés Voyageurs du Monde, dont la possibilité de modifier à tout moment votre voyage, l'assistance d'un concierge local, la mise en place de rencontres et de visites privées, et l'accès à votre carnet de voyage via une application iPhone et Androïd.
Voyageurs du Monde est membre de l'association ATR (Agir pour un tourisme responsable) et a obtenu sa certification Tourisme responsable AFAQ AFNOR.

Voir aussi au sein de chaque ville les agences locales que nous avons sélectionnées.

Comment aller à Roissy et à Orly ?

Conservez dans votre bagage cabine vos médicaments, vos divers chargeurs et appareils ainsi que vos objets de valeur (clés et bijoux). Et on ne sait jamais, ajoutez-y de quoi vous changer si vos bagages n'arrivaient pas à bon port avec vous.

Toutes les infos sur notre site ● *routard.com* ● à l'adresse suivante : ● *bit.ly/aeroports-routard* ●

En Belgique

▲ CONNECTIONS
Rens et résas : ☎ 070-233-313 (lun-ven 9h-19h, sam 10h-17h). ● connections.be ●
Fort d'une expérience de plus de 20 ans dans le domaine du voyage, Connections dispose d'un réseau de 30 *travel shops,* dont un à l'aéroport de Bruxelles. Connections propose des vols dans le monde entier à des tarifs avantageux et des voyages destinés à des voyageurs désireux de découvrir la planète de façon autonome. Connections propose également une gamme complète de produits : vols, hébergements, location de voitures, autotours, vacances sportives, excursions...

▲ CONTINENTS INSOLITES
– Bruxelles : rue César-Franck, 44 A, 1050. ☎ 02-218-24-84. ● continents-insolites.com ● Lun-ven 10h-18h, sam 10h-16h30 sur rdv.
Continents Insolites, organisateur de voyages lointains sans intermédiaire, propose une gamme étendue de formules de voyages détaillées dans leur guide annuel gratuit sur demande.
– *Voyages découverte sur mesure :* à partir de 2 personnes. Un grand choix d'hébergements soigneusement sélectionnés : du petit hôtel simple à l'établissement luxueux et de charme.
– *Circuits découverte en minigroupes :* de la grande expédition au circuit accessible à tous. Des circuits à dates fixes dans plus de 60 pays en petits groupes francophones de 7 à 12 personnes. Avant chaque départ, une réunion est organisée. Voyages encadrés par des guides francophones, spécialistes des régions visitées.

▲ TERRES D'AVENTURE
– Bruxelles : 23, chaussée de Charleroi, 1060. ☎ 02-543-95-60. ● terdav.com ● Lun-sam 10h-19h.
Voir le texte dans la partie « En France ».

▲ VOYAGEURS DU MONDE
– Bruxelles : 23, chaussée de Charleroi, 1060. ☎ 02-543-95-50. ● voyageursdumonde.com ●
Le spécialiste du voyage en individuel sur mesure. Voir le texte dans la partie « En France ».

En Suisse

▲ ASIA
– C/o Fert et Cie Voyages : rue Barton, 7 Case postale 2364, CH-I211 Genève 2. ☎ 022-839-43-39.
Voir le texte dans la partie « En France ».

▲ JERRYCAN
– Genève : 11, rue Sautter, 1205. ☎ 022-346-92-82. ● jerrycan-voyages.ch ● Lun-ven 9h-12h30, 13h30-18h.
Tour-opérateur de la Suisse francophone spécialisé sur l'Afrique, l'Asie et l'Amérique latine. 3 belles brochures proposent des circuits individuels et sur mesure. L'équipe connaît bien son sujet et peut construire un voyage à la carte.

▲ TERRES D'AVENTURE
– Genève : 19, rue de la Rôtisserie, 1204. ☎ 022-518-05-13. ● geneve@terdav.com ● Lun-ven 10h-19h et sam 9h30-18h30.
Voir le texte dans la partie « En France ».

Au Québec

▲ EXOTIK TOURS
Rens sur ● exotiktours.com ● ou auprès de votre agence de voyages.

Exotik Tours offre une importante programmation et notamment la Malaisie en été.

Voir aussi au sein de chaque ville les agences locales que nous avons sélectionnées.

LIAISONS AVEC L'ASIE

EN AVION

En Malaisie, les aéroports internationaux de Kuala Lumpur (KLIA et KLIA 2), Kota Bharu, Kuantan, Kuala Terengganu, Johor Bahru, Penang et Langkawi desservent les pays voisins grâce à *Malaysian Airlines, Firefly, Air Asia* et *Malindo Air* : • *malaysia-airlines.com* • *airasia.com* • *fireflyz.com.my* • *mal indoair.com* •

Depuis Singapour, *Air Asia* (• *airasia.com* •) assure plusieurs vols/sem pour Bangkok (Thaïlande), Hanoi (Vietnam), Kuala Lumpur (Malaisie), Siem Reap et Phnom Penh (Cambodge), etc.

■ D'autres compagnies, comme *Singapore Airlines* (• *singaporeair.com* •), proposent également des vols vers les capitales de l'Asie du Sud-Est et à l'international. *Firefly* opère des vols vers différentes villes de Malaisie (• *fireflyz.com.my* •).

EN TRAIN, BUS ET BATEAU

Malaisie-Thaïlande

➢ ***En train :*** de Hat Yai, la ville de Thaïlande où se séparent 2 voies ferrées (l'une allant vers la côte ouest et l'autre vers la côte est de la Malaisie).

– À l'est, il y a 2 trains express/j. entre ***Sungai Kolok*** (*Sungaï Golok* en malais), ville frontière du sud-est de la Thaïlande (terminus des trains) et le nord de la Thaïlande (*Hat Yai, Surat Thani* et *Bangkok*... ; compter env 20h pour ***Bangkok***). De Sungai Kolok, on rejoint la ville malaisienne de ***Rantau Pajang.***

– À l'ouest, depuis la ville-frontière de Padang Besar, env 5 trains/j. pour Kuala Lumpur, via Butterworth, Ipoh.

➢ ***En bus :*** de la *Central Bus Station* de Kota Bharu, bus n° 29 ttes les 30 mn 5h45-18h30 en théorie. Partir tôt, car il y a environ 1h30 de trajet jusqu'à Rantau Panjang, où se trouve le poste-frontière. Le bus vous laisse au bureau d'immigration, au niveau du pont, qu'on traverse à pied pour se retrouver en Thaïlande. La frontière est ouverte tlj 10h-22h.

– Une fois en Thaïlande, 3 bus/j. assurent aussi la liaison Sungai Kolok-Bangkok. Compter 15h de trajet. Pour Phuket, se rendre d'abord à Hat Yai.

De Sungai Kolok, un minivan part ttes les heures 6h-16h vers la gare ferroviaire de Hat Yai.

Malaisie-Indonésie (Sumatra)

– ***En bateau :*** ferries de Malacca pour Dumai et Bengkalis. Ou de Port Klang (le port de Kuala Lumpur) vers Tanjung Balai (mais, là, pas de visa à l'arrivée). Mais aussi de Johor Bahru pour Tanung Pinang et Batam. Également entre Kukup (à 50 km de Johor Bahru) et Tanjung Balai, et entre Georgetown (Penang) et Medan (Sumatra).

Singapour-Malaisie

En train

➢ ***De/vers Kuala Lumpur :*** env 3 départs/j. (le midi et de nuit) ; changer à Gemas. Trajet : env 7h.

➢ ***De/vers Ipoh, Kuala Kangsar, Taiping et Butterworth (Penang) :*** 1 départ/j. changer à Gemas ; durée : env 12h de Butterworth.

➢ ***De/vers Jerantut et Kuala Lipis :*** 1 train/j. Durée : env 9h15 pour Jerantut, 10h30 pour Kuala Lipis.

➢ ***De/vers Johor Bahru :*** pour aller de l'autre côté de la frontière, juste en face, env 10-12 trains/j. Le trajet ne dure que 5 mn. Bien moins cher : le bus n° 170 qui part devant la gare, mais attention aux embouteillages...

➢ ***De/vers Wakaf Bahru*** (gare la plus proche de Kota Bharu) *:* 2 trains/j.

(1 départ le mat et 1 de nuit), changer à Gemas ; trajet : env 15h.
– L'*Orient-Express* en provenance de Singapour passe également à ***Padang Besar.***

Woodlands Railway Station de Singapour *(plan I)* **:** *au nord-ouest de la ville, à quelques encablures de Johor Bahru. ☎ 6366-68-32 (en anglais). • ktmb.com.my • Pour y aller en transports en commun : métro et bus. Prendre le métro jusqu'à la station MRT Woodlands puis descendre au sous-sol dans le* Bus Interchange *pour prendre le bus n° 856 (tlj 5h30-23h50) au quai n° 11. Il faut avoir l'appoint en montant dans le bus. On peut descendre à la station de métro Marsiling puis attraper le même bus (trajet plus court mais arrêt de bus moins simple à trouver ; demander). À l'arrivée à la gare ferroviaire, guichet de la KTMB au rdc (tlj 8h30-22h). Dans l'autre sens, c'est un peu plus la pagaille : à la gare ferroviaire, se renseigner avant de monter, mais, en principe, les bus n*os *911 et 912 vont à la station de métro Woodlands et le n° 950 à la station Marsiling. Souvent beaucoup de monde aux taxis...* Cela dit, peu de voyageurs empruntent le train, la plupart prennent un bus au départ du centre de Singapour.

En bus, liaisons entre Singapour et...

➢ ***Kuala Lumpur :*** nombreux bus quotidiens. Trajet : env 5-6h. Notez que certaines compagnies, comme *Star Mart,* proposent des bus luxueux (donc plus chers) avec sièges massants...
➢ ***Malacca (Malaisie) :*** départs ts les mat avec les 3 compagnies. Trajet : env 4h.
➢ Liaisons quotidiennes également avec ***Ipoh*** et ***Butterworth (Penang) ; Tanah Rata (Cameron Highlands), Kuantan, Mersing*** et ***Genting*** ; ***Kuala Kangsar*** et ***Taiping*** ; ***Tapah.***

Gare routière de Singapour *(plan II, D2)* **:** *Beach Rd, au* Golden Mile Complex. Ⓜ *Lavender (mais la gare routière est à plus de 500 m du métro : si vous êtes chargé, prenez un taxi).* C'est l'endroit où se sont regroupées les principales compagnies, notamment *Star Mart Express* *(☎ 6396-56-81 ; • starmartonline.com •), Konsortium (☎ 6392-39-11 ; • konsortium.com.sg •)* et *Grassland-Super Nice (☎ 6292-11-66 ; • grassland.com.sg •).* Cela dit, *Konsortium* et *Grassland-Super Nice* ont également un bureau au *People's Park Centre* (101, Upper Cross Street ; *plan III, E8*), au nord de Chinatown. On peut aussi réserver son ticket sur Internet.
D'autre part, attention, les bus ne partent pas forcément du *Golden Mile Complex,* chaque agence vous dira où prendre votre bus. Si vous prenez un bus grande ligne, pas de souci pour passer la frontière : le bus attendra la fin des formalités. En revanche, avec un bus local qui rejoint Johor Bahru, ne laissez jamais vos bagages à l'intérieur pendant les formalités : les bus n'attendent pas forcément et il faut prendre le prochain bus qui passe.

Singapour-Indonésie

Port d'embarquement des ferries (Singapour) : *au Harbour Front (plan I). • singaporecruise.com •* Ⓜ *Harbour Front.* Les comptoirs des compagnies de bateaux sont au 2e étage du *Harbour Front Center.* 3 principales compagnies : *Penguin Ferries (☎ 6271-48-66 ; • penguin.com.sg •), Wave Master (☎ 6272-05-01)* et *Indo Falcon (☎ 6278-31-67).*
➢ ***Pour l'île de Batam :*** une dizaine de liaisons/j. 8h-21h pour le port de Batam Center ; 8h-20h30 pour le port de Sekupang avec *Penguin Ferries.* Près de 15 bateaux/j. 8h-21h30 pour Batu Ampar avec *Wave Master.* Durée : 45 mn pour ces 3 destinations.
➢ ***Pour Tanjung Balai (île de Karimun) :*** 3 départs/j., le mat, en milieu de journée et le soir, avec *Penguin Ferries* et *Indo Falcon.* Durée : 1h45.
➢ ***Pour Pekanbaru (Sumatra) :*** la solution la plus utilisée par les routards (au départ de Singapour) consiste à emprunter des bateaux en faisant une escale sur l'*île de Batam,* avant de gagner la côte orientale de Sumatra. Prévoir une bonne journée. Prendre le 1er bateau de 8h pour attraper la correspondance à Batam. À Batam, prendre un autre bateau pour *Batun.* Il y a

des liaisons rapides tlj à partir de 9h. Durée : env 5h. Une fois à Batun, prendre un bus pour Pekanbaru (durée : 4h). Billet bateau-bus vendu par de nombreuses agences à Batam (sur le port, à l'embarcadère). Ces agences pratiquent à peu près les mêmes tarifs.

Tanah Merah Ferry Terminal *(plan I)* **:** *à côté de l'aéroport de Singapour.* Départs pour ***Tanjung Pinang*** sur l'***île de Bintan.***

➢ ***Pour Jakarta :*** pas de liaisons directes. Il faut d'abord se rendre à ***Tanjung Pinang.*** 2 départs/j. avec *Penguin Ferries (☎ 6542-71-05).* Correspondance pour Jakarta le dim. Arrivée le lun vers 13h. Pas de résas pour la classe pont. Si vous êtes obligé de dormir à Tanjung Pinang, des gamins vous proposeront des chambres dans les familles. De Tanjung Pinang, on peut également se rendre au lac Toba, à Bali et à Medan. *Rens sur l'île de Bintan : ☎ 011-771-312-595.*

Les navigateurs romantiques prendront donc le bateau pour aller à Jakarta, mais il faut tout de même réaliser que c'est long (36h) et pénible. Pour certains, ce sera un véritable calvaire. Étant donné la différence de prix, ça ne vaut peut-être pas le coup de se passer de l'avion.

Singapour-Thaïlande

➢ ***En train :*** pas de train direct pour ***Bangkok,*** il faut être motivé : changer à Butterworth et Gemas (Malaisie). Départ de Bangkok dans l'ap-m, arrivée à Butterworth 22h plus tard.

Enfin, si vous avez gagné au Loto ou fait un héritage subit, il existe l'***Eastern & Oriental Express,*** déclinaison asiatique du mythique *Orient-Express*. *Rens et résas pour l'E & O Express à Singapour : ☎ 6392-35-00 ; ou Orient Express Trains and Cruises :* 1-2 départs/mois (mars-déc dans le sens Singapour-Bangkok ; fév-déc dans l'autre sens). 1 930 km parcourus en 3 jours et 2 nuits de Singapour à Bangkok, 4 j./3 nuits du sud au nord. Possibilité de prendre 1 jour seulement entre Singapour et Kuala Lumpur. Luxueuse déco rococo-kitsch et confort ultramoderne. Prix évidemment à l'avenant !

MALAISIE UTILE

• Carte La Péninsule malaise *p. 8-9*

ABC de la Malaisie

- ***Superficie :*** 330 803 km² (avec Sabah et Sarawak).
- ***Capitale :*** Kuala Lumpur.
- ***Régime :*** monarchie fédérale constitutionnelle (9 sultanats héréditaires, 4 États non monarchiques et le district fédéral de Kuala Lumpur).
- ***Roi de Malaisie :*** élu tous les 5 ans : sultan de Kelantan à partir de 2016).
- ***Chef du gouvernement :*** Mohammad Najib bin Abdul Razak (depuis 2009).
- ***Population :*** env 30,5 millions d'habitants.
- ***Espérance de vie :*** 72,5 ans pour les hommes et 77,2 ans pour les femmes.
- ***Indice de développement humain :*** 62e rang (0,779).
- ***Religions :*** musulmans (61,3 % ; religion officielle), bouddhistes (19,8 %), chrétiens (9,2 %), hindouïstes (6,3 %), autres (3,4 %).
- ***Densité :*** 90 hab./km².
- ***Monnaie :*** le ringgit (Rm).
- ***Langues :*** malais (langue officielle), chinois (dialecte hokkien et cantonais), anglais, tamoul.
- ***Salaire minimum :*** env 1 000 Rm (soit env 250 €) ; salaire moyen autour de 3 000 Rm (750 €).

AVANT LE DÉPART

Adresses utiles

En France

Office national de tourisme de Malaisie : *29, rue des Pyramides, 75001 Paris. ☎ 01-42-97-41-71. • malaysia.travel/fr-fr/fr • Ⓜ Pyramides. Lun-ven 9h-13h, 14h15-17h.* Bien documenté et équipe efficace. Nombreuses brochures à disposition sur les différentes régions de Malaisie (y compris Bornéo) ou sur des thèmes (plages, plongée, îles, golf, etc.).

■ ***Ambassade de Malaisie :*** *2 bis, rue de Bénouville, 75116 Paris. ☎ 01-45-53-11-85. • mwparis@kln.gov.my • kln.gov.my/web/fra_paris/home • Ⓜ Porte-Dauphine. Service consulaire : lun-ven 9h30-12h30.*

En Belgique

■ ***Ambassade de Malaisie :*** *av. de Tervueren, 414 A, Bruxelles 1150. ☎ 02-776-03-40. • mwbrussels@kln.gov.my • kln.gov.my/web/bel_brussels • Lun-ven 9h-12h (service consulaire).*

En Suisse

■ ***Ambassade de Malaisie :*** *1, Jungfraustrasse, CH-3005, Berne. ☎ 31-350-47-00. • mwberne@kln.gov.my • kln.gov.my • Lun-ven 10h-16h (service consulaire).*

■ ***Consulat de Malaisie :*** *20, route de Pré-Bois, CP 1834, 1215, Genève 15. ☎ 022-710-75-00. • mwgeneva@kln.gov.my • kln.gov.my • Lun-ven 9h-13h, 14h-17h.*

Au Canada

■ ***High Commission of Malaysia :*** *60 Boteler St, Ottawa, Ontario K1N-8Y7. ☎ (613) 241-51-82. • mwottawa@kln.gov.my • kln.gov.my/web/can_ottawa • Lun-ven 9h-17h.*

Formalités

– Pas besoin de visa pour un séjour inférieur ou égal à 3 mois. En revanche, le ***passeport*** doit être valable 6 mois après la date de retour et vous devez être en possession d'un ***billet d'avion prouvant votre intention de quitter le pays dans les 3 mois*** (billet aller-retour ou de continuation).

– En venant de la frontière thaïlandaise en bus, pas de problème particulier.

> Pensez à scanner passeport, carte de paiement et vouchers d'hôtel. Ensuite, adressez-les-vous par e-mail, en pièces jointes. En cas de perte ou de vol, rien de plus facile pour les récupérer sur votre smartphone. Les démarches administratives en seront bien plus rapides.

– ***Ariane, le fil à suivre :*** Ariane est un service gratuit mis à disposition par le centre de crise du ministère des Affaires étrangères. Il permet aux voyageurs français qui le souhaitent de s'enregistrer à l'occasion de leurs séjours à l'étranger. Les informations déposées sur Ariane sont utilisées en cas de crise, par exemple pour contacter des voyageurs dans l'hypothèse où des opérations de secours sont organisées, ou encore pour joindre rapidement les familles ou les proches en France si nécessaire. Pour en savoir plus : *• pastel.diplomatie.gouv.fr/fildariane •*

> ***Note concernant Bornéo***
>
> Les États de Sarawak et Sabah, sur l'île de Bornéo, ne sont pas traités dans ce guide. Le renforcement des services de sécurité a sensiblement amélioré la situation depuis les prises d'otages de touristes asiatiques et occidentaux en 2000 et 2001. Mais la vigilance est encore de mise, car les risques d'enlèvement sont toujours présents, en particulier sur la côte orientale de l'État de Sabah. Consulter le site du ministère des Affaires étrangères français : *• diplomatie.gouv.fr •* rubrique « Conseils aux voyageurs ».

Assurances voyages

■ ***Routard Assurance :*** *c/o AVI International, 40-44, rue Washington, 75008 Paris. ☎ 01-44-63-51-00. • avi-international.com • Ⓜ George-V.* Depuis 20 ans, *Routard Assurance,* en collaboration avec *AVI International,* spécialiste de l'assurance voyage, propose aux voyageurs un contrat d'assurance complet à la semaine qui inclut le rapatriement, l'hospitalisation, les frais médicaux, le retour anticipé et les bagages. Ce contrat se décline en différentes formules : individuel, senior, famille, light et annulation. Pour les séjours longs (de 2 mois à 1 an), consultez le site. L'inscription se fait en ligne, et vous recevrez dès la souscription tous vos documents d'assurance par e-mail.

■ ***AVA** : 25, rue de Maubeuge, 75009 Paris. ☎ 01-53-20-44-20. • ava.fr • Ⓜ Cadet.* Un autre courtier fiable pour ceux qui souhaitent s'assurer en cas de décès-invalidité-accident lors d'un voyage à l'étranger, mais surtout pour bénéficier d'une assistance rapatriement, perte de bagages et annulation. Attention, franchises pour leurs contrats d'assurance voyage.

■ ***Pixel Assur** : 18, rue des Plantes, BP 35, 78601 Maisons-Laffitte. ☎ 01-39-62-28-63. • pixel-assur.com • RER A : Maisons-Laffitte.* Assurance de matériel photo et vidéo tous risques (casse, vol, immersion) dans le monde entier. Devis en ligne basé sur le prix d'achat de votre matériel. Avantage : garantie à l'année.

Carte internationale d'étudiant (ISIC)

Elle prouve le statut d'étudiant dans le monde entier et permet de bénéficier de tous les avantages, services et réductions dans les domaines du transport, de l'hébergement, de la culture, des loisirs, du shopping...
La carte ISIC permet aussi d'accéder à des avantages exclusifs (billets d'avion spécial étudiants, hôtels et auberges de jeunesse, assurances, cartes SIM internationales, location de voitures...).

Renseignements et inscriptions

– En France : • isic.fr • 13 € pour 1 année scolaire.
– En Belgique : • isic.be •
– En Suisse : • isic.ch •
– Au Canada : • isiccanada.com •

Carte internationale des auberges de jeunesse (carte FUAJ)

Cette carte vous ouvre les portes des 4 000 auberges de jeunesse du réseau *HI-Hostelling International* en France et dans le monde. Vous pouvez ainsi parcourir 90 pays à des prix avantageux et bénéficier de tarifs préférentiels avec les partenaires des auberges de jeunesse *HI*. Enfin, vous intégrez une communauté mondiale de voyageurs partageant les mêmes valeurs : plaisir de la rencontre, respect des différences et échange dans un esprit convivial. Il n'y a pas de limite d'âge pour séjourner en AJ. Il faut simplement être adhérent.

Renseignements et inscriptions

– En France : • hifrance.org •
– En Belgique : • lesaubergesdejeunesse.be •
– En Suisse : • youthhostel.ch •
– Au Canada : • hihostels.ca •

Si vous prévoyez un séjour itinérant, vous pouvez réserver plusieurs auberges en une seule fois en France et dans le monde : *• hihostels.com •*

ARGENT, BANQUES, CHANGE

L'unité monétaire est le ***ringgit*** (Rm), divisé en 100 *sen.* On parle fréquemment de « dollar » malais. En 2016, un ringgit valait environ 0,25 €, soit ***1 € = 4 Rm*** au cours officiel.

Change

Le change est souvent un peu plus intéressant dans les ***money changers*** (autorisés), mais n'hésitez pas à comparer avec la banque voisine. Dans les deux cas, leur commission est toujours intégrée dans le taux de change. Les *money changers* sont nombreux dans les quartiers indiens et chinois des grandes villes. Les taux varient parfois en fonction de la taille de l'agglomération et de la concurrence, mais aussi du lieu. Au retour, mieux vaut racheter des euros en ville qu'à l'aéroport...

Cartes de paiement

Avertissement

Si vous comptez effectuer des retraits d'argent aux distributeurs, il est ***très vivement conseillé d'avertir votre banque*** avant votre départ (pays visités et dates). En effet, ***votre carte peut être bloquée dès le premier retrait*** pour suspicion de fraude. C'est de plus en plus fréquent. Bonjour les tracasseries administratives pour faire rentrer les choses dans l'ordre, et on se retrouve vite dans l'embarras ! Utile aussi pour qu'on ne vous attribue pas un débit postérieur à votre retour, au cas où votre carte aurait été piratée.

De même, pensez à téléphoner à votre banque pour relever le plafond de retrait aux distributeurs et pour les paiements par carte, quitte à le faire rebaisser à votre retour. Utile surtout avec les cautions pour les locations de voiture et les garanties dans les hôtels. On trouve des distributeurs automatiques partout, y compris dans les petites villes. Si ça ne marche pas du premier coup, réessayez avec celui d'à côté et si possible aux heures d'ouverture. En principe, il faut choisir l'option *savings* ou *credit card,* mais pas *current.* Le taux est généralement supérieur à celui du change au guichet des banques et des *money changers,* mais il faut ajouter la commission prélevée par votre banque. En résumé, pas vraiment de différence marquante. Les cartes de paiement sont acceptées par bon nombre d'hôtels, parfois même petits, et par les restos chic. Pour les *guesthouses* et les gargotes, cash seulement, sauf (rares) exceptions.

– ***Attention*** aux cas de fraude avérés dans les petites boutiques, mais aussi dans les grands hôtels et magasins. D'une manière générale, le paiement par carte sans avoir à composer son code rend le piratage bien plus facile. Limitez le plus possible l'utilisation de votre carte de paiement aux retraits d'argent liquide.

Bon à savoir

Avant de partir, notez donc bien le numéro d'opposition propre à votre banque (il figure souvent au dos des tickets de retrait, sur votre contrat ou à côté des distributeurs de billets), ainsi que le numéro à 16 chiffres de votre carte. Bien entendu, conservez ces informations en lieu sûr et séparément de votre carte.
Par ailleurs, l'assistance médicale se limite aux 90 premiers jours du voyage, et l'assistance véhicule aux cartes haut de gamme (renseignez-vous auprès de votre banque). N'oubliez pas aussi de VÉRIFIER LA DATE D'EXPIRATION DE VOTRE CARTE BANCAIRE avant votre départ !

Petite mesure de précaution

– Si vous retirez de l'argent dans un distributeur, utilisez de préférence les distributeurs attenants à une agence bancaire. En cas de pépin avec votre carte (carte avalée, erreurs de numéro...), vous aurez un interlocuteur dans l'agence, pendant les heures ouvrables du moins.

Western Union Money Transfer

En cas de besoin urgent d'argent liquide (perte ou vol de billets, carte de paiement), vous pouvez être dépanné en quelques minutes grâce au système *Western Union Money Transfer.* Pour cela, demandez à quelqu'un de vous déposer de l'argent en euros dans l'un des bureaux *Western Union* ; liste sur ● *westernunion.fr* ● L'argent vous est transféré en moins d'un quart d'heure. La commission, assez élevée, est payée par l'expéditeur. Possibilité d'effectuer un transfert en ligne 24h/24 par carte de paiement (Visa ou MasterCard émise en France).
En Malaisie, se présenter à une agence Western Union *(N° vert : ☎ 1-800-81-33-99)* avec une pièce d'identité.

ACHATS

Artisanat

Attention, l'exportation d'objets artisanaux est sérieusement contrôlée en Malaisie. Les objets en ivoire, les coraux, les étoiles de mer et autres oursins sont strictement interdits à l'exportation.
Le moins que l'on puisse dire, c'est que l'artisanat n'a pas profité du caractère pluriethnique du pays. Seule exception : les antiquités peranakan de Malacca (voir plus loin). Quelques boutiques proposent toutefois de beaux objets traditionnels, fortement influencés par l'art indonésien. Dans certaines villes (Kota Bharu, par exemple), on trouve cependant quelques antiquaires qui vendent des kriss, les célèbres poignards malais (lire plus loin).
– ***Batiks :*** tissus imprimés. On en trouve un peu partout, principalement sur la côte est. Motifs fleuris et colorés. À l'origine, le batik traditionnel est une forme d'art qui avait cours au sein de la famille royale javanaise. Un savoir-faire qu'on retrouve aujourd'hui autant en Afrique de l'Ouest qu'en Asie. Les motifs sont d'abord peints sur le tissu, à la main ou par impression au tampon de bois sculpté ou de cuivre (plus fréquent en Malaisie) ; ensuite l'artisan crée des « réserves » avec de la cire, avant de plonger le tissu dans la teinture, et ce, autant de fois qu'il y a de couleurs différentes en allant du plus clair au plus foncé, évidemment. Un beau batik (de fabrication traditionnelle) doit être imprimé sur l'endroit comme sur l'envers. Aujourd'hui, le terme « batik » désignant les tissus imprimés en général, on vend souvent du tout-venant industriel dans les *batik-shops.*
– ***Sarong :*** tissu uni ou imprimé de 1 m de large, cousu comme un cylindre et porté à la taille comme une grande serviette de plage. Attention ! Les hommes et les femmes le portent différemment.
– ***Étain :*** avec près de 60 % de la production mondiale au début des années 1940, la Malaisie avait enflammé l'étain. Dans les années 1980, la production a fait long feu, mais la tradition demeure. Plusieurs compagnies se partagent aujourd'hui le marché : *Royal Selangor* – la référence, peu de marchandage possible (l'usine au nord de Kuala Lumpur peut faire l'objet d'une intéressante visite) –, *Penang pewter, Temasek pewter, Pewter Art, JS Pewter...* – marchandage possible (et même fortement conseillé). On trouve de très beaux vases et des figurines finement travaillées.
– ***Cerfs-volants :*** en Malaisie, un cerf-volant flottant dans l'air au-dessus d'une maison a le pouvoir de chasser les mauvais esprits. Répondant au terme de *Wau,* ils sont magnifiques et des concours sont régulièrement organisés, notamment dans la région de Kota Bharu. Traditionnellement, leur structure est en bambou entoilé de couches de papier de couleurs différentes, découpées et superposées de manière à former des motifs, un peu comme de la marqueterie. Ils peuvent prendre différentes formes, tel un oiseau ou un chat ; l'un des plus caractéristiques est le *wau-bulan* ou cerf-volant lune. Il est souvent de grande envergure, peut atteindre jusqu'à 3 m de haut et voler jusqu'à plus de 150 m d'altitude ! Le problème, c'est donc que les plus beaux, qui sont aussi les plus rares, sont surtout très encombrants ! Aujourd'hui, la plupart des cerfs-volants sont fabriqués en Chine...
– ***Objets aborigènes :*** dans le centre du pays. Ça va de la sarbacane de 2 m de long (bon courage pour les contrôles au moment de prendre l'avion) à de curieux masques ou à de jolies statuettes en bois. D'ailleurs, les sculptures sur bois des Mah Meri qui vivent dans les mangroves du Selangor ont reçu le sceau de l'excellence de l'Unesco.
– ***Kriss :*** c'est une dague allongée, dont la lame, souvent sinueuse, possède une signification particulière. Toujours impair, le nombre d'ondulations symbolise le feu de la passion (3 vagues pour les amoureux) ou évoque la caste de son propriétaire

(13 vagues pour les guerriers). Il faut toujours deux métaux différents au minimum pour en fabriquer un, et 14 en tout (comme les 14 régions du pays) s'il est destiné à un roi... Les vrais kriss sont bien sûr des pièces de collection, donc hors de prix.
– *Et aussi* : les ***poteries malaises de Sayong,*** à Kuala Kangsar, les ***songkets,*** tissages de coton ou de soie, surtissés de fils d'or ou d'argent, que l'on trouve dans l'État du Terengganu, au nord-est de la péninsule ; les ***marionnettes en cuir*** du théâtre d'ombre du Kelantan ; les ***chaussures brodées de perles*** des Nyonyas, à Malacca.

KRISS DE FOI

On attribue aux kriss de nombreux pouvoirs magiques. Ces poignards sont transmis de père en fils : nul autre que son propriétaire ne peut sortir la lame de son fourreau, car cette dernière est supposée renfermer non seulement l'âme de son maître, mais aussi celles de ses ancêtres. L'identification est tellement forte qu'un marié peut se faire représenter à son propre mariage par son kriss ! L'écrivain Frank Herbert en a fait un symbole de foi dans Dune, *l'arme se désintégrant si elle n'est plus en contact avec son propriétaire !*

Antiquités

À Malacca principalement. Il reste encore quelques belles pièces à dénicher, mais on vous prévient tout de suite, les prix sont exorbitants. Il s'agit d'une partie de l'héritage culturel des Chinois du Détroit (les Baba Nyonya). Ce patrimoine a suscité des vocations d'antiquaires lorsque la Grande Dépression des années 1930 ruina des familles entières ayant fait fortune dans le caoutchouc. On peut trouver quelques belles pièces de l'époque coloniale. Mais là encore, ayez en votre possession le certificat autorisant son exportation. Et songez à l'expédition...

Magasins

– Beaucoup de ***centres commerciaux*** géants, appelés *Complex* ou *Parade,* notamment à Kuala Lumpur, ainsi que dans les grandes villes des États islamiques de la côte est (Kelantan, Terengganu). Quelques bonnes affaires... à faire ! Attention toutefois aux contrefaçons, interdites en Europe et susceptibles d'une amende sévère (deux fois le prix de l'original).
– Si vous voulez à tout prix rapporter quelque chose à tante Catherine, piochez ailleurs : sur les ***marchés,*** dans les ***petites boutiques,*** sur les ***étals des rues*** animées... Encens (côte ouest), thé des Cameron Highlands (région Centre). À Malacca, bijoux en argent, beaux masques et bibelots asiatiques très kitsch.

Marchandage

Ne jamais trop pousser le marchandage avec les Malais (surtout s'ils sont âgés), vous les vexeriez. Ce n'est pas dans les mœurs. En pays musulman, les échanges se font toujours sous la haute surveillance et la bénédiction d'Allah, et même si la conso a quelque peu perverti la manière de commercer, les transactions demeurent encore assez honnêtes à l'endroit des touristes. Quant aux autres communautés, pas la peine de discuter avec les Indiens, quasiment tous désintéressés. En revanche, avec les Chinois, négociez toujours avec une pointe d'humour !
En ce qui concerne le matériel hi-fi, photo et vidéo, parfois moins cher qu'en France, faites jouer la concurrence ! Le truc du *Routard* : définissez précisément le modèle qui vous intéresse et faites inscrire sur votre carte de visite la proposition du premier magasin. Passez au suivant en montrant la première proposition et demandez-lui de faire mieux. Renouvelez l'opération. Vous pouvez espérer jusqu'à 20 % de rabais, surtout si vous payez en liquide. Attention aux garanties, pas toujours internationales.

BUDGET

Mis à part dans les endroits touristiques et notamment dans les îles, la vie n'est pas très chère en Malaisie. Voici quelques prix indicatifs concernant l'hébergement et les restaurants. Fourchettes données sur la base d'une chambre double (sauf « Très bon marché », tarif par personne en dortoir) et d'un repas moyen, sans la boisson. Notez que les prix augmentent le week-end dans les zones les plus touristiques, et plus encore pendant les jours fériés, les vacances scolaires et les grandes manifestations religieuses. À titre d'exemple, les tarifs doublent pendant une quinzaine de jours à l'occasion du Nouvel An chinois !
En 2016, 1 € valait environ 4 Rm.

Hébergement

- ***Très bon marché*** *(en dortoir)* **:** moins de 30 Rm/pers (7,50 €).
- ***Bon marché :*** de 30 à 80 Rm (7,50 à 20 €).
- ***Prix moyens :*** de 80 à 140 Rm (20 à 35 €).
- ***Chic :*** de 140 à 200 Rm (35 à 50 €).
- ***Plus chic :*** de 200 à 300 Rm (50 à 75 €).
- ***Très chic :*** plus de 300 Rm (75 €).

Restaurants

- ***Très bon marché :*** moins de 10 Rm (2,50 €).
- ***Bon marché :*** de 10 à 20 Rm (2,50 à 5 €).
- ***Prix moyens :*** de 20 à 40 Rm (5 à 10 €).
- ***Chic :*** de 40 à 60 Rm (10 à 15 €).
- ***Très chic :*** plus de 60 Rm (15 €).

Pourboires et taxes

Il est carrément mal vu de laisser des pièces de monnaie sur la table en guise de pourboire. Certaines notes, dans les établissements luxueux, précisent d'ailleurs qu'il est interdit de donner de l'argent au personnel ! De toute façon, le service (10 %) ainsi que les taxes gouvernementales (d'environ 6 %) sont toujours ajoutés aux factures d'hôtels et de restos, sauf dans les *stalls* et les gargotes bon marché.

CLIMAT

La péninsule malaise possède un climat équatorial marqué par la chaleur et l'humidité constantes. On distingue néanmoins les côtes, plus ensoleillées et rafraîchies par les influences océaniques (eau de mer à 26-29 °C), des terres basses de l'hinterland, plus étouffantes. Ajoutons à cela, au nord de Kuala Lumpur, les terres hautes épousant les flancs de la grande chaîne de Titiwangsa. Là, il peut faire presque frais : 16 °C la nuit en moyenne dans les Cameron Highlands. Les précipitations sont partout abondantes (2 500 mm de moyenne annuelle, soit quatre fois plus qu'à Paris !), mais, là encore, avec des variations notables. En raison du relief de la principale chaîne de montagnes, les villes situées à ses pieds, comme Kuala Lumpur ou Taiping, sont nettement plus humides que les sites côtiers comme Malacca ou Pangkor...
Le pays connaît deux périodes de mousson, avec des intersaisons paradoxalement plus humides sur la côte ouest. Les moussons sont avant tout des vents qui apportent avec eux des pluies, d'où l'importance de la direction qu'ils prennent...
- ***La mousson du nord-est*** *(mousson d'hiver)* **:** la plus intense des deux, elle s'impose ***de novembre-décembre à mars.*** Les vents du nord-est apportent

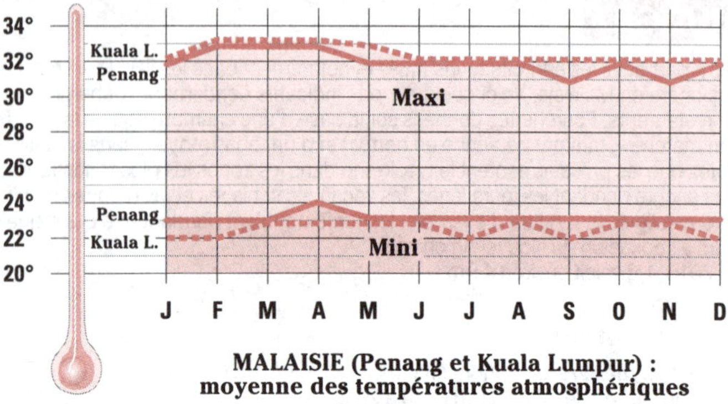

MALAISIE (Penang et Kuala Lumpur) : moyenne des températures atmosphériques

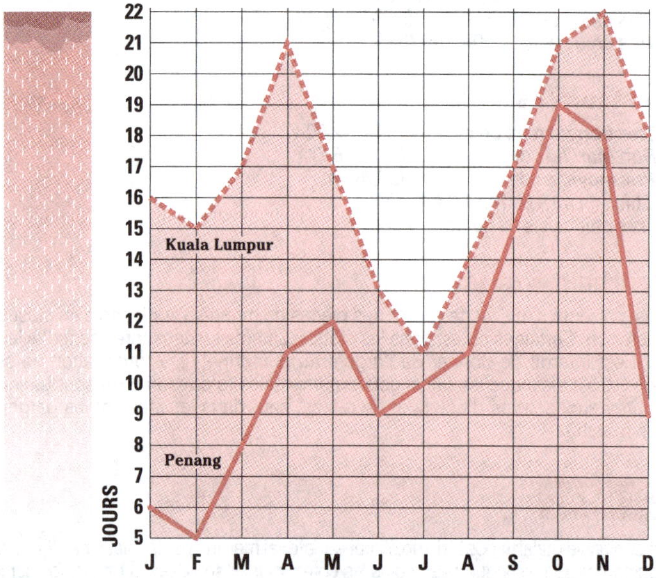

MALAISIE (Penang et Kuala Lumpur) : nombre de jours de pluie

des pluies particulièrement soutenues sur la côte est de la péninsule et dans les régions littorales du Sabah et du Sarawak (Bornéo). Ce n'est donc vraiment pas la bonne saison pour voyager dans l'Est. La côte ouest, protégée par le relief, est relativement épargnée.

– ***La mousson du sud-ouest*** *(mousson d'été)* **:** elle domine ***de fin mai à septembre.*** Cela dit, Sumatra agit en protectrice de la côte ouest, donc cette mousson apporte des pluies nettement moins abondantes que celles de la mousson d'hiver. Seule exception, l'île de Langkawi (voir plus bas). Sur la côte est, protégée par le

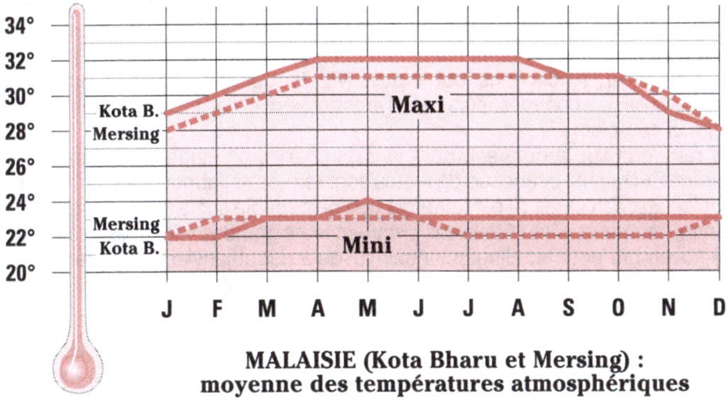

MALAISIE (Kota Bharu et Mersing) :
moyenne des températures atmosphériques

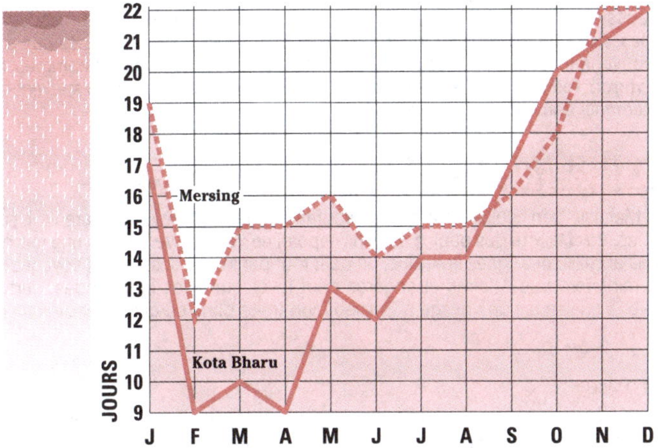

MALAISIE (Kota Bharu et Mersing) :
nombre de jours de pluie

relief, encore moins de pluies que sur la côte ouest... La mousson du sud-ouest s'accompagne souvent de « coups de Sumatra » (vents violents).

– ***Intersaisons :*** ou « intermoussons », si vous préférez ! ***De mi-mars à mi-mai et en octobre-novembre,*** ce sont les périodes les plus humides sur la côte ouest, incluant les deux plus hauts pics de précipitations.

Les saisons à éviter

Plusieurs périodes à éviter :

– novembre-mars sur la côte est. Il y pleut beaucoup et les liaisons en bateau vers les îles sont très aléatoires, voire inexistantes ;

– les mois de novembre à mi-janvier pour le parc national de Taman Negara. Pluies et vacances scolaires au programme ;

– juin à novembre sur l'île de Langkawi, qui est protégée par le relief de la péninsule l'hiver mais, à cette période, n'est pas protégée par Sumatra comme le reste de la côte ouest ;
– le Nouvel An chinois dans tout le pays (voir la rubrique « Fêtes et jours fériés » dans « Malaisie : hommes, culture, environnement »), car tous les hôtels sont très chers et complets ;
– le ramadan sur la côte est, dont la date change chaque année. Les activités tournent au ralenti, beaucoup de restos sont fermés et l'atmosphère se révèle peu propice aux échanges ; il est toutefois peu perceptible sur la côte ouest.
– enfin, sachez que les Malaisiens prennent leurs grandes vacances fin novembre (mi-novembre pour les Singapouriens) jusqu'à début janvier. Il est préférable de réserver son hébergement à l'avance pendant ces périodes.

Vêtements à emporter

Il peut pleuvoir n'importe quand, mais les averses sont généralement brèves et violentes. Prévoir tout de même un imper genre poncho, surtout si vous allez dans la jungle. Petite laine recommandée pour les Cameron Highlands et autres stations. Sinon, vêtements légers, en coton ou en lin, pour tout le pays. Bonnes chaussures de marche pour les treks dans la jungle. Mesdames et mesdemoiselles, rien de trop aguicheur dans ce pays musulman : bras et jambes nus sont inconvenants pour visiter les mosquées – et cela vaut aussi pour les hommes, qui se verront refuser l'entrée s'ils sont en short. Cela dit, on prête le plus souvent des vêtements couvrants à l'entrée.

DANGERS ET ENQUIQUINEMENTS

La Malaisie péninsulaire n'a pas la réputation d'être un pays dangereux. Néanmoins, voici la liste des pépins qui (on l'espère) ne vous arriveront pas une fois que vous aurez lu ces lignes ! De plus, un petit tour par les « Conseils aux voyageurs » du ministère des Affaires étrangères peut lever quelques inquiétudes, surtout si vous envisagez un voyage à Bornéo (non traité dans ce guide) : • *diplomatie.gouv.fr* •

Drogue

Dès l'aéroport, des panneaux d'affichage aux dépliants touristiques, on peut lire : ***« En Malaisie, tout transport de drogue entraîne la peine de mort. »*** Et c'est comme ça dans tout le pays. Alors impossible de dire « Je ne savais pas ». Et sachez que la fumette est considérée comme une consommation de drogue à part entière. Vu ?

Taxis, bus et autres considérations relatives au transport...

En débarquant dans le pays, éconduisez gentiment tous les rabatteurs qui vous accueillent dès votre arrivée : c'est rarement un bon plan, et surtout, ***n'acceptez jamais de vous faire embarquer pour une destination inconnue.*** Préférez toujours un taxi officiel car vous obtiendrez un reçu qui vous permettra de contester auprès de la police, le cas échéant.
Lorsque vous débarquez de nuit (mais ça arrive aussi le jour, dans les îles, par exemple), méfiez-vous des rabatteurs qui prétendent que l'hébergement dans lequel vous voulez vous rendre a fermé ou n'a plus de chambre dispo ce soir-là ; tout ça histoire de vous emmener chez l'hôtelier voisin (peut-être même dans le *Routard* d'ailleurs...), qui lui offrira évidemment une commission pour ses bons services...

Attention aussi aux rabatteurs chargés de remplir les « ***budget bus*** » dans les gares routières. Ne vous précipitez pas. Mieux vaut perdre 10 mn à trouver un bus rapide que de perdre 4h dans un bus qui lambine jusqu'à la même destination parce qu'il s'arrête tout le temps.
D'une manière générale, dans les transports en commun, la vigilance est de mise : ***ne mettez jamais d'objets de valeur dans les bagages que vous ne gardez pas près de vous.***

Vol

Le vol et le brigandage ne sont ni plus ni moins un problème spécifique à la Malaisie, cela dit, il convient de rester vigilant, comme à Kuala Lumpur où la criminalité progresse et où l'on constate de nombreux vols à l'arraché, notamment par des individus circulant à moto. Évitez les rues désertes, surtout à la tombée de la nuit. De plus, il est judicieux de ne prendre sur soi que ce dont on a besoin. Évidemment, ne laissez rien de valeur dans un bungalow de bambou tressé, fermé par un simple cadenas ou alors, utilisez votre propre cadenas. Conservez toujours votre passeport sur vous, tout en laissant des photocopies dans un sac à votre hébergement, ou en l'ayant au préalable scanné et envoyé sur votre adresse e-mail, consultable à distance.

Tenue vestimentaire et us...

La Malaisie est un pays où l'islam est très présent. Encore plus présent dans les États islamiques du nord-est de la péninsule comme le Kelantan et le Terengganu. Dans ces États, les routardes doivent porter une tenue assez couvrante : pas de décolleté, pas de short ou de jupe courte, pas de maillot deux-pièces sur la plage. Au resto (surtout dans les lieux populaires et peu touristiques), veillez à bien respecter les tables réservées aux femmes, à la limite aux familles.
La petite bière fraîche se consomme exclusivement chez les Chinois. Les endroits servant de l'alcool dans le centre-ville en dehors des quartiers chinois sont souvent des bars à entraineuses, sachez-le.

Spécial routardes

Dans les États islamiques de Kelantan et de Terengganu, au nord-est de la péninsule, évitez le pantalon qui vous serre un peu, et le maillot de bain deux-pièces, sinon vous risquez de vous faire apostropher sans arrêt. Préférez les vêtements un peu larges. Dans ces régions, les interdits ont entraîné de sacrées frustrations. Ne vous étonnez pas non plus, quand vous êtes accompagnée d'un homme, si les locaux s'adressent à lui en priorité.
Ailleurs, Malaisiennes et touristes, qui ne sont pas de confession musulmane, s'habillent comme bon leur semble.

Argent

IMPORTANT : CONSERVEZ TOUJOURS VOTRE CARTE DE PAIEMENT AVEC VOUS. Ne la laissez pas dans le coffre à l'hôtel quand vous partez en rando. Trop de lecteurs se retrouvent en France avec d'énormes découverts bancaires. En cas de doute, vérifiez votre compte, mais attention à Internet...

Virus et compagnies...

En Malaisie, la plupart des sites officiels d'État (musées, transports, etc...) ainsi que ceux des parcs d'attractions, sont piratés. Ayez un antivirus costaud sur votre smartphone ou votre tablette et faites très attention lorsque vous vous connectez, notamment avec les sites les plus couramment utilisés en voyage.

HÉBERGEMENT

Il y en a pour tous les goûts et à tous les prix ! C'est la bonne nouvelle de la Malaisie : on peut y trouver un toit pour trois fois rien ou des hôtels d'un bon confort très abordables. Lire à ce sujet la rubrique « Budget » plus haut. Les tarifs sont souvent plus élevés le week-end mais aussi les jours fériés et pendant les vacances scolaires. En revanche, ils se négocient partout en basse saison et plus encore si vous restez un petit moment (jusqu'à 50 %). Enfin, un conseil : avant de passer par un central de réservation sur Internet, vérifiez directement les tarifs de l'hôtel sur leur site, ça vous évitera parfois de payer une commission en plus alors que vous pensiez bénéficier d'une remise...

Campings

Ils sont rares en Malaisie. Le camping sauvage est possible dans certaines zones isolées (îles, jungle) ; sinon, on trouve peu de terrains en tant que tels, à part dans les parcs nationaux de Taman Negara et d'Endau Rompin. Les quelques autres qui existent sont souvent mal entretenus et sales. Les inconvénients sont nombreux : bestioles désagréables, singes chapardeurs, chaleur, risque de se retrouver trempé après une grosse pluie, boue omniprésente... Seules les îles semblent un peu plus accueillantes. Lorsque l'affluence est trop forte, il arrive que les hébergements complets autorisent de camper dans leur jardin moyennant quelques ringgits pour l'accès à une douche commune.

Auberges de jeunesse et *guesthouses*

Vous trouverez un éventail incroyable d'hébergements à petit budget. Le nom *guesthouse* recouvre un peu tout et n'importe quoi : ce peut être un hôtel miteux aux dortoirs-placards mais bon marché (quoi que...), une structure basique avec de simples matelas au sol (idem), un petit hôtel façon pension de famille (souvent chinois), où vous paierez entre 30 et 70 Rm pour deux, ou même, comme on le voit de plus en plus en ville, une AJ pimpante pour visiteurs internationaux, avec dortoirs impeccables, AC, casiers et lampe individuels. Là, les prix peuvent grimper jusqu'à (50 Rm par personne en pleine saison, voire plus !), avec parfois le lit en dortoir au prix d'une chambre dans une vieille *guesthouse*... Vous aurez souvent le choix entre plusieurs options : dortoir ou chambre et, dans ce second cas, salle de bains commune ou privée, ventilateur (de moins en moins) ou AC, TV ou non, chambre aveugle ou non. Ce dernier critère est important car nombreuses sont les *guesthouses* qui possèdent des chambres aveugles (sans fenêtre). Autre problème, l'insonorisation, certaines auberges ont des cloisons aussi épaisses que du papier à cigarette. Prévoir des boules « qui-est-ce ? »... En principe, au sein d'une *guesthouse*, on doit enlever ses chaussures. Café et thé y sont souvent offerts (en libre-service) et des services en tout genre proposés : résas de bus ou autres transports, location de vélos, laverie, wifi, ordinateur avec accès Internet, activités, excursions et plein d'infos sur la région. Dernière chose, pratiquement tous les hôtels proposent des chambres familiales pouvant accueillir 4, 5 jusqu'à 6 personnes. Si vous êtes prêt à partager votre chambre avec un autre routard, à prix équivalent, cette solution s'avère souvent plus avantageuse au niveau confort (salle de bains privée, clim, thé et café offerts) qu'une simple chambre en dortoir.

Resthouses

En malais : *Ruma Rehat*. Ce sont des sortes d'auberges pour voyageurs, implantées dans le pays par les colons anglais. Certaines sont gouvernementales, d'autres sont devenues privées. Elles gardent un côté traditionnel plaisant, voire désuet, mais l'entretien est aléatoire et les prix toujours un peu plus élevés que dans les *guesthouses.* Souvent, elles sont un peu excentrées et conviennent donc mieux aux routards véhiculés. Bien aussi si on voyage en famille, car les chambres sont en général spacieuses et l'environnement relativement verdoyant...

Chalets, bungalows, *resorts*

Vous rencontrerez ces termes dans les zones côtières. Là aussi, les nuances sont subtiles, ou plus exactement fonction des fantasmes du propriétaire... Les *chalets* (prononcez « chalette » !) se différencient peu des bungalows. Ils peuvent être en bois (plus agréables) ou en dur, et désignent même parfois des chambres d'hôtel tout à fait classiques alignées les unes à côté des autres... remplaçant d'anciens bungalows en bois. Dans ce cas, les cocotiers ont bien souvent disparu au profit de bâtiments de trois ou quatre étages... On trouve parfois aussi des *A-frame chalets,* minuscules abris en bois à la forme triangulaire (en forme de A) : juste un toit sur la tête et des sanitaires communs à partager à l'extérieur. Pour tous ces hébergements, les prix varient de 1 à 10 en fonction du confort.
Quant au *resort,* c'est une sorte de minivillage de vacances, plus cher que la moyenne. Il en existe de super sur les îles, dans des cadres paradisiaques. On y trouve souvent des bungalows, un resto proposant des buffets et plein de services divers qui peuvent faire grimper l'addition. C'est néanmoins le lieu idéal pour goûter un bon confort à un prix raisonnable.

Hôtels

La majorité des hôtels de Malaisie est tenue par la communauté chinoise. Là encore, vous trouverez un peu de tout : de vieux édifices branlants à la propreté aléatoire jusqu'aux hôtels de luxe, en passant par une moyenne gamme sans âme mais correctement tenue. Éclairage au néon et chambres aveugles sont souvent la règle, surtout pour les petits budgets. Les cloisons qui ne montent pas jusqu'au plafond tendent heureusement à disparaître, mais il reste bon nombre d'établissements où les sanitaires sont plus que rudimentaires.
Comme dans tout pays tropical, les blattes (assez grosses) sont ici chez elles. Un truc contre ces bestioles en attendant de s'y accommoder : toujours laisser une lumière allumée (par exemple dans la salle de bains) avant de se coucher. Les paranos peuvent aussi écarter le lit du mur. Cas extrême : plongez chacun des quatre pieds du lit dans un petit récipient rempli d'eau. Extra contre les « rampants » mais inutile contre les « volants » ! Sauf si vous avez aussi pris la précaution d'emporter une moustiquaire...
Dans les grandes villes et les zones touristiques, on trouve un grand nombre d'hôtels aux normes internationales. Un nombre croissant d'entre eux s'est établi dans des édifices historiques, en jouant la carte du charme. C'est particulièrement vrai à Penang. Beaucoup de ces établissements ont adopté le terme de *boutique hotel,* mais attention, certains hôtels médiocres se l'approprient en espérant attirer, eux aussi, le chaland...

HORAIRES ET JOURS D'OUVERTURE

Dans la plus grande partie du pays, les administrations et les banques sont fermées le samedi et le dimanche, à quelques exceptions près. Dans les États de Kedah, Kelantan, Terengganu et Johor, à forte influence islamique, les jours de congés officiels sont le jeudi après-midi, le vendredi et le samedi dans les administrations, le jeudi et le vendredi dans les banques.
– ***Les administrations,*** comme certains musées et commerces, observent une pause déjeuner entre 12h45 et 14h. Elle est un peu plus longue le jour de la prière du vendredi (de 12h15 à 14h45 environ).

– ***Les banques*** sont ouvertes du lundi au vendredi de 9h30 à 15h ou 16h (voire 16h30), le samedi de 9h30 à 11h30 pour certaines aussi. Pour les États islamiques, appliquer les mêmes horaires du samedi au mercredi (parfois aussi le jeudi matin).
– ***Les centres commerciaux*** et les commerces chinois des villes importantes ouvrent généralement tous les jours de 10h à 21h (ou 22h).

LANGUE

La langue nationale est le *bahasa malaysia*. Elle est très proche du *bahasa indonesia.* Depuis 1972, les deux pays ont adopté un système orthographique commun. Assez simple et facile à comprendre, le malais s'écrit en caractères latins – ce qui ne vous empêchera pas de trouver parfois des textes en malais classique (ou *jawi*). Les dialectes chinois sont de plus en plus devancés par le mandarin. Le tamoul est très répandu chez les Indiens. Au final, c'est le malais, plus que l'anglais, qui fédère toutes les communautés. Pour vous, ce sera à priori l'anglais, *isn't it* ? Néanmoins, dès que l'on s'éloigne des principales villes et des endroits touristiques, il est plus difficile de se faire comprendre dans la langue de Shakespeare.
Attention, les panneaux indicateurs ne sont pas en anglais mais en malais. Essayez de retenir les mots-clés relatifs aux transports et à la topologie pour ne pas vous retrouver dans une grotte alors que vous cherchez une île ou aux w-c alors que vous chercher la sortie !

Prononciation

Pas trop compliquée. Bien prononcer les voyelles séparément. Le *e* est souvent muet dans une 1re syllabe (*Setar* = « Star »). Le *c* se prononce « tch » ; le *g,* « gueu » ; le *j,* « dj » ; le *s,* « seu » et le *u,* « ou ». Le *r* est roulé. Donc, *Johor Bahru* se prononce : « djo-hor bar-rou »...
Vous devrez parfois demander votre chemin en nommant des lieux chinois. Juste une précision : le *k* en fin de mot ne se prononce pas. Exemple : le *Kek Lok Si Temple* à Penang se prononce « ké lo si temple ». Vous dérouterez plus d'un Chinois si vous le prononcez à la française.

Petite grammaire

Il n'y a ni temps, ni articles, ni pluriel ! Exemple : « Demain, je voudrai manger des bananes » se traduit mot à mot « Demain, je vouloir manger banane » ; c'est-à-dire : *Besok, saya mau makan pisang.*
En principe, le pluriel se forme en répétant le mot une seconde fois. Mais dans ce cas précis, si on prononce mal *pisang pisang* en demandant des bananes, l'interlocuteur se méprendra peut-être et vous indiquera plutôt les w-c !
La conjugaison est également d'une simplicité qui ravirait les écoliers occidentaux : le passé se limite à un mot, *sudah* (déjà), et le futur se forme avec *belum* (pas encore).
L'orthographe des noms nous a, en revanche, posé quelques problèmes lors de la rédaction de ce guide. Il semble qu'aucune orthographe précise ne régisse les noms propres, notamment pour les lieux (villes, villages, rues, etc.). On trouve invariablement, selon les cartes, les brochures, les panneaux ou les guides : Johore ou Johor, Bahru ou Baharu, Setar ou Star, Penang ou Pinang, *kampung* ou *kampong,* etc. Ne vous formalisez donc pas trop si nous ne respectons pas toujours une règle précise, on s'est déjà assez arraché les cheveux. De même, les Malais ont adapté à leur manière quelques mots anglais. « Taxi » devient *teksi, bas* signifie « bus », *jetty* (la jetée) se transforme en *jeti.*

Vocabulaire

Termes de politesse

bonjour (jusqu'à 10h)	*selamat pagi*
bonjour (de 10h à 15h)	*selamat tengahari*
bonjour (de 15h à 18h)	*selamat petang*
bonsoir	*selamat malam*
bienvenue	*selamat datang*
bon voyage	*selamat jalan*
au revoir	*selamat tinggal*
s'il vous plaît	*sila*
merci beaucoup	*terima kasih*
de rien, je vous en prie	*sama sama*
excusez-moi, pardon	*ma'af (maafkan saya)*
comment allez-vous ?	*apa khabar ?*
ça va (bien)	*khabar baik*
comment vous appelez-vous ?	*apa nama awak ?*
je m'appelle...	*nama saya*

Quelques phrases et mots utiles

Oui	*ya*
Non	*tidak* ou *tak*
pouvez-vous m'aider ?	*boleh tolong saya ?*
qu'est-ce que c'est ?	*apa ini ?*
quelle route ?	*jalan kemana ?*
combien de temps cela prend-il ?	*berapa lama ?*
quand ?	*bila ?*
hier	*semalam*
aujourd'hui	*hari ini*
demain	*esok*
où ?	*di mana ?*
comment ?	*bagaimana ?*
je, moi	*saya, aku* (avec un proche)
tu	*awak, kau* (avec un proche)
il, elle	*dia*
nous	*kami, kita*
ils, elles	*mereka*
aimer	*suka*
louer	*menyewa*
je veux aller rue X...	*saya-mau pergi ke jalan X...*
je veux aller à la poste	*saya ke pejabat pos*
téléphone international	*talipon antarabangsa*
je ne comprends pas	*saya tidak mengerti*
arrêter	*berhenti*
ici	*di sini*
là-bas	*di sana*

Pour dormir

quel est le prix d'une nuit ?	*berapa harga semalam ?*
chambre	*bilik tidur*
lit	*katil*
salle de bains	*bilik mandi*
toilettes, w-c	*bilik air* ou *tandas*
serviette	*tuala*
savon	*sabun*

cher	*mahal*
bon marché	*murah*

Pour survivre

magasin	*kedai*
combien (cela coûte) ?	*berapa* (prononcer « brapa »)
argent	*harganya wang* ou *duit*
distributeur d'argent	*mesin pengeluar wang*
carte de crédit	*kad kredit*
ouvert	*buka*
fermé	*tutup*
bon, beau	*bagus*
manger	*makan*
boire	*minum*
petit déjeuner	*makan pagi*
avoir faim	*lapar*
avoir soif	*haus*
chaud	*panas*
froid	*sejuk*
épicé	*pedas*
riz frit	*nasi goreng*
riz blanc mélangé avec ce que vous voulez	*nasi campur*
riz blanc	*nasi putih*
nouilles frites	*mee goreng*
brochette	*sate* ou *satay*
soupe	*sup, soto*
légumes frits	*sayur goreng*
poisson	*ikan*
poulet	*ayam*
porc	*babi*
bœuf	*daging lembu*
chèvre	*kambing*
œuf	*telur*
crabe	*ketam*
crevettes	*udang*
pain	*roti*
sel	*garam*
sucre	*gula*
pommes de terre	*kentang*
viande	*daging*
piment	*cili*
fruit	*buah*

À boire

café (noir)	*Kopi (o)*
café au lait	*kopi susu*
thé	*teh*
thé au lait	*teh susu*
glaçon	*air batu* ou *ais*
crème glacée	*ais krim*
eau	*air*
jus d'orange	*air oren*
eau de coco	*air kelapa*

Chiffres

un	*satu*	dix	*sepuluh*
deux	*dua*	onze	*sebelas*
trois	*tiga*	douze	*dua belas*
quatre	*empat*	vingt	*dua puluh*
cinq	*lima*	vingt et un	*dua puluh satu*
six	*enam*	trente	*tiga puluh*
sept	*tujuh*	cent	*seratus*
huit	*lapan*	mille	*seribu*
neuf	*sembilan*	million	*juta*

Jours de la semaine

lundi	*isnin*
mardi	*selasa*
mercredi	*rabu*
jeudi	*khamis*
vendredi	*jumaat*
samedi	*sabtu*
dimanche	*ahad*

Orientation

carte	*peta*
route ou rue	*jalan*
rue principale	*jalan bandar*
autoroute	*leboh raya*
(centre-) ville	*(pusat) bandar* ou *bandaraya*
pont	*jambatan*
sortie	*keluar*
entrée	*masuk*
marché	*pasar*
palais	*istana*
mosquée	*masjid*
attention	*awas*
grand(e)	*besar*
petit(e)	*kecil*
île	*pulau*
lac	*tasek*
grotte	*gua*
village	*kampung* ou *kampong*
plage	*pantai*
rivière	*sungai*
colline	*bukit*
mont et montagne	*gunung*
en haut	*turun*
tournez	*belok* ou *pusing*
à gauche	*kiri*
à droite	*kanan*
devant	*hadapan*
derrière	*belakang*
au nord	*utara*
au sud	*selatan*
à l'ouest	*barat*
en face	*depan*
tout droit	*terus*
loin	*jauh*
près	*dehat*

Transports

gare	*stesen*
bus	*bas*
train	*keretapi, tren*
bateau	*kapal*
aéroport	*lapangan terbang*
taxi	*teksi*
ticket	*tiket*
acheter	*beli*
réserver	*reservasi*
quelle distance ?	*berapa kilometer ?*

Apprenez au moins un proverbe malais, très connu, et qui vous vaudra une sympathie immédiate et un large sourire : *Siki, siki, lama, lama, jadi bukit, la* (prononcer : « tsiki » et « djadi »), ce qui équivaut à peu près à : « Petit à petit, l'oiseau fait son nid. » Vous pourrez le sortir plus ou moins à toutes les occasions !

LIVRES DE ROUTE

– ***Dictionnaire insolite de la Malaisie,*** d'Antonio Guerreiro (Cosmopole, 2015). Un abécédaire insolite de la Malaisie réalisé par un ethnologue, expert en environnement, spécialiste de la destination. Il propose un voyage au cœur de cette société multiculturelle, de l'effervescence des centres-ville en *kampungs* indolents, des plats harmonieusement teintés d'épices aux fragrances les plus subtiles... Une découverte faites de surprises pour un format de poche complémentaire à votre guide préféré.

– ***La Ligne noire*** (2004), de J.-C. Grangé (Livre de Poche, 2006). Jacques Reverdi, plongeur et recordman en apnée, Khadidja, un jeune mannequin, et Marc Dupeyrat, journaliste avide de scoops : trois destinées qui se nouent sous le soleil malais (entre autres pays d'Asie). Diabolique, avec une belle description de la région d'Ipoh et des Cameron Highlands. Un excellent thriller basé sur une enquête de terrain – l'auteur a voyagé en Malaisie !

– ***Le Tristement Célèbre Johnny Lim,*** de Tash Aw (Éd. 10/18, 2012). L'histoire de Johnny, un Chinois vivant en Malaisie dans les années 1940, vue à travers le regard de trois de ses proches : son fils, sa femme et son meilleur ami. Un roman tissé dans un décor de couleurs, de scènes de vie et d'odeurs du bout du monde. Un avant-goût de voyage... ou une façon de le prolonger.

– ***Lord Jim*** (1900), de Joseph Conrad (Livre de Poche, 2007). L'archipel malais sert de cadre à ce roman d'aventures maritimes. Et pour cause, Conrad s'est inspiré de la vie de James Brooke (voir encadré). Jim, ancien marin hanté par le souvenir de l'abandon de son navire en perdition, est dans la lignée des personnages de Conrad, qui souffrent toujours de leurs zones d'ombre. Agréable et facile à lire, le roman vaut mieux que le film. Pour les bourlingueurs des mers de Chine.

– ***Un paria des îles*** (1896), de Joseph Conrad (Gallimard, 1999). Ce roman d'amour et d'aventures se passe à la fin du XIXe s à Bornéo. Il conte l'histoire d'un aventurier embarqué dans des trafics un peu louches et celle d'une

LES RAJAH BLANCS DU SARAWAK

Fils d'un fonctionnaire anglais de la Compagnie des Indes orientales, le jeune James Brooke, engagé à 16 ans dans l'armée du Bengale, blessé, rapatrié, renvoyé aux Indes, finit par hériter de son père en 1835. Il aide le sultan de Brunei à mater la rébellion des Dayak et devient vice-roi. Il gouverne ensuite tout le Sarawak, devenant ainsi le premier rajah blanc du pays. Et à sa mort, en 1868, c'est son neveu qui prend le relais !

liaison sensuelle, plutôt orageuse, avec une belle Malaise. La folie tropicale est omniprésente et forme la toile de fond somptueuse et dangereuse de ce roman de Conrad, célèbre baroudeur.

- ***L'Équipée malaise*** (1986), de Jean Échenoz (Éd. de Minuit, 1999). Roman d'amour, roman d'aventures, le troisième livre d'Échenoz (après le remarqué *Cherokee*) joue constamment sur l'ambiguïté – y compris dans le titre – avec sa double signification. L'amour de deux amis pour la même femme constitue la trame psychologique du roman.
- ***Les Sacrifiés,*** de Juliette Morillot (Ed. Belfond, 2012). L'auteur reprend un fait-divers relaté par Somerset Maugham dans sa nouvelle *La Lettre,* celui du meurtre qu'aurait commis une Anglaise de Malaisie au début du XXe s. Un voyage au cœur de la société coloniale, de la manipulation et de la folie.
- ***Le Jardin des Brumes du soir*** (2012), de Tan Twan Eng (éd. Flammarion, 2016). Après la Seconde Guerre mondiale, une juge veut honorer la mémoire de sa sœur morte dans un camp japonais et se rend dans les Cameron Highlands où vit l'ancien jardinier de l'empereur du Japon. Les deux survivants vont apprendre à se connaître.
- ***Meurtre en Malaisie***, de Shamini Flint, (éd. Marabout, 2013). Singh, inspecteur singapourien, mène l'enquête en Malaisie pour prouver l'innocence d'une femme accusée du meurtre de son mari. Seulement la police malaisienne lui met des bâtons dans les roues.
- ***Cet instant avant l'aube*** (2005), de Sara Macdonald (J'ai Lu, 2008). Ce livre entre le roman psychologique et le thriller envoûte le lecteur qui est tour à tour ému, captivé et enveloppé par l'atmosphère moite et torride de la Malaisie. Un roman sur le deuil, les secrets de famille et la renaissance.
- ***Malaisie, un certain regard*** (2013), de Sylvie Gradeler et Serge Jardin (éd. Gope, 2015). Une approche culturelle et artistique de la Malaisie pour une mise en valeur de la richesse de ce pays méconnu.
- ***Exploration dans la presqu'île malaise par Jacques de Morgan, 1884,*** d'Andrée Jaunais (Éd. du CNRS, 2003). C'est le carnet de voyage illustré de Jacques de Morgan, archéologue et naturaliste de la fin du XIXe s. En observateur de la nature, il aborde des sujets aussi variés que la géologie, la paléontologie ou l'ethnologie. Ses observations sont encore une référence pour les chercheurs d'aujourd'hui.
- ***Trois autres Malaisie,*** de Robert Raymer, traduit de l'américain par Jérôme Bouchaud (Éd. Gope, 2012). Une série de petites nouvelles qui nous invitent à découvrir le quotidien des communautés malaise, chinoise et indienne, qui, depuis des siècles, tissent la trame d'un pays à vocation multiculturelle. Une excellente introduction à la culture du pays.
- ***La Dame de Malacca,*** de Francis de Croisset, 1935 (Éd. Kailash, 2008). L'histoire d'Audrey, une jeune Irlandaise mariée avec un major anglais. Nous sommes en 1930, la Malaisie est sous domination britannique. Audrey débarque dans la bonne société victorienne, étouffée par ses codes moraux et sociaux. Un roman à la fois drôle, acerbe et romantique, qui reflète à merveille la Malaisie de l'époque. Ce roman sera porté à l'écran en 1937 par Yves Allégret.
- ***Marie Ier, le dernier roi français,*** d'Antoine Michelland (Éd. Perrin, 2012). L'histoire rocambolesque de Marie-Charles David de Mayréna, aventurier et gouverneur général de l'Indochine, qui fédéra sous son autorité les ethnies montagnardes et indépendantes de l'hinterland malais, territoires convoités à l'époque par l'Angleterre, l'Allemagne et le Siam. Élu roi des Sédangs, il établit une constitution, légifère et va même jusqu'à demander le protectorat de la France...

PHOTO

- Précaution élémentaire : demandez toujours la permission avant de prendre quelqu'un en photo. Certains Malaisiens sont plus susceptibles que d'autres sur le sujet, traditions islamiques obligent.

– La chaleur et l'humidité peuvent poser problème si vous partez longtemps ; glissez des sachets de silicate, qui absorbent l'humidité, dans votre sac photo. Laissez bien votre matériel à l'ombre et attendez-vous à trouver de la buée sur l'objectif en passant de l'AC à la touffeur de l'extérieur. Patientez jusqu'à ce qu'elle disparaisse d'elle-même.
– On trouve à peu près tous les types de carte mémoire dans les grandes villes.
– La lumière du matin est généralement meilleure, le ciel ayant tendance à s'assombrir assez tôt dans le pays, surtout en période de pluie. Cela dit, on découvre parfois une belle lumière en fin de journée également. Évitez de toute façon la pleine journée car « le soleil mange les couleurs », comme l'écrivit Jean Cocteau dans son *Tour du monde en 80 jours,* en passant par Malacca...

POSTE

En principe, les bureaux de poste *(Pos Malaysia)* sont ouverts de 8h à 17h du lundi au samedi (sauf le premier samedi du mois). En revanche, dans les États de Kedah, Kelantan et Terengganu, le principal jour chômé n'est pas le dimanche mais le vendredi. Si vous avez des affaires à renvoyer, profitez-en : la poste malaisienne est sûre et les tarifs par bateau sont très bon marché (comptez environ 2 mois).

SANTÉ

La Malaisie est un pays assez sûr sur le plan sanitaire. De plus, les soins y sont généralement de bonne qualité, prodigués dans des hôpitaux bien entretenus, et les médicaments facilement disponibles. Autre avantage, les médecins, en plus d'être compétents, parlent fort bien l'anglais !

Vaccinations

Officiellement, rien n'est exigé. En pratique, mieux vaut être à jour pour les vaccinations « universelles » et indispensables : ***diphtérie, tétanos, poliomyélite, coqueluche, hépatite B***.
Comme dans tous les pays tropicaux***, hépatite A*** indispensable et, si possible, ***fièvre typhoïde*** (d'autant plus que le séjour sera long et/ou précaire). ***La rage*** est assez rare, mais le vaccin est indispensable pour les séjours ruraux prolongés et pour les expatriés.
– ***L'encéphalite japonaise :*** elle sévit en permanence, mais surtout par épidémies en période de mousson. C'est une maladie grave. La vaccination est d'autant plus recommandée que les séjours ruraux seront longs, en particulier dans les zones de rizières, en période de mousson et après. Le vaccin (Ixiaro®) consiste en deux injections (J0, J28), en centre de vaccinations internationales et en pharmacie (sur prescription) : environ 105 € chaque dose ! Plus d'infos sur • *astrium.com/encephalite-japonaise.html* •
– Pour les ***centres de vaccinations*** partout en France, dans les DOM-TOM, en Belgique et en Suisse, consulter le site internet : • *astrium.com/espace-voyageurs/centres-de-vaccinations-internationales.html* •

Risques et précautions

Les moustiques sont très présents. Le paludisme est en diminution constante depuis plusieurs années, aujourd'hui limité à des zones peu fréquentées par les touristes. Mais il y a de la dengue (beaucoup) et du chikungunya. La protection contre les piqûres de moustiques est donc prioritaire.

Il faut toujours utiliser des répulsifs antimoustiques *(repellents)*. Il existe une gamme, complète et performante, conforme aux recommandations du ministère français de la Santé : *Insect Ecran*. Disponible en pharmacie, parapharmacie et en vente web sécurisée • *astrium.com* • Voir les coordonnées à la fin de cette rubrique pour plus d'infos.

- Dormir sous une moustiquaire imprégnée d'insecticide chaque fois que l'air de la chambre n'est pas parfaitement conditionné.
- Se protéger du soleil avec chapeau, lunettes et crème solaire adaptée est très recommandé, même lorsque le temps paraît brumeux et peu lumineux.
- Respecter les précautions alimentaires universelles dès que l'on quitte les restaurants de grand luxe qui répondent tous aux normes internationales. Attention aux plats locaux souvent très épicés.
- Penser dans tous les cas à se munir de papier toilette (ou de mouchoirs en papier) en dehors des hôtels et restaurants internationaux.
- Avant de vous baigner, renseignez-vous sur la présence – ou non – de méduses *(jellyfish)* et autres nuisances de bord de mer.
- Les sangsues, espèce en quasi voie de disparition, sont encore présentes dans la jungle malaisienne, notamment celle du Taman Negara Pahang. Toutefois, elles ne représentent aucun danger pour l'homme.
- La qualité de l'eau est en général très acceptable dans la capitale ; ailleurs, ne boire aucune eau non contrôlée sauf si elle est consommée via Lifestraw (le procédé individuel le plus économique). Il s'agit d'une sorte de paille individuelle qui filtre bactéries, virus et parasites (à hauteur de 99,99 % : du jamais-vu) avec une capacité de 1 000 l, soit la consommation d'une personne sur une année.

Les produits et matériels utiles aux voyageurs, assez difficiles à trouver, peuvent être achetés par correspondance sur le site de *Santé Voyages* • *astrium.com* • Infos complètes toutes destinations, boutique web, paiement sécurisé, expéditions Colissimo Expert ou Chronopost. ☎ *01-45-86-41-91 (lun-ven 14h-19h).*

Faux médicaments

La contrefaçon de médicaments touche tous les pays et toutes les classes thérapeutiques. Un faux médicament est au mieux inefficace et au pire mortel. Mais, parce qu'il ne soigne jamais convenablement et qu'il est fabriqué dans la clandestinité sans aucun contrôle sanitaire, le faux médicament est toujours dangereux. L'IRACM, l'Institut International de Recherche Anti-Contrefaçon de Médicaments, vous donne des conseils pratiques et les précautions à suivre en prévision de votre séjour, durant les formalités d'embarquement, pendant le vol, une fois à destination et, enfin, si vous êtes contraints d'acheter des médicaments sur place. Pour plus d'informations, rendez-vous sur • *iracm.com* •

Avant votre voyage

- Prenez suffisamment de médicaments pour toute la durée de votre séjour.
- Voyagez avec votre ordonnance rédigée en « Dénomination commune internationale » (DCI).

Lors des formalités d'embarquement et pendant le vol

- Conservez au moins une partie de vos médicaments en cabine (utile en cas de perte ou de retard de votre valise).
- Gardez vos médicaments dans leurs emballages d'origine.

En cas d'achat de médicament à l'étranger

- Pas de médicaments sans consultation.
- Soyez vigilant face aux contrefaçons.

– N'achetez vos médicaments qu'auprès de revendeurs officiels (pharmacies).
– En cas de doute, appelez votre ambassade pour obtenir la liste des pharmacies officielles.
– Vérifiez attentivement vos médicaments et leur conditionnement.
– Attention aux effets indésirables inhabituels. Consultez un médecin dans les plus brefs délais et apportez-lui les médicaments suspects.
Ce texte a été réalisé en collaboration avec l'IRACM. L'Institut International de Recherche Anti-Contrefaçon de Médicaments est une association internationale indépendante à but non lucratif dont la mission principale est de promouvoir et développer la lutte contre le trafic de faux médicaments à travers le monde.

SITES INTERNET

Infos pratiques

• ***routard.com*** • Rejoignez la plus grande communauté francophone de voyageurs ! Échangez avec les routarnautes : forums, photos, avis d'hôtels, etc. Retrouvez aussi toutes les informations actualisées pour choisir et préparer vos voyages : plus de 200 fiches pays, une centaine de dossiers pratiques et un magazine en ligne pour découvrir tous les secrets de votre destination. Enfin, comparez les offres pour organiser et réserver votre voyage au meilleur prix. Routard.com, le voyage à portée de clics !
• ***tourism.gov.my*** • Site officiel de l'office malaisien du tourisme. C'est le plus complet. Il permet, entre autres, de se faire une idée précise du pays et de se tenir au courant des principaux événements et festivals. Également de connaître les dates des jours fériés, le cours du change, et de se tenir informé des dernières réglementations en vigueur.
• ***kuala-lumpur.ws*** • Site en anglais principalement axé sur le tourisme, avec un éventail d'infos pratiques d'ordre général ou sur les restaurants, hôtels et lieux de la vie nocturne de Kuala Lumpur.
• ***timeoutkl.com*** • Actualité culturelle et bons plans de sorties, restos, spectacles, festivals, etc., à Kuala Lumpur et dans ses environs. En anglais.
• ***nre.gov.my*** • Site du ministère des Ressources naturelles et de l'Environnement, consacré aux parcs nationaux marins du pays. En anglais.

Culture

• **lettresdemalaisie.com** • Un blog et site d'informations littéraires très intéressant, présentant des auteurs malaisiens et singapouriens contemporains, dont certains traduits en français ou destinés à l'être prochainement. Également une bibliographie à laquelle se référer, les traducteurs de leurs œuvres, leurs maisons d'édition et, important, les librairies où l'on peut acheter leurs livres.

TÉLÉPHONE

– ***France → Malaisie :*** composez le 00 (tonalité) + 60 + indicatif de la ville (sans le 0) + nº de votre correspondant (0,30 à 0,34 €/mn selon votre opérateur).
– ***Malaisie → France :*** composez le 00 + 33 + nº de votre correspondant sans le 0 initial.
– ***Malaisie → Malaisie :*** d'un État à l'autre, composez l'indicatif de l'État + nº de votre correspondant. À l'intérieur du même État, composez seulement le nº de votre correspondant depuis un fixe mais le code de l'État + nº de votre correspondant depuis un portable.
– Pour obtenir le ***service international*** (opérateur), composez le ☎ *108,* pour les ***renseignements nationaux,*** le ☎ *103.*

– En cas d'urgence, pour appeler une ambulance ou la police, composez le ☎ 999.
– On trouve des ***cabines téléphoniques à carte et à pièces*** utilisables avec notamment des *i-Talk Card* de *Telekom Malaysia*.
– ***Les appels internationaux*** automatiques se font uniquement de certaines cabines (demander le *kedai talipan,* de couleur orange) : celles des aéroports, de certains centres commerciaux et dans la rue. Il est impossible de téléphoner en PCV d'une cabine, mais vous pouvez aller dans une agence *Telekom Malaysia.*
– ***Les indicatifs téléphoniques*** des villes sont précisés dans le guide en introduction de chaque chapitre.

Téléphone portable

On peut utiliser son propre téléphone portable en Malaisie, avec l'option « Monde » à condition de l'avoir activée au préalable pour certains opérateurs.

– ***Le « roaming » :*** c'est un système d'accords internationaux entre opérateurs. Concrètement, cela signifie que lorsque vous arrivez dans un pays, au bout de quelques minutes, le nouveau réseau s'affiche automatiquement sur l'écran de votre téléphone.
– Vous recevez rapidement un sms de votre opérateur qui propose un ***pack voyageurs*** plus ou moins avantageux, incluant un forfait limité de consommations téléphoniques et de connexion internet. À vous de voir...
– ***Tarifs :*** ils sont propres à chaque opérateur et varient en fonction des pays (le globe est découpé en plusieurs zones tarifaires). **N'oubliez pas qu'à l'international, vous êtes facturé aussi bien pour les appels sortants que les appels entrants (moins chers toutefois).** Ne papotez donc pas des heures en imaginant que c'est votre interlocuteur qui payera !
– ***Internet mobile :*** utilisez le wifi (bon réseau en Malaisie) et non les réseaux 3G ou 4G, au risque de faire exploser les compteurs, avec au retour de voyage des factures de plusieurs centaines d'euros ! Le plus sage consiste à ***désactiver la connexion*** « données à l'étranger » (dans « Réseau cellulaire »). Pensez également à ***supprimer la mise à jour automatique de votre messagerie,*** qui consomme elle aussi des octets sans vous avertir (option « Push mail »). Optez pour le mode manuel.
Cependant, la majorité des fournisseurs de téléphonie mobile offrent aujourd'hui des ***journées incluses dans le forfait,*** avec appels téléphoniques, SMS, voire MMS et connexion internet en 3G limitée. Les destinations incluses dans votre forfait évoluant sans cesse, ne manquez pas de consulter le site de votre fournisseur.

Bons plans pour utiliser son téléphone à l'étranger

– ***Acheter une carte SIM/puce sur place :*** une option très avantageuse en Malaisie. Il suffit d'acheter à l'arrivée une carte SIM locale prépayée chez l'un des nombreux opérateurs (*Celcom* chez *Telekom Malaysia, Maxis* couramment appelé *Hotlink, Tune Talk, U Mobile* ou encore *DiGi*), représentés dans les boutiques de téléphonie mobile des principales villes du pays et très souvent dès l'aéroport. On vous attribue alors un numéro de téléphone local et un petit crédit de communication, généralement pour un montant de 35 Rm, achat de carte SIM comprise. Avant de signer le contrat et de payer, essayez donc, si possible, la carte SIM du vendeur dans votre téléphone – préalablement débloqué – afin de vérifier si celui-ci est compatible. Ensuite, les cartes permettant de recharger votre crédit de communication s'achètent facilement dans ces mêmes boutiques, ou en supermarché, station-service, etc.
– Une fois connecté grâce au wifi, à vous les joies de la ***téléphonie par Internet*** ! Le logiciel ***Skype,*** le plus répandu, vous permet d'appeler vos correspondants

gratuitement s'ils sont eux aussi connectés, ou à coût très réduit si vous voulez les joindre sur leur téléphone. Autres applications qui connaissent un succès mondial, ***Viber*** et ***Whatsapp*** permettent d'appeler et d'envoyer des SMS, des photos et des vidéos aux quatre coins de la planète, sans frais. Il suffit de télécharger – gratuitement – l'appli sur votre smartphone, celle-ci se synchronise avec votre liste de contacts et détecte automatiquement ceux qui ont *Viber*/*Whatsapp*.

TRANSPORTS

En train

Il existe deux lignes principales. La plus importante dessert la côte ouest, depuis la Thaïlande jusqu'à Singapour, via Butterworth (Penang), Ipoh et Kuala Lumpur. L'autre traverse le centre en diagonale depuis Tumpat et Wakaf Bharu (gare de Kota Bharu), au nord-est du pays, jusqu'à Gemas, où elle rejoint la première. Visualisation sur • *train36.com/ktm-route.html* • Ce train dessert entre autres les gares de Jerantut, porte d'accès au Taman Negara Pahang, ainsi que Bekok, porte d'accès au parc d'Endau Rompin. Les tarifs sont invariablement bas, mais les trains sont lents (même les *ekspres* !), en particulier sur cette seconde ligne, et ils ont souvent l'idée saugrenue de passer au milieu de la nuit... La troisième classe reste relativement confortable (pas d'air conditionné). N'hésitez pas à vous offrir des couchettes : elles sont à un prix très raisonnable.
L'essentiel des trains appartient à la compagnie nationale *KTM* (• *ktmb.com.my* •), qui effectue trois-quatre passages quotidiens sur chacune des deux grandes lignes et dessert Bangkok une fois par jour. Toutefois, sur le tronçon Kuala Lumpur-Ipoh, il vaut mieux emprunter le réseau ETS avec des trains électriques plus rapides et plus nombreux, mais aussi plus chers Des horaires aussi sur • *train36.com* •

En bus

Un réseau très dense relie toutes les grandes villes par des bus express, plusieurs fois par jour et souvent toutes les 30 mn à 1h pour les liaisons les plus demandées (comme Kuala Lumpur-Malacca). Les bus, climatisés et généralement confortables, sont plus rapides que le train. Certains bus régionaux se feront un plaisir de vous arrêter où vous voulez, pourvu que ce soit sur leur chemin. Pour les destinations courues, mieux vaut réserver bien à l'avance, surtout pendant les vacances scolaires (en juin et décembre, notamment). N'hésitez pas non plus à utiliser les bus locaux : c'est souvent le seul moyen de visiter les petits villages. Vous pouvez réserver vos tickets de bus en ligne sur les sites internet suivants : • *expressbusmalaysia.com* • ; • *busonlineticket.com* • ; • *eticketing.my* • ou encore • *easybook.com* •

En taxi longue distance

Ils transportent au maximum quatre passagers, soit sur des itinéraires fixes, soit à la carte (un peu plus cher). Bien plus coûteux que le bus et le train, ils ne présentent d'intérêt que si l'on a raté le dernier bus et/ou qu'une correspondance vous attend. Les tarifs sont généralement affichés pour les principales destinations (mais pas toujours à jour).

En avion

La compétition est rude entre *Malaysia Airlines* et les compagnies *low-cost Firefly* (une de ses filiales), *Malindo Air* et *Air Asia,* entre autres. Conclusion : on se déplace en avion pour trois fois rien en Malaisie et vers les pays voisins ! *Malaysia Airlines* propose exclusivement des vols au départ de l'aéroport de KLIA 1 ou 2 (Kuala Lumpur) vers toutes les villes importantes du pays comme Johor

Distances en km	ALOR SETAR	BUTTERWORTH	BRINCHANG	DUNGUN	IPOH	JÛHOR BHARU	KOTA BHARU	KUALA KANGSAR	KUALA LIPIS	KUALA LUMPUR	KUALA TERENGGANU	KUANTAN	LUMUT	MALACCA	MERSING	PASIR PUTEH	PORT DICKSON	TAIPING	TEMERLOH
ALOR SETAR		93	378	599	257	830	409	207	530	462	521	684	278	606	815	393	552	183	558
BUTTER-WORTH	93		285	576	164	737	386	114	437	369	498	591	170	513	722	370	459	90	465
BRINCHANG	378	289		565	121	582	512	171	282	214	633	436	204	358	567	496	304	207	310
DUNGUN	599	576	565		581	456	246	531	381	390	76	131	639	422	328	206	420	559	255
IPOH	257	164	121	581		573	391	50	273	205	503	427	83	349	558	375	295	86	301
JÛHOR BHARU	830	737	582	456	573		689	623	468	368	521	325	656	224	134	649	318	659	342
KOTA BHARU	409	386	512	246	391	689		341	303	474	168	371	453	607	568	40	564	369	481
KUALA KANGSAR	207	114	171	531	50	623	341		323	255	453	477	120	399	608	325	345	36	351
KUALA LIPIS	530	437	282	381	273	468	303	323		171	446	250	356	304	429	287	261	359	178
KUALA LUMPUR	462	369	214	390	205	368	474	255	171		455	259	288	144	353	458	90	291	133
KUALA TE-RENGGANU	521	498	633	78	503	521	168	453	446	455		209	586	508	401	128	503	481	322
KUANTAN	684	591	436	131	427	325	371	477	250	259	209		510	292	191	337	291	513	126
LUMUT	278	170	204	639	83	656	453	120	356	288	586	510		432	641	437	384	104	384
MALACCA	606	513	358	422	349	224	607	399	304	144	508	292	432		255	581	94	435	186
MERSING	815	722	567	328	558	134	568	608	429	353	401	191	641	255		528	321	644	305
PASIR PUTEH	393	370	496	209	375	649	40	325	287	458	128	337	437	581	528		554	353	450
PORT DICKSON	552	459	304	420	295	318	564	345	261	90	503	291	384	94	321	554		387	181
TAIPING	183	90	207	559	86	659	369	36	359	291	481	513	104	435	644	353	387		387
TEMERLOH	558	465	310	255	301	342	481	351	178	133	332	126	384	186	305	450	181	387	

DISTANCE ENTRE LES VILLES (EN KM)

Bahru, Kota Bharu, Langkawi, Alors Setar, Kuala Terengganu, etc... Tandis que les compagnies low-cost telles que *Firefly, Air Asia* et *Malindo Air* desservent aussi bien les aéroports nationaux que ceux des pays voisins, voire plus généralement ceux de l'Asie du Sud-Est. Consultez les sites : • *malaysia-airlines.com* • *airasia.com* • *fireflyz.com.my* • *malindoair.com* •

En voiture

On peut louer une voiture auprès des grandes compagnies habituelles, dans les principales villes et dans les aéroports, ou auprès d'une agence locale, parfois un peu moins chère. Un modèle de base (catégorie A) revient à environ 250 Rm par jour et 1 500 Rm la semaine, assurance comprise. Aux îles Langkawi, zone franche, c'est jusqu'à moitié moins en basse saison. La conduite se faisant à gauche, comme en Angleterre, ceux qui ne sont pas habitués privilégieront une automatique, du type Proton Wira. Ça aide au début ! Le ***permis international*** est exigé. Avant de partir, assurez-vous que votre véhicule est équipé d'un essuie-glace arrière, parce que quand il pleut, il pleut !
L'état général du réseau routier est bon, et les trajets se font assez rapidement grâce aux autoroutes et aux routes rapides à 4 voies. Si vous envisagez d'emprunter les autoroutes, le plus simple est d'acheter au premier péage la carte *Touch'n'Go,* que l'on recharge en fonction de son trajet (le préposé au guichet vous conseillera). Autre bonne nouvelle : le carburant est vraiment bon marché (environ 3 à 4 fois moins cher qu'en France).
– Notez qu'il vaut mieux louer une voiture par Internet (à partir de chez vous ou sur place), vous aurez plus de chance d'être correctement assuré.

Quelques spécificités locales

– La signalisation n'est pas en anglais mais en malais. Pas d'inquiétude, on s'y fait très vite.
– Si vous avez un accident, restez sur place et attendez l'arrivée de la police, c'est l'usage ici. Pas de formulaire de constat à l'amiable, c'est la police qui rédige le rapport.
– En ville, le stationnement est fréquemment payant ; renseignez-vous parce que ça n'est pas toujours évident à savoir. Les méthodes de paiement varient d'un lieu à l'autre. On a généralement le choix entre les parcmètres à l'ancienne (prévoir de la monnaie), les horodateurs qui délivrent des tickets de stationnement, les tickets à gratter genre *Tacotac,* ou encore les agents qui patrouillent et se contentent de glisser la facture sous l'essuie-glace. Dans ce cas, il faudra demander aux commerçants où trouver le préposé pour s'acquitter de la somme.
– Le développement rapide – et un tantinet anarchique – des centres urbains malaisiens désoriente parfois en ville, rendant vite caduque toute carte... Un conseil : louez un GPS. Et ne vous étonnez pas si, même lui, parfois, à du mal à s'orienter, en particulier à Kuala Lumpur, où l'orientation est plutôt complexe !
– Dernier détail : lorsqu'il pleut, la circulation est considérablement ralentie, et il est recommandé d'allumer ses phares.

À moto et à scooter

On trouve dans de nombreux lieux touristiques (balnéaires surtout) des locations de petites motos semi-automatiques de 100 cm^3, ou de scooters pour ceux qui préfèrent le tout automatique. C'est pratique pour se déplacer, pas cher (30-50 Rm/j.), mais vérifiez bien que vous avez le permis adéquat (certains loueurs l'exigent) et ne vous aventurez pas sur les routes malaisiennes si vous n'avez jamais conduit ce genre d'engin auparavant. D'ailleurs, les loueurs sérieux demandent toujours si vous avez un minimum d'expérience.

Inspectez minutieusement l'état de la bête avant de l'enfourcher et signalez la moindre égratignure, ça vous évitera des explications compliquées lors de sa restitution.

Transports urbains

– ***Taxis :*** à Kuala Lumpur, les compteurs fonctionnent... en principe. Dans la plupart des autres villes, les tarifs se négocient avant de monter, ou sont fixes, comme à Langkawi ou Pangkor. Dans la majorité des villes, une course intramuros revient entre 10 et 20 Rm, voire moins. Dans les îles, c'est plus cher.
– ***Bus :*** réseaux dans toutes les villes principales, mais ils sont souvent bondés et difficiles à utiliser car les arrêts ne sont pas toujours indiqués ! Prix dérisoire. Concernant les transports urbains de Kula Lumpur, Penang, Kuantan, un site utile : • *myrapid.com.my* •
– ***Trishaws :*** on en trouve principalement à Malacca (le conducteur pédale à côté de vous), à Penang (vous êtes devant) et dans les États de Kelantan et de Terengganu. On peut se sentir un peu gêné au début, surtout si on est à deux à bord et avec des bagages. Si un marchandage s'impose, il ne faut pas oublier que c'est un métier assez dur. Bon, de plus en plus, les *trishaws* sont un mode de visite touristique...

URGENCES

Urgences médicales et policières

- ***Police et ambulance :*** ☎ *999.*
- ***Pompiers :*** ☎ *994.*
- ***Depuis un téléphone portable :*** ☎ *112.*

Perte/vol de la carte de paiement

Quelle que soit la carte que vous possédez, chaque banque gère elle-même le processus d'opposition et le numéro de téléphone correspondant :

– ***Carte bleue Visa :*** *numéro d'urgence (Europe Assistance) :* ☎ *(00-33) 1-41-85-85-85 (24h/24).* • *visa.fr* •
– ***Carte MasterCard :*** *numéro d'urgence :* ☎ *(00-33) 1-45-16-65-65.* • *mastercardfrance.com* •
– ***Carte American Express :*** *numéro d'urgence :* ☎ *(00-33) 1-47-77-72-00.* • *americanexpress.fr* •

Perte/vol du téléphone portable

En cas de perte ou de vol de votre téléphone portable, ***suspendre aussitôt sa ligne*** permet d'éviter de douloureuses surprises au retour du voyage ! Voici les numéros des quatre opérateurs français, accessibles depuis la France et l'étranger.

– ***SFR :*** *depuis la France :* ☎ *1023 ; depuis l'étranger :* 📱 *+ 33-6-1000-1023.*
– ***Bouygues Télécom :*** *depuis la France, comme depuis l'étranger* ☎ *+ 33-800-29-1000 (service et appel gratuit).*
– ***Orange :*** *depuis la France comme depuis l'étranger,* 📱 *+ 33-6-07-62-64-64.*
– ***Free :*** *depuis la France :* ☎ *3244 ; depuis l'étranger :* ☎ *+ 33-1-78-56-95-60.*

Vous pouvez aussi demander la suspension de votre ligne depuis le site internet de votre opérateur.
Avant de partir, notez (ailleurs que dans votre téléphone portable !) votre numéro IMEI utile pour bloquer à distance l'accès à votre téléphone en cas de perte ou de vol. Comment connaître ce numéro ? Il suffit de taper sur votre clavier *#06#, puis de vous reporter au site • *mobilevole-mobilebloque.fr* •

LA MALAISIE

LA CÔTE OUEST DE LA MALAISIE

KUALA LUMPUR

2 millions d'hab. IND. TÉL. : 03

• Plan d'ensemble *p. 76-77* • Le métro *p. 83* • Centre-ville (zoom I) *p. 85*
• Le Triangle d'Or (zoom II) *p. 87*

Élancées dans le ciel tropical comme deux fusées de verre et d'acier, les Petronas Towers, les plus hautes tours jumelles du monde, représentent bel et bien la fulgurante réussite économique de la Malaisie. On les voit de partout. Inspirées dans leur architecture par la tradition de l'islam asiatique, elles dominent fièrement le quartier des affaires. Au-delà de cet îlot de prospérité s'étend une immense agglomération nourrie par l'idée de développement. Les gratte-ciel y poussent comme des champignons. D'une saison à l'autre, des quartiers entiers surgissent de terre, des chemins se muent en avenues, des avenues en autoroutes – au point que les GPS y perdent fréquemment leur latin... KL (comme on la surnomme) est une capitale en expansion permanente.

Malgré cela, le centre-ville conserve quelques îlots à taille humaine. On y croise encore de grandiloquents monuments de l'époque coloniale,

magnifiés par une touche moghole ou mauresque. À deux pas, Chinatown et Little India, cœurs vibrants de la cité, alignent leurs devantures un peu désuètes, tandis que souffle sur la ville l'appel du muezzin et un vent chargé de l'encens des temples chinois. Voilà bien un des charmes de KL, cité multiraciale, où cohabitent relativement bien des ethnies très différentes. Les Chinois prospèrent grâce au commerce, les Malais administrent et grognent, parfois, de voir les premiers s'imposer économiquement, et les Indiens regardent le match. Cette mosaïque ethnique est des plus surprenante.

UN PEU D'HISTOIRE

Avant d'être promu capitale de la Malaisie, ce « confluent boueux » n'est qu'un poste commercial situé au carrefour des voies fluviales et terrestres. Les pionniers y découvrent de l'étain en 1860, attirant des centaines de colons – chinois en particulier. Les premiers temps sont incontestablement difficiles : aux conflits opposant les exploitants et les mineurs s'ajoutent la présence de gangs, de fumeries d'opium et une délinquance qu'aucune institution ne réprime. D'où ce surnom, des années plus tard, de « Kuala l'impure » attribué par Jean Cocteau !
L'opposition entre sultans pour le contrôle du Selangor, devenu l'un des premiers producteurs mondiaux d'étain, précipite la guerre civile. Les factions chinoises s'en mêlent, suivies par les Britanniques, soucieux de leur approvisionnement en minerai. C'est alors que s'affirme Yap Ah Loy, troisième *Kapitan Cina* (leader de la communauté chinoise) de Kuala Lumpur, qui parvient à soumettre les rebelles et à ramener la paix. Il participera ensuite largement au développement de la ville.
En 1890, la première ligne de chemin de fer du pays est inaugurée à l'initiative des Anglais, entre KL et Port Klang, pour faciliter l'exportation de l'étain. Kuala Lumpur sort la tête de la boue. Après l'établissement formel du protectorat des États fédérés de Malaisie en 1895, le gouverneur britannique, sir Frank Swettenham, lance un vaste programme de construction. Briques et tuiles remplacent le bois, tandis que se dressent des édifices monumentaux aux lignes coloniales mâtinées d'architecture de l'Inde musulmane. Dans la foulée, en 1896, KL est désignée capitale du protectorat.

KL, L'AMBITIEUSE !

Aujourd'hui, dans le quartier des affaires – le Kuala Lumpur City Center –, les Petronas Towers s'élèvent à 451,90 m. La plate-forme aérienne du KLIA (Kuala Lumpur International Airport), l'une des plus modernes et fréquentées au monde, est reliée en 28 mn au centre-ville par le *KLIA Ekspres ;* elle est secondée par le KLIA 2 pour les compagnies *low-cost.* Enfin, la nouvelle capitale administrative, Putrajaya, sortie de terre miraculeusement avec ses ponts aux architectures éclectiques et sa grande mosquée, est un exemple époustouflant de ville nouvelle pour l'Occidental habitué aux vieilles pierres. Ça va vite, très vite, à Kuala Lumpur !

Arriver – Quitter

EN AVION

L'aéroport international (KLIA)

✈ Les vols internationaux réguliers, hors *Air Asia,* et la plupart des vols nationaux arrivent au ***KLIA*** *(Kuala Lumpur International Airport),* situé à 60 km au sud de la ville, à Sepang *(plan d'ensemble).* ☎ *8777-88-88 ou 8776-43-86.* ● *klia.com.my* ● On y trouve tout ce que l'on est en droit d'attendre d'un aéroport aussi ambitieux, fleuron du pays : train automatique sans chauffeur pour relier les terminaux, guichets d'information, wifi gratuit, bureaux de change (taux assez moyens),

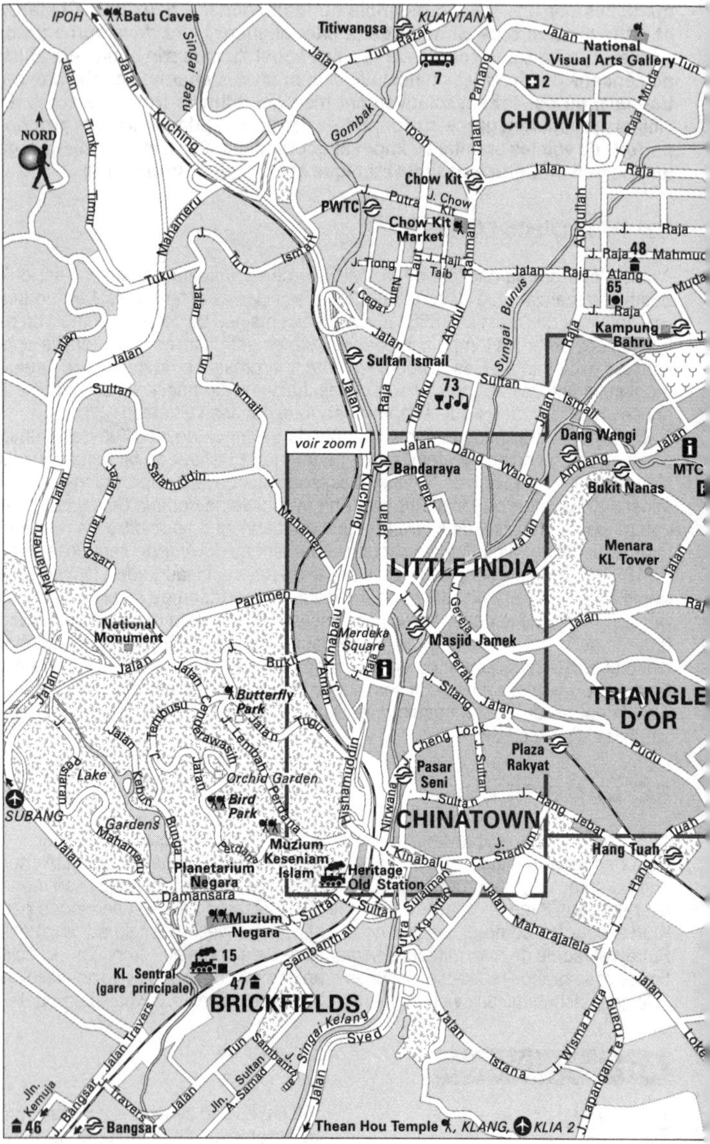
IPOH
Batu Caves
KUANTAN
Titiwangsa
National Visual Arts Gallery
NORD
CHOWKIT
Chow Kit
PWTC
Chow Kit Market
Sultan Ismail
Kampung Bahru
Dang Wangi
Bandaraya
Bukit Nanas
MTC
Menara KL Tower
LITTLE INDIA
voir zoom I
National Monument
Merdeka Square
Masjid Jamek
Butterfly Park
Orchid Garden
Bird Park
Lake Gardens
SUBANG
TRIANGLE D'OR
Plaza Rakyat
Pasar Seni
CHINATOWN
Hang Tuah
Muzium Keseniam Islam
Planetarium Negara
Heritage Old Station
Muzium Negara
KL Sentral (gare principale)
BRICKFIELDS
Bangsar
Thean Hou Temple, KLANG, KLIA 2
2
7
15
46
47
48
65
73

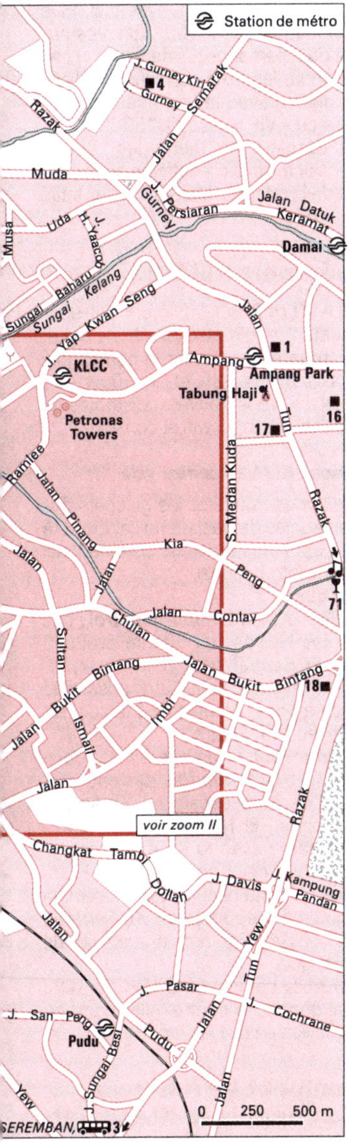

■ **Adresses utiles**

- Malaysia Tourism Centre
- 1 Ambassades de France et de Thaïlande
- 2 General Hospital
- 3 Bersepadu Selatan Bus Station
- 4 Alliance française
- 7 Pekeliling Bus Station
- 15 Malaysia Airlines et Air Asia
- 16 Ambassade de Suisse
- 17 Ambassade de Belgique et Haut-commissariat canadien
- 18 Ambassade d'Indonésie

Où dormir ?

- 46 The Bodhi Lodge
- 47 My Hotel@Sentral
- 48 Bagasta

Où manger ?

- 65 Nasi Lemak Antarabangsa

Où boire un verre ? Où sortir ? Où danser ?

- 71 Zouk
- 73 Bars et boîtes d'Asian Heritage Row

KUALA LUMPUR – Plan d'ensemble

distributeurs d'argent, loueurs de voitures et même une gare routière intégrée (voir ci-dessous).

Office de tourisme : *tlj 6h-minuit.* Il délivre une brochure bien faite sur KL avec plan des lignes de métro, de KTM (RER) et du monorail. Pas de résas d'hôtels.

Consigne : *au level 3. Ouv 24h/24.* Assez cher et tarif en fonction de la taille du bagage.

Liaisons KLIA - centre-ville

– ***En bus :*** *la gare routière, intégrée à l'aéroport, se trouve 2 étages au-dessous du niveau « Arrivées », sous le parking.* On peut aussi acheter son billet aux guichets situés après les formalités douanières.

➢ ***Pour Kuala Lumpur (centre) :*** le meilleur rapport qualité-prix consiste à prendre l'*Airport Coach* pour *KL Sentral* (la gare centrale de Kuala), à proximité du centre-ville, d'où partent les lignes de métro et de monorail. Idem en sens inverse. ☎ 8787-38-94. • airportcoach.com.my • Départ ttes les 30 mn 5h-minuit. Compter env 1h de trajet (mais prévoir plus large pour se rendre à l'aéroport en raison des embouteillages). Pour quelques ringgits de plus, ce même bus vous déposera à l'adresse de votre choix (plus cher dans le sens retour).

➢ Notez qu'il existe aussi des **bus directs pour Ipoh** : ttes les 1h30 à 3h avec *Yoyo Travel* (• yoyo.my •) et *Star Shuttle* (• starwira.com •). Compter 3h de trajet. Et pour **Malacca** avec *Transnacional* et *Star Mart Express*. Env 2h de route.

– ***En train :*** incontestablement la solution la plus rapide ! Le *KLIA Ekspres* relie l'aéroport à *KL Sentral* (la gare centrale de Kuala) en 28 mn chrono, sans risque d'embouteillage. Départ ttes les 15 mn 5h-22h, puis ttes les 20 mn jusqu'à 1h depuis KLIA, dès 5h depuis *Sentral*. Tarifs à la hauteur de la prouesse technologique : 55 Rm (100 Rm l'A/R valable 1 mois) ; réduc. • kliaekspres.com • De *KL Sentral*, ligne de métro *Putra* pour le centre-ville et ligne de monorail.

– ***En taxi :*** intéressant si l'on est plusieurs. Achetez votre ticket aux comptoirs situés aux arrivées (env 90 Rm pour le centre, bagages en sus). Plus économique que le *KLIA Ekspres* au-delà de 2 personnes. Attention, ne pas confondre les taxis normaux (baptisés « budget ») avec les services « limousine » ou « VIP » (jusqu'à 150-200 Rm), ces derniers en Mercedes. Sinon, négocier avec les chauffeurs de taxi qui font de la retape... Majoration des tarifs minuit-6h.

L'aéroport KLIA 2

✈ Le **KLIA 2** • klia2.info • est spécialement dédié aux vols *low-cost* et concerne en particulier la compagnie *Air Asia*, mais aussi *Jet Star, Tiger Air...* Sur place, vous trouverez distributeurs de billets, change, wifi et consigne.

Liaisons KLIA 2 - centre-ville

Utile : vous trouverez les guichets des compagnies de bus, de taxi et du KLIA juste après les arrivées, côté national comme international.

– ***En bus :***

➢ ***Pour Kuala Lumpur (centre) :*** bus ttes les heures (ou 30 mn) 5h-2h45 pour *KL Sentral* (rdc). • skybus.com.my • Prévoir 10 Rm. Autre possibilité avec *Aerobus* ; même tarif. Même point d'arrivée à *KL Sentral*.

➢ ***Pour Ipoh :*** des bus directs *Yoyo Travel* et *Star Shuttle* partent d'ici avant de faire escale au KLIA. Env 20 départs/j. 6h10-2h10.

– ***En train :*** avec le *KLIA Ekspres*, le même que celui qui dessert le KLIA. Il met 5 mn de plus (soit un maximum de 33 mn depuis/pour *KL Sentral*). Prix : 55 Rm. Pas donné, mais rapide et pratique.

– ***En taxi :*** comme au départ du KLIA, pour gagner le centre-ville, compter env 80 Rm en taxi « budget ».

Comment se rendre au KLIA depuis le KLIA 2 (et inversement) ?

Avec le *KLIA Ekspres*, ttes les 20 mn pour une durée d'env 3 mn. Coût : 2 Rm. Attention, les compagnies partent de la plateforme A ou B. Bien se renseigner avant et monter dans le bon train.

L'aéroport de Subang

✈ ***Subang SkyPark Airport :*** *à Subang, à 25 km à l'ouest de Kuala.* ☎ *(03) 7845-17-17.* C'est l'ancien aéroport international de KL. Les compagnies *Firefly* et *Malindo Air*, notamment, opèrent des vols réguliers sur de petits appareils.
– Pour s'y rendre : Shuttle bus depuis *KL Sentral* ou KLIA et KLIA 2.

Les compagnies

■ ***Malaysia Airlines*** *(plan d'ensemble,* ***15****)* **:** *bureau principal à la gare* KL Sentral *(sous-sol).* ☎ *1300-88-30-00 (appel gratuit 24h/24) ou (03) 7843-30-00.* • *malaysiaairlines.com* • *Tlj 4h30-minuit.* Très pratique : ceux qui voyagent avec *Malaysia Airlines* ou avec *Cathay Pacific* et *Emirates* peuvent enregistrer leurs bagages juste à côté, sans avoir à les charrier jusqu'à l'aéroport. Il ne reste plus qu'à sauter dans le *KLIA Ekspres* ensuite. Minimum 90 mn avt pour les vols domestiques et 2h pour les vols internationaux.
■ ***Air Asia*** *(plan d'ensemble,* ***15****)* **:** *bureau à la gare* KL Sentral, *dans le hall central, à droite de l'entrée principale.* ☎ *1600-85-88-88 (appel payant).* • *airasia.com* • *Tlj 9h-21h. Autre bureau* Plaza Berjaya, *12, Jln Imbi (zoom II, E7), tlj 9h-19h.*
■ ***Air France-KLM*** *(zoom II, E-F7,* ***12****)* **:** *Jln Sultan Ismail, au 1er étage de l'hôtel* Park Royal, *bureau 106.* ☎ *(03) 7724-81-81.* • *airfrance.com* • *Lun-ven 8h30-17h30.*
■ ***Qatar Airways*** *(zoom II, E6,* ***8****)* **:** Central Plaza *(rdc), 34, Jln Sultan Ismail.* ☎ *(03) 2118-61-00.* • *qatarairways.com* • *Lun-ven 9h-18h.*
■ ***Emirates*** *(zoom II, F6,* ***11****)* **:** Pavilion Kuala Lumpur, *168, Jln Bukit Bintang.* ☎ *(03) 6207-49-99.* • *emirates.com* • *Lun-ven 9h-18h.*
■ ***Garuda Indonesia*** *(plan d'ensemble)* **:** *Intermark Mall, 348, Jln Tun Razak.* ☎ *(03) 2162-28-11.* • *garuda-indonesia.com* •

EN BUS

La plupart des destinations ont été regroupées à la gare routière *Bersepadu Selatan (TBS)*, devenue la gare principale. La gare de *Pekeliling (Titiwangsa)* continue de desservir le centre (Temerloh et Jerantut avec correspondance pour le Taman Negara Pahang). Pensez à acheter vos billets à l'avance pour un départ un jour férié et pendant les vacances. Il y a foule ces jours-là et vous risquez de ne pas avoir de place. Pour réserver votre billet sur une grande ligne : • *busonlineticket.com* • *expressbusmalaysia.com* • *eticketing.my* • ou encore • *easybook.com* •

Les compagnies

Il existe plus d'une centaine de compagnies de bus, toutes climatisées. Voici les plus réputées en terme de confort, sérieux et ponctualité, ce qui ne veut pas dire que toutes les autres sont à éviter.
■ ***Transnasional*** et ***Plusliner :*** ☎ *90-581-582.* (infoline). • *transnasional.com.my* • *plusliner.com.my* • *Transnasional* est la principale compagnie de bus du pays. Elle fait partie du groupe *KTB*, comme *Plusliner.*
■ ***Mara Liner :*** ☎ *(03) 269-797-97.* • *maralinergroup.my* •
■ ***KKKL :*** 📱 *012-708-29-99.* • *kkklexpress.com* •
■ ***Konsortium Bas Ekspres Semenanjung :*** ☎ *1-300-88-842-538.* • *kbes.com.my* •
■ ***Sri Maju :*** 📱 *016-559-58-82.* • *srimaju.com* •
■ ***Mayang Sari :*** ☎ *1-300-88-842-538.* • *mayangsariexpress.com.my* •

Les gares routières

🚌 ***Gare routière principale de Bersepadu Selatan*** *(TBS ; hors plan d'ensemble,* ***3****)* **:** *au sud-est de la ville. On s'y rend en métro, station Bandar Tasik Selatan (sur la ligne de Sri Petaling) ou avec le* KLIA Transit *(ttes les 20 mn ; durée : 10 mn).* ☎ *905-2000 ou 2001.* • *tbsbts.com.my* • Inutile de faire tous les guichets pour comparer horaires et tarifs : ils vendent toutes les compagnies. On trouve même des bornes tactiles listant tous les départs et délivrant les billets. Ultra-pratique. Sur place (*level* 3) : comptoir d'info, distributeurs, poste de police, consignes (casiers 24h/24), mini-épiceries.

➢ **Pour Malacca :** départs très fréquents, ttes les 30 mn à 1h, 5h40-21h30. Compter 1h45 à 2h30 de trajet.

➢ **Pour Johor Bahru :** bus quasi 24h/24. Env 4h de trajet.

➢ **Pour Singapour :** nombreux bus, 8h-3h du mat. Durée : un peu plus de 4h (380 km).

➢ **Pour Mersing :** 4 bus/j., 11h-21h. Compter env 5h de trajet.

➢ **Pour les Cameron Highlands :** nombreux départs pour Tanah Rata, 8h30-17h. Prévoir env 5h.

➢ **Pour Ipoh :** plusieurs compagnies assurent des départs ttes les 15 mn à 1h, 6h55-minuit env. Compter env 2h30-3h de trajet.

➢ **Pour Lumut (Pulau Pangkor) :** une quinzaine de bus/j., Compter env 4h15.

➢ **Pour Penang :** nombreux bus 6h30-minuit. Env 4h30-5h de trajet.

➢ **Pour Alor Setar :** très nombreux départs, 7h15-minuit. Trajet en 6-7h.

➢ **Pour Kuala Perlis (Langkawi) :** plusieurs compagnies assurent des départs 7h15-23h45. Env 6h de route.

➢ **Pour Hat Yai (Thaïlande) :** plusieurs départs, 8h-23h30. Durée : 7-8h.

Gare routière de Pekeliling *(plan d'ensemble,* ***7****)* **:** *au nord du centre. Métro ou monorail Titiwangsa.* Dessert l'État du Pahang et le Taman Negara. Un guichet par compagnie.

➢ **Pour Temerloh :** nombreux départs avec *KL Ekspres*, *Metrobus* et *Bulan Restu*, 7h-19h30. Durée : 2h.

➢ **Pour Jerantut et Kuala Tahan (Taman Negara Pahang) :** *Metrobus* propose 8 bus/j., 8h-20h pour Jerantut. Durée : 3h. De Jerantut, bus pour Kuala Tahan. Compter 1h30.

➢ Pour le **Taman Negara Pahang,** des agences assurent des liaisons en minibus au départ de la capitale soit avec Kuala Tembeling, d'où on prend une pirogue pour Kuala Tahan, soit directement jusqu'à Kuala Tahan. Bien plus pratique. C'est d'ailleurs l'option choisie par de nombreux routards. Plus de détails dans la partie consacrée au parc national.

➢ **Pour Kuala Lipis :** env 16 bus/j., 7h-19h30 avec *Pahang Lin Siong Motor.* Trajet : env 3h.

➢ **Pour Tanah Rata :** 3 bus/j., 9h-15h30. Durée : 4h.

➢ **Pour Kuantan :** 9 bus/j., 8h-19h30 avec *Bulan Restu*. Trajet direct : 3h30.

EN TRAIN

Gare ferroviaire KL Sentral *(plan d'ensemble)* **:** ☎ 2267-12-00. • ktmb.com.my • Dans un écrin de métal et de verre ultramoderne, la gare regroupe le terminus des lignes ferroviaires nationales (trains rapides ETS), du *KLIA Ekspres* desservant l'aéroport international, des stations de métro et de monorail. On y trouve un comptoir de *Tourism Malaysia (level 1 ; tlj 9h-18h)* à côté du *Subway* (connexion wifi), des points infos pour les transports locaux, des consignes *(level 1 et 2),* un poste de police *(level 2)*, des changeurs et des distributeurs de billets, et les principaux bureaux en ville d'*Air Asia (level 2)* et de *Malaysia Airlines (level 1).* Si vous prenez cette compagnie, *Cathay Pacific* ou *Emirates,* vous pourrez même y enregistrer vos bagages avant de sauter dans le *KLIA Ekspres* (au même niveau). Pour rejoindre le centre, mieux vaut emprunter les transports en commun ; la queue est souvent longue aux taxis (jusqu'à 45 mn-1h lorsqu'il pleut !). Au rez-de-chaussée de la gare, vous trouverez les bus pour l'aéroport *low-cost* (KLIA 2) et Little India. C'est aussi de là que l'on rejoint à pied en 5 mn la station du monorail et l'hôtel *My Hotel@Sentral* que nous indiquons dans « Où dormir ? », si vous devez loger dans le secteur.

Pour vous procurer l'indicateur des trains, allez au guichet *KTM Intercity-Kaunter Ticket (level 2).*

➢ **Port Klang** *(port de Kula Lumpur)* **:** de là, ferries pour l'Indonésie.

➢ **Pour le Nord :** une quinzaine de trains ETS/j. (6h56-23h40) à destination d'*Ipoh*, *Kuala Kangsar*, *Taiping* et *Butterworth,* d'où l'on rejoint facilement Penang en ferry. Durée : env 2h30 pour Ipoh. Pour la Thaïlande, 4 trains/j. pour Padang Besar, correspondance pour Bangkok et Hat Yai.

➢ **Pour le Sud :** 3 trains/j. vers Tampin (à 38 km de Malacca), ainsi que vers Johor Bahru et Singapour avec changement à Gemas. Compter env 6h pour Johor Bahru.

➢ ***Pour le Centre et Kota Bharu :*** il faut changer à Gemas (direction Johor Bahru).

Notez que la gare ***Heritage Old Station*** *(zoom I, A4)* n'accueille que les trains lents (pas les ETS), et notamment l'*Eastern & Oriental Express* entre Bangkok et Singapour (voir « Arriver - Quitter la Malaisie et Singapour », en début de guide).

EN BATEAU

➢ ***Pour Sumatra (Indonésie) :*** le plus agréable est de rejoindre *Malacca,* d'où partent des ferries pour Dumai et Bengkalis. On peut aussi s'y rendre de Port Klang, le port de Kuala Lumpur, où des bateaux assurent aussi une traversée quotidienne vers Tanjung Balai (mais, là, pas de visa à l'arrivée). Pour se rendre à Port Klang, le plus simple est de prendre le KTM (train de banlieue) depuis la gare de *Sentral.*

Comment s'orienter et se déplacer ?

Le centre de KL, délimité par Jalan Tun Razak (à l'est) et Lebuhraya Mahameru (à l'ouest) – qui font office de boulevard périphérique –, regroupe plus de 1 million d'habitants. Au-delà, la grande ceinture des villes attenantes (ou Klang Valley) abrite plus de 7 millions d'âmes, mais il y a peu de raisons pour que vous vous y aventuriez. Le métro et le monorail assurent de bonnes dessertes du cœur historique et plus au nord, des tours Petronas. Heureusement d'ailleurs, car de nombreuses 4-voies et autoroutes cisaillent la ville, obligeant les piétons à emprunter les passerelles.

Si ***le cœur historique*** se concentre autour de Merdeka Square (place de l'Indépendance), de Chinatown et de Little India, les centres d'intérêt et de vie nocturne se sont considérablement étendus. Vous trouverez notamment à l'est le quartier du Triangle d'Or, un nom qui convient bien au prix du mètre carré, où se trouvent de nombreux petits hôtels abordables, quoique vraiment les uns sur les autres, plus restaurants et lieux de sortie. Sur ses marges, centres commerciaux et tours de 40 étages ne cessent de progresser.

Plus au nord, la modernité a déjà gagné : c'est là, autour du KLCC (Kuala Lumpur City Centre) que se dressent les emblématiques ***tours Petronas.***

Pour visiter le secteur « vert » des Lake Gardens, ***à l'ouest du centre,*** où se regroupent parcs, Musée national, Mosquée nationale, musée des Arts islamiques, Bird et Butterfly Parks : taxi quasi obligatoire.

En métro, monorail et train de banlieue

KL dispose d'un bon réseau de transports en commun *(● myrapid.com.my ●)* regroupant, outre les bus, 3 lignes de métro *(LRT),* une ligne de monorail et plusieurs lignes de trains de banlieue *(KTM)* desservant les quartiers périphériques. La plupart desservent la gare ferroviaire de *KL Sentral,* permettant de bonnes connections de/vers l'aéroport.

– ***Métro et monorail :*** le réseau est ouvert de 6h à minuit environ. Les lignes de métro se croisent au niveau de la mosquée Masjid Jamek, à côté de la place Merdeka. Quelques escales bien utiles : station Pasar Seni pour Chinatown et Central Market, KL Sentral pour la gare ferroviaire principale, KLCC pour les Petronas Towers, etc. Le monorail relie la gare de *Sentral* à la station Titiwangsa où se trouve la gare routière de Pekeliling, au gré d'une dizaine de stations, complétant le réseau en desservant surtout le secteur de Bukit Bintang (Triangle d'Or).

Coût : les tarifs sont très abordables et dépendent de la distance parcourue (de moins de 1 Rm à 5,10 Rm grand maximum). Si vous restez plusieurs jours, le plus pratique consiste à acheter une carte *Myrapid.* Elle coûte 5 Rm (non remboursable) et se recharge du montant désiré, qui sera débité au passage de chaque tourniquet magnétique. Attention, elle ne permet pas d'emprunter le train (lignes KTM) ni le *KLIA Transit* et *Ekspres*. Si vous n'optez pas pour la carte, il faudra acheter chaque fois un jeton aux distributeurs (billets de 1 à 5 Rm maximum). Gardez donc de la monnaie ou demandez-en au guichet. Les lignes de métro et de monorail étant intégrées dans le même réseau, il est possible d'acheter un seul jeton pour un trajet combinant les 2 modes de transport.

- Le **KTM** *(• ktmb.com.my •)*, bon marché, vous sera utile pour rejoindre les grottes de Batu.

En bus

Regroupés sous l'ombrelle de *RapidKL (• myrapid.com.my •)*, les bus urbains fonctionnent, selon les lignes, de 5h30-6h à 23h45-0h30 environ. Axés sur la desserte des banlieues pour acheminer les travailleurs au centre-ville le matin et les rapatrier le soir, ils sont d'une utilité d'autant plus relative pour les visiteurs que les arrêts sont généralement assez difficilement identifiables et les rotations plutôt espacées (ttes les 15-30 mn env). Les bus circulant au centre-ville sont désignés sous l'appellation *Bandar.*

■ ***GOKL Citybus :*** *tlj 6h-23h, ttes les 15-30 mn selon le trafic. GRATUIT.* Les 4 lignes de ce bus municipal desservent les principaux centres d'intérêt de KL (se procurer un plan dans les offices de tourisme) avec un terminus à Titiwangsa pour 2 lignes, KLCC (tours Petronas) et Pasar Seni (près du Central Market) pour les 2 autres.

■ ***Bus Hop On Hop Off :*** *☎ 1-800-88-55-46. • myhoponhopoff.com • Tlj 9h-20h, ttes les 30 mn env. Prix : 40 Rm pour 24h ou 74 Rm pour 48h ; réduc.* Ce bus touristique permet de découvrir Kuala Lumpur d'une manière facile et relativement économique. On est libre de monter et de descendre du bus où l'on veut, quand on veut, pendant la durée de validité du billet. Les bus desservent une quarantaine d'arrêts (principaux sites touristiques et hôtels). Pour le prix, vous bénéficierez de commentaires en français et du wifi à bord !

En taxi

Les tarifs ne sont pas très élevés, mais il y a plusieurs sortes de taxis. Les « budget taxis » sont de couleur rouge, jaune ou vert : ils sont moins chers mais leurs chauffeurs ne mettent pas toujours le compteur, ce qui oblige parfois à négocier la course au départ (surtout aux heures de pointe, en cas de grosses pluies et le soir et la nuit ; dans ce cas, mieux vaut déjà avoir une idée du tarif). Les « limos » ou « executive taxis » sont de couleur bleue : certes, ils sont plus chers, mais ils sont climatisés et plus fiables, de plus ils mettent toujours le compteur. Forfait de départ à environ 3 Rm pour un « budget taxi » (6 Rm pour une « limo »). Les prix sont majorés de 50 % entre minuit et 6h. Une course réservée par téléphone coûte 2 Rm de plus, et une surcharge spécifique de 12 Rm + 7 Rm de péage s'applique pour l'aéroport. Ces généralités exposées, vous ne pourrez décemment pas descendre au-dessous de 10 Rm la course au centre-ville, sauf si vous répondez à l'appel d'un des taxis occasionnels à l'affût de clients. Infos sur *• mypublictransport.com •*

Quelques compagnies de « budget taxis »

🚗 ***Comfort Taxi :*** *☎ 6253-13-13 ou 8024-05-07.*

🚗 ***Public Cab :*** *☎ 6259-20-20. • publiccab.com •*

🚗 ***Sunlight :*** *☎ 9200-11-66 ou 1300-800-222. • sunlighttaxi.com •*

En voiture de location

Si vous conduisez vous-même, ne vous fiez pas aux réseaux autoroutiers indiqués sur les cartes. *Primo,* vous seriez perdu ; *secundo,* dès le jour de leur parution, les cartes routières de KL sont obsolètes en ce qui concerne les bretelles d'autoroutes, les passerelles, les ponts, les échangeurs et les carrefours ! Là où vous ne devriez voir qu'un

LE MÉTRO DE KUALA LUMPUR

seul pont, vous en découvrez 3, et bien souvent 3 embranchements se présentent alors que la carte n'indique qu'une gentille route sans détour. Les seuls éléments fiables sont les principaux buildings et les indications majeures sur les panneaux : noms de grandes villes (Ipoh vers le nord, Seremban, Malacca et Johor Bahru vers le sud) ou de lieux (un pictogramme d'avion pour l'aéroport, « Pusat Bandaraya » pour le centre-ville). Même les GPS perdent la boussole ici, c'est tout dire... Alors, vous l'aurez compris, mettez votre voiture au parking et préférez le métro, le bus ou le taxi !

■ **Avis :** *128, jln Ampang. ☎ 7803-75-55 ou 1800-88-28-47 (appel gratuit).* • *avis.com.my* •

■ **Hertz :** *Jln Raja Chulan. ☎ 202-624-97 ou 98.* • *hertz-malaysia.com* •

■ D'autres compagnies locales peuvent être un peu plus intéressantes, comme *Advantage* (• *advmsia.com.my* •), *Insas* (• *iprac.com* •), *Mayflower* (• *mayflowercarrental.com.my* •) ou *Orix* (• *orixcarrentals.com.my* •).

Adresses et infos utiles

Infos touristiques

ℹ ***Malaysia Tourism Centre*** *(MaTiC ; plan d'ensemble et zoom II, D-E5) : 109, Jln Ampang. ☎ 92-35-49-00 ou 92-35-48-00.* • *matic.gov.my* • Ⓜ *Bukit Nanas. Tlj 8h-22h.* 💻 📶 Installé dans un bel édifice colonial de 1935, quartier général de l'armée britannique (puis japonaise) durant

la Seconde Guerre mondiale, l'office de tourisme regroupe de nombreux services : informations sur la ville ou le pays dispensées par un personnel compétent, brochures et plan de KL, wifi et Internet gratuit (30 mn), sans oublier des spectacles de danse traditionnelle *(mar-jeu à 15h ; gratuit)* – le théâtre attenant en accueille d'autres, quotidiens, à 15h et 20h30.
– ***Autres bureaux*** *(tlj 9h-18h)* à *KL Sentral*, aux aéroports et sur Merdeka Square (pl. de l'Indépendance ; *zoom I, A2-3*), dans le Sultan Abdul Ahmad Building. Bonnes infos.

Poste

✉ ***Poste centrale*** *(GPO ; zoom I, A3)* : *contre la tour City Point, à l'ouest de Chinatown. Tlj sf dim, j. fériés et 1er sam du mois 8h30-18h (13h sam).* Énorme poste moderne et climatisée. Prendre un ticket, il y a parfois la queue.

Argent, change

Comme partout dans le pays, le taux de change est meilleur chez les nombreux *money changers* (tout à fait autorisés), car ils ne prennent pas de commission. On en trouve dans presque tous les centres commerciaux et, par exemple, à Little India, autour de Lebuh Pudu et Petaling *(zoom I, B3)*, ainsi que dans Chinatown.
On peut retirer partout de l'argent avec les cartes *Visa* et *MasterCard* (plafond à 1 500 Rm par retrait).

Représentations diplomatiques

En dehors des heures ouvrables, appelez quand même : certains répondeurs donnent des numéros d'urgence.

■ ***Ambassade de France*** *(plan d'ensemble,* ***1****)* : *level 31 Integra Tower, 348, Jln Tun Razak. ☎ 2053-55-00 (répondeur 24h/24). Urgences consulaires : ☎ 012-201-35-40. • ambafrance-my.org • Ⓜ Ampang Park. Section consulaire lun-ven 9h-12h30.*
■ ***Ambassade de Suisse*** *(plan d'ensemble,* ***16****)* : *16, Persiaran Madge. ☎ 2148-06-22. • eda.admin.ch/kualalumpur • Ⓜ Ampang Park. Lun-ven 9h-12h30.* **Attention :** les services consulaires de l'ambassade sont désormais situés à l'ambassade de Suisse à Bangkok.
■ ***Ambassade de Belgique*** *(plan d'ensemble,* ***17****)* : *suite 10-02, 10e étage, Menara Tan & Tan, 207, Jln Tun Razak. ☎ 2162-00-25. No d'urgence : 📱 012-267-31-12. • malaysia.diplomatie.belgium.be • Section consulaire lun-ven 9h-12h30, l'ap-m sur rdv slt.*
■ ***Haut-commissariat canadien*** *(plan d'ensemble,* ***17****)* : *au 17e étage du Menara Tan & Tan, 207, Jln Tun Razak. ☎ 2718-33-33. • canadainternational.gc.ca/malaysia-malaisie • Lun-jeu 8h-12h, 13h-16h30 ; ven 8h-12h30.*
■ ***Ambassade de Thaïlande*** *(plan d'ensemble,* ***1****)* : *206, Jln Ampang.*

■ **Adresse utile**

ℹ Malaysia Tourism Centre

Où dormir ?

20 Hotel A-One
21 Hotel 1915
23 Backpacker's Travellers Inn
24 Reggae Guest House
25 Hotels Soho Town 1 et 2
26 Bird Nest 1
27 YWCA
28 Hotel Rain Forest
30 Bird Nest 2
31 Matahari
32 Frenz Hotel
33 Lotus Hotel
34 Hotel Surya
35 Back Home Kuala Lumpur

Où manger ?

50 Marché de nuit
51 Sangeetha
52 The Canteen
53 Coliseum
54 Old China Café
58 Yusoof Dan Zakhir et Ginger
62 Betel Leaf

Où boire un verre ?

24 Reggae Bar
53 Coliseum
54 Old China Café
56 Café Art

Achats

110 Purple Cane Tea Art Centre
111 Culture Street Arts & Gallery

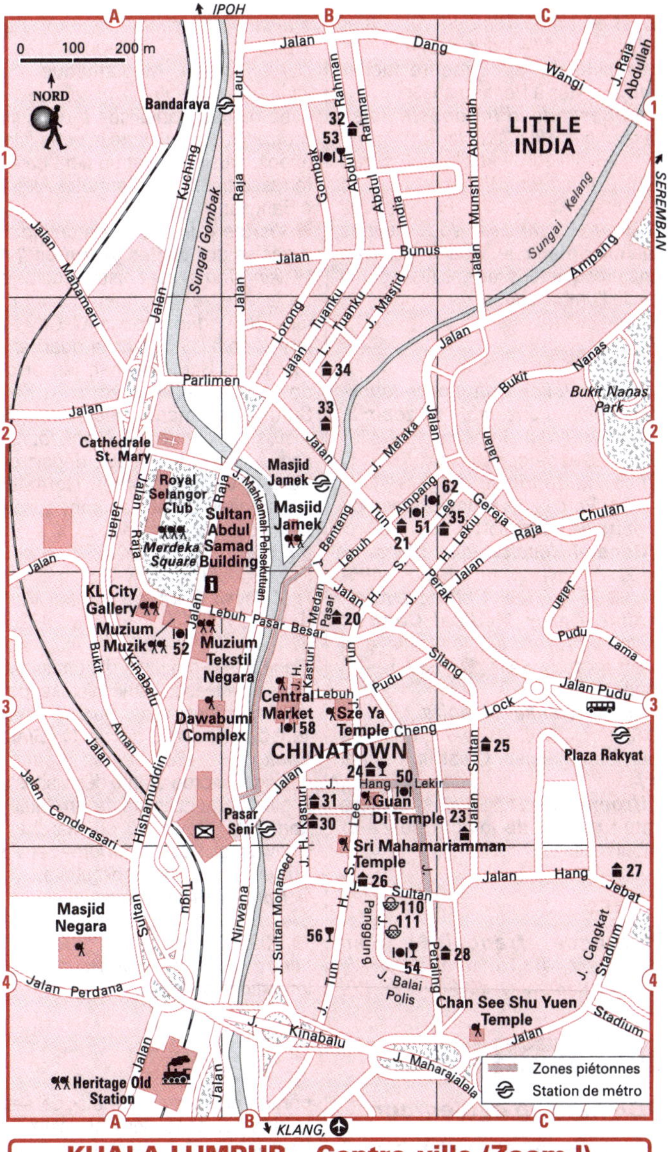

KUALA LUMPUR – Centre-ville (Zoom I)

☎ 2143-21-25 ou 27 pour la section consulaire. • thaiembassy.org/kualalumpur • Env 200 m à l'est de l'ambassade de France. Lun-ven 9h30-11h30 pour les demandes de visa (nécessaire pour ceux qui veulent rester plus de 1 mois si l'arrivée se fait par avion, sinon 15 j. par voie *terrestre), 14h30-16h pour récupérer son passeport (le lendemain à priori).* Possibilité de faire émettre facilement son visa à Penang aussi.

■ ***Ambassade d'Indonésie*** *(plan d'ensemble,* ***18****) : 233, Jln Tun Razak. ☎ 2116-40-16. • kbrikualalumpur.org • Lun-jeu 9h-13h, 14h-17h ; ven 9h-12h30, 14h30-17h. Pas d'accès en short ni sandales.* Vous devriez pouvoir obtenir le visa à l'arrivée dans presque tous les cas (liste sur le site de l'ambassade).

Urgences

■ ***Tourist Police Unit*** *(police touristique ; plan d'ensemble et zoom II, D-E5)* **:** *109, Jln Ampang. ☎ 9235-49-99. Dans le complexe du MaTiC (office de tourisme de KL). Ouv 24h/24.* En cas de plainte, de vol ou de perte de passeport.

✚ ***General Hospital*** *(plan d'ensemble,* ***2****) : Jln Pahang, au nord du centre-ville. ☎ 2615-55-55.* L'hôpital public.

✚ ***Sime Darby Medical Centre :*** *1, Jln SS 12/1A, à Subang Jaya, à 15 km au sud-ouest. ☎ 5639-12-12.* Hôpital moderne.

✚ ***KPJ Tawakkal Hospital :*** *202A, Jln Pahang. ☎ 4026-77-77.* Très bien pour les urgences. C'est un hôpital privé.

■ ***Urgences :*** *☎ 999.* Ce numéro gratuit permet de joindre police et ambulances.

Divers

■ ***Alliance française*** *(plan d'ensemble,* ***4****) : 15, Lorong Gurney, off Jln Semarak. ☎ 2694-78-80. • alliancefrancaise.org.my • Pour y aller, bus n° U23 depuis le métro Dato Keramat.* Médiathèque *(mar-sam 10h-13h, 14h-17h ; sam dès 9h)* avec revues françaises à consulter, programmation culturelle riche (films, expos, musique...) et un petit café en terrasse très agréable. Autre Alliance à Bangsar *(14, Jln Telawi 2).*

■ ***Visites guidées :*** la municipalité organise des ***visites gratuites*** *(Free Walking Tours)* sur l'histoire coloniale de la ville, les lun, mer et sam mat (9h-11h30, départ de la *KL City Gallery ; zoom I, A3*), sur le quartier de Kampong Baru les mar, jeu et dim ap-m (16h30-19h avec rdv à Kelab Sultan Suleiman, dans la rue des restos), ainsi que des *Night Tours,* le sam à partir de 19h30 ; départ derrière le Central Market. Notez que les horaires et thèmes sont susceptibles de changer. *Rens et résa (obligatoire) : ☎ 269-803-32. • pelancongan@dbkl.gov.my •*

■ ***Malaysia Heritage*** *(Central Market Annex, Jln Hang Kasturi ; ☎ 2032-10-31 ; 📱 017-989-10-31 ; • malaysiaheritage.net •)* organise d'intéressantes visites guidées à thème (histoire, patrimoine, cuisine, etc.). Durée : env 4h. Tout de même pas donné. Ou ***Simply Enak,*** *📱 017-287-89-29 ; • simplyenak.com •)* programme des visites sur le patrimoine culinaire de Jln Petaling, dans Chinatown ou au marché de Chowkit, plus au nord. Durée : env 3h. Prix similaires. Résa obligatoire.

■ ***Immigration Office :*** *Aras 1-7, Blok I, Pusat Bandar Damansara. ☎ 2090-56-94. À 4 km à l'ouest du centre (y aller en taxi).* Pour les prolongations de visas.

Où dormir ?

À Chinatown et alentour

Quartier très animé, voire très bruyant le soir, mais toujours haut en couleur grâce à son marché et à ses nombreux restos et gargotes... Beaucoup d'adresses proposent des lits en dortoirs et des chambres très bon marché. Cela dit, l'entretien, la propreté et l'espace sont souvent réduits à la portion congrue, et le taux de satisfaction est généralement assez bas. Dans la première catégorie, nous vous indiquons ce qui nous a paru le moins mauvais, mais uniquement pour ceux qui sont vraiment fauchés. Si vous pouvez dépenser un peu plus, nous vous conseillons fortement de piocher dans la catégorie « De bon marché à prix moyens ».

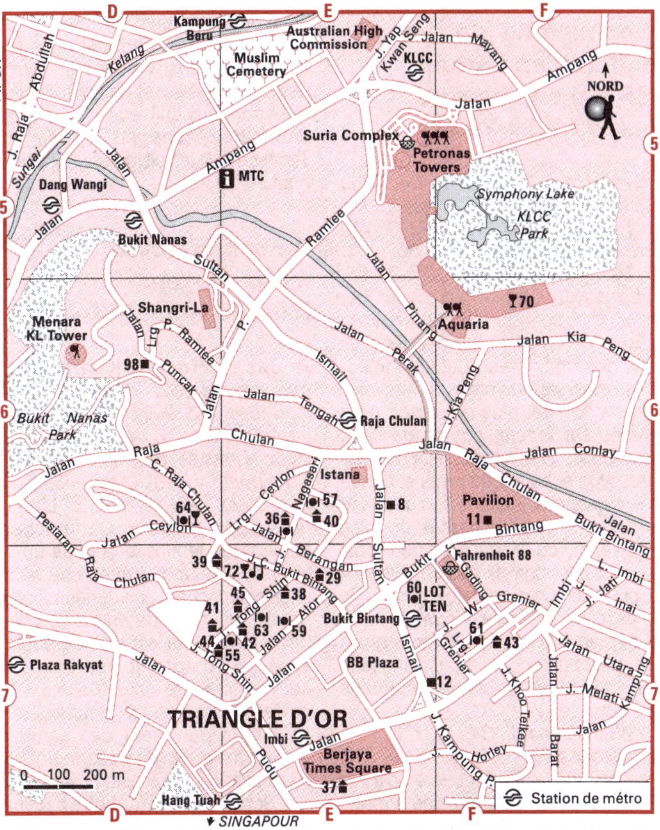

KUALA LUMPUR – Le Triangle d'or (Zoom II)

■ Adresses utiles

- **i** Malaysia Tourism Centre et Tourist Police Unit
- **8** Qatar Airways
- **11** Emirates
- **12** Air France-KLM
- **98** Départ des navettes pour la Menara KL Tower

Où dormir ?

- **29** Replica Inn
- **36** Rainforest B & B
- **37** Classic Inn
- **38** Travellers Palm Lodge
- **39** Sahabat Guesthouse
- **40** Orange Pekoe Guesthouse
- **41** Tropical Guest House
- **42** Red Palm, Funky Guest House et Anggun Boutique Hotel
- **43** Nana's Inn
- **44** 12 Fly Hotel
- **45** D'Or Hotel – Abeille d'Or

Où manger ?

- **36** Lima Blas
- **55** Nasi Kandar
- **57** Nagasari Curry House
- **59** Stalls de Jalan Alor
- **60** Hutong Food Court du Lot 10
- **61** Food Court DB KL
- **63** Sao Nam
- **64** Bijan

Où sortir ? Où danser ?

- **70** Sky Bar
- **72** Frangipani

De très bon marché à bon marché (de moins de 30 Rm en dortoir à 80 Rm en chambre double / 7,50-20 €)

Bird Nest 1 *(zoom I, B4,* ***26****)* **:** *210, Jln Tun HS Lee (l'entrée se fait sur l'arrière). 012-694-73-66.* Et ***Bird Nest 2*** *(zoom I, B3,* ***30****)* : *64, Jln Hang Kasturi. ☎ 2857-73-66. • birdnestghouse.com • Petit déj inclus.* À chaque nid son confort : dans le 1er, un peu plus cher et plus cosy, des chambres doubles impeccables avec salle de bains et clim, avec ou sans fenêtre, plus un dortoir pour femmes seulement, équipé de l'AC. Sans oublier un toit-terrasse et des services, type échange de livres et consignes à bagages. Dans le 2e, aussi bien les dortoirs que les petites doubles (avec ventilo ou AC dans les deux cas) ne possèdent pas de fenêtre. Demander si besoin un drap de dessus. Ici, le lieu ne manque pas de charme avec les poutres au plafond, la cuisine à dispo et la minicour, occupée par un iguane dans une cage. Ambiance cool dans les 2 adresses.

YWCA *(zoom I, C4,* ***27****)* **:** *12, Jln Hang Jebat. ☎ 2031-77-53. • ywcakl@streamyx.com • À deux pas de Chinatown.* Légèrement en retrait de la route, ce vieux bâtiment (1923) isolé dans un coin verdoyant est tenu par d'accueillantes dames. Chambres à l'ancienne (pas d'AC), vieux parquets et petits salons désuets. Les sanitaires sont impeccables, un frigo et un lavoir sont à votre disposition. Bonne nouvelle : les hommes sont admis s'ils sont en couple ou en famille !

Backpacker's Travellers Inn *(zoom I, C3,* ***23****)* **:** *60B, Jln Sultan. ☎ 2078-24-73. • backpackerskl.com • Réception au 2e étage. (payants).* Une adresse pour ceux qui ne sont pas difficiles... Éclairés au néon, les dortoirs de 8 lits et les chambres, plutôt minuscules, avec ou sans AC, sont souvent sans fenêtre ou donnent sur un couloir sombre. Le ventilo, intégré au mur, n'est pas contrôlable et les cloisons sont épaisses comme du papier à rouler. 3 des chambres ont une douche, toutes les autres partagent des sanitaires communs. Vieillot mais sympa. Les prix sont bas, et de nombreux services sont disponibles (laverie, agence de voyages, consigne payante, etc.). Terrasse sur le toit pour grignoter un bout au soleil.

De bon marché à prix moyens (30-140 Rm / 7,50-35 €)

Back Home Kuala Lumpur *(zoom I, C2,* ***35****)* **:** *30, Jln Tun H. S. Lee. ☎ 2022-07-88. • backhome.com.my • Non loin de la Pudu Central Bus Station et de Chinatown. Petit déj inclus. CB acceptées. (payant).* L'un de nos coups de cœur. Cette superbe auberge de jeunesse occupe un vieil immeuble restauré, avec une façade ancienne cachant un intérieur contemporain, aux murs de brique et sols de béton brut. Tout est très agréable et spacieux, propre et très bien tenu. Les dortoirs de luxe (de 4 à 8 lits, mixtes ou réservé aux femmes) et les chambres partagent des sanitaires communs mais disposent de l'AC, d'un lavabo et de casiers dans le cas des dortoirs (apportez votre cadenas). Chambres dépassant légèrement cette fourchette de prix, certes, mais elles les valent. Bon accueil et nombreux services : réception équipée d'ordinateurs, cuisine, informations, salon avec TV et lecteur de DVD, réservation de transports, etc. Juste à côté, *Lokl* est un agréable *coffee-shop* branché proposant petit déj, salades, sandwichs, etc. Excellent accueil. Bref, notre AJ préférée à KL.

Matahari *(zoom I, B3,* ***31****)* **:** *58-1, Jln Hang Kasturi. ☎ 2070-55-70. • mataharilodge.com • Près du marché. Lit en dortoir (mixte) ou double avec sdb commune, petit déj léger inclus.* Sur 3 étages, des chambres pour la très grande majorité aveugles (seules 2, côté avenue, avec fenêtre, mais bruyantes) bénéficient tout de même d'une bonne literie recouverte de draps colorés (pas de drap de dessus). Agréable coin salon à l'accueil, et même une terrasse verdoyante au calme. Fait aussi agence de voyages. Les proprios possèdent aussi une résidence dans le quartier de Bangsar (beaucoup plus chère).

Reggae Guest House *(zoom I, B3, **24**) : 156, Jln Tun H. S. Lee. ☎ 2078-81-63. • reggaehostelsmalaysia.com • À l'angle de Jln Hang Lekir, au 1er étage, au-dessus du Reggae Bar. Prix moyens. Petit déj inclus. CB acceptées.* Cette *guesthouse* abrite un dortoir mixte de 6 lits avec casiers et de bonnes chambres avec TV. Clim et sanitaires communs pour tous. L'ensemble est propre et bien tenu, la déco plus soignée que la moyenne. À disposition : thé et café en libre-service, agence de voyages et 20 % de réduc au *Reggae Bar* à partir de 21h. Bonne ambiance et bon accueil, quasi personnalisé, ce qui n'est vraiment pas le cas de la grandiloquente annexe de la maison, la **Reggae Mansion** *(53, Jln Tun H. S. Lee).*

De prix moyens à chic (80-200 Rm / 20-50 €)

Hotel A-One *(zoom I, B3, **20**) : 17, Jln Medan Pasar. ☎ 2070-73-08 ou 09. • aonehotel.com.my • Négociation possible si plusieurs nuits. CB acceptées.* Pour ceux qui veulent éviter la partie plus touristique de Chinatown. Juste à côté d'une jolie façade à arcades colorée, ce petit hôtel est situé sur une vaste place piétonne, à deux pas de la Masjid Jamek et de sa station de métro, au cœur de la ville. Emplacement central donc, vaste et aéré, c'est sa principale qualité. En revanche, les chambres sont petites et sans charme particulier (comme souvent), mais elles sont carrelées, propres, avec douche chaude, clim et TV. Également des familiales (pour 3). Bon accueil.

Hotel 1915 *(zoom I, B2, **21**) : 49, Jln Leboh Ampang. ☎ 2026-00-42 ou 43. • hotel1915kl.com.my • Évitez de vous pointer sans résa, vous paierez le double du prix. Promos régulières sur Internet. CB acceptées.* Un petit hôtel de charme dans ce quartier plutôt tourné vers les *guesthouses* à petit budget, ça change un peu. On est charmé dès la jolie façade coloniale à colonnes. Pas la peine de vous donner l'année de construction... À l'intérieur, c'est nettement plus contemporain, avec néanmoins des murs de brique blanche, vieux objets et photos noir et blanc. Petites chambres *superior*, sans fenêtre mais avec clim, douche chaude et TV. Les *deluxe* ne sont pas plus grandes mais ont une fenêtre. Une petite adresse agréable.

Hotel Rain Forest *(zoom I, C4, **28**) : 122, Jln Petaling. ☎ 2022-15-76 ou 77. • rainforesthotel.com.my • Pas de petit déj, mais un petit espace cafét. CB acceptées.* Pas de jungle, évidemment, ni même de jardin, mais une grande photo de forêt à la réception. Kitsch, certes, mais l'hôtel s'avère plutôt gai et l'accueil sympa. Chambres standard sans fenêtre, avec une photo de végétation pour compenser, et salle de bains nickel. Également des *twins* encore moins chères mais vraiment petites et avec sanitaires communs, ainsi qu'une familiale pour 6 (lits superposés). Toutes avec ventilo et clim. Propre et fonctionnel. Terrasse bienvenue.

Hotels Soho Town 1 et 2 *(zoom I, C3, **25**) : 113 et 119A, Jln Sultan. ☎ 2026-31-33. • sohotownhotel.com • Pas de petit déj.* Rien d'exceptionnel, loin de là, mais voici 2 hôtels côte à côte, modernes et propres, tenus par un management chinois qui, certes, accueille sans fioritures. Chambres carrelées, sans charme mais fort correctes, avec douche chaude, clim et TV. Également des chambres familiales d'un bon rapport qualité-prix. Petite préférence pour l'adresse n° 1, mais le n° 2 est un poil moins cher, surtout en semaine.

À Little India

Le quartier indien, comment l'aviez-vous deviné ? Coin chouette et très vivant (plein de restos, de gargotes et de marchands de tissus) mais, par voie de conséquence, assez bruyant.

De prix moyens à plus chic (80-300 Rm / 20-75 €)

■ ***Hotel Surya*** (zoom I, B2, **34**) : *48, Jln Masjid India.* ☎ *2858-59-92.* • *hotel surya2u@yahoo.com* • *Juste à droite du Palace Hotel. Prix moyens.* Rien de luxueux ici, au contraire, mais au moins les prix sont raisonnables. Et les prétentions aussi. Petites chambres aux fines cloisons. Les *deluxe* et les *twins* sont un poil plus grandes et à peine plus chères que les standard. Toutes avec clim, douche chaude et écran plat. *Food court* et marché juste en face. Centre Internet à l'entresol *(payant).* Bon accueil.

■ ***Lotus Hotel*** (zoom I, B2, **33**) : *45, Jln Melayu.* ☎ *2692-18-81.* • *lotushotel.com.my* • *Chic. Souvent des promos de dernière minute. Pas de petit déj, slt des biscuits et du café ou du thé. CB acceptées.* Bien situé : la station de métro Masjid Jamek est à deux pas et Chinatown à quatre ou cinq. Surtout, l'hôtel est parfaitement tenu, avec des chambres carrelées agréables, bien équipées et confortables. Pour la petite différence de prix, préférer les *superior,* avec fenêtre ; certaines, fort lumineuses, donnent sur la rivière. En revanche, d'autres sont presque bouchées par une armoire ou donnent sur un mur. L'insonorisation est assez efficace, mais l'eau chaude est parfois capricieuse.

■ ***Frenz Hotel*** (zoom I, B1, **32**) : *135, Jln Tuanku Abdul Rahman.* ☎ *2693-78-78.* • *frenzhotel.com.my* • *Plus chic ; petit déj inclus. Promos régulières sur Internet.* Voici un hôtel moderne pour hommes d'affaires, offrant un minimum de confort. La petite tour abrite des chambres au confort international standard, à l'image de la déco. L'artère comme le quartier sont assez bruyants.

Le Triangle d'Or (autour de Jalan Bukit Bintang) et au nord

Situé à l'est du centre-ville, le fameux Triangle d'Or, facilement accessible par le monorail (station Bukit Bintang), est l'un de nos quartiers préférés pour se loger. Son point fort ? Entre les maisons anciennes côtoyant les nouveaux édifices, les bars *trendy* et les *shopping centres,* la *middle class* se retrouve attablée dans les célèbres *foodstalls* de Jln Alor et Jln W. Grenier, en compagnie des classes populaires. *Guesthouses,* hôtels, boutiques-hôtels, il y en a pour tous les goûts, malgré une certaine promiscuité parfois un peu pénible. Une sorte de village d'Astérix que les gratte-ciel continuent de grignoter au fil des ans... Pour plus de tranquillité, cap au nord, dans le quartier de Kampung Bahru, qui, lui aussi, fait de la résistance.

De bon marché à prix moyens (30-140 Rm / 7,50-35 €)

■ ***Red Palm*** (zoom II, E7, **42**) : *5, Tengkat Tong Shin.* ☎ *2143-12-79.* • *redpalm-kl.com* • *Pas de panneau. Dortoir bon marché et doubles à prix moyens, petit déj inclus.* L'adresse est grande comme un mouchoir de poche : on y trouve en tout et pour tout 4 chambres (dont 2 doubles) avec AC ou ventilo, et 1 dortoir mixte de 6 lits. Ils partagent plusieurs douches communes : eau chaude en haut, froide en bas pour les pressés... L'ensemble est accueillant et propre, la décoration colorée, et on a accès à un micro-ondes et à un sympathique coin salon-bibliothèque. Une des bonnes adresses de cette rue que l'on aime bien.

■ ***Travellers Palm Lodge*** (zoom II, E7, **38**) : *10, Jln Rembia, off Tengkat Tong Shin.* ☎ *2145-47-45.* 📱 *012-229-08-11.* • *travellerspalm-kl.com* • *Petit déj léger inclus.* Posée sur une placette ombragée, cette vieille maison a été retapée par Suzy et son mari, artiste peintre. On y trouve un dortoir de 8 lits et une poignée de chambres assez sombres mais toutes avec AC (sauf la *single*) et salle de bains. Malgré leur caractère rudimentaire, on a bien aimé les vieux parquets qui grincent à l'étage, les tableaux colorés au mur, la petite terrasse pour le petit déj et l'accueil généreux et sincère. Frigo à disposition.

Funky Guest House *(zoom II, E7,* ***42****)* : *19, Tengkat Tong Shin. ☎ 2110-66-60. • funkyhousekl.com •* On la repère à sa jolie petite façade orange estampillée « 1951 ». Comme d'hab', des petites chambres grandes comme des clapiers à lapins et des cloisons parfaites pour se rouler des cigarettes. Cela dit, un peu de couleur, ça ne fait pas de mal, et puis l'accueil n'est pas mauvais. Si c'est complet, la maison possède 4 annexes dans le quartier (consulter le site internet). Petite échoppe spécialisée dans le thé (froid) de Taïwan au rez-de-chaussée.

De prix moyens à chic (80-200 Rm / 20-50 €)

Orange Pekoe Guesthouse *(zoom II, E6,* ***40****)* : *1-1, Jln Angsoka. ☎ 2110-20-00. • orangepekoe.com.my • Chic. Petit déj léger inclus. CB acceptées.* Une mignonne petite *guesthouse* au goût du jour, presque une maison d'hôtes. On pénètre avec plaisir dans cette réception-salon super cosy, avec ses moelleux canapés et son petit coin cuisine (bouilloire et grille-pain seulement). Une bonne quinzaine de chambres rénovées récemment, très agréables, toutes climatisées, certaines avec un coffre. Seules les salles de bains nous ont paru un peu étroites, avec la douche au-dessus des toilettes. Bonne sécurité (entrée vidéo-surveillée) et bonnes infos sur la ville. Laverie à proximité. Très bon accueil.

Rainforest B & B *(zoom II, E6,* ***36****)* : *27, Jln Mesui, off Jln Nagasari. ☎ 2145-35-25. • rainforestbnbhotel.com • Dortoir bon marché, doubles chic. Petit déj inclus. (espaces communs).* On a été séduits surtout par cette jolie façade toute de bois vêtue et agrémentée de plantes vertes. À l'intérieur, on a aussi aimé le bel espace petit déj et le coin TV, le tout aménagé avec beaucoup de bois. Les couloirs rouges mènent à 2 petits dortoirs de 3 lits, filles et garçons séparés, et à des chambres privées au diapason de la déco mais en nettement plus simple. Et surtout vraiment petites, il vaut mieux le savoir, même si c'est un peu la règle à KL. Si vous le pouvez, louez plutôt une *deluxe,* voire une familiale, mais demandez à voir avant. La plupart avec douche chaude, sauf les *twins,* qui se partagent une salle de bains. Toutes avec clim et TV. Bonne propreté.

Sahabat Guesthouse *(zoom II, D7,* ***39****)* : *39-41, Jln Sahabat, off Tengkat Tong Shin. ☎ 2142-06-89. • sahabatguesthouse.com • Chic.* Bon, on ne va pas vous refaire le coup de la maison bleue adossée à la colline, et des gens qui vivent là mais ont jeté la clé... Cela dit, on pourrait presque, tant l'accueil est gentil et parce que ce petit immeuble bleu de chez bleu semble adossé contre, voire écrasé par les tours que l'on aperçoit en toile de fond. Presque une petite pension de famille, en fait, avec un salon TV-réception accueillant, plus des chambres hyper propres, presque coquettes, avec clim et douche chaude. Quelques familiales. Toutes ont une fenêtre, mais certaines donnent sur une courette. Évitez quand même de dormir à côté de l'entrée, ça peut être bruyant. Petit déj un peu léger pour le prix.

Classic Inn *(zoom II, E7,* ***37****)* : *36, Lorong 1/77A, off Jln Imbi. ☎ 2148-86-48. • classicinn.com.my • Pour le trouver, prendre la 1re rue partant à l'ouest du centre commercial* Berjaya Times Square. *Dortoir bon marché, doubles à prix moyens ; bon petit déj inclus.* Passé quelques façades délabrées, le pimpant *Classic Inn* avance sa terrasse verdoyante sur la rue. Le ton est donné : malgré des prix qui se tiennent, le cadre est agréable et le confort au rendez-vous. Les chambres ne sont pas gigantesques, mais elles sont immaculées, avec AC et fenêtre pour la plupart. Les dortoirs mixtes sont très étroits, mais leurs 4 lits sont à contrario assez larges – suffisamment pour que les couples finissent souvent dans le même... L'AC y est disponible de 20h30 à 8h30. Très bon accueil.

Tropical Guest House *(zoom II, D7,* ***41****)* : *2, Tengkat Tong Shin. ☎ 2141-11-68. • tropicalkl.com •* Passez le toit en palmes, enlevez vos chaussures, suivez le plancher de bambous puis le lit de galets tapissant joliment les couloirs, couverts de fleurs artificielles, rouges, roses, blanches... Reste à choisir entre les minuscules chambres à prix cassé, avec une déco kitschounette à souhait (coussin en forme de cœur rouge, rideau de douche rose), et celles dotées d'une salle de bains privée comme la « Sexy Room » et la « Horny Room » (qui mal y pense ?), ou offrant carrément plus d'espace comme la... « Presidential Suite », avec des graffitis sur les murs de la salle de bains ! L'adresse est plutôt rigolote, pour une fois.

Bagasta (*plan d'ensemble*, **48**) : *56, Jln Raja Alang. ☎ 2698-99-88. • bagasta.com • À l'étage du Steak House.* Cet établissement à taille humaine offre l'avantage d'une situation privilégiée dans le quartier-village de Kampung Bahru, à la fois si loin de l'architecture verticale et géographiquement si proche des Petronas Towers que l'on voit d'ailleurs de certaines chambres. On mesure alors le contraste entre ces deux mondes et l'évolution de KL. Chambres agréables et très bien équipées, avec fenêtre. Privilégiez celles des 2e et 3e étages pour la vue (et le bruit, car le resto du rez-de-chaussée ouvre jusque tard dans la nuit). Et n'oubliez pas de grimper à la terrasse, accessible le soir pour jouir du coucher de soleil et d'un panorama à 360° sur le quartier et les gratte-ciel.

Nana's Inn (*zoom II, F7*, **43**) : *30, Jln Padang Walter Grenier. ☎ 2144-77-88. • nanasinn.com • Petit déj inclus.* Cet hôtel à taille humaine donne sur une grande place ombragée, occupée par l'immense *food court DB KL* (voir « Où manger ? »). Il propose de petites chambres bien tenues avec AC et salle de bains, sans caractère particulier mais toutes avec fenêtres. Gros point positif : elles sont bien calmes. Les appartements, avec coin cuisine, ouvrent, eux, sur la place. Pratique pour les familles, les petits groupes d'amis et les couples.

Replica Inn (*zoom II, E7*, **29**) : *64, Changkat Bukit Bintang. ☎ 2142-17-71. • replicainn.com • CB acceptées.* Un hôtel rouge du sol au plafond, jusqu'à la façade ! Les chambres se divisent en standard, pas bien grandes mais au calme, et en *superior,* plus spacieuses mais côté rue. L'ensemble est propre et confortable, avec TV, bouilloire, AC et salle de bains.

Plus chic (200-300 Rm / 50-75 €)

12 Fly Hotel (*zoom II, D-E7*, **44**) : *21, Jln Tong Shin. ☎ 2145-72-72. • 12flyhotel.com • CB acceptées.* C'est l'hôtel de l'agence de voyages mitoyenne. Certes, pour le charme et l'originalité, vous repasserez. Mais au moins, ici, on est très bien accueilli et les chambres, bien que petites et sans fenêtre pour les moins chères, sont récentes et impeccables. Toutes avec clim, douche-w-c, téléphone, bouilloire et TV. Pour quelques dizaines de ringgits de plus, vous aurez droit à un tout petit peu plus d'espace, à une fenêtre, voire à un balcon pour les plus chères. Pas de petit déj, en revanche, mais le quartier est loin d'être désert.

D'Or Hotel – Abeille d'Or (*zoom II, E7*, **45**) : *18, Tengkat Tong Shin. ☎ 2144-33-93. • dorhotel.com.my • Parking 4 places devant.* Tiens, un bon gros hôtel en béton, raide comme un « i », qui plus est jaune et vert, bref un hôtel à la chinoise. Chambres sans grand charme, mais fonctionnelles (clim, douche impeccable et TV), hyper propres et bien insonorisées, c'est déjà pas mal. Les moins chères n'ont pas de fenêtre.

Très chic (plus de 300 Rm / 75 €)

Anggun Boutique Hotel (*zoom II, E7*, **42**) : *7-9, Tengkat Tong Shin. ☎ 2145-80-03. • anggunkl.com • Double env 320 Rm, petit déj inclus. Possibilité de remise sur place, parfois meilleure que via Internet.* Un hôtel de charme (*anggun* signifie « élégant ») dans une rue animée, comptant de nombreuses *guesthouses* pour tous budgets. La porte d'entrée en bois sculpté donne une idée de la suite : chambres de caractère, de taille variable, avec mobilier et plancher en bois (donc sombres), décoration raffinée, plus tout le confort habituel (dont coffre et TV avec accès Internet). Restaurant. Salons de massage, dont un sur le toit. Excellent accueil. Dommage que les tarifs soient surévalués.

Près de la gare KL Sentral (Brickfields)

De bon marché à chic (30-200 Rm / 7,50-50 €)

The Bodhi Lodge *(hors plan d'ensemble,* ***46****) : 18A Jln Kemuja, Bangsar. ☎ 2202-08-40. • bodhilodge.com • Dortoirs bon marché, doubles à prix moyens ; négociation possible si plusieurs nuits. Pas de petit déj. Du métro Bangsar, prendre la sortie de derrière* (back exit). Bien situé dans un quartier à la fois proche de la gare, pas trop dense et relativement calme. On a bien dit « relativement », d'abord parce qu'un garage se trouve juste en dessous du bâtiment principal (horaires 9h-18h) et puis on reste en ville. On a le choix entre des dortoirs de 4 lits (pas de drap de dessus, casiers), des matelas *twin* posés sur tatami et des doubles climatisées avec salle de bains commune (également une familiale pour 4). Bonne ambiance distillée par Gege (prononcer Jiji), la volubile proprio.

My Hotel@Sentral *(plan d'ensemble,* ***47****) : 1, Jln Tun Sambanthan 4. ☎ 2273-80-00. • myhotels.com.my • En venant de la gare, descendre au sous-sol où se trouvent les bus pour l'aéroport low-cost (KLIA 2), suivre les panneaux du monorail puis le bâtiment de la YMCA ; l'hôtel se situe avt ce dernier. Promos fréquentes sur Internet.* Si vous avez un train à prendre tôt le matin ou si vous arrivez tard, cet hôtel moderne, certes sans charme, propose un bon rapport qualité-prix-accueil. Chambres propres et fonctionnelles, avec clim, eau chaude, TV et bouilloire. Également des familiales intéressantes. Plein de petits services appréciés des voyageurs : consigne gratuite, change très correct, laverie (payante). En revanche, pas de petit déj (juste du café ou du thé), mais on trouve à côté l'*Old Town White Coffee,* ouvert 24h/24. Si l'hôtel est complet, allez à l'hôtel *Metro* dans la rue derrière (un peu plus cher) ou à l'annexe de *My Hotel* un peu plus loin dans la même rue.

Où manger ?

FOOD COURTS, FOODSTALLS *ET MARCHÉS DE NUIT*

KL est l'occasion de faire un tour complet et pour pas cher de toutes les cuisines du pays ! La ville regorge de marchés de nuit *(pasar malam), food courts* (aires de restauration) et *foodstalls* (stands de rue), soit l'occasion idéale de goûter aux cuisines chinoise, indienne et malaise, souvent pour trois fois rien et, en général, dans de bonnes conditions d'hygiène. De plus, on y côtoie toutes les couches de la population, des prolétaires aux hommes d'affaires. Attention, les ***marchés de nuit*** changent tous les jours d'emplacement, il faut donc se renseigner. Par exemple, celui de Bangsar, au sud-ouest du centre-ville, après la gare de *KL Sentral,* attire du monde le dimanche soir.

Si vous n'avez pas envie de chercher par vous-même, des visites guidées sont organisées autour de la cuisine. Voir plus haut, la rubrique « Adresses et infos utiles. Divers ».

À Chinatown et alentour

De bon marché à prix moyens (jusqu'à 40 Rm / 10 €)

Autour du très animé ***marché de nuit (pasar malam ;*** *zoom I, B3,* ***50****)*, près du confluent de Jalan Petaling et de Jalan Hang Lekir, plein de gargotes populaires proposent qui des *claypot chicken rice,* qui des *chicken fried rice,* qui des soupes ou même des *kodok* (grenouilles sautées) !

LA CÔTE OUEST DE LA MALAISIE

Attention, on sert parfois le poisson au poids (gaffe à l'addition).

|●| ***Yusoof Dan Zakhir*** *(zoom I, B3,* ***58****)* **:** *42-46, Jln Hang Kasturi, sur le côté droit du Central Market. Tlj 6h-23h.* Cette vaste salle située juste à côté d'un marché hyper touristique n'est pas un attrape-touristes : ce resto indien musulman sert même l'un des meilleurs poulets tandooris de la ville ! Cuisse bien rouge, parfumée et pimentée comme il faut, presque un rêve culinaire érotique... Également tout un choix de *biryani* et de currys. Pas d'alcool, bien sûr, mais du jus de noix de coco. Super adresse.

|●| ***The Canteen*** *(restaurant du musée des Textiles ; Muzium Tekstil Negara ; zoom I, A3,* ***52****)* **:** *se reporter aux coordonnées dans la rubrique « À voir ». 📱 017-363-21-02. Tlj 9h-18h. Pas d'alcool.* Venir jusqu'ici, c'est d'abord l'occasion de traverser (ou mieux, visiter) ce beau musée méconnu (et gratuit). C'est ensuite s'immerger dans l'univers d'Adu Raman. Ce chef, qui a travaillé à Londres, a aménagé cette petite pièce de quelques tables toutes différentes au milieu d'un mobilier vintage malaisien, créant ainsi un lieu sagement décalé. Les plats suivent le mouvement et offrent une vision fidèle (délicieux *nasi lemak,* par exemple) ou revisitée de la cuisine malaise. Carte courte, mais assiettes goûteuses et joliment présentées. Très bon accueil.

|●| ***Sangeetha*** *(zoom I, B2,* ***51****)* **:** *65, Lebuh Ampang. ☎ 2032-33-33. Tlj 8h-23h. Ven, lunch buffet env 20 Rm.* Pas vraiment d'ambiance dans ce petit resto indien au cadre propret et climatisé. Cela dit, on y trouve un grand choix de plats végétariens à prix raisonnables, surtout originaires du sud de l'Inde, mais pas uniquement, parfumés à la cardamome et à la pistache. *Naan* et *roti* tout chauds à partir de 11h30. Coin pâtisserie avec pâte d'amandes, *halva* et autres *ladhu* (boulettes de date aux fruits confits et noix de cajou). Bon café au lait indien. Dommage que le service et le cadre soient aussi froids.

De prix moyens à chic (20-60 Rm / 5-15 €)

|●| ***Old China Café*** *(zoom I, B4,* ***54****)* **:** *11, Jln Balai Polis, à la lisière de Chinatown. ☎ 2072-59-15. Tlj 11h30-22h. CB acceptées.* 📶 Franchement, ne manquez pas cette ancienne demeure de la *Guild of the Selangor & Federal Territory Laundry Association,* superbement reconvertie en un *kedai kopi* chinois. Maison d'avant la Première Guerre mondiale avec un décor des années 1930. Vieux mobilier traditionnel, miroirs face à face selon la disposition porte-bonheur du feng shui, photos de vieilles figures de la *Guild* (dont une de 1917 !) et murs patinés... Pour un peu, on se croirait dans *Le Lotus bleu* de Tintin ! Le moment est venu de goûter, sous les ventilos, à la cuisine peranakan (nyonya), mélange d'influences malaises et chinoises originaire de Malacca. Attention, ça chauffe, Marcel, et sur l'addition aussi ! Sauf que le patron s'appelle Léonard. Ce jovial anglophone, admirateur de la Nouvelle Vague, a produit en France un film de Tsai Ming Liang (voir « Personnages » dans « Malaisie. Hommes, culture, environnement »). La famille possède un autre resto, le *Precious Old China,* au 1er étage du Central Market, avec quasi la même carte.

|●| ***Betel Leaf*** *(zoom I, B-C2,* ***62****)* **:** *77A-79A, Lebuh Ampang. ☎ 2032-59-32. Tlj 11h-23h. CB acceptées.* 📶 Un de nos meilleurs rapports qualité-prix. À l'étage, on découvre businessmen et classe moyenne de la capitale attablés dans plusieurs salles climatisées à dominante vert pâle. Cuisine du Chettinad, au sud du Tamil Nadu, élaborée à base de produits issus de la ferme des proprios, notamment les légumes, le mouton et le lapin. Pour les végétariens : *vaalai poo vadai* (fleurs de bananiers et lentilles frites), *raita, thali, dhal, dosai, pani puri, roti* et *paratha.* Pour les autres : poulet tandoori, *betel leaf chicken* (poulet mariné au curry) et plein de viandes. Plats servis dans une assiette en inox tapissée d'une feuille de bananier. Très bonne qualité et bon service.

|●| **Ginger** (zoom I, B3, **58**) : *au 1er étage du Central Market. ☎ 2273-73-71. Tlj 11h-22h (dernière commande à 21h30).* Dans l'ambiance archi-touristique du *Central Market*. Décoré d'artisanat, ce resto thaï au cadre assez sombre mais élégant s'ouvre largement à la cuisine du reste de l'Asie. Dans l'assiette, des plats plutôt chers mais copieux (en 2 tailles possibles) et bien présentés. Les riz frits, plats de tofu et autres salades de poulet aux pousses de fougères vous séduiront si vous n'avez pas peur des épices.

À Little India

De bon marché à très chic (de 10 Rm à plus de 60 Rm / 2,50-15 €)

|●| Autour de Jalan Masjid India *(zoom I, B1-2),* plein de ***gargotes*** et de petits ***restaurants mamaks*** (tamouls) proposent *murtabak,* currys et *roti canai.*

|●| **Coliseum** (zoom I, B1, **53**) : *98-100, Jln Tuanku Abdul Rahman. ☎ 2692-62-70. Ⓜ Bandaraya. À côté du Coliseum, cinéma rococo de 1921 ne diffusant que des films indiens. Tlj 10h-22h. CB acceptées.* L'ancien *Watering Hole of the Britishers* fut avant tout un hôtel, où Somerset Maugham aurait élu domicile un temps dans les années 1920. Le restaurant conserve son ambiance hors du temps, très fin de règne colonial, façonnée par une décoration inchangée depuis des lustres. Incontestablement, c'est le bar qui a le plus de caractère. On a l'impression d'entrer dans un vieux saloon. Dans la salle, nettement plus dépouillée, quelques serveurs, datant eux aussi d'une époque révolue, vous serviront un *sizzling steak* sur une plaque brûlante. Il a fait – à juste titre – la réputation des lieux (viande d'origine australienne et néo-zélandaise). Pour une addition plus sage (et en adéquation avec le lieu), optez pour des plats locaux.

Le Triangle d'Or (autour de Jalan Bukit Bintang) et plus au nord

De très bon marché à bon marché (moins de 20 Rm / 5 €)

|●| Alignés comme à la bataille, les célèbres *stalls* de **Jalan Alor** *(zoom II, E7,* **59**) proposent un grand choix de cuisines chinoises (beaucoup sont fermés le midi). Parmi les spécialités : la raie grillée, les *satay* et les fruits de mer. Certains proposent des buffets en libre-service, avec soupe et thé inclus. Le ***Kedai Ayam Panggang Wong Ah Wah*** (alias ***W.A.W.***), repérable à son dessin de Mickey, au nº 1, à l'extrémité de la rue, est célèbre pour ses *chicken wings* (délicieuses !). Il n'est ouvert que le soir. Cela dit, attention, l'addition grimpe rapidement et le service est vite expédié.

|●| **Food Court DB KL** (zoom II, F7, **61**) : *Jln Padang Walter Grenier. Ouv 24h/24.* Dans un coin moins touristique, une immense place remplie de stands et d'éventaires de cuisine malaise, indienne et chinoise. À ne pas manquer. Prix très sages, fraîcheur de la nourriture, service rapide et animation en permanence.

|●| **Nasi Kandar** (zoom II, E7, **55**) : *5, Tengkat Tong Shin. Juste à droite de l'*Anggun Boutique Hotel *et en face de la* guesthouse Eight. *Ouv 24h/24.* Petit restaurant ou grande cantine ? Les deux à la fois. La salle est ouverte sur la rue animée. On y sert à toute heure des plats indiens et thaïs à des prix très sages. C'est frais, c'est simple et c'est bon. Grands jus frais et *roti banana* pour le petit déj.

|●| **Nagasari Curry House** (zoom II, E6, **57**) : *Jln Nagasari. Ouv 24h/24.* C'est à midi, en particulier, qu'il faut venir profiter des currys aux légumes maison et des excellents *banana leaf rices.* De nombreux plats, végétariens ou non, sont ainsi servis sur feuille de bananier. Évidemment, ils sont tous (très) épicés... La vaste salle est grande ouverte sur la rue – façon *stall* amélioré.

LA CÔTE OUEST DE LA MALAISIE

Nasi Lemak Antarabangsa *(plan d'ensemble, **65**) : Jln Raja Muda Musa. Tlj 17h-midi. À Kampung Bahru.* Un des restos les plus populaires du quartier (qui ne manque pas d'adresses), ouvert toute la nuit pour avaler un authentique *nasi lemak* sur une poignée de tables dehors. Prix plancher.

De bon marché à prix moyens (10-40 Rm / 2,50-10 €)

Hutong Food Court du Lot 10 *(zoom II, E7, **60**) : entrées sur Jln Bukit Bintang et Jln Ismail, au sous-sol de l'immense centre commercial* Lot 10. *Tlj 9h-21h.* Une vingtaine de stands, avec photos à l'appui, pour goûter *seafood noodles,* cuisines malaise, japonaise, coréenne ou chinoise. Nos préférés ? Les *hokkien mee* de Kum Leen Kee, des nouilles au porc dans une épaisse sauce noire, à manger très chaud, les *beef ball noodles* de Soong Kee, les *wantan noodles* (nouilles au porc fumé) de Ho Weng Kee et les *popiah* de Campbell, des sortes de rouleaux de printemps doux-amers, servis chauds et tranchés. Si vous n'avez pas peur d'une nouvelle expérience, terminez chez *Oriental Dessert...* avec un *ice kacang,* une glace pilée nappée de sirop de palme, de haricots, maïs, *jelly* et autres cacahuètes ! Une vraie gourmandise pour les Chinois. Très fréquenté (trop, selon certains !), du coup les prix ne sont pas aussi bon marché qu'ailleurs.

Lima Blas *(zoom II, E6, **36**) : 25, Jln Mesui, off Jln Nagasari. ☎ 2110-16-81. Tlj sf dim 12h-15h, 18h-22h30. Juste à côté du* Rainforest B & B. Que ce soit en salle, sous l'œil de vieilles affiches chinoises ou sur la petite terrasse, juché sur des chaises hautes, on savoure une délicieuse cuisine malaise en sirotant une bière bien fraîche. Plein d'objets de récup' dans la déco vintage, ambiance jeune et accueil sympa, une bonne adresse du secteur.

De chic à très chic (plus de 40 Rm / 10 €)

Bijan *(zoom II, D6, **64**) : 3, Jln Ceylon. ☎ 2031-35-75. Tlj 16h30-23h.* Installé aux marges de Bukit Bintang, dans une maison moderne inspirée de l'architecture traditionnelle, *Bijan* met en valeur le meilleur des produits locaux (quelques-uns bio) et des saveurs traditionnelles (épicées), revisitées par une touche moderne. On y goûte par exemple les excellents *daging bungkus kukus.* Non, ce n'est pas une formule magique (quoique...) mais de succulents petits ballotins de viande hachée aux herbes cuits à la vapeur. Piochez encore parmi les plats de fougères sauvages, les salades de fruits du jacquier grillé, ou de mangue verte au gingembre, citron vert, piment et cacahuètes. La liste des desserts est alléchante : si la glace au durian ne plaît pas à tous, la crème brûlée... au maïs aura peut-être plus de succès !

Sao Nam *(zoom II, E7, **63**) : 25, Tengkat Tong Shin. ☎ 2144-12-25. Tlj 12h30-14h30, 19h30-22h30. Plats env 20-40 Rm. CB acceptées.* Ce resto vietnamien jouit d'une bonne réputation, à tel point qu'il vaut mieux réserver. Agréable petite salle contemporaine avec des affiches de propagande communiste de l'époque, plus une terrasse vite remplie. Cuisine viêt mâtinée d'influences indienne, chinoise et française. Tous les classiques plus quelques créations (avec racines de lotus, papaye, *dragon fruit,* mangoustan...). Cela dit, on a trouvé que la touche prétendument gastronomique ne justifiait pas des prix aussi élevés. On ne saurait donc trop vous recommander les plats les plus simples et les moins chers : *pho* (soupe), nouilles, *laksa* vietnamien et plats végétariens.

Où boire un verre ?

À Chinatown

Old China Café *(zoom I, B4, **54**) : 11, Jln Balai Polis. Tlj 11h30-22h.* Décor de café chinois des années 1930. Quelle patine, quel charme, il n'y en a pas deux comme ça à KL ! Sur fond de musique chinoise rétro, on sirote un *fresh lemongrass,* un café de Malacca, un café glacé ou encore un *sour plum* (sirop de palme avec prunes, très sucré !). On peut aussi y manger (voir la rubrique concernée).

🍷 ***Reggae Bar*** *(zoom I, B3,* ***24****) : 156, Jln Tun H. S. Lee. À l'angle de Jln Hang Lekir. Tlj 11h-2h. Happy hours tlj 12h-21h ; promos pour les filles 19h-23h. Dim-mer, 3ᵉ bière gratuite.* Avec une telle enseigne et une agréable petite terrasse encadrée de plantes, rien d'étonnant à ce que les voyageurs de tout poil y traquent de bonnes bières bien fraîches... au coude à coude avec de jeunes Malais. Du coup, ça fraternise aux sons de Bob Marley, autour du grand écran ou des 2 tables de billard. On peut aussi y manger.

🍷 ***Café Art*** *(zoom I, B4,* ***56****) : 198, Jln Tun H. S. Lee. ☎ 2022-05-28. Mar-dim 10h-18h. Attenant à la galerie d'art* The Warehouse. Un endroit tout désigné pour une pause en retrait de l'animation de Chinatown. Les *smoothies* et les jus de fruits sont *to die for,* comme disent les Américains... À accompagner d'une pâtisserie.

À Little India

🍷 ***Coliseum*** *(zoom I, B1,* ***53****) : 98-100, Jln Tuanku Abdul Rahman. Tlj 10h-22h.* Hôtel-restaurant datant de 1921 dont on parle dans la rubrique « Où manger ? ». Somerset Maugham est passé par là du temps où il était espion... Et l'ambiance n'a pas changé, ou presque ! Commandez votre bière au comptoir, au patron chinois.

Au Kuala Lumpur City Centre (KLCC)

🍷 Côté jardin, l'***Esplanade*** *(zoom II, E5),* au pied des tours jumelles Petronas, offre une succession de restaurants et de bars qui sont l'occasion d'une petite pause bien agréable. Les pantouflards fileront chez *Starbuck's,* les autres iront plutôt au *Dôme.*

Où sortir ? Où danser ?

Profitez-en, car les lieux de sortie sont rares sur la côte ouest et quasiment inexistants sur la côte est ! Chaque boîte a son style et sa clientèle : Chinois, Indiens, Malais (assez peu), expatriés ou mixte. À vous de choisir ! Les adresses changent, mais les lieux de sortie les plus animés restent peu ou prou les mêmes. Le plus *hype,* ***Asian Heritage Row*** *(plan d'ensemble,* ***73****),* se situe sur Jalan Doraisamy, au nord de Little India. On y trouve une série de restos, cafés, bars et boîtes huppés, installés dans des maisons néoclassiques centenaires. Les enseignes tournent vite, alors on ne vous donne pas de nom en particulier, à part ***Mojo*** (tendance Austin Powers, plus un *sports bar*), qui semble avoir la vie dure ; sinon, allez voir directement sur place. Plus centrale, la rue ***Changkat Bukit Bintang*** *(zoom II, E7),* dans le Triangle d'Or, a vu se développer bon nombre de restos-bars-clubs dans sa partie ouest. DJ et musique live s'y côtoient, sans *cover.* Là encore, les enseignes tournent et changent vite, sauf le ***Frangipani*** (voir ci-dessous) et le ***Havana Bar*** *(DJ à l'étage mer-sam 15h-3h).* Pour connaître les derniers lieux en vogue, on vous conseille de consulter le site de *Time Out :* • *timeoutkl.com* •

L'entrée est généralement payante pour les boîtes les vendredi et samedi, ainsi que les jours fériés. Ces jours-là, compter environ 30-50 Rm par personne, incluant la première boisson. *Last but not least,* âge légal : 21 ans ! Ne pas arriver avant 23h. Question drague, messieurs, ne vous faites pas trop d'illusions. Les filles particulièrement « charmantes » sont généralement tarifées... Le ***Beach Club Café*** est malheureusement connu pour cela, mais aussi pour son ambiance survoltée grâce à ses bons groupes de musique live.

De Bukit Bintang au KLCC

🍷 ***Sky Bar*** *(zoom II, F6,* ***70****) : au 33ᵉ étage du* Traders Hotel. *☎ 2332-98-88. Tlj 10h-1h (3h ven-sam et* *j. fériés). Happy hours tlj 11h-21h.* *Trendy* en diable, le *Sky Bar* se perche face aux tours Petronas et au soleil couchant, autour de la piscine de l'hôtel : panorama imprenable garanti. Les apéros du monde entier y côtoient tapas et autres *fish & chips* à partager. Rythmes différents tous les soirs : ça va du rétro à l'électro en passant par le disco, le rock et même le jazz.

Zouk *(hors plan d'ensemble,* ***71****) : 436, Jln Tun Razak. ☎ 2110-38-88. Tlj 22h (18h sam)-2h.* *Zouk,* qu'on retrouve à Singapour et à Ibiza, attire les fans de hip hop, urban groove et R'n'B. Clientèle assez jeune se déhanchant sur fond de *light system* et de *tunes* balancées par les DJs maison ou internationaux.

Frangipani *(zoom II, E7,* ***72****) : 25, Changkat Bukit Bintang. ☎ 2144-30-01. • frangipani.com.my • Mar-dim 18h-minuit (3h ven-sam).* C'est un restaurant très chic (cuisine méditerranéenne), où la bonne société locale aime à se montrer, mais c'est aussi, à l'étage, un *lounge* avec un grand sigle ADULTS ONLY et une petite piste de danse en rouge et noir (c'est ça, entre Jeanne Mas et Stendhal...). Rythmes oscillant entre chill out music et house latina selon l'heure ; le vendredi, soirée gay (discrète)... Au rez-de-chaussée, pour les nostalgiques, le *Deck Bar,* pour un cocktail.

Achats

À Chinatown

Culture Street Arts & Gallery *(zoom I, B4,* ***111****) : 10C, Jln Panggong. Dans la rue derrière le* Purple Cane Tea Art Centre. *Tlj 10h-19h (17h le w-e).* Pour les amateurs de calligraphie chinoise, une petite boutique avec des pinceaux de toutes les tailles et dotés de très jolies coiffes, plus tout le matériel nécessaire.

Purple Cane Tea Art Centre *(zoom I, B4,* ***110****) : 11, Jln Sultan. À l'angle avec Jln Pang-gung. Tlj 10h-19h.* Une élégante et chic boutique où les galettes de *puer* et autres thés chinois, les tasses en céramique et les théières aux formes originales s'alignent comme à la parade sur les rayonnages. Prix élevés, en revanche. Comme pour le vin, le prix du thé dépend des années et des crus.

Central Market *(zoom I, B3) : Jln Hang Kasturi. Tlj 10h-22h.* En plein cœur de Chinatown, on jettera un œil à cette belle façade bleue Art déco datant de 1936. À l'intérieur, des boutiques plutôt aseptisées et vraiment touristiques. Prix assez élevés, qui plus est. Néanmoins, la balade est agréable et on n'est pas à l'abri d'un petit coup de cœur (prix parfois négociables).

À Little India

Tissus et vêtements traditionnels *(zoom I, B1-2) : à l'est de Jln Tuanku Abdul Rahman et dans les rues parallèles.* Une longue série de boutiques de tissus et de vêtements occupe les trottoirs. Si les fringues bon marché usinées ont un peu tout envahi, on trouve encore quelques artisans prêts à jouer de la machine à coudre. Messieurs, vous pourrez vous acheter des *bajus melayus,* ces chemises blanches à col malais. Pas de 100 % coton cependant ni de grands gabarits... À défaut, allez vous-même acheter votre tissu au *Globe* (nº 185) ou chez *Harrison,* sur Jalan Tuanku Abdul Rahman, et faites-vous tailler *shirt* ou *suit* sur mesure. Quant à vous, mesdames, c'est l'occasion ou jamais de vous offrir la robe en batik de vos rêves, en soie (mais aussi en polyester, faites attention !).

Au Kuala Lumpur City Centre (KLCC)

Cocoa Boutique *(zoom II, D-E5) : 139, Jln Ampang. ☎ 2162-20-08. Ⓜ Kampung Baru. À côté du MaTiC (office de tourisme de KL). Tlj 9h-20h.* Le plus grand magasin de chocolats de Malaisie. On y fabrique et on y vend toutes sortes de chocolats (assez chers), élaborés à partir du cacao *made in Malaysia,* provenant des plantations du Sabah (Bornéo). Il y en a à la mangue, à la papaye, à l'ananas, au piment et même au curry, au durian et au gingembre ! Demandez, on vous fera goûter. Jovial et communicatif, le chef chocolatier Ong, qui tient l'atelier de fabrication et de démonstration, a longtemps vécu en France, a travaillé chez Le Nôtre et parle bien le français. C'est lui qui a confectionné les 2 énormes dragons en chocolat qui décorent cette partie du magasin.

Centres commerciaux... partout en ville !

La grande passion des Malaisiens ! Il y en a pour tous les goûts : boutiques ultrachic du *KLCC Suria Complex,* au pied des tours Petronas *(zoom II, E-F5) ;* magasins dédiés à l'informatique (3e étage) et aux fringues mode (6e) du vieux *Sungei Wang Plaza, (zoom II, E7)* ; antres fashion du proche *Farenheit 88 (zoom II, F7),* tendance jeune et funky. Plus rigolo, le *Berjaya Times Square (zoom II, E7),* genre paquebot de croisière, regroupe 13 étages de boutiques (plus d'un millier en tout !), restaurants, cinémas en 2 et 3D, salons-karaoké et même un... parc d'attractions avec un grand huit (payant) ! On ira manger après, hein ?

À voir

Kuala Lumpur possède peu de monuments d'une beauté exceptionnelle, en dehors des grands édifices d'inspiration moghole des abords de Merdeka Square et des Petronas Towers. En revanche, elle affiche un « métissage » intéressant entre architecture coloniale, gratte-ciel modernistes et petits temples de quartier, où règnent une ferveur et une animation constantes. Et puis l'aménagement d'une promenade le long de la rivière (avec assainissement de l'eau) devrait donner au centre un attrait supplémentaire.
Il existe un ***pass*** *(● klpass.com ●),* qui inclut notamment *Aquaria, Butterfly Park, KL City Gallery, KL Tower* et le *Hop-on Hop-off bus*. *Prix : 165 Rm/pers pour 1 j., réduc. Également pour 3 et 6 j.* Ça vaut le coup de faire ses comptes en fonction des sites qu'on veut visiter. Il s'achète en ligne ou à la *KL City Gallery (zoom I, A3),* sur Merdeka Square.

Le centre colonial *(zoom I, A2-3-4)*

*** ***Merdeka Square*** *(pl. de l'Indépendance ; zoom I, A2-3)* **:** les Anglais parlaient du *green,* les Malais du *padang*. Au cœur de la ville, cette immense place rectangulaire accueillait jadis les compétitions de cricket des membres du *Selangor Club...* C'est là que, le 31 août 1957, l'Union Jack fut abaissé et le drapeau malais hissé jusqu'au ciel. Il flotte toujours au sommet d'un mât haut de 100 m, réputé parmi les plus hauts du monde. À côté, un grand écran qui détonne et une fontaine victorienne (1897), apportée entièrement d'Angleterre !
À la toute fin du XIXe s, le résident britannique, sir Frank Swettenham, présida à la construction d'impressionnants bâtiments gouvernementaux en brique. Le plus beau de tous, à l'est, est le ***Sultan Abdul Samad Building*** *(zoom I, A2)*. Inspiré de l'architecture moghole indienne, il est coiffé de bulbes cuivrés et dominé par une tour d'horloge haute de 41 m – qui a résonné pour la première fois à l'occasion de la parade organisée pour l'anniversaire de la reine Victoria, en 1897. Conçu pour abriter le QG de l'administration coloniale, puis le palais de justice, il est aujourd'hui occupé par le ministère de l'Information et de la Culture. En vis-à-vis, le ***Royal Selangor Club*** est toujours là, dans ses bâtiments de style Tudor. Seuls les membres peuvent accéder aux belles terrasses ouvertes face au gazon ! Les femmes y sont désormais admises, sauf au *Long Bar* – pour éviter, paraît-il, qu'elles ne voient les hommes s'exciter lors des matchs de cricket...
Au nord de la place, la ***Saint Mary's Cathedral,*** au toit de tuile rouge souvenir d'une époque révolue, date de 1894. Au sud, vous trouverez encore, côte à côte, la bibliothèque, la *KL City Gallery* (voir ci-dessous) et le beau musée des Textiles

(idem), installé dans un ancien édifice des chemins de fer, de style moghol lui aussi.
Le soir, jets d'eau et jeux de lumière animent gentiment Merdeka Square. Le samedi, on peut souvent y assister à des concerts ou des projections de films sur grand écran – et même des défilés à certaines périodes... Fermé à la circulation le week-end pour mieux en profiter !

KL City Gallery (zoom I, A3) : *27, Jln Raja, Merdeka Square. ☎ 2698-33-33. • klcitygallery.com • Tlj 9h-18h30. Entrée : 5 Rm (donnant droit à un bon d'achat dans la boutique).*
Installée dans l'ancien Government Printing Office, de style moghol, très élégant. Au rez-de-chaussée, on découvre l'histoire de la ville depuis 1857, illustrée principalement à travers des panneaux explicatifs, de vieilles photos et une maquette détaillée de Merdeka Square, où l'on distingue notamment Chinatown et la mosquée Masjid Jamek. À l'étage, un film sur le développement de la capitale est diffusé en arrière-plan d'une grande maquette illuminée.
Retour au rez-de-chaussée pour voir les employés fabriquer les objets en bois (surtout de jolies *skylines*). Avant de partir, ne pas oublier de se faire prendre en photo à l'extérieur devant l'immense *I Love KL,* avec un cœur gros comme ça !
Petite cafèt proposant des plats préparés sur place.

Muzium Muzik (zoom I, A3) : *29, Jln Raja, Merdeka Square. ☎ 2604-01-76. • jmm.gov.my • Tlj 9h-18h. GRATUIT.* Le musée présente une belle collection d'instruments locaux mais aussi originaires d'Inde et de Chine, autant de cultures qui ont façonné l'histoire de la musique dans le pays. On s'attarde sur les premiers objets, qui copiaient la nature et les animaux, d'où certaines formes parfois étonnantes, sur les matériaux utilisés (bois, argile, métal...), comme sur la partie plus moderne avec cette ingénieuse machine à composer électronique, que l'on peut essayer.

Muzium Tekstil Negara (musée des Textiles ; zoom I, A3) : *265, Jln Sultan Hishamuddin. ☎ 2694-34-57. • muziumtekstilnegara.gov.my • Entrée sur Lebuh Pasar Belar. Tlj 9h-18h. GRATUIT.* L'édifice, de style moghol, est presque aussi beau que celui du Sultan Abdul Samad ! Il est consacré au meilleur de la tradition textile en Malaisie au gré de quatre espaces thématiques. Toutes les techniques sont explorées, de la minutieuse broderie au fil d'or jusqu'à l'impression des batiks – un savoir-faire parvenu ici avant le XIVe s, sous le royaume de Srivijaya. Une intéressante vidéo retrace d'ailleurs l'évolution de ce savoir-faire et les régions dont elles sont originaires. On découvre les superbes tissus brodés des différentes ethnies et minorités, chinoise et de Bornéo en particulier. Remarquez aussi les surprenants vêtements réalisés en écorce de jacquier par les peuples de la forêt. L'étage est consacré à la broderie et aux ornements : bijoux, couvre-chef, lourds bracelets de cheville, coiffes, tabatières, etc.

Masjid Jamek (mosquée du Vendredi ; zoom I, B2) : *près de Jln Tun Perak. Fermé pour travaux lors de notre passage, mais devait rouvrir fin 2016, début 2017. Horaires habituels : tlj sf ven 8h30-12h30, 14h30-16h. Tenue vestimentaire décente et chevelure couverte exigées pour les femmes ; blouses et foulards fournis à l'entrée. Pas de shorts.* C'est la plus ancienne mosquée de la ville, principal lieu de culte musulman de Kuala Lumpur jusqu'à l'inauguration de la Mosquée nationale en 1965. Construite par un architecte anglais en 1909, agrandie en 1984, elle se dresse au « confluent boueux » (*kuala lumpur* en malais) des rivières Klang et Gombak – là où les premiers explorateurs posèrent le pied. Beaucoup de charme le soir, lorsque les minarets et les coupoles influencés par les mosquées d'Inde du Nord se reflètent dans le bassin, au milieu des palmiers.

Dawabumi Complex (zoom I, A3) : ce gratte-ciel est l'un des plus élégants de la ville, avec ses façades recouvertes d'un paravent aux motifs d'étoiles à huit branches. L'inspiration islamique se retrouve au pied de la tour, avec d'immenses baies vitrées miroitantes en ogive, façon cathédrale moderne.

Masjid Negara *(Mosquée nationale ; zoom I, A4)* **:** *Jln Perdana. Visites tlj 9h-12h (sf ven), 15h-16h, 17h30-18h30. Pour les femmes comme pour les hommes, les jambes doivent être absolument couvertes ; foulards et blouses prêtés à l'entrée.* D'allure moderniste, la Mosquée nationale a été achevée en 1965 pour un coût alors astronomique de 10 millions de dollars. Les habitants de KL la boudèrent jusqu'à ce que ses concepteurs repeignent ses dômes roses en un bleu plus acceptable... On peut seulement approcher la grande salle de prière, à l'architecture révélant des influences venues de tout le monde islamique. Dommage, il paraît que le plafond est de toute beauté. Pas de dôme, mais un toit en forme d'ombrelle, pour rappeler celles qui protégeaient fidèlement les sultans de jadis... La mosquée peut accueillir 15 000 fidèles et est veillée par un minaret haut de 71,60 m.

Heritage Old Station *(ancienne gare ; zoom I, A4)* **:** splendide construction d'inspiration indienne mâtinée de styles victorien et mauresque, datant de 1910, avec ses dômes, volutes, minarets, arches, etc. En face, l'édifice de l'administration ferroviaire n'est pas mal non plus, dans son genre, tout éclairé et très coloré à la nuit tombée.

Chinatown *(zoom I, B3-4)*

De Merdeka Square, vous n'aurez qu'à franchir la rivière pour gagner le quartier. Sans être extraordinaire, il grouille d'une plaisante activité, entre marchés, temples et rues commerçantes. Les abords du *Central Market* sont désormais très policés, mais on croise encore quelques perles nostalgiques – des vendeurs de fruits et de snacks inconnus, des oiseleurs près de l'angle de Jalan Petaling et Jalan Hang Jebat, et, au cœur du *pasar malam* (marché de nuit), une foule de *stalls* s'éveillant au crépuscule dans une joyeuse ambiance. Là, près du confluent de Jalan Petaling et Jalan Hang Lekir, seuls les piétons ont le droit de cité, se frayant difficilement un passage au cœur de la foule et des stands. Les guirlandes lumineuses scintillent, les midinettes se promènent avec leur Travolta, œil tourné vers les montres et les fringues ; le marchandage (obligatoire) bat son plein. La ville chinoise continue de vivre jusqu'à 23h, minuit même le week-end.

Central Market *(Pasar Seni ; zoom I, B3)* **:** *Jln H. Kasturi. Dites « CM » pour les taxis. Tlj 10h-22h.* On ne ferait pas trop la fine bouche si la « réhabilitation » de cette bâtisse Art déco de 1936 n'avait sonné le glas du *wet market* (« marché mouillé ») qui, lui, datait de 1888. Vendeurs de fruits, légumes et poissons ont été chassés pour laisser place à des tee-shirts, des souvenirs et de l'artisanat plutôt « aseptisé »... Un chapelet de vendeurs ambulants aligne encore ses étals contre les flancs de la bâtisse, mais, là encore, tout est assez formaté.
– Tous les soirs (vers 21h), un petit *spectacle* gratuit de danse ou de musique (malaise, indienne, chinoise...) est organisé.

Sze Ya Temple *(zoom I, B3)* **:** *angle Jln Tun H. S. Lee et Lebuh Pudu.* Ce temple taoïste, parmi les plus anciens de Kuala Lumpur, a été fondé au XIXe s par le célèbre *Kapitan Cina* Yap Ah Loy, qui contribua au premier essor de la ville. Il se cache derrière des boutiques : un choix sans douté dicté par les règles de la géomancie.

Sri Mahamariamman Temple *(zoom I, B3-4)* **:** *163, Jln Tun H. S. Lee. En principe, tlj 6h-13h, 16h-20h30. Fermé pdt les prières.* Le plus ancien temple hindou de Kuala Lumpur a été fondé en 1873 mais largement remanié un siècle plus tard. Sa porte principale est surmontée d'un *gopuram,* une sorte de grosse pièce montée typique de l'Inde du Sud, haute de 22 m, où apparaît une foule de divinités multicolores (il y en aurait 228, mais on n'a pas vérifié !). C'est de là que part le char d'argent tiré par des bœufs qui se rend aux grottes de Batu la veille du Thaipusam (voir les Batu Caves plus loin).

Chan See Shu Yuen Temple (zoom I, C4) : *172, Jln Petaling. Tlj 8h-18h.* Datant de 1906, c'est l'un des plus anciens temples bouddhistes chinois de Malaisie. On remarquera en particulier, à l'extérieur, ses frises en terre cuite vertes évoquant des scènes historiques et mythologiques. De là, traversez Jalan Stadium et visitez, par la même occasion, le ***temple de Kuan Yin*** *(tlj 9h-17h),* dans lequel on pénètre par une porte ronde, symbole du ciel et du paradis.

Guan Di Temple (zoom I, B3) : *149, Jln Tun H. S. Lee. Ouv 7h-17h. Façade rouge quasi en face de Sri Mahamariamman Temple.* Ce temple chinois taoïste, construit en 1888, est dédié à Guan Di (ou Kuan Ti), le dieu de la Guerre. Deux lions de pierre gardent la grande porte d'entrée donnant sur une cour où flotte la fumée d'innombrables spirales d'encens. À l'intérieur, que de couleurs : des murs rouge vif, la statue dorée du dieu revêtue de vert, des rouleaux de prières et des offrandes multicolores... Un temple empreint d'une grande sérénité.

Kuala Lumpur City Centre (KLCC) et environs

Notez qu'il existe une passerelle *(pedestrian skybridge)* reliant le *Pavilion,* grand centre commercial *(168, Jalan Bukit Bintang ; zoom II, F6)* aux Tours Petronas. Longer le bâtiment sur la gauche, jusqu'au bout. Une promenade bien plus agréable au-dessus du trafic, qu'à hauteur de voitures.

Petronas Towers (zoom II, E5) : érigées par la compagnie pétrolière *Petronas* en 1996, ces tours jumelles de verre et d'acier font la fierté du pays. Elles ressemblent à des épis de maïs fuselés, dressés comme pour bénir et protéger la prospérité du pays. Inspirées de la tradition islamique, elles ont été dessinées par Cesar Pelli, qui a déjà œuvré à Londres et à New York, et ont coûté la bagatelle de 2 milliards de dollars ! Elles figurent au 9e rang des plus hauts gratte-ciel du monde, avec un sommet culminant à 451 m et des poussières (mais les poussières, ça compte pour le *Guinness Book...*). Chacune des deux tours comprend 88 étages (chiffre porte-chance) et est prolongée par un mât-antenne de 73,50 m. Elles sont reliées, au niveau du 41e étage, par le Skybridge. Une tour est occupée par les bureaux de la compagnie pétrolière *Petronas,* l'autre par des sièges d'entreprise.

LES PLUS HAUTS GRATTE-CIEL DU MONDE (JUSQU'À QUAND ?)

Numéro 1 : Burj Khalifa (Dubai), 828 m ! Numéro 2 : Shanghai Tower (Chine), 632 m. Numéro 3 : Abraj Al Bait Towers (Arabie Saoudite), 601 m. Numéro 4 : Pingan International Finance Center (Chine), 599 m. Les tours Petronas de Kuala Lumpur arrivent au 12e rang, avec 451,90 m quand même ! Ce sont les plus hautes tours jumelles au monde. S'ils avaient pensé à les empiler, elles seraient numéro 1 !

– **Pour la visite :** ☎ *2331-80-80.* • *petronastwintowers.com.my* • *Tlj sf lun 9h-21h (fermé ven 13h-14h30). Entrée : 85 Rm ; réduc enfants. Attention, slt 1 400 billets disponibles/j. ! Officiellement, le guichet situé au sous-sol du centre commercial* Suria Complex *ouvre à 8h30, mais la file d'attente peut démarrer certains jours à partir de 7h, d'autres jours, on ne rencontre pas de problème en venant plus tard. Et parfois, tout est vendu en un rien de temps. Bref, difficile de savoir. Les employés distribuent un ticket numéroté à ceux qui font la queue : quand il n'y en a plus, ce n'est pas la peine d'attendre... Malheureusement, le système de résa par Internet semble défaillant ou affiche souvent complet (essayez quand même, on ne*

sait jamais...). Les visites sont réparties sur tte la journée, la dernière débutant en principe à 20h30.
Si vous obtenez le précieux sésame, vous atteindrez d'abord l'imposante passerelle située au 41e étage (le *Sky Bridge,* long de 58,4 m). Puis, 10 mn plus tard, nouvel ascenseur vers le 83e étage, puis un autre encore jusqu'au 86e. Vous voilà parvenu à l'*Observation Deck,* avec un panorama à 360° sur la ville. On y reste près de 20 mn avant de redescendre directement, toujours sous bonne escorte (compter 45 mn de visite en tout).
Si vous n'avez pas de billet, les mânes commerciaux ont pensé à vous ! Le centre commercial *Suria KLCC* abrite les plus grandes marques du luxe international. On y trouve aussi une salle de concerts philharmonique, un musée dédié à l'industrie pétrolière et une galerie d'art abstrait, tout ça sponsorisé par *Petronas.* Côté cour s'ouvrent une agréable esplanade et un vaste parc où voisinent grande mosquée, lac et jeux d'eau, très appréciés des familles le dimanche.
|●| ***Food Court :*** *dans le Suria Complex, au 4e étage, côté métro.* Une bonne introduction à la diversité de la cuisine malaisienne.

Aquaria *(zoom II, F6)* **:** *KL Convention Centre Complex, KLCC. ☎ 2333-18-88. ● aquariaklcc.com ● De longs couloirs y mènent depuis le centre commercial Suria. Tlj 10h-20h (dernière entrée 19h). Tarif : 64 Rm (cher) ; réduc.* Logé sous le *Convention Centre* du *KLCC,* ce grand aquarium ne décevra pas les adeptes du genre. On y découvre d'abord des espèces terrestres plus ou moins sympathiques (loutres, serpents, gros insectes et tarentules atteignant 22 cm de diamètre !), avant de passer aux choses sérieuses : arapaïmas de 3 m (les plus grands poissons d'eau douce au monde) et requins-tigres. Le clou de la visite : un tunnel de 90 m de long dans lequel on avance sur un tapis roulant. Le calme ambiant est toutefois perturbé par les fréquentes annonces d'animations, notamment celles qui concernent les repas (10h45-18h30). L'accent est mis sur la protection des animaux, et les explications fournies en anglais sont claires et complètes. Très bon accueil du personnel.

Du *KLCC* en allant vers l'est, ***Jalan Ampang*** *(zoom II, F5)* est bordée de très belles maisons coloniales fin XIXe s, érigées à l'époque du boom de l'étain. Plus avant, Jalan Ampang croise la grande Jalan Tun Razak. À moins de 200 m vers le sud, la tour-monument ronde et incurvée du ***Tabung Haji*** *(plan d'ensemble),* le fonds destiné à faciliter le pèlerinage à La Mecque, reprend les codes de l'architecture musulmane en les adaptant au modernisme. Quelques centaines de mètres plus à l'est, le *quartier des ambassades* est assez remarquable.

Menara KL Tower *(zoom II, D6)* **:** *au sud-ouest du KLCC. ☎ 2020-54-44. ● menarakl.com.my ● Navette gratuite (zoom II, D6,* ***98****) du bas de la colline jusqu'au pied de la tour, mêmes horaires, ttes les 15 mn. Tlj 9h-21h30 (dernier ticket). Prévoir env 55 Rm pour l'Observation Deck et 105 Rm pour le Sky Deck ; réduc. CB acceptées. Audioguide en français compris.* En raison de sa situation stratégique au sommet de la colline de Bukit Nanas, ce relais de télévision (421 m), inauguré en 1996, a soufflé aux Petronas la première place pour le point culminant de la ville. La plate-forme d'observation ne se trouve cependant qu'à 276 m. De là, on découvre tous les monuments du centre, et jusqu'aux Batu Caves par beau temps. Le forfait à 55 Rm inclut diverses attractions secondaires : à éviter, elles sont nulles ! Pour le double du prix (très cher, quand même, plus que les *Petronas Towers*), on peut aussi grimper plus haut au *Sky Deck.* Mais on le déconseille avec des enfants car la sécurité est vraiment limitée !
Au pied de la tour, balade possible dans la *Bukit Nanas Forest,* sorte de « jungle aménagée » en plein cœur de la ville... curieuse impression. Cela dit, l'avertissement sur la présence de serpents et autres sympathiques bestioles ne donnent pas envie de s'y attarder, vu qu'on n'a pas forcément prévu la tenue adéquate !

Autour des Lake Gardens
(Taman Tasik Perdana ; plan d'ensemble)

Dès son installation à Kuala Lumpur, sir Frank Swettenham repéra cette grosse colline boisée dominant le centre par l'ouest : c'est là qu'il fit construire sa résidence. Le parc, bien entretenu, englobe aujourd'hui une foule d'attractions, de jardins, de vastes pelouses où viennent pique-niquer les familles le week-end, des pistes de jogging, des jeux pour les enfants et un plan d'eau où l'on peut canoter.
➢ *Pour s'y rendre :* on peut gagner le parc à pied depuis les abords de la Mosquée nationale, mais le plus simple est de se faire déposer par un taxi à l'*Orchid and Hibiscus Garden* *(tlj 9h-18h ; entrée 1 Rm le w-e)* et de descendre progressivement la colline vers le KL Butterfly Park, le KL Bird Park et le Deer Park (habité par des daims de Hollande). Attention, au retour, les taxis demandent souvent le double !

KL Bird Park (plan d'ensemble) **:** *☎ 2272-10-10.* • *klbirdpark.com* • *Tlj 9h-18h. Entrée (chère) : 50 Rm ; réduc.* La publicité est alléchante : elle évoque « la plus grande volière au monde dans laquelle on peut se promener ». Quelque 3 000 oiseaux, appartenant à plus de 200 espèces, en majorité asiatiques, habitent sous le grand filet tendu dans la canopée et dans une série de plus petites cages. Les plus nombreux sont les attachants calaos, dont l'envergure peut atteindre 1,30 m !
Si vous trouvez l'entrée un peu trop chère, vous pouvez vous contenter de boire un verre au *Hornbill Restaurant* *(tlj 9h-20h).* De sa terrasse perchée au-dessus de la volière, on a une bonne vue d'ensemble et on a très souvent droit à la visite de calaos et algrettes en quête de gourmandises... Les enfants adorent pendant qu'ils sirotent leur noix de coco.

Butterfly Park (plan d'ensemble) **:** *Jln Cenderawasih. ☎ 2693-47-99. Tlj 9h-18h. Entrée : env 25 Rm ; vidéo payante.* Après les oiseaux, les papillons... Pas moins de 3 000 spécimens de 120 espèces évoluent en liberté dans un jardin tropical fleuri. Le plus impressionnant est sans doute le Raja Brooke, un papillon à la tête rouge dont les ailes noir et vert électrique effilées peuvent atteindre la taille d'une main ! On peut trouver au lieu un charme suranné ou complètement vieillot (tout comme au musée).

Muzium Keseniam Islam (musée d'Art islamique ; plan d'ensemble) **:** *Jln Lembah Perdana. ☎ 2274-20-20.* • *iamm.org.my* • *Tlj 10h-18h. Entrée : 14 Rm ; réduc.*
Installé dans un bel édifice moderne et lumineux situé entre la Mosquée nationale et les Lake Gardens, ce musée est entièrement consacré à l'art islamique. Sa coupole aux céramiques turquoise, ses vastes espaces fluides, son étonnant dôme inversé persan (encore plus beau vu du 1er étage !), son joli jardin et son patio aux motifs coufiques offrent un splendide écrin aux riches collections et aux expos temporaires de haute volée.
Au 1er étage, on traverse les grandes régions du monde musulman à travers leur patrimoine artistique : la Chine, avec des porcelaines, des brûle-parfums, de beaux aspersoirs d'eau de rose au col d'argent. Dans la section consacrée à l'Inde, de nombreux objets évoquent l'art de la guerre, comme ces beaux poignards moghols au manche en jade et lame damassée d'or. Sublime ! Notez aussi les aiguières et vases de type « bidri » (XVIIIe-XIXe s), surincrustés d'argent. La Malaisie n'est pas en reste avec de beaux tissus et les fameux kriss, ces poignards qui auraient une âme, en bois, en ivoire, en métal, parfois incrustés de pierres précieuses. Au même étage, on verra des corans, dont certains très anciens, les outils du calligraphe, un intérieur syrien reconstitué et un fragment de la *kiswa,* le voile de soie noire brodé de versets aux fils d'or et d'argent, utilisé pour recouvrir

la Kaabah, à La Mecque. Une vingtaine de maquettes des grandes architectures islamiques du monde également.
Au 2e étage, les espaces sont thématiques. On y admire une succession d'objets en céramique, façonnés dans le bois (coffres et mobilier), de nombreux textiles et vêtements, des armes, des bijoux et des coiffes, des monnaies et des sceaux. Vous remarquerez au passage ces objets européens réalisés à l'époque où l'orientalisme battait son plein : une façon de se voir dans un miroir culturel ! Une riche visite.
Resto. Boutiques.

Muzium Negara *(Musée national ; plan d'ensemble)* **:** *Jln Damansara, au sud des Lake Gardens. ☎ 2267-11-11. • muziumnegara.gov.my • En attendant l'ouverture d'une station de métro (en cours de construction), on y accède facilement depuis* KL Sentral *; passer derrière le* Méridien *et le* Hilton*, et traverser le pont au-dessus de la voie rapide ; en bus, prendre le n° 115 depuis* KL Sentral*. Tlj 9h-18h. Entrée : env 5 Rm ; réduc. Visite guidée gratuite en français mar et jeu à 10h ; en anglais tlj à 10h.*
Si la présentation des collections peut paraître parfois un peu ancienne, le musée prend toute sa dimension grâce à la passionnante visite guidée en français assurée par des bénévoles. Le principal édifice se divise en quatre sections selon un ordre chronologique.

Galerie A
On commence « naturellement » avec la forêt primaire de Bornéo. Petit topo sur le volcan Toba qui, il y a 75 000 ans, produisit 9 m de cendres et un hiver volcanique pendant 10 années ! 12 000 ans avant notre ère, la péninsule malaise n'était pas encore séparée de l'Indonésie, d'où l'intérêt de jeter un œil à la reproduction du crâne de l'homme de Java. Voir aussi les écorces qui servaient d'habits et les pierres pour les « tanner », les colliers de pierres (équivalents des pièces de monnaie) pour faire ses achats il y a 5 000 ans, ou encore le tambour de pluie de l'âge du bronze. Petite incursion au Ier s avec une sorte de « carte postale » en sanskrit rédigée sur la *Buddha Gupta Stone.* Voir encore ces porcelaines chinoises d'avant la dynastie Ming, preuve que les Chinois naviguaient et commerçaient déjà à cette époque.

Galerie B
Cette galerie évoque la période indo-bouddhiste, l'apogée de Malacca et l'islamisation du pays. On y revient sur l'importance du bateau dans les échanges commerciaux, culturels et religieux. Voir notamment la statue de Makara, un éléphant-poisson, et la réplique en bronze d'Avalokitesvara, un bodhisattva très populaire qui refusa d'atteindre le Nirvana (toute une vie de sacrifices pour louper le meilleur !). Belles vitrines de kriss, le poignard malais, avec de belles lames en forme de vagues. La (ou le) guide vous contera sans doute l'histoire de Parameswara, sultan de Malacca, et des pillages de bateaux chargés d'épices dans le fameux détroit. Voir le trône du sultan de Perak, orné de motifs floraux et décoré de jaune (la couleur royale), les boucles de ceinturons hyper raffinées et les objets issus de la communauté baba nyonya, avec vaisselle, set à bétel, etc.

Galerie C
Cette galerie retrace la colonisation du pays, par les Portugais d'abord, les Hollandais puis les Anglais. Voir les « fleurs d'or » ou *bunga mas,* que quatre royaumes (Kedah, Kelantan, Terengganu et Patani) envoyèrent pendant six siècles au souverain du royaume de Siam, actuelle Thaïlande, comme gage de leur vassalité. Quelques sections intéressantes sur les aventuriers anglais devenus très puissants, comme James Brooke, qui finira sa vie rajah du Sarawak, ou encore Francis Light, qui roulera dans la farine le sultan du Kedah en échange de Penang. Au XIXe s, le traité de Pangkor laisse les Anglais exploiter les mines d'étain en échange d'une plus grande tolérance concernant les us et coutumes locales. Voir les lingots d'étain et la reproduction de la machine à draguer... l'étain (*what else* ?).

Topo sur l'exploitation du caoutchouc, le riz, la noix de coco, le café ou encore le gambier (la teinture kaki des uniformes).

Galerie D

En 1941, les Japonais prennent le pays en 3 mois, quasiment à vélo ! Pour la première fois, les envahisseurs sont asiatiques et non européens. Souvenir terrible, néanmoins, car ils ouvrent des camps de torture, renforçant le (res-)sentiment national malais. À la fin de la guerre, les Anglais reviennent mais sont contraints d'accompagner le pays vers l'Indépendance. Voir le drapeau dont l'étoile symbolise l'unité, le croissant l'islam et les 11 lignes les 11 régions du pays (aujourd'hui au nombre de 14). Admirez donc la jolie collection de couronnes-coiffes brodées de soie et de fils d'or et pliées selon des coutumes et des motifs bien précis (éléphant, crabe bleu...). Voir aussi la section consacrée à l'hymne national, né de façon très insolite (voir encadré) ! On termine cette riche visite par les costumes traditionnels des différentes communautés du pays, des Orang Asli aux Indiens en passant par les sikhs.

UN HYMNE À L'IMPROVISATION

En 1901, au couronnement de la reine d'Angleterre, on demanda au sultan malais quel était l'hymne que l'orchestre royal devait jouer en son honneur. Or, il n'en existait pas ! Totalement pris au dépourvu, le sultan se souvint d'un air qu'il fredonna au chef d'orchestre. C'était une chanson très populaire... aux Seychelles. Le plus drôle, c'est que The Bright Moon *était inspirée d'une chanson signée du chansonnier français Béranger,* La Rosalie. *Finalement, l'air fut conservé et devint* Negaraku, *l'hymne national actuel.*

En périphérie

Kampung Bahru : des 7 villages construits à la fin du XIXe s, à l'initiative de l'administration britannique pour accompagner l'exode rural, celui-ci fait figure de place forte. Bien qu'il soit aujourd'hui complètement intégré, encerclé par la tentaculaire capitale, ses gratte-ciel et son urbanisation frénétique, les habitants résistent. Les générations successives continuent de vivre dans les maisons traditionnelles, souvent en bois, qui contrastent avec la verticalité environnante et font vivre ce coin, qui n'a rien d'un musée : les nombreux petits restos populaires proposent une cuisine malaise pas chère du tout ; le mardi soir (vers 17h), un marché de fruits et légumes anime la rue Raja Mahmud et le quartier de Chow Kit n'est pas loin, juste de l'autre côté de la rue Raja Abdullah. Une balade à la fois vivante et un peu hors du temps.

Chow Kit Market (plan d'ensemble) **:** *469-473, Jln Tuanku Abdul Rahman, au nord du centre.* Ⓜ *Chow Kit (monorail). Situé en face du* Plaza Tar *et à droite du supermarché* UO. Venir le matin. Il faut s'enfoncer entre les stands des vendeurs abrités sous des tôles ou des bâches pour découvrir ce vrai marché aux fruits et aux légumes, tenu essentiellement par des Indonésiens. Rien d'extraordinaire, mais les étals sont vraiment beaux et colorés. En saison, on peut y goûter au « fameux » durian. Bien sûr, on y trouve aussi viandes, poissons et épices. Ainsi qu'un souk avec fringues, gadgets et vaisselle.

National Visual Arts Gallery (Balai Seni Visual Negara ; plan d'ensemble) **:** *2, Jln Temerloh, en quittant Jln Tun Razak, au nord du centre.* ☎ *4025-49-90.* • *artgallery.gov.my* • *Lun-ven 9h-17h. GRATUIT.* Bâtiment moderne avec de beaux volumes bien adaptés aux expos d'art contemporain. Artistes essentiellement malais. Quelques belles œuvres assurément, certaines sont assez audacieuses...

Thean Hou Temple *(temple de la Déesse du Paradis ; plan d'ensemble) : 65, Persiaran Indah, off Jln Syed Putra. Au sud-ouest de la ville, au lieu-dit Robson Heights. Accès par Jln Tun Sambanthan.* Au sommet d'une colline, ce grand et beau temple chinois, bâti en 1987, est placé sous la double protection de Thean Hou, la déesse de la Mer, et de Kuan Yin, la déesse de la Compassion. Ses toits dorés superposés, ornés de dragons, ses myriades de lanternes suspendues et son activité constante font leur petit effet, même si l'ensemble manque de patine. S'y rendre pour le Nouvel An chinois : théâtre, chant et danse du lion.

Batu Caves *(hors plan d'ensemble) : à 13 km au nord de la ville. Le plus pratique : KTM depuis KL Sentral (ligne rouge) ttes les 15-30 mn, 5h35-22h35. Compter 30-45 mn de trajet. Éviter d'y aller en voiture lors du Thaipusam, tout est alors monstrueusement embouteillé. Si vous souhaitez vraiment approcher la foi des pénitents, venez tôt, vers 5h ; après 10h, on vient un peu là comme on va à la foire. GRATUIT. À noter, de nombreux macaques chapardeurs hantent le coin, méfiance !* Ces immenses grottes aux roches déchiquetées sont particulièrement intéressantes à visiter lors de la spectaculaire fête hindoue de Thaipusam. Le reste du temps, on peut s'y rendre pour voir les temples aménagés dans les grottes calcaires (visite 9h-18h) et la colossale statue dorée (42,7 m) de Murugan, dieu tutélaire des Tamouls, qui les veille. De son pied, un long escalier de 272 marches grimpe à la principale grotte, dite « du Temple », dont la voûte s'élève à plus de 100 m de haut. D'autres sanctuaires sont accessibles à la base de la montagne. De temps en temps, notamment le week-end, des baptêmes (hindous) ont lieu. Les enfants baptisés sont facilement reconnaissables : ils ont la tête rasée et enduite d'une crème jaune.

Le Thaipusam

Cette cérémonie se déroule tous les ans, entre mi-janvier et début février, au 10e mois du calendrier hindou (les dates changent, se renseigner avant). Des milliers d'Indiens, tamouls en particulier, femmes, hommes et enfants, expient leurs fautes par la flagellation et implorent le pardon de Murugan, le fils de Shiva (créateur de l'Univers), venu sur Terre pour combattre le Mal. Ses emblèmes sont la lance et la plume de paon. L'aspect spectaculaire et les transes parfois très démonstratives semblent privilégier le côté événementiel à la contemplation méditative. Reste que la cérémonie est grandiose.

Des centaines d'hommes et de femmes se purifient dans la rivière au petit matin, après avoir jeûné pendant un ou plusieurs jours. Les offrandes sont préparées (les fruits sont placés dans le *kavadi*, une sorte de panier très ornementé), et des prières sont dites.

Après la purification, les fidèles entrent en transe. La fatigue, le jeûne, les danses, les prières placent le pénitent dans un état d'insensibilité physique, ce qui lui permet de s'imposer des tortures volontaires sans douleur. Les fidèles, pénitents purs et durs, s'enfoncent de longues lances à travers les joues, des aiguilles dans la langue ou encore se plantent d'innombrables crochets dans le torse et le dos, au bout desquels des citrons verts (symbole de pureté) sont fixés. D'autres portent le *kavadi* soutenu par de longues tiges métalliques, décorées de guirlandes multicolores et de photos de Murugan, qui s'enfoncent dans le corps.

Puis vient la longue procession, agrémentée de danses et de chants, qui conduit les fidèles au pied des 272 marches qu'ils gravissent une à une, péniblement, soutenus par parents et amis, pour parvenir enfin à l'intérieur de la grotte, où les offrandes sont déposées au pied de l'autel de Murugan, après une ultime danse. On délivre le fidèle de sa lance et de ses crochets. Dans la grotte, la lumière qui jaillit du sommet par une étroite faille donne une ambiance encore plus saisissante, plus mystique.

DANS LES ENVIRONS DE KUALA LUMPUR

La mosquée Sultan Salahuddin Abdul Aziz Shah (Blue Mosque) **:** *à* **Shah Alam,** *la capitale du Selangor, à 25 km au sud-ouest de Kuala Lumpur. Accès depuis* KL Sentral *avec le KTM (ligne rouge), arrêt Shah Alam ; départ ttes les 30 mn 6h-23h dans les 2 sens. Compter 40 mn de trajet, puis taxi. Pour les non-musulmans, possibilité de visiter sam-jeu 9h-16h (18h w-e et j. fériés). Jupes et shorts interdits, foulard obligatoire pour les femmes.* À ne pas manquer : une vision digne des *Mille et Une Nuits* ! Quatre minarets en forme de fusée *Ariane* (les plus hauts du monde : 142,3 m), un dôme bleu venu d'ailleurs (encore le plus gros du monde...) et des salles de prière (les plus climatisées du... ?) pouvant recevoir jusqu'à 24 000 personnes ! Surface totale : 14 ha. Coût : 162 millions de ringgits. Tout cela en fait la plus grande mosquée du pays et la deuxième du Sud-Est asiatique.

PUTRAJAYA

À 25 km au sud de Kuala Lumpur. C'est la capitale administrative de la Malaisie, créée de toutes pièces en 1995 dans le cadre des projets futuristes de l'ancien Premier ministre Mahathir. Un vrai miracle surgi des eaux – ou plus exactement d'une ancienne plantation d'huile de palme de près de 5 000 ha... Peuplée essentiellement de fonctionnaires, la ville compterait 68 000 habitants – sans compter ceux de la petite voisine, Cyberjaya, la Silicon Valley malaisienne ! Seuls ceux qui ont du temps à revendre pousseront jusqu'ici pour se rendre compte de la démesure du projet (plus de 8 milliards de dollars)... Une escale de quelques heures suffit pour un bon aperçu.

Comment y aller ?

➢ ***En train :*** direct avec le *KLIA Transit* au départ de *KL Sentral* ou de l'aéroport international. De la gare, bus nº 300.

➢ ***En bus :*** nº U43 depuis la station de métro Kelana Jaya. Prendre un taxi à l'arrivée ou un bus local pour gagner les différents secteurs.

Où manger ?

Souq : un complexe commercial, derrière la mosquée. On y trouve toutes sortes de restos et vendeurs d'*« ais krim »*.

À voir. À faire

➢ La ville se disperse sur les flancs d'un vaste lac artificiel (400 ha), avec une grosse île au centre. Sept ponts franchissent le plan d'eau de part et d'autre ; ils sont tous de composition architecturale différente : à haubans, suspendu, dans le style d'Ispahan, etc. Le plus étonnant, à l'extrémité ouest de l'immense Persiaran Perdana, une avenue rectiligne traversant l'île sur 4,2 km, est une pâle imitation du pont Alexandre-III parisien ! À l'est, l'immense ***Putra Square,*** circulaire, est veillée par une grande mosquée, ***Masjid Putra*** *(tlj 9h-12h30 – sf ven –, 15h-16h, 17h30-18h ; Jubah – abayas – disponibles pour la visite).* Vous remarquerez la coupole d'influence iranienne (rose !), les clochetons moghols et le minaret haut de 116 m, inspiré de celui d'une mosquée bagdadie. L'autre bâtiment impressionnant (pas de visite), le *Perdana Putra,* une massive bâtisse couleur brique, surmontée de bulbes turquoise, assez surréaliste en cet endroit, abrite les bureaux du Premier ministre. On trouve aussi des centres commerciaux, le « Monument du Millénaire », un jardin botanique *(sf lun)* et les *Wetlands (tlj 9h-19h),* un parc « naturel » artificiel avec plein de bébêtes...

➢ ***Promenades sur le lac :*** *avec* Cruise Tasik Putrajaya. *Bureau d'infos après la grande mosquée, traverser le* food court Souq, *sur les quais, sous le pont à gauche. Plusieurs options, soit dans une petite barque traditionnelle* perahu*, façon gondole (40 Rm pour 25 mn ; réduc), soit dans un bateau climatisé (50 Rm pour 45 mn ; réduc). Fonctionne tlj 10h-18h (20h ven-sam, 19h dim).* • *cruisetasikputrajaya.com* •

AU SUD DE KUALA LUMPUR

MALACCA (MELAKA)

480 000 hab. IND. TÉL. : 06

• Plan d'ensemble *p. 111* • Zoom *p. 113*

L'escale dans la vieille cité de Malacca, restaurée au gré de son classement au Patrimoine mondial de l'Unesco en 2008, est un temps fort du voyage en Malaisie. Ancien carrefour des routes maritimes reliant l'océan Indien à la mer de Chine, la ville a gardé son caractère multiculturel. Fréquentée par des marchands et explorateurs chinois dès le XVe s, érigée en sultanat par des princes indonésiens, Malacca a vu débarquer Indiens et Arabes, avant d'être successivement conquise par les Portugais, les Hollandais, les Anglais et les Japonais.

Du XVIe au XIXe s, le port fut le verrou de l'Orient et de la route des épices. Quelques florissants édifices bien restaurés ramènent encore au temps des colons. Mais c'est à travers le sang des hommes que l'ancienne Malacca survit le mieux. La minorité *kristang,* d'origine portugaise, a conservé sa foi chrétienne, tandis que les Baba Nyonya (Peranakan), essentiellement issus du puissant et ancien métissage sino-malais, ont imprégné à la fois l'architecture et la cuisine locales. Chinatown est le quartier le plus représentatif de ce melting-pot culturel, avec ses façades élégantes auxquelles pendent lanternes et lampions, ses porches et portes soutenues par des piliers gravés de caractères chinois, ses patios intérieurs propices à la méditation, ses toitures en forme d'ailes recourbées, ses temples enfumés d'encens, sa cohorte de boutiques et ses restaurants de *chicken rice balls.* Un lieu à découvrir à pied ou, pour le fun, à bord de l'un de ces kitschissimes *trishaws* enguirlandés de fleurs artificielles et crachant force décibels...

UN PEU D'HISTOIRE

Un vénérable royaume

Malacca est sans doute la plus vieille ville de Malaisie. Plusieurs légendes font référence à de lointains royaumes, mais le premier connu avec certitude est celui de Parameswara, fondé vers 1390-1400 par ce prince de Sumatra en exil, probable descendant du grand royaume de Srivijaya. Le lieu est stratégique : situé dans un détroit, à l'embouchure de la rivière du même nom, il se trouve également au point de convergence des moussons. Les bateaux sont poussés vers le sud par les vents du nord-est et, une fois les cales déchargées, repartent lorsque ceux du sud-ouest prennent le relais. Cerise sur le gâteau, l'île de Sumatra protège Malacca des tempêtes. Le port prospère rapidement.
Pour contenir l'expansionnisme siamois (thaï), Parameswara place son royaume sous la protection de l'empereur Ming, auquel il rend visite, vers 1411, avec une

cour de 540 personnes ! Le port est alors l'escale favorite du grand explorateur chinois Cheng Ho (Zheng He), qui sillonnera de longues années l'océan Indien, jusqu'à la côte est-africaine.
Même si certains affirment que le grand roi aurait lui-même embrassé la foi musulmane, c'est probablement l'un de ses descendants qui convertit la dynastie à l'islam. Après une période trouble, le sixième sultan, Mansur Shah (1459-1477), étend le territoire de Malacca à la région tout entière et jusqu'à la côte est de Sumatra ! La boucle est bouclée. Adoptant une politique d'alliances tous azimuts, il marie ses enfants aux familles régnantes des territoires conquis et épouse lui-même princesses et filles de marchands étrangers pour raffermir les liens politiques et commerciaux. Parmi ses concubines, Hang Li Po. La légende la décrit comme une princesse ming et affirme que, venue avec sa cour, elle aurait donné naissance à la communauté peranakan (baba nyonya).

La légende des cinq guerriers

Les mythes, toujours vivaces, évoquent aussi les prouesses de cinq amis d'enfance et compagnons d'armes, fidèles protecteurs du sultan Mansur Shah : Hang Tuah, Hang Jebat, Hang Kasturi, Hang Lekir et Hang Lekiu (qui ont tous donné leur nom à des rues de la ville !). Leur plus grand exploit aurait été de sauver la vie du Premier ministre du sultan. En remerciement, Mansur Shah les intégra dans son armée. Il s'attacha plus particulièrement les services de Hang Tuah, nommé amiral des Forces navales. Une conspiration d'officiers jaloux fut montée de toutes pièces pour le faire tomber, accusant le héros d'entretenir une relation amoureuse avec l'une des femmes du palais. Le sultan, à regret, ordonna l'exécution de Hang Tuah... Mais le bourreau, au parfum de l'injuste complot, choisit d'épargner le malheureux.
L'histoire connaît ensuite plusieurs versions. La plus commune fait état de la colère de Hang Jebat qui, persuadé d'avoir perdu son ami et désireux de venger sa mort, se serait retourné contre le sultan en attaquant le palais. Hang Tuah se trouva alors contraint de reparaître. Reprochant à Hang Jebat son manque de fidélité au sultan, vertu suprême, il le provoqua en duel... Le combat dura 3 jours et 3 nuits et fut impitoyable. Au final, Hang Tuah tua (!) Hang Jebat d'un coup de kriss sacré ! On peut encore voir dans les rues de Chinatown les tombeaux supposés du second et de son compagnon Hang Kasturi...

(Longue) parenthèse occidentale

En 1477, le sultan Mansur Shah disparaît. Malacca est alors le port le plus important et le plus riche de la région. Attirant des marchands du monde entier, il accueille chaque année près de 2 000 bateaux ; 84 langues y sont parlées ! Parfums, verres et tapis arrivent de Perse, thé, porcelaine et soie de Chine, broderies et opium d'Inde, épices des Moluques... Attirés par la manne et soucieux de s'accaparer le contrôle de la route menant aux îles (où pousse le clou de girofle), les Portugais, dirigés par Afonso de Albuquerque, attaquent la ville et s'en emparent en août 1511. L'année suivante, il fait bâtir en 6 mois une forteresse de 40 m de côté, avec quatre tours d'angle et un donjon, qu'il baptise *A Famosa* (La Fameuse) avant de quitter Malacca. Les Portugais mettront en revanche un siècle à édifier une fortification longue de 1,3 km autour de la ville. Las leur conquête ne débouche pas, comme ils l'espéraient, sur une prise de contrôle de l'ensemble du réseau commercial asiatique... La fin de l'État centralisé de Malacca favorise l'émancipation des cités-États de la région, qui s'engagent dans des luttes intestines au final très néfastes au transit des marchandises.
Finalement, en 1641, les Hollandais, aidés par le sultan de Johore, chassent les Portugais en plein déclin. Basés à Batavia (Jakarta), ceux-ci n'accordent à Malacca qu'un intérêt secondaire – au point de laisser le port aux Anglais, en 1824, en échange de Bencoolen (Sumatra) et de la confirmation de leur suprématie au sud du détroit de Singapour.

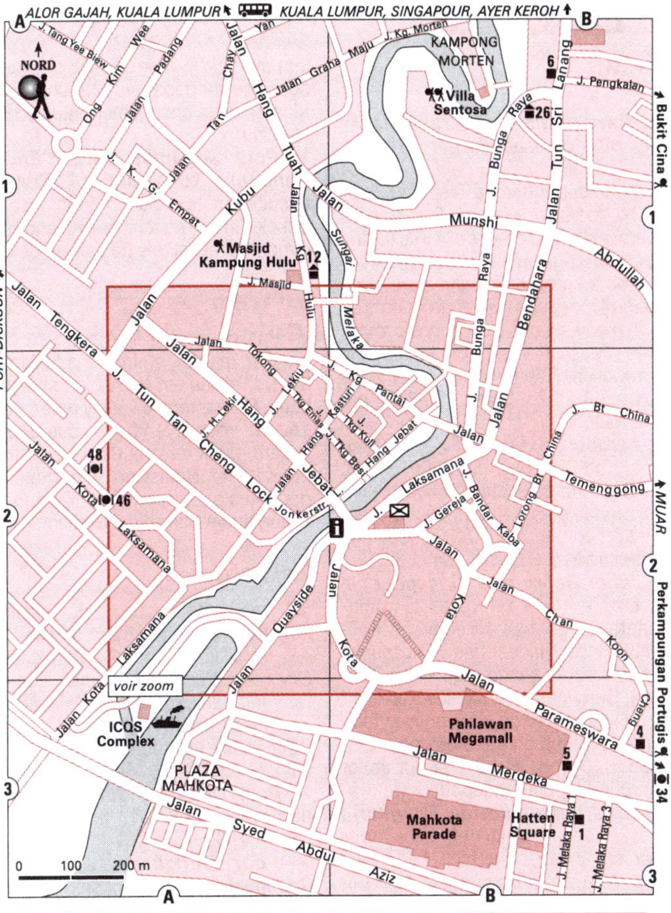

MALACCA – Plan d'ensemble

Adresses utiles

- Tourist Information Centre
- 1 Maybank
- 4 Jinfu Shin Trading (location de vélos)
- 5 Pahlawan Megamall (bureau de change)
- 6 Splash Laundry (laverie)

Où dormir ?

- 12 L'Armada Guesthouse
- 26 Majestic Hotel

Où manger ?

- 34 Restos du Portuguese Settlement Village
- 46 Pak Putra
- 48 Hakka Zhan

Arriver – Quitter

En bus

Gare routière (Sentral Melaka ; *hors plan d'ensemble par A1)* **:** elle est située au nord du centre, en face du grand supermarché Tesco. ☎ 288-13-21. Le bus nº 17 (tlj 6h-21h, ttes les 20 mn), mène au cœur de la ville (Ujong Pasir). Taxi également. Liaisons avec :

➢ ***Kuala Lumpur*** *(terminal Bersepadu Selatan)* **:** départs hyper fréquents tlj 5h-22h env avec la plupart des compagnies. *Transnasional* assure le départ le plus matinal (5h), *Pancaran Matahari* le plus tardif à 22h. Durée : 2h-2h30 par l'autoroute.

➢ ***Aéroport KLIA 1 et 2* :** env 10 liaisons/j. 5h-22h, plus une à 0h15 avec KLIA2 par *Transnasional* (☎ 281-10-70). *Star Mart Express* (☎ 281-28-24) opère env 15 départs/j., 7h30-21h depuis le *Mahkota Medical Center (plan B3)*.

➢ ***Johor Bahru puis Singapour* :** là encore, le choix est vaste. Une cinquantaine de bus directs/j. (7h30-20h30). Pour Singapour (avec passage des formalités quand même à la frontière). Certaines compagnies s'arrêtent à Johor Bahru (d'où vous pouvez facilement prendre un autre bus pour Singapour). Durée : env 3-4h pour Johor Bahru, 4-5h pour Singapour.

➢ ***Pour Lumut (île de Pangkor)* :** avec *Transnasional* et *SE Super Express* : 2 départs le mat, 1 en milieu d'ap-m (avec la compagnie *Maju*) et 1 le soir. Durée : 6h30.

➢ ***Pour Ipoh et Butterworth (Penang)* :** 4-5 départs/j., 8h45-21h. La plupart passent par Ipoh. Compter 3-4h de trajet pour Ipoh et au moins 6h pour Penang. Liaison directe pour Penang en début d'ap-m avec *SE Super Express*.

➢ ***Pour Alors Setar (Langkawi)* :** 7 bus/j., 2 le mat, le reste le soir à partir de 20h15. Aussi un bus *Cepat Express* le soir pour **Kuala Perlis,** autre accès possible pour Langkawi.

➢ ***Pour Kuantan* :** avec *Transnasional* (3 bus/j. 8h-20h30) et *Cepat Express* (3 bus/j., vers 8h30, 15h et 20h). Durée : 3-5h.

➢ ***Pour Mersing* :** 1 bus direct/j. le mat avec *S&S International,* sinon une douzaine de départs/j. 8h-20h30 pour Kluang, avec changement rapide pour Mersing.

➢ ***Pour Segamat (parc d'Endau Rompin)* :** 3 bus directs/j. Prendre ensuite un taxi ou un train jusqu'à Bekok. Sinon, se rendre à Kluang d'où remontent aussi des trains vers Bekok.

En train

Pas de gare à Malacca ! La plus proche, Tampin, se trouve à 38 km au nord... Le bus est donc bien plus pratique. Si néanmoins vous y tenez, vous pourrez vous y rendre en bus depuis la gare routière et sauter dans un train pour Johor Bahru et Singapour, ou pour Kuala Lumpur et le Nord (avec changement possible à Gemas).

En bateau

Les bateaux partent du ***Terminal Feri Antarabangsa*** *(plan d'ensemble A3),* dans l'*ICQS Complex. Immigration Office* sur place. Pour Dumai, contacter *Indomal Express* (☎ 283-25-06) ou *Tunas Rupat* (☎ 281-61-07) ; pour Bengkalis, contacter *Anta Service* (☎ 282-08-33 ; 📱 017-602-10-33).

➢ ***Pour Dumai, à Sumatra (Indonésie)* :** 1 bateau/j. tlj vers 10h. Durée : 2h30.

➢ ***Pour Bengkalis, à Sumatra (Indonésie)* :** 4 bateaux/sem, en principe, les mar, jeu, sam et dim, le mat. Durée : 2h30.

En avion

✈ ***L'aéroport international*** de Malacca, **Batu Berendam,** est à 16 km au nord. ☎ 317-58-60. Presque aucun vol régulier ne s'y pose. Comptoir d'info et distributeur sur place.

➢ ***Pour l'île de Sumatra (Indonésie)* :** *Sky Aviation* (📱 013-389-94-09 ou 012-612-56-56 ; • sky-aviation.co.id •) assure quasi 1 liaison/j. avec Pekanbaru, pratiquement à mi-chemin entre Dumai et Padang, sur l'île de Sumatra. Aussi avec *Malindo Air* (• malindoair.com •). Mais pas tous les jours.

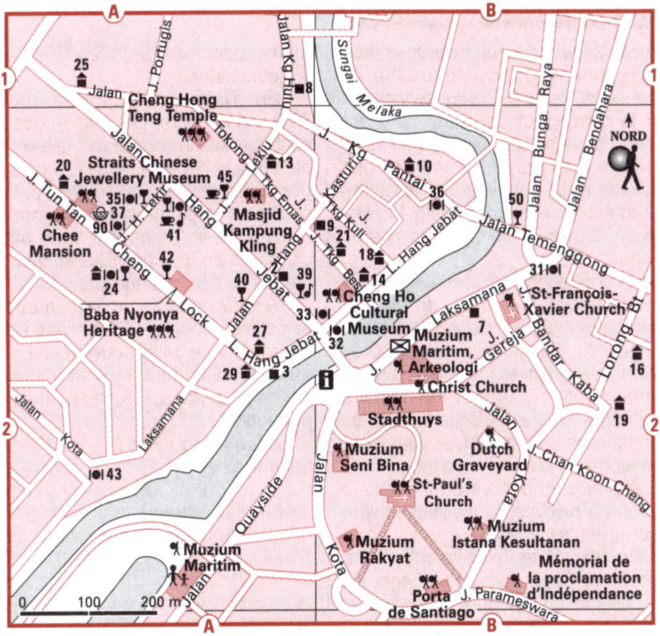

MALACCA – Zoom

Adresses utiles

- Tourist Information Centre
- 2 Money Changer
- 3 Police
- 7 Hawk Car Rental (location de voitures)
- 8 AJ Sayang Sayang (location de vélos)
- 9 Laundry Room 24h/24 (laverie)

Où dormir ?

- **10** Roof-Top Guesthouse
- **13** Da Som Inn
- **14** Sama-Sama et Voyage Guesthouses
- **16** Tony's Guesthouse
- **18** Mori Teahouse & Residence
- **19** Apa Kaba Guesthouse
- **20** Hotel Puri
- **21** Layang Layang Guesthouse
- **24** Courtyard@Heeren Boutique Hotel
- **25** Jonker Boutique Hotel
- **27** Calanthe Artisan Loft
- **29** Ginger Flower Boutique Hotel

Où manger ?

- **24** Baboon House
- **31** Selvam
- **32** Kedai Kopi Chung Wah
- **33** Hoe Kee Chicken Rice Ball
- **35** Eleven
- **36** Sin Yin Hoe
- **37** Kocik Kitchen
- **41** Geographér Café
- **43** Jonker Street Hawker Centre

Où prendre le petit déj ? Où boire un verre ? Où écouter de la musique ?

- **24** Baboon House
- **39** Bistro 1673
- **40** Calanthe Art Cafe
- **41** Geographér Café
- **42** Café 1511
- **45** Limau Limau Cafe
- **50** Discovery Café & Guesthouse

Achats

- **90** Wah Aik Shoemaker

Comment se déplacer ?

Si vous devez vous rendre à un endroit précis et non pointé sur notre carte, on vous conseille de bien vous renseigner sur le nom exact de la rue, sachant qu'on trouve parfois jusqu'à une vingtaine de rues portant le même nom, seulement différenciées par le chiffre qui suit... (par exemple : Jln Melaka Raya 1, 2... 23...). Ne cherchez pas de logique !
Autre subtilité locale (!) : les numéros de rues se succèdent parfois en respectant l'ordre croissant des chiffres (pairs et impairs mélangés d'un même côté), tandis que, d'autres fois, on trouve les numéros pairs d'un côté et impairs de l'autre. Ouvrez l'œil donc, sur les grands axes notamment, et vous économiserez de la semelle de tong !

➢ ***À pied :*** en dehors du *trishaw,* la marche à pied est le meilleur moyen pour visiter la vieille ville.

➢ ***En taxi :*** avec (plus rare) ou sans compteur. Sans compteur, négociez au cas par cas selon la distance et l'heure de la journée (jour ou nuit). Un exemple : la course de la gare routière *(Melaka Sentral)* à l'office de tourisme tourne autour de 15-20 Rm (25-30 Rm les jours fériés...).

➢ ***En trishaw :*** compter au moins 50 Rm de l'heure. Les cyclo-pousses sont d'un kitsch consommé, une véritable attraction à eux seuls ! Décorés de guirlandes de fleurs artificielles, parfois même à l'effigie de la très subversive Hello Kitty, ils proposent leurs petits carrosses pour jeunes filles en fleur au rythme de décibels hurlants...

➢ ***À vélo :*** plusieurs *guesthouses* et petites échoppes louent des vélos dans le centre, mais souvent en petite quantité. Ce peut être une bonne option pour pousser jusqu'au quartier portugais.

■ ***Location de vélos :*** *à* ***l'AJ Sayang Sayang*** *(zoom A1,* ***8****), au 16, Jalan Kampung Hulu,* 📱 *013-358-50-33 (Raana).* ***Jinfu Shin Trading*** *(plan d'ensemble B3,* ***4****) : 55-57, Jln Parameswara, juste après l'hôtel* Equatorial. 📱 *012-390-18-98. Tlj of dim 11h-21h (pour une loc le dim, téléphoner la veille). Env 10 Rm/24h : c'est le moins cher de tous !* Vélos classiques, et même des tandems (plus chers), en assez bon état.

Adresses utiles

ℹ ***Tourist Information Centre*** *(TIC ; plan d'ensemble et zoom B2) : Jln Kota.* ☎ *281-48-03. • melaka.gov.my/tourism • En plein centre, à côté des monuments hollandais. Tlj 9h-17h.* Personnel aimable et fort serviable. Plan de la ville gratuit et quelques brochures.

■ ***Guides locaux :*** contacter le chef des guides, M. Kasim Zam Zam. 📱 *012-933-84-62.*

■ ***Police*** *(zoom A2,* ***3****) : Jln Tun Tan Cheng Lock.* ☎ *288-37-32. Ouv 24h/24.*

■ ***Bureau de l'immigration :*** *15 km au nord, à* ***Ayer Keroh.*** Kompleks Kementerian Dalam Negeri, *Jln Seri Negeri.* ☎ *232-26-62.*

✉ ***Poste*** *(zoom B2) : Jln Laksamana. Lun-sam (sf 1er sam du mois) 8h30-17h.* Boîte aux lettres à l'intérieur.

■ ***Change :*** money changer *Jln Hang Jebat (angle Jln Hang Kasturi ; zoom A2,* ***2****), lun-jeu 9h-19h (20h ven-dim) ou encore à l'arrivée des bus et* ***Maybank*** *(plan d'ensemble B3,* ***1****) sur Jln Melaka Raya 1. Lun-ven 9h15-16h30 (16h ven). Distributeurs accessibles 6h-minuit. Sinon, bons taux aux bureaux de change des centres commerciaux* Pahlawan Megamall *(plan d'ensemble B3,* ***5****), tlj 10h-22h, et* Mahkota Parade, *en face. Dans Chinatown aussi : Jln Laksamana, un peu au nord de l'office de tourisme.*

✚ ***Malacca General Hospital :*** *Jln Mufti Haji. Khalil.* ☎ *289-23-44. • hmelaka.moh.gov.my • Au nord de la ville.* Payant, mais moins cher que les cliniques privées.

■ ***Laveries :*** ***Splash Laundry*** *(plan d'ensemble B1,* ***6****), 5D, Jln Tun Sri Lanang. Lun-sam 9h-17h30. Également chez* ***Laundry Room 24h/24*** *(zoom A-B2,* ***9****), 68, Jln Hang Kasturi.*

■ ***Location de voitures :*** ***Hawk Car Rental*** *(zoom B2,* ***7****), 34, Jln Laksamana.* ☎ *283-78-78. • hawkrentacar.com.my • Lun-ven 8h-17h30, sam 8h-13h.*

Où dormir ?

Bien que Malacca soit hautement touristique, les prix y sont encore raisonnables et le routard est assuré d'y trouver son bonheur. La plupart de nos hébergements sont situés dans le quartier historique.

Dans le centre

De très bon marché à bon marché (moins de 80 Rm / 20 €)

Roof-top Guesthouse *(zoom B2,* **10***) : 39, Jln Kampong Pantai. 012-327-77-46. • riverviewguesthouse@yahoo.com • Bon marché, haut de fourchette pour les doubles ; dortoirs très bon marché.* Après s'être déchaussé, on découvre une *guesthouse* sur 2 étages gérée comme une maison d'hôtes, très agréable, offrant des chambres toutes climatisées, mais dont une seule possède sa propre salle d'eau. Les familles à petits budgets opteront pour la quadruple. Beaux espaces communs, cuisine à dispo et 2 petits patios fleuris disposant d'une douche extérieure pour celui situé à l'avant. Le proprio possède aussi la ***Riverview Guesthouse,*** aménagée dans une ancienne demeure coloniale en bordure de la rivière. D'une capacité et d'un confort équivalent, elle vaut surtout pour la vue depuis la terrasse commune. Ici les dortoirs possèdent des lits superposés. Petit déj possible au café décoré dans un style *seventies,* situé juste en bas (même maison).

Sama-Sama et Voyage Guesthouses *(zoom B2,* **14***) : 4, Jln Besi. ☎ 281-52-16. • voyagetravellerslounge@hotmail.com •* 2 *guesthouses* en une : *Sama-Sama* propose aux routards un dortoir de 14 lits (pas de lits superposés ici), vraiment pas cher, et une petite dizaine de chambres réparties entre les 2 adresses. La *Voyage Guesthouse* est moins chère mais plus décatie. On préfère les chambres du *Sama-Sama.* Douche chaude commune. Personnel birman très cool et ambiance assez baba (et, bien sûr, nyonya).

Tony's Guesthouse *(zoom B2,* **16***) : 24, Lorong Banda Kaba, off Lorong Bukit Cina. 012-68-80-119. Petit déj possible.* Tony, artiste peintre un peu décalé, veille d'un œil paternel sur son petit hôtel fantasque qui abrite des chambres simples, toutes avec clim (en option) mais plus toutes jeunes, d'un honnête rapport qualité-prix ; si vous le pouvez, préférez celles qui disposent d'un balcon sur la ruelle, plus agréables. Douche et w-c communs (eau chaude), frigo, bouilloire à chaque étage et nombreux conseils du boss... Pièce commune-cuisine américaine très chaleureuse, une vraie caverne d'Ali Baba (cool, bien sûr...). Son défaut principal : le bruit de la rue et des climatisations alentour, que Tony essaiera de masquer en vous passant du Moustaki ou du Cabrel.

Apa Kaba Guesthouse *(zoom B2,* **19***) : 28, Kampung Banda Kaba. ☎ 283-81-95. 012-798-12-32. • apakaba28@gmail.com • Entrée par Jln Chan Koon Cheng, après l'école Saint-Francis (nº 55). Petit déj frugal offert.* Une adresse d'un autre âge installée dans une vieille cahute en bois avec des cloisons épaisses comme du papier à cigarette et d'une propreté toute relative. Seules 3 chambres possèdent à la fois la clim et une salle de bains privative. Bref, une adresse pour ceux qui se fichent pas mal du confort et de leur intimité : on vous l'indique surtout pour les tas de tuyaux que vous pourrez y glaner. Bon accueil mais rapport qualité-prix discutable.

L'Armada Guesthouse *(plan d'ensemble A1,* **12***) : 36-38B, Jln Kampung Hulu. 017-253-08-34. • antisocial2003@yahoo.com •* Ce n'est pas une *guesthouse* à l'ancienne, mais les 2 derniers étages d'un immeuble à moitié désaffecté en limite nord de Chinatown, face à la mosquée de Kampung Hulu (réveil à 5h30 !). Ici, Rosnani, la patronne et ses enfants, font de leur mieux pour accueillir leurs hôtes. On choisit entre le dortoir lumineux où s'alignent 9 lits, et les chambres propres mais petites et simplissimes : un lit, un ventilo et basta ! Quelques problèmes d'aération. La nº 2, côté rue, est plus bruyante mais très (trop ?) lumineuse. À contrario, certaines sont aveugles, ce qui permet (presque) d'éviter les moustiques occasionnels... Grande salle commune avec coin cuisine, coin salon (TV et DVD), coin Internet et coin frigo. Machine à laver. Petit plus notable : le *check-out* à 14h seulement.

De prix moyens à chic (80-200 Rm / 20-50 €)

Layang Layang Guesthouse (zoom B2, **21**) **:** *26, Jln Tukang Besi (Black-Smith St). ☎ 292-27-22. • layanglayangmelaka.com • Également des familiales à prix intéressant. Pas de petit déj. (réception).* Une belle bâtisse aérée avec une réception joliment décorée sur le thème de la musique et un sol en béton ciré qui lui donne une petite touche contemporaine. Autour du patio, des chambres dépouillées, un peu comme des cubes blancs, toutes dotées de plancher flottant et cloisons en contreplaqué, pas luxe mais agréable. Toutes avec la clim et/ou ventilo. Douches chaudes collectives. Pas de petit déj mais thé, café et biscuits. Frigo, bouilloire et eau filtrée à disposition. Location de vélos à prix raisonnables. Bon accueil.

Mori Teahouse & Residence (zoom B2, **18**) **:** *3, Jln Kampung Kuli. ☎ 292-27-22 ou 292-28-22 (10h-18h slt).* Mori, c'est d'abord une *teahouse*, au rez-de-chaussée, toute de bois sombre manufacturée ; évitez la chambre qui s'y trouve, on s'y sent un peu à l'étroit et grimpez plutôt à l'étage : un intérieur zen abrite 4 belles chambres à la déco tout aussi minimaliste mais au confort affirmé (clim, salle de bains, brasseurs d'air, fontaine à boire, frigo, etc.). Planchers de bois exotique, murs blancs, et un mobilier de style colonial en rotin pour certaines. La quadruple nous a bien plu avec son éclairage zénithal et sa grande hauteur sous plafond. Quant au duplex (jusqu'à 6 personnes), il est extra quand on voyage en groupe, même si on trouve quand même sa salle de bains franchement riquiqui.

Da Som Inn (zoom A2, **13**) **:** *28, Jln Tukang Emas (Harmony St). ☎ 286-65-77. Doubles standard à prix moyens, petit déj compris.* Les patrons, malais et coréen, appartiennent à une famille d'artistes. Ils ont arrangé leur petit hôtel avec beaucoup de goût. Ici, reparties sur 2 niveaux, des chambres pour 2 à 4 personnes. Elles sont grandes, bien équipées, toutes avec fenêtre et une possède une déco personnalisée. Les budgets serrés opteront pour l'une des 4 qui partagent une salle de bains. Sinon, service de blanchisserie, location de vélos. Accueil très attentionné. Notez que le muezzin de la mosquée Kampung Kling, juste en face, vous tirera des bras de Morphée 1h avant le lever du soleil.

Calanthe Artisan Loft (zoom A2, **27**) **:** *16, Jln Tun Tan Cheng Lock (en face de l'hôtel* Heeren Inn*). ☎ 355-98-29. • calantheartisanloft@gmail.com • Maison avec 2 chambres et 3 lits doubles env 500 Rm ; ajouter 50 Rm/pers supplémentaire (max 7 pers). Pas de petit déj mais café offert.* Joe, le patron, est un peu artiste. Il tient la boutique voisine où il crée des bijoux. Sa grande qualité, c'est surtout l'accueil. Il est intarissable sur Malacca. Sa maison est à son image, simple et avec une petite touche créative. Derrière l'agréable salon, c'est la chambre « AV » comme « Audiovisuelle » car elle possède un grand écran plat... À l'étage, la 2e chambre comporte 2 grands lits à baldaquin en bois, moustiquaire, clim et hifi, le tout séparé de l'escalier par un rideau. Douche chaude commune. Coin cuisine. Joe tient aussi le *Calanthe Art Cafe* (voir « Où prendre le petit déj ? Où boire un verre ? Où écouter de la musique ? »).

De plus chic à très chic (200-300 Rm et plus / 50-75 € et plus)

Hotel Puri (zoom A2, **20**) **:** *118, Jln Tun Tan Cheng Lock. ☎ 282-55-88. • hotelpuri.com • Doubles 190-590 Rm, petit déj inclus ; également* *des chambres familiales. + 30 % pdt les vac scol. Parking gratuit à 100 m à droite. CB acceptées.* La description tient de l'inventaire à la Prévert... Magnifique façade, très belle entrée, sol en marbre, piano à queue, mobilier chinois et, derrière la réception, un minimusée et une jolie cour intérieure verdoyante avec un bassin et d'élégantes chaises en fer forgé où se niche un bar-resto. Les chambres sont un peu standard, voire dépouillées, mais de bon confort. Également un spa bien cosy. Une belle adresse.

Ginger Flower Boutique Hotel *(zoom A2,* ***29****) : 13, Jln Tun Tan Cheng Lock. ☎ 288-13-31. • gingerflowerboutiquehotel.com • Doubles 210-420 Rm selon taille et jour de la sem, plus quelques chambres de grand confort, catégorie « Très chic ». Petit déj inclus (buffet continental). CB acceptées. Parking gratuit.* Un hôtel récent à la belle façade, typiquement chinoise, certes dans un coin passant, mais les chambres sont en retrait. Pas mal de marbre. Chambres avec *queen* ou *king size bed*. Évitez la *junior deluxe* (n° 204), la seule sans fenêtre. Mais les plus chères possèdent un grand balcon avec vue sur la rivière. Une bonne adresse, même s'il faut parfois dérider l'accueil pour que cette fleur de gingembre s'ouvre un peu...

Courtyard@Heeren Boutique Hotel *(zoom A2,* ***24****) : 91, Jln Tun Tan Cheng Lock. ☎ 281-00-88. • courtyardatheeren.com • Doubles et suites 200-400 Rm, + 30 % le w-e et pdt les vac scol, petit déj-buffet inclus.* Avant de se muer en hôtel chic, c'était un magasin chinois, dont on retrouve encore quelques détails – pans de sols anciens et vieilles poutres. Tout le reste a été modernisé sur des notes design très réussies. Les chambres sont tantôt plus contemporaines, tantôt plus traditionnelles, et d'un excellent niveau de confort, avec souvent un lit à baldaquin (*king* dans les *deluxe*) et des portes coulissantes ouvrant sur la salle de bains. Attention, pas de fenêtres donnant sur l'extérieur. Quelques écarts dans l'entretien de temps en temps, cela dit. Le personnel est généralement aux petits soins.

Jonker Boutique Hotel *(zoom A1,* ***25****) : 82-86, Jln Tokong. ☎ 282-51-51. • jonkerboutiquehotel.com • Doubles 220-440 Rm selon jour de la sem, hors j. fériés et vac scol. Parking. Pas de petit déj.* Au premier coup d'œil, sa localisation à l'extrémité brouillonne de la Jalan Hang Jebat et sa façade grise des années 1930 ne plaident pas en sa faveur. L'hôtel abrite pourtant de fort agréables chambres, très hautes de plafond, dotées de jolies salles de bains carrelées de noir et de blanc, tout à fait dans le ton de l'entre-deux-guerres. Elles sont d'un excellent niveau de confort. Bon accueil.

Au nord du centre

Très chic (plus de 300 Rm / 75 €)

Majestic Hotel *(plan d'ensemble B1,* ***26****) : 188, Jln Bunga Raya. ☎ (3) 2783-10-00. • majesticmalacca.com • À 10-15 mn à pied au nord du centre. Doubles env 530-950 Rm, petit déj compris. Réduc sur Internet.* Malgré un environnement en pleine restructuration urbanistique qui le dessert franchement, c'est à coup sûr la plus charmante des adresses chic de Malacca ou – devrions-nous dire – la plus chic des adresses charmantes... ? La réception, le restaurant et les salons occupent une superbe demeure coloniale de 1927, bâtie pour un magnat des affaires local. Transformé en hôtel en 1955, il devint le lieu de rendez-vous des planteurs *British,* le temps de trinquer au gin tonic et de jouer les jolis cœurs auprès des dames dans les chambres de l'étage (raison pour laquelle l'entrée de l'escalier était dissimulée !)... Le lieu a été merveilleusement restauré. Les chambres se trouvent toutefois dans un bâtiment moderne de 7 étages, construit à l'arrière. Elles n'ont donc pas le charme de l'ancien, mais débordent d'un raffinement un peu ostentatoire, avec baignoire à pattes, salle de bains aux portes en bois coulissantes, marbre, beaux parquets et autres tapis. Piscine à débordement. Le personnel est aux petits soins et, chose unique, la maison propose chaque jour (sauf mercredi) 2 visites guidées gratuites de Malacca, conduites par une guide experte parlant parfaitement l'anglais.

Où manger ?

Le cœur historique de Malacca abonde en ***stalls*** (petits stands), gargotes et restaurants, populaires ou franchement touristiques. Certains d'entre eux se regroupent dans la section de ***Jalan Hang Jebat*** la plus proche du pont *(zoom A2)*, l'un des coins de Chinatown qui demeure un peu animé le soir.
Également une série de restos bon marché et populaires, le cadre en moins, au sud-ouest du centre, sur ***Jalan Kota Laksamana*** *(zoom A2)*, derrière le gros hôtel *La Casa del Rio*. On trouve aussi pas mal de restos à tendance plus fourre-tout ou occidentale le long des berges de la rivière. Le cadre y est agréable (on joue là-dessus), quoique parfois terni par des odeurs d'égouts et des nuées de moustiques...
Bref, on vient ici pour goûter l'incontournable *chicken rice ball*, un plat simple de poulet à la vapeur servi avec des boulettes de riz et du concombre, originaire de Hainan (Chine). Mais surtout à la ***cuisine baba nyonya***, nulle part mieux représentée qu'à Malacca. Fort épicée mais délicieuse !

Quelques spécialités baba nyonya

– ***Laksa (nyonya laksa) :*** soupe épaisse aux nouilles de riz et lait de coco, dans laquelle baignent de l'œuf, des pousses de soja, du poisson, des crevettes et parfois des coques, relevée de pâte de *sambal* (piment) et de coriandre. On peut aussi trouver des *laksa* au poulet.
– ***Assam laksa :*** une variante du *laksa*, au goût plus aigre, où le tamarin remplace le lait de coco. Le poisson émietté est généralement du maquereau et s'accompagne d'oignons et de concombres émincés.
– ***Otak otak :*** pâté de poisson aux herbes cuit à la vapeur dans une feuille de cocotier (dans sa version malaise) ; sinon, de bananier. Son nom signifie « cervelle » en raison de sa consistance... Le plat désigne aussi parfois du poisson grillé emballé dans sa *banana leaf*.
– ***Ayam buah keluak :*** un ragoût de poulet en sauce (plus rarement, du porc), agrémenté de noix noires aussi grosses que des escargots, qui poussent dans la mangrove et que l'on racle avec une petite cuillère.
– ***Rendang :*** un plat de viande de bœuf avec gingembre, ail, piment, citronnelle et autre échalote, frits dans le lait de coco et la sauce de soja, avant d'être recuits à feu doux dans plus de lait de coco.
– ***Perut ikan :*** pour les aventuriers... Il s'agit d'un ragoût d'estomacs de poissons marinés dans des herbes, préparé avec des feuilles de bétel et des boutons de fleurs de *bunga kantan* (fleurs de gingembre).
– ***Satay celup :*** à essayer au moins une fois. Il s'agit d'une fondue un peu particulière, puisqu'on plonge viande, fruits de mer et légumes crus dans une sauce épicée à la cacahuète pour les cuire !

Dans le centre

De très bon marché à bon marché (moins de 20 Rm / 5 €)

🍴 ***Selvam*** *(zoom B2, **31**)* **:** *2, Jln Temenggong.* ☎ *281-92-23. À l'angle de Jln Bendahara. Ouv tlj 6h30-22h. Fermé 1 mar sur 2.* Resto tamoul assez populaire. Carte courte, prix plancher. On s'encanaille en mangeant avec les doigts son *murtabak* (excellent) et ses... *roti canai* ! Bons *roti banana* et café au lait indien pour le petit déj aussi, sans oublier le poulet *biryani* du week-end. Peu de touristes, beaucoup d'habitués. Propre.
🍴 ***Jonker Street Hawker Centre*** *(zoom A2, **43**)* **:** *à l'angle de Jalan Kota Laksamana 12 et 13, derrière La Casa del Rio. Tlj sf jeu 18h-1h.* Une salle et une terrasse légèrement hors les murs de la vieille ville. Sympa pour boire une bière comme pour goûter

aux différentes spécialités des petits stands : *satay,* poulet, *popiah,* etc. Le tout pour pas cher dans une ambiance populaire.

Pak Putra *(plan d'ensemble A2,* ***46****) : 56-58, Jln Kota Laksamana.* *012-601-58-76. Après le* Jonker Street Hawker Centre, *sur la droite, avt le* 7-Eleven. *Tlj sf lun 17h-1h.* Ce resto indo-pakistanais, repérable à sa grande enseigne bleue lumineuse, accueille sur une vaste terrasse animée en retrait du quartier touristique. Et on y mange un superbe poulet tandoori ou un *butter chicken,* à accompagner de *naan* délicieux (préparés à la commande et servis chauds) et d'un *lassi* à la mangue ou non. Le tout pour 3 fois rien ! Service efficace : chacun à son poste. Délicieux et bon enfant.

Hoe Kee Chicken Rice Ball *(zoom B2,* ***33****) : 4, Jln Hang Jebat. Tlj 10h30-17h ou 18h max. Attention, les prix affichés sont à majorer de 6 % de taxes.* L'adresse est incontournable pour son poulet vapeur aux boulettes de riz, variante du fameux *chicken rice* d'Hainan. C'est un peu l'usine, la queue est souvent longue à l'heure du déjeuner, mais c'est bon, pas épicé du tout (les enfants apprécieront), très bon marché, et vous aurez peut-être même droit à un sourire ! On peut aussi commander le poulet en quart, demi ou entier.

Kedai Kopi Chung Wah *(zoom B2,* ***32****) : 18, Jln Hang Jebat. Lun-ven 8h30-15h (16h le w-e).* On y mange, là encore, du poulet vapeur avec des boulettes de riz. Reste à se frayer un chemin entre les tables de cet antre faïencé de blanc, quitte à partager la sienne avec quelques touristes de passage. Ultra-simple, bon et pas cher.

Sin Yin Hoe *(zoom B2,* ***36****) : 135, Lorong Hang Jebat.* *012-906-12-99. À l'angle de Jln Kampung Pantai. Tlj 10h-22h30 (plus tard le w-e).* Ce petit resto populaire, à l'extrémité du quartier chinois, rassemble une clientèle d'habitués. À midi, c'est la formule *economy rice* qui s'applique : assiette de riz et bol de bouillon ; après, à vous de jouer des coudes pour atteindre le buffet... On pioche parmi la friture, les *wonton* à l'ananas, les coques en sauce, avant d'aller prendre place dans la salle ouverte. Le soir, c'est à la carte, donc plus cher (catégorie suivante). Peu de tables.

De prix moyens à chic (20-60 Rm / 5-15 €)

Kocik Kitchen *(zoom A2,* ***37****) : 100, Jln Tun Tan Cheng Lock.* *016-929-66-05. Tlj sf mer 11h-18h30 (21h ven-dim).* Lunch set meals *12h-14h en sem.* Ce petit resto de cuisine nyonya est installé en plein Chinatown, dans une vieille maison aux murs rouges et verts, avec l'autel familial au beau milieu de la salle. On aime bien la simplicité du décor, plutôt nostalgique... malgré la clim et la musique d'ascenseur ! Et la modicité des prix, si l'on exclue poissons et crevettes. Rien d'extraordinaire, c'est très simple, mais on apprécie le très bon marché *laksa,* le *chicken buah keluak* ou encore le poulet aux haricots marinés et sucre de palme *(ayam pong the).*

Baboon House *(zoom A2,* ***24****) : 89, Jln Tun Tan Cheng Lock (à côté du* Courtyard at Heeren Hotel*).* *012-617-61-65. Tlj 10h-17h, resto ouv slt à midi.* Sonnez, puis vous découvrirez une magnifique maison peranakan qui fait à la fois café, galerie d'art et résidence. Adorable petit patio-jardin au fond. Possibilité de manger des... hamburgers, fort honnêtes, histoire de changer un peu du régime habituel. Bien aussi pour boire un jus de fruits frais maison. Jetez donc un œil aux expos en cours. Et s'il est là, discutez donc avec le patron, Roger Soong, très sympathique...

Geographér Café *(zoom A2,* ***41****) : 83, Jln Hang Jebat.* ☎ *281-68-13. Tlj 10h (8h dim)-1h.* C'est un peu le club des géographes, si on l'entend par « voyageurs ». Un rendez-vous animé aux murs colorés avec tables en terrasse ouverte sur la rue. Touristique, certes, mais on y mange très bien, qui plus est avec pas mal de produits bio, le tout sans usage de glutamate ni de micro-ondes. Excellents *laksa, curry ramen* (végétarien), *mango thaï chicken, jokker fried rice* servi avec des *satay.* Très plaisant en soirée quand les musiciens rappliquent. Voir aussi

« Où prendre le petit déj ? Où boire un verre ? Où écouter de la musique ? ».

De chic à très chic (plus de 40 Rm / 10 €)

Hakka Zhan *(plan d'ensemble A2, **48**)* **:** *76, Jln Taman Kota Laksamana 5. 010-200-72-35. Tlj sf lun 11h-14h, 17h30-21h.* Une adresse délicieuse, qui plus est originale et peu connue des touristes. Spécialités hakka (communauté han du sud de la Chine). Bien pour changer un peu de la cuisine nyonya, à déguster dans un décor moderne certes, mais typiquement chinois. La soupe de mouton fait l'unanimité, mais les spécialités sont nombreuses : œufs frits dans l'alcool de riz, poulet au miel et poivre noir, ou encore feuilles de patate douce et poireau chinois (non, ce n'est pas une position du Hakkasutra !). Tout est bon. Et pour faire descendre le tout, un jus de citron vert au miel noir, ça vous dit ?

Eleven *(zoom A2, **35**)* **:** *11, Jln Hang Lekir. ☎ 282-00-11. Tlj 11h-23h45 (bistrot jusqu'à 2h !). Plats 12-75 Rm.* Dans une des rues les plus animées de la vieille ville, une enseigne qui n'en finit pas de grandir ! Le resto « historique » est aménagé dans un bâtiment classé, mais le décorateur a visiblement manqué d'inspiration, dommage... Ignorez l'étage, il y fait vraiment très chaud, préférez les salles du bas ou la rue. Ici la cuisine puise aux racines portugaises de Malacca et s'avère globalement épicée. Parmi les options les plus « douces », on a bien aimé les *lala* (« coques ») au vinaigre, gingembre émincé et coriandre fraîche. Le soir, le lieu troque la musique douce pour des rythmes plus techno. Dommage que le service soit un peu terne et les jus de fruits coupés d'eau...

Dans le quartier portugais

De bon marché à prix moyens (10-40 Rm / 2,50-10 €)

Les restos du Portuguese Settlement Village (Perkampungan Portugis ; *hors plan d'ensemble par B3, **34**)* **:** *à env 3 km au sud-est du centre, direction Padang Temu. Bus nº 17 devant l'office de tourisme ou le centre commercial Mahkota Parade. C'est au bout de Jln Albuquerque, au bord de l'eau. Ouv slt le soir, jusqu'à minuit env le w-e.* Une dizaine de petits restos en rang d'oignons étalent leurs tables sur une esplanade, en léger retrait de l'eau. C'est plutôt une sorte de *food court,* avec malheureusement, parfois, des effluves d'eaux usées... Poisson et fruits de mer sont accommodés ici à la manière des anciens colons portugais. C'est très bon, quoique épicé, très populaire, mais quelquefois assez cher au final, méfiez-vous ! Allez, par exemple, au ***J & J Corner*** (stand nº 10), où l'accueil est sympa. Goûtez au *baked fish,* aux excellents poissons grillés, vendus au poids, aux calamars *(sotong),* crevettes en sauce, crabe à l'ail... Le riz et les légumes sont en sus. Dernier bus vers 21h ; après, il ne reste que le taxi.

Où prendre le petit déj ? Où boire un verre ? Où écouter de la musique ?

Limau Limau Cafe *(zoom A2, **45**)* **:** *9, Jln Hang Lekiu. 012-698-49-17. Tlj sf mar-mer 9h-17h.* Ce bar grand comme un mouchoir de poche sert l'un des meilleurs petits déj de la ville. Également un grand choix de jus de fruits frais, *fruit freezes* (attention les dents !), milk-shakes et autres lassis – à gober avec une paille large comme une sarbacane. Un peu chers certes, mais tellement rafraîchissants. Même les sundaes, ici, s'habillent de fruits. On peut aussi y prendre un sandwich ou une *focaccia,* en regardant la collection de lustres au-dessus du bar et les toiles parfois un peu osées pour la Malaisie musulmane...

Geographér Café (zoom A2, **41**) : *83, Jln Hang Jebat.* ☎ *281-68-13. Tlj 10h (8h dim pour le petit déj)-1h.* La bonne adresse pour prendre un petit déj, manger un morceau (voir « Où manger ? »), mais surtout boire un verre en écoutant de la bonne musique live à partir de 20h30 du vendredi au dimanche. Jazz le lundi de 20h30 à minuit. Bonne ambiance, même si elle est plus occidentale que réellement malaise.

Calanthe Art Cafe (zoom A2, **40**) : *11, Jln Hang Kasturi.* ☎ *292-29-60. Sam-mer 9h-23h (ven, sam jusqu'à minuit).* Le cadre est chaleureux, le service sympa et la musique moderne. Si on y trouve de quoi manger un morceau (bon *laksa,* par exemple), on vient ici surtout pour profiter de la carte des cafés, chauds, froids ou glacés. Des robustas principalement, mais surtout du *liberica,* une variété cultivée dans l'État de Johor (voir « Boissons » dans « Malaisie. Hommes, culture, environnement »). Vous pourrez accompagner votre breuvage d'une tarte ou d'un gâteau maison. Mignon petit patio sur l'arrière.

Café 1511 (zoom A2, **42**) : *52, Jln Tun Tan Cheng Lock.* *016-644-55-95. Tlj (sf 1 mar sur 2) 9h-19h.* C'est le café-resto de la maison-musée baba nyonya, que nous vous conseillons vivement de visiter : tout juste quelques tables rondes et marbrées dans une antichambre et sur un terrasson dominant la rue. La cuisine est parfois très bonne, parfois beaucoup moins, le service parfois sympa, parfois invisible, alors nous vous conseillons plutôt d'y boire un verre. Le jus de melon et le thé n'ont plus tout à fait le même goût dans ce cadre vénérable !

Bistro 1673 (zoom A2, **39**) : *18, Jln Hang Jebat (Jonker St).* ☎ *288-16-73. Tlj 10h-minuit (1h ven-sam).* On y vient pour son cadre, une maison hollandaise. Cour intérieure avec lampions : de nuit, le lieu est charmant. En revanche, la cuisine ne nous a pas convaincus. Certains apprécient la *lion dance* en fin de journée, suivie de la musique (live) le soir à 20h30 (sauf lundi), même si tout cela, évidemment, est fort touristique.

Voir aussi la ***Baboon House*** *(zoom, A2, **24** ; ouv slt en journée jusqu'à 17h)* dans « Où manger ? », pour son très beau cadre et ses expos en cours.

Plusieurs cafés occupent aussi le quai de la ***rive gauche de la rivière,*** entre les 2 ponts ; surtout animés en fin de journée. Enfin, signalons les soirées *roots* et animées du ***Discovery Café & Guesthouse*** *(zoom B2, **50** ; 3, Jln Bunga Raya),* avec *live music.*

Achats

Wah Aik Shoemaker (zoom A2, **90**) : *92, Jln Tun Tan Cheng Lock.* ☎ *284-97-26. Tlj 9h-17h30.* Dans cette modeste boutique survit l'un des plus anciens métiers chinois. Un cordonnier continue de confectionner des chaussures miniatures pour femmes... aux pieds bandés ! Il est le dernier en Asie à conserver ce savoir-faire. Des photos sur place laissent deviner les souffrances que devaient endurer celles qui les portaient. Les touristes sont friands de ces chaussures de soie, longues de 7 cm, qui constituent un souvenir plutôt insolite. Une paire demande 4 à 5 jours de travail.

– ***Bijoux :*** dans le bas de Jalan Kuli *(zoom B2),* vous trouverez un artisan qui fabrique des bijoux en argent. Pour des bijoux plus fantaisie, originaux quoique un peu bricolés (mais pas chers), allez donc voir la boutique *Joe's Design (6, Jln Tun Tan Cheng Lock ; tlj 9h-17h30),* juste à droite du *Calanthe Artisan Loft (zoom A2, **27**).*

– ***Antiquités :*** ne pas se faire d'illusions, il n'est plus possible de faire de bonnes affaires à Malacca. Certes, les magasins d'antiquités coloniales et chinoises de la *Jalan Hang Jebat* de Chinatown renferment quelques beaux objets, mais à des tarifs prohibitifs. Pour le plaisir des yeux !

– ***Les boutiques de Chinatown :*** des magasins un peu branchés, comme l'incontournable et multiple *Orangutan House,* situé derrière le *Hard Rock Café,* proposent des souvenirs du style « tee-shirt d'artiste » ou des sandales en bois peint appelées *kasuts kayu*

(« chaussures en bois ») ou *terompahs,* dont Chinatown s'est fait une spécialité. Plus joli à voir que pratique à porter ! Quelques artisans se sont spécialisés dans les batiks ou les céramiques (mais ce n'est pas donné).

À voir

De l'époque portugaise, il ne reste que quelques ruines. Les vestiges de la période hollandaise sont plus visibles, avec une série de beaux édifices publics, des habitations et une église. Les Asiatiques ne sont pas en reste : temples, mosquées et l'un des plus charmants quartiers chinois du pays. À Malacca, on compte pas moins d'une cinquantaine de galeries et musées appartenant à l'État et plus d'une vingtaine de galeries et musées privés ! Il ne nous a pas semblé utile de décrire ceux qui présentent un intérêt secondaire, parmi lesquels les musées de l'Islam, de la Démocratie, de la Jeunesse, de la Philatélie ou du Parti politique UMNO !

PETITS SOULIERS DE LA CRUAUTÉ

En Chine, on comprimait les pieds des femmes de mandarins chinois, dès leur naissance, pour qu'ils ne grandissent pas. Un édit impérial de 1902 a aboli cette pratique, paraît-il érotique... Il reste encore de très vieilles dames en Chine populaire qui portent ces petits souliers. Elles disparaîtront un jour. En Malaisie, les dernières sont mortes.

Il existe en principe un billet combiné à environ 10 Rm, incluant la visite de cinq musées : le musée Cheng Ho, Stadthuys et trois autres musées sans grand intérêt (musées de la Littérature, du Gouverneur et du Gouvernement). De toute façon, le gain est très minime... Retrouvez toutes les expos temporaires des musées de Malacca sur le site • *jmm.gov.my* • Noter également que le vendredi, les musées sont fermés entre 12h15 et 14h45 pendant la grande prière hebdomadaire.

Le quartier colonial de Bukit Saint-Paul (colline Saint-Paul)

Commençons cette balade sur la « place Rouge », ainsi nommée à cause de ses nombreux bâtiments couleur lie de vin, Christ Church et Stadthuys hollandais en tête. Là, autour de la fontaine de la reine Victoria, érigée en 1904 peu après sa mort, se donnent rendez-vous touristes et conducteurs de *trishaws* enguirlandés de fleurs artificielles ou à l'effigie de la célèbre Hello Kitty.

Christ Church (zoom B2) : *sur la place. En principe, tlj 9h-17h, mais souvent fermée...* Tout un symbole : cette belle église de couleur rouge fut construite par les Néerlandais en 1741 pour commémorer le centenaire de leur occupation de la Malaisie... Plus ancienne église protestante du pays, elle fut presbytérienne jusqu'en 1838, puis anglicane et dirigée par un prélat anglais d'abord venu de Calcutta. L'intérieur, aux poutres d'un seul tenant, est dépouillé. Vous y verrez, à gauche en entrant, une plaque en marbre portant la liste des pasteurs des origines à nos jours. Aujourd'hui, les messes sont dites en anglais, en mandarin et en tamoul.

Stadthuys (zoom B2) : *sur la place.* Ce bel édifice, construit par les Hollandais vers 1650 et récemment restauré, servait de résidence aux gouverneurs de l'époque. Il est aujourd'hui considéré comme le plus vieux bâtiment néerlandais du Sud-Est asiatique. On y trouve un ***Musée historique et ethnographique (Muzium Serajah Dan Ethnografi)*** (*☎ 282-65-26 ; tlj 9h-17h30 – 21h le w-e ;*

entrée payante). Galerie consacrée à l'amiral Cheng Ho et sa section ethnographique avec, au rez-de-chaussée, une vieille boulangerie de l'époque hollandaise, des céramiques, des armes, du mobilier, des costumes des différentes minorités, ainsi que des reconstitutions de mariages traditionnels malais et baba nyonya. À l'étage, la galerie historique renferme peintures, maquettes et dioramas retraçant l'histoire de la ville, de son émergence au début du XVe s jusqu'à l'indépendance. Intéressant.
– Inutile, en revanche, de perdre votre temps en visitant les musées de la Littérature et de l'Éducation. Face à la place, au bord de la rivière (juste derrière l'office de tourisme), un ancien demi-bastion d'angle (Middelburg Bulwark), adossé au mur d'enceinte édifié par les Portugais, fut construit en 1660 par les Hollandais pour défendre l'accès à la rivière. Quelques canons y pointent sur la grande noria voisine reconstruite, de 13 m de diamètre.

Muzium Maritim Arkeologi *(musée d'Archéologie maritime ; zoom B2)* **:** *Jln Laksamana. ☎ 282-65-26. Dans un renfoncement, à droite de la* Melaka Art Gallery *et du* Youth Museum. *Théoriquement mar-dim 9h-17h30 avec pause-déj. Entrée à prix modique.* Discret et pourtant intéressant. Il présente quelques objets découverts dans la rivière de Malacca et en mer sur des épaves de navires. Pièces portugaises, céramiques, vases, assiettes...

Muzium Seni Bina Malaysia *(musée de l'Architecture ; zoom B2)* **:** *à côté de l'accès à l'église Saint-Paul, face à l'immeuble de la Police. Tlj 9h-17h. GRATUIT.* Installé dans une jolie demeure datant de l'époque coloniale hollandaise. On admire d'abord, à l'entrée, la jolie porte en bois sculptée âgée de plus d'un siècle. Puis on découvre ce qui caractérise l'habitat traditionnel, soit par ethnies (du Sarawak, de Sabah), soit par communautés (indienne, chinoise). Également des panneaux didactiques, lumineux mais un peu fastidieux, sur l'architecture des palais et sur l'architecture coloniale. Mais ce que l'on préfère, ce sont ces portes anciennes et sculptées, par exemple la *Orang Ulu House Door,* ornée de ses deux dragons. Sympa mais vite vu.

Saint Paul's Church *(zoom B2)* **:** nichées au sommet d'une colline verdoyante, ses ruines passablement mises en scène attirent les visiteurs pour la vue panoramique sur la ville et le détroit. Pour cela, il vous faudra grimper la série de marches qui y mènent ! À l'origine, une chapelle bâtie en 1521 par un capitaine portugais très reconnaissant envers la Vierge Marie de lui avoir permis d'échapper à des pirates en mer de Chine. Après le troisième séjour de saint François Xavier à Malacca, la chapelle est offerte aux jésuites, qui la reconstruisent entre 1567 et 1590. L'église de la Mère-de-Dieu devint ensuite l'église protestante Saint-Paul, sous les Hollandais, puis accueillit les dépouilles des notables portugais et hollandais du XVIe au XVIIIe s. Les grandes et belles pierres tombales qui furent alignées le long des murs par la suite en témoignent.

Muzium Rakyat *(musée du Peuple ; zoom B2)* **:** *Jln Kota. Tlj 9h-17h. Entrée à prix modique.*
Un musée un peu fourre-tout qui abrite, au rez-de-chaussée, une collection de coiffes et instruments de musique traditionnels, une maquette kitsch de Malacca et la réplique de... la plus grande sandale en cuir du monde !
Au 1er étage, le *People's Museum* est l'occasion de comprendre le fonctionnement et l'importance du sport populaire que constitue le *gasing* : un jeu qui oppose deux équipes autour de lancers de toupies en bois, une sorte de pétanque locale. Pour les concours de durée, on utilise des toupies cerclées d'étain d'environ 5 kg ! Les meilleurs lancers peuvent durer... 2h ! Le temps nécessaire aux adversaires qui font la sieste de préparer la riposte ? Une section est consacrée à l'*art du cerf-volant,* encore plus populaire. Introduit au XVe s par les Chinois, cet art est aujourd'hui l'un des passe-temps préférés des Malaisiens. On en fait souvent à la saison des récoltes du riz, sous forme de concours. Le gagnant est celui dont

le cerf-volant vole le plus haut, ou bien les concurrents s'amusent à se faufiler à travers les cordes du cerf-volant du rival avec le leur.
Au 2e étage, le *musée de la Beauté* présente un panorama des codes et critères de beauté en vigueur au travers des époques et des différents continents. Voir notamment la section consacrée aux « femmes-girafes » de Birmanie, aux cous déformés par leurs colliers, et celle dédiée aux femmes chinoises dites « aux pieds bandés », qui devaient porter des chaussons miniatures. Une tradition ancestrale, heureusement terminée.

Porta de Santiago *(zoom B2)* **:** on vous dira que c'est le seul vestige de la fameuse forteresse d'*A Famosa* (« la Fameuse »), construite par les Portugais en 1512 pour consolider leur conquête de la ville. Elle ne freina pas les Hollandais, qui chassèrent les Portugais en 1641, puis agrandirent la bâtisse. Les Anglais en firent moins cas et en ordonnèrent la destruction. Sir Stamford Raffles, le père spirituel de Singapour, demanda et obtint que l'on sauve au moins une porte. Maigre consolation.

Le mémorial de la proclamation de l'Indépendance *(zoom B2)* **:** *au début de la Jln Parameswara, face à la Porta de Santiago. Mar-dim (et lun pdt vac scol) 9h-17h30. GRATUIT.* Ce fier édifice colonial de 1911 abritait jadis le *Malacca Club,* siège de la vie sociale des planteurs anglais. L'écrivain Somerset Maugham s'en inspira dans l'une de ses nouvelles *(Les Empreintes dans la jungle),* pour avoir un temps fréquenté ses salons. Il n'en reste malheureusement rien... Le bâtiment abrite aujourd'hui une exposition sur l'histoire de l'indépendance – ou, plus exactement, du combat des Malaisiens pour parvenir à chasser leurs divers colonisateurs. Surtout des panneaux fastidieux à lire. On y apprend notamment que c'est à Malacca, le 20 février 1956, que Tunku Abdul Rahman annonça la date de la future indépendance du pays, soit le 31 août 1957.

Muzium Istana Kesultanan *(musée du Palais du sultanat ; zoom B2)* **:** *au pied de la colline Saint-Paul, après la Porta de Santiago. ☎ 282-74-64. Tlj 9h-17h (dernière entrée). Entrée à prix modique.* Ce superbe édifice en bois, à la lisière d'un beau jardin hérissé de petits ponts et de bancs ombragés, est la réplique plus ou moins exacte de la demeure du sultan Mansur Shah, reconstituée en 1985... d'après *Les annales malaises*, un livre de cour du XVIe s ! Le palais abrite un beau ***Musée culturel*** centré sur la région de Malacca. Vous y découvrirez sur deux étages des dioramas sur l'histoire du sultanat, de nombreuses maquettes de palais et des mannequins vêtus d'habits traditionnels. Notez les différentes façons de porter le *tanjak,* le fameux couvre-chef malais, qui correspondent à autant de catégories sociales. N'oubliez pas de faire un tour dans le joli jardin.

Saint Francis Xavier Church *(zoom B2)* **:** *en face d'une petite place, au carrefour de Jln Bandar Kaba et Laksamana.* Veillée par deux tours crénelées, cette église a été construite en 1849 par un père français, dans un style néo-gothique inspiré de celui de la cathédrale Saint-Pierre de Montpellier ; elle est bien sûr dédiée à saint François Xavier, qui tenta d'évangéliser le Sud-Est asiatique au XVIe s.

Muzium Maritim *(Musée maritime ; zoom A2)* **:** *sur la rive gauche de la rivière Malacca, à*

LA CROIX DU CRABE

Une légende affirme qu'un jour, lors d'une tempête en mer, saint François Xavier plongea son crucifix dans l'eau en priant, afin d'apaiser les éléments. Les eaux se calmèrent, mais le maladroit laissa malencontreusement tomber l'objet. Le lendemain, se promenant sur la plage, miracle... ! Un crabe tenait dans ses pinces ledit crucifix. Fou de joie, saint François Xavier bénit l'animal. Depuis, on dit que tous les crabes de cette espèce portent la marque d'une croix sur leur carapace... Les Kristang (chrétiens) du quartier portugais vous les prépareront au beurre et à l'ail.

côté du départ des promenades en bateau. ☎ 284-70-90. Tlj 9h-17h (20h30 ven-dim). Le billet (env 6 Rm) donne accès à 3 sections. Aménagée dans une réplique kitsch et grandeur nature de la *Flor de la Mar,* la caravelle à bord de laquelle Afonso d'Albuquerque gagna Malacca en 1511, la principale section du musée couvre l'histoire maritime (et donc politique et économique) du port, entre 1400 et l'indépendance. Là encore, plus de panneaux que de choses à voir. Juste à côté, le *Muzium Samudera* est complètement dépassé. Son seul intérêt : la climatisation ! Le *musée de la Marine royale,* de l'autre côté de la rue, présente uniformes, décorations, bâtiments de guerre. Et puis il y a aussi, à côté, le *musée des Douanes...*

Chinatown

La colonne vertébrale de Chinatown est formée par deux longues rues parallèles : ***Jalan Hang Jebat*** (l'ancienne *Jonker Street*), la plus animée, et ***Jalan Tun Tan Cheng Lock*** (ex-*Heeren Street*). Jalonnées de boutiques et de restaurants, ces deux artères et les petites rues adjacentes révèlent tout un ensemble de jolies façades colorées. Beaucoup sont chinoises, d'autres datent de la colonisation hollandaise et de l'époque florissante du boom du caoutchouc (XIXe s). Bien plus profondes que larges, elles portent souvent, au fronton, de superbes tableaux laqués de noir sur lesquels sont gravés, en lettres dorées, le nom ou la devise de la famille. Essentiel pour trouver une adresse à l'époque où il n'y avait pas de numéros ! Les plus aisés accrochaient aussi de grands lampions peints de leur patronyme. Le quartier est le bastion des Peranakan (Baba Nyonya) de Malacca, cette communauté issue du métissage sino-malais.
Malheureusement, le coin a tendance à perdre de sa personnalité. Il renferme indéniablement de superbes rues, parmi les plus belles de Malaisie, mais en partie vidées de cette animation bourdonnante qui contribuait jadis à son charme. Reste, du vendredi au dimanche soir, de 18h à minuit, un ***marché nocturne.***

🚶 ***Jalan Hang Jebat*** *(zoom A2)* **:** la rue principale de Chinatown est la seule qui, le soir, conserve une certaine animation (côté est). Ne manquez pas, au n° 97, la façade à la colonnade classique ornée de stucs fleuris peints et, au n° 23, le siège de l'association Hokkien Huay Kuan aux piliers décorés de dragons. À proximité, la tombe présumée de Hang Kasturi. Celle de Hang Jebat, tué lors de son légendaire duel avec Hang Tuah, se trouverait dans Jalan Tokong Kuli (voir la rubrique « Un peu d'histoire » plus haut).

🚶🚶 Juste au sud, la ***Jalan Tun Tan Cheng Lock*** : moins de boutiques mais davantage de circulation... On y trouve la splendide maison-musée baba nyonya (voir ci-dessous) et, un peu plus loin, au n° 111, la demeure ancestrale (anonyme) de la famille de... Tun Tan Cheng Lock, justement ! Businessman et politicien de renom, l'homme fonda la Malaysia Chinese Association, tandis que son fils, Tun Tan Siew Sin, fut le second ministre des Finances du jeune pays. Juste à côté, au n° 117 (face à l'hôtel *Puri*), se dresse la ***Chee Mansion*** *(zoom A2),* une énorme pâtisserie blanche d'architecture néo-hollandaise ! Cette étonnante bâtisse abrite le *Chee Yam Chuan Temple,* l'autel ancestral de la famille Chee. Jetez aussi un coup d'œil, face à l'hôtel *Baba House,* à la superbe entrée de l'Eng Choon Association (1875), une de ces nombreuses associations culturelles regroupant les Chinois originaires des mêmes provinces. Les deux colonnes proches de l'autel sont entremêlées de dragons et de nombreux personnages en haut relief. Superbe.

🚶🚶🚶 **Baba Nyonya Heritage** *(zoom A2)* **:** *48-50, Jln Tun Tan Cheng Lock. ☎ 283-12-73. Tlj 10h-12h30, 14h-16h30. Fermé pdt les fêtes chinoises. Entrée : env 16 Rm ; réduc. Visite guidée incluse, en anglais, ttes les heures env, bien faite mais menée au pas de course. Il est possible de se balader seul, un document (en français) très intéressant à la main. Photos interdites.*

Ce musée privé occupe une très belle demeure peranakan de 1896, à la façade dotée de boiseries finement sculptées. Elle appartenait à un riche exploitant de caoutchouc répondant au nom de Chang Cheng Siew et elle regroupe en fait trois maisons attenantes, où trois générations de la même famille cohabitaient.

La visite permet de découvrir des intérieurs conservés en l'état, où se croisent des influences chinoises, anglaises et hollandaises. Le mobilier est ici victorien, là en bois sombre incrusté de nacre, typiquement chinois – tout comme les panneaux en bois sculpté et les tentures en soie peinte. La vraie fierté de la maison, c'est néanmoins son grand escalier en bois chevillé et non clouté, orné à la feuille d'or (même sous les marches !). Le seul du genre à avoir été conservé à Malacca, il possède des portes à l'étage, jadis fermées pour empêcher les voleurs de pénétrer dans le sanctuaire familial... Là-haut, on verra une intéressante collection de costumes et ustensiles liés au mariage traditionnel. Les rites, symboles et croyances sont aussi intéressants que bien expliqués. Bref, une très belle visite, pleine de surprises. La maison abrite aussi le *Café 1511* (voir « Où prendre le petit déj ? Où boire un verre ? Où écouter de la musique ? ») et une *guesthouse* aux petites chambres mignonnes mais un peu trop chères pour le confort, nous a-t-il semblé.

MARIAGE SUCRÉ, MARIAGE COLLANT

La tradition chinoise s'appuie sur d'innombrables symboles, et le mariage ne fait pas exception à la règle. Ainsi, lors des noces, les jeunes époux dégustent beaucoup de mets sucrés (symboles d'amour) et collants (union), et se voient offrir œufs (fertilité) et bougies (cette lumière qui mène sur le droit chemin).

Straits Chinese Jewellery Museum (zoom A1) : *108, Jln Tun Tan Cheng Lock. ☎ 281-97-63. Lun-jeu 9h30-17h, ven-dim 10h-18h. Entrée : env 15 Rm ; réduc étudiants ; gratuit moins de 6 ans.*

Certes, on racole le touriste au micro à même le trottoir et les détracteurs du musée affirment que tous les bijoux exposés sont neufs. De l'aveu même des guides, la collection est en effet un mélange d'objets authentiques et de copies de bijoux anciens, tous rassemblés par Peter Soon, grand collectionneur d'objets chinois et peranakan. Néanmoins, la visite (obligatoirement guidée) est intéressante. D'abord, le propriétaire a restauré cette belle maison qui tombait en ruine. Le guide vous expliquera que le fameux eunuque et amiral Cheng Ho (lire plus bas) navigua jusqu'à Malacca en 1405 avec 27 000 hommes et que, bloqués par la mousson, la moitié d'entre eux se marièrent à la gent féminine locale, donnant un sacré essor à la communauté baba nyonya. Les objets exposés sont donc censés être issus de ce mariage à grande échelle, même s'ils viennent en fait de la collection éparse de Peter Soon.

La *galerie A* couvre la période XVe-XIXe s. Voir, entre autres, la couronne de mariage et le chapeau ornés d'un phénix, le service à thé en or, les montres, les parures d'influence indienne ou encore le poisson d'or et de jade en pendentif (symbole de bonheur pour les enfants). Les chauves-souris sculptées sur les cabinets sont un particularisme local et singapourien. La chauve-souris est symbole de chance... pour les hommes. Pour les femmes, ce sont le phénix, les oiseaux et les fleurs ! Du côté des influences étrangères, signalons l'aigle britannique ou ces bijoux constitués de pièces de monnaie hollandaises.

La *galerie B* parcourt le XXe s. Boutons de vêtements fabriqués comme des pièces de monnaie. À ce propos, la coutume voulait qu'on cache des pièces d'or sous l'oreiller pour éviter les cauchemars. On évoque ici le deuil. Il durait... 3 ans ! Les femmes s'habillaient en blanc, les hommes en noir. On découvre ensuite la maison elle-même. Chambre à coucher de Joséphine Tan Pin Neo, une Nyonya singapourienne décédée à l'âge de 96 ans. Mobilier sculpté, bureau et coffre-fort anglais, porcelaine de Limoges et d'Angleterre, vaste lit à opium vieux d'un siècle, autel sculpté avec lions et coquillages en nacre, chaises à accoudoirs en forme de lions-dragons... Enfin, jetez un œil à la belle frise dorée de raisins et de... souris (symbole de fécondation), entourée de scénettes édifiantes.

Cheng Ho Cultural Museum *(zoom B2)* **:** *51, Lorong Hang Jebat. ☎ 283-11-35. Tlj 9h-18h (17h dernière entrée). Entrée : env 10 Rm.*
Occupant une belle maison chinoise, ce musée se consacre à l'histoire de la ville et, plus particulièrement, aux aventures maritimes du grand navigateur chinois Cheng Ho. Au fil des innombrables salles, dotées de dioramas, on découvre quelques très beaux objets : brûle-parfum en bronze de la vieille dynastie shan, palanquin, très étonnantes monnaies et lingots d'étain en forme d'animaux (croco, tortue), collection de jarres superbement présentée... et une girafe grandeur nature !
Stupéfiant destin pour cet eunuque musulman, Cheng Ho (ou Zheng He), né en 1371 dans le Yunnan, au sud-ouest de la Chine. À 13 ans, ce fils du gouverneur de la province voit son père tué par l'armée impériale. Il est fait prisonnier, puis castré comme tout descendant de chef de guerre. Eunuque à la cour impériale, il se lie avec Yong Le, le troisième empereur ming, qui fera transférer la capitale de Nankin à Pékin et souhaite étendre son empire. Cheng Ho est fait amiral de la flotte chinoise à l'âge de 33 ans, alors qu'il n'a jamais navigué. Il fait construire des centaines de navires à Nankin. Il s'embarque alors dans une incroyable série de sept expéditions destinées à développer des liens politiques et commerciaux entre les contrées éloignées et l'empire du Milieu. Il quitte la Chine en 1405 à la tête d'une flotte composée de 208 jonques, dont 4 navires amiraux et 12 « bateaux-trésor » chargés à ras bord de soieries, porcelaines et autres marchandises chinoises. De vraies villes flottantes, peuplées de 28 000 hommes, marins, soldats, cuisiniers, géographes et autres astronomes. Au fil de ses pérégrinations, Cheng Ho atteint l'Indochine, la péninsule malaise, il explore Java, Bornéo, l'Inde, le golfe Persique, se rend à La Mecque et jusqu'à Malindi (actuel Kenya), d'où il rapporte une girafe ! Certains affirment même qu'il aurait découvert l'Amérique avant Christophe Colomb (voir encadré), ce qui remplit les Chinois de fierté. Cheng Ho est déifié dans certains pays du Sud-Est asiatique... En fin de carrière, il reçoit le titre bouddhique de « Grand Eunuque aux Trois Joyaux » !

LA CHINE A-T-ELLE DÉCOUVERT L'AMÉRIQUE ?

S'il est acquis que l'amiral Cheng Ho a franchi le détroit de Magellan 70 ans avant l'explorateur portugais, Gavin Menzies, ancien commandant de la Royal Navy, soutient dans son livre 1421, l'année où la Chine a découvert l'Amérique, *qu'il aurait aussi devancé Christophe Colomb. Son argument : seule la Chine disposait des moyens nécessaires. Mais les experts affirment qu'après les expéditions de Cheng Ho la Chine se replia subitement sur elle-même, détruisant tous ses précieux documents !*

Au nord de Jalan Hang Jebat, ***Jalan Tokong Emas*** *(zoom A2)* est bordée d'un ensemble de boutiques de « bondieuseries » et d'encens, pavant le chemin vers le splendide temple Cheng Hoon Teng. À l'époque de la fête des Fantômes affamés, vous remarquerez de nombreux objets miniatures en carton peint : maisons, voitures, TV... Dans la tradition chinoise, on achète ces symboles pour les brûler en offrande aux disparus, pour qu'ils ne manquent de rien dans l'autre vie.

Cheng Hoon Teng Temple *(zoom A2)* **:** *Jln Tokong.* Construit au XVIIe s et rebâti en 1801 selon les principes du feng shui, le plus vieux temple chinois de la région affirme une forme architecturale typique des provinces méridionales du Guangdong (Canton) et du Fujian, à la différence près que les pentes sont plus prononcées (à cause des pluies abondantes qui s'abattent régulièrement sur Malacca). Il réunit les préceptes de trois systèmes doctrinaux différents mais pas antinomiques : taoïsme, confucianisme et bouddhisme. Ses toits se couvrent de dragons, phénix, animaux, fleurs et personnages en tesson de porcelaine, inspirés de la mythologie chinoise, tandis que l'intérieur révèle des panneaux de bois laqué richement ciselés racontant la vie du Bouddha. Tous les matériaux utilisés ont été importés de Chine. Ne manquez pas non plus les splendides dragons dorés décorant les deux portes d'entrée.

Masjid Kampung Kling *(mosquée Kampung Kling ; zoom A2)* **:** *Jln Tukang Emas. Visite autorisée aux non-musulmans, sf pdt la prière (blouses en prêt).* Cette étonnante mosquée, fondée en 1748, rebâtie en 1872 et restaurée récemment, a la particularité de mêler plusieurs influences, à mi-chemin de Sumatra et du style indien musulman. Le minaret et le toit font, eux, songer aux tours des pagodes bouddhiques, tandis que les colonnes corinthiennes du porche dénotent une influence européenne. Remarquer aussi le lourd chandelier victorien de la salle de prière, sa chaire dorée mi-chinoise, mi-indienne, et le beau bassin aux ablutions. Charmant petit cimetière, aux tombes anarchiquement disposées. La forme de la stèle est fonction du sexe et de l'âge du défunt. L'éclairage de l'ensemble donne une atmosphère assez particulière à la nuit tombée.
– À côté, le ***Sri Poyyatha Vinayaga Moorthy Temple*** est le plus vieux temple hindou de Malaisie (1781).

Masjid Kampung Hulu *(mosquée Kampung Hulu ; plan d'ensemble A1)* **:** *Jln Kampung Hulu, à l'angle de Jln Masjid, un peu à l'écart de Chinatown.* C'est l'une des plus vieilles mosquées de Malaisie, bâtie en 1728, quelques années après l'adoption de la liberté de culte par les Hollandais. Comme Kampung Kling, son toit pyramidal montre des influences chinoises. Elle aussi a été récemment restaurée.

Kampung Morten (au nord du centre)

Villa Sentosa *(plan d'ensemble B1)* **:** *138, Kampung Morten. ☎ 282-39-88. À pied : prendre Jln Bunga Raya jusqu'à l'hôtel* Majestic. *Là, une passerelle enjambe la rivière ; la villa Sentosa est presque en face, à gauche (c'est indiqué). En principe, tlj 9h30-18h ; en réalité, horaires pas toujours respectés... GRATUIT, mais il est d'usage de laisser un peu d'argent avt de partir, dans une grande coupe métallique à côté du fameux gong malais (voir plus bas).*
Cette authentique maison malaise en bois sur pilotis, datant des années 1920, se dresse au creux d'une boucle de la rivière Malacca. À ses côtés, quelques autres demeures traditionnelles forment comme un îlot hors du temps, protégé du bruit et de l'agitation. *Sentosa* signifie d'ailleurs en malais « paix et prospérité ».
Les actuels propriétaires – un frère et une sœur – habitent encore la demeure et prennent plaisir à la faire visiter (le frère parle très bien l'anglais). Héritiers d'une très vieille famille noble originaire de Sumatra, ils conservent avec le plus grand soin les souvenirs de leurs aïeux. Parmi ces merveilleux témoins du passé présentés au fil des chambres : des kriss (dont un kriss impérial), des vêtements, des chaussures de femme aux bouts recourbés, des objets ayant appartenu au grand-père, des appareils photo, de la porcelaine chinoise, anglaise, des miroirs italiens... Autant de souvenirs témoignant d'une réussite sociale. La chambre nuptiale est superbe avec ses tissus de satin jaune, la couleur royale. La visite se termine face à un gong malais vieux de 200 ans. La légende dit qu'il porte chance à celui qui l'entend retentir trois fois après avoir fait un vœu. Jadis, seuls le maire de Malacca et le petit-fils de Churchill eurent droit à cet honneur... désormais offert à tous ceux qui veulent bien contribuer un peu (financièrement) à l'entretien des lieux.

À voir encore

Bukit Cina *(Colline chinoise ; hors plan d'ensemble par B1)* **:** *au nord-est du centre, entre Jln Tun Tan Siew Si et Jln Puteri Hang Li Po.* Ce cimetière chinois,

LA CÔTE OUEST DE LA MALAISIE

recouvrant l'ensemble de la colline, serait le plus grand hors de Chine ! C'est ici qu'auraient résidé Hang Li Po et sa cour. Les plus anciennes tombes datent en effet de l'époque ming, mais le lieu est peu entretenu. Au sommet, vue dominante sur la ville.

Perkampungan Portugis *(quartier portugais ; hors plan d'ensemble par B3)* ***:*** *à 3 km au sud-est. Pour y aller : bus nº 17 ; attention, dernier retour vers 21h ; taxi obligatoire ensuite.* Ce quartier, aussi parfois baptisé mini-Lisbonne, rassemble les descendants des Portugais d'hier. À la fin des années 1920, deux prêtres français et portugais obtiennent de l'administration anglaise un terrain marécageux en bord de mer pour reloger les pauvres de la communauté portugaise. Les premiers s'installent en 1935. Aujourd'hui, on y dénombre plus de 100 familles, représentant quelque 1 500 personnes. Dans leurs veines, un peu de sang portugais, certes, mais aussi beaucoup de sang malais, hollandais, anglais, chinois sans doute et peut-être même indien... Depuis l'intégration des enfants dans le système scolaire malaisien, dans les années 1960, seuls quelques-uns des plus âgés parlent encore le *kristang,* ce vieux créole portugais né dans le melting-pot local. La religion catholique, en revanche, conserve une place importante, et la communauté se rassemble toujours le dimanche pour la messe de 8h. Certains habitants vivent encore de la mer et vendent leur pêche aux restaurants portugais. C'est d'ailleurs la principale raison de venir ici, le soir (tout est fermé à midi). On y déguste, de bien belle façon, des recettes matinées de traditions portugaises.

LA CÔTE OUEST DE LA MALAISIE

À faire

➢ ***Excursion sur la rivière Malacca*** *(zoom A2)* ***:*** *départs réguliers depuis l'embarcadère situé rive gauche, un peu au nord du Muzium Maritim. Infos au ☎ 281-43-22. • melakarivercruise.com • Tlj 9h-23h, ttes les 30 mn env lorsque la marée le permet. Compter env 16 Rm/pers pour une balade de 45 mn en sem, env 25 Rm le w-e et pdt les vac scol.* Chaque jour, les petites embarcations remontent la rivière sur 3 km, traversant le cœur de la vieille ville. Certes, l'animation y est quasi inexistante depuis l'abandon du vieux port, mais l'approche a le mérite de présenter la ville sous un autre aspect. On quitte les rues policées de Chinatown pour découvrir « l'arrière-cour » de Malacca. Cela dit, certains lecteurs sont revenus déçus, d'abord par la durée de la croisière, parfois écourtée, mais surtout par l'aspect un peu déprimant des coulisses de la ville, plus proches des égouts que de la carte postale... En revanche, les berges de la rivière ayant été aménagées ces dernières années, une promenade agréable consiste à les emprunter à pied ou à vélo jusqu'au environ de *Kampung Morten* pour égrener les nombreuses fresques murales qui ornent désormais certains bâtiments.

Fêtes et manifestations

Voir aussi la rubrique « Fêtes et jours fériés » dans le chapitre « Malaisie. Hommes, culture, environnement », ou s'adresser à l'office de tourisme pour plus de détails.
– ***Courses de bateaux-dragons :*** *en mai ou juin.* Courses internationales de pirogues rythmées par des tambours.
– ***Fête de San Pedro :*** *le dernier w-e de juin, pdt 2 j.* Fête de la communauté portugaise en l'honneur du saint patron des pêcheurs.
– ***Célébration de l'inscription de la ville au Patrimoine mondial de l'Unesco :*** *le 7 juil.*
– ***Melaka World Heritage Music Festival :*** *mi-sept.*
– ***Melaka Art & Performance Festival :*** *fin nov.*
– ***Baba Nyonya Festival :*** *fin nov. Attention, ce festival est parfois annulé, faute de moyens...*

AU NORD DE KUALA LUMPUR

TAPAH

80 000 hab. IND. TÉL. : 05

Située dans la plaine, au pied des montagnes centrales, cette ville n'a d'autre intérêt que d'être un point de passage obligatoire pour ceux qui arrivent en train et se rendent (en bus) vers les Cameron Highlands (à 60 km).

Arriver – Quitter

En train

La gare ferroviaire est située à *Tapah Road,* à 9 km à l'ouest. Pour se rendre aux Cameron Highlands, prendre d'abord un bus local pour la gare routière de Jalan Raja, puis une correspondance (peu nombreuses) vers Tanah Rata (Cameron Highlands).

➢ ***De/vers Kuala Lumpur :*** 1 train/j. avec *KTM* : dans les 2 sens, il passe en pleine nuit. Plus de fréquences avec la compagnie privée *ETS,* avec 8 départs/j. dans les 2 sens, mais les prix sont 2 fois plus élevés (tout en restant abordables).

➢ ***De/vers Ipoh, Kuala Kangsar, Taiping et Butterworth :*** 1 train/j. (également la nuit). *ETS* dessert slt Ipoh, avec les fréquences indiquées ci-dessus. Malgré la différence de prix, dans ce cas, préférer *ETS.*

En bus

Au départ du ***dépôt de bus de Jln Raja*** *(rue perpendiculaire à la Main Rd).*

➢ ***De/vers Tapah Road :*** ttes les 45 mn à 1h15 6h-18h20.

➢ ***Pour les Cameron Highlands :*** vers 8h30 et 13h30 avec *Regal,* 18h avec *Kurnia Bistari.*

Les départs des autres ***bus longue distance*** (peu nombreux) se font près du dépôt des bus locaux, devant le *Caspian Restoran* *(9, Main Rd).* Rens auprès d'*Ajen Bas Ekspress* *(☎ 401-11-93).*

➢ ***De/vers Kuala Lumpur :*** 7 départs/j. 8h30-19h env, avec *Utama* et *Edaran Ekspres*. Trajet : 2h. Également des trajets avec *GT Express* et *Uniti Express.*

➢ ***De/vers Kuantan :*** 2 bus/j. avec *Utama.* Trajet : 7h.

Où dormir ? Où manger ?

Timuran Hotel : *23, Jln Stesen. ☎ 401-10-92. Au-dessus du resto* Tong Yoon *(aux 2e et 3e étages). Prendre Jln Ho Khye Cheong face au terminal des bus locaux situé dans Jln Raya. Doubles avec sdb et AC 40-80 Rm.* Bon accueil. L'hôtel est impeccable : chambres spacieuses avec TV, marbre au sol, excellente literie et un mobilier plutôt agréable. Central, lumineux et pas trop bruyant à la fois, que demander de plus ? Fait aussi resto et tabac au rez-de-chaussée.

Hôtel Utara : *35, Jln Stesen. ☎ 401-22-99. Doubles avec ou sans AC 40-80 Rm.* Une seconde option, simple et propre. Toutes les chambres, avec ventilo ou AC (bruyant), ont une salle de bains et la TV. Rénovées assez récemment, elles arborent murs colorés et portes de salle de bains décorées – ringard ou rigolo selon les avis. Bon accueil.

Tapah, Haji et Seri Ampang : *en rang d'oignons face à la gare des bus locaux et près des hôtels précédents.* Ces 3 restos mamaks (tamouls) servent une bonne cuisine pour trois fois rien. Bon poulet au curry avec riz et galette de pain, par exemple. Le *Haji,* le plus grand des 3, ferme le plus tard, mais le *Seri Ampang* est le plus accueillant et le plus propre (tout est présenté sur le buffet de l'entrée).

LES CAMERON HIGHLANDS

IND. TÉL. : 05

• Carte Les Cameron Highlands et Tanah Rata *p. 133*

Perchée au cœur de la grande chaîne des Titiwangsa, à une altitude moyenne de 1 500 m, cette station d'altitude fondée par les Anglais attire tous ceux qui rêvent d'une bouffée d'air frais après la chaleur tropicale. Passé le manteau impénétrable de la forêt, on y découvre des paysages travaillés et ordonnés par la main de l'homme, très différents de ceux de la plaine. Fini les plantations de palmiers à huile à perte de vue, voici des collines vertes et des montagnes de fraîcheur (16 °C la nuit au plus bas), couvertes de plantations de thé formant un immense et magnifique tapis vert aux géométriques sinuosités, des exploitations d'arbres fruitiers et de légumes, des serres horticoles. Les Malaisiens accourent, attirés par la nouvelle reine des Cameron Highlands : la fraise. On l'accommode à toutes les sauces, ici… Y compris sous la forme de petits coussins et de sacs totalement kitsch. Les étrangers, eux, se laissent porter par la nostalgie de l'ère coloniale, butinant de plantations en vieilles demeures *British* de style Tudor, où l'on sert encore le thé avec des *homemade scones,* de la *clotted cream* et de la confiture (de fraises, naturellement). Plus haut, sur les montagnes, la forêt reprend ses droits : nourrie par les nuées, elle entretient une flore exceptionnelle. Les mousses tapissent les troncs, desquels pendent de grosses plantes carnivores. Au plus profond pousse aussi la spectaculaire rafflésie, qui se laisse surprendre au gré de randonnées ardues et boueuses. Un vrai réseau de sentiers promet autant d'explorations passionnantes.

• *cameronhighlands.com* •

UNE RÉGION SUREXPLOITÉE

Malgré leurs nombreux atouts, les Cameron Highlands souffrent de leur succès. Dans certains secteurs, les serres ont foisonné, couvrant les pentes de plastique et de déchets. Chacun y va de ses infrastructures, et engrais et pesticides font la pluie et le beau temps. Profitant de la manne touristique, une horde d'attractions plus ou moins bidon ont vu le jour : serres à papillon et « fermes » en tout genre aux airs de boutiques ou de hangars (fraises hors sol en quantité industrielle, roses, cactus, miel).
La population et les activités se concentrent dans quatre villages devenus de vraies petites villes. Dans l'ordre de montée : Ringlet, Tanah Rata, Brinchang, puis Kea Farm. Peu d'espace pour respirer, désormais, le long de cette chaîne continue de développement. Un peu partout, les groupes immobiliers ont dressé immeubles d'habitations, hôtels et ensembles d'appartements en multipropriété de plus de 10 étages, écrasant les perspectives… Le week-end et pendant les vacances scolaires (décembre en particulier), tout est plein, et les prix grimpent… Toutefois, les Cameron Highlands restent une destination pour marcheurs, qui pourront facilement fuir ces grands ensembles bétonnés en visitant les plantations de thé ou, mieux encore, en s'enfonçant dans la jungle.

UN PEU D'HISTOIRE

La région doit son nom au géomètre anglais William Cameron, qui y mena une expédition en 1885. Un siècle plus tard, tout juste, les autorités britanniques décidèrent de tirer parti des formidables conditions climatiques des Cameron Highlands. On y planta rapidement du thé (pardi !), des légumes encore inconnus dans ce pays tropical, et les riches Anglais y firent construire de superbes résidences de vacances avec toutes les distractions indispensables : golf, tennis, clubs de jeu et... chasse aux papillons (on trouve ici de très rares spécimens) ! Les Anglais partis, ce sont aujourd'hui les Malaisiens, les Chinois et les touristes occidentaux qui débarquent par grappes entières en quête d'exotisme.

OSS 117 NE RÉPOND PLUS

En 1967, les Cameron Highlands furent le théâtre de l'un des plus grands mystères du pays. Jim Thompson, « l'empereur de la soie thaïlandaise », disparut sans laisser de trace pendant que ses amis faisaient la sieste dans leur maison de vacances. Il ne fut jamais retrouvé, malgré la mobilisation de 1 500 personnes. Les hypothèses sont des plus surprenantes : a-t-il été mangé par un tigre ? Étouffé par un python ? Enlevé par sa maîtresse thaïlandaise ? Il faut sans doute chercher ailleurs, Jim Thompson ayant été un des piliers des services secrets américains en Asie, le célèbre OSS, ancêtre de la CIA... Exciting !

Arriver – Quitter

La route de Tapah aux Cameron Highlands est éprouvante pour l'estomac, mais le paysage est superbe : forêt, montagne, habitations orang asli dispersées, puis plantations de thé... À cette altitude, il y a souvent des nuages qui s'accrochent à la montagne, donnant aux paysages un charme indéfinissable. Trajet en 2h pour monter et 1h30 pour descendre.

En bus

Ils desservent tous Tanah Rata. En raison du nombre important de visiteurs, il est conseillé de réserver son billet la veille, voire plusieurs jours à l'avance, à la gare routière ou auprès de l'une des agences locales (voir plus loin à Tanah Rata).

Gare routière (carte zoom) **:** *sur Jln Besar, la rue principale.*

➢ ***Pour Brinchang, Kea Farm et Sungei Palas Junction :*** des bus locaux (et vieillots) de la compagnie *Regal* desservent les communes voisines à partir de 6h30, puis à raison de 1 bus/h 7h30-18h30.

➢ ***Pour Bharat Tea, Ringlet et Tapah :*** 4 bus/j. (vers 8h, 11h, 13h30 et 17h) avec *Regal.*

➢ ***Pour Kuala Lumpur*** *(TBS)* **:** 1 bus ttes les 2h env, 8h-17h30.

Adresses utiles

1 Police Station *(zoom)*
3 AmBank *(zoom)*
5 Laveries *(zoom)*
6 Cameron Pharmacy et Money changer *(zoom)*
7 Eco Cameron *(zoom)*
8 Titiwangsa Tours *(zoom)*
9 Hill Top Travel & Tours *(zoom)*
13 Cameron Secrets *(zoom)*

Où dormir ?

7 CH Travellers Inn *(zoom)*
10 Gerard's Place *(zoom)*
11 Cameronian Inn *(zoom)*
12 Kang Travellers Lodge *(zoom)*
13 Father's Guest House *(zoom)*
14 Eight Mentigi Guesthouse *(zoom)*
15 Arundina *(zoom)*
16 The Smokehouse

Où manger ?

20 Zainab Sam *(zoom)*
21 Ferm Nyonya *(zoom)*
22 Sri Brinchang et Kumar *(zoom)*
23 Kou Gen *(zoom)*
24 Singh Chapati *(zoom)*
25 Jasmine *(zoom)*
26 Barrack's Cafe *(zoom)*
30 Bunga Suria *(zoom)*

Où prendre le thé ? Où boire un verre ?

12 Jungle Bar *(zoom)*
16 The Smokehouse *(zoom)*
30 Travellers' Bistro & Pub *(zoom)*

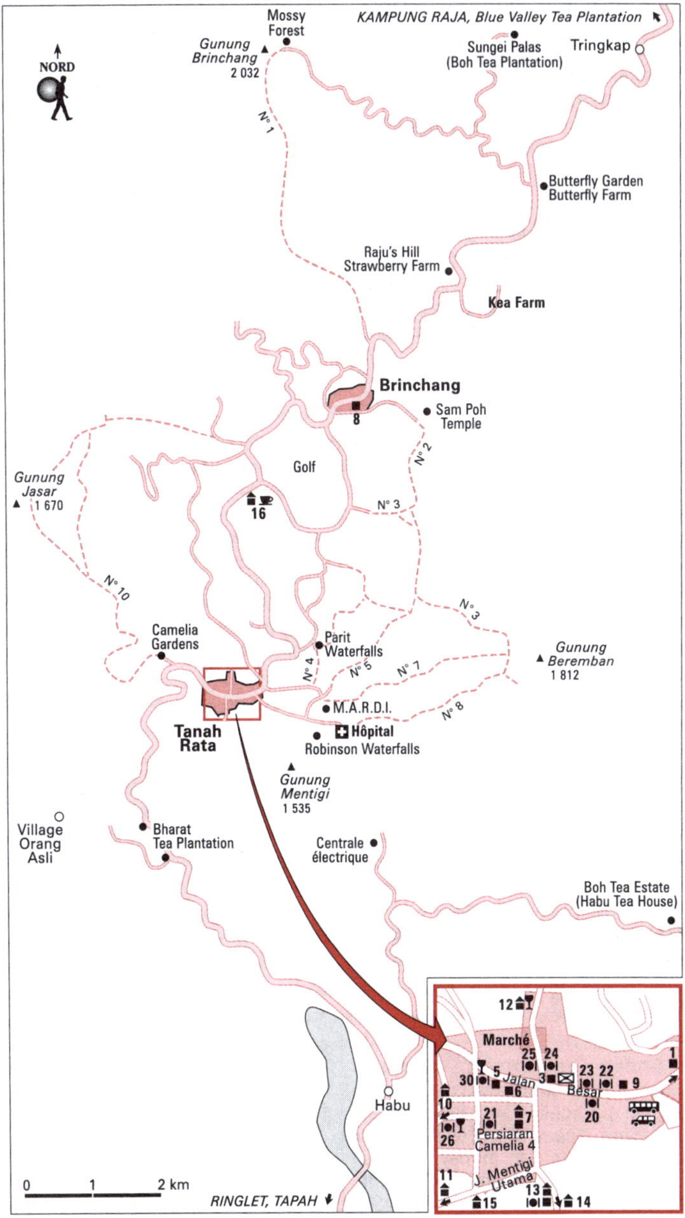

CAMERON HIGHLANDS ET TANAH RATA

➢ ***Pour Butterworth (Penang) :*** en général, 3 bus directs/j., le mat et en début d'ap-m. Trajet : env 5h.
➢ ***Pour Ipoh :*** env ttes les 2h, 8h-18h. Trajet : env 2h.
➢ ***Pour Johor Bahru et Singapour :*** 1 bus/j. le mat. Résa conseillée.

En minibus

La quasi-totalité des agences locales affrètent ou vendent des billets de minibus pour KL, Penang, et surtout pour le ***Taman Negara Pahang*** et ***Kuala Besut*** (les îles Perhentian), deux destinations pour lesquelles il n'y a pas d'autres choix. Pour le Taman Negara Pahang, départ le mat, arrivée dans l'ap-m, avec arrêt à Kuala Tembeling pour ceux qui veulent rejoindre Kuala Tahan en bateau. La plupart exigent un minimum de 4 participants. Voir plus loin la rubrique « Agences » à Tanah Rata.

En taxi

Ils partent de la gare routière de Tanah Rata. Moyen de locomotion bien pratique pour rayonner dans le coin (les bus locaux ne desservant pas toutes les plantations de thé) et pas si cher si l'on est plusieurs. Compter env 8-10 Rm pour Brinchang, 16 Rm pour Kea Farm, 60 Rm l'aller-retour vers la *Sungei Palas Boh Tea Plantation* (avec 1h sur place), 70 Rm dans les mêmes conditions pour la *Boh Estate Tea House* (vers Habu et Ringlet) et 90 Rm pour le mont Brinchang (100 Rm avec arrêt de 20 mn à la *Mossy Forest* en plus).

Taxi Station : ☎ *491-23-55.*

En voiture

Attention, pas de station essence à Tanah Rata. Faire le plein à Ringlet ou à Brinchang (2 stations dans chacun des bourgs).
➢ ***Pour le parc de Taman Negara :*** signalons qu'il existe une bonne route entre Ringlet et Kuala Tembeling, d'où on peut soit prendre le bateau pour le parc, soit continuer par la route jusqu'à Kuala Tahan, via Jerantut.

TANAH RATA

Le village est concentré autour d'une unique rue tout en longueur. Malgré le bétonnage généralisé, on est tout de suite frappé par la douce fraîcheur qui se dégage à cette altitude (1 400 m). Le soir, on sort volontiers une petite laine, parfois un vêtement de pluie. Tanah Rata est la meilleure base des Cameron Highlands pour partir en randonnée et visiter les plantations de thé. On y trouve tous les services utiles aux visiteurs (hôtels, agences, bus, etc.).

Adresses et info utiles

✉ **Poste** (carte zoom) **:** *rue principale (Jln Besar). Lun-sam sf 1er sam du mois 8h30-17h30 (13h sam).*
■ ***Change et banques :*** on trouve plusieurs distributeurs dans le centre, en particulier sur Jalan Besar. L'*AmBank (zoom,* ***3****)* représente aussi *Western Union*. Un *money changer* se trouve près de la pharmacie *(carte zoom,* ***6****). Ouv tlj 9h-19h (ven 9h30-13h, 14h-19h).*
■ **Dr Ayoub :** *50, Jln Besar (rue principale).* ☎ *491-16-54. Lun-sam 9h-13h, 14h30-17h, 20h30-22h, dim 11h-13h, 15h-16h30, 20h30-21h30. Fermé jeu soir.* Généraliste anglophone compétent.
■ **Police Station** (zoom, **1**) **:** ☎ *491-54-43 ou 491-12-22.*
■ **Pharmacie : Cameron Pharmacy** *(zoom,* ***6****), Jln Besar. Tlj 9h-22h.*
■ **Laveries** (zoom, **5**) **:** une sur Jln Besar *(lun-sam 10h-19h30, dim 12h-19h),* mais on en trouve aussi d'autres dans les ruelles situées entre les HLM au-delà du *Cameronian Inn*.
– ***Regional Environmental Awareness Cameron Highlands (REACH) :***

• *reach.org.my* • Cette association mène des actions pour sensibiliser public et autorités aux questions environnementales. Pour les rencontrer à Brinchang, prendre rendez-vous par mail sur leur site.

Agences à Tanah Rata et dans les environs

Voici quelques agences à priori recommandables, dans l'ordre de nos préférences, mais on vous conseille fortement de consulter les sites et forums avant de vous adresser à elles pour connaître les dernières expériences des internautes. Car la qualité peut changer assez vite d'une année sur l'autre, d'un guide ou d'un chauffeur à l'autre... Attention, il arrive que certains chauffeurs aient une conduite dangereuse. Sinon, les agences proposent quasiment les mêmes excursions : Mossy Forrest, gunung Brinchang, fermes du coin, Sam Poh Buddhist Temple, chasse à la rafflésia, etc.

■ ***Cameron Secrets*** (zoom, **13**) **:** *à la* Father's Guest House *(voir « Où dormir ? »).* ☎ *491-28-88.* • *cameron secrets.com* • Très bonne réputation. Appartient à Gerard et Jay, les propriétaires de la *Father's Guest House* et du *Gerard's Place* (voir « Où dormir ? »). Ils organisent les sorties habituelles et peuvent aussi faire appel à des guides nature, spécialisés dans la flore et notamment les orchidées. Se chargent aussi de la résa des billets pour le Taman Negara Pahang.

■ ***Eco Cameron*** (zoom, **7**) **:** *72A, Persiaran Camellia 4.* ☎ *491-53-88.* 📱 *019-480-23-88.* Une agence ayant bonne réputation pour son sérieux et la qualité de ses guides. En plus des excursions classiques, ils proposent parfois des balades axées sur la nature.

■ ***Titiwangsa Tours*** (carte, **8**) **:** *36, Jln Besar, à* ***Brinchang.*** ☎ *491-14-52.* • *titiwangsatours.com* • Basée à Brinchang, mais on peut aussi s'adresser au petit bureau *Unititi* de la gare routière de Tanah Rata. La qualité dépend du guide...

■ ***Hill Top Travel & Tours*** (zoom, **9**) **:** *24, Main Rd, à droite des restos* Kumar *et* Sri Brinchang. 📱 *017-594-11-92.* • *hilltoptours.com* • Qualité aléatoire, là encore ; à vérifier avant de partir.

Où dormir ?

Bon à savoir : déjà plus élevés à la base que dans le reste du pays, les tarifs augmentent (très) sensiblement le week-end et plus encore les jours fériés. Venez en semaine !

De très bon marché à prix moyens (moins de 140 Rm / 35 €)

🏠 🍽 ***Father's Guest House*** (zoom, **13**) **:** *4, Jln Mentigi.* 📱 *017-584-88-83 ou 016-566-11-11.* • *fathers.cameronhighlands.com* • *Derrière la* Maybank *et la* Twin Pines Guesthouse. *Resto ouv aux non-résidents (petit déj et dîner).* 📶 Dans ce quartier en cours de rénovation, la *guesthouse* propose un dortoir de 10 lits avec ventilo et des chambres carrelées avec ou sans salle de bains. Le tout est impeccable et la literie de qualité (enfin des proprios qui pensent aux dos fatigués des routards !). Agréable terrasse et plusieurs coins sympas pour discuter de sa prochaine excursion. Accueil chaleureux et excellentes infos sur la région. Il faut dire que Gerard, le proprio, tient aussi l'agence *Cameron Secrets* (voir plus haut). Resto très agréable, sous une pergola, qui sert un bon curry du chef. Une très bonne adresse.

🏠 ***Kang Travellers Lodge*** (Daniel's Lodge ; zoom, **12**) **:** *9, Lorong Perdah.* ☎ *491-58-23.* • *kangholiday.com* • *Prendre la rue en face de l'*Agro Bank, *c'est au fond à gauche. Fourchette basse. Plus cher les j. fériés !* 💻 *(payant).* 📶 Uniquement pour les routards fauchés. Grande maison de bric et de broc en retrait de la rue principale, au pied d'une colline boisée, dans un environnement assez bordélique, il faut bien le dire. C'est une vraie auberge espagnole : jeunes, moins jeunes, randonneurs et fêtards passent tous par ici. On opte pour les dortoirs très bon marché ou les petites chambres hyper basiques avec ou sans salle de bains. Éviter celles donnant sur le corridor interne, très sombres, et préférer l'une des 3 (avec bains partagés, eau chaude) ouvrant sur un coin de jardin. Ce sont les plus lumineuses et les plus calmes... si un campeur ne squatte pas le carré de gazon ! Nombreux services : DVD en prêt, *book exchange,* horaires de bus, navettes... La maison abrite le bien-nommé *Jungle Bar* (voir plus loin « Où prendre le thé ? Où boire un verre ? »).

CH Travellers Inn (zoom, **7**) **:** *71C, Persiaran Camellia 4.* ☎ *491-20-02.* • *chtravellersinn.com* • *Dortoirs de 6 lits avec ou sans sdb et fenêtre ; doubles avec sdb, avec ou sans fenêtre et TV. Et même une familiale (pour 4). Non-fumeur.* Rien de morose ici, mais des chambres colorées, vert nature ou bleu océan avec de grands posters de jungle ou de plantations pour parfaire le cadre nature. Toute la gamme de confort est représentée : les doubles standard avec salle de bains (de bonne taille, rare) et TV possèdent même un balcon. L'ensemble est très bien tenu et l'accueil enthousiaste. Organise aussi des *cooking class,* sur résa et des transports pour le Taman Negara Pahang, Kuala Besut ou Penang.

Eight Mentigi Guesthouse (zoom, **14**) **:** *8A, Jln Mentigi.* ☎ *491-59-88.* *016-566-19-88.* • *eightmentigi.com* • *Dortoir (6 lits); doubles avec sdb. Également des triples et quadruples.* *(payant).* *Juste après la* Father's Guesthouse, *c'est d'ailleurs là qu'on peut prendre le petit déj.* En retrait du bourg, la maison dispose de 2 salons conviviaux où jouer les lézards et de chambres réparties elles aussi dans 2 bâtiments différents. Elles sont simples, plus ou moins grandes, avec des cloisons parfaites pour rouler des cigarettes, donc tout dépend du voisinage. Certaines fenêtres donnent sur le couloir. Le matelas est bon, c'est déjà ça. Possibilité d'apporter son repas et d'utiliser la vaisselle à disposition pour manger en terrasse. Accueil correct, sans plus.

Cameronian Inn (zoom, **11**) **:** *16, Jln Mentigi.* ☎ *491-13-27.* • *thecameronianinn.com* • *Un peu en retrait de la rue principale, à droite en arrivant. CB acceptées. Petit déj en plus.* Dans une maison particulière retirée de l'animation, entourée par la végétation et transformée en petit hôtel. Dortoir de 4 lits très bon marché. Confort et prestations variables selon la chambre : dans certaines doubles, la fenêtre donne sur le couloir, pour les chambres sans salle de bains, les serviettes sont payantes, les *deluxe* profite d'un balcon. En revanche, pour les familles ou copains, le chalet pour 4 avec un couchage en mezzanine offre un bon rapport qualité-prix. Quelques services : billets de bus, laverie, bouquins...

De prix moyens à plus chic (80-300 Rm / 20-75 €)

Gerard's Place (zoom, **10**) **:** *bâtiment* Carnation *(C9, C10 et C17), dans le* Greenhill Resort, *juste en face de l'hôtel* Heritage. *012-588-54-54.* • *gerardsplace.com* • *À 1 bon km du centre, perché sur une colline. De prix moyens à chic. Petit déj inclus.* Si Gerard s'occupe de Notre Père (la *Father's Guest House ;* lire plus haut), Jay, sa femme, s'occupe de Gerard, en tout cas de cette adresse ! Le lieu est inhabituel : la *guesthouse,* moderne, occupe un appartement d'un complexe résidentiel. On y trouve 8 chambres impeccables, agréables, offrant plus d'intimité qu'à l'accoutumée. Deux possèdent une salle de bains, pour les autres, on peut trouver le prix un peu élevé, mais la qualité du service est indéniable. Et puis, certaines profitent d'un balcon dominant un coin de forêt d'où on observe les oiseaux. Jay vous donnera plein d'infos sur les randos dans les Highlands : elle connaît le coin comme sa poche et parle un anglais parfait. Reste juste à grimper jusque-là...

Arundina (zoom, **15**) : *17, Jln Mentigi. ☎ 491-11-29. • arundina.com • Plus chic. Petit déj inclus.* Une situation au calme, de la verdure sur l'arrière dont profitent d'ailleurs certaines chambres, une salle de bains moderne (rare) et un vrai effort de déco, dans les tons violets, en font une adresse de charme. On apprécie particulièrement les chambres côté jardin. Ventilo pour toutes, certaines avec balcon et un bon accueil en prime.

Très chic (plus de 300 Rm / 75 €)

The Smokehouse (carte, **16**) : *☎ 491-12-15. • smokehousehotel.com • À env 2,5 km de Tanah Rata, direction Brinchang (au niveau du golf). Doubles env 550-750 Rm, bungalows encore plus chers, petit déj traditionnel anglais compris.* Le décor est magnifique et l'atmosphère unique aux Cameron Highlands. Noyé sous les fleurs, ce vénérable *cottage* de style Tudor de 1937 abrite des chambres pleines de charme. Lits à baldaquin, tapis au sol, parquets, murs lambrissés, coins salons, mobilier à l'ancienne, cheminée même parfois, on s'immerge dans une ambiance d'auberge de campagne anglaise, entre *English breakfast, dining room* servant *roast* et *steak pie,* et salon de thé 100 % nostalgique (voir plus loin). Les chambres les moins chères ont moins de caractère. Attention, à cadre européen, tarifs européens...

Où manger ?

De très bon marché à bon marché (moins de 20 Rm / 5 €)

Faisant face aux restos *Kumar* et *Sri Brinchang* et aux boutiques de la rue principale (Jalan Besar), les *stalls* du petit *food court* **Zainab Sam** (zoom, **20**) présentent le meilleur rapport qualité-prix (très bon marché). Cuisine malaise classique, mais épicée, on vous le rappelle : *mee goreng, nasi goreng, kari, nasi campu (mixed rice),* accompagnée de légumes crus ou de viande. Bon, ne vous attendez pas à des effusions...

Sri Brinchang (zoom, **22**) : *24, Jln Besar. ☎ 491-59-82. Tlj 8h-21h30. Bon marché. Sert de l'alcool.* Avec *Kumar* (voir ci-après), le meilleur resto indien de la ville (évitez en revanche les plats chinois et occidentaux). Vous y trouverez d'excellents *dosai* (grandes crêpes), *murtabak* (galette fourrée au mouton, à l'œuf, etc.), *roti (chapati), naan* (pain plat cuit au four) et autres *puri* (pains frits), toujours très frais, à accompagner de divers currys plus ou moins – surtout plus – épicés... Autres bons choix : le poulet *thali,* servi sur une feuille de bananier, et le poulet grillé *tikka,* préalablement mariné dans le yaourt, le paprika et le curcuma. Bon et pas cher.

Bunga Suria (zoom, **30**) : *au début de Jln Besar, près du Travellers Bistro. Ouv 24h/24.* Cantine indienne qui sert des plats peu chers et très corrects. Plats à la carte ou au buffet. Bons *naans*. Quelques tables en terrasse.

Kumar (zoom, **22**) : *26, Jln Besar. ☎ 491-26-24. Tlj 7h-22h. Bon marché. Sert de l'alcool.* Juste à côté de *Sri Brinchang,* cet autre resto indien est réputé pour ses *murtabak,* dont on peut assister à la préparation. Excellent *banana leaf* de poisson, mouton ou poulet accompagné de 3 légumes différents. Très grand choix de *roti* pour le petit déj. Dommage toutefois que le service soit parfois négligé au profit du alpagage de clients dans la rue.

De prix moyens à chic (20-60 Rm / 5-15 €)

Kou Gen (zoom, **23**) : *35, Jln Besar. 012-377-03-87. Tlj 11h30-21h30. Résa conseillée. Pas d'alcool.* Un authentique petit restaurant japonais où tout est préparé dans la cuisine ouverte, à la commande, d'où souvent

LA CÔTE OUEST DE LA MALAISIE

un peu d'attente. Au programme : sandwichs au poulet *katsu*, yakitoris (brochettes), *sushi set, tempura set* (beignets de légumes et crevettes)... en petites portions, toutefois.

Singh Chapati (zoom, **24**) : *1, Bangunan Brij Court. 017-578-64-54. Tlj jusqu'à 21h.* Cuisine sikh de Malaisie, dont on peut choisir le degré d'épices... pas mal ! Service un peu lent, car tout est fait à la commande. Accueil aimable.

Ferm Nyonya (zoom, **21**) : *78A-D, Persiaran Carnellia 4. ☎ 491-58-91. Tlj 11h-21h45. Alcool servi.* Situé à l'arrière du petit complexe commercial à l'entrée du bled, ce resto au cadre banal propose de tout : malais, nyonya et plats occidentaux, mais c'est surtout pour la cuisine chinoise qu'il faut venir ici, et notamment pour les *steamboats* (fondues). Excellents jus de fruits frais pas chers (de fraise, bien sûr !).

Barrack's Cafe (zoom, **26**) : *1, Jln Gereja. 011-1464-88-83. Tlj sf lun 12h (10h sam-dim)-22h. Pas d'alcool. Non-fumeur.* Cadre pour le moins original, puisqu'il s'agit d'anciens baraquements militaires britanniques (voir à l'intérieur les photos de l'époque coloniale), flanqué d'un jardin verdoyant, plutôt rare dans la ville. Vraiment sympa pour avaler *pastas, burgers* et autres plats indiens, sans oublier les différentes recettes de scones à déguster à l'heure du thé. Service jeune et souriant.

Jasmine (zoom, **25**) : *45, Main Rd. ☎ 491-17-03. En face de l'Agro Bank. Tlj 12h-21h. Prix chic. Sert de l'alcool.* Facile à repérer, le bistrot est totalement orange, clin d'œil appuyé de Foong, le proprio, à son ex-patrie d'adoption, les Pays-Bas, où il a vécu 16 ans. On vient ici pour changer un peu du régime malais et indien. Dans un décor de bistrot classique, les carnivores avalent une bonne viande, par exemple le filet mignon ou le canard, servie avec des frites. Service sans fioritures, un peu comme dans un *sports bar.*

Où prendre le thé ? Où boire un verre ?

Notez que de nombreux hébergements proposent le sacro-saint **English tea,** servi en général avec scones maison et confiture de fraises. Renseignez-vous là où vous logez.

Jungle Bar (zoom, **12**) : *au Kang Travellers Lodge, 9, Lorong Perdah. ☎ 491-58-23. Tlj 19h-1h.* Le rendez-vous des routards sacs à dos. Tout en planches et troncs de fortune, adossé à la forêt, le bar est rigolo et marrant pour descendre une bière en faisant un billard. On se réchauffe autour du feu de bois et on partage des histoires de voyageurs.

Travellers Bistro & Pub (zoom, **30**) : *au début de la rue Jln Besar, côté droit, face au marché.* Bar à l'occidentale avec une terrasse couverte. Cocktails, bière pas donnée.

The Smokehouse (carte, **16**) : *☎ 491-12-15. À env 2,5 km de Tanah Rata, sur la route de Brinchang (à droite juste avt le golf).* On vous en parle déjà dans la rubrique « Où dormir ? ». Il est très chic de venir y prendre le thé, servi avec la classe et la rigueur anglo-saxonnes qui ont fait sa réputation. Les moineaux vous accompagneront. Dans les salons décorés à l'ancienne, il ne manque que les peaux de tigre et un gentleman en kilt sirotant son thé au whisky !

À voir. À faire dans les Cameron Highlands

Ceux qui manquent de temps peuvent choisir la solution pratique du circuit organisé. La plupart des hébergements et des agences (voir plus haut) proposent une formule comprenant la visite d'une plantation de thé, d'une ferme aux papillons et de différentes attractions touristiques – dont nous ne pensons pas forcément que du bien. Compter environ 50 Rm pour une balade de 4h. Départ dans la matinée ou l'après-midi. Pour plus d'intimité, on peut aussi louer les services d'un taxi (environ 80 Rm pour 3h). Il existe aussi des excursions plus complètes, à la journée, à la découverte de la forêt tropicale ou à la recherche de la rafflésia, par exemple ; là, tablez plutôt sur une fourchette de 80-100 Rm, hors entrées. Chaque agence édite un programme avec les tarifs.

Les plantations de thé

Les excellentes conditions climatiques des Cameron Highlands n'ont pas échappé à la sagacité des Anglais, qui y ont développé de magnifiques plantations de thé dans les années 1930. La plupart appartiennent à la compagnie *Boh,* leader incontes-*thé* du pays, si l'on ose dire. Attention, vous ne serez pas tout seul... Les *Boh* les plus belles (on a osé !) sont la *Boh Estate Tea House* et celle de *Sungei Palas* (ou *Boh Tea Plantation*). Attention à la confusion des noms, fréquente entre les deux sites, car il y en a un au nord et un au sud !

BEAU THÉ, FATAL ET UNIVERSEL

Au fil des siècles, le thé a rapproché Orient et Occident. S'il fut aussi à l'origine d'heures sombres pour les hommes et les femmes contraints de l'exploiter, il a contribué à la diminution de la propagation des maladies liées à la pollution de l'eau (par le simple fait qu'on est obligé de la faire bouillir !). En fournissant à ses acteurs une vraie boisson stimulante, le thé a aussi dopé la révolution industrielle. Enfin, en s'imposant dans le monde musulman comme un substitut de l'alcool, il a produit de la sociabilité à travers une foultitude de rites et de traditions.

LA CÔTE OUEST DE LA MALAISIE

🚶🚶🚶 ***Sungei Palas** (ou **Boh Tea Plantation**) :* *au nord de Kea Farm, par la petite route montant au sommet du gunung Brinchang. ☎ 496-20-96. • boh.com.my • Si l'on n'est pas véhiculé, mieux vaut prendre un taxi ou un tour auprès d'une agence de Tanah Rata. Tlj sf lun 8h30-16h30. GRATUIT.*

C'est ici, à notre avis, que les paysages sont les plus beaux : dévalant les pentes raides, sur fond de montagnes et de forêt, les buissons de thé méticuleusement entretenus dessinent des motifs géométriques d'un vert intense, piquetés de palmiers, rochers et autres bananiers. Au petit matin, lorsqu'il ne pleut pas, des bataillons de cueilleurs y avancent à petits pas, hotte sur le dos, maniant avec dextérité une sorte de sécateur à réservoir ! Un métier qui n'est pas de tout repos : il faut beaucoup d'allers et retours, à raison de 25 sen le kilo, pour gagner sa vie... À la plantation même, un documentaire permet de se familiariser avec la culture du thé, avant d'embrayer sur la petite visite gratuite de la fabrique. On y découvre de grosses machines occupées à broyer, assécher, déchiqueter les feuilles de thé. La petite exploitation, étendue sur 19 ha à sa création dans les années 1930, est la propriété de *Boh,* le leader malais, à la tête d'un domaine de quelque 1 200 ha au total (mais ici seulement 250 ha). Le thé est exporté en Indonésie, au Japon et à Singapour principalement. Environ 5 000 kg de feuilles sont récoltés quotidiennement ; sachant que 5 g sont nécessaires à la préparation d'une tasse de thé, on vous laisse faire le calcul... Les feuilles de certains pieds sont récoltées à la main : on ne cueille alors que les plus jeunes, vert tendre, ce qui permet d'obtenir un thé plus fin... et plus cher, bien sûr *(Palace supreme).*

☕ Le salon de thé vitré surplombe magnifiquement les plantations.

🚶🚶 ***Bharat Tea Plantation :*** *une autre belle plantation, située entre Tanah Rata (à 5 km) et Ringlet, en contrebas de la route. ☎ 491-57-42. Tlj 8h30-18h. Accès : 2 Rm.* *Anytime is tea time !* La devise de la maison, deuxième producteur local, s'étale en grosses lettres, invitant à faire halte et à admirer les splendides étendues moutonnantes de la plantation. On peut descendre (un peu) dans les champs, rencontrer les ouvriers s'ils ont la bonne idée de travailler dans le secteur, ou se contenter de boire *a cuppa* à la maison de thé panoramique perchée sur le bord de la route. Le paysage est splendide, mais le cadre manque singulièrement de charme.

Boh Tea Estate (ou **Habu Tea House**) **:** *à env 15 km au sud de Tanah Rata et 6 km de la route principale, en montée. ☎ 493-13-24. • boh.com.my • Tlj sf lun 9h-16h30. Du parking, marcher sur env 1 km, ça grimpe (navette pdt les vac scol). Courte visite (10 mn) de la fabrique, ttes les 15 mn 9h-16h45. Quand la production est basse, les ouvriers terminent plus tôt, il est donc conseillé de venir le matin. GRATUIT.* La petite route d'accès, tortueuse et escarpée, mérite à elle seule le détour. Passé le navrant spectacle des serres envahissantes et polluantes, chaque virage dévoile un nouveau paysage de rêve, où les théiers recouvrent les collines. À leur pied, le village des ouvriers indiens serre les rangs. La plantation la plus touristique des Cameron Highlands. Même si la mécanisation s'est largement imposée, on y utilise encore les machines d'origine, entretenant une certaine nostalgie... La plantation dispose bien sûr d'un salon de thé, flanqué d'une terrasse surplombant les collines émeraude. Quelques scones et pâtisseries pour aller avec.
– Derrière l'usine, des escaliers mènent en 10 mn environ à un *View Point* offrant une belle vue sur la plantation.

Les fermes (fleurs, fraises, abeilles, papillons...)

D'innombrables « fermes » et « jardins », à Brinchang et le long de la route au-delà, en direction de Kea Farm, sont ouverts à la visite. En fait, il s'agit surtout de jardineries et plantations aux habitudes fort peu écologiques que l'on n'aurait même pas l'idée de visiter par chez nous... Vous pouvez éventuellement faire escale dans une *strawberry farm,* comme tous les Malaisiens venus en masse, voir quelques papillons et filer vers des lieux plus intéressants.

Kea Farm : *à 3 km au nord de Brinchang. Accès : prendre un bus, un taxi, ou l'intégrer dans un tour d'agence ; compter env 4h A/R à pied depuis Tanah Rata.* Immeubles de 15 étages, serres plus ou moins délabrées et autres exploitations horticoles dessinent un paysage composite d'un intérêt très relatif. Vous pouvez faire escale au petit marché local et boire un milk-shake à la fraise à la *Raaju's Hill Strawberry Farm (au niveau de l'hôtel Copthorne)* – en gardant quand même à l'esprit qu'une fraise est douchée en moyenne par 14 produits phytosanitaires différents (des pesticides, quoi !) pour paraître plus belle...

Juste après, on trouve côte à côte deux minifermes aux papillons assez délabrées, dont la seconde, ***Butterfly Garden*** *(tlj 8h-18h ; entrée : env 7 Rm),* est la plus intéressante. On se balade dans une sorte de volière, où batifolent des papillons, mais finalement de peu de variétés. Le plus beau et le plus courant est le Rajah Brooke, aux grandes ailes noires striées de vert. Une section présente des serpents, des insectes et autres spécimens hallucinants, comme ces phasmes géants imitant une branche ou des mantes religieuses ressemblant à s'y méprendre à des feuilles (leurs carapaces sont tachées et abîmées comme de vrais végétaux !). Des fleurs aussi. Bref un endroit un peu fourre-tout, pas désagréable pour autant et parfois animé par un employé qui donne quelques infos.

Balades dans les Cameron Highlands

Ces balades s'adressent en priorité à ceux qui se promènent en voiture ou en taxi. En dehors du temple bouddhique de Sam Poh, à Brinchang, ne comptez pas sur les transports en commun.

Le temple bouddhique Sam Poh : *à* ***Brinchang,*** *à 1 km de la route.* Ce grand temple chinois doublé d'un monastère est veillé par d'impressionnantes statues dorées du Bouddha, rieur ou méditatif, et des gardiens célestes. Rien d'ancien, mais une atmosphère agréable.

Mossy Forest : *il existe plusieurs endroits dans la forêt recouverts de mousse ; le plus connu, le plus facilement accessible et donc le plus fréquenté se trouve à moins de 1 km du sommet du gunung Brinchang. On peut se garer sur le bas-côté (plus simple à repérer en redescendant). On traverse une superbe forêt de nuages en 30 à 45 mn. Attention aux planches du* boardwalk, *une passerelle très glissante en cas de pluie. Si vous n'êtes pas motorisé, prenez un taxi (env 100 Rm) ou l'inclure dans une excursion avec agence.*
Rien ne l'indique, mais c'est tout simplement magique. Nourries par les nuées enveloppant presque constamment le sommet, les mousses recouvrent entièrement les troncs des arbres. Un court sentier, chaotique et boueux à souhait, permet de se glisser entre les troncs et les branches fantomatiques, au bout desquels pendent les calices mortels des népenthès, de grosses plantes carnivores bordeaux tacheté de vert. Chacune est protégée par une sorte de feuille opercule !
- Noter que certaines agences (telle que *Cameron Secrets*) peuvent vous conduire vers d'autres secteurs « moussus » plus loin dans la forêt où vous serez seul. Prévoir dans ce cas la journée.

- Voir aussi plus loin ***Gunung Brinchang*** accessible par une route de 6 km, étroite et sinueuse, qui monte jusqu'au sommet.

Randonnées dans les Cameron Highlands

On répertorie une petite quinzaine de sentiers plus ou moins bien balisés autour de Tanah Rata et dans les Cameron Highlands. Certains mènent à des sites sans grand intérêt (chutes de Parit et Robinson, par exemple) et pollués, d'autres, au contraire, s'aventurent plus loin dans la montagne, offrant l'occasion d'incursions passionnantes dans la forêt tropicale. Dans tous les cas, **avant de partir, renseignez-vous sur l'état des sentiers** (des éboulements de terrain détruisent parfois quelques passages) **et leur sécurité.**

Infos et conseils utiles

- ATTENTION, la boue est partout, et certains secteurs sont très accidentés. Toujours se renseigner (auprès de son hébergement ou d'une agence) sur l'état des sentiers et les conditions d'accès avant de s'y engager, pour éviter les déconvenues... Partir le matin : moins de risques de pluie.
- Évitez d'embarquer des enfants dans une randonnée qui pourrait tourner à la galère.
- On trouve parfois des cartes des sentiers (très approximatives) à Tanah Rata, mais les guides leur font la chasse pour pousser les touristes à recourir à leurs services ! Ce n'est pas inutile, de toute façon, car le réseau est mal entretenu, les panneaux ont souvent été arrachés et la végétation a reconquis des sections entières.
- À propos des guides, si vous faites appel à eux sans passer par une agence, méfiez-vous des faux guides et demandez toujours à voir leur *green badge*. Consultez les forums Internet pour connaître les meilleurs, et demandez conseil autour de vous.
- Des cas d'agressions se produisent dans certains secteurs, bien se renseigner avant. Les voyageuses éviteront d'autant plus de s'aventurer seules en forêt.

➢ ***Vers le gunung Beremban*** *(1 812 m)* **:** *situé à l'est de Tanah Rata.* Trois sentiers différents grimpent vers le sommet. Le plus facile à suivre, le n° 3, est aussi le moins ardu (2h30). Il démarre près du terrain de golf, mais on peut aussi le rejoindre en poursuivant au-delà des Parit Falls. Les aventuriers redescendront par le n° 7 (raide et difficile à suivre) jusqu'à la station de recherche agricole M.A.R.D.I., ou par le n° 8, qui rejoint les abords des Robinson Waterfalls. Attention, risques de s'égarer...

➢ ***Vers le gunung Brinchang*** *(2 032 m)* **:** *au nord de Brinchang. Une petite route monte jusqu'au sommet depuis la Kea Farm (face à la Honey Bee Farm). Sinon* *les randonneurs s'y rendront par le sentier n° 1 (3 km). Il débute à la sortie nord de Brinchang. Face au bureau de police, une petite route mène à l'Army Camp (jardins et maison abandonnés), d'où débute le chemin proprement dit, balisé par une pierre blanche (marquée 1/48), puis par des marques rouges éparses. Compter 2h de marche aller.* Escarpé et mal entretenu, l'itinéraire est à éviter un jour de pluie ou s'il a beaucoup plu la veille. Au sommet, une tour d'observation rouillée, coiffée d'antennes télé et radio, offre un panorama imprenable sur la forêt des nuages et certains jours jusqu'au détroit de Malacca. Impressionnant, mais n'y restez pas trop, les appareils émettent des radiations... Brrrrr ! On peut redescendre par la petite route qui passe par la plantation de thé de *Sungei Palas...* pour l'heure du thé, bien sûr !

➢ ***Vers le gunung Jasar*** *(1 670 m)* **:** *au nord-ouest de Tanah Rata.* Un des plus jolis treks, avec celui du gunung Brinchang. Vue dégagée et pas besoin de guide si vous revenez par le même chemin, aucune difficulté. Prendre le chemin n° 10 depuis les Camelia Gardens, derrière *Oly Apartments.* Compter environ 2h de marche. Pour le retour, même chemin qu'à l'aller.

➢ ***À la recherche de la rafflésie :*** voilà une aventure pas courante ! Certaines agences proposent de partir en mini-expédition en quête de la plus grosse fleur du monde. Il y en aurait une petite dizaine dans la région, accessibles au terme d'une randonnée de 3h aller-retour en moyenne. Ne venez pas en tongs et n'emmenez surtout pas de jeunes enfants, sinon galère assurée... Pour y parvenir, on crapahute en pleine forêt tropicale et vous aurez tôt fait d'être épuisé et repeint de boue de la tête aux pieds ! Même en étant motivé, reste à avoir un peu de chance : la rafflésie ne fleurit pas si souvent et se désintègre moins d'une semaine plus tard. D'ailleurs, certains guides vous emmènent parfois voir les vestiges plus que la fleur elle-même... Renseignez-vous bien auparavant ! Avant, on disait que c'est vers décembre-janvier ou mai-juin qu'on a le plus de chances d'en voir. Mais maintenant y'a plus de saisons, comme chacun sait...

LA FLEUR CADAVRE

On l'appelle « la plus grande fleur du monde ». Nommée en l'honneur de sir Thomas Raffles par le botaniste anglais qui la découvrit en 1818, la rafflésie peut mesurer près de 1 m de diamètre et peser jusqu'à 10 kg ! Pourtant, elle reste invisible la plupart du temps, vivant à l'intérieur d'autres plantes sous forme de filaments, tel un parasite : on ne distingue alors ni tige, ni feuilles, ni racines. En revanche, quand elle finit par s'épanouir tel un champignon, soit tous les 6 à 9 mois, elle se dote soudain de 5 énormes pétales couleur de chair sanguinolente (tachetée de blanc), dégageant une délicieuse odeur de durian ou de viande en décomposition, qui attire les insectes responsables de sa pollinisation. Quatre ou cinq jours plus tard, elle fond littéralement dans des relents pestilentiels !

Les Orang Asli des Cameron Highlands en péril

Inutile de fantasmer sur les aborigènes malais comme sur les Punans de Bornéo ou les Tassadays des Philippines. Les Orang Asli, les « gens naturels » (*orang :* « personnes, gens » ; *asli :* « sol », donc « naturels »), sont connus depuis toujours, et leur dernière tribu fut découverte au début du XXe s. Bien qu'ils aient conservé longtemps leurs coutumes et que le processus d'intégration à la communauté malaise soit relativement récent, ne vous attendez pas à rencontrer des primitifs à l'air farouche, seulement revêtus d'un pagne. Tous les enfants orang asli sont

scolarisés et, même au fin fond de la jungle, vont à l'école avec le petit uniforme des écoliers du pays. Les autorités malaises ont déployé beaucoup d'efforts pour que les Orang Asli bénéficient des mêmes droits et facilités en matière sociale que le reste de la population malaisienne.
Cette orientation ne fut sans doute pas sans arrière-pensée. Pendant toute la période d'insurrection du parti communiste malais, de 1948 à 1960, les aborigènes représentaient un enjeu politique important dans la bataille d'influence entre les forces qui se combattaient. Les intégrer, c'était couper les maquis de leurs sources de ravitaillement.
Aujourd'hui, on trouve des Orang Asli vivant sur le bord de la route qui mène de Tapah aux Cameron Highlands. Ceux-là sont tout à fait intégrés. Les premiers villages « authentiques » se situent en fait, au grand minimum, à 3h de marche du dernier point accessible en voiture. Mais le problème, c'est que les Orang Asli des Highlands sombrent peu à peu dans la misère et dans l'alcoolisme pour certains. Logiquement, les agences locales un tantinet responsables ne veulent plus, et à juste titre, emmener leurs touristes dans les villages de la région, par refus du voyeurisme...
Lire plus loin les paragraphes consacrés aux Orang Asli dans « Le parc national de Taman Negara » et « Le lac Chini ».

Mode de vie

Les Orang Asli de la région des Cameron Highlands appartiennent à la famille des *Senois* et au sous-groupe des *Semais.* Ils vivent dans des *kampung* de 80 à 200 habitants bâtis en général le long d'une rivière, sur une colline découverte. Le village se compose de longues maisons sur pilotis, auxquelles s'ajoutent de plus petites lorsque la famille s'agrandit. Les Senois pratiquent une agriculture de subsistance. Ils chassent le cochon sauvage, le singe et le cerf à l'aide de longues sarbacanes et de flèches empoisonnées. Le poison est confectionné à partir de la sève d'un arbre appelé *ipoh.* Chaque village possède son propre *saka,* ou territoire communal. Les Senois, qui montrent un profond sens communautaire, y sont solidement attachés. Ils sont dirigés par un conseil d'anciens qui se charge, entre autres, de faire appliquer des principes très stricts régissant les actes de violence. Les contacts avec « l'extérieur » sont parallèlement gérés par l'intermédiaire d'un porte-parole : le *headman.* Sachez aussi que les Senois sont exogames (les mariages se font entre les membres de clans différents).
Au quotidien, les Senois réussissent assez bien à marier leurs traditions avec les « bienfaits » de la civilisation. Dans le plus lointain des *kampung,* le transistor trône dans la pièce commune et distille la musique rock du coin. Beaucoup de jeunes, partis à la ville travailler comme ouvriers, instituteurs, ingénieurs, ou engagés dans l'armée, reviennent au village chasser à la sarbacane et mâcher le bétel. Les Senois n'achèteront jamais une hache. En revanche, ils continueront à se procurer du fer en ville et à lui sculpter un manche comme le veut la tradition.

IPOH

670 000 hab. IND. TÉL. : 05

• Plan *p. 146-147*

Capitale du Perak depuis 1937, Ipoh reste méconnue de la majorité des touristes. Son cœur, à la sérénité toute provinciale, conserve quelques beaux édifices coloniaux, ainsi qu'un vieux quartier chinois, enrichi de belles peintures murales, qui mérite à lui seul le détour. Sans oublier les étonnants

temples bouddhiques édifiés dans les grottes des environs. Mais Ipoh ne s'est jamais vraiment relevée de la fin du grand boom de l'étain. Ce fut pourtant l'une des villes les plus dynamiques du pays, au point d'être surnommée « la cité des millionnaires ». Les Anglais y tracèrent des rues au cordeau, bordées de fières demeures. Face à l'une des plus belles gares du pays, façon pièce montée, un drôle de collège de style néogothique se dresse encore face aux pelouses bien tondues du *padang*. Et dire que son nom vient d'un arbuste, dont la sève est utilisée par les Orang Asli comme poison pour la chasse à la sarbacane... Comme la forêt paraît loin, vu d'ici !

Ipoh est aussi la ville de naissance de l'actrice Michelle Yeoh, la formidable interprète de *Tigre et Dragon* et de *The Lady,* le biopic de Luc Besson sur Aung San Suu Kyi. Le cadre, un rien nostalgique, a d'ailleurs poussé le réalisateur Régis Wargnier à tourner ici quelques scènes de son film *Indochine,* avec Catherine Deneuve...

On fait donc seulement étape à Ipoh, surtout si l'on est un tantinet gourmet puisqu'il existe une forte tradition gastronomique locale, avec l'une des meilleures cuisines chinoises du pays. Pas étonnant, puisque près de 7 habitants sur 10 sont d'origine cantonaise, de par leurs ancêtres venus en grand nombre travailler dans les mines.

Arriver – Quitter

En train

Gare ferroviaire *(plan A1) : à l'ouest du centre. ☎ (03) 226-712-00. • ktmb.com.my • Guichets env 4h30-21h.*

➢ ***De/vers Kuala Lumpur, Johor Bahru et Singapour :*** env 15 départs/j. pour Kuala Lumpur et 3/j. pour Johor Bahru et Singapour avec changement à Gemas.

➢ ***De/vers Kuala Kangsar, Taiping, Butterworth (Penang), Alor Setar:*** 5 trains/j. jusqu'à Padang Besar, la frontière thaïlandaise.

En bus

Gare routière locale *(Meddan Kidd ; plan A2,* ***3****) : les bus locaux et quelques autres à destination de Lumut, Kuala Kangsar et Taiping partent d'ici ; la gare ferroviaire est à 400 m.*

Gare routière longue distance (Amanjaya Bus Terminal *; hors plan par B1,* ***5****) : terminal moderne mais situé à* ***Bandar Meru Raya,*** *soit à env 15 km au nord du centre, pratique ! Taxi obligatoire pour y aller.*

➢ ***Pour Butterworth et Penang :*** env 7 départs/j. (8h30-20h30) pour Butterworth avec *Transnasional, Unititi Express* et *Konsortium Bas Ekspres* ; et 2 bus/j., le mat, pour la gare routière de Sungai Nibong (Penang). Durée : 2h30-3h.

➢ ***Pour Kuala Lumpur :*** ttes les 15 mn à 1h (4h15-21h) avec *Plusliner, Transnasional, Konsortium* et *Maju Express*. Durée : 3h. *Star Shuttle* propose en outre une douzaine de bus directs/j. pour les 2 aéroports de Kuala Lumpur (international et *low-cost*) ttes les 1-4h, 24h/24 (plus le mat).

➢ ***Pour les Cameron Highlands :*** ttes les heures (8h-19h) avec *Perak Transit* et *Unititi Express.* Durée : 2h. Route superbe à travers la montagne et la forêt.

➢ ***Pour Taiping :*** 1 bus/j. avec *Konsortium*, dans l'ap-m.

➢ ***Pour Lumut (Pangkor) :*** 5 bus/j. (13h30-20h et 1h15) avec *Kesatuan Express* et *S&S International Express.* Trajet : 2h. Également des départs de la gare routière locale.

➢ ***Pour Alor Setar :*** env 10 bus/j. (9h-20h) avec *Transnasional* et *Kesatuan Express.*

En avion

✈ ***Aéroport Sultan Azlan Shah*** *(hors plan par D3) : à 5 km au sud-est de la ville. ☎ 318-82-02. Pas de bus, prendre un taxi.*

➢ ***Pour Singapour :*** 1-2 vols/j. avec *Firefly.*

En taxi

Pratiques pour visiter les sites des environs, mais il vous faudra sans doute marchander. Pour un aller-retour jusqu'à Kellie's Castle avec 30 mn à 1h sur place, comptez environ 60-80 Rm. Attention, difficile de trouver un taxi après 23h. Pour les temples chinois de Perak Tong et Sam Poh Tong, tout dépend de là où vous vous trouvez en ville. Des abords de la gare routière locale, cela devrait vous revenir à environ 20 Rm par trajet (un peu plus si vous demandez qu'on vous attende).

Adresses utiles

Ipoh Tourist Information Center (plan B1) **:** *Jln Bandar.* ☎ *208-31-51.* • *ipoh-city.com* • *mbi.gov.my* • *Face au Padang (parc). Tlj 9h-13h, 14h-18h.* Infos, plan et brochures. Personnel affable, à défaut d'être très compétent.

✉ ***Poste*** (plan A1) **:** *à côté de la gare ferroviaire. Lun-sam sf 1er sam du mois 8h30-17h (interruption au déj ven).*

■ ***Banques et change :*** *les banques se trouvent ttes autour du carrefour de Jln Tun Sambanthan et Jln Sultan Yussuf. Vous y trouverez notamment la* HSBC, *la* Cimb Bank *et la* RHB Bank *(plan B1,* ***1****). Un poil en retrait, la* Maybank. *Ttes ouv lun-ven 9h30-16h env.* Distributeurs à l'intérieur. *Merchant Trade* (plan B1, **2**) : *Jln Tun Sambanthan. Lun-ven 9h-18h, sam-dim 8h30-17h30.* Fait du change

■ ***Transfert urgent d'argent liquide :*** la *Cimb Bank* et la *Maybank* représentent *MoneyGram* ; la *RHB Bank*, *Western Union*.

✚ ***Hôpital*** (hors plan par D3) **:** *à 2,5 km au sud-est du centre, sur Jln Raja Permaisuri Bainum.* ☎ *208-50-00.*

Où dormir ?

Bon marché (30-80 Rm / 7,50-20 €)

Sun Golden Inn (plan C3, ***11***) **:** *17, Jln Che Tak.* ☎ *243-62-55.* • *fresh2821368@gmail.com* • Ce n'est pas qu'on raffole du quartier (incontestablement vétuste !), mais si vous venez loger par là, autant dormir ici pour ne pas payer un confort encore plus faible et encore plus cher chez la concurrence immédiate. Les chambres sont datées, certes, mais toutes ont fenêtre, salle de bains (eau chaude), une vieille clim (bruyante, comme il se doit) et une vieille télé ! Celles des étages sont plus lumineuses. Accueil sympa en guise de soleil hôtelier.

De prix moyens à chic (80-200 Rm / 20-50 €)

27@Concubine Lane (plan B1-2, ***15***) **:** *27, Lorong Panglima (Concubine Lane).* *012-311-62-37. Entrée par la petite boutique de souvenirs. Chambres climatisées, mais sdb commune. Prix moyens, limite chic. Pas de petit déj.* Dans l'une des ruelles les plus touristiques de la ville, le proprio anglais, bourru au premier abord, a restauré cette maison chinoise de 1908 en conservant plusieurs éléments d'origine, comme la porte d'entrée coulissante ou l'escalier. L'étage, en revanche, a été recréé avec du bois de récup' et les murs sont à l'état brut. Il abrite 3 chambres, façon box couverts (insonorisation pas terrible, donc), qui se partagent une salle de bains extérieure, impeccable et moderne. Également une mezzanine *(loft)* pour 6-7 personnes. On peut apporter sa nourriture et utiliser le frigo. Rien d'un hébergement classique, on peut aimer... ou pas.

Dragon & Phoenix Hotel (plan C1, ***10***) **:** *23-25, Jln Toh Puan Chah.* ☎ *253-46-61. À 15-20 mn du centre à pied. Fourchette basse. Pas de petit déj.* Dans le coin des entrepôts, un

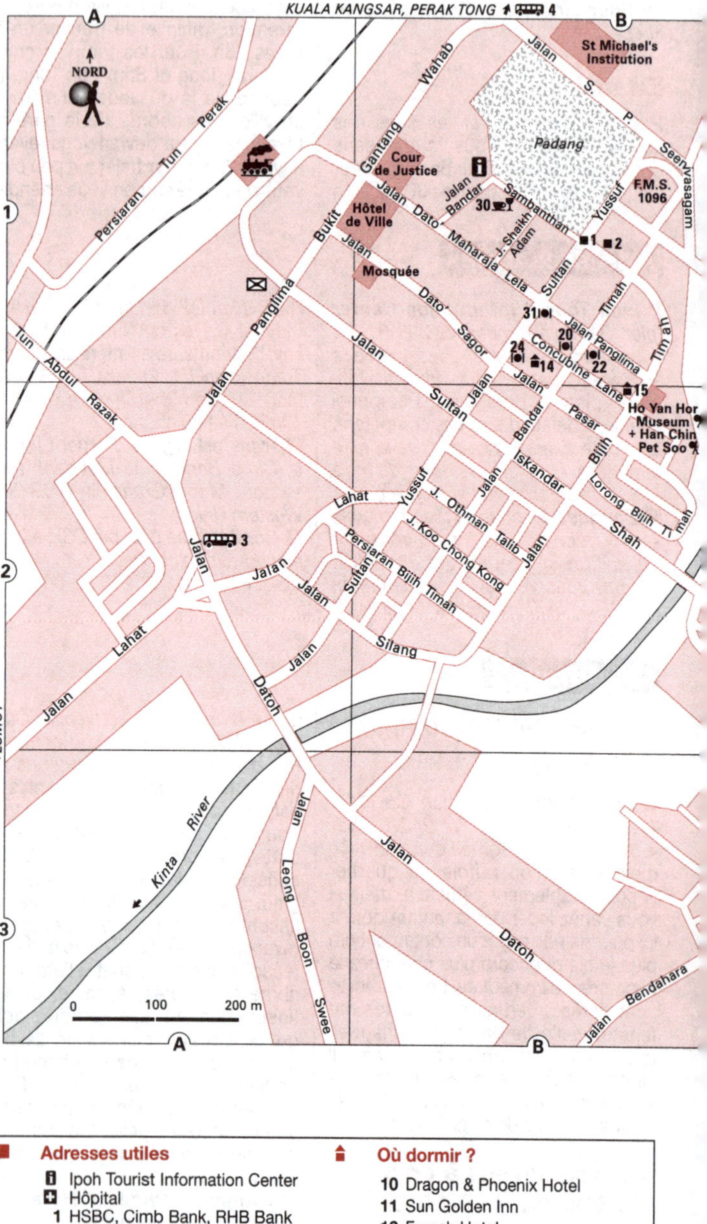

■ **Adresses utiles**

- Ipoh Tourist Information Center
- Hôpital
- 1 HSBC, Cimb Bank, RHB Bank et Maybank
- 2 Merchant Trade
- 3 Gare routière locale
- 5 Gare routière longue distance

Où dormir ?

- 10 Dragon & Phoenix Hotel
- 11 Sun Golden Inn
- 12 French Hotel
- 13 Ipoh Boutique Hotel
- 14 Sekeping Kong Heng
- 15 27@Concubine Lane

IPOH

Où manger ?

- **20** Kedai Kopi Kong Heng et Kedai Kopi Thean Chun
- **21** Lou Wong
- **22** Wong Koh Kee
- **23** Ong Kee
- **24** Burps & Giggles et Buku Tiga Lima
- **25** Food Court de Gerbang Malam

Où prendre le petit déj ? Où manger une pâtisserie ? Où boire un verre ?

- **30** Old Town White Coffee
- **31** Pâtisserie Boutique

gros immeuble abritant un hôtel chinois sans charme. Mais les chambres, certes désuètes, sont économiques, spacieuses et propres. Elles disposent d'une salle de bains (eau froide), de la clim et TV. Ascenseur.

Ipoh Boutique Hotel *(plan C2,* ***13****) : 69-70, Jln Dato Onn Jaafar. ☎ 255-33-33. • ipohboutiquehotel.com • En face du* KFC. *Fourchette moyenne. Pas de petit déj.* Un hôtel moderne, mais rien de « boutique ». Déco contemporaine dans les chambres bien équipées. Demandez-en une avec fenêtre, c'est le même prix, mon capitaine. Ascenseur. Bon accueil.

French Hotel *(plan C2,* ***12****) : 60-62, Jln Dato Onn Jaafar. ☎ 241-30-30. • frenchhotel.com.my • Chic. CB acceptées. Parking gratuit à côté.* On ne voit pas trop ce qu'il a de français, cet hôtel (ah ! c'était en fait le premier proprio...), mais il n'en représente pas moins un bon choix dans cette catégorie si le *Ipoh Boutique Hotel* est complet. Dans un immeuble très moderne, une cinquantaine de chambres impeccables, au chic contemporain épuré, avec salle de bains vitrée, oreillers (enfin !) confortables. Évidemment, évitez celles sans fenêtre. *Deli* au 1er étage *(7h30-22h).*

De plus chic à très chic (plus de 200 Rm / 50 €)

Sekeping Kong Heng *(plan B1,* ***14****) : 75A, Jln Bandar Timah. ☎ 241-89-77. 012-227-27-45. • sekeping.com • Caché entre le* Kedai Kopi Kong Heng *(même proprio), le resto* Plan B *et* Burps & Giggles *(voir « Où manger ? »). Doubles et apparts pour 2 env 220-320 Rm ; également des familiales ; petit déj en sus.* Voici l'hébergement le plus original de la ville ! Coincé entre plusieurs restos branchés, dans *The Old Block,* un ancien théâtre chinois en pleine réhabilitation. Déjà, la réception fait figure d'entrepôt désaffecté-branché. Plusieurs bâtiments abritent une trentaine de chambres. Dans le 1er, on grimpe par un escalier métallique, tandis que les bagages prennent le monte-charge. Chambres doubles, façon brique et métal, vraiment superbes. Plancher ancien, clim, plus douche moderne sous tôle galvanisée (y a pas qu'elle). Pour les familles ou les groupes, 2 immenses chambres au diapason. Grande terrasse couverte au 2e étage, avec fauteuils et canapés façon grillages, plus banquettes et hamacs, TV et boissons fraîches. La 2e partie se situe au-dessus des boutiques : chambres aux murs en liège et brut, matelas sur plateforme, salle de bains moderne. Également une chambre pour 4 personnes sur 2 niveaux, là encore tout sauf conventionnel, puisque l'architecture originale a été préservée (belle véranda sur rue avec persiennes d'époque). Enfin, les apparts (pour 2 et 4, avec kitchenette) occupent encore une autre partie. Plomberie apparente, inox et bois, plus objets de récup'. Couloir de nage sur la terrasse. Prêt de vélos.

Où manger ?

De très bon marché à bon marché (moins de 20 Rm / 5 €)

Kedai Kopi Kong Heng *(plan B1,* ***20****) : 75, Jln Bandar Timah, presque à l'angle de Jln Panglima. Tlj sf mer 7h30-16h.* L'un des plus vieux restos chinois de la ville (plus de 50 ans), une véritable institution. On se croirait en Chine, d'ailleurs. Quelqu'un s'occupe des boissons, quelqu'un d'autre de la nourriture (on paie séparément). S'il n'y a pas de place, on peut commander des plats à emporter, comme ces fabuleux *popiah,* sortes de rouleaux de printemps frits (ou pas), fourrés avec un tas de petites choses délicieusement épicées et sucrées à la fois. Sinon, opter pour les *satay,* le riz ou les *beef noodles* et, en dessert, le *rojak* ou le flan *(custard egg).*

Kedai Kopi Thean Chun *(plan B1,* ***20****) : 73, Jln Bandar Timah, à côté du* Kedai Kopi Kong Heng. *Tlj sf jeu 8h-16h.* Même principe et même ambiance que le *Kong Heng,* même s'il est un peu moins connu. Grands miroirs aux murs, tables rondes avec plateau de marbre. Ici, on vient pour les *noodles,* mais les *popiah* (bon marché) et l'*Ipoh chicken kueh teow* ne sont pas mal non plus. Même punition pour le dessert : la *custard egg.*

|●| En face de ces 2 institutions, un autre *kedai kopi* chinois très familial dans Concubine Lane, le ***Wong Koh Kee*** *(plan B1,* ***22****). Tlj 10h30-15h.* *Chicken rice* et compagnie au menu.

|●| ***Food Court de Gerbang Malam*** *(plan C2,* ***25****)* **:** *tlj 18h-1h du mat.* À l'arrière des stands du marché de nuit, le *food court* aligne ses tables et comptoirs pour manger sans se ruiner, la plupart du temps une très bonne cuisine locale.

|●| ***Lou Wong*** *(plan C2,* ***21****)* **:** *49, Jln Yau Tet Sin, à l'angle de Dato Tahwil Azar. Tlj 10h-22h, selon clientèle. Fermé 1 lun sur 2.* Ce resto chinois très populaire revendique « *the best tauge ayam* (poulet cuit à la vapeur) *and kuetiau* (nouilles) » de la ville. Grosse effervescence le soir avec ses serveurs suractifs, ses piles de vaisselle sale à même le trottoir, donnant une idée du montant de la recette, et ses poulets suspendus dont la vie ne tient même plus à un fil, tellement ça débite ! Plusieurs du même genre, autour du carrefour, comme le ***Ong Kee*** *(plan C2,* ***23****),* précédé d'une grande terrasse. Belles pâtisseries aussi pour le dessert...

De prix moyens à chic (20-60 Rm / 5-15 €)

The Old Block, dans Jalan Sultan Yussuf, est un ancien théâtre chinois réhabilité et vraiment charmant, où restos chinois, restos branchés, cafés-pâtisseries et boutiques chic cohabitent désormais pour le plus grand plaisir de tous. Bref, c'est là que ça se passe...

|●| ***Burps & Giggles et Buku Tiga Lima*** *(plan B1,* ***24****)* **:** *93-95, Jln Sultan Yussuf. ☎ 242-61-88. Lun-ven (sf mar) 10h-18h, sam-dim 9h-19h. Buku Tiga Lima, slt sam-dim 10h-17h.* Beau décor ancien conservé dans son jus, avec murs de briques bien dégradés, vieilles poutres et antiques valises, ce qui en fait bien sûr un lieu furieusement contemporain. En fait, il y a 2 lieux qui communiquent. D'un côté, *Burps & Giggles* (littéralement « rots et fou rire ») pour manger un excellent burger ou un *fish & chips.* De l'autre, *Buku Tiga Lima,* pour avaler un bagel, une *jacket potatoe* ou une crêpe. C'est bon et vraiment cool. Tenu par de jeunes serveurs aux petits soins.

Et derrière, dans le petit complexe, vous trouverez encore le stand ***Bits and Bobs*** pour un dessert traditionnel (*ais kepal,* glace à la prune ou au litchi) ainsi qu'une belle brasserie contemporaine, le ***Plan B*** !

Où prendre le petit déj ? Où manger une pâtisserie ? Où boire un verre ?

|●| ***Pâtisserie Boutique*** *(plan B1,* ***31****)* **:** *103, Jln Sultan Yussuf. ☎ 241-13-85. Tlj sf mer 11h-18h (17h dernière commande).* L'adresse revendique le chic français. La tour Eiffel sur les murs et la musique francophone achèveront sans doute de vous en convaincre. La foule se presse le week-end pour trouver une petite table disponible et pour déguster en papotant les excellentes pâtisseries de la maison. Également des sandwichs, salades et pâtes pour se caler gentiment. Bon accueil et bonne ambiance.

Old Town White Coffee *(plan B1,* ***30****)* **:** *3, Jln Tun Sambanthan. ☎ 243-58-33. Face au Padang, en face de l'office de tourisme. Tlj 7h30-minuit.* C'est la plus grande chaîne de cafés du pays, née ici même, à Ipoh, en 1958. Sympa pour une pause fraîcheur avec un *ice coffee* (à la noisette, mocha, etc.) ou un petit déj pour bien commencer la journée. Au menu, *bacon and eggs,* toasts au beurre de cacahuète ou au lait concentré, œufs mollets à la chinoise et même des sundaes... aux haricots rouges ! Essayez aussi le jus d'herbe de blé au miel ou le jus de spiruline, tous deux d'une belle couleur verte. Également quelques plats pour caler une petite fringale.

À voir

👥 ***Le quartier chinois*** *(plan B1-2)* **:** demander à l'office de tourisme les petites brochures consacrées l'une au patrimoine de la ville, l'autre aux ***peintures de rue*** *(street art)* évoquant l'histoire de la ville et son caractère pluriethnique. Les peintures se trouvent à l'intérieur du triangle bordé par les rues Jln Sultan Yusuf, Jln Pasar et Jln Bijeh Timah et servent de fil rouge pour découvrir ce quartier hors du temps, jalonné de vénérables demeures. Certaines ont été restaurées, d'autres sont en ruine, comme dans la fameuse et très touristique *Concubine Lane* (renommée Panglima Lane), aujourd'hui animée par des cafés, restos et boutiques. Ce secteur justifie à lui seul une visite de la ville.

👤 ***Ho Yan Hor Museum*** *(plan B2)* **:** *1, Jln Bijeh Timah. ☎ 241-20-48. Tlj sf lun 10h-16h. GRATUIT.* Maison bleue à la façade en trompe l'œil, construite en 1941 par un planteur de thé, le Dr Ho Kai Cheong. C'est l'histoire de la ville et du thé qui est évoquée ici à travers celle de cet entrepreneur. On y découvre en plus d'objets familiers, la plantation, l'usine, des publicités originales, l'évolution du sachet de thé... L'occasion aussi d'entrer dans une demeure de cette époque, magnifiquement restaurée. Ne pas manquer la belle peinture murale sur le côté de la façade.

👤 ***Han Chin Pet Soo*** *(plan B2)* **:** *3, Jln Bijeh Timah. ☎ 241-45-41. Mar-ven, visites guidées à 9h30, 11h30 et 14h30 ; sam-dim (et j. fériés) 9h30, 11h30, 13h30 et 15h30. Sur résa slt : • ipohworld.org/reservation/ • Durée : env 1h30. GRATUIT, mais donation bienvenue (10 Rm).* Là encore, une étonnante façade, d'un blanc meringué, derrière laquelle siégeait le club des mineurs d'origine hakka, fondé en 1893. Personne, en dehors des membres et de leurs invités, n'y fut jamais admis. Les rumeurs sur les activités illégales allaient donc bon train (le jeu, la prostitution, l'opium...). Il abrite désormais un musée sur l'extraction de l'étain, les mineurs et plus largement sur l'immigration hakka en Malaisie.

👥 ***Railway Station*** *(gare ferroviaire ; plan A1)* **:** on l'appelle plaisamment le Taj Mahal d'Ipoh ! Ce colossal monument aux murs tout blancs, achevé en 1917, rappelle la gare de Kuala Lumpur, en un peu plus colonial et en un peu moins mauresque peut-être. Normal, il a été dessiné par le même architecte. Le *Majestic Hotel,* qui l'occupait en partie, est actuellement en sursis. Renaîtra-t-il de ses cendres ? Espérons-le. Des scènes des films *Indochine* et *Anna et le Roi* (avec Jodie Foster) ont été tournées ici. De l'autre côté d'une vaste place se dressent l'hôtel de ville, d'une blancheur immaculée, et la cour de justice, tout aussi virginale et néoclassique. Vous pourrez repérer l'un des trois *ipoh* (il s'agit d'un arbuste, qui a donné son nom à la ville...).

👥 Après le quartier chinois, l'autre centre d'intérêt de la ville se trouve à ***Gerbang Malam*** *(plan C2).* Il s'y tient un ***marché de nuit*** (18h-1h) où toutes les communautés tiennent des stands le long de la Jln Tahwil Azar : du sud au nord, d'abord les Chinois, puis les Malais et ensuite les Indiens. On y trouve même un stand de réflexologie (à l'angle de Jln Theatre ; très bon niveau). À l'arrière, on recommande le *food court.*

👤 Plus à l'est, l'immense ***Padang*** *(green)* marquant le centre de la ville s'entoure de quelques beaux édifices. Sur le flanc est, à l'angle de Jalan Tun Sambanthan et Sultan Yussuf, vous verrez l'élégant bâtiment du ***F.M.S. 1906*** *(plan B1),* sigle désignant les *Federated Malay States* (Perak, Selangor, Pahang et Negeri Sembilan, alors sous administration britannique). C'est un certain Cheam Tin Suan, immigrant de l'île de Hainan, qui fonda en 1906 le fameux bar où planteurs et exploitants miniers de la ville venaient se « pochetronner » gaiement. On dit aussi que ce fut le premier restaurant british du pays avant de devenir un hôtel en 1923. Bref, on le verrait bien revivre, mais sa restauration est malheureusement suspendue depuis plusieurs années... Côté nord, impossible de manquer la colossale

Saint Michael's Institution, néogothique. Bâtie en 1927, elle abrite toujours une école gérée par les lasalliens (frères des écoles chrétiennes). Plusieurs autres bâtiments coloniaux restent à découvrir au hasard des rues du quartier. On transforma la Jalan Shaikh Adam pendant de longues semaines en décor de cinéma pour le film *Indochine.*

DANS LES ENVIRONS D'IPOH

👀👀 ***Les grottes de Perak Tong :*** *à 6 km au nord de la ville, sur la route de Kuala Kangsar, sur la droite en venant d'Ipoh. De la* Local Bus Station, *prendre le bus de Kuala Kangsar, et demander au chauffeur de s'arrêter. Tlj 8h-17h. GRATUIT.* Dans les années 1920, un moine venu de Chine a édifié un temple bouddhique au sein même de ces immenses grottes calcaires. Dans la première salle, où trône un bouddha assis, les murs sont recouverts de fresques, pour certaines très enlevées, représentant divinités et paysages. Noter aussi les gardiens dorés, grimaçants, qui écrasent des petits bonshommes gris en pagne, symboles des mauvais esprits. Entre 8h et 16h, on peut emprunter l'escalier de 330 marches (par moments un peu raide) qui conduit à la statue de la déesse de la Miséricorde Kuan Yin, chevauchant un éléphant.

👀👀 ***Sam Poh Tong Temple :*** *à 6 km au sud-est d'Ipoh, sur la route de Kellie's Castle et Kuala Lumpur. Bus n° 66 ou 73, ou bus pour Kampar depuis la* Local Bus Station. *Tlj 8h-16h.* Là aussi, plusieurs grottes calcaires, pour certaines très profondes, ont été aménagées en temples. On passe d'abord celui de ***Ling Sen Tong,*** précédé d'une incroyable ménagerie sacrée multicolore : dragons, lions, éléphants, gardiens en grande parure... Juste après, les grottes de Sam Poh Tong. La visite commence par le jardin extérieur, avec son bassin encadré de fausses montagnes et de beaux bonsaïs modelant les mythiques paysages de Guilin et de la Chine du Sud. On pénètre ensuite dans la cavité, avec son incontournable bouddha. Mais le plus intéressant n'est pas là : il faut passer derrière et trouver, au fond à droite, le passage menant à une sorte de cirque intérieur à ciel ouvert. Une splendide pagode orangée s'y dresse au-dessus d'un bassin à l'eau saumâtre peuplé de tortues. Des mamies, à l'entrée, vendent des feuilles d'épinards pour les nourrir.

- Pour ceux qui ne seraient pas rassasiés, le ***temple Kek Lok Tong*** *(tlj 7h-18h)* est également très beau car il est logé dans une grotte pleine de stalactites et de stalagmites, avec un jardin, un plan d'eau et une jolie vue sur les montagnes verdoyantes. Certains trouvent même l'endroit plus enthousiasmant que Sam Poh Tong, dont il n'est éloigné que de 5 km (bus ou taxi).

👀👀 ***Kellie's Castle :*** *près de Batu Gajah. ☎ 365-13-36. En voiture, route de Kuala Lumpur sur 15 km, puis à droite au panneau, direction « Lumut/Seri Iskandar », et rouler encore 7,5 km ; en arrivant par l'autoroute, sortie n° 135. En bus, aller à Gopeng (15 mn) et changer pour Batu Gajah (attention, slt 5 bus/j.) ; demander au chauffeur de s'arrêter au château ; pour le retour, bus pour Gopeng ttes les 1h15 env 12h-17h ; on peut aussi poursuivre vers Batu Gajah (ttes les 1h à 1h30 11h40-16h40), où l'on changera de bus pour Lumut. En taxi, compter 60-80 Rm l'A/R. Tlj 9h-18h. Entrée : env 7 Rm ; réduc.*

Quelle maladie William Kellie-Smith a-t-il contractée ? Fièvre des tropiques ou folie des grandeurs ? Le jeune Écossais venu faire fortune en Malaisie a laissé une curiosité qui mérite bien son surnom de *Kellie's Folly.* Devenu l'un des plus puissants producteurs de caoutchouc du pays, il entreprit de construire dans les années 1920 une demeure à la mesure de sa réussite. Il lui fallait tout : de beaux volumes, une décoration exceptionnelle et le confort. Du coup, c'est en effectuant un voyage à Lisbonne pour acheter un ascenseur qu'il succomba à une pneumonie ! Le changement de climat probablement...

Son épouse ne remit plus les pieds en Malaisie et le château resta en l'état, à demi bâti. Bien rénové, il exhibe aujourd'hui à nouveau ses arcades mauresques et ses tours arabo-écossaises de brique rose... toujours inachevées. L'ensemble a fière allure et dégage une curieuse atmosphère de fin de règne colonial. L'étage est le plus achevé, avec des stucs aux plafonds, tandis que le rez-de-chaussée, ouvert aux quatre vents, est habité par moineaux et hirondelles. Très jolie vue depuis le sommet de la tour mais, attention, il n'y a pas de rambardes... Quelques scènes du film *Anna et le Roi* ont été tournées ici.

LE FANTÔME DE KELLIE

À 500 m à l'ouest du château, en longeant la grand-route, on peut voir un petit temple hindou. C'est Kellie qui le fit construire pour réconforter ses ouvriers tamouls, en partie décimés par la grippe espagnole durant la construction du château. Détail émouvant : pour le remercier de sa sollicitude, les ouvriers sculptèrent l'une des divinités avec les traits du millionnaire écossais. On dit aussi qu'il existerait un tunnel entre le temple et le château... On ne sait pas si le fantôme de Kellie s'y est réfugié, en bon Écossais. En revanche, ce qui est sûr, c'est que certains descendants des ouvriers indiens vivent encore alentour.

Les grottes de Gua Tempurung : *à* **Gopeng,** *à 24 km au sud d'Ipoh. ☎ 318-85-55. Pour y aller, prendre un bus depuis la* Local Bus Station *en direction de Kampar. Tlj 9h-16h, mais résa impérative car ouverture et visite sont parfois aléatoires et il faut un minimum de participants... Plusieurs tours possibles, de 40 mn à 3h30 pour le grand tour (sf ven). Compter env 10-25 Rm/pers selon tour ; réduc. Pour les tours de plusieurs heures, prévoir de bonnes chaussures, une serviette et des vêtements de rechange. Torches à louer sur place. Grouper la visite avec Kellie's Castle car c'est dans le même secteur (à gauche après le Kampung Gunong Panjang, puis encore 2 km).* Magnifique grotte de 3 km de long, âgée de 10 000 ans environ, traversée par une rivière et en partie aménagée pour la visite, malgré un éclairage parfois un peu faiblard. Située sous les gunung Tempurung et Gajah, elle abrite trois vastes « chambres », cinq dômes et de nombreuses stalactites et stalagmites à admirer. Une vraie cathédrale de calcaire...

L'ÎLE DE PANGKOR

25 000 hab. IND. TÉL. : 05

• Carte *p. 155*

À quelques minutes de bateau de Lumut et de la côte ouest de la Malaisie, cette jolie petite île (8 km²) noyée sous la végétation invite à une escale revigorante de quelques jours. Ancien repaire de pirates, Pangkor vit encore largement de la mer et du tourisme. Des collines couvertes de forêt tropicale humide occupent son centre, tandis que la côte est regroupe plusieurs petits ports de pêche, où perdure la construction de bateaux en bois. Les chalutiers plus grands mesurent 20 m de long et demandent 5 à 6 mois de travail. C'est la communauté chinoise de l'île (50 % de la population) qui contrôle pêche et construction navale.
À l'ouest, épousant de longues anses, s'étendent des plages bordées de palmiers, de cocotiers et de filaos, dans lesquels fourragent singes et calaos. Le village de Teluk Nipah, où se concentrent la plupart des pensions et hôtels, s'est mué au fil du temps en une station balnéaire sans prétention, qui a malheureusement envahi au passage une bonne partie de son joli

ruban de sable... Restent de belles plages, comme à Pasir Bogak, où les constructions ne se sont pas encore trop imposées. Profitez-en avant qu'il ne soit trop tard ! Côté climat, la mousson ne sévit pas vraiment ici, et il fait beau toute l'année.

Arriver – Quitter

En bus et en bateau

Lumut est le port d'embarquement pour l'île de Pangkor. Cette petite ville doublée d'un port militaire ne présente pas grand intérêt. Quelques hôtels et commerces, mais mieux vaut éviter d'y dormir.

Office de tourisme de Lumut : *dans le centre, près de l'embarcadère des ferries, à côté des taxis. Tlj 9h-17h30.* Bien documenté, accueillant, on y parle l'anglais.

Terminal des bus : *pratique, il est situé à moins de 200 m de l'embarcadère.* On y trouve de nombreux stands pour caler un creux. Pour rejoindre Lumut, on indique les liaisons au départ des principales villes. La porte d'accès la plus pratique de la région est Ipoh, mais il y a aussi des bus directs depuis Kuala Lumpur et Penang. Dès votre arrivée et avant d'embarquer pour Pangkor, prenez votre billet de bus retour, surtout le week-end.
➢ ***De/vers Ipoh :*** ttes les 30 mn à 1h avec *Perak Roadways*. Également avec *Kesatuan Express*, 7h30-22h30. Durée : 2h.
➢ ***De/vers Kuala Lumpur :*** 8-12 bus/j., ttes les 1-2h 7h30-minuit avec *Transnasional* ; 6-8 bus/j. 8h-19h avec *Plusliner*. Et encore avec *Ekspres Senandung* (la plupart avt 10h45 et après 13h15) et *Arwana* (8 bus/j.). Durée : 4h15. Directs pour les aéroports de KLIA et KLIA 2 avec *Starcoach* vers 7h, 14h, 17h30, 23h, 1h et 3h.
➢ ***De/vers Butterworth (Penang) :*** 4-5 bus/j. 8h30-18h30 avec *Sri Maju* et 2-3 bus/j. avec *Transnasional*. Durée : 2-3h.
➢ ***De/vers Alor Setar et Kuala Perlis :*** vers 8h15 et 21h30 avec *Kesatuan Express*, et 1 direct aussi vers 18h30 avec *Sri Maju*.
➢ ***De/vers Kota Bharu :*** 2-3 bus/j. avec *Transnasional* (mat et soir).
➢ ***De/vers Kuantan :*** 2 bus/j. avec *Kesatuan Express*. Durée : 9h.
➢ ***De/vers Kuala Terengganu :*** 2 bus/j. avec *Kesatuan Express* et avec *Arwana*.

Bateaux Lumut-Pangkor

Public Ferry Service : *sur le port, dans le centre de Lumut, près des bus. ☎ 683-58-00. Guichets 7h-20h30.* On y parle l'anglais.
➢ Le ferry dessert d'abord le port de pêche de Pinang Kecil, puis ***Pangkor Village,*** la principale agglomération de l'île. Mieux vaut descendre là : vous y trouverez locations de motos et taxis pour rejoindre la côte ouest. Bateaux ttes les 30-45 mn env 6h30-20h30. Retours même fréquence 7h-20h30. Liaisons supplémentaires les w-e, vac scol et j. fériés. Durée : 35-40 mn. Billet : 10 Rm par sens.
– Pour ceux qui seraient en voiture, il existe à Lumut plusieurs parkings prévus à cet effet, dont un gardé 24h/24. Prévoir 10 Rm/j.
➢ On peut aussi embarquer à la *jetty* de ***Marina Island,*** une île rattachée au continent par un pont : le trajet est plus court (env 10 mn et pas d'arrêt à Pinang Kecil). Traversée ttes les heures env avec *Pan Silver Ferry (☎ 680-58-88).* Compter 10 Rm l'A/R (et 16 Rm pour le *night ferry service*).

En avion

➢ ***De/pour Kuala Lumpur*** *(aéroport de Subang)* **:** 3 vols/sem avec *Berjaya Air (☎ 2119-66-16 à KL et 685-10-61 sur l'île ; • berjaya-air.com •* Durée : 40 mn. Compter env 270 Rm. *Bureau de l'aéroport ouv tlj 9h-17h.*

Comment circuler dans l'île ?

Une route goudronnée fait le ***tour de l'île*** (en ignorant sa pointe sud) et permet de découvrir de belles plages tranquilles sur la côte ouest... La côte est ne se prête pas à la baignade en raison de la pollution du rivage, mais elle concentre quelques villages débordant de vie, chinois ou malais, à cent lieues des bourgades du « Pangkor touristique ».

– ***Les taxis*** sont nombreux à attendre à l'arrivée des ferries de Pangkor Village. Ce sont tous des minibus roses ! Ils sont cependant assez chers. Compter environ 6 Rm pour Teluk Gedong, 10 Rm pour Pasir Bogak et au minimum 15 Rm pour Teluk Nipah, le village balnéaire principal, quel que soit le nombre de passagers. Ne vous laissez pas faire : les tarifs sont affichés à la sortie du débarcadère. On peut aussi affréter un taxi pour un tour de l'île, avec visite des quelques sites ; dans ce cas, prévoir environ 80 Rm (à discuter). Contacter par exemple M. Li (*012-482-70-83),* affable et toujours prêt à donner des explications.

– Si vous êtes habitué à ce type d'engins, on vous conseille plutôt de louer une petite ***moto*** ou un ***scooter,*** le plus souvent de 100 cm³. De nombreux jeunes loueurs se précipitent sur les arrivants au débarcadère de Pangkor Village, mais attention, ils ont tendance à gonfler les prix (demandant 50 Rm/j.). Beaucoup de petits hôtels, *guesthouses* et commerces de Teluk Nipah proposent ces locations. Compter au moins 30 Rm/j. pour une moto, voire plus si l'engin est neuf ou récent ; ajouter 10 Rm pour un scooter. En général, le permis international frappé du bon sceau est exigé, ainsi qu'une caution d'environ 50 Rm.

– On peut aussi louer des vélos classiques et des VTT, mais vu les pentes, on a vite fait de regretter son choix...

PANGKOR VILLAGE

Village principal au terminus des ferries, où se tient chaque matin un marché au poisson. Pas de plage ici, donc inutile de s'attarder, mais vous pourrez y louer une petite moto et régler vos petits problèmes pratiques (change, courses diverses, etc.).

Adresse utile

■ ***Maybank :*** *dans le village, à l'entrée de la rue principale (à gauche en sortant du ferry). Lun-ven 9h15-16h30 (16h ven).* Change devises et chèques de voyage. Distributeur automatique.

Où manger ? Où boire un verre ?

Island One Café & Bakery *(carte,* ***30****)* **:** *à gauche, dans Jln Besar (rue principale).* ☎ *685-18-28. Au bout des arcades commerçantes. Ouv tlj 11h-22h30. Plats 6-38 Rm.* Petit café-pâtisserie-salon de thé-resto, agréable et climatisé. On y sert des salades, pizzas, pâtes, plats asiatiques variés et de bons gâteaux.

TELUK NIPAH

La très jolie plage de Teluk Nipah n'est plus aussi jolie depuis que des restos de béton ont poussé sur son tapis de sable... Quel dommage ! Elle garde pourtant un certain charme avec son rideau d'arbres tropicaux, un îlot au large et la jungle en toile de fond. Au fil du temps, un petit village de bric et de broc, entièrement consacré au tourisme, a poussé ici. Les *guesthouses* pour routards abondent, les scooters des mers vrombissent et, le soir, quelques bars s'éveillent à l'heure où le disque orangé du soleil glisse derrière l'horizon.

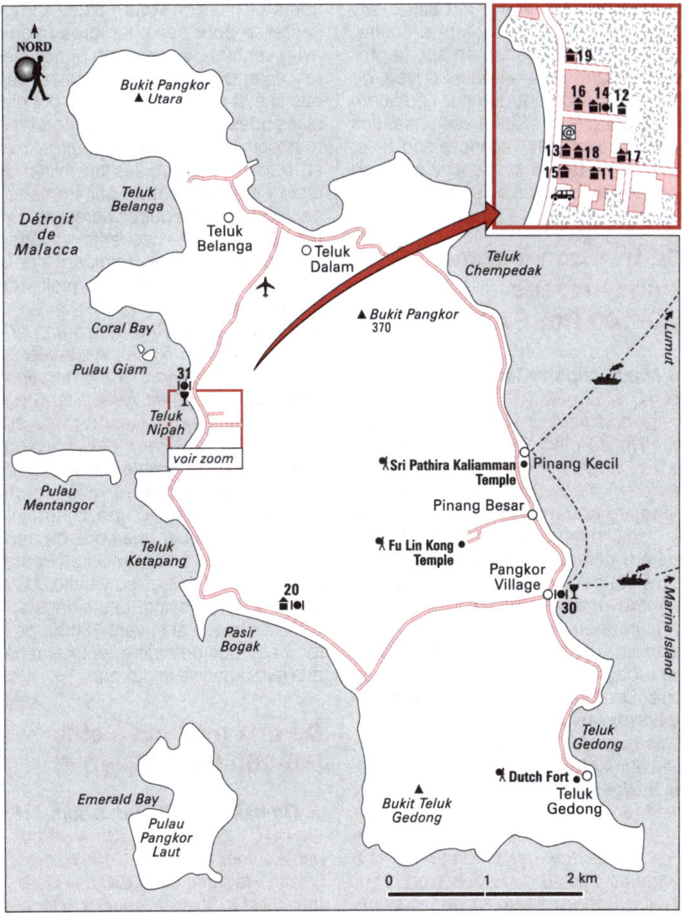

L'ÎLE DE PANGKOR

Où dormir ? Où manger ? Où boire un verre ?

- **11** Budget Beach Resort *(zoom)*
- **12** Nazri Nipah Camp *(zoom)*
- **13** Nipah Waterfront Beach Resort *(zoom)*
- **14** Nipah Bay Villa *(zoom)*
- **15** Flora Beach Resort *(zoom)*
- **16** Ombak Inn Chalet *(zoom)*
- **17** Sunset View Chalet *(zoom)*
- **18** Palma Beach Resort *(zoom)*
- **19** Anjungan Beach Resort & Spa *(zoom)*
- **20** Vikri Beach Resort
- **30** Island One Café & Bakery
- **31** Daddy's Café

Où dormir ?

Vous trouverez surtout des *guesthouses* et des petits hôtels ici, les quelques *resorts* de luxe de l'île étant situés à distance, dans des coins isolés. Les prix des chambres varient assez largement d'un établissement à l'autre, souvent sans raison. Bien sûr, la présence d'une salle de bains privée, de l'AC et du wifi font grimper l'addition. C'est aussi le cas des week-ends, des jours fériés et des vacances scolaires. Le reste du temps, on peut négocier en fonction de la durée du séjour.

De très bon marché à prix moyens (30-140 Rm / 7,50-35 €)

Nazri Nipah Camp (zoom, **12**) : *lot 4445. ☎ 685-20-14. Prendre la rue perpendiculaire à la plage au niveau de l'*Horizon Inn. *Hébergements pour ts les budgets : dortoir (5 lits) très bon marché ; hutte pour 2 pers avec sdb partagée bon marché ; chambre avec AC prix moyens.* Il règne une atmosphère communautaire un peu baba dans cette AJ, dont le patron se définit comme « musicien de rue ». On y gratte la guitare au coin du barbecue, entre tonnelle et hamacs pour la sieste, avant de regagner le soir sa petite hutte en bois. On vous déconseille en revanche le dortoir, exigu et chaud, et les chambres avec AC et douche, sombres et peu agréables.

Budget Beach Resort (zoom, **11**) : *lot 4465. ☎ 685-35-29. 📱 016-421-77-52. • budgetbeachresort.com • Prendre la rue perpendiculaire à la plage au niveau du* Nipah Waterfront Beach Resort. *Doubles prix moyens avec des prix variant selon jour de la sem ; également des triples et quadruples.* C'est incontestablement notre meilleur rapport qualité-prix dans le secteur, en particulier pour ses doubles standard, installées dans de jolis bungalows en bois précédés d'un petit balcon. Bien équipé : salle de bains pas trop petite (eau chaude), AC et TV. Loue VTT et motos aux tarifs habituels.

Nipah Bay Villa (zoom, **14**) : *lot 4442. ☎ 685-21-98. Prendre la rue perpendiculaire à la plage au niveau de l'*Horizon Inn, *c'est à 100 m à gauche, après l'*Ombak Inn. *Doubles prix moyens, limite chic, selon catégorie et jour de la sem.* Il y en a pour tous les goûts ici, mais on vous indique surtout l'adresse pour ses chambres *budget* avec ventilo, petites mais plutôt bien tenues et avec fenêtre, ce qui est déjà pas si mal pour ce prix... Les doubles classiques restent très acceptables, tout comme les *chalets* (bungalows) en bois foncé, empilés au milieu du reste – mais ils sont un poil trop chers par rapport à nos autres adresses. Évitez les jours fériés, les tarifs sont alors tout fous ! Terrasse dominant l'hôtel pour lézarder, et bon resto (voir « Où manger ? »).

Sunset View Chalet (zoom, **17**) : *lot 4461. ☎ 685-54-48. • sunsetviewchalet.com • Prendre la rue perpendiculaire à la plage au niveau du* Nipah Waterfront Beach Resort *; c'est à 150 m, à gauche. Prix moyens.* Il règne une ambiance paisible ici, avec seulement 6 bungalows en bois répartis de part et d'autre d'une charmante allée enjambée par une sorte de treille où fleurit une bougainvillée. Petites chambres simples, avec ventilo, AC et petite salle de bains. Les calaos surgissent chaque soir, vers 18h30, de la forêt étendue à l'arrière, pour le repas que leur organise le patron.

De prix moyens à chic (80-200 Rm / 20-50 €)

Ombak Inn Chalet (zoom, **16**) : *lot 4440. ☎ 685-52-23. • ombakinnchalet.com • Prendre la rue perpendiculaire à la plage au niveau de l'*Horizon Inn, *c'est à 30 m, à gauche. Doubles avec AC, ttes avec douche mais avec ou sans eau chaude, prix moyens, limite chic.* Les 14 bungalows, pas mal serrés dans un minijardin fleuri, sont pour certains en dur (dommage), pour certains en bois (tant mieux). La plupart ont un coin de terrasse ou un agréable petit balcon. Nos préférés : n°s 1 à 6. Location de vélos. Dommage que l'accueil ne soit pas toujours à la hauteur.

Flora Beach Resort (zoom, **15**) : *lot 4464. ☎ 685-38-78. • florabeachresort.com • Prendre la rue perpendiculaire à la plage au niveau du* Nipah Waterfront Beach Resort *; c'est à 30 m, à droite. Doubles prix moyens, variant* *selon catégorie et jour de la sem.* Un excellent choix que ces bungalows en enfilade très bien entretenus. Impeccables et joliment décorés, ils ont tous salle de bains, AC et TV écran plat. Ça embaume presque. Location de motos et scooters.

Nipah Waterfront Beach Resort *(zoom, **13**) : lot 4454. ☎ 685-54-85. 012-517-38-55. • nipahwaterfront.com • Face à la plage, à l'angle du 1er chemin en arrivant de Pangkor Village. Selon vue et jour de la sem, doubles de prix moyens à chic.* L'hôtel comprend différentes maisonnettes en bois imbriquées les unes dans les autres. Il est très bien tenu, plutôt joli et d'un bon niveau de confort : AC, TV, salle de bains (eau chaude), bonne literie et frigo. Certaines chambres profitent d'une vue agréable sur la baie, tandis que les autres se contentent d'admirer les bâtisses du voisinage. Elles sont dans l'ensemble très spacieuses, en particulier les familiales. Les prix augmentent beaucoup les jours fériés. Bon accueil.

Palma Beach Resort *(zoom, **18**) : lot 4455. ☎ 685-36-93. • palmabeachresort.com.my • Prendre la rue perpendiculaire à la plage au niveau du Nipah Waterfront Beach Resort ; face au Flora. Doubles standard à prix moyens (plus cher les j. fériés).* Ses pavillons en ciment et bois abritent des chambres dotées de la clim, d'une salle de bains et d'un balcon. Préférez celles de l'étage pour profiter de ce dernier sans être dans le passage. Également des familiales. Location de motos.

Plus chic (200-300 Rm / 50-75 €)

Anjungan Beach Resort & Spa *(zoom, **19**) : lot 6610. ☎ 685-15-00. • anjunganresortpangkor.com • À la sortie nord de Teluk Nipah, en direction de Coral Beach.* Ce n'est pas, malgré son nom, un hôtel de luxe situé sur la plage, mais c'est le plus chic de Teluk Nipah, et le sable n'est jamais que de l'autre côté de la route... Les chambres occupent 5 petits bâtiments encadrant une piscine et un carré de gazon où il fait bon lézarder. Pour la petite différence, évitez les *standard,* côté route, et préférez les *deluxe* des étages, plus grandes et avec lit *king size.* Bon confort. Quelques coups de balais supplémentaires ne seraient pas de trop, cela dit.

LA CÔTE OUEST DE LA MALAISIE

Où manger ?

Disons-le franchement : le choix n'est pas extraordinaire...

De bon marché à prix moyens (10-40 Rm / 2,50-10 €)

Restaurant du Nipah Bay Villa *(zoom, **14**) : lot 4442. ☎ 685-21-98. Tlj 8h-11h30, 12h-16h, 17h30-22h.* L'adresse ne séduira pas les romantiques : on mange sous une sorte de halle en tôle ondulée, entre la réception de l'hôtel et les fourneaux. Reste que les plats asiatiques, copieux, présentent un bon rapport qualité-prix. Grand choix pour le petit déj aussi, à des tarifs très abordables.

Daddy's Café *(carte, **31**) : 27-28, Coral Bay. 012-334-82-92. À env 500 m au nord de Teluk Nipah, sur la plage de Coral Bay. Tlj 11h-23h.* Une terrasse sur le sable, une salle en retrait à l'ombre, et voilà un bon café-restaurant pour boire un verre, déjeuner ou dîner dans un paysage enchanteur. Plats locaux et occidentaux à des prix un peu plus élevés qu'ailleurs, mais on paie aussi l'environnement. Service lent. Les radins iront grignoter un *nasi goreng* dans la gargote d'à côté, mais en tournant le dos à l'océan...

PASIR BOGAK

Depuis que les constructions ont envahi Teluk Nipah, c'est ici que vous trouverez la plus belle plage de l'île. Longue, large, elle est encore adossée à un joli rideau d'arbres et relativement préservée. Mais attention, des constructions pointent déjà leur nez, et les loueurs de scooters des mers ont débarqué...

Où dormir ? Où manger chic ?

🏠 🍴 ***Vikri Beach Resort*** (carte, **20**) : *à 4 km de Pangkor Village, sur la droite de la route, dans un coin tranquille. ☎ 685-42-58. Doubles standard de prix moyens à chic selon jour de la sem ; également des familiales ; bon petit déj en sus.* Une cinquantaine de bungalows en dur confortables (AC, douche-w-c), propres et agréables, les uns proches de la route et de la plage, les autres à l'arrière au pied de la colline boisée. Bon accueil de Vijay, le patron. Bonne cuisine familiale, à déguster dans une grande véranda ouverte. Location de motos et de vélos.

À voir. À faire sur l'île de Pangkor

Fu Lin Kong Temple : *situé dans une petite rue en cul-de-sac qui débouche sur la route côtière, entre les 2 arrêts du ferry.* C'est un temple chinois, tout brillant, hérissé de dragons dorés écumants et entouré d'une minimuraille de Chine. L'autel s'orne de très jolis brocarts. Ne manquez pas, à l'extérieur, le bassin où évoluent trois poissons géants (deux bons mètres) aux airs de dragons de légendes.

Sri Pathira Kaliamman Temple : ce temple indien se voit du ferry. C'est l'un des deux seuls de Malaisie où l'on est accueilli par la déesse Kali. Les fidèles font leurs ablutions sur le bord de mer avant d'y pénétrer.

De Pangkor Village, un taxi vous mènera rapidement à ***Teluk Gedong,*** au sud-est de l'île, pour voir les ruines du ***Dutch Fort*** (fort hollandais) du XVIIe s. Il a été bâti pour contrôler le commerce de l'étain avec le Perak. Hâtivement remonté, le fort n'offre guère d'intérêt, mais la balade jusqu'au site est sympa. Le charmant village sur pilotis de Teluk Gedong est habité par des pêcheurs malais.

➢ Quelques ***promenades*** agréables. On peut apercevoir de beaux oiseaux et des colonies de singes en approchant la jungle. En juin et juillet, les tortues viennent pondre sur la ***plage Ketapang,*** entre Teluk Nipah et Pasir Bogak. Possibilité également de partir en randonnée dans la forêt, à l'assaut du Bukit Pangkor (370 m). Attention, il s'agit d'une colline très pentue, et la touffeur en pleine journée peut s'avérer difficile à supporter. Prévoir beaucoup d'eau et contacter les guides locaux par l'intermédiaire des hôtels. Le chemin débute au nord-est de l'île, environ 1,5 km après Pinang Kecil, mais il n'est pas indiqué.

KUALA KANGSAR

39 300 hab. IND. TÉL. : 05

Malgré sa petite taille, Kuala Kangsar a accédé au statut très prisé de ville royale depuis que les sultans du Perak l'ont choisie comme résidence principale au XIXe s. Elle y a gagné quelques monuments remarquables : de riches palais et une étonnante mosquée aux bulbes dorés comme tirée des *Mille et Une Nuits*.
C'est d'ici, aussi, qu'est partie la grande aventure du caoutchouc qui devait enrichir tout le pays (et les Anglais !) au début du XXe s... En cherchant bien, on peut encore voir l'un des neuf premiers hévéas issu des graines dérobées au Brésil ! Parmi les colons qui s'installèrent ici, un écrivain anglais devenu célèbre : Anthony Burgess, l'auteur d'*Orange mécanique*.

Kuala Kangsar est aujourd'hui une agréable petite ville de province, animée le jour, morte le soir. On peut tout de même lui consacrer une demi-journée pour découvrir son riche patrimoine et profiter de l'ambiance particulière de ses rues, soigneusement entretenues. Serait-ce parce que la population y est presque exclusivement malaise (fait rare dans l'ouest du pays) ou pour ne pas offusquer les yeux du puissant sultan ? On y trouve des parcs, de belles maisons coloniales et des fleurs partout. Les rives du fleuve Perak, qui traverse la petite cité endormie, raviront les poètes.

ÉLECTRO-LATEX !

Aujourd'hui en Malaisie, dans certaines plantations ultramodernes, la production de latex est gérée par l'informatique. Un câble entoure chaque hévéa (arbre à caoutchouc). Un influx électronique commande à distance et au meilleur moment l'incision grâce à une aiguille. Le latex coule du tronc de l'arbre sans intervention humaine...

Arriver – Quitter

En bus

Gare routière : *elle se trouve sur Jln Raja Bendahara, au centre.*
➢ ***De/vers Ipoh :*** ttes les 15 mn env 6h-18h puis à 18h30 et 19h30 avec *General.*
➢ ***De/vers Lumut :*** à 11h30, 17h et 22h avec *Transnasional.* Le 2e permet encore d'attraper l'un des derniers bateaux pour Pangkor.
➢ ***De/vers Taiping :*** ttes les heures 7h-18h avec *Red & Yellow Omnibus.*
➢ ***De/vers Butterworth (Penang) :*** 2 bus/j. avec *Transnasional.*
➢ ***Pour Kota Bharu :*** 2 bus/j. avec *Transnasional.*

En train

Gare ferroviaire : *elle se situe à env 1,5 km au nord-ouest du centre, sur Jln Sultan Idris. Guichets 10h-18h, 0h30-2h30.*
➢ ***Pour Ipoh, Kuala Lumpur et le Sud :*** 6 trains/j. jusqu'à Kuala Lumpur et 3/j. jusqu'à Gemas, de là changement pour Johor Bahru.
➢ ***Pour Taiping, Butterworth et le Nord :*** 3-5 départs/j. jusqu'à Butterworth ou Padang Besar, à la frontière.

Où dormir ? Où manger ?

Double Lion Hotel : *74, Jln Kangsar. ☎ 776-10-10. Fax : 777-46-43. À 100 m au sud de la gare routière. Doubles de bon marché à prix moyens. Parking gratuit.* Le *Double Lion* a planté ses griffes à l'une des principales intersections du bourg, en embuscade derrière une boulangerie et un bistrot de quartier. Certes, c'est central, mais on aura tout intérêt à choisir une chambre côté cour ! Les logements les moins chers, sans bains ni AC, n'ont rien de majestueux, loin s'en faut, et sont souvent occupés à la semaine par des travailleurs. Les chambres rénovées, avec douche, moquette, TV et AC, sont nettement mieux mais chères.

Ruma Rehat : *Jln Bukit Kerajaan. ☎ 776-42-62. De la Clocktower, prendre Jln Istana, la route qui mène à la mosquée et à la Royal Town ; c'est un peu plus loin, sur la droite. Doubles de prix moyens à chic.* Perché à flanc de colline, dans un secteur aéré et verdoyant, cet hôtel gouvernemental dispose de chambres spacieuses, globalement bien entretenues, équipées d'un mobilier un poil pompeux mais confortable. Elles disposent toutes de l'AC, d'une salle de bains, de la TV et d'un frigo. Les *standard* donnent sur l'arrière du bâtiment, tandis que certaines triples (fort grandes) et les *VIP* (avec salon) dominent très joliment la vallée de la rivière Perak. On y trouve également un restaurant, bénéficiant lui aussi d'une jolie terrasse avec vue.

À voir

*** ***Masjid Ubudiah** (mosquée) :* *en direction de la Royal Town.* On peut en faire le tour, mais l'intérieur reste réservé aux musulmans. C'est l'une des plus photographiées du pays. Normal, on dirait du Walt Disney ! Autour du dôme doré, sorte de montgolfière pointue, se dressent quatre élégants minarets blancs rayés de marbre et d'innombrables tourelles à colonnettes couronnées de toupies dorées. C'est Arthur Benison Hubback, l'architecte anglais des gares d'Ipoh et de Kuala Lumpur, qui l'a dessinée. Elle fut consacrée en 1917, avec quelque retard, les éléphants du sultan ayant dévasté le pavement à peine achevé, recouvert de marbre importé d'Italie à prix d'or !

* ***Istana Iskandariah** (palais du sultan) :* *un peu plus loin. Ne se visite pas.* La gigantesque demeure (1933), d'un blanc immaculé et aux beaux dômes or, s'entoure d'un parc cerné de hautes grilles... C'est ici que vit le sultan Azlan Muhibbuddin Shah Ibni Almarhum Sultan Yussuf Izzuddin Shah Ghafarullah (à vos souhaits !).

** ***Galeri Sultan Azlan Shah :*** *Jln Istana, près de la mosquée Ubudiah. ☎ 777-53-62. Tlj 10h-17h (fermé ven 12h15-14h45). Entrée : 4 Rm ; réduc.* Bâti en 1903, l'ancien palais *(Istana Ulu)*, mi-néoclassique, mi-malais, a été reconverti en un drôle de musée à la gloire du sultan actuel. On y découvre une incroyable collection de bibelots offerts à Sa Majesté, un portrait réalisé en têtes d'épingles, son trône et celui de madame, leurs tenues de soirée, quelques bijoux de la Couronne, la vaisselle royale, leurs balles et sacs de golf... dorés naturellement, sans oublier le *rickshaw* dans lequel Son Excellence allait à l'école dans son enfance, des malles Vuitton à ses initiales et sa collection de Rolls !

TAIPING

218 000 hab. IND. TÉL. : 05

Taiping, avec son nom à forte consonance chinoise, a été capitale de l'État de Perak de 1876 à 1936, avant d'être détrônée par Ipoh. Née dans la première moitié du XIXe s autour de mines d'étain, elle a été le théâtre d'affrontements violents entre clans chinois, jusqu'à l'intervention des Britanniques. On l'appelle depuis « la ville de la paix éternelle »... C'est, incidemment, la ville de Malaisie où il pleut le plus (4 000 mm quand même !), ce qui explique la végétation luxuriante et les fleurs abondantes de ses vastes jardins. Le centre-ville, animé, n'offre pas grand intérêt et l'hôtellerie est peu reluisante. En revanche, si vous devez faire un arrêt, allez voir ce parc immense agrémenté d'un lac et de petits îlots au charme entêtant, ou visitez le plus vieux musée du pays.

Arriver – Quitter

En bus

🚌 ***Gare routière locale :*** *dans le centre-ville, entre Jln Iskandar et Jln Masjid, à 200 m du marché et en face de l'hôtel Legend.* Des taxis longue distance partent des abords du marché.

➢ ***De/vers Kuala Kangsar :*** ttes les 15 mn 6h-20h30 env.

➢ ***De/vers Ipoh :*** la moitié des bus de

KBP partant de la gare routière longue distance et 5-6 bus d'*Ipoh Taiping Express* passent par ici ou y arrivent : le mat surtout (6h-9h), puis dans l'ap-m (vers 16h et 17h30).

Gare routière longue distance (Hentian Kamunting Raya) : *à 6 km du centre-ville, à Kamunting. Peu pratique, donc ; il faut prendre un taxi pour s'y rendre (compter 10 Rm). Consigne ouv 8h-22h.*
➢ **De/vers Butterworth (Penang) :** ttes les heures 6h30 ou 7h40-20h40 avec *Konsortium.* Également 5 bus/j. 9h45-18h45 avec *Star Mart.*
➢ **De/vers Ipoh :** ttes les heures env 7h-17h30 avec *Ipoh Taiping Express* ou 6h15-19h avec *KBP.*

➢ **De/vers Kuala Lumpur :** ttes les 30 mn à 1h 6h30-22h30 avec *Konsortium,* mais aussi 11 bus/j. 8h15-23h avec *Star Mart* et une douzaine/j. 8h30-21h30 avec *Transnasional.*

En train

Gare ferroviaire : *elle se situe à l'ouest du centre-ville. Infos : ☎ 807-55-84. Guichets ouv 9h-16h, 22h15-23h40.*
➢ **Pour Butterworth** (*env 1h de trajet*) **et le Nord :** 5-6 départs/j. jusqu'à Butterworth et Padang Besar, à la frontière.
➢ **Pour Kuala Kangsar, Ipoh, Kuala Lumpur et le Sud :** 3 trains/j. vers Kuala Lumpur et Gemas, de là changement pour Johor Bahru.

Où dormir ? Où manger ?

Se méfier des hôtels bas de gamme du secteur de la gare routière, partagés entre bouges crasseux et hôtels de passe.

Hôtel Legend : *2, Jln Long Jaafar. ☎ 806-00-00. • legendinn.com • En face de la gare routière et à côté de la mosquée. Doubles à prix moyens ; petit déj en sus. Parking.* Cet imposant hôtel de près de 80 chambres n'a rien d'original mais il est confortable et très bien tenu. Même les *superior* (les moins chères) sont spacieuses. Bien équipé : AC, TV écran plat, bouilloire, frigo dans les *deluxe,* etc. Resto.

Stands de nourriture : *sous la grande halle du marché, à 150 m de la gare routière, dans le centre. Très bon marché.* Énorme choix de *stalls* proposant cuisine malaise, chinoise ou végétarienne, autour desquels bourdonnent employés, familles et collégiens en uniforme à l'heure du déjeuner. Goûter aux *satay* chez les Malais, c'est une des spécialités de Taiping. On a quitté à contrecœur les *popiah* du stand 86 (1,30 Rm !), mais ceux d'Omar (n° 1) sont réputés aussi.

À voir

Taiping Lake Gardens : c'est avant tout pour ce parc de 62 ha (ancienne mine d'étain !), considéré comme l'un des plus beaux du pays, que les habitants de toute la région passent leurs week-ends à Taiping. De la fameuse allée d'arbres centenaires aux îlots parsemant le lac, reliés entre eux par une succession de petits ponts, des verts gazons aux tapis de lotus, on déambule le nez en l'air, bras dessus dessous. Les enfants s'en donnent à cœur joie sur les embarcations à pédales en forme d'hélicoptères ou de cygnes (les adultes peuvent aussi en louer !), tandis que, sous les arbres ou à l'abri des regards indiscrets, derrière des massifs de fleurs, de jeunes couples malais, pudiquement vêtus, flirtent selon les us et coutumes du pays. On est bien loin du bois de Boulogne... Vous n'avez plus qu'à souhaiter qu'il ne pleuve pas le jour où vous passez !

Également dans le parc, un grand **zoo** (*• zootaiping.gov.my • ; tlj 8h30-18h ; entrée : 16 Rm, réduc enfants*), pas si mal pour une petite ville. Si vous dormez dans le coin, *Night Safari* (*tlj 20h-23h – minuit sam et j. fériés ; 120 Rm*). En plus

LA CÔTE OUEST DE LA MALAISIE

de la faune classique, vous y verrez une bonne sélection de bestioles hantant les forêts locales : nombreux singes, panthères noires, tigres, cerf-souris, etc.

Perak Museum (Muzium Perak) **:** *Jln Taming Sari, face à la prison. ☎ 807-20-57. Tlj 9h-17h (fermé ven 12h15-14h45). GRATUIT. Visite guidée gratuite sur demande.* C'est le plus vieux musée du pays, inspiré et réaménagé par les Anglais entre 1883 et 1903. Dans le vaste bâtiment colonial, diverses collections apportent un éclairage intéressant sur l'héritage naturel et culturel de l'État de Perak. On commence, au rez-de-chaussée, par le trône du sultan (il s'en est fait refaire un neuf !), avant d'embrayer sur des dioramas d'animaux dignes de nos vieux musées d'histoire naturelle. En vedette : le plus grand squelette de crocodile trouvé en Malaisie (presque 7,50 m) ! Celui du python est presque aussi long d'ailleurs... On continue par une galerie consacrée à l'artisanat, aux différents métiers traditionnels et aux aspects culturels des différentes communautés (malaise, chinoise et indienne) pour finir, au 1er étage, par une section consacrée aux Orang Asli.

DANS LES ENVIRONS DE TAIPING

Maxwell Hill (Bukit Larut) : *à 12 km au nord-est de la ville.* C'est sur cette belle montagne classée « réserve forestière » que les Anglais créèrent, à 1 250 m, la première station d'altitude du pays. C'était en 1884. L'unique route pour y monter ne date que des années 1950. Précisons qu'elle est à voie unique, compte un nombre hallucinant d'épingles à cheveux (72 officiellement) et n'est accessible qu'aux 4x4 gouvernementaux ! Les courageux peuvent s'y rendre à pied ; compter au minimum 3h de marche. En montant, si les nuées veulent bien se dissiper, vous découvrirez un panorama fabuleux sur les Lake Gardens, Taiping et, une fois au sommet, sur une partie de la côte ouest. Ce n'est certes pas garanti : Maxwell Hill est le lieu le plus arrosé de toute la Malaisie ! On y trouve la seule plantation de tulipes du pays, en fleur de décembre à avril, et une dizaine de *guesthouses.* Ça vaut le coup d'y séjourner si vous avez du temps : randos possibles, calme assuré et peu de touristes, contrairement aux Cameron Highlands...

– ***Résas à Taiping auprès du superintendant*** *(☎ 807-72-41)* pour le service de 4x4 (payant) qui effectue la navette avec la station. *Fonctionne en principe tlj 8h-17h, avec des départs ttes les heures.*

L'ÎLE DE PENANG (PINANG)

1,6 million d'hab. IND. TÉL. : 04

• Carte *p. 165* • Georgetown (plan d'ensemble) *p. 166-167*
• Georgetown (zoom) *p. 168-169*

Au nord-ouest de la péninsule malaise, l'île de Penang n'est plus vraiment une île, car deux grands ponts modernes la relient au continent. À la périphérie de Georgetown, la capitale historique, des immeubles et des tours hérissent le paysage comme une petite Hong Kong dévorée par l'ambition économique. Mais que cela ne vous dissuade pas de venir : au centre, le promeneur découvre, au fil des rues, de nombreuses vieilles maisons patinées par le temps, d'élégantes demeures à arcades ornées de colonnes et de vérandas, des bâtiments imposants chargés d'histoire, témoins d'un passé prestigieux, superbement restauré.

À l'époque coloniale, Penang, « la Perle de l'Orient », fut l'un des trois grands comptoirs britanniques du détroit de Malacca – le premier en date, occupé dès 1786. Planteurs, marchands, voyageurs au long cours, aventuriers, écrivains (Somerset Maugham, Joseph Conrad...) y parvenaient au terme d'une longue et pénible traversée de l'océan Indien en paquebot. L'air chargé de douce humidité de la mer leur permettait de s'acclimater peu à peu à la lourdeur de l'Asie tropicale.
Aujourd'hui, avec 1,6 million d'habitants, Penang vit du commerce, du transit maritime et du tourisme. L'effervescence économique bouleverse chaque année le paysage, qui s'urbanise rapidement et d'une manière anarchique, surtout sur le littoral nord, autour des plages (pas exceptionnelles) de Tanjung Bunga et Batu Ferringhi.
À contrario, à Georgetown, s'entremêlent dans un génial brouhaha quartiers ethniques, mosquées, temples chinois, hindous et bouddhiques (avec un des plus longs bouddhas couchés du monde), architectures coloniale et chinoise, restos et *foodstalls* populaires. C'est cette réalité architecturale et culturelle que l'Unesco a classée en 2008 au Patrimoine mondial, en même temps que Malacca. Georgetown vit donc désormais avec un pied dans le passé et l'autre dans le futur. C'est aussi ce qui fait son charme ineffable.

UN PEU D'HISTOIRE

LE TRÈS LÉGER MR LIGHT

Aventurier sans scrupules, Francis Light avait des méthodes bien à lui pour remplir sa mission. On raconte que, pour convaincre les colons et les cipayes (mercenaires indiens) qui rechignaient à défricher l'île rapidement, il fit tirer des canons en direction de la forêt... après les avoir chargés de pièces d'or et d'argent !

Partie intégrante du sultanat de Kedah, ce gros monticule entouré par la mer et envahi par la jungle reçut la visite de l'armada de Cheng Ho à l'époque ming, puis de corsaires après que l'empire du Milieu se fut refermé sur lui-même. Au XVIIIe s, sa situation stratégique à l'orée du détroit de Malacca intéressa les Anglais, en pleine expansion territoriale. Leurs navires chargés d'opium (ils en eurent longtemps le monopole en Asie), mais aussi de thé (leur drogue à eux), ne pouvaient décemment relier l'Inde à la Chine sans escale. En août 1786, le capitaine Francis Light, envoyé par la Compagnie des Indes orientales, y débarqua sans autre forme de procès après avoir promis au sultan une protection contre les ambitions siamoises et une rente annuelle de 30 000 dollars espagnols, qui ne vint jamais vraiment... Ainsi naquit une ville, qu'il baptisa *Georgetown* en l'honneur du roi George III, capitale d'une île rebaptisée *Prince of Wales Island.*
L'île avait le profil idéal pour contrer les ambitions néerlandaises en Indonésie et françaises en Indochine. Déclarée port franc, elle attira bientôt de nombreux travailleurs chinois, indiens, indonésiens et arabes – à l'origine de son actuel caractère multiethnique. Suite au démantèlement du fort de Malacca par les Anglais en 1807, l'activité de l'île connut un développement considérable. La première école anglaise d'Asie du Sud-Est y fut créée en 1816 et, 10 ans plus tard, Penang endossa le rôle de capitale des *Straits Settlements,* les établissements britanniques en Malaisie, toujours contrôlés par la Compagnie des Indes orientales. La prospérité perdura après la prise de contrôle directe par la Couronne britannique en 1867, jusqu'à ce que Singapour la supplante.
À l'époque *peace & love,* Penang fut un rendez-vous des hippies, à la recherche de paix intérieure, loin du monde occidental. Mais depuis les années 1990, tout a changé. Sous l'effet de l'expansion économique, Penang est redevenue une plaque tournante du commerce maritime. Sa population

se partage aujourd'hui à parts presque égales entre Chinois (41,5 %) et Malais (41 %), alors que les Chinois furent longtemps majoritaires. D'ailleurs, Penang fut le seul État de Malaisie à avoir été dirigé par un Chinois. Mais un rééquilibrage semble être en cours tandis que, comme partout, la communauté indienne (10 %) regarde le match.

GEORGETOWN (CAPITALE DE L'ÎLE)

On l'a surnommée « la petite Singapour » en raison de son activité économique, importante pour la Malaisie, et de ses 740 000 habitants répartis entre la vieille ville et la périphérie urbaine. Mais si la densité de population est élevée, la comparaison s'arrête là : Penang, elle, conserve une âme enracinée dans l'histoire. Les idéogrammes peints de toutes les couleurs sur les devantures des maisons, les *trishaws* pilotés par des hommes sous des chapeaux de paille, la multiplicité des temples de toutes confessions, devant lesquels on s'incline d'un discret mouvement, l'art de rue (peintures murales et sculptures) enrichit indéniablement la cité, l'animation perpétuelle des rues commerçantes... en font, sans nul doute, l'une des villes les plus intéressantes du pays.

Arriver – Quitter

En bus

Deux options s'offrent à vous : rejoindre la gare routière de Butterworth, sur le continent, ou celle de Penang (Sungai NIbong), à 10 km au sud de Georgetown. Certaines compagnies desservent les 2, mais, globalement, les fréquences et destinations offertes sont plus nombreuses au départ de Butterworth (et un poil moins chères). En plus, il est plus simple d'arriver ou de partir de là : de la gare routière de Butterworth, on saute directement dans le ferry (à côté) pour gagner le cœur de Georgetown. Ceux qui arrivent à la gare routière de Sungai Nibong doivent, à contrario, prendre un bus urbain ou un taxi pour rejoindre le centre.

Gare routière de Butterworth : *à côté de la gare et du terminal des ferries. Il n'y a que la passerelle à grimper.*

➢ ***De/vers Ipoh :*** env 7 bus/j., 9h-18h30, avec *Transnasional* et *Konsortium*.

➢ ***Pour les Cameron Highlands :*** en principe 3 bus/j. Durée : env 5h.

➢ ***Pour Taiping :*** 3 bus/j. avec *Star Mart*.

➢ ***Pour Alor Setar :*** env 8 bus/j., 5h-19h, avec *Cepat* et *Plusliner*. Durée : 1h30 env.

➢ ***Pour Lumut :*** 4-5 bus/j. 9h-15h30 ou 16h30 avec *Sri Maju*, et supplémentaires ven et dim jusqu'à 18h15. Durée : env 3h30.

➢ ***De/vers Kuala Lumpur :*** départs quasi constants 7h30-1h30 avec *Billion Stars Express*, *Konsortium*, *KPB Express* et *Transnasional*. Durée : env 5h.

➢ ***De/vers Kota Bharu :*** 2 bus/j. avec *Transnasional*. Durée : env 7h.

➢ ***De/vers Kuantan :*** 3 bus/j. avec *Konsortium*, *Pacific Express* et *KPB*. Durée : 8h30.

➢ ***Pour Malacca :*** env 15 bus/j., 9h-minuit, avec *KPB*, *Transnasional*, *Cepat* et *Pacific Express*. Trajet : 7h15 en moyenne.

➢ ***Pour Singapour :*** env 12 départs/j. (8h-22h15) avec entre autres, *Seasons Express* et *Billion Stars Express*.

Sungai Nibong (carte *L'île de Penang*) **:** *au sud de Georgetown, après le pont de Penang.* Les bus n° 102 et 304 rejoignent la tour *Komtar*, au centre-ville, 5h30-23h15. Dans l'autre sens, on peut aussi prendre les bus n°s 303, 305, 308 et 401 depuis le terminal des ferries. Sinon, prendre un taxi.

➢ ***De/vers Ipoh :*** plusieurs bus/j. 9h15-19h45, avec *Sri Maju* et *Unititi*. Durée : env 3h.

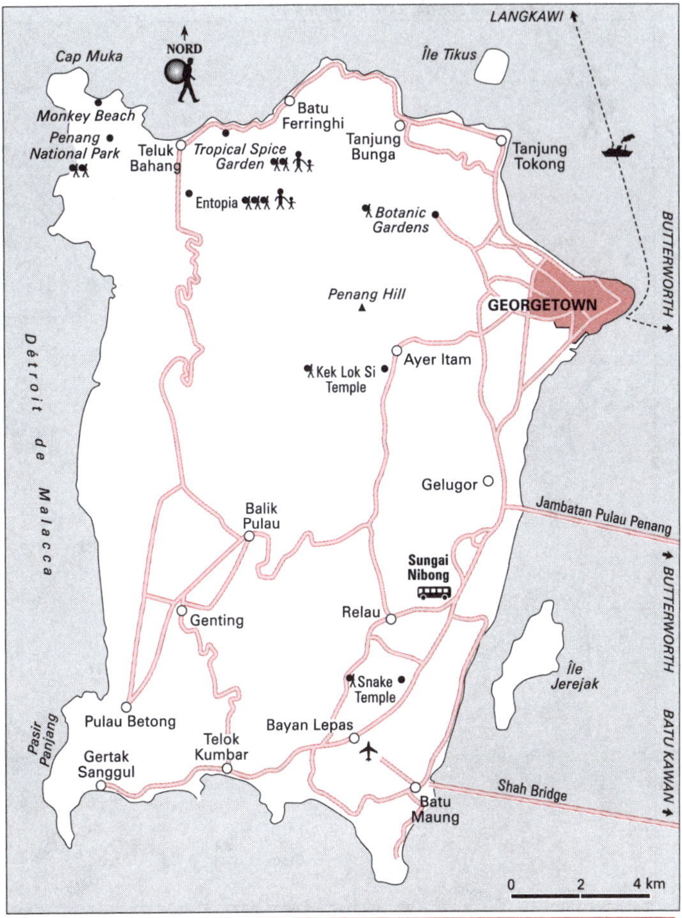

L'ÎLE DE PENANG

➢ ***Pour les Cameron Highlands :*** plusieurs départs quotidiens avec *Unititi.*
➢ ***De/vers Alor Setar :*** 3 bus/j. avec *Plusliner*, mat et soir. Compter 2h.
➢ ***De/vers Kuala Lumpur :*** nombreux départs tte la journée, jusque dans la nuit. Trajet : env 4h30-5h.
➢ ***De/vers Malacca :*** 3 bus/j. avec *KBP.* Durée : env 7h.
➢ ***De/vers Johor Bahru :*** ttes les heures env 6h30-23h avec *Konsortium* et *JB Transliner* notamment.

En train

Les départs se font de la ***gare de Butterworth,*** sur le continent. ☎ *331-27-96. Guichets tlj 5h-18h.* De là, une passerelle mène en 3 mn aux ferries de Georgetown (ttes les 20 mn) et à la gare routière longue distance. On trouve un changeur devant la gare. La compagnie possède également un bureau à Georgetown :

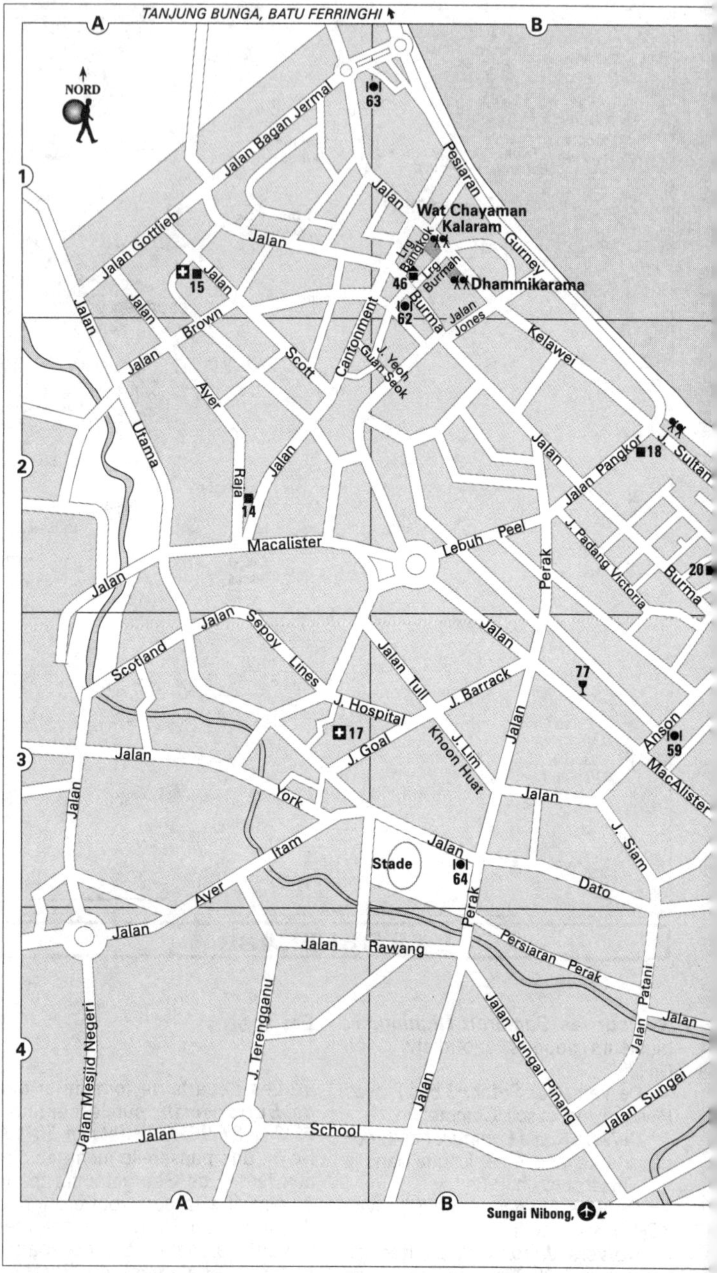
TANJUNG BUNGA, BATU FERRINGHI
A
B
NORD
1
2
3
4
63
Jalan Bagan Jermal
Pesiaran
Gurney
Jalan
Wat Chayaman
Kalaram
Jalan Gottlieb
Jalan
Lrg
Bangkok
Lrg
Burmah
15
Jalan
46
Dhammikarama
62
Burma
Jalan
Jones
Jalan
Jalan
Brown
Jalan
Cantonment
J. Yeoh
Guan Seok
Kelawei
Scott
Ayer
Utama
Jalan
Raja
14
J. Sultan
18
Jalan
Jalan Pangkor
Macalister
Lebuh
Peel
J. Padang Victoria
Perak
Burma
20
Jalan
Jalan
Sepoy
Lines
Scotland
Jalan
Jalan Tull
J. Barrack
77
J. Hospital
17
Jalan
Anson
59
J. Lim
Khoon Huat
J. Goal
MacAlister
Jalan
Jalan
York
Jalan
Jalan
J. Siam
Itam
Stade
64
Ayer
Dato
Perak
Jalan
Jalan
Rawang
Persiaran
Perak
Patani
Jalan
J. Terengganu
Jalan
Jalan Sungai Pinang
Jalan
Jalan Sungei
Jalan Mesjid Negeri
Jalan
School
A
B
Sungai Nibong,

■ Adresses utiles

- **10** Thai Airways
- **14** Consulat de Thaïlande
- **15** Consulat d'Indonésie et Adventist Hospital
- **17** General Hospital
- **18** Gleneagles Medical Centre
- **20** Alliance française

Où dormir ?

- **46** Palanquinn

Où manger ?

- **59** Winston Coffee Garden
- **62** Hock Kian Mee
- **63** Stalls de Gurney Drive
- **64** New Recipe
- **68** Tavern in the Park

Où boire un verre ?

- **68** Cafe-bar du Hin Bus Depot
- **77** The Den

GEORGETOWN – Plan d'ensemble

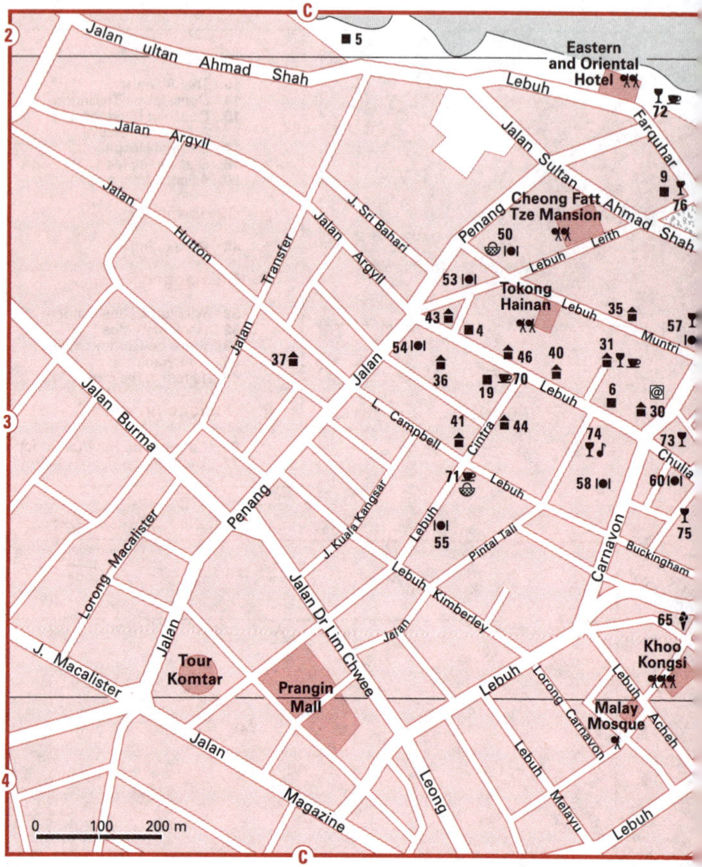

■ **Adresses utiles**

- 1 Penang Global Tourism
- 2 Tourism Malaysia
- 4 Silver-Econ Travel Service et Happy Holidays
- 5 Malaysia Airlines
- 6 Air Asia
- 7 KTM Counter
- 8 Terminal des ferries pour Butterworth
- 9 Silk Air
- 11 Terminal des ferries pour Langkawi
- 12 Billets pour Langkawi
- 19 G & C Laundry (laverie) et H.S. Sam Book Store

Où dormir ?

- 30 Pin Seng Hotel
- 31 Star Lodge
- 32 Broadway Budget Hostel
- 33 Red Inn Heritage
- 34 Red Inn Penang et Old Penang Guest House
- 35 Ryokan Muntri
- 36 Hang Chow Hotel
- 37 Hutton Lodge
- 38 Roommates
- 39 The 80's Guesthouse
- 40 Yeng Keng Hotel
- 41 Campbell House
- 42 23 Love Lane Hotel et Red Inn Hotel
- 43 Siok Hostel
- 44 Cintra Heritage House
- 45 Container Hotel
- 46 Time Capsule Hotel

Où manger ?

- 50 Red Garden Food Paradise
- 51 Stalls des Clan jetties
- 52 Kapitan
- 53 Jaya

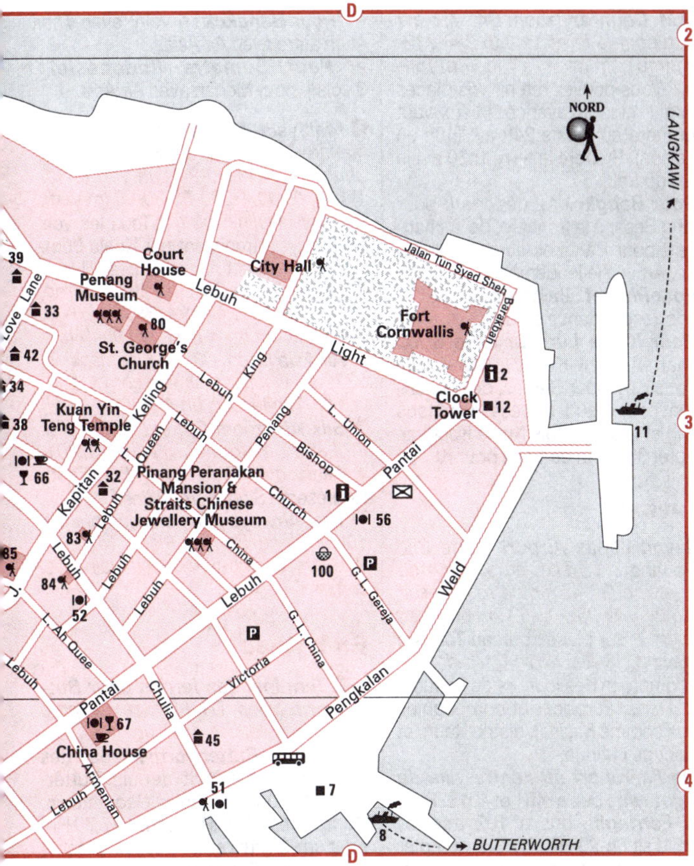

GEORGETOWN – Zoom

54 Yasmeen
55 De Tai Tong Cafe
56 Sri Weld Food Court
57 Behind 50
58 Teksen
60 Yeap Noodles
66 Pit Stop
67 Cafés et restaurants de la China House

Où s'offrir une bonne glace ?

65 Bon Ton Tea Shop

Où prendre le petit déj ou le thé ? Où boire un verre ?

31 Moon Tree 47
66 Pit Stop
67 China House
70 Tea Home Café
71 Huang Chen Hao Tea Art
72 Farquhar Bar et 1885
73 The Mugshot

Où boire un verre ? Où écouter de la musique ?

74 Reggae Club
75 Hong Kong Bar
76 360 Sky Bar

Achats

50 The Chocolate Boutique
71 Huang Chen Hao Tea Art
100 Ten Yee Tea Trading

À voir

51 Clan Jetties
80 Saint George's Church
83 Sri Mahamariamman Temple
84 Han Jiang Teochew Temple
85 Kapitan Keling Mosque

■ ***KTM Counter*** *(zoom D4,* ***7****) : avt l'entrée pour le ferry. ☎ (03) 226-712-00. • ktmb.com.my • Tlj 10h-14h, 15h-17h30.* Vous pouvez retenir vos places jusqu'à 1 mois à l'avance. Mieux vaut s'y prendre au moins 24h avt (48h en hte saison). Prendre le ferry 1h30 avt le départ du train.

➢ ***Pour Bangkok :*** 2 départs/j. pour Padang Besar à la frontière, de là changement pour Bangkok avec 1 train en soirée. Arrivée le lendemain midi.

➢ ***Pour Phuket :*** train jusqu'à Hat Yai, puis correspondance en bus.

➢ ***Pour Kuala Lumpur et le Sud :*** 5 départs/j. pour Kuala Lumpur (5h-19h) et slt 1/j. pour Gemas, de là changement pour le sud. Ils desservent tous Taiping et Ipoh, parfois Kuala Kangsar. Compter 3h30-4h de trajet pour KL.

En avion

✈ ***Bayan Lepas Airport*** *(carte L'île de Penang) : à 16 km au sud-est de Georgetown (30-45 mn de route selon circulation). ☎ 252-02-52. • penangairport.com •* Sur place : bureau *Tourism Malaysia (☎ 642-69-81 ; tlj 7h-dernier vol),* comptoirs des loueurs de voitures (*Avis, Hertz, Europcar* et compagnies locales comme *Kasina*), distributeurs et bureaux de change.

➢ ***De l'aéroport au centre-ville de Georgetown :*** bus nº 401 et 401E. Pour **Batu Ferringhi,** bus nº 102 ttes les 1h-1h20 slt 6h-23h15. En taxi, compter 45 Rm pour le centre et environ 70 Rm pour la zone des plages (Batu Ferringhi).

➢ ***Pour Kuala Lumpur :*** nombreux vols quotidiens avec *Malaysia Airlines* pour *KLIA* 1, *Firefly* et *Malindo Air* desservent l'aéroport de Subang, *Air Asia* celui de KLIA 2.

➢ ***Pour Langkawi :*** 1 vol/j. avec *Air Asia* et un autre avec *Firefly*.

➢ ***Pour Johor Bahru :*** 2-3 vols directs/j. avec *Air Asia.*

➢ ***Pour Kota Bharu :*** vol quotidien direct (tôt le mat) avec *Firefly.*

➢ ***Pour Kuantan :*** 3 vols/sem avec *Firefly.*

➢ ***Pour Singapour :*** plusieurs vols/j. avec *Silk Air, Air Asia, Tiger Airways* et *Jetstar.*

➢ ***Pour Phuket :*** 4 vols/sem avec *Firefly.*

➢ ***Pour Bangkok :*** 1 vol/j. avec *Thai* et un autre avec *Air Asia.*

➢ ***Pour Sumatra (Indonésie) :*** 3 vols/j. pour Medan avec *Air Asia.*

■ ***Malaysia Airlines*** *(zoom C2,* ***5****) : Menara Tower, 38, Jln Sultan Ahmad Shah. ☎ 7843-30-00 (lun-ven 8h30-17h30) ou ☎ 1-300-88-30-00 (nº Vert). • malaysiaairlines.com •* Tous les vols *Air Malaysia* transitent par Kuala Lumpur, aucun direct pour d'autres villes.

■ ***Firefly*** *(zoom C3) : tour Komtar (rdc, A1-04-07), Jln Penang. ☎ 250-20-00. • fireflyz.com.my • Lun-sam 9h-18h.*

■ ***Air Asia*** *(zoom C3,* ***6****) : Kim Mansion, 332, Jln Chulia. • airasia.com • Lun-ven 9h-18h30, sam 9h-16h30.*

■ ***Silk Air*** *(zoom C3,* ***9****) : suite 1208, 8, Lebuh Farquhar. ☎ 263-32-01. • silkair.com • Lun-ven 8h30-17h30.* Représente *Singapore Airlines.*

■ ***Thai Airways*** *(plan d'ensemble C3,* ***10****) : 2e étage, Burmah Place, 142L, Jln Burmah. ☎ 226-60-00. • thaiairways.com •*

En bateau

⛴ ***Terminal des ferries pour Butterworth*** *(zoom D4,* ***8****) : face à la gare routière locale, très pratique.*

➢ ***De/pour Butterworth :*** départ ttes les 30 mn 5h-minuit depuis Butterworth, 5h30-0h30 depuis Georgetown. Compter env 1,20 Rm/pers ou 7,70 Rm pour un véhicule et tous ses occupants dans le sens Butterworth-Penang ; gratuit au retour. Durée : 25 mn.

⛴ ***Terminal des ferries pour Langkawi*** *(zoom D3,* ***11****) : un peu plus au nord, près de l'office de tourisme.* Les billets s'achètent auprès des agences de voyages, sur Pesara King Edward, au pied de la tour de l'horloge *(zoom D3,* ***12****).* Elles pratiquent toutes le même prix.

➢ ***De/pour les îles Langkawi :*** 2 départs/j. le mat et l'ap-m. Compter 2h30-3h de traversée.

En voiture

Le pont reliant Butterworth à l'île de Penang et le Sha Bridge, entre Batu Kawan et Batu Maung, sont payants.

Comment se déplacer dans l'île ?

En bus

Un réseau de bus dessert la plupart des centres d'intérêt. Ils partent tous du Weld Quay *(zoom D4)*, face au terminal des ferries de Butterworth *(jeti)* et passent tous par la tour *Komtar (zoom C3)*. Assez fréquents dans le centre, ils deviennent plus rares à mesure que l'on s'éloigne de Georgetown. Prévoyez de la petite monnaie (environ 1,50-4 Rm) ou, si vous restez un moment, procurez-vous le ***Rapid Pass*** valable 7 jours pour environ 30 Rm. On peut l'acheter au guichet du *Weld Quay* ou de la tour *Komtar (tlj sf dim 8h-16h)*.
Il existe un ***bus gratuit,*** le ***CAT,*** qui effectue une boucle dans le centre, via le *Ferry Terminal*, Lebuh Pantai, Jalan Penang, la tour *Komtar* et retour via Lebuh Carnavon et Jalan Kapitan Kling. Fonctionne tlj 6h-23h ; intervalles d'env 10-20 mn entre 2 bus, selon trafic.
Le ***Hop-On Hop-Off*** dessert toute l'île, selon le principe de montées et de descentes où l'on veut sur les 2 circuits : la *Beach Route* longe la côte nord ; la *City Route* circule dans Georgetown et relient les sites alentours *(tlj 9h-20h ; billet valable 24h : 40 Rm ou 48h : 74 Rm ; • myhoponhopoff.com •)*

🚌 ***Gare routière principale*** *(Rapid Penang ; zoom D4)* **:** *☎ 238-13-13. • rapidpg.com.my • Le kiosque d'information du Weld Quay est ouv tlj 8h-20h ; on peut y acheter son Rapid Pass.* À la tour *Komtar*, un grand écran indique l'état d'avancement des bus en temps réel. Le rez-de-chaussée du *Prangin Mall* voisin, sur Jalan Dr Lim Chwee Leong, héberge aussi la plupart des compagnies de bus.
➢ ***Vers les temples thaï et birman :*** bus n°s 10, 101, 103 et 104.
➢ ***Vers le temple de Kek Lok Si :*** bus n°s 201, 203, 204 et 502.
➢ ***Vers les plages de la côte nord :*** les bus n°s 101 et 102 desservent la côte nord jusqu'à Teluk Bahang en passant par Tanjung Tokong, Tanjung Bunga et Batu Ferringhi. Le n° 101 passe ttes les 10-20 mn. Pour *Entopia*, changer pour le n° 501 au terminus de Teluk Bahang.
➢ ***Vers le funiculaire de Penang Hill :*** bus n° 204, ttes les 25-40 mn.
➢ ***Vers le Penang Bird Park :*** bus n° 709, ttes les 60-75 mn.
➢ ***Vers le Snake Temple :*** bus n°s 102 (vers le sud depuis Georgetown), 305, 306, 401 et 401E (le plus fréquent, ttes les 25-35 mn).
➢ ***Vers la gare routière de Sugai Nibong et l'aéroport :*** bus n° 102 (sud, là encore du centre-ville) ttes les 60-80 mn.

En taxi

On les trouve au terminal des bus locaux, face à l'arrivée des ferries de Butterworth (zoom D4). ☎ 262-57-21. Compter 10 Rm pour une petite course en ville, 40 Rm pour Batu Ferringhi et 40-45 Rm pour l'aéroport. Les taxis n'ont pas toujours de compteur (les bleus oui, les rouges non). Apprêtez-vous à négocier.

Location de vélos, scooters, motos et voitures

Au carrefour de Lebuh Chulia, Lebuh Leith et Jln Argyll (zoom C3), on trouve plusieurs loueurs les uns à côté des autres. Par exemple ***H.S. Sam Bookstore*** *(473, Lebuh Chulia ; ☎ 262-27-05).* Si la circulation ne vous effraie pas...

Adresses et infos utiles

Infos touristiques

ℹ ***Penang Global Tourism*** *(zoom D3, **1**)* **:** *Whiteaways Arcades, 10, Lebuh Pantai. ☎ 263-11-66. • visitpenang.gov.my • mypenang.gov.my • Lun-ven 9h-17h, sam 9h-15h, dim 10h-13h.* Certains employés de ce bel office de tourisme municipal parlent parfaitement l'anglais et sont très efficaces. Carte de l'île, brochure et promotion des artistes locaux à travers des

expositions. Ils organisent des ***visites guidées gratuites*** 3 fois par semaine (en principe, les mardi, jeudi et samedi à 10h30) axées sur les sites historiques. Durée : 1h30. Également des balades nocturnes 1 fois par mois. Prendre leur programme sur place ou sur leur site.
– Toilettes publiques à l'arrière.
Tourism Malaysia *(zoom D3, **2**)* **:** *10, Jln Tun Syed Sheh Barakbah. ☎ 262-20-93. • tourismmalaysia.gov.my • Lun-ven 8h-17h.* Infos sur Penang et la Malaisie. On y trouve notamment l'intéressant mensuel gratuit *Penang Tourist Newspaper.*

Poste, argent, banques, change

✉ ***Poste*** *(zoom D3)* **:** *Lebuh Downing. Lun-sam 8h30-17h30.* Service de poste restante. *Un autre bureau au pied de la tour Komtar (zoom C3).*
– On trouve des ***distributeurs*** absolument partout en ville. Sinon, ce ne sont pas les ***money changers*** qui manquent. Par exemple, il y en a un juste en face de l'office de tourisme : ***Money Changer Syarikat*** *(25A, Lebuh Pantai ; lun-ven 9h30-18h ; devises en liquide slt).* Sinon, aller dans Chulia Street, où ils peuvent aussi vous obtenir un visa thaï et font souvent *bookstore* ; dans Lebuh Pitt, autour du *Broadway Budget Hostel (zoom D3, **32**),* secteur où les Indiens changent de l'argent face à la mosquée Kapitan Kling ; et, plus haut, vers l'angle de Lebuh Pasar. D'autres sur Lebuh Pantai, surtout entre Lebuh China et Gereja...
■ ***HSBC*** **:** *1, Downing St, à l'angle de Lebuh Pantai, presque en face de l'office de tourisme et à gauche de la poste. Lun-ven 9h30-16h, mais distributeur accessible 24h/24.*

Représentations diplomatiques

■ ***Consulat de Thaïlande*** *(plan d'ensemble A2, **14**)* **:** *1, Tuanku Abdul Rahman. ☎ 226-80-29 ou 94-84. Lun-ven 9h-12h pour le dépôt du dossier de demande de visa et 14h-16h pour le retrait du passeport. Si vous venez à l'ouverture, vous l'aurez peut-être le jour même, sinon délai de 24 à 48h max.* Le visa n'est nécessaire que pour ceux qui souhaitent passer en Thaïlande plus de 30 jours en arrivant par avion ou plus de 15 jours si c'est par voie terrestre. Des *money changers* et agences dans Chulia Street proposent de vous obtenir le visa moyennant une petite commission. Pratique, car son montant couvre les 2 taxis que vous auriez à payer... Il vous faudra 2 photos.
■ ***Consulat d'Indonésie*** *(plan d'ensemble A1, **15**)* **:** *467, Jln Burmah. ☎ 227-46-86. Lun-ven 9h30-16h30 (pause déj).* Le visa peut s'obtenir à l'arrivée dans presque tous les ports et aéroports ; vérifiez tout de même que c'est bien le cas en ce qui vous concerne. Il permet de rester 30 jours sur place. Au-delà, un visa est nécessaire.

Urgences

General Hospital *(plan d'ensemble A3, **17**)* **:** *Jln Residensi. ☎ 229-33-33.*
Adventist Hospital *(plan d'ensemble A1, **15**)* **:** *465, Jln Burma. ☎ 226-11-33.*
■ ***Gleneagles Medical Centre*** *(plan d'ensemble B2, **18**)* **:** *Jln Pangkor. ☎ 227-61-11.* Cher (c'est une clinique), mais le plus performant.

Loisirs et services divers

■ ***Laveries :*** ***G & C Laundry*** *(zoom C3, **19**), 461, Jln Chulia. ☎ 263-84-07. Lun-sam 9h-19h. Sinon, pas mal de laveries au carrefour de Lebuh Chulia, Lebuh Leith et Jln Argyll (zoom C3).*
■ ***Bookstores de Chulia Street*** **:** *par exemple, **H.S. Sam Book store** (zoom C3, **19**), 473, Lebuh Chulia. Lun-sam 10h-22h, dim et j. fériés 10h-14h, 18h-21h.* Grand choix de livres (et une petite sélection en français), dictionnaires, jeux format de voyage... On peut y louer VTT, voitures ou motos, acheter des billets de bus ou de bateau, changer de l'argent et obtenir son visa pour la Thaïlande. Ils sont nombreux sur cette artère à proposer tous ces services *(horaires similaires).*
■ ***Tour Komtar*** *(Komtar Komplex ; plan d'ensemble C3)* **:** *au croisement*

de Jln Penang et Jln Magazine. On ne voit qu'elle ! C'est la plus haute tour du centre-ville. On y trouve une gare routière (bus de ville) et un centre commercial avec supermarché (au rez-de-chaussée). L'accès au sommet de la tour (en principe payant) était fermé jusqu'en 2017.

■ ***Alliance française*** *(plan d'ensemble B-C2,* ***20****)* **:** *46, Jln Phuah Hin Leong, à l'angle de Jln Irawadi.* ☎ *227-60-08.* • *afpenang.com* • *Mar-ven 9h-13h, 14h30-18h ; sam 9h-14h.* L'alliance organise de nombreuses activités : concerts, expos et soirées dégustation, entre autres. Projection de films 2 fois par mois, en général à 20h, précédé d'un apéro (non obligatoire, payant). Intéressant pour les voyageurs de passage : la mise en place d'un système d'échanges de livres. Très bon accueil.

Agences de voyages

Penang est un important point de rotation des routards du monde entier. On trouve, sur Chulia Street, plusieurs agences de voyages proposant des billets pour l'Australie et autres lointaines contrées pour des prix raisonnables. Contactez par exemple :

■ ***Silver-Econ Travel Service*** *(zoom C3,* ***4****)* **:** *438, Lebuh Chulia.* ☎ *262-98-82, 84 ou 85.* • *silverecon.com.my* • *Lun-sam 9h-18h (14h sam).* L'une des meilleures agences de Georgetown. Billets d'avion, visa pour la Thaïlande, hôtels, etc. Le patron, Keat, parle bien l'anglais.

■ ***Happy Holidays*** *(zoom C3,* ***4****)* **:** *432, Lebuh Chulia.* ☎ *262-92-22.* • *happyholidays.com.my* • *Lun-ven 9h-18h, sam 9h-13h.* Voisin et concurrent de *Silver-Econ,* lui aussi spécialisé dans les billets d'avion.

Où dormir ?

L'offre est impressionnante. Les petits hôtels pour routards à 10 Rm le lit en dortoir disparaissent peu à peu, remplacés par des AJ pimpantes et modernes, et par des capsules-hôtels à la japonaise, mais bien plus chères aussi (20-60 Rm le lit). Il en va un peu de même pour les hôtels : les vieux établissements chinois, patinés par le temps, cèdent la place à des boutiques-hôtels installés dans de vénérables demeures, parfois superbes, parfois sans grand intérêt. On essaie de vous proposer une juste mesure de chaque... La majeure partie de nos adresses se regroupe autour de Chulia Street et de la fameuse Love Lane, dans un quartier sympa aux vieilles maisons chinoises. Attention, beaucoup de chambres sans fenêtre et avec salle de bains partagée dans les adresses meilleur marché.

De bon marché à prix moyens (30-140 Rm / 7,50-35 €)

Pin Seng Hotel *(zoom C3,* ***30****)* **:** *82, Love Lane.* ☎ *261-90-04. Presque à l'angle de Chulia St, au fond d'une petite cour qui sert aussi de parking.* L'hôtel, au fond d'une impasse, propose des chambres simples à 1 ou 2 lits, correctes pour le prix (très bas), équipées uniquement de ventilos. Certaines ont une douche, d'autres juste un lavabo. Les salles de bains communes sont plutôt basiques. Attention, bruyant côté rue. Bon accueil du patron.

Roommates *(zoom C-D3,* ***38****)* **:** *17B, Lorong Chulia.* ☎ *261-15-67.* • *roommatespenang.com* • Une toute petite adresse proposant 2 dortoirs de 8 lits superposés, façon garde-meubles, avec rideaux verts, lumière et prise de courant pour brancher sa tablette. Ce n'est pas bien grand, mais ça fait partie des auberges de jeunesse nouvelle génération qui soignent la propreté et le look, plutôt contemporain. Rez-de-chaussée grand comme un mouchoir de poche, mais agréable avec ses tables en bois. Petit déj inclus avec café ou thé, œufs et toasts. Très bon accueil. Sympathique café en face, le *Pit Stop* (voir « Où manger ? »).

Siok Hostel *(zoom C3,* ***43****)* **:** *458, Lebuh Chulia.* ☎ *263-26-63.* • *siokhostel.com* • *Résa longtemps à l'avance conseillée. Bon marché pour les* *dortoirs, prix moyens pour les doubles.* Un *hostel* nouvelle génération, « 5 étoiles » : belle déco, avec briques, joli carrelage, plancher et quelques touches orangées, notamment dans les agréables dortoirs avec clim aux lits superposés (mixtes ou réservés aux filles). Salon hyper sympa avec de gros poufs, TV, DVD et un baby-foot. *Lounge* sur le toit. Quelques touches de couleur et d'humour sur les murs... Petit déj inclus de bonne qualité. Personnel aimable et efficace. En revanche, le carrefour est assez bruyant.

The 80's Guesthouse *(zoom C-D3, **39**) : 46, Love Lane. ☎ 263-88-06. • the80sguesthouse.com • Dortoirs bon marché, doubles à prix moyens. Petit déj inclus.* Une autre AJ, se voulant vintage car logée dans une *shophouse* centenaire, bien sûr aujourd'hui rénovée. Dortoirs climatisés de 6 lits avec casiers, prises électriques et lampes de chevet. Mais le plus original, c'est sans doute ce dortoir... pour couples. Les lits sont en effet des lits doubles, avec les mêmes services que les autres. Sanitaires communs pour tout le monde (mais pas en même temps). Deux chambres privées à prix moyens. Location de vélos, laverie. Plutôt pas mal mais le « concept » se paie un peu. Personnel très disponible, en principe.

Time Capsule Hotel *(zoom C3, **46**) : 418-420, Lebuh Chulia. ☎ 263-08-88. • timecapsule.my • Bon marché, fourchette haute.* Pour les non-claustrophobes qui voudraient expérimenter ce mode d'hébergement à la japonaise : les capsules sont des sortes d'alvéoles version spationaute de 2 m de long sur 1 m de large, chacune conçue ici avec le maximum de confort : clim, coffre, port USB et même une télé avec écouteurs pour ne pas déranger ses voisins, le luxe quoi ! Salles de bains communes nickel. Laverie. Billard et un café. Très bon accueil.

Star Lodge *(zoom C3, **31**) : 39, Jln Muntri. ☎ 262-63-78. • starlodge.net • Doubles avec sdb, ventilo ou AC, balcon ou non. Bon marché, limite prix moyens.* La rue est ultra-centrale et pourtant l'hôtel est assez calme car il donne sur un temple chinois... Ce qui n'empêche pas, certes, les bruits de couloir. De plus, il est très propre, les peintures sont renouvelées régulièrement et toutes les chambres ont au moins un lucarnon (éclairage néon). C'est déjà beaucoup dans le coin ! Les plus chères, à l'étage, sont plus grandes et plus claires, avec douche chaude. Clim et balcon selon le prix. Vente de tickets de transport. Bon accueil.

Broadway Budget Hostel *(zoom D3, **32**) : 35 F, Jln Masjid Kapitan Kling (Lebuh Pitt). ☎ 262-85-50. • broadwaybudgethotel.com • Prix moyens.* Ce petit hôtel « moderne » du quartier indien abrite des chambres sans charme avec fenêtre, AC et ventilateur, plus douche (chaude)-w-c. Elles sont bien propres, cela dit, même si pour le coup on les trouverait presque un peu trop dépouillées... Évitez celles qui donnent sur l'avenue hyper animée, donc bruyante. Celles du 3e sont plus claires et plus calmes. Plein de *money changers* dans le coin.

Red Inn : l'enseigne possède plusieurs établissements dans la Love Lane. *Ts avec petit déj. De bon marché à prix moyens.* Le **Red Inn Heritage** *(zoom D3, **33**) : au n° 15. ☎ 262-09-91.* Aussi bien les dortoirs aveugles que les chambres avec salle de bains partagée disposent de la clim. Plutôt agréables, les chambres ne sont pas bien grandes mais ont presque toutes une fenêtre. Le personnel est sympa. Eau, thé, café en libre-service et DVD en prêt. Le **Red Inn Penang** *(zoom C-D3, **34**) : au n° 55. ☎ 261-39-31. • redinnpenang.com •* Ici, seulement 3 chambres privées (2 avec bains), et tout le reste en dortoirs climatisés (mixtes ou séparés) de 6 lits maximum. Bons gros matelas épais. Cela dit, peu de chambres avec fenêtre, et l'insonorisation n'est quand même pas géniale (parquet qui grince et café ouvert jusqu'à minuit juste à côté) ! Néanmoins, personnel sympa. Une petite adresse simple mais bien sécurisée. Enfin, le **Red Inn Hotel** *(zoom D3, **42**) : au n° 39. ☎ 263-59-80.* Dortoirs mixtes de 4-6 lits avec ou sans salle de bains. Bonne ambiance surtout le mercredi soir quand il y a des concerts.

Old Penang Guest House (zoom C-D3, **34**) : *53, Love Lane.* ☎ *263-88-05.* • *oldpenang.com* • *Petit déj compris. Prix moyens* Une vieille maison de caractère bien restaurée, étirée en profondeur entre 2 rues. Elle abrite, autour d'un patio intérieur, des chambres simples, propres et bien aménagées (AC). On préfère les n°s 10 et 11, calmes et lumineuses, à l'arrière, et celles avec parquet de l'étage. Attention, toutes n'ont pas de fenêtre. Les 2 dortoirs (filles et garçons), respectivement de 4 et 12 lits, sont quand même assez sombres et petits pour le nombre de lits qui s'y entassent. Nombreux services : visa thaï, location de motos, laverie, etc.

Ryokan Muntri (zoom C3, **35**) : *62, Jln Muntri.* ☎ *250-02-87.* • *ryokanmuntri.com* • *Dortoir bon marché, doubles chic, petit déj compris.* Si l'on est encore dans une AJ, les prix sont ceux d'un hôtel. Il faut dire que le *Ryokan* est un *chic hostel,* soit une auberge de luxe, impeccable, toute climatisée, au décor *slick* tendance *trendy,* qui plaira aux urbains et aux adeptes de design épuré. Les dortoirs (4-6 lits, dont « The Loft », le plus grand) ont lits superposés, casier et lumière individuels ; préférez le n° 201, le seul qui ait une fenêtre. Les 3 chambres privées sont conçues à la japonaise, avec un futon, une TV écran plat encastrée dans le mur et une douche munie d'une grosse pomme tombant en pluie. Les draps sont fournis. Excellent petit déj, pour une fois ! Personnel aux petits soins.

Hang Chow Hotel (zoom C3, **36**) : *511, Lebuh Chulia.* ☎ *261-08-10. L'entrée se fait par le resto du rdc. Doubles avec ou sans sdb, avec ou sans AC. Bon marché, limite prix moyens si on ajoute le petit déj.* Au 1er étage, une quinzaine de chambres très correctes, assez grandes, avec un beau parquet ; certaines ont une douche, d'autres non, mais les w-c sont à l'extérieur pour tous. Sanitaires collectifs bien tenus. Bons petits déj en sus et, autre surprise du lieu, on y mange de bonnes pizzas *(8h-20h).* Le point faible : l'insonorisation moyenne, surtout quand le muezzin de la mosquée voisine s'y met ! Accueil sympa.

Hutton Lodge (zoom C3, **37**) : *17, Jln Hutton.* ☎ *263-60-03.* • *huttonlodge.com* • *Dortoir bon marché, doubles prix moyens. Également des familiales.* Enfin un petit hôtel à prix sages dans une maison coloniale de caractère ! Nous ne sommes pas là dans la sphère des boutiques-hôtels, mais plutôt dans celle des vieilles demeures familiales. Les 25 chambres ne reflètent pas vraiment l'histoire du lieu, mais elles sont bien arrangées, avec l'AC et une fenêtre donnant sur la cour-jardin ; certaines sont plus agréables que d'autres. Salles de bains intérieures ou à partager. Salon TV et buvette.

Container Hotel (zoom D4, **45**) : *4, Lebuh Chulia.* ☎ *251-95-15.* • *containerhotel.my* • Dans les anciens locaux d'un journal, en retrait de l'animation du centre, cette architecture brute renferme (c'est le cas de le dire !) des lits type « capsule » pour 1 ou 2 personnes, mais aussi des chambres plus classiques et confortables avec une fenêtre où rien ne perturbe la blancheur des murs et de la literie. L'ensemble, certes original, reste un peu froid.

Plus chic (200-300 Rm / 50-75 €)

Cintra Heritage House (zoom C3, **44**) : *1-7, Lebuh Cintra.* ☎ *262-82-32.* • *cintrahouse.com* • Dans un quartier très vivant et très chinois, un hôtel aménagé dans 4 *shophouses* de la fin du XIXe s (dont une servit de salon de coiffure aux occupants japonais), avec des arcades à colonnes décorées d'idéogrammes. Belle série de chambres portant les noms de personnalités historiques de l'île. Elles sont globalement agréables, quoique toutes différentes, la plupart avec plancher ou grandes tomettes, portes chinoises et mobilier à l'ancienne, murs jaunes, certaines avec salles de bains en damiers noir et blanc. Les n°s 202 et 203 donnent sur l'animation de la rue : sympa mais un peu bruyant, *of course,* d'autant qu'il y a une mosquée pas loin... Également des suites. Petit patio, café-bar à vins et agréable

LA CÔTE OUEST DE LA MALAISIE

terrasse sous les arcades pour boire l'apéro ou grignoter un morceau. Bon accueil et bon service.

Palanquinn *(plan d'ensemble B1,* ***46****) : 39, Lorong Bangkok. 018-472-40-39. • palanquinn.com • Doubles avec sdb et clim. Prix chic (fourchette haute) à plus chic selon la maison.* Excentré certes, mais l'emplacement est original (lire plus loin l'histoire sur la Bangkok Lane). Le jeune couple malaisien propose 5 chambres d'hôtes réparties dans deux belles maisons des années 1920, au rez-de-chaussée ou à l'étage, plus ou moins sombre, mais ayant toutes conservées des éléments d'origine : parquet en bois ou carrelage ancien. Du charme, de l'espace pour certaines et même un balcon. Bon rapport qualité-prix, surtout pour la 2e maison, et accueil adorable.

Très chic (plus de 300 Rm / 75 €)

Yeng Keng Hotel *(zoom C3,* ***40****) : 362, Lebuh Chulia. ☎ 262-21-77. • yengkenghotel.com • Résa recommandée bien à l'avance : l'adresse n'a que 20 chambres et est très populaire. Doubles à partir de 340 Rm, hors vac scol et fêtes de fin d'année, petit déj compris. Parking.* Véritable oasis au cœur de Chulia Street, la maison, datant des années 1850, possède une façade à colonnes repeinte avec un jaune éclatant et une adorable petite piscine tout en longueur, tandis qu'un caoutchouc grimpe dans le patio où somnolent quelques chaises canées. Tapis au sol, murs colorés, douche vitrée et confort assuré, les chambres ne sont pas en reste, même si elles ne sont pas géantes. Préférez les *deluxe* à l'étage, la différence de prix avec les *standard* n'est pas énorme et elles sont beaucoup mieux. Piscine. Café et bar.

Campbell House *(zoom C3,* ***41****) : 106, Lebuh Campbell. ☎ 261-82-90. • campbellhousepenang.com • Résa indispensable. Doubles env 400-600 Rm, petit déj inclus (servi jusqu'à midi).* Ce petit immeuble d'angle de 1903 a toujours abrité un hôtel ; jadis on y accueillait les marins et leurs conquêtes d'une heure... Les chambres ont repris vie sur des notes très luxe, avec un équipement raffiné : peignoirs, excellents matelas, douche vitrée (en pluie), frigo et, petit plus, lecteur de DVD, station iPod et machine à expresso (le patron est italien) ! L'une d'elles permet même de dormir sur un authentique lit à opium chinois. Pour grimper dans ce sanctuaire, on laisse ses chaussures en bas et on regarde ses sacs monter à l'étage à l'aide de la corde accrochée à une poulie, comme dans les anciens entrepôts. Très jolie terrasse en bois sur le toit, avec canapés et quelques bougies le soir. Resto italien. Attention, pas de lit supplémentaire possible pour les enfants. Accueil inégal.

23 Love Lane Hotel *(zoom D3,* ***42****) : 23, Love Lane. ☎ 262-13-23. • 23lovelane.com • Doubles 550-850 Rm (voir les promos sur leur site), family houses (4-6 pers) 900-1 700 Rm, petit déj et afternoon tea compris. CB acceptées.* Voici l'un des fleurons de l'hôtellerie de charme de Penang. D'abord, l'hôtel abrite en tout et pour tout 10 chambres dans une vieille demeure coloniale des années 1900, retapée de A (comme Aristo) à Z(en). La déco, individualisée, oscille entre nostalgies indiennes et coloniales, et art contemporain. On y trouve donc pêle-mêle de hauts plafonds comme dans le temps, de beaux tapis, des tableaux et des objets (ou sculptures, on ne sait plus) contemporains, des canapés moelleux à la fois branchés et vintage, des peignoirs dans l'armoire, des tableaux de vaches dans la suite familiale, une douche extérieure couverte et une baignoire en bois dans l'« Indian Bungalow », sans oublier un bien agréable salon-bibliothèque avec coin boissons... Seul danger : on finit par ne plus avoir envie de sortir voir la ville ! D'autant que, juste à côté, la maison a ouvert un resto joliment baptisé *Steak Frites* et judicieusement logé dans une ancienne *shophouse* restaurée.

Où manger ?

Tradition penangite par excellence, les *stalls* (stands de rue) de Georgetown offrent une incroyable variété de spécialités d'ici (surtout) et d'ailleurs (aussi). C'est là que l'on mange le mieux et le moins cher ! Petit inconvénient, la plupart des *stalls* les plus populaires sont situés hors du centre historique... Vous les retrouverez donc dans la rubrique « En périphérie ». Au centre même, beaucoup de restos touristiques, souvent trop chers et pas toujours géniaux. Un comble quand on connaît la réputation gastronomique de Penang !

Spécialités culinaires

– ***Assam laksa :*** soupe épaisse aux nouilles de riz, contenant du maquereau émietté, de la pâte de crevettes et des oignons, parfumée avec du tamarin frais et un mélange de piment, ail et citronnelle, parsemée de fines tranches de concombre, de feuilles de menthe et d'étonnantes inflorescences de roses de porcelaine *(bunga kantan).*
– ***Laksa lemak*** *(ou* ***nyonya laksa****)* ***:*** une variante de l'*assam laksa,* d'origine thaïe, où le lait de coco remplace le tamarin.
– ***Nasi kandar :*** simple plat de riz vapeur indien accompagné de toutes sortes de currys (au poulet, crevettes ou calamar frits, dés de bœuf, etc.). On le trouve dans pratiquement tous les stands de nourriture.
– ***Bak kut teh :*** bouillon de côtes de porc aux herbes et épices d'origine chinoise, servi au petit déjeuner (ou au dîner) et traditionnellement pris comme fortifiant par les hommes.
– ***Char kway teoh :*** nouilles de riz plates frites avec épices et fruits de mer (crevettes ou coques en particulier).
– ***Hokkien mee :*** nouilles de riz aux œufs, avec œuf dur, viande tranchée, crevettes, pousses de soja et épinards d'eau *(kangkung)* baignant dans un bouillon épicé à base de moelle de porc et crevettes.
– ***Nyonya cakes :*** gâteaux de farine de riz et de sagou au lait de coco.
– ***Cendol :*** dessert de nouilles vertes au lait de coco, sucre roux et glace pilée (parfois accompagné de durian).

Dans le centre

Foodstalls

|●| ***Red Garden Food Paradise*** *(zoom C3,* ***50****)* ***:*** *20, Lebuh Leith. Tlj 18h-1h du mat.* Voici l'exception qui confirme la règle : le *Red Garden* est le seul vrai grand regroupement de *stalls* du centre. Une véritable ruche la nuit tombée, où bruisse une foule butinant de stand en stand, de plats malais en spécialités chinoises, de *fried rice* thaï en curiosités philippines... Commandez selon vos goûts et donnez votre numéro de table (le tout est de réussir à en attraper une aux heures de pointe !), où l'on viendra vous apporter votre commande toute chaude. Plus tard, certains se mettent même à danser. Chanteuse en principe tous les soirs à partir de 21h.

|●| Sur Chulia Street (près de l'arrêt de bus et du *7-Eleven*) et sur Lebuh Kimberley côté Jalan Kuala Kangsar *(zoom C3),* le soir, des ***stalls*** et des ***petits restaurants chinois*** prennent possession de la rue. Ambiance colorée pour des spécialités de *wantan mee,* un plat de nouilles d'origine cantonais accompagné de *char siu* (tranches de porc fumé) et de *wonton* (sortes de raviolis). Simple et délicieux.

|●| Moins connus : les ***stalls*** situés à l'entrée des ***Clan jetties*** *(zoom D4,* ***51****),* à côté de l'arrivée des ferries de Butterworth. On s'y spécialise dans le « poulet d'eau » *(chui kak),* en d'autres termes les grenouilles (!), et les *fish head noodles* (rassurez-vous, il s'agit de morceaux frits), à accompagner, au choix, de 4 ou 5 types de nouilles.

|●| Enfin, en face de l'office de tourisme, le ***Sri Weld Food Court*** *(zoom D3,* ***56*** *; tlj sf dim 8h-16h – 14h sam),* sur Lebuh Pantai, est un grand hangar chaque jour rempli d'habitués. On y trouve de nombreux stands servant les bonnes spécialités habituelles : *nasi lemak, pork leg rice, chicken rice, hokkien prawn mee, char koay teow,*

penang curry mee, mee sotong et on en passe... Le tout pour pas cher et à arroser d'un *iced lemon tea,* d'un *iced coffee* ou d'un *soya milk*.

– Pour ceux qui voudraient être guidés dans leur découverte de la cuisine locale, notez que ***Food Tour Malaysia*** propose un *food tour* à l'américaine. Réservez sur Internet *(● foodtourmalaysia.com ●)* et comptez environ 160 Rm par personne.

De très bon marché à bon marché (moins de 20 Rm / 5 €)

|●| ***Kapitan*** *(zoom D3,* ***52****) : 93, Lebuh Chulia. Ouv 24h/24.* En plein quartier indien, ce *nasi kandar* typique s'ouvre largement sur la rue. On y avale un *chicken tandoori* (le soir), accompagné d'un *naan* (pain) et d'un lait d'amande *(badam milk)* sucré, avec noix de cajou et raisins. Évitez la cuisine malaise, ce n'est pas leur truc, en revanche.

|●| ***Yeap Noodles*** *(zoom C3,* ***60****) : 227, Lebuh Chulia. ☐ 016-478-54-53. Tlj 9h-21h30.* Petit resto familial discret, spécialisé dans les *noodles* maison à base d'épinards, de menthe, d'avoine ou encore de curcuma pour n'en citer que quelques unes. D'ailleurs le chef tente régulièrement de nouvelles expériences. Ça change, c'est bon et pas cher.

|●| ***Jaya*** *(zoom C3,* ***53****) : Jln Penang. Ouv 24h/24.* Musique indienne, bruit des chaises métalliques, couverts que l'on secoue, conversations mêlées, l'agitation est constante ici. On choisit sa pitance au buffet, comme les locaux, ou l'on commande à la carte, entre classiques indiens et malais, options végétariennes et *dhosai* (crêpes) à tout. C'est bon, pas cher et bien chaud (entendez épicé !). Grand choix de bons jus frais et lassis très abordables.

|●| ***Yasmeen*** *(zoom C3,* ***54****) : 177, Jln Penang. ☎ 261-06-54. Ouv 19h-23h. Fermé 1 mer sur 2.* Les poulets rouge piment, en vitrine, parlent déjà des spécialités de tandooris, marinés au yaourt et aux épices... Cuits dans un four traditionnel en terre cuite, comme le *naan,* ils sont servis avec oignons marinés et sauces à la coriandre et au piment. À côté, dans une impasse, le ***Line Clear*** est un autre resto indien tout aussi populaire, ouvert jusqu'à 3h. Une adresse un peu nomade, avec la ruelle comme salle à manger. Super pour les claustros !

|●| ***De Tai Tong Cafe*** *(zoom C3,* ***55****) : 45, Lebuh Cintra. ☎ 263-66-25. Tlj 6h-15h, 18h30-minuit.* Une vaste cantine populaire aussi active qu'une ruche au printemps. Les vieilles serveuses à la casquette rose, en formation serrée, assaillent méthodiquement les tables, un plateau de boissons à la main ou suivis de chariots bourrés de *dim sum,* ces spécialités à la vapeur qui ont fait la réputation de la maison. Les Chinois les mangent plutôt au petit déj, pour le *yum cha* quotidien, mais ils sont aussi servis le soir désormais ! Essayez par exemple les bons *char siu bao,* petites bouchées fourrées de viande de porc au barbecue, ou les *siu mai,* raviolis à la crevette et au porc. À boire avec un bon thé vert.

De prix moyens à chic (20-60 Rm / 5-15 €)

|●| ***Teksen*** *(zoom C3,* ***58****) : 18-20, Lebuh Carnarvon. ☐ 012-981-51-17. Tlj sf mar 12h-14h30, 18h-21h.* Depuis 1965, cette ancienne gargote chinoise a eu le temps de se développer et de conquérir les cœurs et les palais. Toujours beaucoup de monde, on vous conseille d'arriver tôt car l'adresse est connue. Dans une salle chinoise, typique et dépouillée (pléonasme), on choisit à la carte les spécialités pointées par un astérisque parmi les plats teochew, cantonais, hakka et peranakan. Bons *char siew bak* (porc rôti et frit pimenté), curry de poisson, poulet vapeur au gingembre, poulpe au prix du marché, canard, etc. Plats servis en plusieurs tailles, S, M et L, comme les fringues ! Pour accompagner votre plat, d'excellents légumes comme le *stir fried dragon spinach with juda's ear fungus* (épinards sautés aux champignons). Pour faire descendre le tout, du thé, *of course,* un *barley* (boisson à base d'orge) ou encore un

« Michael Jackson », soit du *soya milk with grass jelly* (et non Grace Kelly). Service plus ou moins souriant, ça dépote...

Pit Stop *(zoom D3,* ***66****) : 12, Lorong Chulia. ☎ 261-13-06. Tlj 9h-18h (dernière commande).* Un petit café jeune, branché mais pas trop, où les serveurs vous accueillent avec un vrai sourire et un verre d'eau fraîche. Jolie déco avec carrelage patiné, un peu de bois et de métal, une baie vitrée et une petite terrasse bien agréable. Pour les bandes de copains, sympathique tablée face au comptoir. On y vient dès le petit déj, servi toute la journée, pour avaler un bon pancake, par exemple. On y revient à midi pour un sandwich, une soupe ou un plat à base de riz ou de pâtes, pas cher et de bonne qualité. Simple et sympa.

Behind 50 *(zoom C-D3,* ***57****) : Jln Muntri, près de l'angle de la Love Lane. 012-556-55-09. Tlj sf jeu 18h-minuit.* C'est un petit bar-resto très discret, tenu par quelques potes et posé dans une bicoque de bois jaune qui semble comme encastrée dans le mur. D'ailleurs, en journée, on ne le remarque même pas... Mais le soir, on y descend volontiers une bière (une Guinness, par exemple) dans une ambiance bon enfant, accoudé au comptoir ou nez collé aux bibelots rétro, sous les lampadaires-cuillères, pendant que vibrionne le tourne-disque remis au goût du jour. Vous avez dit « vintage » ? Le menu, court, louche du côté de l'Italie. Un lieu original et très cool.

Cafés et restaurants de la China House *(zoom D3-4,* ***67****) : 153-155, Lebuh Pantai (Beach St). ☎ 263-72-99. Tlj 9h-minuit.* Un très beau lieu multiforme, en fait un complexe de 3 *shophouses* restaurées de manière contemporaine, avec de belles coursives, les vieux volets en bois conservés et repeints, plus une agréable circulation générale. Salle de spectacle, galerie d'art, salle de lecture, cafés et restaurants ad hoc. On y trouve aussi bien le traditionnel *kedai kopi* magnifiquement revisité ***(Kopi C. Espresso Café & Bar****; petit déj servi tte la journée, salades, sandwichs, mezze),* que le resto branché avec canapé, fauteuils et jolies toiles au goût du jour ***(Canteen & Bar****; lun-ven 17h-minuit, we 15h-1h ; laksa birman et plats thaïs le midi ; tapas, plus margaritas et mojitos le soir ; live music tous les soirs à 21h, plus à 15h le w-e ; DJ ven et sam soirs).* Jolie cour pour déguster tout ça. Également un bar à vins ***(Vine & Single)*** et le soir (18h30-22h), un resto de cuisine fusion entre Asie, Europe et Moyen-Orient ***(BTB & Restaurant).*** Un très beau lieu, à prix chic bien sûr...

Excentré

Foodstalls et restaurants bon marché

Nous vous les présentons en commençant par les plus proches du centre pour finir par les plus éloignés.

Sur Jalan Anson *(plan d'ensemble B3,* ***59****),* ***stalls*** très populaires au ***Winston Coffee Garden*** (face au KDU University College) et dans le *food court* attenant. Spécialité de *dim sum* le matin – les « tapas » cantonaises, petits plats généralement cuits à la vapeur.

On retrouve de nombreux *stalls* plus haut sur Jalan Burmah, à l'angle de Solok Moulmein, à côté d'un petit *wet market* synonyme de produits bien frais. Spécialités de la cuisine *hokkien,* comme les *prawn noodles* de ***Hock Kian Mee*** *(plan d'ensemble B1,* ***62****).* Très populaire le matin. À une rue de là, à l'angle de la jolie Jalan Bangkok, ***Mee Mamak,*** « L'Oncle Nouille » (demandez, il n'y a pas de panneau), est connu pour ses *curry mee, fried kuetiau* et autres *assam laksa.*

Les stalls de Gurney Drive *(plan d'ensemble A-B1,* ***63****) : en léger retrait du front de mer. Tlj 18h-minuit env.* Le lieu est populaire depuis belle lurette, même s'il s'est peu à peu converti en une sorte de marché de nuit, où défilent désormais plus de visiteurs que de locaux. Grande variété de cuisines : chinoise, malaise, indienne, etc. Pas mal de stands proposent les desserts locaux : *cendol, ais kacang* (glace pilée aux haricots rouges, maïs, *jello* et *attap chee,* les fruits immatures du palmier de la mangrove) et le très spécial *rojak* (« mélange »), une « salade » de mangue, de pomme verte, ananas, goyave, pomme d'amour *(jambu air)*, concombre, miel et... petits morceaux de calamar frit, sur lesquels on verse un coulis épais à base de crevettes séchées et piment ! Goûts très particuliers, à découvrir.

Tavern in the Park *(plan d'ensemble C4, **68**) : au Hin Bus Depot, 31A Jln Gurdwara. ☎ 226-56-91. Tlj 10h-22h. Sert de l'alcool.* On y va plus pour le cadre et l'ambiance alternative que pour la cuisine elle-même, plutôt simple et occidentalisée, type burgers et poisson pané. Voir aussi plus loin « Où boire un verre ? » et « À voir ».

New Recipe *(plan d'ensemble B3, **64**) : Jln Dato Keramat, à côté du stade. Tlj 17h-2h.* C'est un peu loin, on vous l'accorde, mais vous ne viendrez pas ici pour rien. La maison s'est fait une spécialité du *frog porridge (kung po)*, un plat de grenouille dans une épaisse sauce noire épicée, servi dans un plat en terre cuite (pour rester bien chaud) et avec un porridge de riz épais pour étouffer le feu... On choisit entre 2 versions : avec gingembre ou piment séché. Pas mal aussi, l'anguille *(eel)* au gingembre et aux petits oignons. Miam, miam !

Où s'offrir une bonne glace ?

Bon Ton Tea Shop *(zoom C3, **65**) : à l'angle de Jln Armenian et Cannon St. Tlj 10h-19h.* Un recoin ouvert aux quatre vents, attenant à une sorte de magasin d'antiquités, pour s'offrir une bonne glace ou une part de tarte entre 2 visites – la mosquée Kapitan Kling est à deux pas, le *Khoo Kongsi* aussi. Tout juste 4 ou 5 tables, rien de plus, mais on peut se rabattre sur un banc, à partager avec les chauffeurs de *trishaw*.

Où prendre le petit déj ou le thé ?
Où boire un verre ?

Pour prendre un petit déj ou boire un verre en journée, voir aussi le **Pit Stop** *(zoom D3, **66**)* dans « Où manger ? ». N'oubliez pas non plus les cafés et bars de la ***China House*** *(zoom D3-4, **67** ; voir « Où manger ? »).*

Huang Chen Hao Tea Art *(zoom C3, **71**) : 83, Campbell St. ☎ 262-13-15. Lun-sam 9h-17h.* Le proprio est un passionné qui se fera un plaisir de vous faire déguster un de ses thés bio avec force explications et détails. Les feuilles sont d'excellente qualité, mais pas données, autant le savoir.

Tea Home Café *(zoom C3, **70**) : 6, Lebuh Cintra. ☎ 261-24-96. Tlj sf dim 11h-20h.* Belle boutique familiale offrant une grande variété de thés. Dégustation possible.

The Mugshot *(zoom C3, **73**) : 302, Chulia St. 012-405-62-76. Tlj 8h-minuit.* Un café donnant sur l'animée Chulia Street, avec quelques minitables et chaises en bois sous les arcades, plus une salle tout en longueur où règne un joyeux bazar. Jus de fruits. Clientèle jeune et plutôt bohème. Bonne boulangerie juste à côté. Tout au fond, un opticien s'est installé. Les clients choisissent leurs lunettes en sirotant une tasse de café, sympa.

Café-bar du Hin Bus Depot *(plan d'ensemble C4, **68**) : 31A Jln Gurdwara. Tlj 10h-22h (23h30 ven-sam). Sert de l'alcool.* Grandes baies vitrées donnant sur la rue. Bien pour boire un verre, visiter une expo et assister peut-être à un concert dans ce lieu culturel décalé. Lire aussi plus loin, dans « À voir ».

Moon Tree 47 *(zoom C3, **31**) : 47, Jln Muntri. ☎ 264-40-21.* On aurait aimé vous parler de cette vieille maison en bois dans les *guesthouses*, mais elle est bien trop chère pour le peu de confort proposé, alors on vous invite plutôt à venir y boire un verre... Vous y découvrirez 2 courettes toutes mignonnes en enfilade, décorées de plantes, bananiers et vieux objets, le tout à deux pas d'une drôle de fresque. Charmant pour savourer un bon café (grand choix), un petit déj, une salade ou un petit plat.

🍷 ☕ ***Farquhar Bar*** *(zoom C3,* ***72****)* **:** Eastern and Oriental Hotel, *10, Lebuh Farquhar.* ☎ *222-20-00. Tlj 10h-minuit.* Et maintenant un zeste de luxe, au cœur du plus important palace de la ville... Le décor de club colonial du bar, aux fauteuils cannés, vaut le coup d'œil. En bande son : musique des Années folles jusqu'aux 50's. Pour se faire plaisir, des cocktails alcoolisés ou non et des vins du Nouveau Monde au verre, certes pas vraiment donnés. En revanche, évitez d'y manger, ça ne casse pas des briques, si l'on excepte les pâtisseries (ah ! le *toffee banana trifle* !). Les adeptes du *high tea* à l'anglaise pousseront la porte du ***1885,*** au bout du couloir feutré *(tlj 14h-17h ; prix très chic).* Ils choisiront parmi une douzaine de thés et savoureront mini-sandwichs, pâtisseries apportées sur leur chariot roulant et scones du jour avec confiture et *fresh cream,* tout ça en ayant un œil sur la mer et les jardins de l'hôtel.

Où boire un verre ? Où écouter de la musique ?

Les routards à la recherche de routards choisiront le secteur de la Lebuh Chulia, où l'on descend une bière aux terrasses des *guesthouses* ou autour du tonitruant *Reggae Club* (voir plus bas). Les autres, plus intéressés par le contact avec les jeunes et moins jeunes de Penang, iront flâner dans le dernier tronçon de la Jalan Penang, avant la Lebuh Farquhar *(zoom C3).* Ce minuscule périmètre concentre la plupart des lieux de sortie à la mode, depuis la boîte branchée et select jusqu'au pub confortable.

🍷 ♪ ***Reggae Club*** *(zoom C3,* ***74****)* **:** *361, Chulia St, presque au bout de Love Lane.* 📱 *012-485-83-33. Tlj 18h-3h.* Pour les routards et les babas au long cours, un endroit sous le signe du dieu Bob Marley, où l'on vient dès l'apéro profiter de la terrasse et de l'animation de Chulia Street (et de sa pollution !). On y sirote une bière, on y fume la chicha et de temps à autre, on écoute un peu de musique live. Bière pas très chère, surtout si on est en bande (remise à partir de 5 bières ou carafe de 3 l !).

🍷 ***Hong Kong Bar*** *(zoom C-D3,* ***75****)* **:** *371, Chulia St.* ☎ *261-97-96.* Un petit bar dans une vieille *shophouse* à la déco bien chargée : bouées de sauvetage, photos, plaques, casquettes, billets de banque... Ça peut servir en cas de tangage. Bières bien fraîches. Tenu par Jenny, une Australienne très sympa, donc clientèle essentiellement kangourou.

🍷 ***360 Sky Bar*** *(zoom C3,* ***76****)* **:** Bay View Hotel, *25A, Farquhar St.* ☎ *263-31-61. Tlj 16h-1h.* Pour ceux qui cherchent la vue avant tout, la terrasse de l'hôtel leur donnera un bon aperçu de la ville. Particulièrement agréable au coucher du soleil. Canapés moelleux et bons cocktails, bien sûr pas donnés...

🍷 ***The Den*** *(plan d'ensemble B3,* ***77****)* **:** Macalister Mansion, *228, Macalister Rd.* ☎ *228-38-88. Tlj 17h-1h (2h ven-sam).* L'adresse chic des noctambules. Belle bâtisse, qui fait aussi hôtel, avec un bar contemporain raffiné à l'ambiance de *lounge.* Belle sélection de whiskys (*single malt* et *single cask,* les amateurs apprécieront !) et de cigares. Petits budgets, s'abstenir !

Où danser ?

♫ La boîte la plus connue est le ***Slippery Señoritas*** *(zoom C3 ; tlj 17h-3h ; entrée payante et musique live),* mais le service et l'ambiance tournent parfois à l'agressivité, voire au pugilat. Il y a aussi le ***Mois Dance Club*** *(1, Jln Penang),* un peu plus classe. Plus loin, il y a encore le secteur de la Jalan Burma, vers la jolie Jalan Bangkok.

Achats

Voir ***Huang Chen Hao Tea Art*** *(zoom C3,* ***71****)* dans « Où prendre le petit déj ou le thé ? Où boire un verre ? ».

Ten Yee Tea Trading (zoom D3, **100**) **:** *33, Lebuh Pantai.* ☎ *262-56-93. Tlj sf dim et j. fériés 9h30-18h30. Dégustation env 20 Rm par thé goûté ; gratuite si on achète.* Cette très belle boutique de thé baigne dans une atmosphère chic et rétro. Les thés s'alignent dans des urnes dorées, sur le mur du fond, au côté des galettes de *puer,* tandis que jarres anciennes et mobilier chinois renvoient à une époque révolue. Dégustation de *puer, red tea* et jasmin.

The Chocolate Boutique (zoom C3, **50**) **:** *22, Jln Leith.* ☎ *250-24-88. Tlj 9h-18h.* À peine la porte franchie, on vous fera faire un tour *ekspres* des étalages, en vous fourrant dans la bouche 5 ou 6 minimorceaux de chocolat – classique aux amandes, à la fraise, plus inhabituel à l'ananas et carrément surprenant au ginseng ou... au piment. Oui, ça pique, et on vous servira une goutte de café-crème pour vous adoucir le palais et reprendre la valse du chocolat.

À voir

Les offices de tourisme délivrent une carte indiquant les principaux monuments de la ville. Au cours de vos pérégrinations, vous croiserez de bien belles demeures et de nombreux lieux de culte : mosquées, temples chinois, indiens et bouddhistes, parfois très proches les uns des autres. En les visitant à la suite, le choc des cultures n'en sera que plus retentissant.

Le cœur de la vieille ville, facile à découvrir à pied, se resserre de part et d'autre de Jalan Chulia, l'ex-Malabar Street à l'époque coloniale, autour de laquelle se regroupent hôtels, *guesthouses,* bars et restaurants. Nous partirons du musée de Penang, situé à 150 m au nord, pour effectuer une boucle dans le sens des aiguilles d'une montre. Mais ne vous contentez pas de suivre cet itinéraire : perdez-vous aussi, pour mieux respirer Penang et découvrir la multiplicité de ses facettes et petits métiers. Partez aussi par exemple, à la recherche des façades embellies de peintures murales, particulièrement photogéniques.

Dans le centre

Penang Museum (zoom D3) **:** *Lebuh Farquhar.* ☎ *261-14-61.* • *penang museum.gov.my* • *Tlj sf ven et j. fériés 9h-17h. Entrée : 1 Rm !*
Très bien conçu, ce musée évoque l'histoire de Penang et le caractère pluriethnique de sa population. De jolies photos sépia agrandies et quelques installations audio-vidéos ajoutent à la richesse de l'exposé.

– Au rez-de-chaussée, la visite commence par les origines et les coutumes des trois principales communautés : Malais, Chinois et Indiens. On y découvre de bien beaux meubles chinois incrustés de nacre, dont quelques *opium beds* élégants du XIXe s, et les fameuses chaussures de 7 cm conçues pour les femmes aux pieds bandés (les « pieds fleurs de lotus »). Le clou de la visite, selon nous, ce sont les costumes baba nyonya exposés autour d'un lit nuptial traditionnel, de cette culture métissée, sino-malaise, dont Penang se veut l'héritière, avec Malacca. Explications très intéressantes sur le rite des mariages baba-nyonya avec la cérémonie de thé comme point d'orgue. Elle signifie que les deux familles acceptent l'union de leurs enfants.

– Au 1er étage, documents, photos et objets divers retracent petite et grande histoire de l'île, depuis son appropriation en 1786 par l'envoyé de l'*East India Company,* Francis Light, qui persuada le sultan de Kedah de céder Penang contre une grosse somme – jamais intégralement versée. Une salle expose des toiles de Penang dans les années 1815-1817, réalisées par un capitaine anglais, Robert Smith. Chouette visite.

Kuan Yin Teng Temple *(zoom D3)* **:** *Lebuh Pitt.* Le plus vieux temple chinois de Penang, construit vers 1800, est dédié à la déesse de la Miséricorde, Kuan Yin. C'est probablement le sanctuaire de la ville le plus fréquenté. Face à l'entrée, d'énormes bâtons d'encens brûlent de façon continue d'une fumée acre et, face à l'autel, sous la houle des lampes en soie rouge et or, le ballet des offrandes n'a de cesse. Arrêtez-vous 10 mn et observez les rituels : la crémation du papier, les bâtonnets d'encens que l'on tient en s'inclinant durant la prière, l'offrande de fruits ou d'huile. Puis remarquez le « nettoyeur », qui passe régulièrement faire place nette... Les Chinois prient pour la guérison d'un malade, pour la réussite d'un examen et beaucoup pour la bonne marche de leurs affaires. Des rituels spécifiques se déroulent les 1er et 15e jours du mois lunaire. Les 15 et 16 juillet, le temple est parallèlement le théâtre d'une grande fête très pittoresque, mais emportez un mouchoir (beaucoup de fumée !).

Un peu plus haut sur la rue, ***Saint George's Church*** *(zoom D3,* ***80****)* est la plus ancienne église anglicane d'Asie du Sud-Est (1818). Elle en impose avec son colossal fronton néoclassique et sa flèche effilée. Elle coûta six fois plus cher à bâtir que la rente annuelle versée par les Anglais au sultan de Kedah pour l'occupation de Penang ! Un mémorial y rend hommage à Francis Light, le conquérant de l'île.

City Hall *(zoom D3)* **:** *Jln Padang Kota Lama.* Achevé en 1903, l'hôtel de ville, fort bien restauré, est un magnifique édifice blanc de style néopalladien aux colonnes corinthiennes.

– Juste après, à l'angle de Lebuh Pantai, vous verrez la ***tour de l'Horloge*** *(Clocktower)* édifiée, entre 1897 et 1902, pour commémorer le jubilé de diamant (60 ans de règne) de la reine Victoria – raison pour laquelle elle mesure 60 pieds !

Pinang Peranakan Mansion & Straits Chinese Jewellery Museum *(La maison verte ; zoom D3)* **:** *29, Lebuh Gereja. ☎ 264-29-29. • pinangperanakanmansion.com.my • Lun-ven 9h30-17h. Billet : 22 Rm ; réduc. Visite libre ou guidée (sans supplément, mais pourboire bienvenu).*

Visite de la maison
Cette demeure, parmi les plus belles de Penang, appartenait naguère au Kapitan Chung Keng Kwee, une personnalité importante de la communauté chinoise de la ville, représentant auprès des autorités coloniales et homme d'affaires enrichi par le commerce de l'opium, les mines d'étain et son activité d'intermédiaire dans « l'importation » de main-d'œuvre chinoise... Derrière sa façade verte à arcades, la maison abrite un intérieur raffiné, organisé autour d'un patio et meublé dans le style XIXe s des demeures bourgeoises de Penang – mobilier incrusté de nacre et superbes panneaux en bois sculpté doré chinois, entremêlés de motifs floraux, animaux et chimères (et même des litchis, fruit préféré du Kapitan !), sols en céramique anglaise, fer forgé écossais, objets décoratifs victoriens. À l'étage, l'actuel propriétaire expose ses collections de verrerie, poupées en porcelaine et autres bibelots 100 % *British*... Vous y verrez aussi une chambre de mariage, un autel conservant un bouddha en jade bicentenaire et un tambour, utilisé, dit-on, pour appeler les serviteurs qui n'avaient pas entendu le gong ! Le Kapitan fit aussi bâtir, à côté, un temple (1899) consacré au culte des ancêtres. Des scènes d'opéra chinois y confirment sa passion pour ce genre de spectacle...

Le musée des Bijoux
Ce musée présente une collection de bijoux peranakan rassemblée par le collectionneur Peter Soon, qui vit à Penang mais a également ouvert un musée similaire à Malacca. La collection est constituée d'au moins 30 à 40 % de bijoux récents,

de l'aveu même des guides. Néanmoins, la visite est très intéressante. Notez, entre autres, les chaussons pour hommes et femmes (différents, bien sûr), la parure ornée d'un paon, les nombreux bijoux en or, les *victorian glasses* (ou *gelai tutuk*, tiges de fleurs et papillons ornés de porcelaines d'enfants), le vaste lit à opium, le service à thé chinois en porcelaine rose et bleu, les cure-dents en or, l'éventail en ivoire, les chignons sertis d'or et de colliers en papier, etc. Également une table dressée à l'anglaise, le vieux coffre-fort Henry Waugh. Mention spéciale aux bijoux de veuvage composés de perles et d'argent (voir encadré), pas tant pour leur beauté particulière que pour leur signification, les perles symbolisant les larmes des veuves.

VIVE *MEETIC* !

Le veuvage pour la femme nyonya, c'est comme l'amour selon Frédéric Beigbeder : ça dure 3 ans. Le problème, c'est qu'au bout de 3 ans, il vaut mieux qu'elle soit bien sûre d'elle et qu'elle ait bien étudié son « coup ». En effet, si le mariage n'a pas lieu dans les 3 mois qui suivent la fin du veuvage, c'est reparti pour 3 ans avant une nouvelle fenêtre de 3 mois, et ainsi de suite !

|●| On peut prendre un café et grignoter un morceau (pâtisseries) dans la *Nyonya Kitchen,* soit les anciennes cuisines, où est conservé un joli cabinet de pharmacie.

Clan Jetties (*quai des Clans ; zoom D4,* **51**) **:** *juste au sud du terminal du ferry de Butterworth.* Étrange quartier que celui-ci, aux maisons sur pilotis édifiées au-dessus de la boue du port. On l'explore en s'aventurant sur des pontons faits de planches mal ajustées, disposés en un dédale connu des seuls initiés. Chacun des huit clans possède son quai. Ici, la vie est calme, loin de la ville trépidante. Tout le monde se connaît. Dans chaque maison, dont la porte est pratiquement toujours ouverte, on aperçoit un petit autel chinois, rouge bien sûr. À l'entrée du quartier, ne ratez pas le temple où, au centre, trônent des sabres à faire frémir d'effroi les intrus ! Si une petite faim vous prend, les *stalls* voisins concoctent de bons petits plats de... grenouille (voir « Où manger ? »).

Sri Mahamariamman Temple (*zoom D3,* **83**) **:** *Lebuh Queen. À l'angle de Lebuh Chulia. Tlj 6h-12h, 17h-21h.* Érigé au cœur du quartier indien en 1833, ce temple hindou est consacré à celle que les Tamouls vénèrent comme la mère de tous les dieux, *Mariammam.* À l'entrée, notez le *gopuram,* une tour pyramidale typiquement dravidienne, avec 38 divinités de toutes les couleurs. L'ensemble fait penser à une énorme pièce montée. C'est de là que part la procession qui conduit les fidèles jusqu'au temple Nattukkottai Chettiar, au bout de Waterfall Road, la veille de la cérémonie du Thaipusam.

Han Jiang Teochew Temple (*zoom D3,* **84**) **:** *Lebuh Chulia, près de l'angle de Kapitan Kling.* Bâti en 1870 par la communauté chinoise originaire de l'est du Guangdong (région de Canton), ce temple aux toits ornés de dragons s'est vu décerner en 2006 une récompense par l'Unesco pour sa restauration fort réussie. On remarquera en particulier ses colossales portes hautes de 4,20 m, ornées de gardiens aussi grands, aux casques d'or scintillants. Impressionnant !

Kapitan Keling Mosque (*zoom C-D3,* **85**) **:** *Lebuh Pitt. Tlj 11h30-13h, 14h (14h30 ven)-18h, sf au moment des prières. Abayas fournies.* Une des plus vastes de Malaisie, cette grande bâtisse a été fondée en 1801 par le premier *Kapitan Keling* (représentant) de la communauté indienne, et reconstruite en 1916. On peut juste faire le tour de la salle de prière par les couloirs extérieurs. À l'intérieur, pas grand-chose à voir, hormis les prieurs qui piquent sereinement un somme à même les dalles...

Khoo Kongsi (*zoom C-D3-4*) **:** *18, Cannon Square. ☎ 261-46-09. • khookongsi.com.my • Dans une impasse au bout de Lebuh Pitt. Tlj 9h-18h (dernière entrée 17h). Billet : env 10 Rm ; réduc.* Ce magnifique *kongsi* a été restauré à grands frais, avec l'aide des meilleurs artisans de Chine et d'une équipe indienne travaillant au Taj Mahal, pour redonner vie à l'orgueil du clan *Khoo*. Un *kongsi* sert de point de ralliement aux Chinois d'un même clan, cumulant les fonctions de temple, d'école et, plus généralement, de lieu de réunion. Pour la petite histoire, le premier bâtiment, construit en 1901 avec des matériaux précieux et une riche décoration, brûla le jour même de son inauguration – une tragédie interprétée comme une punition divine pour le manque de modestie dans sa réalisation. Il fut reconstruit dans un style « plus simple » 5 ans plus tard. Magnifique toit sculpté et poutres richement travaillées, statues expressives, panneaux gravés pleins de vie... Gardiens tutélaires et ancêtres du clan sont représentés chevauchant lions, tigres, dragons, éléphants et autres chimères. Au rez-de-chaussée, un musée retrace les grandes lignes de l'histoire du clan.

Malay Mosque *(Masjid Melayu ; zoom C4)* **:** *au bout de Lebuh Cannon, sur Lebuh Acheh.* Construite en 1808, puis remaniée dans la seconde moitié du XIXe s, elle possède un minaret de style égyptien. Les pèlerins en partance pour La Mecque s'y donnaient jadis rendez-vous avant d'embarquer. Sur les côtés, vous verrez de belles maisons malaises en bois aux toits de tuiles rousses.

Sur ***Jalan Doctor Lim Chwee Leomg,*** tout près des docks, beau ***marché*** toute la journée. Le matin, étalage de fruits et légumes arrivant directement des Cameron Highlands.

Tokong Hainan *(zoom C3)* **:** *93, Jln Muntri.* Un impressionnant portique récent en pierre sculptée, surmonté des habituels dragons, s'ouvre sur ce joli temple fondé en 1895 par la communauté chinoise originaire de l'île de Hainan. Il est dédié à Mar Chor, divinité protectrice des marins. À l'intérieur : un calme patio où prospèrent quelques plantes et deux bambous en pot, des portes rondes, des offrandes d'huile et de riz (par sacs entiers), sans oublier de drôles de pagodons incrustés de centaines d'ex-voto pivotant sur eux-mêmes.

The Blue Mansion *(Cheong Fatt Tze Mansion ; zoom C3)* **:** *14, Lebuh Leith. ☎ 262-00-06. • cheongfatttzemansion.com • Visite guidée obligatoire à 11h, 14h et 15h30 (très détaillée). Durée : 45 mn. Entrée : env 20 Rm.*
L'Unesco a décerné en 2000 un prix prestigieux aux propriétaires pour les récompenser de cette belle restauration. Dans les années 1990, ce n'était qu'une vieille baraque divisée en une trentaine de pauvres appartements... Sa résurrection tient du miracle ! Construite vers 1880, cette superbe demeure chinoise, la plus grandiose de Penang, est appelée « la Maison bleue ». Désolé Maxime, elle n'est pas adossée à une colline, mais elle devrait te plaire quand même : elle compte pas moins de 38 pièces et... 220 fenêtres ! Un superbe ensemble décoré avec goût, mêlant les styles architecturaux asiatiques et occidentaux.
On dit de Cheong Fatt Tze (c'est son nom hakka), son concepteur, qu'il fut l'un des derniers mandarins et le premier vrai capitaliste chinois. Magnat des affaires, impliqué dans le commerce du caoutchouc, de l'étain, du café, des textiles, du thé, mais aussi de l'opium, il dirigea la première banque chinoise moderne et le premier réseau de train, avant de devenir consul général de Chine à Singapour et même ministre des Chemins de fer. À sa mort, le *New York Times* évoqua en lui un « Rockefeller oriental », en passant sous silence, puritanisme oblige, ses huit femmes et concubines... Cheong Fatt Tze a raté – à quelques décennies près quand même – la visite que Catherine Deneuve est venue lui rendre, puisque certaines scènes d'*Indochine* ont été tournées là.
***Possibilité d'y dormir et d'y manger* :** *doubles à partir de 420 Rm (voir aussi les promos sur Internet). Tlj sf lun 12h30-14h30, 18h30-22h30. Prix moyens le midi, très chic le soir.* Il y a en tout 18 belles chambres et suites, spacieuses et confortables. On peut prendre un verre autour des bassins extérieurs. Beaucoup de charme. Petit hic, le *Red Garden Food Paradise,* juste à côté, peut se révéler fort bruyant, jusque tard dans la nuit.

Eastern and Oriental Hotel *(zoom C3)* **:** *10, Lebuh Farquhar.* Construit en 1885 par les frères Sarkies, ce palace mythique occupe un bel édifice colonial délicieusement étendu face à la mer (pas de plage mais une piscine). Il fait partie des grands hôtels mythiques d'Asie comme le *Raffles* de Singapour ou le *Métropole* de Hanoi. Les suites cossues décorées de tapis persans ont accueilli des écrivains et des artistes célèbres : Somerset Maugham, Joseph Conrad, Hermann Hesse, Charlie Chaplin, Orson Welles, Rita Hayworth... Évidemment, les chambres sont hors de prix, mais passez donc boire un verre au bar (prix raisonnables) ou prendre le thé dans les salons feutrés du ***1885*** (voir plus haut « Où prendre le petit déj ou le thé ? Où boire un verre ? »).

Excentré

Jalan Sultan Ahmad Shah *(plan d'ensemble B-C2 et zoom C2)* **:** *à l'ouest du centre, le long de la mer.* Cette « avenue des millionnaires » vaut le coup d'œil : grandes demeures luxueuses, jardins au gazon très british, colonnes néogrecques, balcons et tourelles dignes de châteaux baroques ! Enrichis grâce au commerce de l'étain puis de « l'or vert » (latex) au début du XXe s, colons et oligarques chinois s'étaient offert de belles petites folies... La plus somptueuse de toutes appartenait à un magnat des transports maritimes, Lim Chin Guan : le ***palais Homestead,*** inspiré en toute modestie de celui de Buckingham !

Wat Chayamang Kalaram *(plan d'ensemble B1)* **:** *17, Lorong Burmah. Depuis la station du ferry terminal ou de la tour Komtar, bus nos 10, 101, 103 ou 104. Tlj 7h-18h. GRATUIT.* Ce temple thaï fondé en 1845 abrite un bouddha couché de 33 m de long (1958), un des plus grands au monde. Une fois franchi l'entrée très colorée, vous vous retrouverez nez à nez avec quatre nagas scintillants à l'air hostile et deux gardiens hauts de plusieurs mètres armés d'un gros gourdin. Puis voici le grand Bouddha nonchalamment étendu, visage serein inspirant le repos et la prière, entouré de centaines de petits bouddhas de teck doré aux murs. La tradition veut que l'on en fasse le tour dans le sens des aiguilles d'une montre, de station en station, déposant à chaque petite boîte rouge une offrande correspondant à un vœu différent. Les adeptes de géomancie ne manqueront pas la petite « roue de la fortune » placée près de la tête du Bouddha : déposez un demi-ringgit, retirez le numéro qui vous est attribué et consultez, parmi les fiches disponibles, celle auquel il renvoie. Voici votre avenir tout tracé – ou presque. Si vous êtes dans le coin la 2e semaine d'avril ou les 30 et 31 mai, renseignez-vous parce que des cérémonies importantes ont lieu au temple ces jours-là.

Dhammikarama *(plan d'ensemble B1)* **:** *en face du Wat Chayamang Kalaram. Tlj 7h-18h.* Fondé en 1808, ce temple birman, le seul de Malaisie, a été largement restauré en 1990. Du coup, à côté des pagodes, stupas et toits sculptés recouverts de feuille d'or, ce sont les récents ornements en plâtre et béton qui sautent ici le plus à l'œil, comme ces deux éléphants blancs qui gardent l'entrée, les dragons dorés enserrant un gros globe terrestre (Europe de l'Est inconnue au bataillon !) et la curieuse toupie qui, au fond du joli jardin, tourne continuellement au centre d'un bassin. Elle est dotée de plusieurs bras chargés de sébiles symbolisant la prospérité, la chance, le mariage heureux... que les visiteurs tentent désespérément d'atteindre avec des pièces de monnaie ! À droite de l'entrée se dresse un bouddha debout, aux pieds, mains et tête de marbre, énorme (8,20 m) et doré, mais quand même plus petit que celui du temple thaï... Sa main droite est levée en signe de protection universelle, la gauche distribuant des bénédictions à l'infini.

Bangkok Lane *(Lorong Bangkok ; plan d'ensemble B1)* **:** étonnante et ravissante petite rue, qui dénote dans le quartier. Elle est aussi unique par son histoire, car flanquée de 41 maisons d'un étage, toutes similaires, construites en 1928 par Cheah Leong Keah, un homme d'affaires chinois. Seule sa (nombreuse) famille avait le droit de les occuper. Aujourd'hui encore, elles appartiennent toutes aux descendants et ne peuvent être vendues. En revanche, certaines sont louées à des entreprises ou à des locataires qui les ont transformées en petit hôtel (voir plus haut « Où dormir ? »).

Hin Bus Depot *(plan d'ensemble C4) : 31A Jln Gurdwara. ☎ 226-56-91. • hinbusdepot.com • Lun-ven 12h-20h ; sam-dim 11h-21h.* Ce qui fut un ancien dépôt de bus jusque dans les années 1980 a été transformé en un lieu culturel alternatif, plateforme pour les artistes locaux. On y trouve un espace dédié aux expos temporaires et une vaste cour-jardin avec une scène, une rampe de skate, des peintures murales, un resto (voir « Où manger ? »), un café (voir « Où boire un verre ? ») et une autre galerie dans le fond. Le groupe de jeunes qui a monté le projet en 2014 est particulièrement dynamique. Il invite régulièrement des artistes internationaux, organise des festivals, des concerts, des cours de yoga. Il y a même un marché qui a lieu tous les dimanches matin sur lequel on trouve aussi bien des fruits et légumes que des bijoux et des vêtements de designers locaux. Un lieu décidemment créatif, source d'échanges, qui sort des sentiers battus.

À voir à l'extérieur de la ville

Penang Hill : *à env 6 km à l'ouest de Georgetown, pas très loin du temple Kek Lok Si (lire ci-dessous). Autant combiner les 2 visites, car le bus depuis Georgetown (n° 204) passe aussi par le temple. Si vous êtes motorisé, reprenez la route vers Georgetown, tournez à droite au 1er grand carrefour, puis tt droit. Une fois au pied de la colline, prendre le* Penang Hill Railway *: ☎ 828-88-80 ; tlj 6h30-23h, ttes les 15 mn env ; prévoir env 30 Rm pour 1 A/R ; réduc.* Apprécié pour sa fraîcheur (relative), le lieu a attiré dès le début les colons anglais. On l'appelait alors Flagstaff Hill, allusion au grand *Union Jack* qui y était dressé pour signaler l'arrivée de la malle postale. Le funiculaire, inauguré en 1923, a été remplacé par un petit train électrique suisse, qui grimpe au sommet en 10 mn chrono. Du sommet, à 735 m d'altitude, on découvre par beau temps une vue magnifique sur Penang et Butterworth. Au coucher du soleil, c'est encore plus beau ! Une fois là-haut, vous trouverez aussi une mosquée, un temple hindou, une volière et un jardin avec des cafés. On peut également louer des vélos. On conseille de redescendre à pied par la jungle. Très belle balade de 2h. Prévoir de bonnes chaussures, car le chemin est raviné par les pluies. Passages parfois difficiles.

Kek Lok Si Temple : *situé sur la colline d'Ayer Itam, à env 8 km au sud-ouest de Georgetown. Bus nos 201, 203, 204 ou 502. Tlj 9h-18h. Depuis la rue jusqu'au temple de Kuan Yin et à la pagode, compter 15 mn par les marches (accessible aussi en voiture).*
Le plus grand complexe bouddhique de Malaisie est composé de plusieurs édifices. Tout d'abord, le temple de Kuan Yin, dont les murs sont recouverts de plus de 4 000 petites statues à l'effigie de la déesse. Sur chaque niche est inscrit le nom du donateur, plus le montant est élevé, plus la statue sera placée en hauteur. Au même niveau, la pagode octogonale *(tlj 8h30-18h ; prix : 2 Rm)* est accessible jusqu'à son sommet, après avoir sué 6 étages tout de même. Mais la vue panoramique sera une juste récompense des efforts entrepris. Agréable jardin très zen au pied de la pagode.
Enfin, pour accéder à la monumentale statue de Kuan Yin, prendre le funiculaire après le magasin de souvenirs *(accessible tlj 8h30-17h30 ; prix : 6 Rm).* Sinon, y monter en voiture ou à pied (environ 30 mn) par la route. Construite en 2002, elle mesure 30,20 m de haut.

Botanic Gardens (les jardins botaniques) **:** *Jln Air Terjun (Waterfall Rd), au nord-ouest de l'île. Bus n° 10. Tlj 6h-20h. GRATUIT.* Nombreuses variétés de plantes, de drôles de *cannon ball trees,* des petites cascades à profusion (d'où l'appellation de

Waterfalls Gardens) et des singes (il est interdit de les nourrir !). Ambiance agréable et plein de coureurs à pied en fin d'après-midi.

Fêtes et manifestations

– ***Le Nouvel An chinois :*** *en janv ou fév.* Incontournable, il voit la ville se parer de lanternes et dragons (surtout l'année du dragon !). Au programme : danses du lion et feux d'artifice. La ville affiche alors complet, et les prix s'envolent...
– ***Le Thaipusam :*** *fin janv-début fév.* Ce grand festival hindou est l'occasion d'une longue procession entre le temple de Sri Mahamariamman et celui de Nattukkottai Chettiar sur Waterfall Road (près du jardin botanique). Les pénitents avancent péniblement, la peau percée de lances et de crochets auxquels sont fixés des citrons, symboles de pureté.
– ***Le Makha Puja :*** *pleine lune du 3e mois lunaire, normalement en fév.* Les fidèles commémorent la prédiction faite par le Bouddha devant ses disciples, au cours de laquelle il a livré un peu de son enseignement. L'occasion de faire quelques bonnes actions.
– ***Songkran :*** *en avr.* C'est le Nouvel An thaï, célébré avec force jets d'eau. Douche assurée au Wat Chayamang Kalaram !
– ***La fête du Waisakhi :*** *normalement en avr.* Communément appelée « fête des Moissons », elle célèbre la naissance, l'éveil et la mort du Bouddha. Grande procession.
– ***Penang Durian Festival :*** *juin-juil.* 2 mois d'animations diverses. L'occasion de s'initier à ce fruit si... étonnant !
– ***Le festival de Georgetown :*** *en juil.* Expos, démonstrations d'artisanat, spectacles, etc.
– ***La fête des Fantômes affamés*** (*Hungry Ghosts*) **:** *en principe entre mi-août et mi-sept.* Encore un rite chinois ; pendant tout un mois, on offre à manger et à boire aux disparus (même de la bière !) pour qu'ils protègent leurs descendants... D'où ce nom curieux de fête des « Fantômes affamés ». Les cérémonies s'achèvent par des spectacles de marionnettes, des opéras chinois, des danses et des concerts tout ce qu'il y a de plus modernes. Rigolo : les premières rangées des salles sont toujours laissées vides pour les « invités invisibles » !
– ***La fête des Gâteaux de lune*** (*Mid-autumn festival*) **:** *le 15e j. du 8e mois du calendrier lunaire chinois (sept).* À la pleine lune, la population prépare des gâteaux qu'elle offre aux dieux avant de les manger (bon prétexte !). Lampions à tout va.
– ***La fête des Lumières*** (*Diwali*) **:** *en oct ou nov.* Cette manifestation religieuse hindoue commémore le retour de Rama à Ayodhya et correspond au Nouvel An dans le nord de l'Inde. L'occasion de grands feux d'artifice et d'échanges de friandises.
– ***Les courses de bateaux-dragons*** (*Dragon Boat Races*) **:** *en déc.* Course de pirogues multicolores.

LE TOUR DE L'ÎLE DE PENANG

TANJUNG TOKONG

À env 8 km au nord de Georgetown. De cette succession ininterrompue d'immeubles bordant le littoral, difficile d'imaginer qu'il existe encore un vieux village préservé de l'urbanisme galopant, qui plus est en bordure de plage. On y vient surtout pour s'aérer et profiter d'un petit resto local.
➢ *Pour s'y rendre :* bus nos 101 et 102. Demander l'arrêt près du temple.

|●| ***Pearl Garden Cafe :*** *jouxte le temple chinois de Tanjung Tokong (arrêt de bus au bout de la rue).* ☎ *899-03-75. Tlj sf mer 11h-22h. Fruits de mer*

10-70 Rm/kg. Traverser le vieux village pour rejoindre cette adresse familiale, judicieusement placée face à une petite plage et connue dans l'île pour ses fruits de mer. Crevettes, coques, crabes... peu de choix, mais que du bon.

BATU FERRINGHI

Grande plage, à une quinzaine de kilomètres au nord-ouest de Georgetown. Son nom signifie « le rocher des Étrangers ». Pour y aller : bus n° 101 ou 103 de la tour *Komtar* ou du terminal des ferries. Il s'agit d'une plage agréable et ombragée, avec une mer plutôt grisâtre bordée d'hôtels luxueux. Attention aux enfants, on n'a vite plus pied.

Où dormir ? Où manger ? Où boire un verre ?

En venant de Tanjung Bunga, tourner à droite après le *Park Royal Hotel,* puis s'enfoncer à droite dans les ruelles vers la plage.

Pour nos adresses d'hébergement, alignées en rang d'oignons face au tapis de sable, les tarifs se négocient souvent à la baisse en fonction du nombre de nuits. Elles proposent souvent des services de laverie, réservation de bus, boissons fraîches et location de « mopettes »...

– À noter : des toilettes et douches publiques (très peu cher) se trouvent en bord de plage, face au *Ferringhi Garden.* On peut même acheter serviettes et savon. Pratique après la baignade pour ceux qui n'aurait rien prévu ou tout oublié !

De bon marché à prix moyens (30-140 Rm / 7,50-35 €)

🏠 **Baba Guesthouse :** *52, Batu Ferringhi.* ☎ *881-16-86.* • *babaguesthouse2000@yahoo.com* • *Au niveau du* Pub Royal Hotel. *Doubles avec ou sans AC, avec ou sans douche, fourchette basse de prix moyens ; négociable hors saison.* Maison particulière bien aménagée pour les routards. À l'entrée, un panneau indique que les chambres sont propres, mignonnes et sans prétention. Pari tenu ! À l'étage, terrasse agréable donnant sur la mer. Les patrons, accueillants, proposent des nattes pour s'allonger sur la plage.

🏠 ***E.T. Budget Guesthouse :*** *47, Batu Ferringhi.* ☎ *881-15-53. Double avec AC et douche-w-c ; fourchette basse de prix moyens.* Petit hôtel à taille humaine, tenu par des gens aimables. Chambres simples mais propres, sans extraterrestre caché sous la couette. Petit autel chinois sympathique qui rappelle qu'on loge chez l'habitant. Tout ce qu'on aime ici !

🏠 ***Shalini's Guesthouse :*** *56, Batu Ferringhi.* ☎ *881-18-59.* • *ahlooi@pc.jaring.my* • *Doubles avec ou sans sdb, toutes avec ventilo et AC ; prix moyens.* Tenu par un couple sino-indien, par conséquent le traditionnel autel bouddhiste cohabite avec toutes sortes de statuettes hindouistes. Plus grand que ses voisins, cet hôtel propose des chambres sans prétention. Loue aussi des apparts.

🏠 🍽 ***Ali's Ferringhi Guesthouse :*** *53 et 54B, Batu Ferringhi.* ☎ *881-13-16. Face à la plage. Doubles à prix moyens avec ou sans sdb ; également des dortoirs et des chambres familiales.* L'adresse la plus connue du coin. Une maison malaise traditionnelle en bois, face à la plage. Chambres propres et calmes, toutes avec AC. Préférez celles à l'étage, mais une seule dispose d'une salle de bains. Très bon accueil. Petits coins salons verdoyants, bar et musique cool. Pas mal de services sont proposés. Une bonne étape.

🍽 ***Food court Long Beach :*** *au début de la rue qui longe la plage en venant de l'ouest, entre le* Long Pine Hotel *et les petites* guesthouses. *À partir de 18h.* De quoi manger sans se ruiner. D'autres *food courts* dans le même secteur.

Beach Corner Seafood : *dans la rue qui longe la plage, au niveau du resto arabe* Tarbush. ☎ *881-18-67. Tlj sf mer (en principe) 12h30-14h30, 18h30-21h30.* Cuisine spécialisée, entre autres, dans les fruits de mer que l'on mange attablé sous une grande terrasse couverte, devant la mer.

Lone Pine Hotel : *97, Batu Ferringhi.* ☎ *886-86-86. Plat env 30-50 Rm. Buffet international ven-sam soirs 140 Rm pour 2.* High Tea Brunch *le dim.* Hôtel de charme recommandé pour son restaurant où l'on sert une excellente cuisine de Hainan et occidentale. La salle, confortable et lumineuse, profite d'une vue dégagée sur la mer.

Ferringhi Garden : *34A, Batu Ferringhi, côté droit de la route principale, à l'angle de la rue qui mène aux guesthouses citées. Une autre entrée pour le resto donne côté plage.* ☎ *881-11-93. Partie « café » tlj 8h-17h, resto tlj 17h-23h. Prix chic.* Resto à l'atmosphère élégante et au cadre verdoyant, pas mal fréquenté par les expats. On y déguste une cuisine essentiellement occidentale, mais aussi chinoise, bien tournée.

TELUK BAHANG

Village de pêcheurs plus sympa que Batu Ferringhi. Le centre est une petite place agrémentée de terrasses agréables. Mais, ici aussi, la plage est plutôt polluée... et les hôtels modernes ont poussé. Au secours ! En revanche, à l'écart de la route subsiste un authentique village sur pilotis, perdu dans la végétation.

À voir. À faire

Tropical Spice Garden : *à mi-chemin entre Batu Ferringhi et Teluk Bahang. Arrêt des bus nos 101 et 102 juste devant le jardin.* ☎ *881-17-97.* • *tropicalspicegarden.com* • *Tlj 9h-17h (dernière admission). Entrée : 28 Rm, audioguide en français inclus, ou 38 Rm en visite guidée (9h, 11h30, 13h30 et 15h30). Également des cours de cuisine sur résa.* 8 ha de forêt, dont 6 aménagés de sentiers et de senteurs grâce aux quelque 500 espèces de plantes non seulement malaisiennes, mais aussi d'Indonésie, des Seychelles et même d'Amazonie. Au cours de cette balade vraiment plaisante (et ombragée, atout non négligeable sous cette latitude, d'autant que ça grimpe un peu), on passe devant des nénuphars géants, un jardin d'épices en terrasses et même une balançoire géante, installée sur un promontoire, d'où l'on profite d'une chouette vue sur le jardin (filet en dessous pour les imprudents !). Des hamacs et des bancs invitent aussi à faire des pauses. Ne pas manquer non plus le jardin de bambous et le thé offert dans le kiosque. Une belle halte sur la côte nord.

Entopia : *830, Jln Teluk Bahang, à 1 km du rond-point de Teluk Bahang, vers le sud.* ☎ *888-81-11.* • *entopia.com* • *Bus no 101. Tlj 9h-19h (dernière entrée 17h30). Billet : 49 Rm ; réduc.* Voici l'une des plus grandes réserves de papillons du monde : environ 15 000 spécimens de 50 espèces différentes. Ils cohabitent avec araignées, serpents, reptiles et grenouilles, qui tous vivent sous une serre géante, recouverte du plus grand mur végétal de Malaisie, où une jungle a été reconstituée (ainsi que le climat : moiteur garantie !). On évolue donc dans un petit paradis : plantes superbes, cascades, étang, ponts en bois, tunnels, etc.
Mais l'ambition du projet va au-delà d'une simple présentation de la faune et de la flore régionales. *Entopia,* contraction de « entomologie » (l'étude des insectes) et « utopie », veut amener les visiteurs à découvrir la nature sous un autre angle, en dévoilant les écosystèmes fantastiques et complexes de ce monde souvent caché de par sa taille, son environnement et ses techniques de camouflage... On peut ainsi approcher un varan *(water monitor lizard)* de près en passant sa tête dans une bulle au ras du sol, tenter de distinguer les phasmes qui ressemblent à

s'y méprendre à de grandes feuilles, admirer les papillons, parmi lesquels le plus gros du monde. Sachez que les papillons sont surtout actifs en fin de matinée et en début d'après-midi.
Des décors extraordinaires ont aussi été recréées, comme la *Pandora Forest,* inspiré du film *Avatar,* racontant des légendes du monde entier sur les papillons : univers magique pour les enfants qui peuvent aussi obtenir des infos plus scientifiques en tapotant sur les écrans interactifs. Le *Time Tunnel* illuminé de lumières roses clignotantes assure le passage vers une expo plus moderne et scientifique. Plus loin, on observe des cocons en train de se transformer et on en apprend un peu plus sur les *fireflies* (les lucioles).
À l'étage, les expositions misent encore plus sur l'interactivité et la muséographie. Ne pas manquer notamment *Dowtown Entopia* consacré aux insectes du monde souterrain.
Sur place, café et resto.

La fabrique de batiks : *en arrivant à Teluk Bahang, en face du* Mutiara Hotel. *☎ 885-13-02. Bus n° 101. Tlj 9h-17h30 (fermé à l'heure du déj). GRATUIT.* Il ne faut pas se leurrer, il ne s'agit que d'un prétexte pour inciter les touristes à repartir les bras chargés de batiks. Mais la visite a le mérite de détailler les techniques de fabrication de ces tissus traditionnels et permet d'observer quelques artisans au travail.

PENANG NATIONAL PARK

Infos utiles

■ ***Bureau du parc :*** *à Pulau Pinang, à env 1,5 km à l'ouest de Teluk Bahang. ☎ 881-35-00. • tnpp@wildlife.gov.my • Tlj 8h-17h. Enregistrement obligatoire. GRATUIT.*
■ ***Penang Nature Tourist Guide Association :*** *face à l'entrée du parc. ☎ 881-47-88. 017-429-33-35.* Excursions à la demi-journée ou à la journée jusqu'à 5 personnes.
Il est possible de camper dans le parc, à condition d'avoir sa propre tente et d'avoir réservé au moins 1 semaine à l'avance auprès du bureau.

À voir. À faire

➢ ***Randonnées :*** 2 sentiers permettent de rejoindre *Monkey Beach* (compter env 1h15 aller sur un relief accidenté) et le *lac Meromiktik* (env 1h). Pour ce dernier, chemin assez pentu, érodé par endroit, mais balisé. Possibilité de poursuivre jusqu'à la nurserie des tortues (1h30 supplémentaire). Prévoir de l'eau et de bonnes chaussures.

Monkey Beach : *alternativement à la marche, on peut s'y rendre en bateau. Compter 50 Rm/pers, pas donné, donc pour env 15 mn de navigation. Petit guichet près de l'embarcadère.* Plage de sable blanc au dessus de laquelle penchent des palmiers. L'image de carte postale est toutefois ternie par les déchets qui jonchent la plage, dommage. Sur place, quelques cahuttes servent des plats basiques et des boissons. On trouve même des toilettes.

DE TELUK BAHANG À BALIK PULAU ET PULAU BETONG

Belle route traversant des paysages divers, notamment des forêts composées d'arbres à durian. Au détour d'une colline, vue superbe sur la côte ouest. ***Balik***

Pulau est un gros village chinois animé et préservé du tourisme. En continuant la route vers le sud-ouest, on parvient à ***Pulau Betong,*** un village de pêcheurs. Un petit chemin, accessible en moto uniquement (ou à pied), permet de rejoindre *Gertak Sanggul* en coupant le cap. Le sentier passe carrément à travers la jungle. Quelques passages difficiles.

LE SUD DE L'ÎLE

Beaucoup moins touristique que le Nord. Quelques plages correctes, notamment à ***Gertak Sanggul,*** village de pêcheurs. Le deuxième pont arrive à Batu Maung, ce qui a valu quelques changements dans le secteur...

L'EST DE L'ÎLE

La côte orientale de Penang est très industrialisée ; une seule escale intéressante, aussi incontournable que surmédiatisée...

À voir

Snake Temple *(temple aux Serpents)* **:** *sur la route de l'aéroport de Bayan Lepas, à une douzaine de km au sud de Georgetown. Bus nº 401. Pour vous repérer, cherchez le sigle de l'usine* Bosch. *Le temple se trouve presque en face. ☎ 643-72-73. Tlj 6h-19h. Accès gratuit au temple ; payant pour la petite « ferme » attenante, qui exhibe d'autres espèces de serpents.* Célèbre temple taoïste chinois dont la particularité est d'abriter des vipères à qui on a retiré les crochets. Complètement groggy par les vapeurs d'encens, elles sont également gavées d'œufs, ce qui explique la témérité des centaines de touristes venus se faire tirer le portrait avec des vipères autour du cou ! Le beau petit temple n'a désormais plus rien à voir avec un lieu de culte. On est chez les « marchands du Temple ».

LES ÎLES LANGKAWI

IND. TÉL. : 04

• Carte *p. 194-195*

À 30 km au large de Kuala Perlis et 51 km de Kuala Kedah, l'archipel s'amarre à l'extrémité nord-ouest du pays, contre la frontière thaïe. De ses 99 îles (encore plus nombreuses à marée basse), seules 4 sont habitées. Navire amiral de la flotte, Langkawi concentre la quasi-totalité de la population et des infrastructures. De loin en loin, les côtes basses y succèdent à de hautes falaises – jusqu'à 600 m – plongeant dans la mer. La forêt s'agrippe aux sommets calcaires, glissant par endroits jusqu'au bord des criques et des baies, aux rivages truffés de grottes inaccessibles. On comprend pourquoi l'archipel servit de repaire aux pirates du détroit de Malacca... Les secteurs sauvages de l'île ont été classés en 2007 par l'Unesco sous le nom de Geopark. C'est ici que l'on tourna les plus belles scènes des *Tribulations d'un Chinois en Chine* (P. de Broca, 1965) ou, plus récemment, d'*Anna et le Roi* (avec Jodie Foster, 1999), film qui se déroule théoriquement en... Thaïlande !
La plupart des visiteurs sont attirés par ses nombreuses plages. Vierges il y a encore une vingtaine d'années, elles ont malheureusement connu un développement incessant ; de nombreuses cocoteraies ont cédé le pas à des

hordes de *guesthouses* les unes sur les autres et de grands hôtels de luxe… Langkawi doit beaucoup, de ce point de vue, au bon Dr Mahathir, l'ancien Premier ministre, qui exerça dans l'île comme médecin dans les années 1950. Parvenu au pouvoir, il décida de faire de Langkawi un pôle touristique majeur et créa de toutes pièces, en 1987, une zone franche : les touristes sont depuis exemptés de taxes s'ils restent plus de 48h. Cela n'empêche pas les prix d'avoir sérieusement augmenté et de grimper plus encore le week-end et pendant les vacances malaises (de 40-50 %), quand les continentaux affluent pour profiter des produits détaxés… Quelque 2 millions de visiteurs viennent aujourd'hui chaque année à Langkawi, et la propreté générale des îles s'en ressent.

– ***Saisons :*** notez que la très haute saison court de décembre à février. En avril-mai, quelques petites pluies de temps à autre, donc c'est plus calme. Les touristes du monde arabe viennent en masse de mai à juillet, tandis que les Russes choisissent l'été. De septembre à novembre, c'est la période des grosses pluies…

Arriver – Quitter

En bateau

Les ferries arrivent à ***Kuah,*** le chef-lieu de Langkawi, au sud-est de l'île. Bureaux des compagnies et agences sous-traitantes s'alignent au ***Jeti Point*** *(☎ 966-75-60 ou 79-73).* Sur place : comptoir d'informations *(horaires aléatoires),* bureau de change (taux médiocres), nombreux distributeurs, consigne *(8h-19h)* et bureau *Tourism Malaysia* *(tlj 9h-17h)* en sortant. De là, il vous faudra prendre un taxi pour rejoindre votre destination : il vous en coûtera env 8 Rm pour Kuah, 25-30 Rm pour Pantai Cenang et 45 Rm pour Pantai Kok.

Pour ceux qui veulent conduire à Langkawi, les ferries n'embarquent pas de véhicules à bord (il faut louer un véhicule à l'arrivée).

➢ ***De/vers Kuala Perlis et Kuala Kedah :*** Kuala Perlis est une petite ville proche de la frontière thaïe, au nord. Kuala Kedah est le port d'Alor Setar. 1 ferry ttes les 60-90 mn 7h30-19h env. S'adresser à *Langkawi Ferry Services* *(☎ 966-94-39 ou 11-25 ; • langkawi-ferry.com •)* ou *Langkawi Ferry Line* *(☎ 966-39-88 ou 89-88 ; • langkawi ferryline.com •).* Compter respectivement 1h15 et 1h45 de traversée, et env 18-23 Rm pour un aller simple (réduc enfants).

➢ ***De/vers Satun (Thaïlande) :*** également avec *Langkawi Ferry Services.* Env 4 départs/j. 9h45-16h30 (17h dans l'autre sens). Traversée : env 1h15. Billet aller : env 30 Rm ; réduc.

➢ ***De/vers Koh Lipe (Thaïlande) :*** départ vers 9h15, retour vers 10h30. Beaucoup plus cher, car c'est un bateau rapide pour touristes : 118 Rm. De là, on gagne la superbe Koh Tarutao.

➢ ***De/vers Penang :*** 2 départs/j., vers 14h30 (via Pulau Payar) et 17h15 (dans l'autre sens, à 8h15, via Pulau Payar, et 8h30), avec *Langkawi Ferry Services.* Durée : 2h30-3h. Compter env 65 Rm l'aller ; réduc enfants.

En train

Pas de gare à Kuala Kedah ni à Kuala Perlis. Les plus proches sont respectivement ***Alor Setar*** et ***Arau.*** Dans l'un et l'autre cas, un taxi vous mènera rapidement à bon port (prévoyez 20-30 Rm). *KTMB :* *☎ (04) 731-40-45 (Alor Setar) ou (04) 986-12-25 (Arau).* *• ktmb.com.my •*

➢ ***De/vers le Sud :*** 4 trains/j. en provenance de Kuala Lumpur. Durée : 4h30-5h env.

➢ ***De/vers le Nord :*** 5 trains/j. jusqu'à Padang Besar, à la frontière, puis 1 train en soirée continuant sur Bangkok.

En avion

✈ ***Aéroport international :*** *à Padang Matsirat, à une vingtaine de km à l'ouest de Kuah et 8 km au nord de*

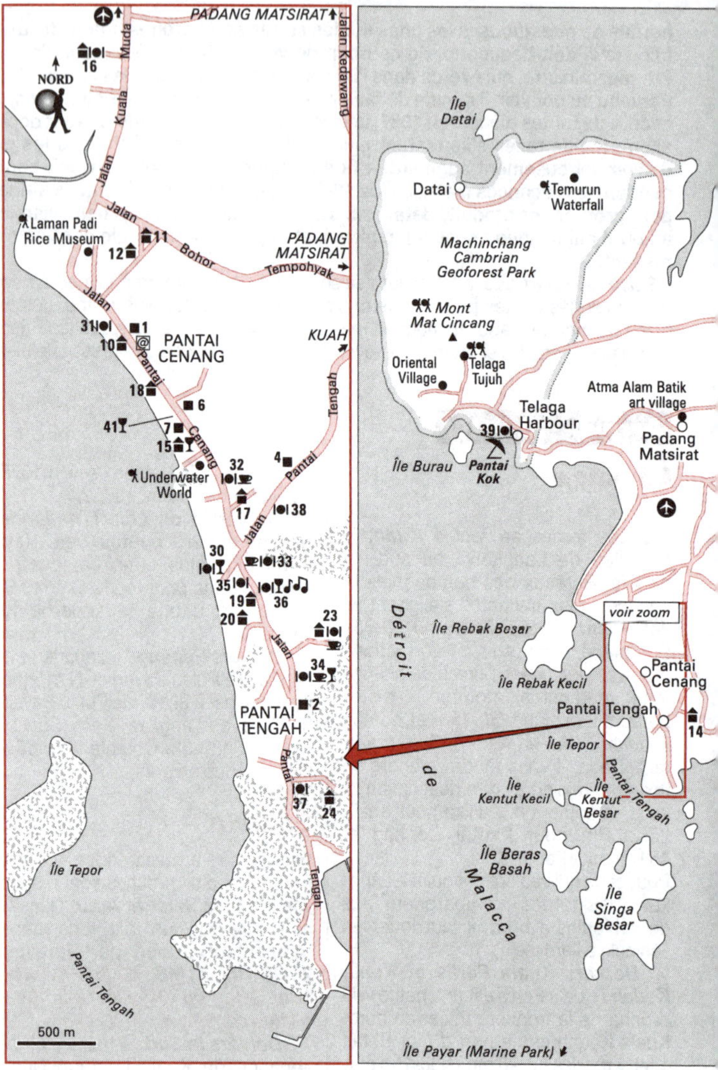

Adresses utiles

- Langkawi Tourist Information Centre
- Hôpital
- 1 T Shoppe de Pantai Cenang *(zoom)*
- 2 T Shoppe de Pantai Tengah *(zoom)*
- 4 Langkawi Laundry (laverie ; *zoom*)
- 5 Maybank
- 6 Maybank *(zoom)*
- 7 Dev's Adventure Tours *(zoom)*

Où dormir ?

- 10 Melati Tanjung Motel et Malibest Resort *(zoom)*
- 11 Rainbow Lodge *(zoom)*
- 12 Gecko Guesthouse *(zoom)*
- 14 Pondok Keladi
- 15 Delta Motel *(zoom)*
- 16 Bon Ton Resort et Temple Tree *(zoom)*
- 17 White Lodge *(zoom)*
- 18 AB Motel *(zoom)*
- 19 Tropical Resort *(zoom)*
- 20 The Frangipani Resort & Spa *(zoom)*

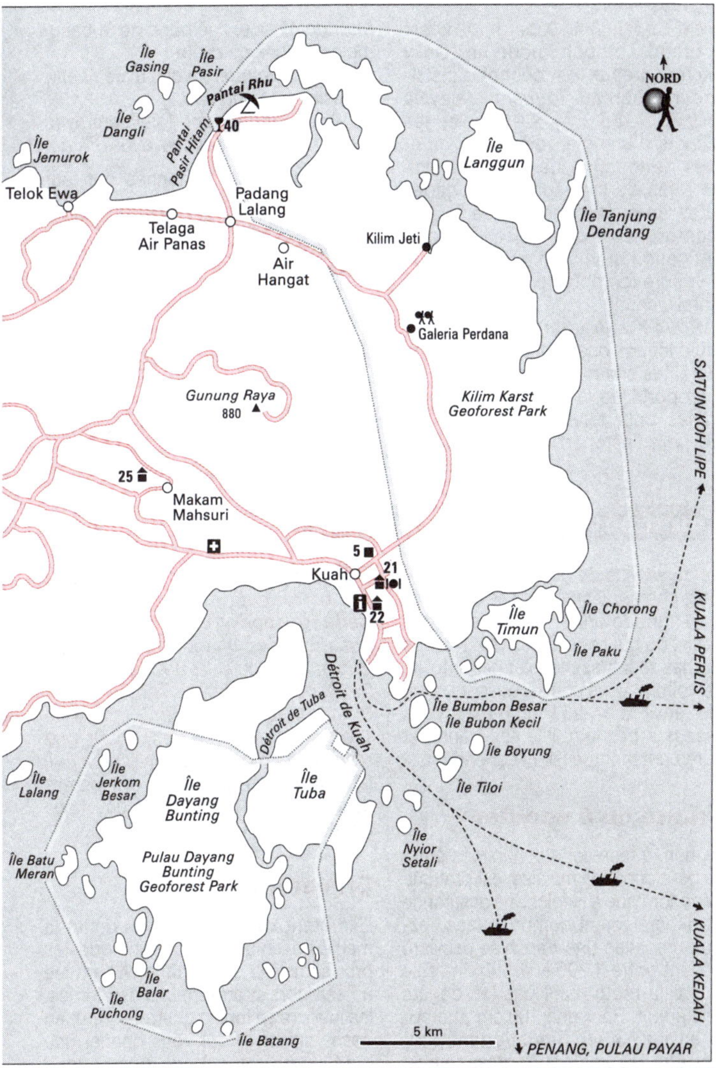

LES ÎLES LANGKAWI

21 J.S. Motel
22 Asia Hotel
23 La Pari Pari *(zoom)*
24 Ambong Ambong *(zoom)*
25 Sunset Valley

Où manger ? Où prendre le petit déj ? Où boire un verre ? Où sortir ?

15 The Cliff *(zoom)*
21 Water Garden Hawker Centre
23 Fat Cupid *(zoom)*
30 Sugar *(zoom)*
31 Orkid Ria Seafood Restaurant *(zoom)*
32 Red Tomato *(zoom)*
33 La Chocolatine *(zoom)*
34 Cactus *(zoom)*
35 The Pizza Maker *(zoom)*
36 Sun Café et Sun Ba *(zoom)*
37 Unkaizan *(zoom)*
38 Nasi Kandar Tomato *(zoom)*
39 Privilege
40 Rhu Bar
41 Yellow Café *(zoom)*

Pantai Cenang. ☎ 955-13-11. C'est un grand aéroport moderne. On y trouve bureaux de change, distributeurs, bureau *Tourism Malaysia (☎ 955-71-55 ; tlj 9h-22h)* et les guichets d'une quinzaine de compagnies de location de voitures, face aux tapis de livraison des bagages (faites jouer la concurrence !). Taxi incontournable pour rejoindre votre destination si vous n'avez pas loué de voiture (comptez env 20 Rm pour Pantai Cenang).

➢ ***Pour Kuala Lumpur :*** très nombreux départs quotidiens répartis entre différentes compagnies desservant les 3 aéroports de la capitale : *Malaysia Airlines* pour l'aéroport KLIA 1 ; *Air Asia* pour l'aéroport KLIA 2 ; *Firefly* et *Malindo Air* pour l'aéroport de Subang, moins éloigné du centre.

➢ ***Pour Penang :*** 1 vol/j. avec *Firefly, Air Asia* ou *Malindo Air.*

➢ ***Pour Singapour :*** 1 vol/sem avec *Air Asia* et env 5 vols/sem avec *Silk Air.*

Les compagnies aériennes ont leur bureau à l'aéroport :

■ ***Malaysia Airlines :*** *☎ 966-66-22. • malaysiaairlines.com • Tlj 8h30-21h.*

■ ***Air Asia :*** *☎ 955-77-52. • airasia.com • Tlj 7h30-21h30.*

■ ***Firefly :*** *☎ 955-96-22. • fireflyz.com.my • Tlj 9h-17h.*

■ ***Silk Air :*** *☎ 955-97-71. • silkair.com • Lun, mer et sam 10h30-18h30, mar, jeu-ven et dim 14h-22h.*

■ ***Malindo Air :*** *☎ 955-56-88. • malindoair.com •*

Comment se déplacer sur l'île ?

Pas de service de bus. Les taxis étant assez chers, comme sur l'île de Pangkor (« hors de prix » selon le standard malais, ce qui reste assez bon marché pour les touristes), louez une moto ou une voiture. Vous pouvez aussi louer un vélo (environ 15-25 Rm/j.), mais vous n'irez pas très loin, l'île est grande et sacrément montueuse (!) par endroits.

À moto ou à scooter

L'option, à réserver aux habitués étant donné la conduite malaise, est pratique et économique à la fois. Une assurance est généralement comprise (assurez-vous-en), avec une franchise oscillant souvent entre 1 200 et 1 500 Rm. Elle couvre la moto mais pas les dégâts collatéraux. Pour une 100 cm³, compter environ 30-40 Rm/j., le tarif pouvant être légèrement dégressif selon la durée de location. On trouve ces petites motos au terminal des ferries, sur la rue principale de Pantai Cenang, par l'intermédiaire des agences et des rabatteurs. La plupart ont désormais des changements de vitesse automatiques. Les scooters sont un peu plus chers (environ 35-50 Rm/j.). Les prix varient un chouia aussi en fonction de la puissance du moteur et de la durée de la location.

■ ***T Shoppe :*** *3 adresses sur l'île, dont une sur la route principale, à **Pantai Cenang** (zoom, **1**), à côté du resto* Rasa Exotica *; une à **Pantai Tengah** (zoom, **2**) et une autre à **Kuah.** ☎ 955-5553 ou 966-96-00. Tlj 9h-21h45. Compter env 21-35 Rm/j. pour un scooter et 160-350 Rm/j. pour une moto selon modèle et durée de loc.* Il faut présenter le passeport et le permis de conduire. Le casque est fourni. Loue aussi des vélos *(env 20-26 Rm/j.).*

En voiture

L'île étant vaste, c'est sans doute la meilleure solution, d'autant que les prix sont très compétitifs. À l'arrivée à l'aéroport et au terminal des ferries, les loueurs se font la guerre, surtout en basse saison ! Pour vous donner une idée, une Proton Wira automatique annoncée à 140-160 Rm/j. peut alors descendre autour de 80-90 Rm en fonction du nombre de jours de location. Quant à la petite Perodua Kancil (marque malaisienne), elle oscille autour de 90-100 Rm toute l'année. Attention, petite particularité, certains loueurs proposent des véhicules moins chers quand ils n'ont pas encore eu le temps d'être enregistrés... C'est tentant, mais en cas de contrôle par la police, c'est immobilisation immédiate et retour à la case départ !

■ ***T Shoppe :*** *voir « À moto ou à scooter » ci-dessus. Compter env 65-180 Rm/j. selon modèle et durée de loc.*

En taxi

La solution la plus simple à l'arrivée si vous souhaitez vous poser sur une plage et n'en plus bouger. Reste que les tarifs sont un peu élevés pour la Malaisie. On peut louer les taxis à l'heure, mais cela vous coûtera plus cher qu'une voiture (se mettre d'accord sur le prix). Par exemple, compter environ 120 Rm pour 4h de taxi. Le tarif des courses est fixe mais peut avoir augmenté d'ici votre arrivée (compter 20-30 Rm pour Kuah-Pantai Cenang). Attention aux faux taxis : leur chauffeur peut vous planter là au moindre contrôle de police (lesquels sont assez courants).

L'ÎLE PRINCIPALE : LANGKAWI

Langkawi a connu un développement considérable du tourisme et vu l'émergence de nombreux complexes hôteliers, attirant une main-d'œuvre toujours plus nombreuse venue du continent. On estime la population actuelle à près de 100 000 habitants, en grande majorité malais. Ils se répartissent sur les 480 km^2 de l'île, principalement à Kuah, le chef-lieu, et aux abords de la station balnéaire de Pantai Cenang, au sud-ouest, les deux centres les plus urbanisés. Les rizières et les élevages de buffles d'eau ont en partie pâti des nouvelles constructions, mais, en toile de fond, les zones accidentées, recouvertes par la forêt tropicale, restent heureusement plus sauvages. De nombreux singes (chapardeurs, attention !) y habitent. C'est là que vous ferez vos plus belles balades, entre deux séances de bronzage ou de relaxation au bord d'une piscine. Ne vous attendez pas à des miracles côté plages : beaucoup ont été abîmées et/ou sont sales. Un dernier mot, enfin, sur les nombreux sites « touristiques » liés aux légendes de l'île que les chauffeurs de taxis et les dépliants touristiques incitent à visiter... Faisons court : ils n'ont aucun intérêt, passez votre chemin !

KUAH

Un aigle en béton géant (de 12 m), kitschissime, vous accueille, à l'image de ceux, nombreux dans les cieux locaux, qui auraient donné leur nom à l'archipel (*helang kawi* signifiant « aigle brun-rouge ») – en français, on parle de milan sacré. Port d'accès et chef-lieu de l'île, Kuah s'ancre au sud-est de Langkawi, le long d'une large baie protégée par une flottille de gros îlots. Près du terminal des ferries, le bord de mer a été aménagé en jardins tropicaux, avec le vaste Lagenda Park (20 ha) illustrant les omniprésentes légendes locales (bof). Malgré ce potentiel géographique, on ne reste pas car cette aire urbaine n'est qu'un chef-lieu administratif et logistique, à l'architecture bétonnée, donc sans intérêt. On vous indique 2-3 adresses uniquement en dépannage.

Adresses et info utiles

Langkawi, qui fait partie de l'État du Kedah, observe les jours de fermeture des États musulmans. Toutes les administrations ferment donc le jeudi vers 15h30 pour rouvrir le dimanche matin. Les banques, elles, ferment leurs portes le samedi et le dimanche.

🅸 ***Langkawi Tourist Information Centre*** *(plan Les îles Langkawi)* ***:*** *bureau au débarcadère des ferries. ☎ 966-04-94. Tlj 9h-17h. L'office principal se trouve à env 1,5 km, sur la Jln Persiaran Putra, juste après la mosquée et face à la police. ☎ 966-77-89. Autre*

bureau à l'aéroport. ☎ *955-71-55. Tlj 9h-22h.* • *mtpblgk@tourism.gov.my* •
– **Sites internet :** • *langkawi-online.com* • *langkawi-info.com* • Sites privés, à tendance commerciale marquée.
■ **Banques :** *au centre-ville, autour de la Jln Pandah Mayah 1, vous trouverez plusieurs banques, notamment la* **Maybank** *(plan Les îles Langkawi,* **5***). Tlj 9h30-16h30 (16h ven).* Change les devises et les chèques de voyage. Distributeur.
■ **Urgences :** ☎ *999.*
■ **Police :** *face à l'office de tourisme ; au port également.* ☎ *966-62-22.*
✚ **Hôpital** (plan Les îles Langkawi) **:** *à 5 km au nord de Kuah.* ☎ *966-33-33.* Propre, et personnel compétent.

Où dormir ? Où manger ?

Prix moyens (80-140 Rm / 20-35 €)

🏠 ***J.S. Motel*** *(plan Les îles Langkawi,* **21***) : 89-91, Jln Pandak Mayah 5.* ☎ *966-84-00.* 📱 *017-433-73-88. Dans le centre, entre les banques* Maybank-RH Bank *et le* Baron Hotel *décoré d'un immense drapeau. À pied depuis les ferries (env 2 km), passer l'office de tourisme, la police et l'*Asia Hotel, *traverser le pont sur la rivière puis tourner à droite. S'adresser à la caisse du* food court *en dessous s'il n'y a personne. Fourchette basse.* 📶 En plein centre, un petit hôtel en béton au-dessus du *Water Garden Hawker Centre* (voir plus bas), ce qui permet de faire d'une pierre deux coups. Petites chambres sans aucun charme mais propres, pratiques et pas chères. Toutes avec une petite douche (chaude)-w-c, clim et TV. En revanche, pas de petit déj, mais le quartier est central.
🏠 ***Asia Hotel*** *(plan Les îles Langkawi,* **22***) : 3-4, Jln Persiaran Putra.* ☎ *969-22-88.* • *langkawihotelasia@hotmail.com* • *En remontant Persiaran Putra, presque en face de l'office de tourisme (à 1,5 km du port). Fourchette haute. Pas de petit déj. CB acceptées.* 📶 Donnant sur la grande avenue principale, cet hôtel refait de fond en comble est plutôt guilleret. Les doubles les moins chères *(superior)* n'ont pas de fenêtre, mais elles sont impeccables avec leurs grosses pommes de douche, TV écran plat et bouilloire. Une seule *deluxe* avec fenêtre, sinon il faut louer une triple *executive* ou une familiale pour 4 personnes. Éviter quand même celles côté avenue (très passante), assez bruyantes. Accueil souriant.
|●| ***Water Garden Hawker Centre*** *(plan Les îles Langkawi,* **21***) : 90, Jln Pandak Mayah 5. Juste au-dessus du* J.S. Motel *(voir accès plus haut). Tlj 7h-16h puis le lieu devient un resto... De bon marché le midi à prix moyens le soir.* C'est le petit *hawker centre* du centre-ville, très animé le midi. Plein de stands, comme d'hab', proposant qui du *chicken rice,* qui du *nasi goreng,* qui des *fried nooddles hokkien style* ou encore de la *soupe kway teow,* du *nasi lemak* et même des plats indiens. Toujours le petit stand spécialisé dans les boissons fraîches. Le tout pour trois fois rien. Amusant : à partir de 16h, le lieu devient un « vrai » resto de poissons et fruits de mer à la chinoise, le *Rootian Seafood.* Plus cher, évidemment...

PANTAI CENANG

⛱ Située sur la côte sud-ouest de l'île, à 20 mn de Kuah en taxi, Pantai Cenang est la seule vraie station balnéaire de Langkawi. Sa longue plage, étendue sur 2 km, a vu fleurir au fil des années un nombre invraisemblable de constructions totalement anarchiques – au point que l'on ne voit même plus la mer depuis la rue principale... Le tapis de sable est encore là, bien sûr, avec sa pente douce idéale pour les enfants, mais il est par endroits assez sale. Les rejets des hôtels attirent de surcroît les méduses. Des rumeurs font régulièrement état d'un grand projet immobilier, financé par une monarchie pétrolière : les émirs rachèteraient tout le front de mer à prix fort pour tout raser et développer un centre touristique de luxe... Au point où l'on en est, il n'y a plus grand-chose à perdre. Mais le projet semble l'objet d'une vive bagarre entre son défenseur principal, le bon Dr Mahathir, et l'opposition locale.

Adresses utiles

@ **Internet** (plan zoom) **:** *Jln Pantai Cenang, presque en face d'Artisans Pizza. Tlj 12h-minuit.*
■ **Change :** *2-3 changeurs sur Jln Pantai Cenang, mais les taux ne sont pas extraordinaires. Sinon, bon taux à la Maybank (plan zoom,* **6** *; devises et chèques de voyage), au rdc du Cenang Mall, plus un distributeur d'argent tlj 10h-22h.*
■ **Pharmacie : Cemara Farmasi,** *Jln Pelangi. ☎ 955-88-72.*
■ **Laverie : Langkawi Laundry** *(plan zoom,* **4***), au Desa Motel, 79, Jln Pantai Tengah. Tlj 8h30-22h30.* Enfin une laverie qui lave vraiment bien !

Où dormir ?

Dans l'ensemble, Pantai Cenang n'est pas spécialement bon marché, mais c'est là que se regroupent la plupart des *guesthouses* et hôtels les plus abordables. C'est aussi le coin le plus vivant de l'île et le plus animé le soir. En haute saison, de novembre à avril, les prix augmentent sensiblement... et c'est pire le week-end et pendant les vacances. Pensez alors à réserver.

De très bon marché à prix moyens (moins de 140 Rm / 35 €)

Pour obtenir les meilleurs tarifs, il vous faudra loger en retrait du bord de mer, dans une zone un peu anarchique où se regroupent les petites adresses équipées de dortoirs et de chambres bon marché.

Rainbow Lodge *(plan zoom,* **11***)* **:** *lorong Surau, presque au bout du chemin des guesthouses bon marché. ☎ 955-81-03. 📱 012-513-61-03. • rainbowlangkawi.yolasite.com • Fourchette basse. 💻 (payant).* Wi-Fi. Pas de doute, jusqu'à présent, c'est la meilleure *guesthouse* du secteur ! Certes, il faut aller au bout du chemin, à la limite de la campagne, ce qui est d'ailleurs plutôt agréable vu l'anarchie traversée jusque-là. Sur place, c'est un patron hyper affable qui tient cette adresse aux jolies portes multicolores. Grand choix d'hébergements, dont un dortoir mixte de 18 lits séparés par des cloisons et des rideaux, avec ventilos. Également une soixantaine de chambres, dont 40 avec ventilo et 20 avec clim. Éviter quand même celles situées dans l'espèce de garage à l'arrière... Enfin, une dizaine de maisonnettes avec 1 à 3 chambres chacune, cette dernière configuration étant idéale pour les familles ou les bandes de potes, toutes équipées de cuisine, TV et lecteur DVD. Le lieu abrite aussi un sympathique resto-bar *(tlj 7h-23h)* où les routards se croisent du matin au soir. Location de vélos et de motos à prix fort honnêtes. Coffre à la réception. Bref, l'arc-en-ciel du routard.

Gecko Guesthouse *(plan zoom,* **12***)* **:** *lorong Surau, sur le chemin des petites guesthouses. 📱 019-428-38-01. • rebeccafiott@hotmail.com • Fourchette basse.* Pas notre adresse préférée, mais ça dépannera les routards sacs à dos si le *Rainbow Lodge* est complet. Dortoir très bon marché mais simplissime, chambres en dur sans ou avec salle de bains, plus chères avec la clim, *of course*. Également des petites cabanes en bois au même tarif et un poil plus sympas. Terrasse-bar avec des bouquins. Sinon, c'est un peu l'usine, et l'accueil y est pour quelque chose (expéditif). Si c'est complet là aussi, faites un tour du quartier (on devrait dire de la zone), il y a d'autres petites adresses tout aussi inégales...

De prix moyens à plus chic (80-300 Rm / 20-75 €)

À une exception près (1re adresse), nous sommes là de part et d'autre de la rue principale très animée, au cœur de la station.

Pondok Keladi *(plan Les îles Langkawi, **14**) : Kampung Padang Putih, Jln Pantai Tengah.* ☎ *955-16-48.* • *pondok-keladi.com* • *À 1,5 km env du centre de Pantai Cenang. Prendre Jln Pantai Tengah en direction de Kuah, puis à droite au niveau de la mosquée. Prix moyens. Supplément de 20 % en très hte saison.* Cette sorte de maison d'hôtes, au calme, se niche au bout d'un petit chemin caillouteux, à 15-20 mn de marche de la rue principale et de la plage. Elle compte seulement quelques chambres, bien arrangées, avec salle de bains (peu de pression mais de l'eau chaude), AC, minifrigo, 2 fenêtres. Contribuant à la convivialité du lieu, dont l'esprit est globalement assez baba, un espace commun en plein air, joliment décoré, propose ses tables, fauteuils et hamac, pour que le temps passe agréablement et que l'air circule. Du grand jardin, belle vue sur les collines, où vous observerez des singes et de nombreux oiseaux. Cuisine équipée à disposition où tout le monde partage les courses. Petit déj inclus, mais apporter ses fruits et son lait. Une belle adresse si on aime l'aspect vie communautaire.

White Lodge *(plan zoom, **17**) : prendre la petite rue au sud de l'*Underwater World*, à la hauteur du resto* Islandish. ☎ *955-30-72.* • *adiewhitelodge@gmail.com* • Ce bel hôtel porte bien son nom : ses bungalows en dur tout blancs enserrent un jardin au gazon fraîchement tondu, à 150 m en retrait du front de mer. Les chambres sont de bonne taille et bien équipées, même si les salles de bains et l'air conditionné pourraient être plus à la page. Bien agréable de prendre le frais le soir devant sa porte, en écoutant coasser les grenouilles. En revanche, un gros hôtel a été construit juste devant... Dommage !

Melati Tanjung Motel *(plan zoom, **10**) : Jln Pantai Cenang, au centre.* ☎ *955-10-99.* • *melatitanjungmotel@yahoo.com* • Bon, faut aimer le béton et l'entrée n'est pas nickel, loin de là. On choisit selon ses finances entre les chambres côté plage, dans un bâtiment de 4 étages sans charme, et celles situées de l'autre côté de la route, avec AC (bruyant) et TV mais eau froide seulement et w-c rudimentaires. Les plus chères, avec un balcon face aux cocotiers, dans les étages, sont les seules à valoir vraiment le coup. Entretien un peu juste. Papier toilette et serviettes à réclamer...

AB Motel *(plan zoom, **18**) : Jln Pantai Cenang, au centre.* ☎ *955-13-00.* • *abmotel@hotmail.com* • *Résa conseillée en hte saison.* *(réception).* L'ambiance est un peu à l'usine et l'accueil est variable, mais il y a du choix. Les petits budgets s'intéresseront aux chambres avec eau froide du « mauvais » côté de la route, les autres à celles posées autour du tapis de sable. Toutes sont sans charme mais bien tenues, avec salle de bains, AC, TV et frigo. Le tout est de savoir sur quoi donnera la vôtre : la mer, un coin tranquille, le parking ou la route...

Delta Motel *(plan zoom, **15**) : prendre la rue à droite, juste avt l'*Underwater World* en venant du nord.* ☎ *955-13-07.* • *deltamotellangkawi.net* • *Plus cher d'env 10-15 % en hte saison.* Son principal atout, c'est sa situation, pile poil face au tapis de sable. Pour mieux en profiter, nous vous conseillons en particulier les *deluxe rooms* A1 et A09, avec vue sur mer, ou les *chalets* C7 et C12, posés dans un coin tranquille, avec la grande bleue et les cocotiers pour tout vis-à-vis. Confort correct, sans plus, mais vous oublierez l'eau froide en regardant le panorama...

Malibest Resort *(plan zoom, **10**) : Jln Pantai Cenang.* ☎ *955-82-22.* • *malibestresort.com* • *De prix moyens à plus chic.* Honni soit qui *Malibest* ? D'accord, la façade est peu engageante, mais là encore, le choix est vaste... d'autant que la direction doit ouvrir prochainement un nouvel hôtel de 100 chambres juste à côté ! Un peu de tout, depuis les chambres de l'autre côté de la route aux bungalows côté plage. Certains sont en dur, d'autres en bois ; certains tout neufs, d'autres plus anciens. Le confort est bon, avec salle de bains, AC, TV et bouilloire. Pour un souvenir plus mémorable, installez-vous dans les *treetop bungalows,* perchés dans de (faux) arbres plantés sur la plage, à hauteur de palmes. Évitez les familiales regroupées dans un gros bâtiment lourdingue et les tarifs les plus élevés qui sortent de cette rubrique. Peu de chances que cela vous concerne, mais au cas où : chiens et durians interdits !

Très chic (plus de 300 Rm / 75 €)

Bon Ton Resort et Temple Tree *(plan zoom,* ***16****) : au nord de Pantai Cenang, pas très loin de l'aéroport. ☎ 955-16-88. • bontonresort.com.my • Chambres env 700-1 400 Rm selon confort et saison, petit déj inclus, mis à disposition dans la chambre. Menu malais 100-120 Rm. CB acceptées.* L'adresse la plus originale et la plus belle du secteur. Le *Bon Ton* ne fait rien comme les autres (la *China House,* à Georgetown, Penang, c'est eux !). Et d'une, il ne joue pas des coudes sur la plage mais s'est établi en retrait du bord de mer, dans un coin tranquille faisant face à une zone de marais, où dodelinent les roseaux. Et de deux, le béton y est banni. L'hôtel est composé de 2 entités voisines : le *Bon Ton,* avec ses 8 maisons malaises traditionnelles sur pilotis, toutes originaires du Kedah et tournées vers une bien belle piscine oasis, et le *Temple Tree,* où se regroupent d'autres édifices anciens transplantés des quatre coins du pays – maison bourgeoise chinoise de Penang, demeure de plantation, cahute de pêcheur... Le concept, unique, est parfaitement maîtrisé. Chaque pavillon est soigneusement décoré et sculpté, en bois et avec des matières végétales, sans que le confort ne soit négligé. Pour ne rien gâcher, les 2 restos sont excellents, et la moitié des profits est réinvestie dans le centre pour chats et chiens errants (malicieusement appelé L.A.S.S.I.E.), installé à l'entrée de la propriété. Ne soyez pas surpris, d'ailleurs, si des pensionnaires à poils déambulent entre vos jambes ! Vous aurez même droit de les promener...

Où manger ? Où prendre le petit déj ?

Peu d'animation à midi, les restos préférant attendre le soir pour séduire la clientèle à coup de guirlandes lumineuses ! Si vous en avez les moyens, les *mantis prawns* (squilles-mantes en français), des sortes de langoustes, sont assez réputées à Langkawi.

Bon marché (10-20 Rm / 2,50-5 €)

Nasi Kandar Tomato *(plan zoom,* ***38****) : Jln Pantai Tengah.* Un resto indien proposant un buffet et des plats qui raviront le portefeuille des routards fauchés. Rien d'extraordinaire, plutôt une cantine abordable.

De prix moyens à chic (20-60 Rm / 5-15 €)

Red Tomato *(plan zoom,* ***32****) : Jln Pantai Cenang, presque en face de l'Underwater World. ☎ 955-40-55. Tlj 9h-22h30.* Ne confondez pas avec le *Nasi Kandar Tomato* (voir plus haut). Le *Red Tomato* est facile à repérer : la Coccinelle rose de la proprio est souvent garée devant !

De plus, sa déco, très raffinée, avec sa belle terrasse pleine de plantes, n'a strictement rien à voir... En revanche, attention, c'est souvent plein, alors arriver tôt. Réputé pour ses petits plats sains et frais, le resto propose aussi un bon choix de petits déj (omelettes, muesli, pancakes). À midi, on choisit parmi sandwichs, tartes flambées, copieuses salades et plats de pâtes, de fort bonne facture, quoique un peu plus chers qu'ailleurs. Une excellente petite adresse.

Orkid Ria Seafood Restaurant *(plan zoom,* ***31****) : Jln Pantai Cenang, à côté d'Artisans Pizza. ☎ 955-41-28. Tlj 11h-15h, 18h-23h.* On ne vient pas ici pour le cadre (la grande halle tourne le dos à l'océan !), mais pour les spécialités de produits de la mer, fort réputés. On y trouve de tout, des moules aux ormeaux, en passant par le crabe, le concombre de mer et les « asperges de mer ». Également des aquariums remplis de langoustes, certes onéreuses. Rassurez-vous, il y a aussi plein de choix classiques, à commencer par les très réputées *mantis prawns*, vendues aux 100 g. C'est bon, copieux, et le service est à la fois souriant, agréable et nickel.

Où boire un verre ?

Voir aussi du côté de Pantai Tengah, à deux pas d'ici...

Yellow Café *(plan zoom,* ***41****) : côté plage. ☎ 955-51-21. Tlj sf lun 12h-1h.* Un *beach café* tout jaune, tenu par un Français. Sympa pour boire un verre sur la plage, avaler une bonne pizza ou se taper une glace. Musique *lounge* et connexion pour lire ses e-mails.

The Cliff *(plan zoom,* ***15****) : à gauche du Delta Motel, au fond. ☎ 953-32-28. Tlj 12h30-22h30.* Sans doute le bar offrant la plus belle vue sur la plage car, comme son nom l'indique, il est situé sur une petite falaise. Bière pas chère (tiens !) alors que le cadre est vraiment chic (sans parler du resto très cher juste à côté). Sinon, cocktails et belle carte de vins. Classe !

À voir

Underwater World *(plan zoom) : Jln Pantai Cenang. ☎ 955-61-00. • underwaterworldlangkawi.com.my • Tlj 10h-18h (dernière entrée), sf j. fériés et vac scol 9h30-18h30. Billet : env 40 Rm ; réduc. CB acceptées.* L'entrée est très chère, mais l'ensemble est plutôt bien conçu et abrite quelque 5 000 bestioles représentant plusieurs centaines d'espèces. Les espaces sont variés : aquariums d'eau douce et d'eau de mer, en plein air ou à l'intérieur, et notamment un grand bassin (500 000 l !) traversé par un couloir souterrain vitré, autour duquel évoluent des raies léopard géantes et de très grosses carangues. On croise aussi des requins pointe blanche, des loutres asiatiques, des otaries et même des pingouins. En fin de parcours, ne ratez pas l'étonnant *leafy seadragon,* un drôle d'hippocampe dans son bocal... Privilégiez les heures des repas (entre 11h et 14h30) pour davantage d'activités. Film documentaire en 3D d'une vingtaine de minutes.

Laman Padi Rice Museum *(plan zoom) : dans le complexe Laman Padi Langkawi, Jln Pantai Cenang, en face de la Casa del Mar. ☎ 955-43-12. Tlj 8h-17h. GRATUIT.* Ce petit musée tout simple, posé à l'entrée nord de Pantai Cenang, se consacre à l'activité qui occupe encore une partie des habitants de l'île : la culture du riz. On y découvre quelques outils traditionnels et des explications (en anglais), ainsi qu'un charmant *padi field,* qui semble tout droit sorti d'une gravure. Vite vu.

PANTAI TENGAH

Prolongeant la plage de Pantai Cenang vers le sud, Pantai Tengah est à la fois un peu plus tranquille et un peu plus chic. En face, magnifiques petites îles dont une de sable blanc...

Où dormir ?

Chic (140-200 Rm / 35-50 €)

Tropical Resort (plan zoom, **19**) : *Jln Teluk Baru. ☎ 955-40-75. • tropicalresortlangkawi.com • Côté mer, au début de Pantai Tengah. Petit déj inclus. (réception et café).* Plus qu'un *resort*, c'est un grand petit hôtel, dont les 2 ailes s'étirent parallèlement à la route. Il abrite des chambres nickel d'un très bon rapport qualité-prix, dont le grand avantage est de s'adosser à un grand carré de forêt tropicale étiré jusqu'à la plage. Préférez celles qui donnent vers la mer, très au calme, à celles donnant côté route, bruyantes. Clientèle autant malaisienne qu'étrangère, ça change un peu. Dommage pour les familles : les enfants de plus de 3 ans ne sont pas acceptés.

Très chic (plus de 300 Rm / 75 €)

La Pari Pari (plan zoom, **23**) : *2273, Jln Teluk Baru. ☎ 955-10-10. • laparipari.com • Après le Sunblock, chemin à gauche au niveau du Green Village. Doubles 320-400 Rm selon saison, petit déj inclus. CB acceptées.* En retrait de la route, une petite structure chic très agréable. Une douzaine de bungalows contemporains bleu et blanc, sobres et confortables, avec une petite terrasse isolée des regards, une grande douche, clim, coffre, bouilloire et grille-pain. Le tout derrière *Fat Cupid*, l'excellent petit restaurant d'un blanc immaculé (voir « Où manger ? Où prendre le petit déj ? Où boire un verre ? »). Piscine. Très bon accueil, à la fois efficace et hyper souriant. Une très bonne adresse, et même la classe à tous points de vue !

Ambong Ambong (plan zoom, **24**) : *Jln Teluk Baru. ☎ 955-84-28. • ambong-ambong.com • En surplomb du resto Unkaizan : si vous êtes en voiture, attention, ça grimpe raide et étroit ! Studios et suites env 700-1 000 Rm ; cottage 4 pers env 1 200 Rm. CB acceptées.* Une adresse chic hyper originale car perchée à flanc de colline dans la végétation. On ne dort pas dans les arbres mais presque ! Les studios sont petits, avec vue sur la forêt ou sur la mer (« Tepur Tree », « Rebak Tree »). Notre coup de cœur va plutôt à la suite « Singa Tree », qui possède une vue époustouflante sur la baie, y compris depuis la baignoire en bois posée dans la pièce principale ! Équipée de grandes baies vitrées et d'une cuisine. Également des cottages pour les familles, avec 2 chambres chacun et une vue sur la forêt. Petit déj continental inclus, livré la veille au soir. Petite piscine. Spa en contrebas et cours de yoga 3 j./sem. Cerise sur le gâteau, on est à deux pas de l'excellent resto japonais *Unkaizan* (voir « Où manger ? Où prendre le petit déj ? Où boire un verre ? »). Mais gare à la remontée... !

The Frangipani Resort & Spa (plan zoom, **20**) : *Jln Teluk Baru, plus au sud. ☎ 952-00-00. • frangipanilangkawi.com • Double env 1 000 Rm, également des villas et suites, petit déj-buffet inclus. Remise via Internet. (payant). (espaces communs).* L'hôtel tranquille des premiers temps s'est peu à peu mué en un complexe chic, sans se départir de son principal avantage : un front de mer privé étiré sur 400 m de plage ! Selon ses moyens, on choisira plutôt les chambres côté jardin, en étage ou en rez-de-chaussée, les villas plus ou moins proches de la mer, avec baignoire intérieure et douche extérieure, ou l'une des 4 suites royales. Le tout est luxueux, impeccable, mais on paie aussi les 2 piscines (on peut vraiment nager), dont une à l'eau salée, le jacuzzi, le spa et autre salle de fitness. Attention aux méduses, quand même.

Où manger ? Où prendre le petit déj ? Où boire un verre ?

De bon marché à prix moyens (10-40 Rm / 2,50-10 €)

☕ 🍽 ***La Chocolatine*** *(plan zoom, **33**) : Jln Teluk Baru, à côté du resto L'Osteria. ☎ 955-88-91. Tlj env 9h-21h.* Une subite envie de croissant ou de pain au chocolat ? Vous voilà exaucé. Patrick, le patron français, qui a longtemps résidé à Saint-Martin (dans les Antilles), propose d'excellentes viennoiseries et pâtisseries maison, ainsi que de bonnes quiches et salades pour les précéder. Expresso machine et thé Kusmi. Ambiance de salon de thé sans prétention (certes, dans un petit centre commercial), avec en bonus quelques tours Eiffel aux murs, des mélodies rétro et une petite terrasse agrémentée de plantes.

☕ 🍽 🍷 ***Cactus*** *(plan zoom, **34**) : Jln Teluk Baru, env 300 m après le* Tropical Resort, *sur la gauche. 📱 012-407-79-28. Tlj sf mer pour le petit déj, puis 15h-3h.* Une simple cahute de bric et de broc avec mobilier rustique en bois de mangrove et singes dans l'arrière-cour. Mais c'est surtout un resto où l'on mange très bien... quand il n'y a pas trop de monde ! Donc en saison, ça peut baisser, sans compter que le service est très lent. Beaucoup de monde pour le réputé petit déj (misez sur les pancakes à la banane). Le patron adore jongler pour les enfants et invite volontiers les habitués à laisser leur graffiti sur ses murs. Fond musical hétéroclite remontant aux 60's.

De chic à très chic (plus de 40 Rm / 10 €)

🍽 ***Unkaizan*** *(plan zoom, **37**) : tt au sud de Jln Teluk Baru, à 2,5 km de Pantai Cenang. ☎ 955-41-18. Tlj sf 2e mer du mois 18h-23h. Résa conseillée. Plats et menus env 40-100 Rm.* Les habitués de l'île susurrent délicatement son nom de bouche à oreille. Installé dans une maison anonyme, en retrait du brouhaha balnéaire, *Unkaizan* est un authentique restaurant japonais. Mieux que ça : il est élu meilleur restaurant japonais de Malaisie année après année ! Au choix, un assortiment de plats simples (un bon bol d'*udon* ou de *soba* aux gambas, par exemple) ou de menus complets servis sur leur plateau laqué *(sets)*. Sushis et sashimis sont à l'honneur, mais on peut aussi craquer pour d'excellents *teppanyaki* (viandes ou poissons grillés) ou de l'anguille fumée. Salle quasi rustique ou terrasse bien agréable en soirée.

☕ 🍽 ***Fat Cupid*** *(plan zoom, **23**) : à l'hôtel* La Pari Pari *(voir « Où dormir ? »). Tlj 11h-22h30 ; petit déj-brunch 9h-14h.* Une belle terrasse blanche ouverte sur la piscine, avec de la musique jazzy, le tout très zen. On y déguste une cuisine aussi fraîche que créative, du petit déj-brunch au dîner. Jugez-en plutôt : selon les saisons, gâteau de saumon, salade de mangue et citrouille, burger à la viande ou au tofu, etc. Également des plats malais *(satay, rendang...)*, nyonya ou thaïs. Quant au dessert, sur commande 15 mn avant, ne manquez pas s'il y en a le *heavenly sago layers*, à base de tapioca, glace vanille et lait coco ! Tout est bon et servi avec de la bonne humeur à revendre.

🍽 🍷 ***Sugar*** *(plan zoom, **30**) : Jln Pantai Tengah. ☎ 955-39-28. Ouv le soir slt. Music live de temps à autre.* On vient pour son cadre « les pieds dans le sable », magique au coucher du soleil en sirotant un verre ; on reste pour l'ambiance. Côté cuisine, il y en a pour tous les goûts, locaux et occidentaux. Bar à l'étage, *Nest on the Beach,* proposant de bons cocktails sur fond musical bien sympa.

The Pizza Maker *(plan zoom,* ***35****)* **:** *Jln Teluk Baru. 0175-690-541. Tlj 17h-minuit.* Une des meilleures pizzerias de l'île, tenu par un Italien. Pâte craquante et garniture généreuse. Quelques bonnes salades également.

Sun Café *(plan zoom,* ***36****)* **:** *Jln Teluk Baru, face au Tropical Resort. ☎ 955-83-00. Tlj 12h-22h30.* La grande salle moderne et hyper lumineuse, à la déco plutôt neutre, rappelle un peu les *coffee-shops* nord-américains. Aux murs, des photos en noir et blanc d'hommes et de femmes illustrant la richesse multiculturelle de la Malaisie. La cuisine est fort honnête, sans être exceptionnelle, du filet grillé de barracuda mariné au miel et au citron, à la crème brûlée. Excellent accueil du personnel féminin.

Où sortir ?

Sun Ba *(plan zoom,* ***36****)* **:** *Sunmall, Jln Teluk Baru. Tlj jusqu'à 4h du mat (minuit jeu).* Dans le bloc géré par le *Sun Group* (voir le *Sun Café* plus haut). Façade en bois, statues des ancêtres et intérieur tout en bois également. Bref, ce qu'ils appellent un « rétro bar ». C'est quasiment le seul lieu pour sortir dans le coin, avec un billard et un groupe chaque soir... sauf le jeudi. Pourquoi ? Parce que la loi en a décidé ainsi, histoire de tenir compte (un petit peu !) des coutumes et des mœurs locales.

PANTAI KOK ET TELAGA HARBOUR PARK

Au nord-ouest de l'île. Réputée pour sa beauté et son caractère sauvage, la plage de Pantai Kok n'a pas échappé au développement touristique de l'île et a vu pousser marina chic et grand hôtel à son extrémité orientale (désormais privée). Reste un grand ruban de sable bordé d'arbres, qui serait génial s'il n'était pas aussi sale.

Du côté de la marina de Telaga Harbour et de ses infrastructures, poussées de part et d'autre d'une petite baie (au prix de douloureuses expropriations, paraît-il), vous trouverez quelques services (distributeur, laverie, Internet), une pizzeria et une brochette d'une dizaine de restos au coude à coude, fréquentés par une clientèle dorée issue des *resorts* voisins : espagnole, italienne, russe, il y en a pour tous les goûts. Nous, on a bien aimé la boulangerie-pâtisserie *The Loaf* et le resto *Privilege* (voir ci-dessous). Tout ça n'est pas donné, cela va sans dire.

Où manger ?

Privilege *(plan Les îles Langkawi,* ***39****)* **:** *Perdana Quay, 1er étage, Telaga Harbour Park. ☎ 956-11-88. Tlj sf dim 12h-23h. Résa indispensable (peu de tables). Repas complet (hors boisson) env 70-150 Rm.* Dans son perchoir vitré dominant la marina, le resto a tout de l'adresse de charme : l'élégance du lieu, la qualité du service et de l'accueil, la mise en bouche offerte et... les prix. On y savoure une cuisine mêlant saveurs malaises, techniques occidentales et le meilleur des produits locaux et internationaux, aux épices contenues et adaptées à la demande des clients. Spécialités de *rendang* (revisité), canard rôti aux 5 épices ou encore *king prawns.* En dessert, glace à la banane fumée ou crème brûlée à la *gula melaka* (le sucre de palme). Inimitable et franchement délicieux.

GUNUNG MAT CINCANG ET LES CHUTES DE TELAGA TUJUH

Point culminant du nord-ouest de l'île, le mont Mat Cincang dresse ses quelque 700 m au-dessus d'un océan de verdure, bruissant du chant lancinant des insectes et du bruit sourd des branches jetées à terre par les singes. Même si le terrain se prête à de belles randonnées, la plupart des visiteurs choisissent la voie plus aisée du téléphérique, que l'on prend au complexe touristique (sans intérêt) d'Oriental Village. De là-haut, on aperçoit, à quelques encablures, la chute de Telaga Tujuh.

À voir

Le téléphérique du gunung Mat Cincang : *lun-jeu 10h-19h (attention, ferme à 12h mer), ven-dim et vac scol 9h30-19h. Fermé 1 fois/mois pour maintenance et en cas de mauvais temps. Prix : env 35 Rm (+ 5 Rm pour le pont) ; réduc. Billet coupe-file : 80 Rm ! CB acceptées pour les groupes de 10 pers.* Passez les marchands du temple de l'Oriental Village, véritable Disneyland local, et ses pseudo-promenades à dos d'éléphant, pour rejoindre la gare du téléphérique (autrichien, si vous vous posez la question...). Celui-ci se hisse en 10 mn au sommet du mont Mat Cincang via une escale panoramique intermédiaire. Vue prodigieuse à l'aller comme au retour. Attention, c'est l'ascension en téléphérique la plus raide au monde ! On survole de haut la forêt enveloppée de silence, avant de raser de près les falaises. Les personnes sujettes au vertige s'abstiendront ! Allez, on serre encore une fois les dents (ou les f...) et après 20 mn de marche dans la forêt, on traverse le pont incurvé, véritable œuvre d'art suspendue en contrebas du sommet, comme par magie. Bon, là-haut, pourvu que les nuages ne recouvrent pas la montagne de leur blanc manteau... Sinon, profitez de la boîte aux lettres pour expédier votre courrier !

Telaga Tujuh : *de l'Oriental Village, une route mène en 1 km jusqu'au parking ; il existe aussi un chemin longeant la rivière (bof). Accès libre, mais parking payant.* Ce n'est pas vraiment une randonnée, plutôt une longue série d'escaliers... Les 281 premières marches conduisent à la chute de Telaga Tujuh, joli panache après les pluies, un peu fluet à la saison sèche, autour de laquelle batifolent singes et papillons. Dans un second temps, la même série de marches (357 cette fois !) grimpe à travers la forêt bruissante de vie jusqu'aux Seven Wells – une succession de petits bassins naturels en amont de la cascade, où certains se baignent malgré les avertissements des autorités. La plupart des touristes s'arrêtent ici. Les explorateurs, eux, continuent l'ascension vers le sommet du Mat Cincang en s'enfonçant dans la forêt. Au programme : 2h d'efforts, des traversées de ruisseau à répétition et, au final, des passages plutôt vertigineux avec des cordes pour s'aider. Emportez de bonnes chaussures, beaucoup d'eau et, surtout, renseignez-vous au poste de garde, en bas – le sentier, mal entretenu, pourrait être fermé. À éviter durant la saison humide.

LA CÔTE NORD

Plus sauvage, plus tranquille que l'ouest de l'île, le nord alterne villages tranquilles noyés sous les cocotiers, criques caillouteuses et plages. Pas vraiment d'hébergement dans le coin, en dehors de quelques complexes internationaux très chic, alors on y va en balade.

À voir

Galeria Perdana : *Kilim, Mukim Kuah. ☎ 959-14-98. Tlj 8h30-17h30 (18h vac scol). Entrée : env 10 Rm ; réduc.* C'est un musée qui rassemble les cadeaux offerts à Mahathir quand il était Premier ministre de 1981 à 2003. Souvent kitsch, rarement ancien mais parfois amusant... On y trouvera donc des cadeaux aussi éclectiques qu'un *Bronco Buster* signé Remington, une armure de guerrier indien, des théières du Cambodge, des sculptures sur bois du Vietnam ou encore de jolies figurines de Tanzanie, Malawi, île de Pâques, Nigéria... Photos du « grand homme » et section consacrée aux arts islamiques. Autre partie exposant bijoux, pierres et minerais, maquettes de maisons traditionnelles, sculptures sur marbre, sur jade, éléphant en argent du Sri Lanka, etc. À l'étage, sous la grandiloquente coupole, les trophées et diplômes de mosieur et madame, plus vases, vaisselle et objets pas toujours de très bon goût (voir la kitschissime horloge en forme de paon offerte par l'ex-URSS), jolie série de poupées et figurines du Japon, marionnettes de wayang malais, de Thaïlande et de Mongolie. Au rez-de-chaussée, une statue de commandant à cheval très académique, cadeau d'Hugo Chavez, une galerie de couteaux, sabres et kriss (belles pièces). Enfin, au sous-sol, une belle collection de voitures.

Temurun Waterfall : *en continuant vers l'ouest sur Jln Datai. Accès fléché sur le côté gauche de la route, face au café-resto* Tiga. Cette jolie chute haute de 30 m est surtout impressionnante en saison humide (elle peut se tarir pour de bon à la période sèche). Au sommet, un bassin où l'on peut se baigner. Attention de ne pas laisser votre pique-nique en vue : les singes rôdent !

Pasir Hitam : on l'appelle plus souvent *Black Sand Beach,* en raison des quelques dépôts de particules noirâtres à ses franges... mais le sable n'est pas noir ! Site touristique assez galvaudé. N'y aller que pour le superbe panorama depuis l'avancée qui surplombe la plage : en face, plein de curieux petits îlots rocheux ciselés par l'érosion.

Pantai Rhu : *à l'extrémité nord de l'île. Suivre la direction de Tanjung Rhu Rd. Accès jusqu'à 18h ; un gardien veille.*

La plus belle plage de l'île. Longue et large comme une piste d'atterrissage dans sa partie centrale, elle fait face à une escadrille de petits îlots aux formes étonnantes, baignant dans une baie naturelle largement ouverte. À marée basse, il est possible d'avancer en mer en longeant les bancs de sable. Tout serait parfait si, en période de vacances scolaires, les ordures ne jonchaient pas les abords de l'accès public et si le reste de la plage n'était pas privé... Il n'y a toutefois pas de barbelés qui délimitent le territoire, mais c'est un peu surveillé. Ça signifie simplement que les clients du *Tanjung Rhu Resort* et du *Four Seasons Resort* ont l'exclusivité des transats et de la location des planches et dériveurs, mais que l'on peut éventuellement s'y aventurer à condition de ne pas trop détonner... Ce statut privé a un gros avantage : face à l'hôtel, le sable est (enfin) propre – l'eau pas toujours.

Sur la jetée de Pantai Rhu, au bout de la route, quelques locaux proposent une balade vers les îles sur des petits bateaux à moteur. Pour un bateau de 8 à 16 places, compter en moyenne 250 Rm de l'heure (puis tarif dégressif). Balades dans la mangrove, observation des aigles, *fish feeding* sur Pulau Dangli, visite d'un élevage de poissons ou de grottes peuplées de chauves-souris. Parmi celles-ci, on peut parfois gagner la grotte de *Gua Cerita,* accessible uniquement par la mer (30 mn). Au large, parfois, de la fumée s'élève sur l'eau : non, ce n'est pas un bateau qui prend feu, mais les pêcheurs d'anchois qui fument leurs prises !

Rhu Bar *(plan Les îles Langkawi,* ***40****) :* *au* Four Seasons Resort. *Tlj 15h-minuit.* Cher, certes, mais voici le lieu idéal pour profiter de la plage de Rhu dans sa plus belle section (privée). Autant l'essentiel du complexe hôtelier prend l'apparence d'une forteresse labyrinthique, presque d'une médina, autant le bar, dans son haut pavillon à l'asiatique, s'ouvre aux quatre vents. On s'y laisse couler dans un moelleux canapé, tout en contemplant la mer et le sable blanc... Très bons cocktails de jus de fruits, mais à environ 30 Rm. Pour le prix, vous aurez droit à un joli plateau de grignotages. Bon, on ne va quand même pas vous écrire le guide du *Rhu Bar* ?

GUNUNG RAYA

Dressé au centre de Langkawi, son point culminant (880 m) est accessible par une petite route étroite grimpant raide sur 12 km, au milieu d'une belle forêt tropicale où habitent beaucoup de singes. En haut, on découvre des relais satellites et de TV, mais aussi une tour *(accès : 10 Rm)*, du haut de laquelle on jouit d'une vue impressionnante : au sud flottent les îles Pulau Dayang Bunting et Pulau Tuba, séparées par un chenal naturel ; au nord, les îles thaïlandaises de Koh Adang et Koh Lipe ; enfin, à l'ouest, se dessine le passage du détroit de Malacca à l'océan Indien. Les ornithologues amateurs viendront avec leurs jumelles (calaos) et les poisseux avec une bonne paire d'essuie-glace pour tenter de chasser les nuages.

Où séjourner dans le coin ?

Sunset Valley (*plan Les îles Langkawi*, **25**) **:** *lot 2220, Jln Makam Mahsuri, kampung Teluk. ☎ 955-10-55. 017-284-45-50. • sunsetvalleyholidayhouses.com • Compter env 350-500 Rm pour 2 et 550 Rm pour 4 ; petit déj en plus ; supplément de 25 Rm/j. pour la clim. Promos fréquentes sur Internet. CB acceptées.* Pour ceux qui sont véhiculés et veulent se mettre au vert dans un beau cadre, loin de toute agitation touristique. Tenu par un charmant couple germano-australien qui propose 6 maisons en bois dans le style des *kampung* malais, dont 4 proviennent de l'île, la plus ancienne âgée de près de 2 siècles (« Paddy House », la plus petite). Pour les familles, préférer la « Forest House » ou, mieux, la « Field House » dotée d'une vaste terrasse avec vue sur la rizière (sèche en saison, superbe en juin quand il pleut...), d'une belle cuisine équipée, d'une grande chambre-salon et d'une salle de bains avec baignoire pulpeuse. La « Garden House » se trouve du côté de la piscine et de sa cuisine d'été. Quant à la « Gate House », en retrait, c'est la moins chère. Ici, on fait soi-même sa tambouille ou on va au resto (pas tout près). On peut vous trouver une location de voiture, livrée à l'aéroport ou au port.

Achats sur l'île

Atma Alam-Batik Art village : *Padang Matsirat. ☎ 955-12-27. • atmaalam.com • Tlj 9h-18h.* Une bonne adresse – touristique, bien sûr – pour observer la fabrication artisanale du batik, en soie ou coton, et éventuellement repartir avec une chemise, une petite trousse de toilette... y'en a pour tous les budgets. Vous pouvez aussi peindre votre propre batik, d'après un éventail de modèles préconçus. D'autres centres du même genre ont fleuri un peu partout.

Mountain Scents : *shops 20 & 21, Parade Megamall, niveau 3, Jln Pokok Asam, à Kuah. ☎ 966-81-87. Tlj 11h-20h.* Cette boutique de centre commercial propose un joli assortiment de thés, théières et savons fabriqués à Langkawi, emballés dans des morceaux de batik. On y trouve aussi la spécialité cosmétique de l'île : le *gamat*, une crème de soins et de beauté à base de concombre de mer ! Efficace contre les piqûres de moustiques, entre autres.

À faire sur l'île

Les activités nautiques sont le plus souvent organisées par les hôtels de catégorie supérieure et parfois réservées à leurs clients.

*Ceux qui voudraient prendre contact avec un guide peuvent appeler l'**association des guides** au 014-901-69-40. Les tarifs sont fixes : min 150 Rm pour 4h (guide* *anglophone) ; les prix varient selon le nombre de participants et sont plus élevés pour certains guides spécialisés.*

– ***Visite de la mangrove :*** les excursions les plus populaires mènent à la découverte des autres îles de l'archipel (voir plus bas) ou à travers la mangrove du nord-est de Langkawi, dans une section du Geopark classé en 2007 par l'Unesco. Au programme : tour en bateau dans la forêt inondée, visite d'une ferme d'aquaculture flottante, grotte aux chauves-souris, petite séance de *snorkelling* (plongée-tuba) et observation des oiseaux. On voit des aigles pêcheurs et, avec un peu de chance, loutres, serpents, varans et le très coloré martin-chasseur *gurial,* au gros bec rougeoyant, à la livrée orangée et aux ailes turquoise. Certains opérateurs nourrissent les aigles et les singes pour les attirer jusqu'au bateau... Pas très écolo. Contactez par exemple *Dev's Adventure Tours (plan zoom,* ***7*** *; 📱 019-494-91-93 ; ● langkawi-nature.com ● ; départ de* Kilim Jeti, *à env 15 mn au nord de Kuah ; env 160-220 Rm/pers pour 3-5h, réduc enfants),* qui propose des sorties écoresponsables en kayak ou en bateau.

– ***Snorkelling et plongée sous-marine :*** se renseigner à l'office de tourisme et auprès des petites agences du *Jeti Point* (terminal des ferries) de Kuah. Elles proposent toutes une journée au *Pulau Payar Marine Park,* à mi-chemin de Penang. Les forfaits incluent le trajet en gros catamaran (beaucoup de monde) ou en *speed-boat* (moins cher mais moins contemplatif), le déjeuner, l'équipement et le transfert retour à l'hôtel, le tout pour environ 240-320 Rm par personne pour le *snorkelling* et 400 Rm pour une plongée *(fun dive).* On peut négocier un peu, mais peut-être vaut-il mieux attendre d'être sur la côte est, non ? La visibilité n'est pas extraordinaire dans la région. Si vous insistez, sachez que la plupart des agences passent par *Langkawi Coral (☎ 966-73-18 ; ● langkawicoral.com ●).* C'est le plus gros centre de plongée et il propose aussi des transferts Langkawi-Penang (ou vice versa) avec plongée au passage à Pulau Payar. Deux en un, c'est plus malin ! Autre opérateur sérieux : *East Marine Holidays (☎ 966-39-66 ; ● eastmarine.com.my ●).*

– ***Croisières nocturnes :*** *Tropical Charters (● tropicalcharters.com.my ●)* et surtout *Crystal Yacht (● crystalyacht.com ●),* à bord de bateaux au style plus traditionnel, organisent des croisières de nuit avec repas et boissons inclus.

➢ ***Randonnée :*** essayez, pour commencer, l'ascension du mont Mat Cincang depuis les Seven Wells. Mais la balade est mal indiquée, donc un guide local s'impose. Sinon, il reste d'autres coins moins connus à découvrir, seul (attention aux serpents) ou au cours d'une *jungle walk* organisée. Contactez par exemple *Dev's Adventure Tours (● langkawi-nature.com ●)* ou *Junglewalla (● junglewalla.com ●),* qui vous feront connaître les secrets de la forêt tropicale entre chien et loup (ou même de nuit). Prévoir de bonnes chaussures et de l'eau.

– ***Équitation :*** ***Island Horses,*** *à côté de l'Oriental Village, sur la petite route menant à la chute de Telaga Tujuh. ☎ 959-47-53. 📱 012-422-96-99. ● langkawihorses.com ● Tlj sf lun 7h-11h, 15h-18h.* Au choix : balades sur la plage, en forêt ou en montagne. Pas donné.

– ***Pêche :*** le plan le moins cher et le plus authentique est de partir avec un pêcheur local, mais attention, la pêche au calamar se pratique de nuit ! Pour taquiner le marlin et l'espadon au large, compter au moins 400 Rm pour une sortie de 4h, matériel fourni. Sinon, on trouve du bon matos à *Angler's Junction,* à Kuah, sur la placette située face à l'horloge Geopark *(tlj 10h-21h).*

– ***Yoga :*** *contactez Dorothy (anglophone). 📱 019-652-06-83. ● langkawi-yoga.com ● Cours ouv à ts lun, mer et sam 8h30-9h30 env, sur la plateforme de l'hôtel Ambong Ambong (plan zoom,* ***24****), tout au bout de Pantai Tengah (20 Rm/h).* Difficile de faire cadre plus zen : on surplombe la mer, bercé par les bruits de la jungle.

Dorothy propose aussi des cours particuliers et des retraites de 3 à 5 jours avec séances de yoga et découverte de l'île mêlées.

LES AUTRES ÎLES

Comment y aller ?

Les agences du terminal des ferries de Kuah et de nombreux hébergements proposent des excursions vers les îles voisines, avec activités à la clé (plongée, plage, pêche, marche, visites de grottes, etc.). Les prix varient beaucoup selon le type de bateau, le nombre de participants et, bien sûr, le nombre d'îles et la distance entre elles, mais un tour classique de 4h revient à environ 40 Rm. Pour un tour privé, il vous en coûtera plutôt dans les 500 Rm à deux.

PULAU DAYANG BUNTING

Deuxième plus grosse île de l'archipel, fermant la baie de Kuah, Dayang Bunting dresse au-dessus des eaux de spectaculaires falaises hérissées de végétation. C'est l'une des plus visitées, car sa beauté est indéniable et les activités proposées diverses. La jungle envahit tout, cédant juste la place à des bandes de sable ou des grèves rocheuses en bordure de mer.

Le lac de la Vierge enceinte (*Tasik Dayang Bunting*) **:** *au cœur de l'île, en pleine jungle.* On peut se baigner dans la fraîche eau douce de ce lac mystérieux, en ignorant les ragots locaux affirmant qu'un grand requin blanc hanterait les lieux ! Ce serait, paraît-il, le fantôme d'une princesse noyée après avoir fui sa famille pour retrouver son amant sur l'île... Une autre légende a donné son nom au lac : celle d'un couple marié depuis près de 20 ans et pourtant infertile. Après avoir bu de l'eau du lac, la femme donna naissance à une petite fille. Depuis, les femmes stériles viennent de tout le pays goûter à ce remède miraculeux...

La grotte de la Dame blanche (*Gua Langsir*) **:** *sur la côte ouest de l'île.* À visiter si la perspective de rencontrer des milliers de chauves-souris ne vous effraie pas...

PULAU SINGA BESAR ET PULAU BERAS BASAH

Au sud-ouest de l'île Langkawi. Deux îles désertes bordées de plages superbes. On vient pour se baigner tranquillement, mais tous les bateaux d'excursion vers les îles y passent, vu leur proximité avec Langkawi et Dayang Bunting. On y est de moins en moins seul.

LE PARC MARIN DE PULAU PAYAR

Composé de quatre îles microscopiques, il se trouve à 19 milles au sud de Langkawi (1h de bateau rapide) et 32 milles au nord de Penang. C'est une destination très populaire pour le *snorkelling* et la plongée. On y trouve juste un bureau d'information, des w-c, une zone pour prendre agréablement le repas froid qui accompagne généralement le tour des îles et une plate-forme base pour toutes les activités.
– ***Accès :*** lire ci-dessus les infos concernant le *snorkelling* et la plongée sous-marine dans notre rubrique « À faire sur l'île » à Langkawi. Sinon, on peut s'y rendre par soi-même par le ferry quotidien Penang-Langkawi qui fait escale à Pulau Payar. Départ de Penang à 8h15, arrivée vers 10h et retour dans l'après-midi vers

15h30. Impossible en revanche au départ de Langkawi. Avec une agence, compter 350 Rm l'excursion depuis Penang.

LE CENTRE DE LA MALAISIE

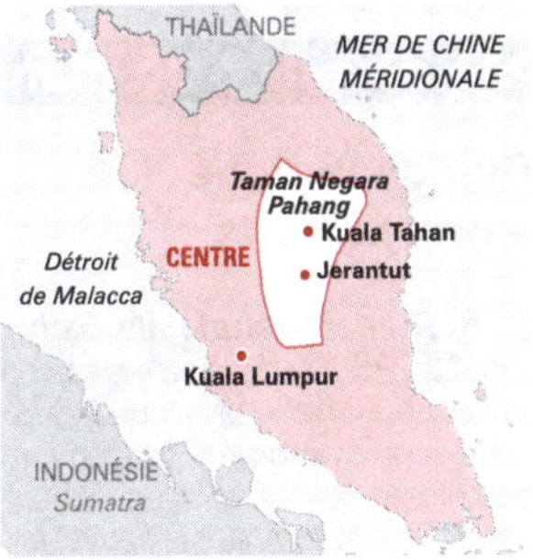

Aisément accessible par la route depuis Kuala Lumpur, Kuantan et Kota Bharu, le centre du pays attire un nombre sans cesse croissant de visiteurs désireux d'explorer le grand parc national du pays (Taman Negara Pahang), qui protège 4 300 km² de celle qui, selon les spécialistes, serait une des plus vieilles forêts primaires du globe (130 millions d'années) !

TEMERLOH

env 150 000 hab. IND. TÉL. : 09

Principale ville du Centre, à mi-chemin entre Kuantan et Kuala Lumpur, Temerloh n'a pas d'intérêt en soi mais peut être une escale nécessaire pour ceux qui voudraient rejoindre le parc national de Taman Negara depuis la côte est (ou vice versa). Le centre-ville se trouve juste en retrait du plus grand fleuve de Malaisie, le *Pahang*, le long duquel se tient le marché. La gare routière est à moins de 10 mn de là. On rejoint notamment la *Jln Tengku Bakar* en remontant l'axe principal, Jalan Ahmad Shah.

Arriver – Quitter

En bus

Gare routière longue distance (Terminal Bas Utama) : *elle se trouve Jln Sudirman, une petite rue perpendiculaire à Jln Ahmad Shah, la route principale.* On y trouve tout ce qu'il faut pour se restaurer. Plusieurs compagnies représentées, dont *Utama Ekspres* et *Transnasional*.

➢ ***De/vers Jerantut :*** 3 bus/j., l'ap-m. Trajet : 1h.

➢ ***Ipoh*** via ***Tapah :*** 2 bus/j. Durée : 6h.

➢ ***Kuala Lipis :*** 2 bus/j., le mat et l'ap-m. Durée : 3h.

➢ ***Butterworth (Penang) :*** 1 bus le mat et 1 le soir avec *Utama Ekspres*. Durée : 5-6h.

➢ ***De/vers Kuala Perlis :*** 3 bus/j., le soir.

➢ ***De/vers Kuala Lumpur (gare routière de Pekeliling) :*** bus ttes les heures env 7h-18h avec *Pahang South Union Ekspres*, 2 autres plus tard avec *Bulan Restu* et *Metrobus*. Compter env 2h.

➢ ***De/vers Kuantan :*** nombreux bus, la moitié passe par l'autoroute.

➢ ***Kota Bahru :*** au moins 4 bus/j., le mat et le soir. Durée : 8h.

➢ ***Malacca :*** 1 bus/j., le mat. Durée : env 4h.

Gare routière locale : *elle se trouve à 10 mn à pied de la gare routière longue distance. Pour la rejoindre, descendre l'av. Ahmad Shah vers le sud (en passant le poste de police), la suivre lorsqu'elle s'incurve vers la droite (à la hauteur du centre) et, juste après, prendre la 2e à gauche passé Jln Tengku Bakar, en direction du grand bâtiment au toit en auvent (Baazar Kuala Semantan).*

➢ **Pour Jerantut :** bus locaux partant env ttes les heures 6h30-18h30.

Des ***taxis longue distance*** peuvent aussi vous emmener à ***Jerantut*** (45 mn de trajet), ***Kuala Tembeling*** (1h) ou ***Kuala Tahan*** (1h30). Prix majorés après 18h.

Où dormir ? Où manger ?

De bon marché à prix moyens

Rumah Rehat : *Jln Dato Hamzah. ☎ 296-32-18. Suivre les panneaux « Rumah Rehat » et « Hotel Seri Malaysia », puis prendre à gauche au rond-point juste avt la mosquée. Sur un promontoire surplombant le fleuve, à 10 mn à pied de la gare routière. Double env 80 Rm. Également des familiales pour 4.* Cette *resthouse* gouvernementale, comme la plupart des hébergements de ce style, peine à trouver un second souffle : les chambres sont décrépies mais spacieuses et propres, avec salle de bains, TV et frigo. Bon accueil, petit déj possible. Jardin pas entretenu, dommage. Une adresse qui dépannera ceux qui sont en voiture et qui souhaitent passer une nuit au calme.

D'Island Café : *18, Jln Ahmad Shah. À 3 mn de la gare routière longue distance, en allant vers le centre. Plats 8-15 Rm.* Ce petit café chinois au cadre pimpant est parfait pour manger un morceau avant de reprendre la route. Faites comme les habitués : prenez l'*order list* et reportez les numéros des plats qui vous tentent ! Au menu (long comme un roman fleuve) : nouilles frites, riz de toutes sortes, *nasi lemak,* sandwichs et un bel assortiment de *dim sum.* Bons jus frais.

JERANTUT

90 000 hab. IND. TÉL. : 09

Ancienne porte d'accès au parc national de Taman Negara, Jerantut a perdu de son attractivité depuis l'ouverture d'une route vers Kuala Tahan, entrée principale du parc. Reste qu'on doit parfois y changer de bus et y passer quelques heures ou même une nuit.

Quoique la ville soit très étendue, le centre, posé sur le flanc nord de la route 64, se compose principalement de quelques rues qui lui sont parallèles. Retenez surtout *Jalan Tahan,* prolongée par *Jalan Besar* (direction de la mosquée), et *Jalan Diwangsa,* la place principale. La majorité de nos adresses se situe dans ce secteur.

Arriver – Quitter

En bus

Gare routière de Jerantut : *Irong 3.* Reportez-vous aussi aux infos de l'agence *NKS,* dans « Adresses utiles », pour les liaisons très intéressantes en minibus vers ***Kuala Tahan, Kuala Tembeling, Kuala Lumpur*** et les ***Cameron Highlands***.

➢ ***De/vers Kuala Tahan*** *(parc de Taman Negara)* **:** route plutôt sinueuse à travers les plantations de palmiers à huile (catastrophe écologique...). 2 bus/j., le mat et début d'ap-m. Durée :

env 1h45. Le trajet entre KL et Jerantut prenant 3h à 3h30, il est tout à fait possible d'avoir une correspondance dans la journée et d'éviter de passer la nuit à Jerantut. Idem dans le sens retour.

➢ ***De/vers Kuala Lipis :*** 5 bus/j., dont 2 continuent jusqu'à ***Kota Bharu.***

➢ ***De/vers Kuala Lumpur*** *(gare routière de Pekeliling)* **:** compter env 7 bus/j., 7h-19h avec *SE Ekspres*, 9h30-17h30 depuis KL, 8h45-16h depuis Jerantut.

➢ ***Pour Kuantan :*** 6 départs/j. Durée : 3h. L'un poursuit jusqu'à ***Kuala Terengganu.***

➢ ***De/vers Temerloh :*** départs ttes les heures env, 6h-18h15. Sans compter les bus pour Kuantan qui passent aussi par Temerloh. Durée : 1h-1h15.

➢ ***Pour les Cameron Highlands :*** 2 changements en bus, pas pratique ; mieux vaut partir en minibus avec une agence, type *NKS*.

Station de taxis : *sur la pl. principale Diwangsa, non loin de la gare routière.* On peut vous conduire jusqu'à ***Kuala Tembeling*** (embarcadère) et ***Kuala Tahan.***

En train

Gare ferroviaire (Stesen Keretapi) : *elle est située à 5 mn à pied du centre.* ☎ *266-2219.* • *ktmb.com.my* • Attention, la plupart des trains arrivent et partent au beau milieu de la nuit !

➢ ***De/vers Kuala Lipis et Kota Bharu :*** c'est le fameux « train de la jungle ». Il y a 1 train/j., vers 4h du mat au départ de Jerantut ! Durée : env 8h.

➢ ***De/vers Johor Bahru et Singapour :*** départ en direction de Singapour vers 3h du mat. Durée : 7h-8h30.

➢ ***De/pour Kuala Lumpur :*** prendre le train en direction de Johor Bahru et changer à Gemas.

Adresses utiles

■ ***Banques et change :*** ***AmBank** et **CIMB Bank** (jln Diwangsa ; pl. principale).* Leurs distributeurs acceptent les cartes *Visa* et *MasterCard*. ***Merchantrade*** *(money changer)* **:** *Jln Tahan, rue parallèle à Jln Diwangsa, à deux pas de l'agence Greenleaf. Tlj 9h-18h.*

■ ***Laverie*** *(Dobi)* **:** *jln Besar, près de l'hôtel Sri Emas. Tlj sf dim 9h30-19h.* Peut se révéler utile après les folles randos dans le parc...

■ ***Agence Greenleaf Holidays & Tours :*** *2, Jln Diwangsa, 1er étage.* ☎ *267-21-31.* 📱 *019-313-1240.* • *tamannegara.my* • *Face aux taxis.* Organise des excursions de 1 à 3 jours dans le parc de Taman Negara (minimum 4 personnes). On peut y laisser ses affaires pendant ce temps-là.

■ ***Agence NKS :*** *21-22, Jln Besar.* ☎ *260-17-70 ou 73.* • *tamannegara-nks.com* • *À 80 m de l'hôtel Sri Emas.* Petite agence de voyages établie de longue date. Séjours dans le Taman Negara à partir d'une journée : transport seul, activités, forfaits, tout est possible. La maison propose toute la logistique adéquate, mais vous n'êtes pas obligé de souscrire. Elle organise aussi des transferts en minibus vers le parc (minimum 4 personnes), KL à 13h, vers les Cameron Highlands à 11h30 et même jusqu'à Kuala Besut, sur la côte est à 10h, d'où l'on gagne l'île de Perhentian (bateau en correspondance).

Où dormir ?

L'hébergement n'est vraiment pas cher ici... Tant mieux !

Très bon marché (moins de 30 Rm par pers / 7,50 €)

Greenleaf Traveller's Inn : *2, Jln Diwangsa, 1er étage.* ☎ *267-21-31. À côté de l'AmBank. Lit en dortoir de 4 pers et doubles avec ou sans AC.* Petit hôtel aux chambres des plus simples, à la propreté moyenne, et un dortoir de 4 lits. Sanitaires sur le palier et petite cuisine à disposition. La maison possède aussi une agence de voyages qui organise des excursions au Taman Negara (voir « Adresses utiles »). On y parle l'anglais.

Hôtels Sri Emas et NKS : *46 et 21-22, Jln Besar. ☎ 260-17-70 ou 73. • taman-negara-nks.com • Les plus proches de la gare ferroviaire. Dortoir et doubles avec sdb privée ou partagée, ventilo ou clim.* Associés à l'agence *NKS* (voir « Adresses utiles »), ces hôtels jumeaux, distants de 80 m, proposent un grand choix de chambres à prix abordable. Propreté acceptable, mais draps souvent troués et salles de bains peu pratiques. Mais bon, vous ne vous attendiez pas au *Ritz*... Et puis on viendra vous chercher au bus ou à la gare quelle que soit l'heure si vous prévenez.

Bon marché (30-80 Rm / 7,50-20 €)

Sakura Castle Inn : *1-2, Jln Bomba. ☎ 266-52-00. • sakuracastle_inn@yahoo.com • À 3 mn de la gare routière.* On le reconnaît à sa façade orange, face à la station-service *Petronas*. Cet hôtel fonctionnel et propre, propose des chambres bien équipées et bien tenues ; certaines donnent sur l'arrière. Le meilleur rapport qualité-prix-situation-accueil.

Jerantut Hill Resort : *lot 1284, Jln Benta. ☎ 267-22-88. • jhresort.com.my • Sur une colline dominant la route de Benta et Kuala Lipis, à 2 km du centre. Doubles 70-110 Rm, chalets indépendants 110-240 Rm, petit déj inclus.* C'est l'adresse la plus « chic » de Jerantut, avec un petit air de club de vacances renforcé par la grande piscine où batifolent le week-end les enfants des familles venues de Kuala Lumpur. On y trouve un grand choix d'options, depuis la chambre aveugle bon marché aux bungalows en bois très bien équipés. Ils existent en 4 catégories : standard, VIP, VVIP et VVVIP ! Pour ne pas vous ruiner, nous vous conseillons une petite chambre avec balcon dans le bâtiment dominant la piscine, mais... proche du karaoké. En tout cas, mieux vaut éviter le bâtiment principal, sombre.

Où manger ? Où boire un verre ?

Nombreux ***restaurants*** alignés au coude à coude sur Jalan Pasar Besar, face au marché (surtout le soir). Ils servent en terrasse de nombreux plats malais, indiens ou chinois, à prix modestes.

NKS Café : *21-22, Jln Besar. À 80 m de l'hôtel* Sri Emas. *Tlj 7h30-21h (18h en basse saison).* Central et pratique, car on peut y boire un verre, prendre des infos sur les excursions au Taman Negara (c'est aussi une agence) et utiliser le wifi.

À voir

Ne pas rater l'incroyable ***mosquée*** bleu ciel, tout droit sortie des *Mille et Une Nuits* avec ses bulbes dorés. Elle est située à environ 500 m à l'ouest de Jalan Besar.

TAMAN NEGARA PAHANG

IND. TÉL. : 09

À moins de mettre le cap sur Bornéo, c'est ici qu'il faut venir pour découvrir cette fantastique forêt tropicale qui ne cesse, ailleurs, de subir les assauts des forestiers et des planteurs. Le Taman Negara (« parc national » en malais), auquel on a ajouté le terme « Pahang », du nom de la province pour le

distinguer des autres parcs nationaux du pays, fut créé en 1939. Il couvre aujourd'hui plus de 4 340 km² (7 fois Singapour), protégeant en particulier une vaste zone de forêt dite « basse » (en altitude), la plus menacée du pays, si souvent détruite pour être remplacée par des cultures de palmier à huile. Cet immense pan de jungle est encore plus vieux que l'Amazonie : il existe dans son état actuel depuis 130 millions d'années. Qu'y trouve-t-on ? Le Gunung Tahan (2 187 m), le plus haut sommet de la péninsule malaise, un trek ardu entre brumes et brouillards. Des arbres millénaires se hissant jusqu'à plus de 70 m de haut. Des grottes immenses peuplées de chauves-souris. Des cours d'eau impétueux et des cascades impressionnantes. Et, bien sûr, une flore et une faune d'une richesse insoupçonnée.

– Quelques infos sur le site du *Department of Wildlife and National Parks* : ● *wildlife.gov.my* ●

CERFS-SOURIS ET LÉZARDS VOLANTS

La forêt tropicale du Taman Negara forme, en fonction de l'altitude, plusieurs écosystèmes parmi les plus riches de la planète. On y répertorie près de 10 000 espèces de plantes, dont une centaine d'orchidées, des fleurs insectivores, des figuiers étrangleurs, le bambou *buluh rakit,* le plus élancé qui soit, dont les jeunes pousses grandissent de 6 à 7 cm par jour, et la fameuse rafflesia, la plus grande fleur du monde, qui peut atteindre 1 m de diamètre et empeste la viande en décomposition ! Les botanistes comptent jusqu'à 200 espèces d'arbres pour un seul hectare de forêt basse (10 fois moins en Europe). La vie s'y organise en étages : à chaque niveau ses espèces spécialisées, ses interactions. Certaines passent leur vie dans la canopée. D'autres ne quittent jamais le sol ou même les plantes épiphytes suspendues à mi-hauteur. Mentionnons aussi ces fougères et ces drôles de champignons luminescents qui scintillent dans la nuit après la pluie.

Des quelque 650 espèces d'oiseaux recensées en Malaisie, 350 habitent ou fréquentent le Taman Negara. Parmi elles, l'incontournable calao et les rares éperonnier de Rothschild et cigogne de Storm. Mais tous les visiteurs, naturellement, rêvent de voir plus gros. Des varans (probable). Un tapir (possible). Un buffle d'eau ou un plus gros buffle blanc (persévérance exigée). Un cerf-souris (2 kg tout mouillé !). Ou cet étonnant dragon volant, un lézard qui plane en étirant ses « ailes » (membranes de peau) colorées pour passer d'arbre en arbre... Plus gros, encore ? Le Taman Negara abrite aussi, c'est vrai, une faune que l'on ne voit généralement qu'au zoo : des éléphants sauvages, de rarissimes rhinocéros de Sumatra et même des tigres, tellement craintifs que les survivants (estimés à 600 en Malaisie) se cachent le plus loin possible des zones habitées.

VIOLENCES CONJUGALES ?

Gros oiseau emblématique du pays, le calao porte un plumage noir et blanc, et un bec jaune surmonté d'une protubérance osseuse (casque) qui lui vaut aussi l'appellation de « calao rhinocéros ». Pour se nourrir, le joyeux drille saisit fruits (figues de préférence) et insectes avec l'extrémité de son bec, et les projette en l'air avant de les avaler. Le plus étonnant tient à sa nidification... Une fois repéré un trou dans un arbre, la femelle calao s'installe et monsieur mure l'entrée avec de la boue. Seule demeure une fente étroite, par laquelle il va nourrir sa compagne durant toute la période d'incubation, puis toute la famille pendant quelques semaines jusqu'à ce que les petits soient prêts à s'envoler.

En fait, vous verrez des milliers d'animaux : des insectes en particulier. Vrombissant à longueur de temps, ils sont la voix de la forêt. Leurs appels stridulants hantent les nuits comme les randonnées. Vous croiserez peut-être aussi de gros rats, des scorpions, des serpents. Mais, rassurez-vous, le danger est faible, surtout en compagnie d'un guide. Même le paludisme a disparu, les eaux stagnantes ayant été éliminées. Non, la seule véritable épreuve pour les visiteurs reste le climat. La température oscille en moyenne entre 33 °C en milieu de journée et 26 °C la nuit. L'humidité, elle, est constante, autour de 90 % !

PETITE RUBRIQUE EXCITANTE

Voici un petit inventaire des éventuels désagréments auxquels vous pourriez vous trouver confrontés au Taman Negara. Cela ne contredit en rien les assertions ci-dessus, mais quelques précisions s'imposent.

- ***Les plantes vénéneuses et carnivores :*** les guides vous les indiqueront au cours des treks. Si vous vous passez de leurs services, raison de plus pour ne jamais toucher la moindre plante inconnue ! On a rencontré un touriste aimant trop les fleurs et dont le bras avait doublé de volume !
- ***Les scorpions :*** on en voit beaucoup en se promenant de nuit, cachés dans les anfractuosités des arbres. On en croise rarement de jour, mais sachez qu'ils se terrent sous des troncs d'arbres ou des cailloux. Leur piqûre est nocive, très violente et parfois mortelle. Mais ils n'attaquent jamais sans raison, il suffit de ne pas les taquiner.
- ***Les serpents :*** une centaine d'espèces dans le parc, dont (seulement) 36 sont dangereuses pour l'homme. Les plus redoutables sont le cobra (rare), la vipère et le serpent d'eau. Rassurez-vous, ils fuient l'homme au moindre bruit... Très rare aussi, le python, dont certains spécimens atteignent 4 m, voire plus. Jamais un Orang Asli ni aucun visiteur n'a été mordu par un serpent dans l'enceinte du Taman Negara.
- ***Les moustiques et autres volants :*** les marécages ayant été asséchés, leur nombre a largement diminué. Mais ne tentez pas le diable, car il existe d'autres insectes que les moustiques, qui piquent tout autant.
- ***Les sangsues :*** elles ne représentent aucun danger pour l'homme. Dans certains endroits elles jonchent le sol et pointent le nez verticalement de sorte que si vous marchez dessus, elles se collent à la semelle de vos chaussures pour grimper dessus puis pénétrer dedans et se faufiler entre vos chaussettes et votre peau. Là, bien au chaud, elles vous mordent, c'est indolore, car elles injectent un anticoagulant puissant, l'hirudine, ce qui explique que même une forte pression destinée à stopper le sang qui coule dès que vous êtes parvenu à vous en débarrasser ne suffit pas ; seule la patience fera le reste ; et se gonflent de votre sang pour prendre la taille d'un petit pois. Les deux armes redoutables des sangsues sont leur capacité à s'aplatir à l'extrême, ce qui empêche de les écraser, et leur capacité à coller à la peau. Mais rassurez-vous, elles se détachent d'elles-mêmes au bout de 10 mn. Les gens du coin, loin de les redouter, affirment qu'elles aspirent le mauvais sang. D'ailleurs, la plupart marchent en tongs, jambes découvertes. Prenez éventuellement de quoi désinfecter la plaie.

LES ORANG ASLI DU PARC

Comme toute forêt importante de la péninsule, celle du parc est l'un des territoires ancestraux des aborigènes. Les Batek (Orang Asli) du Taman Negara représentent une dizaine de familles de 20 à 30 membres chacune. Jadis nomades, ils ont été en grande partie sédentarisés par le gouvernement malais et beaucoup vivent désormais sur les berges de la rivière Tembeling. Ceux qui auront la chance de rencontrer des Orang Asli devront tout d'abord se contenter de les saluer. Ils peuvent être un peu distants mais ils sont amicaux. On peut leur offrir des présents au cours d'une visite de campement en compagnie d'un guide (riz, biscuits...), mais les cadeaux les plus appréciés restent les cigarettes. En principe, un droit d'entrée (env 5 Rm/pers) est demandé au village.

N'ayant pour seules ressources que les produits de leur forêt, les Orang Asli mangent tous les animaux qu'ils trouvent. Ils chassent à l'aide de sarbacanes longues de 1,50 m. Leurs fléchettes, mesurant 10 à 20 cm et enduites d'un poison (inoffensif pour l'homme) extrait d'un arbre appelé *ipoh,* atteignent leur cible à 100 m ! Pour ce faire, ils utilisent une technique ancestrale, remplissant leur ventre d'air et soufflant un bref coup très puissant. En dehors de la viande, ils ne mangent que les fruits déjà touchés par des animaux, donc sans danger pour l'homme.
Ils récoltent également du miel avec une adresse exemplaire. L'opération n'a lieu que les nuits sans lune. Les abeilles (qui, comme les guêpes, ne sont pas folles) installent leurs ruches au sommet des arbres les plus hauts. Mais les Orang Asli parviennent à y monter après avoir tressé des rotins tout autour ! Ils prennent soin, naturellement, de faire fuir les abeilles en les enfumant. De même, l'eau potable ne leur manque jamais : ils savent quelles lianes trancher (certaines étant toxiques) pour récupérer le liquide qui y coule, sans odeur et toujours très propre. Ces hommes de la forêt connaissent toutes sortes de remèdes naturels pour panser leurs blessures. Les plantes et les racines n'ont aucun secret pour eux. Pas besoin, par exemple, de compresse : une simple feuille (détachée d'un arbre bien précis), frottée contre une plaie, stoppe instantanément le flux du sang... Lire aussi les paragraphes qui leur sont consacrés dans « Les Cameron Highlands » plus haut et « Le lac Chini » plus loin.

Arriver – Quitter

L'entrée principale du parc se trouve à ***Kuala Tahan,*** où sont regroupés les bureaux officiels et les hôtels. C'est d'ici que partent la plupart des excursions. Une autre entrée se trouve à l'ouest du parc, à ***Merapoh,*** sur la route de Kota Bharu, mais elle n'intéressera que les courageux qui souhaitent faire l'ascension du Gunung Tahan directement (petits hôtels et camping sur place, guides locaux, mais le coin est encore peu développé et l'accès moins pratique qu'à Kuala Tahan).
2 solutions : la route, puis le bateau de Kuala Tembeling à Kuala Tahan ou la route jusqu'à Kuala Tahan.

Par la route

Longue de 70 km, elle relie Jerantut à Kuala Tahan (1h15 de voiture, 1h30 de bus). On l'effectue soit en minibus par l'intermédiaire d'une agence depuis Kuala Lumpur, Tanah Rata ou Jerantut, bien pratique ; soit en bus, avec changement à Jerantut, soit en taxi depuis Jerantut. Voir la rubrique « Arriver – Quitter » de cette ville.

En minibus

Une bonne option, simple et pas chère. S'adresser aux agences *NKS* ou *Han Travel,* qui possèdent des bureaux à Kuala Lumpur, Jerantut, et au débarcadère de Kuala Tembeling. Voir leurs coordonnées dans ces différentes villes.

■ ***NKS :*** *à* ***Kuala Lumpur*** *: ☎ (03) 2072-03-36. • taman-negara-nks.com •* Départ depuis l'hôtel *Mandarin Pacific (zoom couleur I, B4 ; 2-8, Jln Sultan, à Chinatown). À* ***Kuala Tembeling*** *: au bureau du parc, côté embarcadère. ☎ 308-65-29. 📱 014-803-45-39. • taman-negara-nks.com • Tlj 7h30-17h30.*

■ ***Han Travel :*** *à* ***Kuala Lumpur*** *: ☎ (03) 2031-08-99. • taman-negara.com •* Départ du *Kompleks Selangor (Jln Sultan, face au Swiss Inn Hotel, n° 62 de la rue). À* ***Kuala Tembeling*** *: comptoir au fond du resto. ☎ (09) 308-60-14. • taman-negara.com •*

➢ ***De Kuala Lumpur,*** elles affrètent chaque matin (vers 8h) un minibus pour Jerantut (NKS) et Kuala Tembeling (en correspondance avec les pirogues menant au parc) ou directement vers Kuala Tahan par la route. C'est 2 fois plus cher que le bus mais pratique car sans changement.
Retour depuis Kuala Tahan vers 10h pour les 2 compagnies, via Jerantut ou Kuala Tembeling.

➢ ***De/vers Jerantut :*** l'agence *NKS* assure un départ de Jerantut à 8h30 et 13h30, en correspondance avec chaque pirogue. Retours de Kuala Tembeling à 11h30 (avec continuation vers Kuala Lumpur) et 16h30. Petit arrêt de 1h à Jerantut au passage, le temps de grignoter un morceau au *NKS Café* (pas bête...).

➢ ***De/vers Kuala Besut*** *(ferry pour les îles Perhentian)* **:** départ de Kuala Tahan vers 8h avec les 2 agences (via Jerantut avec *NKS*), ainsi qu'à 14h30 *(Han Travel)*. Achat possible auprès de l'agence d'un billet pour le ferry.

➢ ***De/vers Cameron Highlands :*** départ vers 10h de Kuala Tahan, 11h30 de Jerantut (NKS) ou 12h de Kuala Tembeling (*Han Travel* et *NKS*). Si on prend la 1re pirogue de Kuala Tahan, on peut rejoindre les Cameron Highlands directement de Kuala Tembeling.

En bus

➢ 2 départs/j. ***de Jerantut*** à Kuala Tahan, le mat et début d'ap-m. Durée : env 1h45.

En taxi

➢ Au départ ***de Jerantut*** pour Kuala Tembeling et Kuala Tahan.

En pirogue à moteur entre Kuala Tembeling et Kuala Tahan

Une belle entrée en matière un peu plus chère et un peu plus longue que le minibus, mais nettement plus agréable (sauf qu'il faut parfois pousser la pirogue quand il n'y a pas assez d'eau).

Kuala Tembeling se situe à 18 km au nord de Jerantut, sur la route de Kuala Lipis. Un grand panneau indique « Jeti Taman Negara ». Tembeling, sur le fleuve du même nom, est juste un lieu-dit. On y trouve de quoi se sustenter en attendant la pirogue ou un minibus, ainsi que le *Bureau du parc national de Taman Negara* *(dans le principal bâtiment de l'embarcadère ; tlj 8h30-15h – 12h15 le ven)*. On peut y acheter son permis, mais c'est aussi possible à Kuala Tahan.

➢ Départs quotidiens en pirogue de et vers Kuala Tahan à 9h et 14h (14h30 ven), à l'aller comme au retour. Compter env 40 Rm/pers par trajet. Pensez à réserver votre place de retour en haute saison et n'arrivez pas en retard : les pirogues n'attendent pas ! La remontée du fleuve jusqu'à Kuala Tahan dure plus ou moins 3h, selon le niveau de l'eau ; le retour prend 2h. On n'a pas le temps de s'ennuyer : le voyage est une merveilleuse introduction à la jungle. Grands arbres le long des rives, plages, villages de pêcheurs... On voit même des familles d'Orang Asli faisant leur lessive, des buffles d'eau détalant au bruit du moteur. Parfois, quelques animaux à photographier pendant le trajet : oiseaux multicolores, papillons, varans, coqs de bruyère et peut-être le redoutable serpent d'eau !

– Pour profiter au mieux des avantages des différents modes de transport, on vous conseille d'arriver en pirogue et de repartir en bus ou minibus.

Infos utiles

– Le parc est ouvert toute l'année. Évitez la période de mousson, entre novembre et janvier. C'est alors la basse saison, à l'exception du mois de décembre, date des congés scolaires des Malaisiens. La haute saison, parfaite pour un trek, s'étend d'avril à septembre.

– Un ***permis d'accès*** au parc est exigé, au prix de... 1 Rm + 5 Rm de droit photo. On se le procure à l'embarcadère de Kuala Tembeling (voir ci-dessus) ou à l'arrivée au quartier général du parc (voir « Kuala Tahan »).

– En haute saison, il est conseillé de ***réserver*** son hébergement avant de débarquer.

– Pour vraiment profiter du Taman Negara, 2 ou 3 jours minimum sont nécessaires. Sinon, vous risqueriez d'être déçu...

À emporter

Pas la peine de vous déguiser en aventurier ! Les Orang Asli vivent pieds nus dans la forêt, les guides se promènent simplement en short et sandales. Il suffit juste de regarder où vous marchez ! Voici en gros l'équipement nécessaire pour un petit trek.
- Bonnes chaussures de marche ou tennis montantes.
- Vêtements légers en coton. Chemises à manches longues contre les moustiques. Pantalons épais pour les visites de grottes (on rampe), mais également pour les branches et les ronces. Des tee-shirts de rechange, car on se salit vite et la transpiration (même de la veille) attire les abeilles (véritable plaie sur un trek de plusieurs jours). Et n'oubliez pas un pull si vous envisagez d'entreprendre l'ascension du Gunung Tahan (2 187 m).
- Dans un petit sac à dos : gourde, canif, briquet, jumelles, lampe de poche puissante, crème répulsive pour éloigner les insectes, pommade calmante pour les piqûres, pansements divers pour les bobos, serviette éponge (on transpire tout le temps !), porte-documents étanche (mais mieux vaut laisser ses papiers à la réception du *Mutiara Taman Negara Resort* contre un reçu).
- Le *minimarket* du parc vend conserves, eau, crème antimoustiques, gaz et cigarettes. Et une petite épicerie dans le village, peu fournie toutefois.
- Prévoir du liquide, car ni banque ni distributeur à Kuala Tahan et seuls les établissements un peu chic acceptent la carte de paiement.
- Matériel photo : prévoir un sac solide, étanche et rempli de sachets contre l'humidité.

KUALA TAHAN

Principale porte d'entrée du parc national, Kuala Tahan s'est considérablement développée depuis la construction de la route. On y trouve des hébergements pour tous les budgets et des agences qui proposent des excursions : la jungle commence juste de l'autre côté de la rivière.

Adresses utiles

■ ***Department of Wildlife and National Parks :*** *à l'entrée du parc, à env 100 m à gauche de la réception du* Mutiara Taman Negara Resort. ☎ *266-11-22. Tlj 8h-18h (fermé ven 12h-15h).* Prévoir 1 Rm pour la traversée en pirogue. Toutes infos, permis d'entrée et activités. On peut s'y procurer une carte succincte du parc.

■ ***Laverie :*** *en haut de la rue de l'embarcadère.* Certaines *guesthouses* proposent aussi ce service.

Où dormir ?

Tous les hébergements se trouvent dans le village, hormis le *Mutiara Taman Negara Resort* à l'entrée du parc.

Très bon marché (moins de 30 Rm / 6,80 €)

⛺ ***Camping :*** *au* Mutiara Taman Negara Resort. *Traverser la rivière en pirogue. S'adresser à la réception. Le camping se trouve à env 200 m à gauche de la réception. Compter 10 Rm/pers (avoir sa propre tente). Douche à l'eau de la rivière, w-c et cuisine à proximité.* Cadre très agréable et ambiance fraternelle garantie. Attention aux singes, qui piquent tout ce qui traîne !

De très bon marché à prix moyens (de moins de 30 Rm à 140 Rm / 7,50-35 €)

🏠 ***Liana Hostel :*** *au-dessus de l'embarcadère, accessible par des escaliers.* ☎ *266-93-22.*

017-925-81-76. Très bon marché. Une des adresses les moins chères du coin. Elle propose uniquement des dortoirs de 4 lits superposés, corrects. Draps fournis. Petite terrasse et bon accueil.

Mahseer Chalet : *dans le village, au bord du sentier qui surplombe la rivière. 019-383-26-33. • mahseerchalet@gmail.com • Dortoir très bon marché avec ventilo ou AC ; double avec AC et sdb à prix moyens (fourchette basse). Pas de petit déj.* À côté de l'école, avec la volaille dans le jardin. Dans une bâtisse vert et bleu, les petites chambres simplissimes, appelées « dortoirs » (2 lits seulement), sont posées face à la rivière. Doubles correctement équipées dans des chalets en bois. Un bon rapport qualité-prix-situation.

Julie's Hostel : *en haut de la rue de l'embarcadère. ☎ 267-22-42. Dortoir très bon marché, doubles prix moyens (fourchette basse). Pas de petit déj.* Les murs vert acidulé et rose égaient cette petite auberge qui propose un dortoir de 7 lits (douche avec eau froide) et des chambres doubles avec clim et salle de bains, un peu plus chères que la moyenne. Ensemble propre.

Yellow House : *au bout du village, de l'autre côté du terrain de foot. ☎ 266-42-43. 017-946-33-57. Doubles bon marché.* Un peu à l'écart des autres *guesthouses*, celle-ci se distingue avant tout par ses chambres lumineuses, du moins celles situées dans la maison...jaune. Ce sont les seules à profiter d'une grande baie vitrée, en plus du carrelage au sol, d'une salle de bains et de l'AC, le luxe, quoi ! Les autres, dans le bâtiment principal, restent plus conventionnelles, équipées ou non d'une salle de bains, mais clim pour tout le monde. Bon accueil.

Durian Chalet : *à env 10-15 mn à pied du village. De l'embarcadère, prendre à gauche à la 1re intersection, puis encore à gauche à la fourche (fléché). 014-212-71-51. Bon marché. Petit déj en sus.* Dans un jardin fleuri, en pleine campagne, les petites chambres toutes simples en bois ou dans les chalets pour 2 et 4 personnes s'étagent sur plusieurs niveaux. Toutes possèdent un ventilo et une moustiquaire, parfois une mini-terrasse. Une adresse au charme bucolique, mais moins pratique pour ressortir le soir (prévoir une lampe de poche). Organise aussi des excursions.

Rainbow Guesthouse : *au bout du sentier qui surplombe la rivière, après Masheer Chalet. ☎ 266-66-01. 017-911-54-73. Doubles bon marché.* Le nom n'est pas usurpé, à chaque chambre sa couleur. La violette est plutôt spacieuse, toutes bénéficient d'une salle de bains et de la clim. Accueil familial.

Abot Guesthouse : *en haut de la rue de l'embarcadère. 017-916-96-16. Doubles bon marché. Également des familiales. Pas de petit déj.* Les chambres, toutes de plain-pied, sont réparties de part et d'autre de la rue. Elles sont propres, disposent de la clim, d'une salle de bains et même d'un bon matelas. Pas mal pour le prix.

De chic à très chic (plus de 120 Rm / 28 €)

Mutiara Taman Negara Resort : *de l'autre côté de la rivière, à l'entrée du parc. ☎ 266-35-00. • mutiarahotels.com • 60-80 Rm/pers pour l'hostel, 280-480 Rm le chalet standard pour 2. Également des chalets familiaux avec 2 chambres.* Plusieurs types d'hébergement, du camping (lire plus haut) aux chalets-suites, en passant par l'*hostel* avec salle de bains commune (catégorie « Bon marché »), intéressant pour sa situation, mais plus cher que dans le village pour un confort moindre. Les chalets, quant à eux, sont vastes, confortables et bien équipés. Ils possèdent une terrasse pour observer les nombreux singes qui ont reconquis le territoire. Demandez-en un de préférence proche de la réception, les plus éloignés se trouvent à 10 mn de marche. Agence sur place pour organiser ses excursions.

Xcape Resort : *à env 5 mn à pied du village, 10-15 mn de l'embarcadère. Prendre la rue de Jerantut, puis tourner à gauche, c'est un peu plus loin sur la droite. ☎ 266-11-11 ou 10. • xcapetamannegara.com • Double env 240 Rm. Prix selon situation et services (avec* *ou sans petit déj et serviettes de toilette), réduc possible. Quelques familiales.* Une série de bungalows alignés comme à la parade, spacieux, carrelés, disposant de la clim. Gros avantage : une piscine dans laquelle se glisser après un trek, un vrai bonheur ! Évitez les bungalows du fond, à l'environnement moins entretenu et les chambres standard (les moins chères) : elles sont au sous-sol du bâtiment principal et humides.

Où manger ?

De bon marché à prix moyens (10-40 Rm / 2,50-10 €)

Les floating restaurants : comme leur nom l'indique, ils sont tous sur la rivière. Impossible de les louper. Le principe est chouette, car on mange directement sur l'eau. Vous n'aurez pas de mal à en faire le tour si vous restez plusieurs jours. Difficile de les départager toutefois, car la qualité peut varier d'une saison à l'autre et... d'un gérant à l'autre. On vous indique les deux plus réguliers. Sinon, ils ouvrent tous de 8h à 23h environ.

– ***Family Restaurant :*** *sur la gauche, quand on arrive par la route. Bon marché.* Le plus populaire, toujours beaucoup de monde, ce qui est plutôt bon signe. On y mange des brochettes, en plus des plats malais et chinois habituels.

– ***Wan's Floating Restaurant :*** *au bout à gauche quand on fait face à la rivière. Bon marché.* Il appartient à l'agence *NKS*. Cuisine classique très correcte et bon accueil.

Si Mutiara Restaurant : *c'est le resto du* Mutiara Taman Negara Resort *(voir « Où dormir ? »). Ouv jusqu'à 22h. Prix moyens.* Cuisines malaise, chinoise, indienne et européenne, il y en a pour tous les goûts. Cadre confortable et cuisine classique, parfois goûteuse, parfois plus banale. Terrasse ouverte qui surplombe la rivière, romantique le soir.

Excursions dans la jungle

Infos pratiques

– Se renseigner au ***bureau du Department of Wildlife and National Parks*** (voir la rubrique « Adresses utiles »), ainsi qu'auprès des agences, sur toutes les balades et les treks possibles dans le parc.

– En principe, les treks partent soit du ***Mutiara Taman Negara Resort,*** à l'entrée du parc (sur l'autre rive), soit d'un point de départ en pleine forêt qui nécessite un préacheminement en bateau.

– Il est possible d'entreprendre seul des balades de quelques heures près de l'entrée du parc sur les passerelles aménagées, toutefois les guides sont indispensables pour fournir de précieuses informations sur les plantes, les arbres, ou la vie dans la jungle. Seul, on risque de passer à côté d'une foule de détails intéressants. Pour des treks plus longs (à partir d'une journée), il est ***déconseillé de s'aventurer sans guide,*** car si les sentiers sont faciles à suivre au début et à la fin, il n'en est pas de même en pleine jungle. La nature reprend très vite ses droits et ça évite de flipper pour rien en cas de danger possible.

Les agences

Elles proposent toutes à peu près la même chose, à des prix similaires. La compétence du guide fait souvent toute la différence.

■ ***NKS :*** *au* Wan's Floating Restaurant, *à gauche en regardant la rivière.* ☎ *308-65-29.* *014-803-45-39.* • *taman-negara-nks.com* • Agence sérieuse, sur place depuis de nombreuses années.

■ ***Han Travel :*** *au* Mawar Floating Restaurant. *014-298-40-07 (Dino).* • *taman-negara.com* • Là encore, bonne réputation pour cette agence, qui emploie généralement des guides sérieux.

■ ***Agence du Mutiara Resort :*** *☎ 266-35-00.* • *mutiarahotels.com* • *Voir « Où dormir ? ».* Agence efficace, guides compétents, prix un peu plus élevés qu'ailleurs.

■ ***TN Nature Outdoor :*** *dans le village, dans la rue qui descend vers l'école. ☎ 266-77-66. 014-839-76-37.* • *tamannegarapahang.com.my* • Patron à l'écoute et pro.

■ ***Tahan Makmur Travel &Tours :*** *dans la rue de l'embarcadère, côté droit en montant. ☎ 266-14-91. 019-976-58-97.* • *tamanegara.com* • En plus des sorties habituelles, Alias, un des guides, peut organiser un trek jusqu'à son village pour y passer la nuit, hors des sentiers battus.

Les balades et les treks

On a le choix entre des passerelles aménagées pour les balades les plus courtes et de vrais treks, certains assez éprouvants, avec nuit en pleine forêt ou dans une grotte.
Petit rappel : la meilleure saison s'étend d'avril à septembre.

Canopy Walkway : *à 30 mn à pied du* Mutiara Taman Negara Resort *le long d'une passerelle (possible seul). Sam-jeu 9h-15h (jusqu'à 12h ven). Fermé en cas de mauvaises conditions climatiques (vents forts...). Accès : 5 Rm. Possible sans guide.* C'est le pont suspendu le plus long du monde : 530 m de cordes, de filins et de planches à travers la canopée, entre des arbres pouvant atteindre 80 m de haut ! Mais suite à de graves inondations, on ne parcourt, pour l'instant, que la moitié de la distance. Le pont, perché à 40 m de haut environ, est divisé en plusieurs tronçons sécurisés (possibilité d'abandonner en cours de route), avec une plate-forme sur chaque arbre-pilier pour reprendre ses esprits. Sensations garanties et petites frayeurs quand même pour les individus sujets au vertige. Gros bémol : la queue pour y accéder est parfois longue, très longue le matin.

Bukit Terisek : compter 45 mn de grimpette du *Canopy Walkway* ; possible sans guide. Les passerelles alternent avec les escaliers jusqu'à un premier point de vue, avant de parvenir au site de *Bukit Terisek*. Du haut de cette colline, perchée à 344 m d'altitude, on admire la vue plongeante sur l'intérieur du Taman Negara, le fleuve et même le Gunung Tahan par temps clair. Possibilité de faire une boucle pour revenir jusqu'au *Mutiara Taman Negara Resort*. Au retour, on peut passer par ***Lubok Simpon*** : après environ 25 mn de descente depuis Bukit Terisek, suivre la direction Jenut Muda, sur la gauche, compter 1h30 en tout. Une fois à Lubok Simpon, on est à seulement 15 mn du *Mutiara Resort.* C'est le coin baignade le plus proche du village, mais on subit les fréquents passages de bateaux qui se rendent à Lata Berkoh. Petite aire de repos avec tables et bancs.

Les chutes de Lata Berkoh : *prévoir 40 mn de bateau (depuis l'embarcadère du village) si le niveau de l'eau est suffisant et env 15 mn de marche par un sentier bien tracé, faisable sans guide. Sinon compter 4h de marche depuis le* Mutiara Resort *(avec guide, de préférence).* Magnifique navigation le long de la rivière, ombragée par de grands arbres, qui vont parfois jusqu'à former une arche au-dessus de l'eau en se rejoignant. Une fois sur place, ne vous attendez pas à une cascade, tout au plus un chaos rocheux qui précipite le cours de la rivière. Le coin est très agréable et on peut nager dans une eau, certes peu attirante au premier abord, car marron du fait des minéraux, mais claire et propre. Et avec cette chaleur, on ne se fait pas prier.

Gua Kepayang Besar (avec nuit dans la grotte) : *trek à faire avec une agence. Ne pas oublier une puissante torche.* Si vous ne disposez que de 2 jours, c'est ce trek que nous vous conseillons ; il est le plus complet puisqu'il conjugue pirogue, marche, bivouac et visite d'une grotte, qui plus est la plus grande de la région.
En principe, on se rend en 2h de bateau jusqu'à Kuala Keniam, avant de marcher 5h environ pour atteindre Gua Kepayang Besar, on passe la nuit dans la grotte et le lendemain, de nouveau 5h de marche jusqu'à Kuala Trenggan (Kuala Tahan est à 45 mn). Au retour, arrêt possible dans un village Orang Asli (prévoir 5 Rm/pers). Une variante peut inclure une nuit supplémentaire à l'observatoire de Kumbang (résa obligatoire au bureau du parc). Plus d'infos plus loin dans « Les observatoires ».

Les chutes d'Air Terjun : la plus grosse cascade du parc, magnifique, étagée sur 4 niveaux. Compter 7 jours de marche aller-retour. Camping en route.

L'ascension du Gunung Tahan : là, c'est du sérieux. C'est aussi la plus belle balade à faire. Compter 8-9 jours aller-retour si l'on avance normalement et 6-7 jours pour les grands marcheurs. Tente et provisions indispensables. Aires de camping sur le chemin. Nécessité d'être en excellente condition physique. Le Gunung Tahan (2 187 m) est le point culminant de la Malaisie péninsulaire (celui de tout le pays étant à Bornéo). Vue absolument superbe du sommet.

– Nombreuses autres possibilités proposées par les guides. Demandez-leur conseil.

Les observatoires

Ce sont des postes d'observation aménagés dans le parc afin d'admirer la faune. Ici, on appelle ça des *hides* (mot anglais) ou des *bumbun* (mot malais). Ils sont installés à proximité de marais où les animaux viennent parfois boire ou s'approvisionner en sel. Mais ne vous faites pas trop d'illusions : même si certains y ont vu des éléphants, vous risquez au mieux d'apercevoir un tapir ou un cerf, au pire de tomber sur des rats ! En revanche, c'est une expérience intéressante car les sonorités et l'ambiance de la forêt tropicale sont très différentes la nuit. Le parc compte six observatoires, dont quatre à moins de 1h30 de marche de Kuala Tahan. Ceux-ci n'attirent plus beaucoup d'animaux depuis longtemps. Nous vous indiquons les deux autres, plus éloignés, où l'on peut passer la nuit en attendant que la bête approche... Emportez votre dîner, votre duvet, une lampe de poche puissante et... n'oubliez pas de réserver une place au bureau du *Department of Wildlife and National Parks* du parc, histoire de ne pas y aller pour rien *(5 Rm/pers).* Surtout, après avoir mangé, emballez vos restes de repas pour ne pas attirer les rats.

Bumbun Chegar Anjing : *à 1h30-2h de marche de Kuala Tahan avec traversée de la rivière à pied.* Les sons de la jungle y sont fabuleux. Sans doute le mieux de tous les *hides* du parc. On y voit fréquemment des cerfs, des chats sauvages, des écureuils et des singes.

Bumbun Kumbang : *à env 7h de marche de Kuala Tahan.* On y aperçoit surtout des tapirs. De temps en temps (avec de la chance), des daims et même parfois des... panthères ou des éléphants. Malheureusement, c'est l'un des marais qui attirent le plus les rats. Ne gardez pas d'aliments avec vous et montez la garde à tour de rôle (en allumant la torche toutes les 20 mn) pour que chacun puisse se reposer.

À faire

– ***Night Jungle Walk :*** *c'est en général ce que les agences proposent le 1er soir de l'arrivée. La balade s'effectue sur une passerelle jusqu'à un observatoire. Départ à partir de 20h-20h30 depuis le* Mutiara Resort. *Compter env 1h30 en tt.* On est rarement seul, donc ne vous attendez pas à surprendre une grosse bestiole, mais plutôt de nombreux insectes, dont de discrets scorpions... parfois un serpent. Atmosphère magique malgré tout si on arrive un peu à s'éloigner des groupes alentour, retrouver du calme, la nuit noire et des bruits mystérieux.
Il existe aussi une version en 4x4 *(Night Jungle Safari)*, mais c'est moyen, peu discret et surtout pas très écolo.
– ***Rapids Shooting :*** descente en bateau à moteur, combinée, en général avec la ***visite d'un village Orang Asli*** où l'on vous apprendra à faire du feu et tirer à la sarbacane.

KUALA LIPIS

IND. TÉL. : 09

Ancienne capitale du Pahang, cette paisible petite ville fondée par les Anglais vers 1920 occupe un promontoire dominant le confluent des rivières Lipis et Jelai. Elle conserve quelques jolies maisons à arcades dans le centre et des bâtiments coloniaux épars vers le sud. Rien qui ne justifie un long séjour, sauf si vous souhaitez en faire une base pour partir en trek à la rencontre des Orang Asli dans la jungle du parc de Kenong Rimba – la grande, l'unique, la vraie !

Arriver – Quitter

En bus

Gare routière *(Terminal Anggerik)* **:** *elle est située à env 1 km du centre, sur la berge opposée de la rivière Jelai.*
➢ ***De/vers Jerantut :*** 3 bus/j. avec *Pahang Lin Siong.* De là, changement possible pour la côte est.
➢ ***De/vers Kuala Lumpur*** *(gares routières de Putra ou Pekeliling)* **:** env 10 départs/j. 6h30-18h30. Durée : 2h30-3h.

En train

La petite ***gare*** en bois (1926), charmante, est située en plein centre. ☎ *312-13-41.*
➢ ***De/vers Kota Bharu :*** on l'appelle « le train de la jungle » car il traverse des paysages somptueux à travers la forêt tropicale. Dans les 2 sens, 3 trains/j., dont un express. Trajet : 6h30-8h.
➢ ***De/vers Jerantut :*** 1 départ/j. en début d'ap-m depuis Kuala Lipis.
➢ ***De/vers Johor Bahru et Singapour :*** 1 train/j., en pleine nuit. Trajet : 9h. Changement à Johor pour Singapour.

Adresses utiles

Informations touristiques : *pas d'office de tourisme gouvernemental mais une agence de voyages à l'arrivée des trains.* ☎ *312-32-77. En sem 9h-14h.* On essaiera de vous vendre des excursions dans le parc de Kenong Rimba, mais on peut aussi y glaner quelques infos.

Sinon, le mieux est de s'adresser directement à Appu, à l'*Hotel Lipis* (lire plus loin « Dans les environs de Kuala Lipis »).

■ ***Change :*** *distributeurs à la Maybank, au début de la rue Jalan Besar, et à la CIMB, à l'autre bout.*

Où dormir ? Où manger ?

Bon marché

Hotel London : *82, Jln Besar. 019-918-03-68. Non loin de la gare ferroviaire. Doubles 50-60 Rm.* Une adresse au rapport qualité-prix impeccable. Doubles climatisées disposant d'une salle de bains (eau chaude), petit effort de déco et murs jaune canari égayant l'ensemble.

Hotel Jelai : *44, Jln Jelai. ☎ 312-11-92. Parallèle à Jln Besar et en contrebas, face à la rivière Jelai. Doubles 60-80 Rm. Également des familiales.* Toutes les chambres ont AC, salle de bains (petite mais avec eau chaude) et TV. Elle sont propres, assez spacieuses, et avec une fenêtre ; celles de l'étage supérieur sont même pour la plupart agréablement lumineuses. Literie plutôt ferme.

Petits restos populaires et bon marché dans la ruelle en escaliers reliant Jalan Besar, la rue principale, à Jalan Jelai, la rue qui longe la rivière. Une boulangerie propose même des en-cas salés ou sucrés pas mauvais du tout (et ça change). *Ouv 6h-13h slt.*

Subashini : *94, Jln Besar.* Ne vous fiez pas au nom à consonance japonaise. C'est un resto indien classique, qui fait l'affaire pour une escale *roti* ou *dhosai* (grandes crêpes), à tremper dans une bonne sauce au piment ou au coco épicé – ou à ne pas tremper du tout... Bon accueil.

DANS LES ENVIRONS DE KUALA LIPIS

➢ Kuala Lipis est un bon camp de base pour une balade mémorable de plusieurs jours dans la forêt tropicale du ***parc régional de Kenong Rimba,*** attenant au Taman Negara Pahang. Couvrant 120 km², il abrite de nombreuses grottes, des chutes d'eau (où l'on peut se baigner), des populations de singes, porcs-épics, tapirs et même des éléphants sauvages. On peut aussi y rencontrer les Batek, des Orang Asli (lire le texte qui leur est consacré dans « Les Cameron Highlands »). Accessible uniquement avec les services d'un guide, la réserve demeure très peu développée, ce qui la préserve de certains des excès du Taman Negara voisin : pas d'électricité ici ni de bon matelas, rien que six bungalows, plus des sites où camper.

– Contacter ***Appu Annandarajah,*** à l'*Hotel Lipis.* *☎ 312-26-19. 017-947-15-20. • jungleappu@yahoo.com • Compter env 80 Rm/j. par pers, les 3 repas inclus (min 4 pers) ; ajouter le prix du bateau A/R, soit env 150 Rm, à diviser par un groupe de 7 pers max, ainsi que le camping (5 Rm/pers par nuit) et le droit d'entrée (50 Rm/pers).* Appu est un amoureux de la forêt ; il possède même une plantation d'hévéas ! Les treks sont à la carte : séjours dans des grottes peuplées de chauves-souris, visites des villages orang asli, dont Appu pratique la langue... tout est possible. C'est un gars vraiment sérieux qui connaît son affaire et s'occupe de toutes les formalités (un permis étant nécessaire). Il vous servira de guide, bien sûr, mais il vous racontera aussi la vie des habitants de la forêt, il vous apprendra à la respecter et vous préparera des plats délicieux... Nécessité d'être équipé pour le trek, en bonne santé et motivé. Pensez à réserver le plus tôt possible.

LA CÔTE EST DE LA MALAISIE

Plus on descend vers le sud, plus les plages sont agréables et désertes : sable blanc ourlé de cocotiers penchés vers une mer cristalline, forêt vierge regorgeant d'animaux, mangroves emplies de mystère, *kampung* (villages) de pêcheurs où les heures s'étirent pareilles aux siècles passés...
La cerise sur le gâteau, ce sont les îles. Baignées par les eaux turquoise de la mer de Chine, elles constituent de véritables édens pour les amateurs de farniente et de fonds sous-marins.
Certes, avec la recrudescence du tourisme asiatique (singapourien et malaisien, essentiellement), les complexes hôteliers, marinas et spas fleurissent un peu partout, accentuant la pression sur une côte de plus en plus bétonnée. Quant aux îles, en dépit de la création de parcs naturels censés les protéger, force est de constater que leur surfréquentation non régulée nuit gravement et de manière irréversible à la faune et la flore sous-marines. Tout cela est bien dommage...
Fort heureusement et en attendant que les autorités prennent le problème à bras le corps, sur certaines d'entre elles souffle encore un parfum d'aventure. Pour peu qu'on s'accommode d'une simple baraque en bois, d'un ventilo et d'une douche froide, on y loge encore à bon prix. Les journées coulent alors entre une bonne sieste dans un hamac et quelques ronds dans une eau à plus de 30 °C.
Un voyage à entreprendre entre mi-mars et fin octobre, quand, épargnée par la mousson d'hiver, la côte s'assèche aux soleils de l'été.

L'ISLAM

C'est dans les États de Kelantan et de Terengganu que l'islam est le mieux implanté (95 % des habitants y sont musulmans). Religion d'État, l'islam y est sunnite de rite chaféite, une sorte de syncrétisme entre le rite malékite, dont se réclament la plupart des pays d'Afrique du Nord et certains pays du Golfe (rite basé sur la tradition du Prophète), et le rite hanafite, qui donne priorité à l'opinion personnelle et que l'on trouve notamment chez les non-arabophones comme en Turquie.
Ces dernières années, le rite chaféite a été largement influencé par le wahhabisme d'Arabie Saoudite. En effet, depuis les années 1980, l'islam s'est rigidifié chez les Malais, allant jusqu'à s'insinuer dans tous les rouages de la société. Depuis lors, deux systèmes juridiques cohabitent, un système islamique, qui ne s'applique qu'aux seuls musulmans et dont les premières victimes sont les femmes (facilité de divorce accordé au mari, accès à la polygamie, port du voile, interdiction du port du pantalon, etc.) et un droit civil traditionnel pour ce qui est des autres minorités (bouddhistes et hindoues principalement).
Pour le moment, la constitution garantit toujours la liberté religieuse. Mais pour combien de temps encore ? En 2008, le yoga a été interdit aux musulmans prétextant son origine hindoue. En 2013, les autorités validaient l'interdiction faite aux non-musulmans d'utiliser le mot Allah, à l'oral comme à l'écrit ! Les traditions autochtones, qui avaient résisté tant bien que mal à des siècles d'islamisation ou s'en étaient accommodées, sont aujourd'hui mises à mal dans un souci de purification des pratiques. L'excision, prônée par le chaféisme, revient en force. Le Comité des Affaires islamiques veille au grain : terminé l'alcool dans les mess des fonctionnaires (armée, police). De même, tous les restos ont l'obligation de fournir du halal (y compris *McDo* !), tandis que partout les religieux traquent les comportements vestimentaires… et sexuels (l'homophobie gagne du terrain).
D'un point de vue pratique, les appels du muezzin vous réveilleront à l'aube, banques et administrations sont fermées le vendredi. Il est conseillé aux routardes de porter une tenue assez couvrante (lire aussi dans « Malaisie utile », rubrique « Dangers et enquiquinements ».

RANTAU PANJANG

IND. TÉL. : 09

C'est la ville jumelle de *Sungai Kolok,* du côté malaisien, à 40 km de Kota Bharu (compter 1h15 en bus). Aucun intérêt, quelques maisons en bois et des chèvres dans les rues. La ville s'est beaucoup développée ces dernières années autour de son immense *Kompleks Imigresen* (poste-frontière). Un hôtel, si vous êtes coincé là.
– En sortant de la douane malaisienne, face à la gare des taxis, on peut ***changer*** ses derniers bahts dans le *Konica Photo Center.* Sinon, prenez vos précautions à Hat Yai. Également plusieurs ***distributeurs de billets*** dans Pusat Perkedaian Baru, la rue qui part juste en face de la gare routière locale.

Arriver – Quitter

Gare routière locale *(bus KTB CityLiner)* ***:*** *elle est à env 200 m en partant à droite après le poste de douane.*
➢ ***Pour Kota Bharu :*** bus n° 29 ttes les 45 mn 5h45-18h30 env, ou taxi collectif si vous êtes coincé, mais c'est plus cher (env 60 Rm).
➢ ***Pour Sungai Kolok :*** dans l'autre sens, le passage de frontière est enfantin. Les piétons empruntent la file de

gauche et obtiennent gratuitement un visa de 15 jours pour la Thaïlande. Pour rester plus longtemps, il faut solliciter un visa au consulat de Kota Bharu (voir la rubrique « Adresses utiles » un peu plus loin).

Où dormir ?

Hotel Dinra : *à env 20 mn du centre à pied, juste avt une mosquée en forme de pagode sur la route de Kota Bharu.* ☎ *012-988-04-89.* *016-684-40-00. Doubles bon marché.* Petit hôtel perdu dans une zone résidentielle. L'intérieur est à l'image de l'extérieur : propre et coloré. Pas de petit déj mais quelques gargotes dans le petit centre commercial situé juste après la mosquée « chinoise ».

KOTA BHARU

500 000 hab. IND. TÉL. : 09

• Plan *p. 231*

Kota Bharu, capitale de l'État islamique du Kelantan, se classe dans le *top ten* des villes les plus peuplées du pays. Aujourd'hui en pleine expansion, notamment dans le domaine du tertiaire, la ville est entrée en fanfare dans notre histoire contemporaine en décembre 1941, 70 mn – montre en main – avant l'attaque de Pearl Harbor, lorsque l'armée japonaise a débarqué en Malaisie. De ce tragique épisode, il reste l'*Awizam Maru,* un navire amiral de la flotte nippone dont l'épave gît désormais par 20 m de fond à une demi-heure de mer de Pantaï Sabak. Il fait aujourd'hui le bonheur des amateurs de plongée sous-marine.

Kota Bharu est une ville pleine de vie, et quand bien même son cœur paraît bien désordonné, avec sa profusion d'immeubles disgracieux et ses embouteillages chroniques, elle n'en demeure pas moins intéressante à découvrir. Son *Central Market,* véritable Babel de couleurs et d'odeurs, en marque l'épicentre et, tout autour, une profusion de musées permet de faire le tour de la culture locale, et notamment de l'artisanat. Côté séjour, toutes sortes d'hébergements, de bons petits restos, mais pas d'alcool, sauf dans les quelques rades du quartier chinois.

La ségrégation entre les sexes y est très présente (dans les supermarchés, certaines caisses sont réservées aux femmes) et il n'est jamais très bien vu pour les garçons de s'y promener en short, quant aux filles, leurs tenues légères d'Occidentales en vacances risquent de leur valoir quelques apostrophes.

Enfin, Kota Bharu, proche de la frontière, est une escale possible sur la route des îles Perhentian ou du Taman Negara quand on arrive de Thaïlande.

Arriver – Quitter

En bus

Attention : *il y a* ***2 gares routières principales et un arrêt pour les bus se rendant à la plage (PCB).***

– ***La Central Bus Station*** *(CBS ; plan A2,* ***1****) : Jln Padang Garong, dans le centre.* ☎ *747-59-71 ou 748-38-07.* C'est de là que partent les bus locaux qui desservent les environs (compagnie *KTB CityLiner,* • *cityliner.com.my* •), à l'exception de ceux pour la plage de Pantai Cahaya Bulan (PCB). Certains bus de la compagnie *Transnasional* partent également d'ici.

– ***La Mini Bus Station*** *(plan A1,* ***2****) : dans le quartier des musées, arrêt en face de l'office de tourisme Malaysia,*

au pied du Bazar Jengku Anis. Bus n° 10 pour la plage de Pantai Cahaya Bulan (PCB). Départs ttes les 30 mn 6h-18h.
- **Tesco Bus Station** (plan A3, **3**) **:** au sud de la ville, à 2 km env du centre (derrière le centre commercial Tesco). Départs des bus longues distances.
- ***Important :*** quasi toutes les compagnies disposent d'un guichet dans les 2 principales gares. La compagnie *Transnasional* (☎ 748-38-07 ; ● transnasional.com.my ●), dessert tout le pays, comme les compagnies *Ekspres Perdana* (☎ 743-72-66 ; ● ekspresperdana.com.my ●) ou *Sani Express* (● saniexpress.com.my ●) qui proposent des bus rapides et confortables.

De/vers le Sud

➢ ***De/vers Kuala Besut*** *(embarcadère pour les* ***îles Perhentian*****)** **:** 2 solutions. Prendre un bus pour Jerteh (*KTB Cityliner* n° 10, ttes les 30 mn, 6h-19h10), puis de là continuer en taxi ; sinon, prendre le bus *KTB CityLiner* n° 639, env une dizaine/j., 6h15-18h30 ; compter 1h20 de route. Partez le matin si vous ne voulez pas rester coincé à Kuala Besut, le dernier bateau pour les îles Perhentian quittant le port vers 17h. Dans l'autre sens, mêmes possibilités en direction de Kota Bharu.

➢ ***De/vers Kuala Terengganu :*** env 8 départs/j. 6h-23h. Durée : env 3h, avec les compagnies *Mutiara* (☎ 743-63-55 ; ● e-mutiara.com ●) ou *SP Bumi* (☎ 743-56-66 ; ● spbumi.com.my ●).

➢ ***De/vers Kuantan :*** 5 bus/j. 8h-23h avec *Transnasional*, 2/j. avec *Sani Express*. Durée : env 5-6h.

➢ ***De/vers Johor Bahru (via Mersing) :*** 1 bus le mat, l'autre le soir (bus *business class* de nuit). Durée : env 6-7h pour Mersing, 11-12h pour Johor Bahru.

➢ ***De/vers Singapour :*** 2 bus/j., le mat et le soir. Trajet : env 12h.

➢ ***Pour les petits villages de la côte est*** *(Merang, Marang, Rantau Abang, Cherating...)* **:** prendre un bus pour une grande ville située au sud de votre destination finale et demander au chauffeur de vous déposer sur la route. Inconvénient : on est obligé de payer le tarif jusqu'à la destination finale du bus (mais ça ne va jamais chercher très loin).

Pour le Centre et la côte ouest

➢ ***De/vers Kuala Lumpur :*** env 6 départs/j., en général 1 bus le mat et 1 de nuit avec *Transnasional*, *Ekspres Perdana* et *Sani Express*. Le hic, c'est que toutes ces compagnies partent plus ou moins à la même heure ! Trajet : 8h.

➢ ***Pour Butterworth :*** 2 départs/j., le mat et le soir avec *Transnasional*. Durée : 7h.

➢ ***De/vers Malacca :*** 1 départ/j. le mat avec *Transnasional*, puis le soir avec *Mutiara* et *SP Bumi*. Trajet : env 8-9h.

➢ ***De/vers Jerantut (accès au Taman Negara) :*** 1 départ le soir avec *Mutiara*. Trajet : env 7h.

➢ ***Pour la Thaïlande,*** se reporter en début de guide au chapitre « Arriver - Quitter »

En train

Il existe ***3 gares ferroviaires*** proches de Kota Bharu, mais la gare attitrée est celle de ***Wakaf Bharu*** *(hors plan par A3)*, à environ 7 km à l'ouest. ☎ 719-69-86. La gare de ***Pasir Mas,*** à environ 20 km, n'est à privilégier que lorsque l'on vient de Thaïlande, tandis que celle de ***Tumpat,*** à 22 km au nord-ouest, est peu pratique, et d'ailleurs personne n'y va.
- Pour Wakaf Bharu, le plus commode est de prendre le taxi ; autrement, prendre les bus n°s 19, 27 ou 33, depuis la Central Bus Station, ttes les 30-45 mn, 7h-18h env. Prévoir pas mal d'avance : la route est souvent embouteillée ! Le bus vous dépose au niveau de la mosquée ; de là, marcher env 500 m. Pour se renseigner sur les horaires, s'adresser à l'office de tourisme ou aux *guesthouses*.

➢ ***Pour Singapour :*** 1 train/j. avec changement à Johor Bahru. Durée du voyage : env 14h.

➢ ***Pour Kuala Tembeling et Kuala Tahan (Taman Negara Pahang) :*** 1 train/j., le soir jusqu'à Jerantut. Durée : env 7h30. De là, minibus ou taxi pour Kuala Tembeling (embarcadère pour Kuala Tahan) ou directement pour Kuala Tahan.

➢ ***Pour la Thaïlande,*** se reporter en

début de guide au chapitre « Arriver – Quitter ». N'oubliez pas l'heure de décalage : quand il est midi en Malaisie, il est 11h en Thaïlande.

En avion

✈ ***L'aéroport*** *(Sultan Ismail Petra Airport ; hors plan par B2)* **:** *à env 8 km au nord de la ville.* ☎ *773-74-00. Pour s'y rendre, le plus pratique est de prendre un taxi (compter un peu moins de 30 Rm). Sinon, depuis la* Central Bus Station *(plan A2,* ***1****), bus n° 9 ; départ ttes les 35 mn 7h-19h (fréquence réduite ven au moment de la prière). Le bus s'arrête sur la route principale, au niveau de l'aéroport, prix modique.* Dans le hall, bureau de change et distributeurs de billets.

➢ ***De/vers Kuala Lumpur*** **:** en tout, une douzaine de vols/j. répartis entre Subang et Kuala Lumpur avec *Malaysia Airlines* et *Air Asia,* ainsi que quelques-uns avec *Firefly* et *Malindo Air.* Trajet : env 1h.

Adresses utiles

Infos touristiques

🛈 ***Kelantan Tourist Information Centre*** *(plan A2)* **:** *Jln Sultan Ibrahim, près de la tour de l'Horloge.* ☎ *748-55-34.* • *tic.kelantan.gov.my* • *Dim-jeu 8h-17h (15h30 jeu) ; ven-sam (en hte saison slt) 8h-15h30.* Un plan de la ville bien utile et quelques renseignements sur les sites à voir dans les environs. Service agréable.

🛈 ***Kelantan State Office*** *(plan A1)* **:** *à côté du Handicraft Centre.* ☎ *747-75-54.* • *tourism.gov.my* • *Mêmes horaires que ci-dessus, mais fermé ven-sam.* Infos sur la ville et la région.

Poste et télécommunications

✉ ***Poste*** *(plan A3)* **:** *Jln Sultan Ibrahim (à côté du central de police). Tlj sf ven 8h30-17h. Également un bureau Jln Parit Dalam (plan B1), en plein centre-ville.*

■ ***Telekom Malaysia*** *(plan A-B2,* ***5****)* **:** *Jln Doktor, face à la gare des bus KTB CityLiner (repérer la grande antenne). Dim-jeu 9h-17h30, sam 9h-13h, fermé ven.* Téléphones internationaux (il faut acheter une carte).

■ Adresses utiles
- 🛈 Kelantan Tourist Information Centre
- 🛈 Kelantan State Office
- ⊞ Hôpital Raja Perempuan Zainab II
- 🚌 **1** Central Bus Station
- 🚌 **2** Mini Bus Station
- 🚌 **3** Tesco Bus Station
- **5** Telekom Malaysia
- **7** et **8** Maybank
- **9** HSBC
- 🚕 Taxis
- **13** Kian Farmasi (pharmacie)

⌂ Où dormir ?
- **21** Ideal Travellers' House
- **22** Zeck's Travellers Inn
- **23** Villa Inn Hotel
- **24** Hotel Politan
- **25** Pasir Belanda Resort
- **27** Flora Place
- **28** Royal Guest House
- **29** Crystal Lodge
- **30** Hôtel Renaissance

|●| Où manger ?
- **30** Restaurant de l'Hôtel Renaissance
- **42** Medan Selera 818
- **43** Sun Two Restaurant
- **45** Four Seasons Restaurant
- **46** A.M. Tarbush Restoran
- **47** Pizzeria Traudi
- **66** Cikgu Nasi Ulam
- **67** Marché central (Central Market)

🍷 Où boire un verre ?
- **44** Golden City
- **50** Nick Café
- **51** Bars chinois

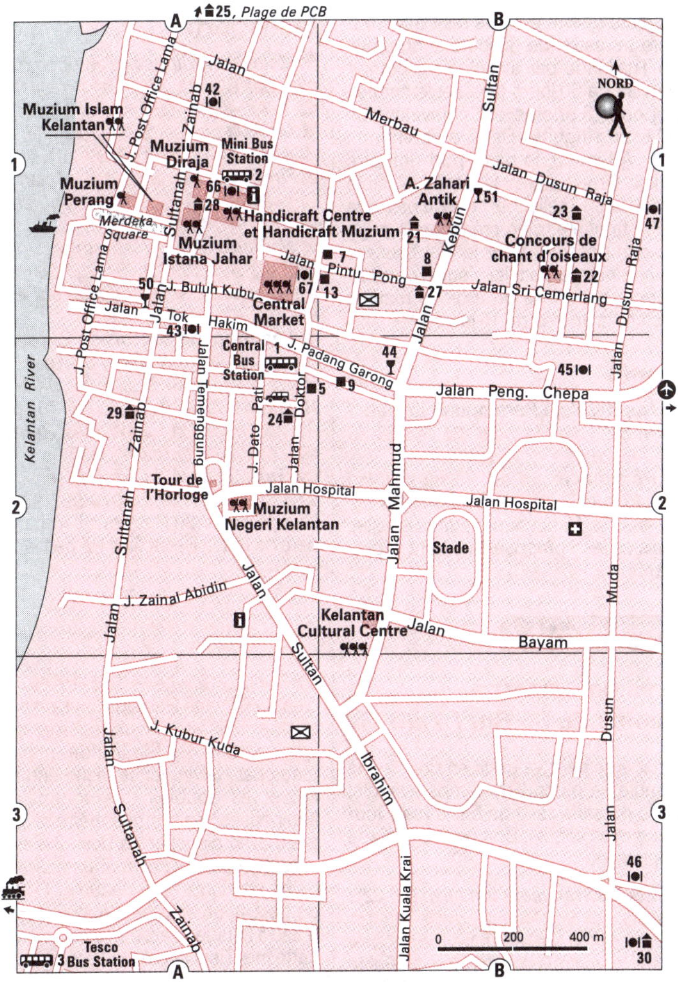

KOTA BHARU

Argent, banques, change

Pratiquement toutes les banques possèdent un distributeur de billets.

■ Maybank (plan B1, 7) : *Jln Pintu Pong. Pour le change, fenêtre ouverte sur la rue tlj 9h30-17h30.* Distributeur acceptant les cartes Visa et MasterCard. *Dans la même rue, à l'angle de Jln Kebun Sultan, autre Maybank (plan B1, 8) dim-mer 9h15-16h30 (16h jeu).*

■ ***HSBC*** *(plan B2,* ***9****)* **:** *Jln Padong Garong. Tlj sf ven-sam 9h30-16h.* Distributeur *Visa* et *MasterCard* à l'entresol, 24h/24. Change possible.

Consulat

■ ***Consulat de Thaïlande*** *(Royal Thai Consulate ; hors plan par B2)* **:** *4426, Jln Pengkalan Chepa. ☎ 748-25-45. Tlj sf ven-sam 9h-12h, 14h-15h30.* Visa de

15 jours délivré gratuitement à la frontière terrestre (de 30 jours si on arrive en Thaïlande par avion). Pour obtenir un visa de 60 jours (une seule entrée), apporter 3 photos et l'équivalent de 30 € en ringgits. Délai d'obtention : 48h. Attention, le passeport doit être valide 6 mois après la date prévisible d'entrée en Thaïlande. Lors du passage de la frontière, bien présenter la page de son passeport sur lequel figure le visa, sinon le policier risque de tamponner n'importe où et vous n'aurez droit qu'à un visa de 15 jours.

Santé

Hôpital Raja Perempuan Zainab II (plan B2) : *Jln Hospital. ☎ 748-55-33 ou 745-20-00.*

■ **Pharmacie : Kian Farmasi** *(plan B1,* ***13****), Jln Pintu Pong. ☎ 743-88-66. Tlj 9h-22h.* Beaucoup d'autres en ville, mais celle-ci propose sûrement le plus de choix.

Transports

■ ***Malaysia Airlines :*** *à l'aéroport (hors plan par B2). ☎ 771-47-11 (résas) ou ☎ 1-300-88-30-00 (gratuit ; 24h/24).*

■ ***Air Asia :*** *à l'aéroport (hors plan par B2). ☎ 774-11-70. Tlj 8h30-20h.*

■ ***Firefly :*** *à l'aéroport slt (hors plan par B2). ☎ 774-13-77. Tlj 9h-18h (fermé ven 13h30-14h30).*

■ ***Malindo Air :*** *à l'aéroport (hors plan par B2). ☎ (03) 7841-53-88 (central d'appels). • malindoair.com • Tlj 6h-23h.*

■ ***Location de voitures :*** *plusieurs bureaux à l'aéroport (hors plan par B2).* ***Hertz,*** *☎ 773-06-39, tlj sf ven 9h-18h ;* ***Hawk,*** *☎ 773-38-24, 📱 016-792-90-25, tlj 7h30-23h ;* ***J&W Car Rental,*** *☎ 773-73-12, tlj 7h30-23h30.*

Taxis (plan A2) : *infos et résas au ☎ 748-13-86 ; sinon 📱 019-997-92-99.* Compter env 80 Rm pour l'embarcadère de Kuala Besut (îles Perhentian).

Où dormir ?

Très bon marché (moins de 30 Rm / 7,50 €)

L'hébergement va du lit en dortoir à la double, la plupart du temps aveugle, avec ou sans salle de bains mais toujours avec ventilo. Bon pour une étape seulement.

Zeck's Travellers Inn (plan B1, **22**) : *7088G, Jln Sri Cemerlang. ☎ 743-16-13. • zecktravellers.blogspot.com • À env 20 mn du centre à pied.* Petite *guesthouse* à l'ambiance familiale, à deux pas d'un terrain où le vendredi matin se déroule une compétition de chant d'oiseaux (lire plus loin). Lit en dortoirs de 3 à prix plancher, ou 2 chambres plus confortables. La 1re est une familiale avec clim et eau chaude (bon plan si vous êtes 4-5), l'autre une double avec clim, brasseur d'air et salle de bains. Sinon, sanitaires extérieurs sommaires et douche chaude commune au rez-de-chaussée. L'ensemble est spartiate.

Ideal Travellers' House *(plan B1,* ***21****) : 3954G, Jln Kebun Sultan. ☎ 744-22-46. 📱 019-975-10-46. Au pied du* Crowne Garden Hotel, *en plein quartier chinois. Chambres avec clim bon marché.* Grande maison tenue par Kelvin. Ici se niche une des chambres doubles très sommaires, lumineuses mais moyennement propres, avec plancher en bois. 3 d'entre elles possèdent la clim et une salle de bains attenante (eau chaude). En cas de besoin, on ajoute un matelas. Salle d'eau à l'étage, mais pas d'eau chaude cette fois. Petit jardin sur l'arrière.

De bon marché à prix moyens (30-140 Rm / 7,50-35 €)

Hotel Politan (plan A2, **24**) : *lot 1121, Jln Doktor (plein centre). ☎ 741-88-87/88. • hotelpolitan.my • Pas de petit déj.* Un hôtel central d'une quarantaine de chambres aux couleurs acidulées, doubles, triples ou familiales, tout confort. L'ensemble fleure bon le meuble en mélaminé et l'acrylique bon marché, mais c'est clean et les chambres sont hautes sous plafond. Préférez quand même celles qui donnent sur l'arrière, elles sont plus calmes. Notre meilleur choix dans cette catégorie. Accueil gentil.

Villa Inn Hotel (plan B1, **23**) : *4364 Dusun Raja, Jln Sri Cemeriang.* ☎ *743-38-85.* *017-954-23-11. À env 20 mn de marche du centre. Doubles et familiales pour 3.* Cette famille malaise propose une huitaine de chambres assez petites mais très propres, avec brasseur d'air, clim et draps bien repassés. Petit bureau ou télé dans certaines. Toutes au rez-de-chaussée, bien au calme. Seul détail, la maman ne sort pas de sa cuisine, il faut parfois passer par l'intermédiaire de son jeune fils ou d'un client de l'hôtel pour faire son check-in.

Chic (140-200 Rm / 35-50 €)

Crystal Lodge (plan A2, **29**) : *124, Jln Che Su.* ☎ *747-08-88.* • *crystallodge.com.my* • *CB acceptées.* Certes, cet hôtel ne vous fera pas tourner la tête. Cela dit, avec son intérieur zen tout à la gloire du carrelage, ses murs crêpis en blanc et la vue sur le fleuve pour les chambres les plus hautes, il se défend d'offrir un bon rapport qualité-prix pour un confort très acceptable. L'ensemble est propre, et même s'il est plutôt fait pour les hommes d'affaires en déplacement, sa situation joue en sa faveur. Accueil aimable et professionnel.

Royal Guest House (plan A1, **28**) : *lots 440-443 et 448-452, Jln Hilir Kota.* ☎ *743-00-08.* • *royalguesthse.com* • *Petit déj compris. CB acceptées.* Idéalement placé, cet hôtel de capacité importante propose des chambres très au-dessus de la moyenne, à la déco sobre et un poil design. Côté confort, les *standard*, avec *king size* ou *queen size beds*, malgré leur taille modeste, n'ont rien à envier aux *deluxe*. Celles donnant sur la rue sont bien plus agréables, ce qui n'est pas le cas des plus onéreuses, qui s'ouvrent sur un genre de patio-couloir un peu étouffant. Le resto attenant à l'hôtel est très prisé des cols blancs à l'heure du déjeuner. Un rapport qualité-prix très honnête dans l'ensemble.

Flora Place (plan B1, **27**) : *lot 202, Jln Kebun Sultan.* ☎ *747-78-88.* • *thefloraplace.com* • *Petit déj compris. CB acceptées.* Un hôtel possédant un peu plus d'une quarantaine de chambres tout confort, parquet flottant, meubles en agglo, cafetière à dispo... Rien de très dépaysant, et l'accueil est au diapason, moyen. Tant que vous y êtes, évitez les chambres donnant sur le boulevard.

Plus chic (200-300 Rm / 50-75 €)

Pasir Belanda Resort (hors plan par A1, **25**) : *kampung Banggol, PCB Rd.* ☎ *747-70-46.* *017-934-08-17* • *pasirbelanda.com* • *Petit déj compris. CB acceptées.* Une maison coloniale en balcon sur la rivière. Elle fut construite par un marin anglais en 1969, avant d'être reprise par un couple de Néerlandais pour en faire une maison d'hôtes, créant un ensemble de 7 cottages traditionnels en bois dans un beau jardin fleuri. Tout confort, ils sont d'une propreté irréprochable et possèdent beaucoup de cachet. Pour dîner, quelques adresses aux environs, sinon, c'est table d'hôtes chez la voisine ; l'occasion de goûter à la cuisine des *kampungs*. Parfaitement intégrés à la vie locale, vos hôtes vous refileront plein de tuyaux pour partir à la découverte du coin : ateliers de fabrication de cerfs-volants, de batik, marchés locaux, plage... Bien sûr, ils louent aussi des vélos... Excellent accueil.

Très chic (plus de 300 Rm / 75 €)

Hôtel Renaissance (plan B3, **30**) : *Jln Sultan Yahya Petra.* ☎ *746-22-33.* • *renaissancekotabharu.com* • *Doubles à partir de 400 Rm, petit déj inclus. CB acceptées.* Dans un grand immeuble qui domine la ville, ce méga hôtel de la chaîne *Marriott* est l'adresse chic et confortable de Kota Bharu. *Business center,* piscine, spa, salle de fitness, chambres au standard international et un restaurant très apprécié en font un modèle de confort. Accueil et service aussi aimables qu'attentionnés.

Où manger ?

Mis à part les restos chinois situés Jalan Kebun Sultan (épine dorsale du Chinatown local), quasi aucun resto ne sert d'alcool, et les quelques bars qui ont la licence sont de véritables bouges avec entraîneuses...

De très bon marché à bon marché (moins de 20 Rm / 5 €)

Le marché central (Central Market ; plan A1, **67**) : *Jln Pintu Pong. Dans une aile du 1er étage (côté nord). Tlj 7h-18h. Très bon marché.* Le meilleur endroit pour découvrir la cuisine populaire malaise. Tout y est très appétissant. Plats de viandes ou de légumes variés, mais aussi crabes, gambas, poissons grillés ou en beignets... Le tout dans une ambiance animée et sympathique. On a aimé la gentillesse des gens et la fraîcheur des produits, mais attention de bien respecter la règle : tables pour dames et tables pour messieurs...

Medan Selera 818 (plan A1, **42**) : *Jln Sultanah Zainab. Tlj 7h30-22h30. Très bon marché. Pas d'alcool.* Un grand hangar de restauration chinoise halal. Ici, on ne travaille que le poulet et le canard, servi grillé, bouilli, avec du riz et en sauce. Ambiance garantie.

Cikgu Nasi Ulam (plan A1, **66**) : *dans le* Handicraft Centre, *juste sous le musée du Textile. Tlj sf ven 11h-17h.* Un petit resto-cantine très au calme. La cuisine se défend plutôt bien. On se sert à une sorte de buffet (choix assez limité toutefois), on va s'assoir, un préposé vient faire le compte et on paie en sortant. Vraiment pas cher et surtout fréquenté par les locaux. Un lieu aéré et tranquille pour déjeuner.

Sun Two Restaurant (plan A1, **43**) : *Jln Temenggong. ☎ 746-22-25. Tlj sf mer 12h-22h. Bon marché.* Depuis 1950, une cantine de quartier à la cuisine variée. On mange dans des salles climatisées aux accents chinois (préférez celle sur l'arrière, avec ses tables en marbre blanc). Accueil souriant et plats plutôt copieux.

De prix moyens à chic (20-60 Rm / 5-15 €)

A.M. Tarbush Restoran (plan B3, **46**) : *279-281, Jln Sultan Yahya Petra. 📱 012-956-27-75. Tlj 11h-23h.* Un petit resto bien aéré où se retrouve la *middle class*. Une assiette variée et bien cuisinée qui fait la part belle aux plats arabes. Excellent houmous, belle purée de fèves et un poulet en sauce comme on l'aime. Côté liquide, la cuisine maîtrise à l'évidence l'art de la centrifugeuse, il en ressort des assemblages fruits-légumes aussi colorés que délicieux.

Four Seasons Restaurant (plan B2, **45**) : *Jln Sri Cemerlang. ☎ 743-66-66. 📱 019-910-82-82 (Jaja). Tlj 12h-14h30, 18h-22h. Intéressantes formules à la carte. CB acceptées.* Un resto chinois halal très réputé pour sa qualité. Les formules comprennent du riz, du thé à volonté et des fruits frais en dessert. Service très prévenant et nourriture vraiment délicieuse. Probablement le meilleur resto de la ville à des prix qui restent très abordables. Attention à la clim, particulièrement efficace.

Pizzeria Traudi (plan B1, **47**) : *Jln Dusun Raja. ☎ 747-74-88. Tlj sf lun 13h30 (14h30 ven)-23h30.* Dans une salle tout en long dominée par son four à feu de bois, une pizzeria de bonne pâte, tenue par un expat' suisse. La spécialité maison est proposée en 3 tailles (individuel, pour 2 ou familiale). Aussi des pâtes fraîches et quelques formules.

Très chic (plus de 60 Rm / 15 €)

Restaurant de l'Hôtel Renaissance (plan B3, **30**) : *Jln Sultan Yahya Petra. ☎ 746-22-33. Au 1er étage*

LA CÔTE EST DE LA MALAISIE

de l'hôtel. Tlj 18h30-22h30. Formule buffet. CB acceptées. Une excellente cuisine servie en formule « *all you can eat* ». Le buffet thaï du lundi est un pur moment de bonheur. *Seafood* à volonté le jeudi et une espèce de tour d'horizon de la cuisine malaise des campagnes le samedi ; tout ça sous la houlette d'un grand chef. Un régal !

Où boire un verre ?

🍷 ***Nick Café*** *(plan A1,* ***50****) : Jln Sultanah Zainab. Tlj sf lun à partir de 16h. Pas d'alcool.* Une sympathique terrasse posée au bord de la rue et bienvenue pour siroter un thé glacé ou un jus de fruits. L'atmosphère est tranquille. On peut y fumer un narguilé et manger quelques plats.

🍷 ***Golden City*** *(plan B2,* ***44****) : Jln P. Garong. Tlj sf sam 16h-minuit. Happy hours 16h-20h.* Un des seuls endroits du centre-ville qui serve de l'alcool, d'où la présence de quelques entraîneuses.

🍷 ***Bars chinois*** *(plan B1,* ***51****) : Jln Kebun Sultan.* Quelques restos chinois qui ressemblent à des hangars, où l'on sert de la bière locale en canette.

LA CÔTE EST DE LA MALAISIE

À voir

S'il n'y avait qu'une chose à faire à Kota Bharu, mis à part la découverte des *kampungs* alentour, ce serait d'assister à un ***spectacle de danse et de musique traditionnelles***. Gratuit et de qualité. Par ailleurs, la ville propose de nombreux petits musées thématiques, agréables et plutôt intéressants. Ils se situent tous dans le centre, non loin les uns des autres, et sont tous ouverts à peu près aux mêmes horaires.

Kelantan Cultural Centre *(Gellanggang Seni ; plan B3) : Jln Mahmud (entrée sur Jln Sultan Ibrahim). ☎ 748-55-34 ou 35-43. Début mars-fin oct (à l'exclusion du mois de ramadan), spectacle de la culture malaise lun, mer et sam 15h30-17h30 ; gratuit. Il s'agit d'un spectacle multiple, sorte de florilège de la culture du Kelantan qui met en avant des pratiques aussi différentes que les arts martiaux, les percussions, l'art de faire tourner une toupie ou la fabrication de cerfs-volants. Mer à 21h, théâtre d'ombres dans le petit théâtre de bois à l'extérieur.*

– *Le wayang kulit* (théâtre d'ombres) *:* les pièces jouées sont en général des romances tirées du répertoire classique indien. Une seule personne met en scène les personnages. C'est le « Tok Dalong ». Il est supporté par un ensemble musical. Ces pièces voient toujours le triomphe du Bien sur le Mal.

– *Le rebana :* il s'agit d'un tambour de 60 cm de diamètre environ qui pèse plus de 100 kg. C'est un instrument traditionnel qui accompagne toutes les manifestations et les cérémonies religieuses. À la fin des moissons, des compétitions de *rebana* s'organisent dans les villages. Le rythme, la qualité du son et la durée sont pris en compte.

QUAND LE GRAND ÉCRAN ÉCLIPSE LE THÉÂTRE D'OMBRES

En Malaisie, le Wayang Kulit, *le théâtre d'ombres, est la plus ancienne manière de raconter des histoires. Malmené par le Conseil islamique qui lui a interdit toute référence à la religion musulmane, cet art ancestral peinait à trouver son public. C'est alors qu'une idée est tombée du ciel : mettre en scène des personnages de films ! C'est ainsi que les héros de* La Guerre des étoiles, *Luke Skylwalker et Dark Vador, ont fait leur entrée officielle, respectivement sous les patronymes de Perantau Langit et Sangkalah Vedeh. Merci Hollywood !*

– *Le wau* (cerf-volant) : l'art de fabriquer et de faire voler des cerfs-volants remonte aux années 1500. Ils se composent d'un cadre de bambou et de papiers collés. Les plus grands atteignent 3,50 m de long. La figure la plus populaire est le *wau bulan,* appelée aussi *moon kite.* Les cerfs-volants les plus chatoyants et les plus populaires sont sans conteste ceux du Kelantan. À tel point qu'ils servent désormais d'emblème à la compagnie aérienne nationale ! Chaque année au début du mois de juin, une compétition se déroule sur la plage de Tumpat. On juge le plus beau modèle et celui qui s'élève le plus haut dans le ciel (parfois jusqu'à 150 m). En Malaisie, point de combat de cerfs-volants comme en Inde, c'est l'esthétique qui prime.
– *Le gasing pangkah* (jeu de la toupie) : très populaire en Malaisie, ce « sport » se pratique à l'aide d'une sorte de disque épais pesant jusqu'à 6 ou 7 kg. Il s'agit, bien entendu, de faire tourner la toupie le plus longtemps et le plus droit possible. Ce jeu demande beaucoup de concentration et d'adresse. Il faut tellement de force pour projeter la toupie que les enfants de moins de 16 ans n'ont pas le droit d'y jouer... Des concours ont lieu entre villages, et l'atmosphère est souvent électrique. Deux types de compétition existent : faire tourner sa toupie le plus longtemps possible ou faire basculer la toupie des équipes concurrentes. Quand la toupie ne cesse de tourner, on dit qu'elle est habitée par un *semangat,* un esprit. À l'origine, faire tourner des toupies assurait aux paysans de bonnes récoltes de riz. La ville est le théâtre d'un grand festival au mois de septembre, seul moment où vous pourrez assister à de vraies compétitions de *gasing.*
– *Le mak yong :* cette danse dramatique utilise également la comédie, le théâtre et l'opéra dans sa forme. C'est un art très ancien et particulier à la province du Kelantan. La plupart des six acteurs sont des femmes, dont la principale est le *mak yong.* L'action, accompagnée de gongs, tambours et *rebabs* (violons), raconte souvent une histoire de prince et de princesse, tirée de contes appartenant à une très ancienne tradition orale. Malheureusement, on ne peut plus assister à ces démonstrations gracieuses : le parti à la tête de l'État (musulman et ultra-conservateur) les a déclarées *haram* (péché) depuis 1990. On croit rêver ! Comme s'il avait fallu attendre le XXe s pour s'apercevoir de ce dysfonctionnement au regard de l'orthodoxie religieuse, alors que les traditions malaises cohabitent avec l'islam depuis 1450 ! Les barbus mettent en avant le fait que le *mak yong* prône des pratiques de guérison spirituelles en totale contradiction avec l'islam qui, lui, prône l'unicité de Dieu (il n'y a qu'un Dieu, c'est Allah, et Mahomet est son prophète...). Pire encore, devant le tollé consécutif à l'arrêt de certaines de ces représentations (le *wayang kulit* notamment), les autorités ont travesti le contenu en substituant une épopée hindoue à l'épopée islamique originale ! Ben tiens donc ! Et ça, c'est sans compter l'interdiction faite aux femmes de se donner en spectacle. Vive la culture par le petit bout de la lorgnette !
– *Le sepak lingkung :* jeu de plumes qu'on se passe en dansant et avec grâce, et qu'on ne doit pas laisser tomber.
– *Le peteri :* danse appartenant aux rites animistes où l'on fait descendre les esprits.
– *Le kertok :* genre de tambour confectionné à partir d'une noix de coco évidée, coiffée d'une sorte de planche de bois. Compétitions dans les villages.
– *Le silat :* art martial très stylisé ou comment se défendre sans être armé. Les spectacles ne se donnent plus guère que pendant les cérémonies de mariage.
– *Le congkak :* c'est l'équivalent du jeu d'awalé des Africains. Il s'agit de capturer un maximum de graines de l'adversaire.

👁👁 ***Muzium Negeri Kelantan*** *(State Museum ; plan A2)* **:** *juste à côté de l'office de tourisme. ☎ 748-22-66. Tlj sf ven 9h-17h. Entrée : 4 Rm, réduc.* Artisanat, histoire et culture de l'État du Kelantan exposés sur 2 niveaux et classés par thèmes. Entièrement rénové en 2016, on peut y voir de très beaux objets. Poteries, jolies potiches de céramique, mobilier ciselé et incrusté de nacre, petite partie ethnologique... À l'étage, section musique avec des tambours, gamelans de toutes tailles, remarquables collections de cerfs-volants et de personnages de théâtre d'ombres, quelques costumes...

Muzium Diraja Istana Batu *(plan A1)* **:** *Jln Istana. ☎ 748-77-37. Mêmes horaires que ci-dessus. Entrée : 4 Rm, réduc.* C'est le Musée royal, situé dans un ancien palais de la fin des années 1930, une des demeures du sultan Ismail précisément, qui servait surtout pour les mariages. Nombreuses photos des différents sultans au fil des temps. Costumes royaux. Salle à manger pleine de vaisselle, d'argenterie... Plusieurs chambres à la suite (bleue, jaune, etc.), dont certaines assez kitsch, frisant parfois le mauvais goût. La salle du fond présente les cadeaux offerts au sultan par les délégations étrangères (à croire qu'on a voulu se moquer de lui, vu le manque général de subtilité des cadeaux !).

Muzium Istana Jahar *(***Muzium Adat Istiadat Diraja Kelantan** *; musée des Traditions royales du Kelantan ; plan A1)* **:** *le long de Merdeka Square. ☎ 748-22-66. Mêmes horaires que ci-dessus. Entrée : 4 Rm, réduc.* Situé dans un superbe édifice de bois, très élégant, agrémenté d'une avancée à colonnettes. C'était un ancien palais du sultan. Les espaces sont organisés par type de cérémonies : baptême, circoncision, fiançailles, puis tous les rites du mariage, avec même la première nuit du jeune sultan avec sa femme, qui fait l'objet d'un rituel précis (quel ennui !). Outre la description de ces rites (traduction en anglais), ce qui frappe, c'est la beauté et la finesse de l'organisation des pièces où la couleur jaune domine. De nombreux pots, onguents et produits divers sont utilisés lors de ces cérémonies. Ne pas oublier de visiter la galerie située derrière le bâtiment principal, qui présente une collection d'armes, dont des kriss.

Muzium Perang *(musée de la Guerre ; plan A1)* **:** *Merdeka Square. ☎ 748-22-66. Tlj sf ven 9h-17h. Entrée : 4 Rm, réduc.* À l'entrée, une mine sous-marine rouillée donne le ton. Ce petit musée, également appelé Bank Kerapu, qui fut le QG de la police secrète japonaise, retrace les étapes de la participation de la Malaisie, et plus particulièrement de la province du Kelantan, à la Seconde Guerre mondiale. Essentiellement des photos en noir et blanc, cartes explicatives, documents relatant l'occupation japonaise, photos des chefs d'État, photos de pendaisons de Japonais. À l'étage, vieilles radios, machine à écrire en alphabet malais ancien, tourne-disques, collections d'armes, mobilier du début du XXe s, etc. Ça fleure les nuits étouffantes sous la moustiquaire, les parties de golf entre envoyés de Sa Majesté, les sueurs paludéennes...

Muzium Islam Kelantan *(plan A1)* **:** *le long de Merdeka Square. ☎ 748-22-66. Tlj sf ven 9h-17h. Entrée : 4 Rm, réduc.* Dans une très belle structure couleur vert d'eau à la toiture ornée de dentelle de bois qu'on appelle *ukiran kayn,* obéissant aux canons architecturaux traditionnels. Construit en 1902 pour être la résidence du Premier ministre de la province, puis transformé en bâtiment des douanes, cet édifice abrite désormais un musée sur l'islam, l'État du Kelantan se voulant une « annexe de La Mecque ». Impressionnant siège de bois ciselé, de style malais, anciens corans, tenues de cérémonie de muftis, diorama représentant un village traditionnel, calligraphie sur bois, vitrines de pots à encens, plats et plateaux, brasiers à encens en cuivre utilisés pendant les enterrements, linceuls brodés de versets du Coran, photos de tous les lieux et objets sacrés du monde musulman...

Handicraft Centre *(plan A1)* **:** *Istana Batu, en face du Muzium Diraja.* Un ensemble de maisons en bois traditionnelles aux frontons de bois ciselés, rassemblées autour d'une courette verdoyante agrémentée de fontaines, dont une énorme en forme de fleur de lotus. Celles-ci abritent certes des magasins de pacotilles, mais aussi quelques dizaines d'artisans qui, sur place, travaillent le bois, l'argent, font de la vannerie et vendent des batiks. Le tout est censé représenter un village traditionnel. Nous, on n'en a jamais vu de pareil, mais peut-être qu'on a mal cherché. On peut regarder faire et acheter évidemment, mais le tourisme en

étant encore à ses balbutiements, ça reste encore bon enfant et assez agréable dans l'ensemble. C'est ici que vous pourrez acheter un *takraw,* ce petit ballon en tressage de rotin dont on se sert pour jouer au *sepak takraw* (kick volley-ball).
– À l'étage, ***Handicraft Museum*** *(sam-jeu 9h-17h ; entrée : 4 Rm, réduc).* Petit musée sur l'art local (métier à tisser, costumes, belle collection de broderie, sculptures sur bois...). Des explications détaillent la fabrication des batiks et les procédés de vannerie. Curieux modèles de « grattoirs à noix de coco ». La lame dentelée sert à évider la noix pendant que le « gratteur » s'assied au centre de l'engin pour le stabiliser. Un ustensile toujours en usage, malgré l'apparition du grattoir électrique (que toute ménagère digne de ce nom possède dans ses placards, bien entendu !).

Central Market *(marché central ; plan A1) : Jln Pintu Pong. Tlj 7h-18h.* Grand bâtiment octogonal en béton, toujours très animé. Passé la misère qui s'étale dans les couloirs d'accès, c'est un vrai bain de couleurs et d'odeurs. Sur 3 niveaux, un pot-pourri d'objets du quotidien, idéal pour prendre le pouls d'un foyer malais. Au rez-de-chaussée, quelques bonimenteurs étalent sans vergogne leurs potions magiques : os, dents, vieilles peaux, racines, fleurs séchées, toute la pharmacopée traditionnelle est là.
Au centre, baignées d'une lumière douçâtre légèrement jaune, les femmes en sarong coloré attendent le chaland devant de larges paniers d'osier plein de légumes, de fruits et d'œufs de tortues marines. Quelques poulets alignés têtes pendantes attendent qu'une ménagère leur promettent un bon curry. C'est ici que vous achèterez les meilleures mangues (de février à avril), quant au fameux durian (plutôt de mai à août), demandez-leur de vous l'ouvrir avant de l'emporter, mais ne comptez pas prendre le bus avec, vous vous feriez rejeter à cause de l'odeur ! À l'étage, épices, condiments, conserves et bocaux, gros sacs de poisson séché et quelques stands de nourriture pas chère (voir la rubrique « Où manger ? »).
Au 2e étage, essentiellement du textile. Des tonnes de batiks et de sarongs, mais surtout du tout-venant et de l'industriel. Attention, il s'agit parfois de simples tissus imprimés, et ne vous faites pas avoir, c'est rarement de la vraie soie (pour reconnaître la soie de la rayonne, mettez-la dans votre main et serrez le point, si en rouvrant le poing instantanément le tissu jaillit, c'est de la soie, en revanche si c'est de la rayonne, il « dégueule » mollement de votre main ouverte). Et tant que vous êtes là, jetez un œil depuis le balcon : belle vue sur les grands paniers emplis de fruits et légumes au rez-de-chaussée. Une véritable mosaïque de couleurs. Bref, une bonne tranche de vie à ne manquer sous aucun prétexte.

A. Zahari Antik *(plan B1) : 3953B, Jln Kebun Sultan. 0112-954-35-48. Sam-jeu 9h30-18h ; ven, sur rdv slt.* Un antiquaire disposant d'une quantité incroyable de sabres, lames et kriss anciens. Mais aussi statuettes, poteries, porcelaine, masques et bijoux, cannes, pipes et monnaies. Un détour obligé pour les amateurs d'antiquités orientales.

Concours de chant d'oiseaux *(burung ketitir ; plan B1) : sur un terrain herbeux, non loin du centre. Ven 8h-11h30 (parfois sam ; souvent annulé pdt la mousson ; logique, sous la pluie, les oiseaux ont le bourdon !).* Une tradition qui rappelle celle des « Pinsonneux » du nord

BABILLES DE BULBULS

À deux pas du centre-ville, le vendredi matin (parfois le samedi), se tient une curieuse tradition. Entre 200 et 400 oiseaux (des bulbuls précisément), appartenant à de vrais passionnés, concourent à l'élection du plus bel organe vocal ! Pour désigner le gagnant, quatre paramètres sont évalués par un jury en quatre passages successifs : le port de l'oiseau, le nombre de fois qu'il pousse la chansonnette en 2 mn (chronomètre en main !), la qualité de la mélodie et sa résonance. Les meilleurs volatiles peuvent valoir jusqu'à 6 000 Rm !

de la France. Plusieurs centaines d'oiseaux se disputent le titre honorifique du meilleur chanteur. À ne pas manquer si vous êtes dans le coin.

À faire

Pour celles et ceux qui disposent de quelques jours à Kota Bharu, Roselan (📱 *012-909-60-68 ; • tic.kelantan.gov.my •*), l'animateur en charge du *Kelantan Tourist Information Centre* (voir « Adresses utiles »), propose quelques sorties à la découverte des villages de la région pour 115 Rm par personne, mais également des cours de cuisine malaise *(90-125 Rm/pers selon menu choisi, transport compris).* Groupe de 4 personnes minimum. Le déroulement du programme est le suivant.

➢ En gros, départ en taxi vers 10h30 pour un village des environs de Wakaf Bahru. Découverte d'un atelier de fabrication de marionnettes en cuir (un héritage de la culture hindoue) et poursuite vers un atelier de fabrication de cerfs-volants *(wau),* puis vers un village de pêcheurs des environs de Tumpat pour assister au séchage du poisson, avant de terminer la virée par un atelier de fabrication de batiks traditionnel au tampon de cuivre sur soie ou coton. Retour vers 14h.

➢ En ce qui concerne les cours de cuisine malaise, se présenter la veille à l'office de tourisme de manière à définir le menu et surtout le degré d'épices. La formule compte trois plats et un dessert que l'on choisit dans la cuisine traditionnelle : agneau, poisson, crevette, en fonction du marché. Attention, pendant le ramadan, les cours ne sont dispensés qu'entre 15h et 18h.

LA CÔTE EST DE LA MALAISIE

DANS LES ENVIRONS DE KOTA BHARU

La plage de Pantai Cahaya Bulan *(PCB ; hors plan par A1)* **:** *à 10 km au nord de la ville. En taxi ou avec le bus nº 10 (plan A1,* ***2****). Un départ env ttes les 30 mn 6h-18h, juste en face de l'office de tourisme* Malaysia. *Le dernier bus revient vers 18h (en principe, vérifier sur place).* Il paraît que les initiales de cette plage signifiaient autrefois en malais *Pantai Cinta Berahi,* « plage de l'Amour passionné ». Mais comme il n'y avait là ni amour ni passion, on a transformé la signification des initiales en *Pantai Cahaya Bulan,* qui veut dire « plage au Clair de lune » ; religieusement, c'est plus correct ! Cela n'empêche pas de voir les ados amoureux venir se bécoter sous les arbres ou déguster une noix de coco fraîche. La plage est plutôt propre mais souvent ventée, donc peu propice à la baignade. L'érosion marine a obligé les autorités à l'enrocher et à l'isoler de la route par un long mur de béton, si bien que maintenant, on vient plutôt ici pour jouer au cerf-volant ou se retrouver entre amis pour manger au restaurant. Mesdames, si toutefois vous voulez vous baigner, portez un tee-shirt sur votre maillot de bain.

Sur la plage, vers la gauche en arrivant, plusieurs ***petits restos.*** Le vendredi, les familles y viennent en nombre. On peut manger du poisson et des fruits de mer. Pour 3 fois rien, profitez-en pour essayer l'*otok-otok,* du poisson mariné dans du lait de coco et passé sur le gril dans une nervure de palme de cocotier. Si vous êtes du genre à résister au piment, optez plutôt pour le *satar ikan,* une brochette de poisson aux épices dans une tresse de cocotier. Côté « petites douceurs », rien de tel qu'une noix de coco bien fraîche.

LES BALADES AUTOUR DE KOTA BHARU

Les cascades de Jeran Pasu : la région de Kota Bharu compte plusieurs cascades à voir en dehors de la saison sèche. En voici une, mais pas évidente d'accès : *de la Central Bus Station (plan A2), prendre le bus nº 3 vers Pasir Puteh ; départ ttes les 1h15, 6h50-19h30 env. Descendre au km 27 (env 40 mn), au croisement de la* *route pour Kampung Padang Pak Amat. Prendre sur la droite et faire du stop. Du* kampung, *un sentier de 7 km conduit aux chutes. Demander le chemin. Une autre solution consiste à louer un taxi à plusieurs depuis Kota Bharu pour l'aller, l'attente et le retour (prix à négocier).* Chouette baignade, mais attention au verre cassé dans l'eau. De là, un chemin mène à une autre cascade (15 mn). Lieu de pique-nique agréable. Ne pas y aller le vendredi : trop de monde et pas très propre.

Wat Phathivihan : *à 15 km env à l'ouest de la ville, vers Tumpat, près de la frontière thaïe. Prendre un bus (nos 19 ou 27 de la Central Bus Station) jusqu'à Chabang Empat (compter 45 mn) ; départ ttes les 30-45 mn 6h30-18h50 env. Au carrefour, se diriger à gauche et marcher le long des rizières pdt 3,5 km ou faire du stop. Possibilité aussi de prendre un taxi.* Village malais-thaï où se trouve le plus grand bouddha couché d'Asie du Sud-Est. Effectivement, ce n'est pas une statuette, puisqu'il mesure 40 m de long, 11 m de haut et 9 m de large... On ne viendra pas pour ses qualités esthétiques, car c'est sans doute l'un des plus vilains du monde (construit entre 1973 et 1979) ! Sur son socle sont peintes des scènes de la vie de Gautama. Les petits temples annexes regorgent de bas-reliefs délirants et de statues bariolées. Plusieurs *potalas* et des maisons habitées par les moines. Une atmosphère saine et détendue. La balade pour s'y rendre est agréable, surtout tôt le matin. On trouve un snack pour manger et se rafraîchir après une bonne marche.

Wat Machimmaram : *à 10 km du bouddha couché (Wat Phathivihan), à Kampung Jubakar (vers Tumpat). Prendre le bus no 27, qui s'arrête dans le village ; départ de la* Central Bus Station *(plan A2) ttes les 30 mn 6h30-19h env.* Temple récent (construit en 2000) financé par les Chinois du coin. Difficile de le manquer car, tel un phare spirituel, se dresse un bouddha assis de 30 m de haut, tout rouge, aux lèvres dorées, assis en position du lotus et fermant les yeux, impassible. Très beau temple déployant un maximum de faste : du pur clinquant bouddhique, avec force dorures, dragons et fontaines.

Wat Pikulthong : *à env 15 km de Kota Bharu, à l'entrée de Tumpat, accessible depuis la* Central Bus Station *par le bus no 19 pour Kampung Terbak (ttes les 45 mn, 6h15-18h50).* Tiens, t'auras du bouddha ! En voici un tout doré qui s'élève avec fierté dans la campagne en position d'Abhaya-Mudrâ (absence de crainte). Sur sa gauche, un bassin rempli de poissons-chats sacrés (donnez-leur à manger) et sur l'arrière quelques sépultures bouddhiques. Un lieu étrange, parcouru par quelques moines et des chiens errants (mal vus en pays musulmans) qui se sont réfugiés ici.

KUALA BESUT ET LES ÎLES PERHENTIAN : BESAR ET KECIL

IND. TÉL. : 09

• Carte *p. 242-243*

Kuala Besut, gros village de pêcheurs, s'étend des deux côtés de la rivière Besut. Les plages ne sont pas terribles (des eaux limoneuses), mais Kuala Besut est surtout le port d'embarquement pour les îles Perhentian, dont deux sont habitées, *Kecil* (« la Petite ») et *Besar* (« la Grande »), et constituent d'authentiques petits paradis terrestres. Tout y est : les eaux transparentes, la jungle, les plages, le sable blanc, le silence rythmé par le son des noix de coco s'écrasant sur le sol, les bruits mystérieux de la forêt la nuit, les coraux et poissons multicolores (pourvu que ça dure), et surtout une grosse envie de ne rien faire... Les deux îles sont séparées par un chenal large de quelques centaines de mètres.

Kecil abrite un petit village de pêcheurs (800 habitants), dominé par une méga-mosquée dont le muezzin est particulièrement actif aux heures de prière. Aucun touriste n'y réside. Un peu plus loin sur l'île, deux grandes plages saupoudrées de *guesthouses,* une flopée de petites criques isolées et quelques îlots paradisiaques propices à l'observation de la vie sous-marine. Son alter ego, Besar, est quant à elle exclusivement occupée par les touristes. Déserte il y a encore une vingtaine d'années, elle est aujourd'hui la coqueluche des vacanciers, notamment en période de vacances scolaires ! Les cinq autres îles que compte l'archipel sont le refuge d'espèces dont l'impact sur l'environnement est moindre : varans, singes, serpents, papillons et oiseaux...

– ***IMPORTANT :*** pensez à vous munir de suffisamment de liquidités avant d'arriver à Kuala Besut (pas de banque sur les îles, et les quelques lieux qui font le change pratiquent des taux déments). La carte de paiement est acceptée dans quelques endroits, mais ce n'est pas fréquent.

– ***Santé :*** les îles Perhentian sont reconnues comme étant des foyers de fièvre dengue. Il est donc impératif d'emporter de quoi chasser les moustiques et de se protéger de leurs attaques, ces sales bêtes frappent de jour comme de nuit.

BEAUTÉ... ET FRAGILITÉ DES PERHENTIAN

Les *Perhentian Islands* sont classées parc national, ainsi que leurs eaux sur un pourtour de 3 milles marins. Ce sont des îles couvertes d'une jungle quasi impénétrable, entourées de plages d'une grande beauté baignées d'une mer aux eaux d'une étonnante limpidité, qui abrite encore une importante diversité d'espèces sous-marines. Le souci, c'est que les fonds s'appauvrissent à grande vitesse. Car on est bien forcé d'admettre la relation étroite entre le développement des infrastructures touristiques et les dégradations subies. Les autorités ont beau avoir interdit aux capitaines d'ancrer leur bateau sur la barrière de corail, aux touristes d'utiliser des palmes, de monter sur la barrière de corail et de donner à manger aux poissons, les résultats se font attendre. Et pour cause, il n'existe aucun contrôle. Si Besar ne s'en sort pas trop mal, Kecil, à l'image de la plage surpeuplée de *Long Beach,* est en train de céder à une « bétonnite » sévère. En outre, la plupart de l'électricité est fournie par de polluants groupes électrogènes (pas de panneaux solaires), les déchets sont brûlés puis enterrés sur la plage, quand ils ne servent pas purement et simplement de fondation aux nouveaux ouvrages, etc. L'absence d'épuration des eaux contamine la nappe phréatique, tant et si bien que l'abord de certaines *guesthouses* prend l'allure de véritables marigots.

Il y va donc de la responsabilité de chacun de faire en sorte de préserver ce petit bout d'éden, en évitant de gaspiller l'eau douce, en faisant un usage modéré de la clim et, lors des différentes plongées, en préservant le corail, y compris celui que l'on croit mort, car il sert de refuge à quantité d'espèces.

Arriver – Quitter Kuala Besut

Le nœud routier le plus proche se trouve à Jerteh, à 30 mn en taxi, quasi ttes les compagnies le desservent. Sinon la nouvelle gare routière de Kuala Besut se trouve à env 15 mn de marche de l'embarcadère (jetty).

➢ ***De/vers Kota Bharu :*** env 11 bus/j. (nº 639) 6h15-18h30 depuis la *Central Bus Station* située en plein centre de Kota Bharu (10 bus/j., 7h30-18h30 dans l'autre sens). Trajet : env 1h30 selon les embouteillages. Essayez de partir le mat si vous comptez passer sur les îles dans la journée. Sinon, le plan B est de prendre un bus *KTB Cityliner* pour Jerteh (ttes les 30 mn 6h-19h10) et de poursuivre en taxi (compter 1h de route au total). Dernière solution, la plus pratique, se grouper et prendre un taxi, c'est plus rapide et cela ne coûte pas trop cher. En général, les *guesthouses* de Kota Bharu

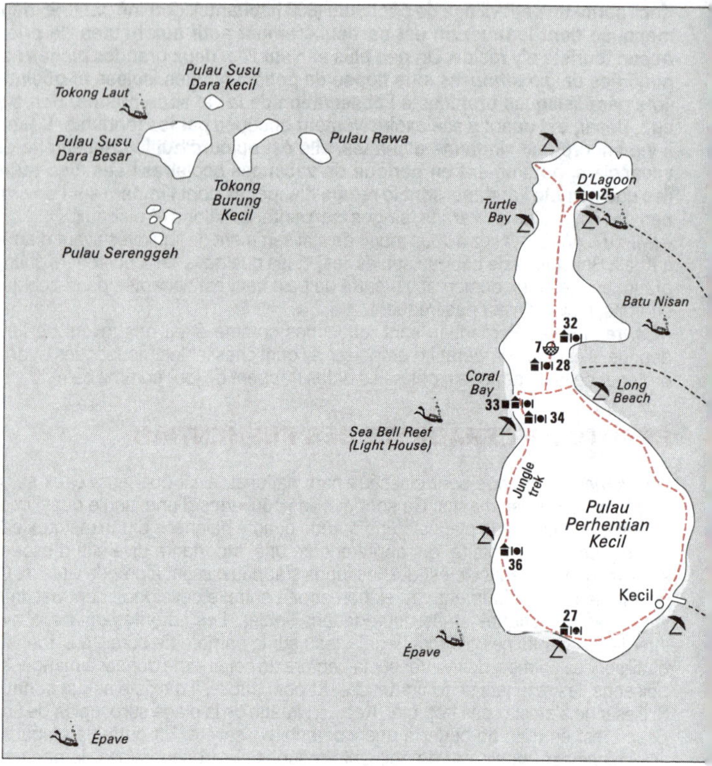

Adresses utiles	33 Anti Gravity Divers
1 Suhaila Palace	**Où dormir ? Où manger ?**
7 Lazy Buoy's Shop	*Sur Besar*
12, 17 Change	11 Abdul's Chalet
Clubs de plongée	12 Mama's Chalet and Restaurant
2 Flora Bay Divers	13 New Cocohut & Cozy Chalets
4 Universal Diver	14 Bubbles Dive Resort
14 Bubbles Dive Centre	

proposent de s'occuper de votre transfert jusqu'à Kuala Besut, et même de vous vendre les billets de bateau.

➢ ***De/vers Kuala Terengganu :*** en principe, 6 bus/j. 8h-18h avec la compagnie *SP Bumi* (● *spbumi.com.my* ●). Trajet : env 2h30.

➢ ***De/vers Kuala Lumpur :*** 4 départs/j., 9h45-22h (9h-21h depuis Kuala Besut), avec *Ekspres Perdana* (● *ekspresperdana.com.my* ●) ou *Sani Express* (● *saniexpress.com.my* ●). Depuis Kuala Besut, liaisons possibles aussi avec *Trans Rengit Ekspres* (départ le soir) ou avec *Mahligai* (● *mahligai.com.my* ●), le mat et le soir. Trajet : env 6-8h. Le bus du mat vers Klang.

➢ ***De/vers Ipoh (Cameron Highlands), Butterworth (Penang) et Kuala Perlis (Langkawi) :*** avec *Ekspres Perdana,* 2 départs/j., mat et soir pour chacune de ces destinations.

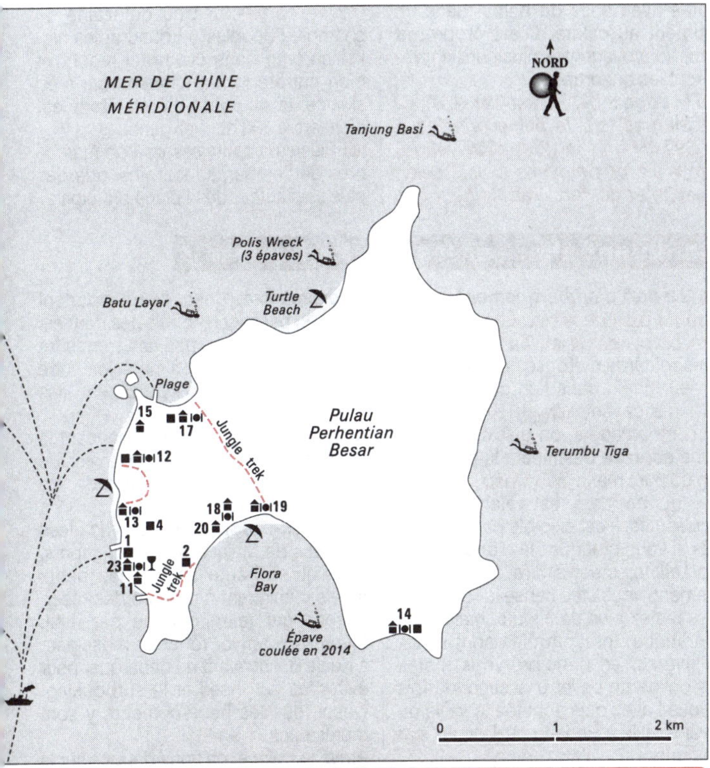

LES ÎLES PERHENTIAN

15 The Reef Chalets
17 Perhentian Island Resort
18 Flora Bay Resort I & II
19 Samudra Beach Chalet
20 Fauna Beach Chalet
23 Tuna Bay Island Resort

Sur Kecil
25 D' Lagoon
27 Petani Beach Chalet et Mari-Mari
28 Matahari Chalet
32 Bubu Resort
33 Fatimah Chalet, Crocodile Rock et Mama's
34 Maya Chalet
36 Mira Chalet

– Évitez de vous retrouver coincé à Kuala Besut pour dormir. Toutefois, il peut arriver que les bateaux ne partent pas à cause d'une mer trop agitée. Voilà 2 adresses au cas où.

Où dormir ? Où manger à Kuala Besut ?

Nan Hotel : *Jln Haji Mohamad, dans le prolongement de la rue où se situent ttes les agences de voyages et à proximité du parking. ☎ 697-48-92. 019-985-34-14. • nanhotel@gmail.com • De bon marché à prix moyens selon confort.* Une petite vingtaine de chambres avec ou sans clim mais toutes avec salle de bains, dans un bâtiment au calme. C'est propre, et ceux qui voyagent à plusieurs apprécieront les quadruples.

T' Lodge : *1A, Perkadaian 2, Tingkat Merpati, sur la place principale. ☎ 697-87-77. • tlodgekb@yahoo.com • De prix moyens à chic selon capacité et confort. Pas de petit déj. CB acceptées.* Une quinzaine de chambres doubles ou quadruples nickel chrome dans cet hôtel récent et bien entretenu. La clim ronronne en silence, le parquet flotte, la literie est bien ferme, et l'accueil gentil.

Plusieurs petits ***restos*** bon marché près de l'embarcadère, ainsi que des plus chic autour de la place principale.

Comment aller sur les îles Perhentian ?

Le port d'embarquement : *à env 15 mn à pied de la nouvelle gare routière. Demandez la jeti (ou jetty).*

– Les routards motorisés pourront laisser leur engin dans l'un des parkings gardés et payants *(env 10 Rm/j.)*.

– À l'embarcadère, on doit s'affranchir d'une ***écotaxe*** destinée à la préservation du parc marin *(5 Rm/pers)*. Ce coupon, qui est daté, est valable 3 jours consécutifs. Il est exigible par les autorités si vous pratiquez la plongée ou le *snorkelling*, c'est-à-dire que, théoriquement, vous êtes censé la repayer si vous restez plus de 3 jours, mais dans la pratique, les contrôles sont rares. À l'inverse, en principe, vous n'êtes pas obligé de payer une seconde fois si vous l'avez déjà achetée la veille ou l'avant-veille à Redang ou Tioman, par exemple.

– Au port, petites ***épiceries*** pour faire des provisions de chips et de biscuits, qu'on trouvera un peu plus chers sur les îles, ainsi qu'une ***Farmasi*** *(sur la place principale, à 50 m du T' Lodges ; tlj sf ven 9h-18h, 20h-22h)*.

– ***Liaisons en bateau :*** de nombreuses agences vendent les billets. Tarif : 70 Rm/pers l'A/R ; 40-50 Rm/pers l'aller simple (même prix partout). On peut prendre son billet retour *(open)* en même temps que l'aller, mais ce n'est pas obligatoire. Les bateaux partent grosso modo entre 9h et 17h, mais c'est variable en fonction de la saison. Exception faite des traversées affrétées par les hôtels, les bateaux partent quand ils sont pleins, pas d'horaires fixes donc. Ils transportent 12 ou 40 passagers. Seuls ces derniers partent en cas de mauvais temps (et encore !). Trajet : 30-60 mn selon votre destination et le type de bateau (les petits sont plus rapides).

Attention : pas de liaisons pendant la mousson, de novembre à fin janvier (de toute façon, durant cette période, les établissements sont fermés !).

– Le week-end, pendant les vacances scolaires de Malaisie et de Singapour, ainsi qu'en haute saison, les petits hôtels rechignent à prendre des réservations par téléphone ou par mail. Mieux vaut arriver tôt et se renseigner à Kuala Besut avant de débarquer pour éviter les surprises et le surbooking. Quasi tous les hébergements y sont représentés.

Arrivé sur place, on vous dépose sur la plage de votre choix en commençant indifféremment par Besar ou Kecil (lire, plus loin, le commentaire concernant les ambiances des différentes plages). Si le bateau ne dessert pas la plage voulue, il faudra reprendre un *water-taxi* ou demander à votre hôtelier qu'il vienne vous chercher.

– ***Pour le retour,*** il y a moins de souplesse. Prévenir votre hébergement la veille de votre départ (voire bien avant en haute saison), afin qu'on réserve une place sur un bateau, et surtout qu'on vienne vous chercher sur votre plage de résidence. Les retours des bateaux se font en général autour de 8h, 12h et 16h.

Comment se déplacer entre et sur les îles ?

➢ Le seul moyen de se déplacer (mis à part quelques sentiers parfois encombrés par les branches et pas très sécurisés) est le ***bateau-taxi*** *(water-taxi)*. Il y a toujours 1 ou 2 bateaux en bord de plage, prêts à vous emmener où vous voulez. Les tarifs sont fixes et s'entendent par personne sur la base de 2 passagers minimum. Donc si vous êtes seul, vous payez pour deux ! Autant se grouper.

Quand aller sur les îles Perhentian ?

La bonne période s'étend grosso modo de mars à octobre. En principe, pas de bateau pendant la mousson. Le mois de mars reste néanmoins instable au niveau du temps, et certaines liaisons peuvent être annulées (bien se renseigner avant de se pointer à Kuala Besut).
La plupart des *guesthouses* sont fermées de fin octobre à mi-février, s'ensuit une période de travaux de remise en état qui peut durer jusqu'à mi-mars. Dès le début du mois d'avril, c'est la haute saison. Les choses se calment de nouveau à partir de septembre.
On se répète : attention aux problèmes d'hébergement en juin, juillet et août ou à l'occasion de week-ends incluant un jour férié (voir plus haut « Comment aller sur les îles Perhentian ? »).

Qu'emporter sur les îles ?

Avant d'embarquer, pensez à acheter une bonne crème solaire, des bouchons d'oreilles, des bouquins et du produit antimoustiques (les moustiques sont parfois assez féroces dans le coin, même en pleine journée et attention à la dengue). On trouve ces produits sur les îles (hormis les bouchons d'oreilles), mais c'est plus cher, et il y a peu de choix. Autre chose : dans les épiceries, la nourriture est de l'ordre de 20 à 40 % plus chère que sur le continent, et mis à part dans le village de Kecil, où l'on peut se nourrir de beignets pour trois fois rien, on est loin des prix dérisoires des gargotes de Kota Bharu...

Hébergement

En général, les *guesthouses* et hôtels font aussi restaurant (mais le petit déj n'est jamais compris, sauf dans les établissements de standing). Tous les établissements proposent une nourriture correcte.
Attention, ne cédez pas aux rabatteurs qui vous attendent à la sortie du bateau, quand ils vous disent qu'il est difficile de trouver de la place. Allez d'abord vérifier par vous-même. Il s'agit souvent, pour eux, de toucher une commission.
Les fourchettes que nous indiquons correspondent aux prix en haute saison. Hors saison (février-mars et septembre-octobre), compter de 15 à 30 % de moins (certaines adresses vont même jusqu'à - 50 %, n'hésitez pas à faire marcher la concurrence !).
Quelques mots concernant l'équipement et le choix des bungalows :
- chaque groupe de bungalows possède son propre générateur électrique. Ces derniers ne fonctionnent généralement que le soir, sauf quand il s'agit d'un club de plongée (à cause du regonflage des bouteilles). C'est important si vous optez pour un logement climatisé ; dans ce cas, pensez à demander si l'électricité fonctionne 24h/24 (cas généralement des grands hôtels). Résultat : si votre chambre est à côté du groupe électrogène, vous ne fermerez pas l'œil. Bref, demandez à quelle heure il s'arrête et essayez de choisir un bungalow suffisamment éloigné ;
- dans les bungalows, on trouve en général une moustiquaire et un petit ventilo, même pour les adresses à petits prix (parfois loués en supplément) ;
- demandez à en visiter plusieurs avant de vous décider et évitez ceux situés trop près des zones où l'eau stagne ;

- les adresses à prix moyens ont toutes douche et w-c à l'intérieur mais presque jamais d'eau chaude ;
- il existe des bungalows pour 3 ou 4, plus économiques ; ceux qui disposent de la clim sont 2 fois plus chers, mais ça reste malgré tout avantageux quand on voyage à plusieurs.

Et maintenant qu'on est là, qu'est-ce qu'on fait ?

- ***Sorties en mer :*** la plupart des établissements organisent ou revendent des sorties en mer autour des îles classées dans le parc national pour faire du *snorkelling* ou simplement pour le plaisir de se laisser déposer sur une plage déserte (enfin presque, vu que tout le monde a la même idée), le temps d'un après-midi. Compter environ 40-50 Rm par personne sur la base de 4 personnes. Ceux qui le souhaitent pourront demander à être déposés pour la journée sur *Turtle Beach,* une belle plage déserte au nord de Besar. Pensez à apporter votre pique-nique et suffisamment d'eau.
- ***Balades à pied :*** possibilités limitées, mais quand vous aurez sillonné, par un 35 °C bien moite, les quelques pistes qui traversent la jungle de Besar et de Kecil, on en reparlera !

Petits conseils avant de partir. Avoir des chaussures fermées, et porter, de préférence, des pantalons légers à cause des moustiques et des plantes coupantes. Avoir toujours un bâton pour faire du bruit et faire fuir les éventuelles bébêtes. Éviter de poser les mains sur les troncs (il peut y avoir des plantes urticantes, des petits insectes discrets qui piquent...). Prendre suffisamment d'eau (on boit beaucoup sous ces latitudes !). Enfin, évitez de partir seul. Se reporter aux rubriques « À voir. À faire » de chacune des deux îles pour les détails sur les balades.
- ***Le soir,*** il arrive que des petits groupes de Malais viennent faire un ***barbecue,*** allumer un feu de camp ou, plus prosaïquement, brûler leurs ordures sur la plage ! La pleine lune à Long Beach sur Kecil est propice aux soirées autour du feu. Ambiance assurée. Ils vous inviteront à vous joindre à eux, avec beaucoup de gentillesse. La nuit, les bruits de la jungle laissent une grande place à l'imagination. Les sons, les dialogues, les scènes de ménage ou les cris d'amour des animaux qui habitent la jungle sont particulièrement impressionnants.
- ***La teuf :*** attention au bruit à Long Beach sur Kecil. En effet, les différentes *guesthouses* situées dans la partie basse de la plage ont pris l'habitude d'arroser le clair de lune à grand renfort de décibels. Ce n'est pas encore Ibiza, mais ceux qui privilégient le contact avec la nature iront respirer sous leur moustiquaire ailleurs...

Snorkelling

Malgré la nette détérioration des sites ces dernières années, le spectacle demeure magique, notamment aux alentours des « *baby islands* » que sont les îlots de *Rawa* et de *Serenggeh* : on voit s'ébattre toutes sortes de poissons, tous plus hallucinants les uns que les autres et relativement gros en plus de ça (arc-en-ciel, certains tigrés, tachetés, transparents, un monstre violet aux lèvres rose fluo ou une bande de gros *Napoleon fishes* en goguette !). Chaque corail est également un spectacle, aux formes changeantes et aux couleurs incroyables : plantes caoutchouteuses, champignon géant, corail table ou en feuille de chou, sapin de Noël (en fait, celui-là, ce n'est pas du corail mais un ver marin !), anémones fluorescentes et nudibranches aux couleurs absolument incroyables, etc. On peut louer partout masques et tubas, à des prix raisonnables (comptez environ 20 Rm la journée). N'hésitez pas à comparer les prix.
Dommage que tout ce beau monde menace de disparaître. Aucune campagne ne sensibilise les touristes à la fragilité des sites, le corail est piétiné, arraché, on s'accroche aux tortues marines, et on gave les poissons de pain de mie, etc. Les autorités en charge de la police du parc ne contrôlent rien.

Les meilleurs spots de *snorkelling*

La plupart des *guesthouses* ou agences proposent des formules incluant le prêt du matériel et le transport. Le tarif dépend du nombre d'arrêts pour faire trempette. Mais le plus souvent, rentabilité oblige, on ne vous dépose qu'à des endroits faciles d'accès (*Shark Point,* pour voir des requins, à condition d'y aller de bonne heure et d'attendre qu'ils se pointent ; *Turtle Point,* pour voir des tortues marines brouter les algues, etc.), où finalement il n'y a pas toujours grand-chose à voir. Compter environ 50 Rm, sur la base de 4 personnes minimum dans le bateau. Mais si vous voulez vraiment voir de belles choses, on ne saurait trop vous conseiller de louer les services d'un *water-taxi* à la demi-journée (env 3h) ou à la journée (6h), de pousser un peu plus loin (vers les « *baby islands* », par exemple) et surtout de **partir avant tout le monde,** de manière à ne pas se retrouver à 40 en train de mater la même sirène.

– ***Pulau Rawa*** est de loin le site le plus spectaculaire. Véritable petit paradis isolé à quelques milles au nord-ouest de Kecil, le sable y est aussi blanc qu'aux Seychelles, la jungle quasi impénétrable et les fonds de toute beauté. Les poissons y pullulent : balistes, poissons-perroquets, poissons-anges de toutes tailles et de toutes couleurs, nudibranches et bénitiers, anémones abritant des poissons-clowns, tout ça sur fond de coraux branches ou tables, tantôt vert olive, tantôt lie-de-vin. On y croise souvent quelques bandes de labres, dont de gros poissons Napoléon. À quelques encablures de là, *Tokong Burung Kecil,* le petit îlot plat situé entre *Rawa* et *Susu Dara Kecil* (le grand cône volcanique couvert de jungle), est le domaine des raies à points bleus, des poissons-chirurgiens (dont des nasons à éperon orange) et des gros poissons-perroquets. *Pulau Serenggeh* est aussi un bon spot.

– ***Light House (Sea Bell)*** est la balise qui se trouve à l'ouest de Kecil, au large de l'*Impiani Resort.* Sur place, profusion de petits sergents majors évoluant sur de beaux coraux descendant sur plusieurs étages, et très belles anémones fluorescentes. Proches de la surface, des petits bancs de bécunes (poissons allongés et bleutés) très présentes dans le coin. Attention toutefois, le courant est très fort.

Plongée

S'il y a un endroit où ceux qui n'ont jamais osé plonger peuvent le faire sans aucune appréhension, c'est bien dans les eaux de ces îles. L'eau est chaude, claire (la visibilité varie entre 10 et 15 m, parfois 25 m par temps clair et mer calme), et, surtout, la plupart des sites se situent à moins de 15 m de profondeur.

Les clubs de plongée

Chaque plage possède un ou plusieurs clubs, mais il existe de grandes disparités dans la qualité des offres. Pas de centre PADI sur Long Beach à Kecil par exemple, la plupart usurpent le label sous prétexte qu'ils travaillent avec des instructeurs PADI. Il est vrai que depuis l'engouement de la clientèle nationale pour la plongée sous-marine, l'offre a explosé. On achemine les plongeurs par dizaines sur des sites déjà surfréquentés. Méfiance, donc. Faites-vous bien préciser les conditions d'une plongée et vérifiez que le site est agréé, en allant faire un tour avant sur • *apps.padi.com/scuba-diving/dive-shop-locator/* • Lire aussi les conseils dans la rubrique « Plongée sous-marine » plus loin, de la partie « Hommes, culture et environnement ».
En général, une plongée coûte 80-100 Rm, selon la formule d'équipement choisi (combi ou seulement plombs et bouteille). La plupart des centres assurent entre 4 et 5 sorties par jour, plus une sortie de nuit. Autant dire que ça usine !

Pour les coordonnées des clubs, voir les rubriques « À voir. À faire. Clubs de plongée » à Besar et Kecil, plus loin. Ils sont fermés, grosso modo, de mi-octobre à mi-février.

Les meilleurs sites

Parmi tous les sites superbes, quelques-uns sont cependant plus remarquables que d'autres. Les meilleurs se trouvent autour des quatre îlots du Nord-Ouest.

Sea Bell Reef *(- 20 m max)* **:** un peu au large de la côte ouest de Kecil. On y observe des gorgones spirales, des fouets de mer dans lesquels s'égaient bécunes et castagnoles, mais aussi des poissons-ballons et des poissons-flûtes, ainsi que beaucoup d'autres poissons multicolores, de même que quelques raies à points bleus.

Batu Nisan *(- 17 m max)* **:** joli amas de roches inclinées, formant un mur de récif sur la côte est de Kecil. Coraux variés ; on y croise quelques pastenagues, des poissons-ballons, des poissons-drapeaux, des poissons-papillons. Un site idéal pour faire ses premières bulles à -12 m.

Pasir Tani wreck *(Épave de Pasir Tani, appelée « vietnamese wreck » ; - 24 m max)* **:** au sud-ouest de Kecil, il s'agit de l'épave d'un bateau militaire américain long de 35 m, une sorte de péniche de débarquement, qui fut prise par les Vietnamiens, puis utilisée comme bateau de réfugiés. Le bateau est aujourd'hui retourné. De gros barracudas *(chevrons barracudas)* sont en général dans le secteur. Un site plutôt réservé aux experts car il y a beaucoup de courant.

Sugar wreck *(Épave du sucrier ; - 18 m max)* **:** plus lointaine que la précédente (25 mn en bateau). Cette fois, c'est un cargo à sucre de 92 m de long, qui a sombré en 1999. Plutôt pour les confirmés, quand bien même on ne rentre plus dans l'épave. Barracudas et bécunes en pagaille. Les balistes viennent se régaler des clams collés à la coque. On y observe également des gaterins noir et blanc. Mieux vaut y plonger pendant les coefficients de mortes eaux, sinon les courants sont trop importants.

Tokong Laut *(- 19 m max)* **:** certainement le plus beau site car le plus coloré. Il s'agit d'un sec (pinacle rocheux) autour duquel on tourne en remontant. Formé de grottes et de tunnels avec de grandes entrées, les gens du coin l'appellent *the temple of the sea.* On y observe des coraux mous, des hydraires et des gorgones, ainsi que d'incroyables bancs de poissons, murènes, calamars et quelques *bamboo sharks.*

Terumbu Tiga *(- 22 m max)* **:** à l'est de Besar, c'est le prolongement de la montagne dans la mer. Trois gros rochers s'imbriquent en créant des passages. On y trouve du corail noir, du corail mou, une grande quantité d'étoiles de mer et d'oursins ; quant aux poissons, c'est ici que vous vous piquerez au jeu en observant des poissons-scorpions, des poissons-chauve-souris ou des poissons-écureuils (inutiles d'apporter des noisettes !). C'est un point de passage du requin-baleine.

Tanjung Basi *(- 24 m max)* **:** au nord de Besar, un véritable mur de corail qui descend jusqu'à 24 m. Formé par un chaos d'arènes granitiques, il est constitué de grottes et de surplombs habités par de nombreuses espèces, dont quelques requins gris de récif et des requins à pointe blanche. Un site intéressant pour sa topographie.

Shark Point *(- 25 m max)* **:** à Flora Bay, comme son nom l'indique, le meilleur spot pour observer des bancs de requins pointe noire, mais l'important trafic de bateaux rend la plongée dangereuse.

***Coral Garden** ou **Batu Layar** (- 17 m max) :* à la pointe nord-ouest de Besar. Un sec dont le sommet se situe à moins de 8 m au-dessous de la surface. Ici, de nombreux coraux (dont de superbes coraux ramifiés sur le flanc ouest). Côté poissons, des pastenagues, des barracudas chrysotaenia.

***D' Lagoon** (- 14 m max) :* face au *resort* du même nom. Ici, sable et coraux. Plongée pépère car les conditions sont rarement mauvaises. Convient aussi bien aux débutants qu'aux expérimentés. Le gros avantage, c'est que l'accompagnant du plongeur peut faire du *snorkelling* en même temps sur le même site.

BESAR (BIG ISLAND)

Besar est un peu plus calme que Kecil, et globalement, même dans les endroits denses, on y est moins les uns sur les autres.
La plupart des hébergements se concentrent sur le flanc ouest de l'île et sur la plage du sud, Flora Bay. Les bateaux desservent les deux sites à la demande.
À noter que, bien que située à l'ouest, la plage principale de l'île de Besar ne profite pas du coucher de soleil car il est caché par Kecil.

Adresses utiles

■ ***Change :*** parmi les endroits pratiquant régulièrement le change, le *Perhentian Island Resort (carte, **17**)* ou le *Mama's Chalet and Restaurant (carte, **12**)*. Attention cependant, lorsque les liquidités ne sont pas suffisamment importantes, pas de change possible.

■ ***Suhaila Palace*** *(carte, **1**) :* au Tuna Bay. Petite épicerie de dépannage, livres, souvenirs, location de masques et tubas... Change à un taux désavantageux.

Où dormir ? Où manger ? Où boire un verre ?

Pas de camping digne de ce nom sur Besar, les hébergements les moins chers sont sur Kecil mais on les déconseille à ceux qui n'ont pas un sommeil de plomb. Sur Besar, il existe des adresses isolées, tranquilles et de surcroît bon marché si on est prêt à réserver un chalet à plusieurs. Aussi quelques réalisations typiquement à l'adresse de la clientèle musulmane, avec supermarché, piscine pour se baigner tout habillé, salle de prière et tout et tout...

Sur la plage principale

La plage est séparée en deux par un chaos rocheux que l'on peut contourner en 10 mn de marche environ, grâce à un sentier dans la jungle (la nuit, suivre la conduite d'eau, lampe de poche indispensable). La plage est vraiment très calme, le sable superbe. Préférez quand même y aller en bateau.

De prix moyens à chic (80-200 Rm / 20-50 €)

Mama's Chalet and Restaurant *(carte, **12**) :* 019-985-33-59 ou 013-984-02-32. CB acceptées (+ 5 % de com'). Une quarantaine de bungalows avec terrasse et sanitaires. Les plus chers, climatisés, offrent une jolie vue sur la mosquée de Kecil, juste en face (réveil matinal garanti). Les plus économiques sont situés dans le jardin, sur l'arrière. Ceux qui voyagent en nombre apprécieront les grandes familiales climatisées, avec salle de bains, posées carrément sur la plage. Le tout est bien propre et l'atmosphère qui s'en dégage plutôt cool. Au resto, la cuisine de la *mama* est bonne. Quelques plats de riz pas chers du tout et d'autres plus élaborés, comme le poisson au lait de coco ou aux épices. Bon accueil.

🏠 ***The Reef Chalets*** *(carte,* ***15****) :* *☎ 691-17-62. 📱 013-981-67-62. • thereefperhentian.com • Les chambres avec clim flirtent avec la catégorie « Plus chic ».* Les bungalows en bois, avec terrasse et vue sur mer, sont disposés de manière aérée, en cercle, sur un espace généreux et bien ombragé. Ventilo ou clim et salle de bains (eau chaude dans les familiales avec vue uniquement). L'ensemble est très propre, avec plancher en bois, murs en bambou tressé et quelques vitrages colorés pour faire de beaux rêves. Un petit plus : la cuisine mise à dispo des hôtes. Clim oblige, le groupe électrogène, qui ne fonctionne que la nuit en début de saison, ronronne en silence toute la journée en pleine saison. Excellent accueil du papa et de ses filles.

🏠 **Abdul's Chalet** (carte, **11**) : *l'adresse la plus au sud de la plage. 📱 019-912-73-03. • abdulchalet.com • Dans la fourchette supérieure pour les 10 chalets avec vue. CB acceptées (+ 3 % de com').* Ces petits chalets avec terrasse sont une vingtaine à se partager la vue sur Kecil, alors évidemment ils sont un peu serrés. Climatisés ou simplement ventilés, sanitaires à leurs côtés, on ne peut pas dire qu'ils brillent par leur originalité, mais c'est propre. Une adresse aux prix un peu musclés tout de même. Bon accueil. Évitez le restaurant, en revanche.

Plus chic (200-300 Rm / 50-75 €)

🏠 🍽 ***New Cocohut & Cozy Chalets*** *(carte,* ***13****) : ☎ 697-49-82 (résas à Kuala Besut). • perhentianislands@gmail.com • CB acceptées avec 3 % de supplément.* Tandis que *Cozy Chalets* grignote la montagne, *New Cocohut* se masse en bord de plage ! Au total, 70 petits chalets, très bien aménagés et tout confort, certes bien propres mais quand même un peu chers pour ce que c'est. Bien choisir. Le resto, en revanche, fait l'unanimité pour son emplacement et la qualité de sa cuisine. Aménagé sur une terrasse aérée au bord des flots, il propose du poisson frais au barbecue tous les soirs. C'est d'ailleurs l'adresse la plus délicieusement romantique du coin.

Très chic (plus de 300 Rm / 75 €)

🏠 🍽 🍸 ***Tuna Bay Island Resort*** *(carte,* ***23****) : ☎ 690-29-02 (à Kuala Besut). • tunabay.com.my • Chalets 320-520 Rm selon vue, petit déj inclus. CB acceptées.* Là encore, au bord de la plage, des chalets au standard international qui disposent, pour ceux avec vue, d'une grande baie vitrée et d'une terrasse. Seuls les plus chers vous permettront d'embrasser la grande bleue au réveil. Resto sur pilotis, bien situé, qui sert une cuisine variée et possède un barbecue qui rivalise de fraîcheur avec son voisin le *New Cocohut*, quand bien même les prix sont un peu plus élevés. On peut aussi se contenter d'y aller boire un verre.

🏠 🍽 **Perhentian Island Resort** (carte, **17**) : *à l'extrémité nord de la plage principale. ☎ 691-11-11. • perhentianislandresort.net • Résa vivement conseillée. Bungalows pour 2 : 460-600 Rm, petit déj compris. CB acceptées. (réception slt).* Une centaine de bungalows luxueux à quelques mètres de la plage. Également d'avantageux bungalows familiaux, à peine plus chers que les doubles. L'ensemble est joliment paysager et donne sur une plage privative, mais pour les bungalows *deluxe* seulement... Autrement, piscine sur l'arrière, courts de tennis... Le confort est bon, de même que le resto, qui pratique des prix corrects. Sachez qu'ici vous êtes un peu loin de tout. Évidemment, toutes les commodités de cette classe d'hôtels : centre de plongée, location de kayaks, service de bateau-taxi.

Sur Flora Bay

C'est une baie superbe, un peu plus tranquille que la plage principale, même si ça bétonne un peu ces derniers temps. Vue sur le large. Des coraux à fleur d'eau peuvent parfois gêner légèrement la baignade en certains endroits à marée basse.

➢ Pour y accéder, 2 solutions : se

faire déposer directement en venant de Kuala Besut ou prendre un bateau-taxi depuis la plage principale.

De prix moyens à chic (80-200 Rm / 20-50 €)

Samudra Beach Chalet (carte, **19**) : ☎ 691-16-77. 012-799-68-08. • samudrabeachchalet.com • *Prix moyens ; forfaits 3 j./2 nuits à prix compétitifs. Également des familiales (pour 4). CB acceptées (+ 3 % de com').* Devant une plage adaptée aux enfants, un ensemble de bungalows avec vue ou situés dans un jardinet, à l'arrière. Tous avec ventilo, sanitaires (douche froide) et miniterrasse. Ceux en forme de A, isolés les uns des autres, sont un bon plan pour les petits budgets. Pour le double, vous aurez la clim et une vue sur la mer. Pas trop de déco, mais c'est fort bien tenu. Resto agréablement ventilé. Bonne ambiance, d'autant que le générateur est à distance respectable.

Fauna Beach Chalet (carte, **20**) : ☎ 691-16-07. 019-978-22-54 (Hasmadi). *Prix moyens, cependant les doubles avec clim et vue valent presque 3 fois le prix des standard. Des triples aussi. CB acceptées (+ 6 %). Pas de wifi.* 2 groupes de chalets en bois avec de petites terrasses, pour tous les prix ou presque, de celui avec ventilo et eau froide à celui avec clim, eau chaude et vue sur la mer, tous avec sanitaires à l'intérieur. Dans l'ensemble, c'est rudimentaire. On en a pour son argent. Propose aussi des *packages* à prix plancher.

Flora Bay Resort I & II (carte, **18**) : ☎ 691-16-66 ou 67. • florabayresort.com • *De prix moyens à chic selon confort pour la plupart des chambres, plus chic pour celles avec vue. CB acceptées.* D'un côté, *Flora I,* qui cède gentiment à la loi du béton, avec un centre *PADI* 5 étoiles. Assez propre. De l'autre, *Flora II,* plus décontracté, avec des petits bungalows isolés avec vue et des chambres assez sonores dans une *longhouse* sur 2 niveaux, très simples, qui conviendront aux routards peu regardants sur la propreté. Le resto donne sur la plage.

À la pointe sud de l'île

Petite plage isolée loin du tumulte. D'un côté la jungle, de l'autre la mer, entre les deux, un *resort* et un centre de plongée qui œuvre à la protection des tortues marines.

➢ Pour y accéder, prendre un bateau-taxi depuis Flora Bay ou la plage principale.

Plus chic (200-300 Rm / 50-75 €)

Bubbles Dive Resort (carte, **14**) : 019-599-96-28 ou 012-983-80-38. • bubblesdc.com • *Le prix varie selon le jour de la sem. Petit déj compris. CB acceptées (+ 3 % de com').* Une adresse dont l'intérêt principal réside dans son isolement. Au total, une trentaine de chambres de différents types, en bois ou en dur, toutes avec clim. Les *deluxe* en bordure de la forêt sont bien équipées, grandes et fraîches. Sinon les familiales sont vraiment bien conçues, car, chose rare, elles possèdent 2 vraies chambres et peuvent accueillir jusqu'à 5 personnes. Le resto ne brille pas par son rapport qualité-prix, on vient surtout ici pour les activités en relation avec la mer : club de plongée, prêt de matériel de *snorkelling*, location de kayaks.

À voir. À faire

– Lire plus haut la rubrique « Et maintenant qu'on est là, qu'est-ce qu'on fait ? ».

➢ ***Balades à pied :*** plusieurs chemins ont été tracés à travers la jungle pour permettre de relier les différentes plages de l'île. Le souci, c'est qu'ils sont assez mal entretenus, tant et si bien qu'en début de saison sèche, ils sont souvent difficiles à trouver. Ne pas s'y aventurer au hasard. Toujours se renseigner auprès de sa *guesthouse* avant de partir. Si vous possédez un smartphone ou une tablette, il est intéressant de télécharger la carte de l'île sur *Google map,* de manière à pouvoir utiliser le GPS de ces appareils lors de votre rando. Dernière chose : le soleil se couchant vers 18h30-19h, ne jamais partir sans avoir l'assurance d'être rentré avant la nuit tombée.

Clubs de plongée

■ ***Flora Bay Divers*** *(carte, **2**) : sur la plage de Flora Bay. ☎ 691-16-61.* • *florabaydivers.com* • Un club certifié Padi 5 étoiles et donc habilité à former des instructeurs. Sérieux et compétent, donc. Prix attractifs. Si vous êtes sur cette plage, c'est le bon choix.

■ ***Bubbles Dive Center*** *(carte, **14**) : sur une plage isolée du sud de l'île. 019-599-96-28 ou 012-983-80-38.* • *bubblesdc.com* • Un club certifié PADI 5 étoiles qui œuvre aussi pour la protection des tortues marines.

■ ***Universal Diver*** *(carte, **4**) : sur la plage principale. ☎ 691-16-21.* • *universaldiver.net* • Un club certifié PADI apprécié de nos lecteurs pour sa compétence et l'enthousiasme de son équipe d'encadrement. Pas souvent d'instructeurs de langue française, dommage.

KECIL (SMALL ISLAND)

Bien choisir sa plage est essentiel sur Kecil. Si vous cherchez l'animation, la fête, les rencontres, le tout devant une très grande plage, choisissez *Long Beach,* au nord-est de l'île.
Les plongeurs, quant à eux, se tourneront vers *Coral Bay,* à l'ouest de l'île, juste en face des « *baby islands* ». On y trouve quelques restos, des bars et des petites épiceries. Néanmoins, il est plus difficile de s'y baigner en raison de la présence de quelques récifs et de bateaux de pêche.
Coral Bay n'est qu'à 10 mn de marche de Long Beach, par un sentier sans difficulté qui coupe à travers la jungle (passage délicat de nuit, prévoir une lampe de poche). Quant aux amoureux de robinsonnades, ils choisiront les plages isolées, beaucoup plus tranquilles et surtout moins peuplées, mais il faudra faire abstraction de la clim et compter un petit budget supplémentaire pour se déplacer en bateau. Enfin, au sud de l'île se trouve le village de pêcheurs de Kecil *(fishermen village)*, avec des habitants qui restent bien à l'écart de l'animation touristique. On peut néanmoins s'y approvisionner ou bien manger des beignets pour quelques ringgits. Un chemin bien marqué permet de gagner *Long Beach* sans problème.

Adresses et infos utiles

■ Sur les plages de Long Beach et Coral Bay, quelques ***kiosques*** vendent le minimum vital pour tout routard (ou routarde) débarquant sur l'île : de la crème solaire, de l'antimoustiques, de l'aspirine et des préservatifs, mais pas de bouchons d'oreilles, dommage...
– Possibilité de ***change*** dans quelques boutiques et établissements à Long Beach. En dépannage seulement, car le taux n'est vraiment pas intéressant.

Lazy Buoy's Shop *(carte, **7**) : à Long Beach. ☎ 691-17-17.* Une boutique qui vend des tickets de bus pour la Malaisie et la Thaïlande. Loue également du matériel de *snorkelling,* des kayaks, des planches de surf et toutes sortes de crèmes pour protéger votre peau de bébé. Assure aussi un service de *water-taxis* et affrète des bateaux à la journée ou à la demi-journée pour aller faire du *snorkelling.* Fait aussi resto.

Où dormir ? Où manger ?

Le choix est varié. Il va du cabanon isolé au *resort* avec spa en passant par la *guesthouse* pour *backpackers.* Sur Long Beach, le béton commence à faire loi, on a même vu un complexe pseudo chic importé de Bali ou de

Trifouillis-les-Oies avec vue sur un mur aveugle qui tournait le dos à la mer ! Y en a parfois qui ont l'architecture distraite...

À Long Beach (Pasir Panjang) et au nord, sur la côte est

Long Beach est la plage la plus prisée par les fêtards. Surpeuplée entre juin et août, le prix d'un simple lit en dortoir peut atteindre le prix d'une chambre double avec salle de bains ! Quant aux conditions de séjour, faut pas être regardant, les eaux usées ont parfois du mal à être évacuées et la musique est omniprésente... On aime ou pas, mais franchement, vu les tas de détritus qui entourent les hébergements, faut pas être à cheval sur la propreté. Chaque pleine lune fait l'objet d'un feu de camp sur la plage (lire plus haut la rubrique « Et maintenant qu'on est là, qu'est-ce qu'on fait ? »).
Quelques petits restos de plage sans prétention proposent une cuisine thaïe, malaise ou occidentale, généralement de qualité moyenne et peu copieuse. Au nord de Long Beach, une crique esseulée sert d'écrin à un *resort* à vocation plus familiale.

De bon marché à chic (30-200 Rm / 7,50-50 €)

D' Lagoon (carte, **25**) : *019-985-70-89. • dlagoon.my • Nuit en dortoir 20 Rm/pers, sinon fourchette allant de bon marché à plus chic. Pas d'alcool au resto.* Éventail assez éclectique, du dortoir de 6 lits (superposés) avec salle de bains commune, au chalet tout confort avec clim face à la mer. Cela dit, la plupart de l'offre se situe dans les « Prix moyens », grâce à des bungalows ou chambres simples disposant ou non de leur propre salle de bains. Le tout assez spartiate mais propre avec une literie convenable. Certes, ça risque un peu d'embouteiller au moment de la toilette (sanitaires insuffisants) mais dans l'ensemble, c'est pas mal. Sinon, tout plein d'activités : tyrolienne, prêt de kayaks, sorties *snorkelling*, initiation à la plongée. Resto ouvert du matin au soir sauf le vendredi à l'heure de la prière. Plage privée (baignade à marée haute seulement).

Matahari Chalet *(carte, **28**) : 016-920-25-69. • mataharichalet.com • De prix moyens à chic. CB acceptées (+ 3 % de com' ; possibilité de retirer du liquide avec sa CB moyennant une com' de 7 %).* Ne jamais réserver ici sans avoir vu. Éviter les chalets, sales, mal conçus (ventilo mal placé, matelas à même le sol, etc.), et dont l'environnement est vraiment peu engageant. Le meilleur compromis, c'est d'opter pour les chambres climatisées disposant d'une salle de bains avec eau chaude, situées dans le grand bâtiment en dur. Resto perché sur ses hauts pilotis, bien aéré. Plats simples et bien exécutés, pour quelques ringgits.

Spécial folies (plus de 600 Rm / 150 €)

Bubu Resort (carte, **32**) : *(03) 2142-66-88 (résas à Kuala Lumpur). 016-260-35-47. • buburesort.com • Doubles 530-740 Rm, transfert depuis le continent A/R, 2 cocktails/j. et petit déj inclus. CB acceptées. (capricieux).* Dans la partie nord de la plage, là où les hôtels sont en béton, un bâtiment moderne construit en L sur 3 niveaux, disposant de chambres bien équipées et très confortables. Évitez tout de même celles situées aux extrémités (d'un côté la cuisine, de l'autre le groupe électrogène) et préférez celles du dernier étage pour la vue. L'ensemble est parfaitement tenu. Le service soigné vous promet un séjour agréable, d'autant que le resto se défend dans le style *fusion food* aux accents italiens. Une belle adresse, qui ravira vos épaules endolories par les coups de soleil et vos papilles en quête de saveurs nouvelles. Excellent accueil.

À Coral Bay (Teluk Aur)

C'est la seule plage de toutes les Perhentian à profiter... du coucher du soleil. Contrairement à Long Beach, les adresses « petit budget » nous ont paru d'un meilleur rapport qualité-prix mais elles ne sont pas légion. De même, la plupart ont un petit resto, mais c'est plus calme le soir.

Bon marché (30-80 Rm / 7,50-20 €)

Fatimah Chalet *(carte, 33) : 011-403-47-531 (Fidia).* Une vingtaine de chalets en bois de part et d'autre d'un petit espace engazonné. Ambiance toile cirée sur contreplaqué, matelas mousse, moustiquaire et ventilo, salles de bains réduites à leur plus simple expression, c'est très spartiate. Évitez ceux situés du côté gauche quand on tourne le dos à la mer, ils sont trop près du groupe électrogène de l'hôtel *Ombak*. Pour une nuit de dépannage, pas davantage.

Prix moyens (80-140 Rm / 20-35 €)

Maya Chalet *(carte, 34) : 019-990-25-61 (Zani). • mayabeachresort@yahoo.com • (au resto Crocodile Rock).* Une douzaine de bungalows avec salle de bains. Les plus chers sont posés au bord de la plage, les autres donnent sur un petit espace tiré au cordeau. La propreté est souvent limite. Propose des barbecues de poisson certains soirs à partir de 19h (sans alcool), ainsi que des sorties *snorkelling* et pêche.

Les restos **Mama's** et **Crocodile Rock** *(carte, 33)* proposent chaque soir à la carte un barbecue de poisson à prix moyens que l'on déguste sur la plage, les pieds dans l'eau (et ce n'est pas une façon de parler !). Ambiance très sympa, surtout au coucher du soleil.

Plus au sud, sur la côte ouest

De prix moyens à chic (80-200 Rm / 20-50 €)

Petani Beach Chalet *(carte, 27) : Petani Beach, accessible en bateau-taxi. 013-988-32-82. • wanraihanwanismail@gmail.com • Prix moyens. Petit déj en sus. Repas de bon marché à prix moyens. (au resto slt).* Cette petite structure comprend à peine 5 chalets mais d'assez grande dimension dont 2 pour les familles. Salle de bains intérieure mais pas d'eau chaude, matelas posé sur le lino, ventilo, moustiquaire... Electricité entre 19h et 7h. C'est rudimentaire mais bien tenu, et surtout carrément sur une plage privée et bien à l'ombre de grands arbres. Rafraîchi par la brise marine, le petit resto familial propose chaque jour un plat différent si bien qu'on y prend facilement pension. Bon accueil de Wanraihan, la fille de la maison, dont la famille propose des sorties en bateau pour aller explorer les fonds marins des alentours.

Mari-Mari *(carte, 27) : Petani Beach, accessible en bateau-taxi. 012-643-11-45. Prix moyens, bas de fourchette.* Ambiance « routards des mers » façon Hemingway pour cette adresse dont on se refile l'adresse sous le maillot. Aménagés de bric et de broc, 6 chalets sommaires dont la moitié se partagent la même salle de bains. L'un d'entre eux, perché dans un arbre, est un peu plus cher. Au bar, propices aux discussions à bâton rompu, de quoi remplir les fades après-midi de bronzette. Resto apprécié. Détente, glandouille. Les vacances nature, quoi !

Mira Chalet *(carte, 36) : Keranji Beach (anciennement Mira Beach), accessible en bateau-taxi. 016-647-64-06. • mirabeach.com • Pluc chic pour certains chalets en hte saison. Petit déj en sus, Repas 10-20 Rm. (capricieux)* La voilà, la petite adresse de Robinson Crusoé ! Une poignée de petites cabanes tout en bois perchées à flanc de colline au-dessus d'une plage privée. Situation extraordinaire, coucher de soleil dément et petit déj le nez sur les bougainvillées. Le confort est sommaire, 3 des 7 cabanes seulement possèdent leur propre salle de bains, en ce qui concerne les autres, on partage ! L'électricité est interrompue entre 7h et 10h, puis entre 16h et 19h. Autrement, service de bateau-taxi pour aller faire ses courses au village ou partir faire trempette ; quant aux repas, vous les prendrez ici, étant donné que le resto le plus proche est à 40 mn de marche et que traverser la jungle de nuit ça fout les pétoches !

À voir. À faire

– Lire plus haut la rubrique « Et maintenant qu'on est là, qu'est-ce qu'on fait ? ».

➢ ***Balades à pied :*** deux sentiers parcourent l'île.
– Le premier sentier dans la jungle longe la côte sud. Rien de compliqué pour réaliser cette jolie balade, il suffit de suivre le chemin pavé et parfaitement tracé. Le sentier débute par les escaliers situés au sud de Coral Bay. Après 45 mn, on passe par *Mira Chalet (carte, **36**)*, puis par Petani Beach, enfin on arrive au village (Fishermen Village) au terme d'un peu plus de 1h de marche. Juste quelques vieilles maisons en bois décaties qui côtoient le petit port et la grande mosquée qui rappelle que le Terengganu dont dépendent les îles Perhentian est bien un État islamique.
Le long du chenal, face à Besar, des petits restos populaires tenus par des femmes. Pour 1 ou 2 Rm, profitez-en pour essayer les *kaçang sepat,* les beignets de poisson frits typiques du coin, ou encore les beignets de céleri *(jemput-jemput)* que l'on déguste avec une sauce à l'arachide bien relevée, sans oublier les *tapaï,* les bananes frites que l'on arrose d'un peu de sauce à la noix de coco. Du village, un sentier bien tracé mène à Long Beach en 30 mn, sinon prendre un bateau-taxi pour retourner à la plage de votre choix.
– Un autre sentier relie Long Beach à D'Lagoon, une petite plage isolée du nord de l'île (compter une petite heure). Se faire préciser son point de départ auprès de son hébergement. Mais impossible de se perdre : il suffit de suivre le câble électrique et de viser le sommet de la colline coiffé de ses deux éoliennes. Contourner ensuite le grillage du parc éolien par la droite. À 200 m environ, bifurquer de nouveau à droite : le sentier s'engouffre alors dans la jungle pour redescendre sur D'Lagoon, d'où l'on peut rejoindre la petite plage paradisiaque de Turtle Bay en 15 mn de marche (se renseigner auprès du *D'Lagoon Resort* une fois sur place).

Clubs de plongée

Plusieurs clubs de plongée offrent à peu près les mêmes prestations mais très peu sont affiliés à PADI. Pour la plongée, voir plutôt sur Besar. Ils acceptent généralement les cartes de paiement.

■ ***Anti Gravity Divers*** *(carte, **33**) : sur Coral Beach.* 📱 *012-921-23-95.* • *scubadivingperhentian.com* • Centre PADI 5 étoiles proposant toutes sortes de formations.

Surf

Les mois les plus propices à la pratique du surf (sur Long Beach) s'échelonnent de novembre à fin avril. Mais ici, ce n'est pas Cherating. Pas de tube, le *swell* est plutôt *beach break,* avec une période assez courte. Le *peak* se trouvant grosso modo au centre de la plage, ça ouvre des deux côtés.

L'ÎLE DE REDANG

IND. TÉL. : 09

• Carte *p. 257*

Voici l'île de carte postale : des cocotiers, un sable blanc qui s'étire avec nonchalance vers des eaux d'une limpidité incroyable devant des

cabanons pratiquement les pieds dans l'eau, quelques hamacs qui balancent au doux bruissement de la brise marine... Redang tient ses promesses.
Mais pas pour tout le monde, malheureusement, car l'île cherche avant tout à séduire un tourisme de masse version « luxe ». Conséquence : la plupart des hébergements proposent des formules « 2 nuits en ½ pension + activités ». Difficile de s'en sortir à bon compte. De plus, la surfréquentation de certains sites a causé de gros dégâts environnementaux. Au plus fort de la saison, ce sont près d'un millier de personnes qui découvrent les joies du *snorkelling*, dans un périmètre restreint et 2 fois par jour ! La mer en est rouge de gilets de sauvetage.
Que toutes ces remarques ne vous découragent pas pour autant (après tout, mieux vaut savoir à quoi s'attendre) ; Redang demeure un excellent choix pour se reposer et certaines structures hôtelières sont vraiment bien conçues. Encore faut-il avoir les moyens d'y résider...
– De fin octobre à mi-février environ, tous les hôtels sont fermés pour cause de mousson. Exception faite du *Taaras Beach and Spa Resort,* ils sont tous situés sur la côte est.

Comment y aller ?

En bateau

Les ports d'embarquement pour Redang sont à ***Shahbandar*** (ou ***Syahbandar***), qui est l'embarcadère *(jetty)* de Kuala Terengganu (voir cette ville), et à ***Merang,*** à 37 km au nord de Kuala Terengganu (ne pas confondre avec Marang, 20 km au sud, voir plus loin). Pour qu'il n'y ait pas de malentendu, dites que vous allez à Redang plutôt qu'à Merang. Pour s'y rendre, taxi depuis les gares routières de Kuala Terengganu ou de Bandar Permaisuri.
– L'embarcadère *(jetty)* de Merang se situe à env 600 m du rond-point d'entrée d'agglomération, au nord du village, à l'embouchure du fleuve. On y trouve quelques gargotes, des agences de voyages et des parkings gardés (payants). Distributeur de billets *Maybank* à la station *Petronas* située au sud de la ville.
– La plupart des hôtels de Redang, pour ne pas dire la totalité, fonctionnent avec des résas préalables et des *packages* (lire plus loin, à Redang « Où dormir ? Où manger ?»). D'ailleurs, en saison, ne vous aventurez pas sur l'île sans résa. Dans ce cas, le transfert depuis le continent est compris dans le forfait du séjour. La plupart des hôtels utilisent le port de Shahbandar.

➢ ***Liaisons en bateaux :*** ils fonctionnent en principe de mars à octobre. Pas de trajets pendant la mousson (novembre-février). Les horaires, qui dépendent de la marée, de l'affluence, de l'état du moteur, de l'âge du capitaine... restent toujours un peu flous (à prendre donc avec des pinces à sucre). Mieux vaut donc prévoir assez large et ne pas être pressé. Pour le retour, demandez à votre hôtel l'heure de départ du bateau. Au cas où vous seriez bloqué, une adresse utile à Merang : *Alamean Boat Services* *019-929-95-87).*
– ***depuis Merang :*** 4 liaisons/j. avec le *public ferry* (8h-15h ; retour depuis Redang 9h-16h). Se faire préciser les horaires par son hébergement.
– ***depuis Shahbandar :*** 3 départs/j. en *public ferry*. Passeport obligatoire lors de l'achat du billet.
➢ En saison, il est également possible de se rendre directement en bateau de Redang aux îles Perhentian sans passer par le continent, donc mieux vaut se grouper. Renseignez-vous auprès de votre hôtel.
– ***Écotaxe :*** *5 Rm (réduc)* à acquitter au moment de l'embarquement. Ce coupon, daté, est valable 3 jours consécutifs et dans toutes les îles. Passé ce délai, il faut (en principe) en acheter un autre.

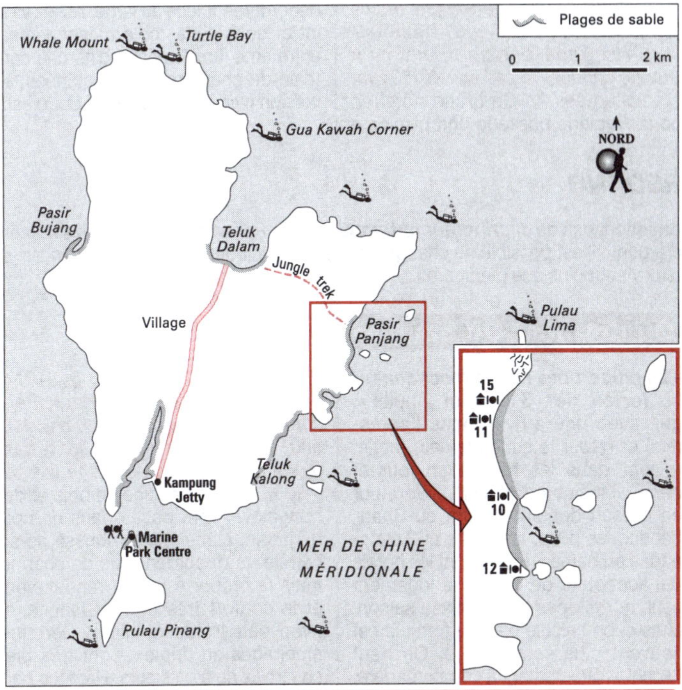

L'ÎLE DE REDANG

Où dormir ? Où manger ?	
10 Redang Lagoon Chalet	11 Redang Pelangi Resort
	12 Laguna Redang
	15 Coral Redang Island Resort

MERANG

Où dormir ? Où manger ?

Merang ne possède aucun charme malgré une plage pas désagréable et, si vous pouvez éviter d'y passer la nuit, faites-le ! Toutefois, voici 2 adresses de dépannage...

De bon marché à chic (30-200 Rm / 7,50-50 €)

Kembara Resort : *à env 1 km au sud de l'embarcadère, fléché sur la gauche (en direction de Kuala Terengganu). ☎ 653-17-70. 010-257-31-92. • kembarabeachresort@hotmail.com • Lit en dortoir 35 Rm/pers ou doubles avec sdb.* En bordure de plage, plusieurs petits *chalets* autour d'un jardin ombragé avec ventilo ou AC. Chambres petites, mal conçues et vraiment pas données. Vraiment au cas où...

Plus chic (200-300 Rm / 50-75 €)

Sutra Beach Resort : *à 5 km env au sud de Merang (ne pas confondre* *avec Suria Resort, nettement moins bien). ☎ 653-11-11. 📱 014-529-04-99. • sutrabeachresort.com.my • Ouv tte l'année. Repas env 40-50 Rm. CB acceptées.* Ce grand hôtel en bord de plage possède une piscine à débordement face au large. Assez vieillot et dans l'ensemble moyennement entretenu, il offre néanmoins une centaine de chambres bien équipées, en version *twin bed* (peu de lits doubles).

REDANG

Attention, pas de ***distributeur automatique*** sur Redang. Prévoyez suffisamment d'argent ; il est possible de changer auprès de quelques établissements, mais les taux y sont plus que médiocres.

Où dormir ? Où manger ?

– ***La plupart des hôtels fonctionnent au forfait*** de « 3 jours et 2 nuits », qui, avec une arrivée dans l'après-midi et retour le surlendemain matin, revient dans les faits à un jour et demi ! Il inclut le transfert aller-retour en bateau depuis Merang ou Shahbandar, les nuits, les repas et 3 escapades en bateau. Rares sont les hôtels qui acceptent de vendre le logement seul, hormis parfois en basse saison. Mais si on calcule bien, la formule est souvent plus économique. On peut l'acheter directement à l'embarcadère, où la majorité des établissements disposent d'un kiosque. La plupart d'entre eux proposent des chambres familiales (pour 3 ou 4 personnes) qui permettent de loger à prix plus intéressants.

S'agissant donc principalement de *packages*, nos traditionnelles fourchettes de prix n'ont pas cours ici.

Les adresses se situent toutes sur la plage principale, Pasir Panjang (Long Beach), face à la mer. C'est une très belle plage de sable blanc, particulièrement agréable pour faire trempette. Toutes les adresses possèdent un resto et la plupart servent de la bière (les proprios ici sont en majorité des Chinois). Les tarifs varient en fonction de la saison et sont aussi un peu plus musclés du jeudi soir au samedi soir, ainsi que pendant les vacances scolaires (grosso modo de fin mai à mi-juin), quand débarquent les Singapouriens.

De chic à plus chic

🏠 🍴 ***Redang Lagoon Chalet*** *(carte,* ***10****) : résas à Kuala Terengganu, ☎ 666-50-18 ou 20. 📱 019-914-00-83. • redanglagoon.com • Pens complète pour 2 nuits et 3 j. env 410-530 Rm/pers selon saison, sur la base d'une double, plus pour une vue sur mer.* Un long édifice en bois et des bungalows sont posés dans un bout de jardin. L'intérieur lambrissé, le sol carrelé ne débordent pas de charme, mais la propreté est au rendez-vous et le confort très correct (sanitaires avec eau froide et clim). Certains, aménagés en duplex, sont très bien en famille ou à plusieurs. Hamacs pour lézarder tranquille. Une adresse plutôt sympathique tenue par des hôtes attentionnés.

🏠 🍴 ***Redang Pelangi Resort*** *(carte,* ***11****) : ☎ 624-21-58. • redangpelangi.com • Packages snorkelling et plongée 2 nuits et 3 j. en pens complète env 430-520 Rm/pers selon jour de la sem, sur la base d'une double (surveiller les promos).* Une cinquantaine de chambres pour 2 à 4 personnes, réparties dans de longs bâtiments en L, sur 2 niveaux, et distribuées par une coursive. Se méfier des chambres figurant sur leur site internet, elles ne sont pas représentatives de l'ensemble, car côté déco, c'est plutôt basique : lino imitation parquet et murs crème ; côté confort : salle de bains attenante, clim et eau chaude. Resto aménagé sur une terrasse ouverte sur le large. Ambiance musicale jusqu'à minuit (ne pas loger près du bar). Propose également des excursions *snorkelling* à la journée vers les îles Perhentian et Lang Tengah, mais en haute saison seulement (minimum 10 personnes).

Très chic

Laguna Redang (carte, **12**) : sur la plage principale. ☎ 630-78-880. 016-422-00-22 (Knev). • laguna redang.com.my • Transfert depuis Shahbandar (Kuala Terengganu) slt. Selon confort, sur la base d'une double et pour 2 nuits et 3 j. en pens complète 640-1 000 Rm/pers (400-570 Rm si 1 nuit slt). Très grand hôtel qui, certes, peut faire un peu usine, mais qui présente l'avantage d'offrir un vrai service hôtelier. Les chambres sont bien conçues, décorées avec goût (omniprésence du bois tropical) et très bien entretenues. Le personnel est serviable et très professionnel. Quant à la nourriture, servie sous forme de buffet, elle permet de faire le tour de l'Asie du Sud-Est. Une bonne adresse pour ceux qui en ont les moyens.

Coral Redang Island Resort (carte, **15**) : résas à Kuala Terengganu, ☎ 623-62-00 (nov-fév slt). Sur place : ☎ 630-71-10. • coralredang.com.my • Transfert depuis Shahbandar (Kuala Terengganu) slt. Doubles avec sdb env 460 Rm, petit déj compris. Packages snorkelling en pens complète 2 nuits et 3 j. env 700 Rm/pers, sur la base d'une double. (parties communes slt). Une trentaine de chambres dont 5 familiales (avec 2 chambres séparées) situées dans un bâtiment en béton, et disposant d'une baie coulissante donnant sur une terrasse commune. Les *superior*, quant à elles, forment une douzaine de maisonnettes à 2 étages, habillées de clins beiges dans un style américain. À l'intérieur, déco ethno-chic tendance zen, avec quelques effets d'angle. Ces dernières possèdent toutes un balcon privatif, mais peu donnent directement sur la mer. Enfin, une grande piscine à débordement pour celles et ceux qui bouderaient la grande bleue. Bon accueil.

À voir. À faire

➢ ***Le tour de l'île en bateau :*** l'île est très belle, à la fois couverte d'une végétation tropicale luxuriante et de rochers en aplombs verticaux qui s'engouffrent sous les eaux. Demandez les tarifs à votre hôtel et groupez-vous en faisant jouer la concurrence, car les tarifs peuvent varier du simple au double. Sur la côte ouest de l'île, des tortues vertes viennent pondre l'été. Il est interdit d'y accéder l'après-midi et le soir, afin de ne pas les déranger.

➢ ***Le tour des îlots en bateau :*** une bonne formule qui consiste à faire le tour des petits îlots au large de la plage principale, à la recherche des meilleurs spots de *snorkelling* pour observer les tortues qui évoluent paresseusement entre deux eaux.

➢ ***Snorkelling :*** d'incroyables possibilités pour explorer les fonds sous-marins avec un simple masque et un tuba que l'on peut louer à un prix raisonnable, partout. Tous les établissements proposent des sorties (incluses dans les packages). Seulement voilà, tout le monde se rend aux deux, trois mêmes sites... en même temps. Imaginez ce que cela peut donner en pleine saison, il y a parfois 250 à 300 inscrits par club de plongée pour la même heure ! Pour pallier cette surfréquentation, certains hébergements, soucieux du problème, proposent des variantes, notamment vers les îles ***Perhentian*** et l'île de ***Lang Tengah.***

Le Terengganu Marine Park : la visite est généralement comprise dans le *package* des hôtels. On vous dépose 3h sur l'île de Pinang, au sud de Redang. Une petite zone a été délimitée par une ligne d'eau pour observer la faune. Il n'y a pas forcément plus de poissons ici qu'ailleurs, mais ils sont attirés ici par la nourriture lancée par les touristes (ce qui semble parfaitement incompatible avec l'idée même de parc naturel, mais c'est une autre histoire...). Essayez d'éviter les heures de pointe. Quand il n'y a pas trop de monde, on y passe un moment vraiment agréable. On y nage en toute confiance parmi mérous, poissons-perroquets,

bancs de poissons multicolores, tortues. Allez jusqu'à la petite épave, à une centaine de mètres du ponton, autour de laquelle faune et flore abondent.
Sur place, des cabines permettent de se changer et de prendre une douche après la baignade.

➢ ***Le jungle trek de Pasir Panjang à Teluk Dalam :*** *début du sentier (bien balisé) derrière le* Coral Redang Island Resort *(carte, **15**). Prendre à droite après le petit pont. Compter env 45 mn. Partir avec des chaussures fermées et apporter de l'eau.* On traverse une forêt de hauts arbres filiformes dont les feuillages laissent à peine filtrer le soleil. Côté rencontres, singes, petits lézards et gros varans. À l'arrivée, belles récompenses, dont la superbe plage déserte de Teluk Dalam. Enfin... déserte sur sa partie est, car de l'autre côté de l'avancée rocheuse, à l'ouest, se trouve le *Taaras Beach and Spa Resort.*

Plongée avec bouteille

Parmi tous les centres de plongée, un seul est affilié PADI. Il dépend du *Taaras Beach and Spa Resort.* ☎ *630-88-88.* • *thetaaras.com* • *Compter 175 Rm la plongée, cher.* L'île est réputée pour la limpidité de ses eaux. Nous confirmons !

Les meilleurs sites

L'île de Redang, ainsi que les îlots alentour, regorge de paysages sous-marins fascinants. On y recense 80 % des espèces marines présentes dans ce que les spécialistes appellent « le triangle de corail » dont les sommets sont les Philippines, la Papouasie et l'Indonésie. En tout, une vingtaine de sites ; la majorité d'entre eux est accessible en quelques minutes de hors-bord. Attention toutefois aux périodes de vives eaux où le courant est très fort par endroits.

Whale Mount *(ou Tanjung Lang ; - 26 m max)* **:** situé au nord de l'île, c'est l'un des sites les plus spectaculaires avec ses deux pinacles. Les eaux particulièrement limpides invitent à la photographie. C'est le moment d'immortaliser un requin-baleine (le plus grand poisson du monde), qui vient ici se refaire une santé au cours de sa grande migration annuelle, en août-septembre.

Marine Park – Terembu Kili *(- 25 m max)* **:** les plongeurs du coin l'appellent *Little Maldives* en raison de la richesse de sa faune halieutique. Ici, outre une profusion de poissons de coraux multicolores, vous apercevrez des demoiselles-beauté *(Holacanthus tricolor),* des poissons-chauves-souris, des murènes, des requins de récif, des requins-léopards et, flottant entre deux eaux, des petits bancs de bécunes.

Pulau Lima *(- 30 m max)* **:** plusieurs sites intéressants autour de cette petite île située à l'est de Redang, dans l'alignement de la presqu'île qui sépare les deux plages principales de la côte est. À la pointe sud-ouest, un gros chaos rocheux plonge littéralement à la verticale. C'est le domaine des coraux noirs et des gorgones colorées. On y trouve aussi quelques petits sapins de Noël, une flopée de poissons-anges et de poissons-papillons de toute beauté. Au nord, le site de Big Mount est un récif profond. On y croise de grosses bébêtes : des mérous malabars, des requins-baleines (en saison) et des requins-marteaux, et pour enfoncer le clou, de magnifiques tortues vertes.

Gua Kawah Corner *(- 30 m max)* **:** à la pointe nord-est de l'île. Il s'agit d'une grande grotte sous-marine. Les clubs ne sont pas trop chauds pour vous y emmener à cause du trafic maritime intense qui règne en surface, mais vous y verrez des requins-marteaux et si vous avez de la chance des dauphins.

KUALA TERENGGANU

IND. TÉL. : 09

• Plan *p. 263*

Capitale de l'État islamique du même nom, Kuala Terengganu entre dans l'histoire au XVe s quand une famille de Chinois décide d'y établir un comptoir marchand. Aujourd'hui, avec presque 400 000 âmes, la ville n'a rien perdu de son appétit commercial, comme en témoigne le nombre impressionnant de mosquées financées par des hommes d'affaires ayant fait fortune. À tel point qu'on a même créé un parc d'attractions avec les plus belles d'entre elles, une sorte de petit Disneyland local ! À part ça, cette ville, tout à la gloire du béton armé paré de vitres fumées, n'a pas beaucoup d'intérêt, si ce n'est une très belle rue dans le quartier chinois et quelques villages de pêcheurs, où l'on fabrique encore de charmantes carènes comme au temps jadis. D'ailleurs, de ce passé marin, Kuala Terengganu a su tirer profit. Elle organise chaque année une épreuve de voile qui ponctue le calendrier de la très disputée *World Match Racing Tour,* la *Monsoon Cup,* où les tacticiens les plus capés du monde viennent tirer des bords entre eux. Manque juste un « chti canon » en rentrant au port...

S.O.S. COUPLES !

Alarmé par le nombre de divorces, jugé trop important, l'État islamique de Terengganu offre des lunes de miel gratuites (d'une valeur d'environ 400 €) pour aider les couples en difficulté... À bon entendeur !

Arriver – Quitter

En bus

Méfiez-vous des rabatteurs qui passent d'une agence à l'autre en essayant de vous diriger vers un autre bus pour toucher leur commission.

■ ***Distributeur de billets :*** *à l'arrière du guichet de la compagnie* SP Bumi.
@ ***Wifi gratuit :*** *chez le clown à rayures, juste à côté.*
MBKT Bus Station *(Majalis Bandaraya Kuala Terengganu ; plan A-B1)* ***:*** *Jln Syed Hussain.* ☎ *620-37-00.*

Vers le sud

➢ ***De/vers Pekan, Rompin, Endau, Mersing et Johor Bahru :*** 3 bus/j., notamment avec *Adik Beradik, Transnasional* et *SP Bumi.*
➢ ***De/vers Marang (île de Kapas), Rantau Abang, Kemaman (Cherating), Dungun :*** env 10 bus/j. 8h-18h, avec *Ekspres Perdana, Transnasional* et *SP Bumi* (pour Marang et Rantau Abang, demander l'arrêt au chauffeur).
➢ ***De/vers Kuantan :*** env 10 départs/j., 9h-22h30. Trajet : 3h.
➢ ***De/vers Singapour :*** 2 départs/j., le mat et le soir avec *Transnasional*. Trajet : env 10h.

Vers la côte ouest

➢ ***De/vers Malacca :*** 1 bus le mat avec *Transnasional*, les autres le soir avec *Mutiara* et *SP Bumi*. Trajet : env 7h.
➢ ***De/vers Kuala Lumpur :*** env 15 départs/j., 9h30-22h30. Trajet : 6h-6h30.
➢ ***De/vers Butterworth et Penang :*** plusieurs bus/j., mat et soir, avec

Ekspres Kesuatan, *Transnasional*, *SP Bumi*. Trajet : env 7h.

Vers le nord

➢ ***De/vers Merang, Kuala Besut et Kota Bahru :*** env 6 bus/j., 8h-18h avec la compagnie *SP Bumi* ; également 2-3 liaisons dans l'ap-m avec *Mutiara* et *Ekspres Perdana*.

En taxi

Station de taxis : *derrière la gare routière.*

➢ *Compter env 60 Rm pour Merang (île de Redang), 35 Rm pour Marang (île de Kapas) et 120 Rm pour Kuala Besut (îles Perhentian).*

En ferry

Embarcadère (jeti) de Shahbandar (*plan A1*) **:** *☎ 622-52-33. 016-417-01-52 ou 016-416-03-38.* Mars-oct, 3 ferries/j. pour Redang ; horaires en fonction de la marée (en principe, rien après 15h). Pas de liaison durant la mousson. Env 70 Rm/pers l'aller. Trajet : 1h40. Arriver bien en avance, surtout en haute saison car il peut y avoir du surbooking. Le passeport est exigé pour acheter son billet.

■ **Parkings publics** (*plan A1*) **:** en plein air juste à côté de l'embarcadère ou souterrain à 200 m (sous le *Paya Bunga Mall*). Compter env 10 Rm/j.

En avion

✈ **Aéroport Sultan Mahmud Shah Airport** (*hors plan par A1*) **:** *à une quinzaine de km au nord de Kuala Terengganu. ☎ 667-36-66.*

■ **Malaysia Airlines :** *à l'aéroport slt (hors plan par A1). ☎ 662-66-00 ou 666-42-04.*

■ **Air Asia :** *à l'aéroport slt (hors plan par A1). ☎ 667-10-17.*

■ **Firefly :** *à l'aéroport slt (hors plan par A1). ☎ 667-53-77.*

■ **Malindo Air :** *à l'aéroport (hors plan par A1). ☎ (03) 7841-53-88 (central d'appels). • malindoair.com • Tlj 7h-19h.*

➢ ***Pour Kuala Lumpur :*** 5 vols/j. avec *Malaysia Airlines* ; 4 vols/j. avec *Air Asia* et 3 vols/j. avec *Firefly et Malindo Air*.

➢ ***Pour Singapour :*** 2-3 vols/sem avec *Air Asia*.

Adresses et infos utiles

Tourist Information Centre (*plan A1*) **:** *Jln Sultan Zainal Abidin, en face de la jeti. ☎ 622-15-53. • tourism.terengganu.gov.my • Dim-jeu 8h-17h, sam 9h-17h. Fermé ven et j. fériés.* Une dame souriante donne une petite brochure sur l'État de Terengganu, et elle en est très contente.

✉ **Poste centrale** (*GPO ; plan A-B1*) **:** *Jln Sultan Zainal Abidin. Tlj sf ven et 1er sam du mois 8h30-17h.*

■ **Banques :** *la plupart se situent sur Jln Sultan Ismail (plan A-B1), de chaque côté de la rue, à proximité de la Jln Banggol. Tlj sf sam-dim 9h30-16h30.* Elles possèdent toutes un distributeur automatique 24h/24 et assurent le change. Service **Western Union** à l'*Agrobank* (*plan A-B1,* **2***), 106 Jln Sultan Ismail (angle Jln Tok Lam). ☎ 622-24-08. Lun-ven 9h-16h30.*

■ **Police** (*plan B1,* **1**) **:** *Jln Sultan Omar. ☎ 635-47-22, ou en cas d'urgence le ☎ 999.*

Sultanah Nur Zahirah Hospital (*plan B1*) **:** *Jln Sultan Mahmud. ☎ 622-18-20 ou 621-21-21.*

Station de taxis (*plan A1*) **:** *Jln Masjid Abidin, à env 200 m de la gare routière. ☎ 626-51-50.*

■ **Ping Anchorage Travel and Tours** (*plan B1,* **3**) **:** *77A, Jln Sultan Sulaiman. ☎ 626-20-20. • pinganchorage.com.my • Tlj 8h-17h.* Une agence sérieuse qui propose différents *packages*, certains à prix attractifs pour l'île de Redang. Sinon, un choix assez large d'excursions dans les environs de Kuala Terengganu, mais pas spécialement intéressant au niveau des tarifs.

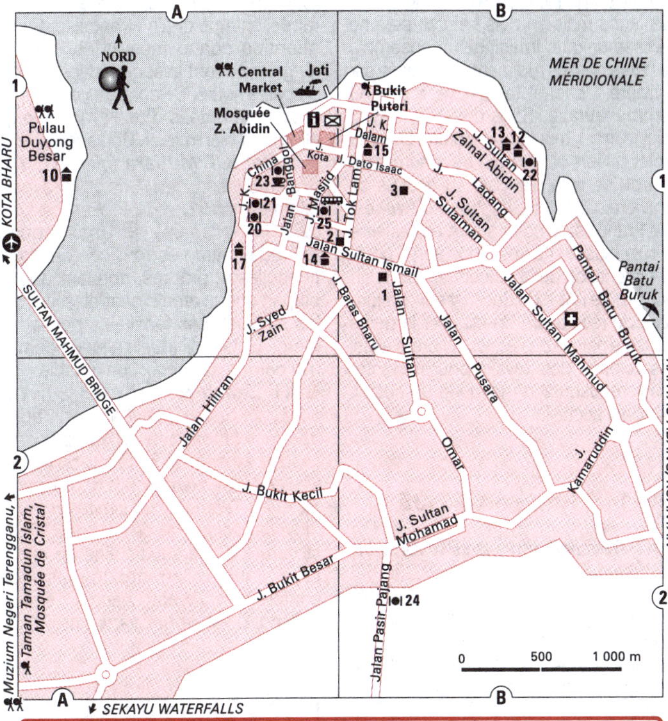

KUALA TERENGGANU

■ **Adresses utiles**

- Tourist Information Centre
- Sultanah Nur Zahirah Hospital
- **1** Police
- **2** Agrobank
- **3** Ping Anchorage Travel and Tours

Où dormir ?

- **10** Awi's Yellow House
- **12** KT Beach Resort
- **13** KT Travellers Inn
- **14** Hôtel K.T. Mutiara
- **15** Hôtel Sentral
- **17** Seri Malaysia

Où manger ? Où prendre le petit déjeuner ?

- **20** Stands de cuisine chinoise
- **21** Golden Dragon
- **22** Restoran Ocean
- **23** Kafetaria Black Coffee
- **24** Paradise Deluxe Restaurant
- **25** Food Court du Paya Bunga Mall

Où dormir ?

De très bon marché à bon marché (moins de 40 Rm / 10 €)

Awi's Yellow House (plan A1, **10**) **:** *sur Pulau Duyong Besar, île située face au centre-ville.* ☎ *622-20-80.* 📱 *017-984-03-37. Pour s'y rendre, bateau de l'embarcadère de Shahbandar (jeti), surtout le mat et en fin d'ap-m. Autrement, bus n° C-03 de la gare routière, arrêt Pulau Duyong, il reste 500 m. Enfin taxi. Une fois sur l'île, demander, tout le monde connaît.*

La « Maison jaune », qui n'est absolument pas jaune mais en bois naturel, est une adresse unique. Imaginez un ensemble de petits chalets rudimentaires posés sur la rivière. L'endroit fait penser à une AJ communautaire. Salle commune avec cuisine, frigo, musique et lecture. Douche à ciel ouvert et w-c qui se résument à un trou dans le plancher au-dessus de la rivière. Christine, l'épouse d'Awi, est une Française érudite qui vit en Malaisie depuis plus de 40 ans. Vous aurez peut-être la chance de la rencontrer. Elle a sillonné toute l'Asie du Sud-Est sur des jonques de rêve avant de relancer la petite industrie navale de l'île. Ici, on prête aussi des vélos et des kayaks pour remonter la rivière jusqu'à la mosquée de cristal. Excellent accueil.

Prix moyens (80-140 Rm, soit 20-35 €)

KT Travellers Inn *(plan B1, **13**) : 201, Jln Sultan Zainal Abidin. ☎ 622-36-66. Pas de petit déj. CB acceptées.* Grimpez au 1er étage, vous y verrez une langouste et la réceptionniste qui veille sur une armoire à chips et à nouilles chinoises. Ici, on soigne ses hôtes, d'ailleurs les hôtels de M. Chong Feh Ming passent pour être les plus propres du coin. On confirme. Elle sont aussi bien équipées (salle de bains avec eau chaude, notamment). Le proprio possède aussi l'hôtel ***Ming Star,*** non loin de là. Plus design (il y a même une chambre *Hello Kitty* pour ceux que ça tente !) et de catégorie « Chic ». Tout aussi propre et bien tenu. Parking possible.

Hotel Sentral *(plan B1, **15**) : 28-28A, Jln Tok Lam. ☎ 622-03-18. • hs-ktrg@gmail.com • Prix variant selon le jour de la sem. Petit déj non compris. CB acceptées.* Une cinquantaine de chambres doubles, triples ou familiales, tout confort, propres, aux standards qui rappellent une chaîne française. Sinon, attention quand même, les « *Deluxe King Size* » sont aveugles et leurs salles de bains riquiqui. Rabattez-vous sur les chambres dotées d'un lit moins large, elles sont bien mieux. Bon accueil.

Hôtel K.T. Mutiara *(plan A1, **14**) : 67, Jln Sultan Ismail (face à la Maybank Islamic). ☎ 622-26-55. Pas de petit déj. CB acceptées.* Une cinquantaine de chambres tout confort, fonctionnelles et propres, donnant pour la plupart sur un atrium central (éviter celles sur rue). Les familiales possèdent même 5 lits individuels alignés comme à la parade. Un choix convenable.

KT Beach Resort *(plan B1, **12**) : 548E, Jln Sultan Zainal Abidin. ☎ 631-55-55. • ktbeach.resort@gmail.com • Un peu excentré (à 5 mn env du centre-ville en taxi, en limite de la future marina de Kuala Terengganu). Limite entre prix moyens et chic. Pas de petit déj.* Une structure d'une soixantaine de chambres doubles ou quadruples, tout confort (clim, TV, eau chaude)... Cuisine à dispo. C'est propre, sans plus.

Chic (140-200 Rm / 35-50 €)

Seri Malaysia *(plan A1, **17**) : lot 1640, Jln Hiliran. ☎ 623-64-54. • serimalaysia.com.my • Flirte avec la catégorie supérieure. Petit déj compris. CB acceptées. Parking gratuit. (lobby slt).* Si les longs couloirs font penser à ceux d'un hôpital, les chambres sont plutôt joliment aménagées. Les plus chères bénéficient d'une vue sur la baie et sont dotées d'un minuscule balcon. Une adresse qui ne vous laissera pas un souvenir impérissable, mais elle est confortable. De plus, l'accueil est tout à fait charmant.

Où manger ? Où prendre le petit déj ?

De très bon marché à bon marché (moins de 20 Rm / 5 €)

Stands de cuisine chinoise *(plan A1, **20**) : sur une place, en bas de Jln Kampung China.* Ils se valent tous, choisissez celui qui paraît le plus propre et qui attire le plus de gens du coin.

Food Court du Paya Bunga Mall *(plan A1, **25**) : près de la gare routière. Tlj 10h-22h.* Au 3e niveau, une série de petits restos visiblement très appréciés de la jeunesse locale. Gros avantage : c'est entièrement climatisé !

Kafetaria Black Coffee *(plan A1,* ***23****)* : *44, Jln Kampung China. Dim-jeu 8h30-17h. Très bon marché.* Petit resto malais égaré dans la rue des restos chinois. Quelques tables en bois sombre sur fond de papier peint imitation brique pour faire new-yorkais. Epi, le patron, fan de blues, a mis sa tante aux fourneaux. Elle propose une cuisine malaise à base de produits du marché : *rojak* (poulet, nouilles et légumes, le tout arrosé de sauce à l'arachide) ou encore un poulet-curry très épicé. Excellent *ice-tea-tarik*.

Golden Dragon *(plan A1,* ***21****)* : *198, Jln Kampung China. ☎ 622-30-34. Tlj 11h-15h, 18h-21h30. Bon marché.* Petit resto chinois dans la rue... des restos chinois. Servez-vous, puis on vous accroche une épingle de couleur sur l'assiette à présenter au moment de payer (l'addition dépend de la couleur !). Nourriture fraîchement préparée. Il y a du monde, ça débite ! L'un des restos les plus prisés de la ville.

Prix moyens (20-40 Rm / 5-10 €)

Restoran Ocean *(plan B1,* ***22****)* : *près de la plage, dans un secteur en plein chamboulement. Tlj 11h30-14h30, 17h30-22h30.* Pas de prix, c'est le papy de la maison qui vient prendre la commande. Négocier ferme (il parle en dollars, mais ce sont des ringgits, rassurez-vous !). Poisson, crevettes et calamars cuisinés de toutes les manières imaginables. Essayez la fondue chinoise : on vous apporte la grosse bouteille de propane à côté de la table et vous trempez les aliments dans l'eau bouillante. Très fréquenté le soir. La bière est un peu chère, en revanche.

Chic (40-60 Rm / 10-15 €)

Paradise Deluxe Restaurant *(plan B2,* ***24****)* : *543, Jln Pasir Pajang. ☎ 631-11-18. Sam-jeu 11h-23h, ven 17h-minuit. CB acceptées.* C'est l'adresse de prédilection des familles malaises quand elles sont de sortie. Le cadre est quelconque, la vaisselle accuse un culottage prononcé. Cela dit, les formules pour 2-3 personnes comportant 4 plats, riz, thé à volonté et dessert, sont d'un bon rapport qualité-prix. Un bon moyen de faire le tour de la cuisine locale et notamment des fruits de mer. Sinon essayez le poulet aux mangues ou à la sauce des mille îles, et si vous commandez la soupe *tom yam « in Paradise style »*, prévoyez l'extincteur !

À voir. À faire en ville

Central Market *(marché central ; plan A1)* : *au bout de Jln Sultan Zainal Abidin. Tlj 8h-17h. Y aller tôt le mat.* Marché plein de vie. On y trouve fruits, légumes, herbes, artisanat local (quelques bijoutiers) et même des yaourts au bambou (à vous de tester) ! À l'étage de la fripe bon marché avec des impressions qui ne nous ont pas spécialement fait bonne impression. Également une station de cyclo-pousse juste à côté pour faire un tour à un rythme tranquille.

Jalan Kampung China *(plan A1)* : c'est la rue chinoise, anciennement Jalan Bandar. Partez sur les traces d'une architecture en voie de disparition : cette rue est jalonnée de trésors, étroites demeures à deux étages du tournant XIXe-XXe s en train d'être démolies. En bas, une boutique sous les arcades et, soutenu par des colonnettes, un étage finement ouvragé, peint d'une couleur tantôt vive, tantôt pastel. La maçonnerie fut réalisée par des Chinois, et les travaux de sculpture sur bois par des Malais. Le tout offre un spectacle ravissant, alternance de styles parfois travaillés, avec persiennes, panneaux ajourés, frises et moulures, fresques en trompe l'œil, parfois plus sobres. Des maisons comme ça, même en Chine, il n'en reste plus guère !

Grande animation le matin. Plein d'échoppes et un temple tout rouge complètement kitsch, aux toits multiples... Voir aussi l'arche surmontée de deux dragons qui enjambe la rue. Délirant, on se croirait à *Luna Park.* Au même niveau, à droite du resto *Cellar,* ne manquez pas la *Turtle Alley,* une venelle, qui sert d'écrin à de jolies petites ***fresques*** réalisées par des artistes locaux dans le but de sensibiliser les gens à la protection des tortues marines. Quelques animaleries riches en poissons de toutes sortes. Dans de petits pots, isolés les uns des autres, remarquez ces chatoyants poissons combattants *(betta splendens).* Bien qu'ils ne l'avoueront jamais devant vous, les gens organisent des combats de « combattants » sur lesquels ils misent beaucoup d'argent ! Au n° 151 *(Teratai),* n'hésitez pas à faire une halte à l'*atelier du peintre Chang Fee Ming* *(ouv tlj sf ven 10h-17h),* fameux aquarelliste qui a su capturer avec un immense talent les moments magiques de la vie malaise. Belles cartes postales.

Bukit Puteri *(plan B1)* **:** *2 entrées possibles, l'une sur Jln Bazaan Warisan, l'autre juste à droite de l'office de tourisme. Lun-ven 9h-17h (fermé 12h-15h ven). Entrée modique. Ts les sam, spectacle gratuit de danses traditionnelles : 4 sessions de 1h, 10h30-16h30. Rens à l'office de tourisme.* La « colline de la Princesse » faisait office de forteresse pendant les guerres civiles. Rien de bien palpitant à y voir, hormis quelques canons vernis et une cloche qui servait à alerter la population en cas d'incendie, d'attaque ennemie ou, plus romanesque, en cas d'accès d'*amok,* cette subite démence meurtrière, typiquement malaise (un folklore qui semble avoir disparu : ah ! y a plus d'traditions !). Tout en haut, les restes du minuscule fortin, agrémenté d'un mât de bateau rigoureusement inutile et d'un phare pour guider les pêcheurs.

Pantai Batu Buruk *(plan B1)* **:** la plage la plus sympa de la ville, mais il est déconseillé de s'y baigner à cause des lames de fond. Les gars du coin viennent y jouer au foot ou au *sepak takraw,* le soir, à marée basse.

DANS LES ENVIRONS DE KUALA TERENGGANU

Muzium Negeri Terengganu *(hors plan par A2)* **:** *à env 5 km à l'ouest de la ville. ☎ 632-12-00. • museum.terengganu.gov.my • Bus de la ligne C-02 depuis la gare routière (arrêt Muzium Losong). Sinon, en taxi. Sam-jeu 9h-17h ; ven 9h-12h, 15h-17h. Fermé 1er et 2e j. de l'Aïd – Hari Raya. Entrée : 15 Rm, réduc.*
Dans un vaste parc de plusieurs hectares, on a planté d'énormes édifices en béton, particulièrement disgracieux et démesurés, censés rappeler les anciens palais des siècles passés. Heureusement, les collections qui passent en revue les principaux aspects de la culture et de l'histoire de la région se révèlent passionnantes. Dans le jardin, d'autres minimusées, ainsi que d'anciennes maisons traditionnelles déplacées ici.
L'édifice principal, par lequel on pénètre, regroupe plusieurs galeries.
- Tout droit après l'entrée principale, la *Galeri Tekstil,* où sont exposés les plus beaux textiles qui soient. Faiblement éclairés pour mieux en conserver les couleurs. Traditionnels batiks, superbes et rares *songkets,* mais aussi *limars.* Étoffes de cérémonies, linges de circoncision, costumes de mariage ou vêtements traditionnels du dimanche... ou plutôt... du vendredi.
- Ensuite, sur la gauche, la *Galeri Islam (Galerie islamique).* Pas grand-chose à voir si ce n'est la célèbre pierre de Terengganu, trouvée en 1887, sur laquelle est inscrit un texte juridique rédigé en langue jawi (l'alphabet arabe utilisé pour transcrire la langue malaise) en l'an 702 de l'hégire (1303).
- À l'étage, la *Galeri Kraf (galerie de l'Artisanat)* : nombreux objets variés. Tout est un peu en vrac, mais on peut voir, entre autres : des frises de bois ciselé caractéristiques de l'architecture malaise, d'énormes couvre-plats en osier, ainsi qu'une belle série d'objets en sparterie, une remarquable collection d'armes blanches,

dont les fameux kriss malais et aussi quelques sabres et lances, une intéressante collection de bijoux mettant en exergue la maîtrise du travail sur cuivre, argent et or (bracelets, broches, colliers...), etc. Dommage que ça soit si sombre.
– Au 2e étage, la *Galeri Sejarah (Galerie historique)* : on remonte au Néolithique (quelques produits de fouilles), d'impressionnants tambours en cuivre (Gendang Dongson ; les bons gongs font les bonzes amis, c'est bien connu), des poteries des XVIe et XVIIe s trouvées en mer... Nombreux grands vases chinois du XIXe s, très décorés.
– Dans la foulée, la *Galeri Diraja (Galerie royale, toute à la gloire du sultan)* : costumes royaux finement brodés, vaisselle, épées, encore des kriss, photos de familles, trône de réception et un encensoir en argent à faire pâlir un régiment d'enfants de chœur ! Réalisé à la cire perdue (donc unique), il ne mesure pas moins de 1,20 m de haut.
– Dans un autre genre, la *Galeri Petroleum (galerie du Pétrole)* présente l'importance de l'industrie pétrolière dans le pays. Le tout sponsorisé, comme il se doit, par la firme nationale *Petronas.* Exposition d'une pompe à essence (on dirait du Marcel Duchamp), procédés d'extraction et cartes des ressources pétrolifères du pays.
– À l'extérieur, dans le grand parc, ne pas manquer les deux ***Muzium Maritim.*** Le premier présente à l'extérieur un vieux chalutier à sec et à l'intérieur les principes de fabrication des anciens bateaux. Le second expose des dizaines de superbes embarcations de tous styles : bateaux creusés dans un seul arbre, longues barques effilées, etc.
– Dans ce coin-là du parc, vos pas vous mèneront également devant plusieurs ***demeures*** assez vénérables, plus ou moins anciennes (notamment la *Tele House,* qui faisait partie d'un palace). Certaines présentent une architecture vraiment intéressante, avec des toits en cascade et des retombées ciselées *(ukiran kayn),* caractéristiques de l'architecture malaise, des façades ajourées, des claustras ajourés *(tebuk tembus)* qui, à l'instar des moucharabiehs de l'architecture arabe, permettaient à l'air de circuler et de voir sans être vu. Elles se visitent.

Pulau Duyong Besar *(plan A1)* **:** *possibilité d'y aller en bateau (voir l'*Awi's Yellow House, *dans la rubrique « Où dormir ? »). En voiture, emprunter le grand pont en direction de Kota Bharu : c'est la 1re sortie sur la gauche, juste après le pont. Sinon, en taxi.*
La plus importante des îles situées dans le détroit du fleuve Terengganu abrite un village traditionnel, préservé du tourisme. En malais, *duyong* signifie « sirène ». La partie à gauche du pont est peut-être la plus authentique : anciennes maisons en bois sur leurs frêles pilotis, ruelles de sable, des gamins qui jouent, des bateaux qui dorment au bord du lit de la rivière.
Ne pas hésiter à se perdre dans le réseau inextricable des sentiers (sauf pendant la mousson car tout est vite inondé). On y rencontre du monde. Rien de particulier à voir, mais une atmosphère de calme et de joie de vivre, des détails pittoresques à saisir.
– Dans le village situé à droite du pont, au bord de l'eau, tout au bout, ***les chantiers navals traditionnels.*** Ils sont mondialement réputés. Il en subsistait une quarantaine dans les années 1970. Il n'en reste que deux ou trois en activité aujourd'hui. On y honore encore quelques commandes passées par de riches Occidentaux. Les artisans travaillent de 8h à 17h, sauf le vendredi. Baladez-vous sur les bords de la rivière, vous verrez ces habiles charpentiers à l'œuvre.
– Toujours dans le village, demandez où se trouve la ***demeure du Tok Hakim,*** un juge du XIXe s *(on peut s'y rendre en taxi ; c'est fléché « Kota Lama Duyong » ; tlj 8h-17h, GRATUIT).* Demandez au gardien d'ouvrir les portes, et même les fenêtres si vous voulez bien voir l'intérieur. Achevée en 1920, la demeure du Tok Hakim relève à la fois des traditions anciennes – avec quelques emprunts grecs surprenants, comme la présence de colonnes corinthiennes (enfin pseudo-corinthiennes !) – et d'une architecture aux idées modernes. Elle se devait d'être plus

chic que celles des autorités anglaises. Elle fut abandonnée dans les années 1950, puis détruite lors des violentes pluies de mousson de l'hiver 1986, avant d'être restaurée en 1999. Les 10 toits sont revêtus de tuiles faites à la main, devenues très rares.
À l'étage, une galerie avec des balustrades de bois sculpté est soutenue par des colonnettes de pierre au chapiteau comique : l'artiste a dessiné des feuilles d'acanthe telles qu'il les imaginait et, apparemment, il n'en a jamais vu de sa vie ! Ça donne un style corintho-malais très novateur. Pièces superbement refaites à l'ancienne : dessus de portes ciselés en calligraphie arabe, arabesques stylisées, volets à jalousies, stucs... Noter enfin la présence du puits au 1er étage : c'est l'eau courante à tous les étages. Le quartier recèle d'autres belles demeures et constitue une balade agréable pour ceux qui ont le temps (ou qui savent le prendre).

La presqu'île et le village de Seberang Takir : *passer le pont et prendre la 2e sortie à droite.* Village de pêcheurs tout au bout de la presqu'île, juste en face de la ville. Intéressant, car il a conservé en partie son architecture traditionnelle, avec ses vénérables maisons en bois. Ici, on fait sécher le poisson et les crevettes. Vos narines ne vous tromperont pas. Plusieurs fabriques de batiks également. Plage aussi sauvage que sale. À voir dans la foulée de Pulau Duyong.

Taman Tamadun Islam *(hors plan par A2)* **:** *pulau Wan Man, Losong Panglima Perang. ☎ 627-88-88. • tti.com.my • Bus C-02 depuis la gare routière, arrêt Muzium TTI. Lun-jeu 10h-19h ; w-e et pdt les vac scol dès 9h (pause le ven 11h30-14h30 pour la prière). Entrée : env 22 Rm, réduc.* Parc d'attractions présentant une sélection de 22 mosquées et bâtiments du monde musulman. Peu d'intérêt, c'est surtout un prétexte pour dépenser de l'argent. La plus kitsch de ces réalisations (rien à voir avec les joyaux d'architecture islamique de la route de la soie), ***la mosquée de cristal,*** toute de verre et d'acier, est toujours ouverte et accessible aux non-musulmans.

DE KUALA TERENGGANU À KUANTAN

Une partie intéressante de la côte est ; une plage de sable quasi ininterrompue, fractionnée seulement par une série d'estuaires qui, descendant des reliefs de l'arrière-pays, et charrient leurs eaux boueuses vers la mer. En bus, le trajet dure 3-4h.

MARANG (ind. tél. : 09)

À 20 km au sud de Kuala Terengganu, Marang est l'embarcadère pour l'île de Kapas. Pas de raison d'y séjourner, cependant, à 200 m de l'embarcadère, on trouve un agréable petit marché (profitez-en pour faire du ravitaillement avant d'embarquer pour Kapas). Juste en face, quelques gargotes les unes à côté des autres où l'on mange à prix doux. Avant de traverser, penser à retirer de l'argent aux distributeurs (banques aux environs des feux tricolores, en allant vers la route nationale). Pour ceux qui viennent en voiture, parking (payant) au niveau de l'embarcadère.

Adresse utile

➢ ***Suria Link :*** *au niveau du parking de l'embarcadère. 019-983-94-54. • kapassurialink.com •* Gérée par Zakaria Sulong, parfaitement anglophone et au contact facile, une agence de voyages pour réserver des traversées en bateau et des *guesthouses* sur Kapas.

Arriver – Quitter

➢ ***Kuala Terengganu - Kuantan :*** env une dizaine de bus/j. 8h-18h, notamment avec *Ekspres Perdana (● ekspresperdana.com.my ●), Transnasional (● transnasional.com.my ●)* et *SP Bumi (● spbumi.com.my ●),* ainsi que la compagnie *Jasa Pelangi Ekspres (☎ 09-662-72-21).* Prendre le bus sur la route principale, à environ 150 m des feux, devant la grande mosquée. Faire signe au chauffeur.

Possibilité d'acheter son ticket à *Alias Minimarket,* situé à droite de l'*Agrobank,* à environ 50 m des feux, sur la nationale.

Où dormir ?

Prix moyens (80-140 Rm / 20-35 €)

🏠 ***Marang Guesthouse :*** *à env 15 mn de marche au nord de la jetty, par la route qui longe le rivage (c'est fléché à gauche juste après le marché). ☎ 618-19-76. ● marangguesthouse.com ● Pas de petit déj.* Bungalows avec sanitaires, ventilés ou climatisés, confortables et au calme, même si l'entretien laisse un peu à désirer (un bon coup de peinture serait bienvenu !). Ambiance reposante et accueil sympa. Bon pour une nuit, en dépannage.

De prix moyens à plus chic (80-300 Rm / 20-75 €)

🏠 ***Marang Sunrise Guesthouse :*** *route de Kuala Dungun ; à 2 km env de Marang, même accès qu'*Angullia Beach House Resort. *📱 012-319-39-13 (Jimi) ou 010-911-09-16 (Mie). ● marangsunrise@gmail.com ● Maisons familiales comportant 2 ou 3 chambres (jusqu'à 8 pers), compter 170-200 Rm.* Les maisons sur pilotis posées en bord de plage disposent chacune d'une cuisine, d'une salle de bains, d'un salon et de plusieurs chambres. Intérieur lambrissé. Propreté correcte. C'est lumineux. Pas de clim. L'une d'entre elles accueille les yogis du monde entier (on n'y dort pas). Ambiance communautaire. Bel endroit pour se poser quand on fait la route. Nombreuses activités proposées.

🏠 ***Angullia Beach House Resort :*** *route de Kuala Dungun ; à 2 km env de Marang, indiqué sur la gauche. ☎ 618-13-22. ● angulliaresort.com ● Doubles 100-250 Rm ; petit déj possible en sus.* Dans un grand jardin verdoyant au bord d'une belle plage, face à l'île de Kapas, une cinquantaine de bungalows littéralement mangés par le vert qui conviendront à différents budgets. Si vous en avez les moyens, optez pour les plus récents, donnant sur la plage, car les basiques sont assez mal entretenus.

L'ÎLE DE KAPAS (ind. tél. : 09)

C'est la bande de terre que l'on aperçoit de Marang. N'hésitez pas à y aller, c'est l'île des cartes postales, celle où le temps coule enfin au rythme de vos lectures, où le hamac réclame l'éventail de vos doigts de pied, où la bière est encore plus blonde au soleil couchant... Si le milieu sous-marin vous intéresse, coraux et poissons sont ici de toute beauté, quand bien même la surfréquentation du site les invite à aller voir ailleurs... Avec un peu de chance, vous y entendrez s'égosiller le shama à croupion blanc (*murai batu* dans le jargon local), un oiseau rare, capable de chanter une vingtaine de mélodies différentes et surtout d'imiter les autres oiseaux ! Inimitable Kapas, pourtant... Ici pas de route, pas de village, pas de commerce, aucun aménagement, il y souffle encore un parfum d'aventure... Évitez si possible d'y aller le week-end ou pendant les vacances scolaires, car Kapas plaît beaucoup aux jeunes Malais qui s'y rendent pour faire la fête !

Arriver – Quitter

En bateau

S'adresser à n'importe quelle agence sur le port de Marang. Les tarifs sont les mêmes. A/R : 40 Rm/pers en speed boat *(une coque de noix avec 2 moteurs de 150 CV à l'arrière !). Également quelques* slow boats *30 Rm/pers. En principe, 5 départs/j. 9h30-17h (min 4 pers pour ce dernier départ) ; retour 30 mn plus tard depuis Kapas. Mais attention, les horaires peuvent changer sans préavis. Pour le retour, bien se faire préciser l'heure de départ par son établissement. En hte saison, et pdt les vac scol, liaisons supplémentaires. Pas de bateau pdt la mousson. Durée du trajet : env 20 mn.*

➢ Certaines agences proposent également des excursions à la journée sur l'île, avec plusieurs arrêts pour faire du *snorkelling* (déjeuner non compris), mais ça serait franchement dommage de ne pas y coucher.

Où dormir ? Où manger ?

Toutes les *guesthouses* campent sur la plage ouest, les unes étant séparées des autres par une série de rochers que l'on franchit aisément grâce à une petite promenade bétonnée ; presque toutes font resto et organisent des activités. Elles sont souvent confiées en gestion par leurs propriétaires malaisiens à de jeunes Occidentaux échoués ici avec le désir de se la couler douce (ils finissent tous par repartir un jour). Bon point, la gamme des prix satisfera toutes les bourses. Autre avantage : les tarifs sont facilement négociables en basse saison.

De bon marché à prix moyens (30-140 Rm / 7,50-35 €)

KBC (Kapas Beach Chalet) : *sur la plage principale, à gauche en sortant de l'embarcadère. 012-288-20-08.* Plusieurs choix de couchages, dont la différence de prix se justifie en fonction du temps qu'on met pour aller à la plage (quelques secondes, pas plus !). Pratiquement tous les cabanons disposent d'une salle de bains (eau froide et pression limite) et d'un ventilo. Également des petits dortoirs de 6 avec sanitaires communs pour les petits budgets. Bon resto sur une terrasse ouverte face à la mer. Agréable aussi pour prendre un verre. Souvent du monde : normal, l'ambiance musicale y est jeune et sympa.

Captain's Long House : *tout au sud de la plage (sur le côté droit de la jetée, en débarquant). 012-377-02-14. • shariff.abbas@gmail.com • Prix plancher pour dormir sur la terrasse, limite prix moyens pour les chambres (dortoir entre les 2).* Voici l'une des adresses les plus routardes de l'île. Grande maison malaise en bois sur pilotis, plantée au milieu des arbres et pratiquement sur la plage. Conçu pour une quinzaine, pas d'avantage, le dortoir central ne manque pas de charme. Au même niveau, le petit salon-terrasse face à la plage, rafraîchi par la brise de mer, permet aussi de crécher à bon prix quand c'est plein. Également des chambres doubles ou triples mais très sommaires, avec moustiquaire et ventilo. Un seul sanitaire commun correct, donc nettement insuffisant et douche version goutte-à-goutte. Machine à laver, bar, resto et hamacs tendus entre les cocotiers.

De prix moyens à plus chic (80-300 Rm / 20-75 €)

Qimi Chalet : *sur un petit bout de plage rien qu'à lui au nord de l'île. 019-951-81-59. • qimichaletkapas.net • Des* *logements pour ttes les bourses mais pour la plupart chic.* Des bungalows en bois, tous différents, certains avec clim, la plupart avec ventilo et salle de bains (douche froide). Les chambres sont toutes différentes, d'où la nécessité de bien choisir pour ne pas avoir de surprise. Sinon, le petit resto de Rose, les pieds dans l'eau est d'un romantisme sans égal et l'on y déguste une excellente cuisine locale. Une belle adresse en somme, même si les prix de certaines chambres sont franchement exagérés et qu'une petite rénovation serait bienvenue.

Kapas Turtle Valley : *au sud de la plage, accès par une volée de marches qui débute à droite du bar de* Captain's Long House *; sinon, les prévenir de votre arrivée, ils viendront vous chercher.* 013-354-36-50 *ou* 014-805-30-83. • *kapasturtlevalley.com • Flirte avec la catégorie plus chic. Min 2 nuits. CB acceptées.* Peter et Sylvia, des Hollandais tombés amoureux de l'île, ont décidé de changer de vie et de s'installer ici. Ils ont construit une poignée de ravissants bungalows en *chengal* (le bois tropical du coin), ce qui leur confère un charme particulier. Tous bénéficient d'un confort sans faille, d'une déco soignée à thème, d'une vue de choix sur la mer. En prime, une plage quasi privée idéale pour faire de l'observation sous-marine avec masque et tuba, une bonne cuisine préparée avec goût par Sylvia et un accueil des plus agréable. L'adresse de charme de l'île, à prix vraiment raisonnables.

À faire

***Snorkelling* :** bien se renseigner sur les lieux intéressants. Les *guesthouses* louent toutes masques, tubas et palmes (prix raisonnable). Elles organisent des sorties de *snorkelling* à la journée et vous emmènent sur plusieurs sites, notamment au *Coral Garden* (derrière *Gem Island*). Sinon, deux autres endroits intéressants : Pantai Derdap et Pantai Basir Cina. Un bon site, accessible à pied : le nord de la plage, après les rochers. Comme partout, l'eau est trouble en période de vives eaux (nouvelle et pleine lune).

***Plongée avec bouteille* :** *s'adresser à* Aquasport Divers *(à 200 m env de la jetée, sur le côté droit lorsqu'on débarque).* 012-298-28-74 *(Amli) ou* 019-379-68-08 *(Salina).* • *aquasportdiver.com • Fermé pdt la mousson.* En plus de *Coral Garden,* où l'on plonge entre 12 et 17 m, on explore principalement deux sites autour de Kapas. À 30 mn de navigation au nord de l'île, l'épave d'un navire de guerre japonais coulé pendant la Seconde Guerre mondiale gît en position verticale par 25 m de fond. Mis à part la faune corallienne habituelle, l'attraction de l'endroit est la présence à certaines périodes de l'année (août-septembre) de requins-baleines. Sur le flanc est de l'île, *Berakit* (maximum - 16 m) est un récif formé par deux grosses protubérances. On y croise de gros mérous ainsi que des *bamboo sharks.*

– Sinon, autres activités au programme sur l'île : séance de ***bronzette*** et ***kayak de mer.***

RANTAU ABANG *(ind. tél. : 09)*

Village situé à 60 km environ au sud de Kuala Terengganu et à une douzaine de kilomètres au nord de Dungun. La route entre Marang et Rantau Abang est excellente et suit d'assez près la côte qui n'est qu'une plage infinie.
Rantau Abang est l'endroit de la côte où venaient pondre en masse les tortues marines de mai à septembre (août étant le meilleur mois). Malheureusement, la quasi-disparition de la principale attraction du coin, la tortue luth géante, a provoqué la disparition d'une autre espèce ... les touristes, tant et si bien qu'aujourd'hui Rantau Abang ressemble à une ville fantôme !
– *Attention,* ici la plage est vraiment sauvage, comme celles de l'Atlantique, avec de puissants rouleaux ; les noyades y sont fréquentes.

Les tortues

Il existe sept espèces de tortues marines dans le monde. Les tortues marines sont parmi les plus anciens animaux de notre planète. Sur les côtes malaises, quatre espèces se donnent rendez-vous : *la* ***tortue de Kemp ou tortue de Ridley*** *(Ridley Turtle, Penyu Lipas)*, la ***tortue imbriquée ou tortue à écailles*** *(Hawksbill Turtle, Penyu Karah)*, la ***tortue verte*** *(Green Turtle, Penyu Agar)* et la plus grosse : la célèbre ***tortue luth*** *(Leatherback Turtle, Penyu Belimbing)*. Chaque année, leur nombre chute, principalement en raison de la pression de l'homme sur l'environnement : accroissement de la pêche industrielle, pollution, urbanisation des côtes...

Même si les tortues furent un temps importunées lors de la ponte par des touristes irresponsables, leur raréfaction est due aux problèmes précités et aussi au fait qu'elles ingèrent parfois des sacs plastique avec lesquels elles s'étouffent (elles les confondent avec des méduses). En ce qui concerne la pêche, les méthodes de moins en moins sélectives ont eu pour conséquence de réduire de façon dramatique le nombre de tortues en route pour leur lieu de ponte. En outre, il n'est pas rare de trouver sur les marchés ces œufs de tortue, dont les locaux sont très friands.

C'EST LA LUTH FINALE !

Durant l'été 2010, une tortue luth est revenue pour pondre sur la plage de Rantau Abang 32 ans après sa naissance. Sa présence a été attestée par les scientifiques qui lui avaient fait des marques sur la carapace. Après on s'étonnera que ces tortues ne viennent plus pondre ici. Tu parles ! Cette fois-ci elle s'en est retournée avec un émetteur GPS et quelque chose nous dit qu'elle n'est pas près de revenir !

À Rantau Abang, à l'instar de nombreux endroits de la côte, elles viennent (enfin venaient...) pondre essentiellement au cœur de l'été, la nuit, entre 23h et 3h environ, se hissent sur la plage, creusant un trou et pondant une centaine d'œufs de la grosseur d'une balle de ping-pong, avant de recouvrir le trou et de retourner à la mer. Les œufs de tortues sont désormais très protégés et la grande majorité d'entre eux sont prélevés pour être mis en nurserie afin de sauvegarder l'espèce. Aujourd'hui, vous pouvez séjourner plusieurs jours dans le secteur sans jamais en apercevoir la carapace d'une seule. Avec de la chance, vous pourrez voir une tortue verte ou une tortue imbriquée, ce qui est déjà impressionnant.

Arriver – Quitter

➢ Des ***bus*** partent env ttes les heures de *Kuala Terengganu* et de *Kuantan* 7h-18h. Ils s'arrêtent à côté du *Turtle Sanctuary.* En venant de Kuantan (ou en y allant), vous aurez peut-être à changer de bus dans la ville-carrefour de Dungun. Évitez d'y rester coincé, elle n'a aucun intérêt.

Où dormir ? Où manger ?

Vraiment rien à faire ici en dehors de la période de ponte des tortues (mai-septembre).

Prix moyens (80-140 Rm / 20-35 €)

De' Teratai Beach Resort : *Turtle Beach.* *017-930-65-25. Prendre la route qui part vers la mer à droite du sanctuaire, c'est tout au bout, face à la plage. Pas de petit déj.* Sur les 35 petits chalets que compte cet établissement, 8 seulement possèdent la clim. Confort basique et entretien moyen, on aime surtout son emplacement très sympa en bord de plage. Petit restaurant, mais mieux vaut leur passer un coup de fil avant d'arriver.

– Sinon en cas de petite faim, deux dames proposent leurs services sur le bord de la nationale, à droite du sanctuaire. On y mange local et pour vraiment pas cher.

À voir. À faire

Turtle Sanctuary Information Centre (Pusat Penerangan Santuari Penyu) **:** *dans le centre de Rantau Abang. ☎ 58-90-871. En principe, dim-jeu 8h30-16h (pause déj). GRATUIT (mais donation encouragée).* Présente les tortues de Malaisie, leur situation actuelle, les espoirs et les problèmes qu'elles rencontrent. Plutôt bien fait : impressionnantes photos de tortues prises dans des filets, cordages... Schémas expliquant la reproduction de la bête, le déroulement de la ponte, les phénomènes de migration... Projection d'un film d'une quinzaine de minutes retraçant la ponte des tortues géantes. Un tas d'infos intéressantes ; malheureusement, avec la défection des tortues, les travaux pratiques font cruellement défaut.

– ***Observation des tortues*** *(turtle watching)* **:** si vous vous trouvez dans la région en saison de ponte (entre mai et septembre, mais surtout en juillet-août), sachez tout d'abord que les tortues ne réservent pas l'exclusivité de leurs œufs à Rantau Abang. Elles se rendent aussi sur les plages désertes de Besar (îles Perhentian), Redang et Tioman. Que ce soit bien clair : nous parlons des *tortues vertes* ! Parce que les *tortues luth,* elles, font désormais figure d'Arlésiennes !

RIEN NE SERT DE COURIR

On a beaucoup plus de chances d'assister à une ponte par les nuits de pleine lune et de marée haute. Heureusement, les abus des années 1980 sont derrière nous. On ne voit plus de types qui grimpent sur le dos des tortues et font crépiter les flashs sur les pauvres bêtes déjà épuisées par leur long voyage. Sachez enfin que les prétendus pleurs de tortues que l'on peut observer ne sont en réalité que la sécrétion d'une substance qui protège leurs yeux du sable.

CHERATING

IND. TÉL. : 09

• Plan *p. 275*

Entre Dungun et Kuantan, un *kampung* connu pour sa magnifique plage et son *Club Med,* le premier d'Asie.
Les routards et autres babas du monde entier étaient accoutumés à Cherating (ou, plus exactement, Cherating avait fini par se faire à eux !), avant de la bouder suite à la concurrence d'autres sites, l'attrait pour les plages moins coupées du monde, la présence des vagues, le vent, la mer parfois dangereuse à certaines périodes de l'année... Mais depuis qu'un surfeur australien s'est entiché du spot, au début des années 1990, et qu'il l'a fait savoir, ce sont désormais les *waveriders* du monde entier qui déboulent ici en période de mousson. Le surf est même devenu la raison d'être de la station, tant et si bien que les hôtels ont fleuri comme des champignons, notamment à l'adresse des locaux.
Pour le reste, peu à faire à vrai dire, sinon découvrir la mangrove en bateau et partir observer la profusion de lucioles qui se donnent en spectacle toutes les nuits sur la rivière...

Arriver – Quitter

En bus

🚌 ***Arrêts de bus*** *(plan A1 et hors plan par B1)* **:** *ils se trouvent sur la route principale, à 400 m env de la plage et des hébergements, le 1er à côté du pont et le 2e à l'autre bout du « village » (plus au nord, sur la même route).* Pour acheter vos billets, adressez-vous à votre hébergeur, qui passera un coup de fil à la compagnie pour la résa et se faire préciser l'heure. Reste plus ensuite qu'à attendre au bord de la nationale. Sinon, prévoir un transfert en taxi soit vers Kemaman, la gare routière la plus proche (20 km au nord) soit vers Kuantan. De ces 2 gares, partent de nombreuses compagnies pour toutes destinations.

➢ ***De/vers Kuantan :*** liaisons ttes les 30 mn 8h-18h env avec les compagnies locales *Sihat Bas (☎ 09-552-10-75 à Kuantan)* et *Mira,* qui assurent la liaison Kemaman-Kuantan. Trajet : env 1h15.

➢ ***De/vers Kuala Terengganu (via Kemasik, Rantau Abang et Marang) :*** une dizaine de bus/j. 8h30-16h avec les compagnies *Transnasional, Ekspres Perdana, SP Bumi et Mutiara.* Trajet : 3-4h (en gros, on prend au vol le bus qui part de Kuantan, il faut se pointer à l'arrêt de bus 30 mn après l'heure de départ prévu de Kuantan et faire coucou au chauffeur).

➢ ***De/vers Kuala Besut (îles Perhentian) :*** mieux vaut aller à Kuantan, prendre un bus pour Kota Bharu et descendre à Jerteh, puis continuer en taxi.

Adresses et info utiles

– Pas d'office de tourisme.

– ***Distributeur de billets :*** *aucun à Cherating, le plus près se trouve à 8 km au nord, à la station Shell.*

■ ***Hafiz – Cherating Activities*** *(plan A2,* ***3****)* **:** *📱 017-978-92-56 (Hafiz) ou 017-940-68-98 (Yah). ● hafizcheratingactivities.blogspot.com ●* Hafiz est passionné par les lucioles, il en a fait son fond de commerce, il organise presque chaque soir une balade de nuit sur la rivière. En outre, il propose différentes activités et excursions dans le coin. Balades en bateau, location de kayaks, pêche en mer, *snorkelling,* etc. Sérieux, sympa et commerçant.

Où dormir ?

Offre assez disparate et qualitativement fluctuante d'une saison sur l'autre, notamment pour les adresses « Bon marché ». De plus, l'engouement des touristes locaux pour Cherating entraine une augmentation sensible le week-end pour exploser pendant les vacances scolaires. Quelques grosses unités aussi, tel le *Residence Inn,* mais plutôt destinées aux familles.

Bon marché (30-80 Rm / 7,50-20 €)

🏠 ***Matahari*** *(plan A1,* ***11****)* **:** *📱 019-995-48-19 ou 017-924-74-65. Un peu à l'écart du centre, au calme. Fourchette de prix large et très démocratique.* Géré par Sheila, un petit ensemble de bungalows très routard, où l'on se sent immédiatement bien. La pelouse est nickel et donne une sensation d'espace. Les chalets en bois sont simples mais très propres et équipés de ventilo (clim pour les plus chers) et de moustiquaire ; les terrasses qui les prolongent sont généreuses. Sanitaires privés ou communs. Grande cuisine avec frigo à disposition, bien pratique pour se préparer le petit déj. École de surf reconnue (ouvert pendant la mousson seulement). Location de surfs. Un bon point de chute.

🏠 ***Maznah Guesthouse*** *(plan A1,* ***11****)* **:** *sur l'arrière, bien au calme.*

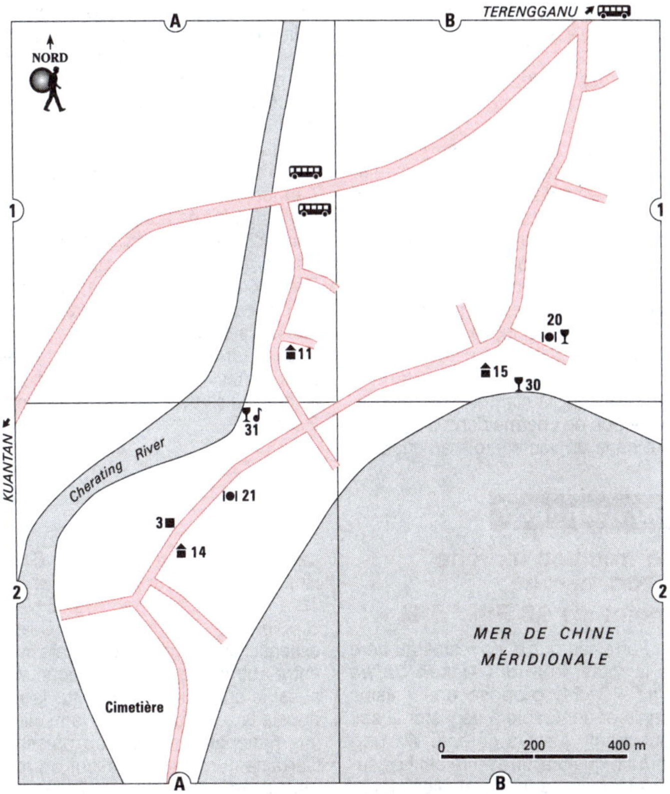

CHERATING

Adresse utile

3 Hafiz – Cherating Activities

Où dormir ?

11 Matahari et Maznah Guesthouse
14 Tanjung Inn
15 Cherating Beach View

Où manger ?

20 Duyong Restaurant
21 Kedhi Makan Dalina et Warung Ambak

Où boire un verre ? Où écouter de la musique ?

20 Duyong Restaurant
30 Don't Tell Mama Café
31 Little Bali

☎ 581-93-07. • maznahguesthouse@gmail.com • Bon marché pour les chalets basiques, limite chic pour les chambres avec clim et eau chaude. Maznah, la souriante propriétaire, a confié l'affaire à son fils. Cet ensemble de petits chalets ultra-basiques avec ou sans salle de bains attenante (on en a pour son argent) est généralement apprécié des surfeurs ou des routards de passage. Les plus douillets opteront pour un de ces bungalows blancs disposant de la clim et d'une douche avec eau chaude. Cuisine commune pour préparer son frichti. Thé, café à dispo. Bon accueil.

De chic à plus chic (140-300 Rm / 35-75 €)

Tanjung Inn *(plan A2, **14**) : ☎ 581-90-81. • tanjunginn.com • Selon saison, doubles ventilées 110-140 Rm ; climatisées 180-300 Rm, petit déj compris. (réception slt).* La meilleure adresse dans sa catégorie, et de loin. Une quarantaine de bungalows de confort très variable, mais tous aussi soignés les uns que les autres, dont une quinzaine carrément sur la plage. Plusieurs chambres familiales pour 4 ou 6, dont certaines possèdent leur propre piscinette. Les plus modestes ont juste un ventilo et l'eau froide, mais la plupart ont la clim et l'eau chaude. Beaucoup de charme dans la déco. Le tout dans un vaste jardin à l'anglaise, agrémenté de quelques palmiers. Un bon rapport qualité-prix et une adresse franchement extra, au calme absolu et qui propose un tas d'activités.

Cherating Beach View *(plan B1, **15**) : ☎ 581-93-43 (résa) ou 581-92-66 (réception). Même prix pour 2 ou 4 pers. Pas de petit déj.* Ouvert toute l'année, cet établissement propose une vingtaine de bungalows carrément sur la plage. Côté déco, rien d'exceptionnel, c'est matelas mousse et sol lino. Côté confort en revanche, c'est un peu au-dessus de la moyenne avec une salle de bains avec eau chaude, la clim, un petit frigo et même la télé pour certaines. Tous possèdent 2 lits *queen-size* et peuvent accueillir 2 couples.

Où manger ?

De très bon marché à bon marché (moins de 20 Rm / 5 €)

Parmi les quelques restos au bord de la route, le ***Kedhi Makan Dalina*** *(plan A2, **21**)* propose une cuisine simple et honorable à déguster le soir seulement ; juste à côté, le ***Warung Ambak,*** quant à lui, assure petit déjeuner et repas du midi (excellentes *roti canaï*, la crêpe locale). On y déguste également un excellent *ice tea tarik.*

Prix moyens (20-40 Rm / 5-10 €)

Duyong Restaurant *(plan B1, **20**) : au bord de la plage ; pour y accéder, traverser le* Cherating Duyong Beach Resort. *010-908-92-66. Tlj sf mer 10h-minuit. CB acceptées (6 % de supplément). Sert de l'alcool.* Cuisine essentiellement chinoise et thaïe avec, entre autres, de bons *clay pots.* Vaut aussi le coup pour la vue sur la mer depuis la terrasse, malgré la musique internationale un peu trop présente. Certainement l'adresse qui attire le plus de monde, Malais, Chinois et touristes puisque c'est un des seuls restos à servir de l'alcool. Cuisine honorable et épicée.

Où boire un verre ? Où écouter de la musique ?

Don't Tell Mama Café *(plan B1, **30**) : sur la plage, devant le spot de surf. 012-603-25-43. Tlj 17h30 jusqu'à très tard.* Le parfait *beach bar* avec son toit de palmes, idéal pour buller, siroter un jus, et papoter en attendant la vague du siècle. Ambiance musicale certains soirs...

Little Bali *(plan A2, **31**) : en bordure de la rivière, derrière* Payung Guesthouse. *Ouv de 18h jusqu'à l'aube (*happy hours *18h-20h) ;* live music *jeu-sam, quelquefois en sem.* Intérieur de branchages laqués lie-de-vin, écran plat diffusant du sport ou des clips, clients accoudés à touche-touche le regard perdu sur les palétuviers éclairés en vert qui se cramponnent à la rivière, un vrai petit rade d'Indochine !

Duyong Restaurant *(plan B1, **20**) : voir « Où manger ? ».* Pour boire une bonne bière fraîche.

À voir. À faire

En premier, paresser sur la **plage,** *of course.* Elle est agréable pour la promenade ou pour jouer dans les vagues, mais peu propice à l'observation sous-marine car l'eau n'est pas claire. On rappelle qu'elle peut être assez dangereuse en raison de la présence de lames de fond. En allant sur la gauche (face à la mer), un petit sentier à travers la végétation mène à une autre plage, déserte.

➢ ***Surf :*** c'est le principal intérêt de Cherating, sauf en période sèche. Les vagues rentrent pendant la mousson, de novembre à mars, avec un pic en décembre. C'est d'ailleurs à cette période que sont organisées les compétitions. Bien que peu puissante, la vague de Cherating (une gauche) est « propre ». Elle offre parfois un beau tube et peut mesurer jusqu'à 3 m environ quand elle est bien établie. Location de *board* possible à la demi-journée ou la journée. Pour un forfait « apprentissage », se renseigner auprès de la *guesthouse Matahari*.

➢ ***Snorkelling :*** si vous avez atterri à Cherating pour ça, vous vous êtes trompé de plage ! Pour observer les poissons, ici, il faut pousser un peu plus au large, aux abords de Pulau Ular *(Snake Island)* pour voir des coraux multicolores et la faune qui gravite tout autour. Pensez au pique-nique.

➢ ***Balades en bateau sur la rivière :*** presque plus que la plage, c'est la rivière qui attire ici. S'adresser chez *Hafiz – Cherating Activities (plan A2,* ***3*** *; voir « Adresses et info utiles »).* La plupart des établissements proposent cette excursion, mais ils vous renvoient de toute façon chez lui. La balade *(un départ à 9h, l'autre à 16h, compter env 1h30 ; env 30 Rm/pers, réduc enfants)* vaut vraiment le coup. Y aller plutôt le matin, on peut y voir des macaques et parfois des gibbons, des lézards, de beaux varans, des serpents, des loutres et de nombreux oiseaux, le tout dans un environnement de mangroves d'une inquiétante étrangeté.

➢ ***Observation des lucioles :*** s'adresser chez *Hafiz – Cherating Activities (plan A2,* ***3*** *; voir « Adresses et info utiles », départ tlj sf lun (sortie annulée si météo défavorable) à 19h30 pour une virée d'env 1h ; compter 30 Rm/pers, réduc),* le spécialiste incontesté des lucioles. Depuis qu'Hafiz a rencontré un scientifique japonais qui l'a encouragé à présenter une approche écolo des lucioles au public, Hafiz n'arrête pas. Après un petit one-man-show en salle, où l'on apprend les bases concernant la bébête, notamment le fait qu'ici la luciole est du genre non synchronisée (contrairement à la plupart des autres lucioles qui, elles, clignotent en même temps), on part pour une petite balade sur la rivière. Autant le dire tout de suite, ça dépend beaucoup, et de l'intensité de la lune, et du nombre de bateaux sur site. Préférez partir à un seul bateau, sinon la sortie se résume à respirer les gaz d'échappement du voisin. Si la lune est forte, on ne voit rien. S'il pleut, les bestioles ne brillent pas...

➢ ***Autres excursions :*** pour ceux qui souhaitent bouger un peu plus loin, certains établissements proposent la visite du *malam pasar* de Kemaman (à environ 20 km au nord), le marché de nuit qui se tient tous les lundi et jeudi soirs.

➢ ***Sanctuaire des tortues marines :*** à **Chendor Beach,** juste à l'entrée du *Club Med.* ☎ *581-90-87. Tlj sf lun et j. fériés 9h30-16h30 (pause à l'heure du déj).* Sur place, une écloserie et une nurserie comportant 3 bassins. Quelques spécimens en captivité. Petit musée vite visité.

KUANTAN

IND. TÉL. : 09

• Plan *p. 279*

Situé à mi-chemin entre Singapour et Kota Bharu, le site où s'élève aujourd'hui la capitale de l'État de Pahang occupe depuis toujours un emplacement stratégique sur la route des épices. D'ailleurs, sa vocation commerciale ne date pas d'hier. Après avoir cédé à l'appétit de différents royaumes, Pheng-Kheng au XIe s, Siam au XIIe s, puis Malacca au XVe s, la ville se développe à la fin du XIXe s, avec l'arrivée en masse de colons chinois venus pour travailler dans les mines d'étain de la région. Ajoutons à cela une petite colonie indienne débarquée en même temps pour accompagner les plantations d'hévéas, et le paysage humain de Kuantan est désormais complet. Enfin, toujours sur le plan historique, c'est au large de Kuantan que l'aviation impériale japonaise a envoyé par le fond le *Prince of Wales*, un cuirassé amiral de la Royal Navy pourtant équipé du meilleur système de détection antiaérien de l'époque. C'était le 10 décembre 1941, soit 2 jours après l'attaque de Pearl Harbour...
Aujourd'hui, avec plus de 600 000 âmes, des centres commerciaux et autres *outlets* qui fleurissent un peu partout (sans parler des inévitables embouteillages), Kuantan semble ancrée dans l'ère moderne.

Arriver – Quitter

En bus

Attention, il y a ***2 gares routières.*** La principale (dite TSK), à l'écart du centre, d'où partent les bus nationaux et la gare *Hentian Bandar,* dans le centre-ville, qui dessert les proches environs ainsi que des villes comme Sungai Lembing ou Pekan. Kuantan étant un nœud routier, de nombreux bus partent dans toutes les directions. On peut acheter son billet en ligne, sur différents sites internet (voir la rubrique « Transports » dans « Malaisie utile »)

Bandar Indera Mahkota *(gare principale ou TSK ; hors plan par B1,* ***1****)* ***:*** *à 4 km au nord-est du centre-ville, non loin du Stadium, dans une rue parallèle à Jln Tun Ismail. Pour s'y rendre du centre-ville, taxi ou bus n° 303 Rapidkuantan de la station Hentian Bandar, ttes les 20-30 mn, 6h-19h, puis 30-40 mn jusqu'à 23h.* Guichets à l'étage, et consigne à bagages *(Khidmat Bagasi)* au rez-de-chaussée *(tlj 7h-minuit).* Dans la gare, stands de nourriture, boutiques, téléphones et w-c.

➢ ***De/vers Kuala Lumpur :*** env 30 bus/j. 8h-2h. Trajet : 2-3h.

➢ ***De/vers Kota Bharu via Jerteh (îles Perhentian) :*** env 10 départs/j. plutôt dans l'ap-m. Aussi un bus à minuit avec la compagnie *Utama.* Durée : 6-7h.

➢ ***De/vers Dungun et Kuala Terengganu :*** env 12 bus/j. surtout l'ap-m. La compagnie *Ekspres Perdana* dessert Dungun puis Jerteh, départ à 22h30 et 23h. Durée : env 4h.

➢ ***De/vers Johor Bahru et Singapour via Mersing (île de Tioman) :*** env 8 départs/j. 9h-2h30. Durée : 5-6h.

➢ ***De/vers Jerantut :*** 3 bus/j., 1 le mat, 2 l'ap-m. Durée : env 3h.

➢ ***De/vers Temerloh :*** départ ttes les heures 8h30-21h. Trajet : 1h30-2h.

➢ ***De/vers Malacca :*** 3 départs/j., dont 2 de nuit. Trajet : 3-4h.

➢ ***De/vers Ipoh :*** 7 bus/j. 9h30-0h30 avec les compagnies *Utama Ekspres, SP Bumi* et *Kesuatan.*

➢ ***De/vers Butterworth (île de Penang), Kuala Perlis (Langkawi) :*** 8 bus/j. plutôt le mat. 1 bus le soir avec la compagnie *Shamisha.*

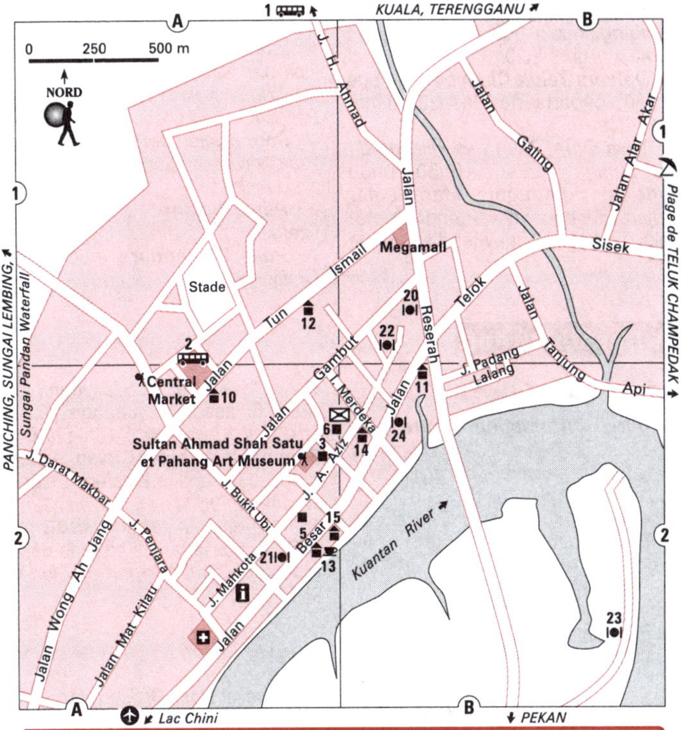

KUANTAN

Adresses utiles	
Tourist Information Centre	
1	Bandar Indera Mahkota
2	Hentian Bandar
3	Banque HSBC
5	Hamid Bros (money changer)
6	Maybank et Bank Simpanan Nasional
Où dormir ?	
10	Kuantan Backpackers
11	Riverside Boutique Guesthouse
12	King's Hotel
13	Classic Hotel
14	Suraya Hotel
15	Mega View Hotel
Où manger ?	
20	Lot 66
21	Khalsa Chapati House
22	Hai Peng Kopitiam
23	Ana Ikan Bakar Petai
24	Warung Mazenah (Nasi Kukus 2)
Où prendre le petit déj ?	
13	Instan's Oven

Hentian Bandar *(gare des bus Rapidkuantan, aussi Mara Liner, Sihat et Mira ; plan A1-2,* ***2****) :* derrière le marché central. • myrapid.com.my/bus/rapidkuantan/routes • Liaisons avec les quartiers excentrés et certaines villes des environs.

➢ ***De/vers Pekan :*** bus nº 400, départs env ttes les 20-30 mn, 6h-19h, puis 30-50 mn jusqu'à 23h.

➢ ***De/vers Cherating :*** départs des bus pour Kemaman (demander l'arrêt à Cherating) ttes les heures, 9h-18h30, avec les compagnies *Sihat Bas* ou *Mira*. Trajet : 1h.

➢ ***De/vers Panching et Sungai Lembing :*** bus n° 500, départs ttes les 30-40 mn, 6h-19h20.
➢ ***De/vers Teluk Champedak :*** bus n° 200, départs ttes les 20-30 mn, 6h10-23h.
➢ ***Vers Chini 2*** *(un des villages du lac Chini)* **:** 4 bus/j. 10h30-20h30 avec la compagnie *Mara Liner* ● *maraliner.com.my* ● Prendre plutôt celui du matin pour éviter d'arriver de nuit.

En avion

✈ ***L'aéroport Sultan Ahmad Shah*** *(hors plan par A2)* **:** *il est situé à env 15 km au sud-ouest de la ville.* ☎ *531-21-23. Pas de bus pour y aller, prendre un taxi.*
➢ ***Pour Kuala Lumpur :*** 3 fois/j. pour l'aéroport international (Klia), avec *Malaysia Airlines.*
➢ ***Pour Penang :*** 2 fois/sem avec *Firefly.*
➢ ***Pour Singapour :*** 1 vol/j. avec *Firefly.*

Adresses utiles

Infos touristiques

ℹ ***Tourist Information Centre*** *(plan A2)* **:** *entre Jln Besar et Jln Mahkota, au niveau d'une passerelle qui enjambe le boulevard.* ☎ *516-10-07 ou 517-16-23.* ● *pahangtourism.org.my* ● *Dans un petit édifice traditionnel en bois, devant la grande pelouse. Lun-jeu 8h-13h, 14h-17h ; ven 8h-12h15, 14h45-17h. Fermé sam-dim.* Donne aussi des infos sur Pekan et Endau Rompin. Personnel gentil et efficace.

Argent, banques, change

– On trouve ***banques*** et ***money changers*** sur Jalan Mahkota et autour.
■ Le meilleur ***money changer*** est la papeterie ***Hamid Bros*** *(plan A2,* ***5****)* **:** *23, Jln Mahkota (au pied de l'hôtel* Fargo*). Lun-sam 9h30-21h (fermé ven 13h-14h), dim 10h-16h.*
■ ***4 banques*** à côté les unes des autres disposent d'un distributeur *Visa* et *MasterCard.* La ***Maybank*** *(plan A-B2,* ***6****)* assure le change *(lun-jeu 9h15-16h30, ven 9h15-16h)* ; la ***Bank Simpanan Nasional*** *(plan A-B2,* ***6****)* propose le service *Western Union (tlj sf sam-dim 9h-17h ; fermé ven 12h15-14h45)* ; enfin la banque ***HSBC*** *(plan A-B2,* ***3****)* possède une batterie de distributeurs 24h/24 *(sinon ouv lun-ven 9h30-16h).*

Poste

✉ ***General Post Office*** *(plan A-B2)* **:** *Jln Mahkota. Dans la rue principale, à côté de la grande mosquée. Lun-sam 8h30-17h.*

Santé

✚ ***Hospital Tengku Ampuan Afzan*** *(plan A2)* **:** *Jln Tanah Putih.* ☎ *557-22-22.*

Où dormir ?

Bon marché (30-80 Rm / 7,50-20 €)

⌂ ***Kuantan Backpackers*** *(plan A2,* ***10****)* **:** *39, Jln Tun Ismail (1er étage).* ☎ *513-38-30.* 📱 *019-969-64-62.* ● *kuantanbackpackers.com* ● *Au débouché de la passerelle qui enjambe le bd Tun Ismail. Pas de petit déj. Même prix en dortoir de 10 qu'en chambre double (lits superposés dans tous les cas).* Wifi. Pas de couples musulmans non mariés dans cet auberge privée entièrement climatisée, conçue, sur 2 étages. Ici, quelques dortoirs de 10 lits, dont un réservé aux filles, tous avec casiers métalliques. Chambre double sans fenêtre. Cuisine à dispo. Attention, en période d'affluence, ça risque d'embouteiller à la douche (il n'y en a que 2 par étage). L'ensemble est propre et l'accueil sympathique.

King's Hotel (plan A1, **12**) : *Lorong Tun Ismail 6. ☎ 513-63-68. • kings.onlinesales@gmail.com • À 100 m en retrait du grand bd Jln Tun Ismail, dans la petite rue qui part au niveau du resto* Pappa Rich. *Pas de petit déj. CB acceptées.* Un peu à l'écart du centre-ville, un hôtel aux chambres doubles ou quadruples, toutes équipées de clim et salle de bains. Assez bon rapport qualité-prix même si l'entretien accuse quelques faiblesses, et à condition d'éviter les 4 chambres sans fenêtres et celles qui sentent la clope... Resto juste au rez-de-chaussée, bien pratique.

Prix moyens (80-140 Rm / 20-35 €)

Classic Hotel (plan A2, **13**) : *Jln Besar. ☎ 516-45-99. • classichotelkuantan.com • Petit déj compris.* Un hôtel moderne comportant une quarantaine de chambres sur 3 étages, dont une dizaine avec vue sur la rivière. Toutes possèdent la clim et l'eau chaude, TV, frigo, moquette ou parquet flottant, et sont régulièrement repeintes en privilégiant la couleur... Bonne tenue générale mais sans caractère particulier. Un plus : les chambres quadruples avec 4 lits simples. Un hôtel qui porte finalement bien son nom.

Suraya Hotel (plan B2, **14**) : *55-57, Jln Haji Abdul Aziz. ☎ 516-40-24. • surayahotel@gmail.com • Pas de petit déj. CB acceptées.* Une trentaine de chambres propres et assez grandes, avec parquet flottant, clim, télé satellite et eau chaude. Fonctionnel et central. Les *deluxe* (à peine plus chères) donnent sur la rue, tandis que les standard offrent une vue imprenable sur la peinture en train de s'écailler du mur d'en face.

Chic (140-200 Rm / 35-50 €)

Riverside Boutique Guesthouse (plan B1-2, **11**) : *lot 47, Jln Telok Sisek. ☎ 513-83-83. • riversidekuantan.com.my • Flirte avec la catégorie supérieure le w-e. Petit déj compris. CB acceptées.* Une demi-douzaine de chambres dans cet hôtel qui ne paie pas de mine de l'extérieur mais s'avère très soigné à l'intérieur. Déco dans les kaki crème mêlant l'acier au bois tropical. Les *standard* sont mimi, les *deluxe* cosy, l'*executive* est carrément au top. L'ensemble est non-fumeur, tout confort et fort bien entretenu. À l'interniveau, un coin détente avec bibliothèque. Au rez-de-chaussée, une cafétéria.

Mega View Hotel (plan A-B2, **15**) : *lot 567, Jln Besar. ☎ 517-18-88. • megaviewhotel.com • Petit déj compris. CB acceptées.* Au bord de la rivière et au calme, un grand hôtel de bon petit luxe, avec un hall qui en jette. Bonne tenue générale. Attention, les chambres les moins chères n'ont pas de fenêtre. Les *deluxe* apportent quelques mètres carrés supplémentaires. Essayez d'avoir une chambre avec vue sur la rivière. Excellent accueil.

Où manger ?

De très bon marché à bon marché (moins de 20 Rm / 5 €)

Warung Mazenah (Nasi Kukus 2 ; plan B2, **24**) : *80 D, Jln Telok Sisek. Tlj sf ven 7h-23h.* Un hangar en tôle ouvert sur la circulation, des tables numérotées que les habitués aiment retrouver à l'heure du déjeuner. La spécialité maison, c'est le poulet grillé, mais on a vu du riz frit et même des crêpes à la sardine ! C'est copieux et pas ruineux.

Lot 66 (plan B1, **20**) : *au bout de Jln Haji Abdul Aziz. Tlj 7h-20h.* Sous une grande halle, aérée par des ventilos, un *food court* très populaire. Ça débite ! Idéal pour manger couleur locale sans se ruiner.

Khalsa Chapati House (plan A2, **21**) : *98, Jln Besar (angle Jln Taman). Ouv 24h/24. Très bon marché.* Petit resto indien ouvert sur la rue, joliment peint en vert. Toutes les spécialités indiennes : *thali*, curry pour les *veggies*, et pour les autres, *malaï kofta, palak paneer, dhal, naan* et *roti*.

Hai Peng Kopitiam (plan B1, **22**) : *36, Jln Haji Abdul Aziz. Tlj 9h-18h (fermé les j. fériés). Bon marché.* Une sorte de cantine améliorée, bien propre, avec table en marbre et tabourets en bois. Un petit rideau de végétation la sépare de la rue. Sandwichs, soupes, *noodles* ou plats du jour genre poulet au curry asiatique et au lait de coco. C'est bon, peu ruineux, et l'accueil de David, le jeune patron malais, est fort sympathique. Fréquenté le midi par les cols blancs du coin.

De prix moyens à chic (20-60 Rm / 5-15 €)

Ana Ikan Bakar Petai (plan B2, **23**) : *lot 400J, Teluk Baru à Tanjung Lumpur, de l'autre côté du fleuve (1er resto à gauche, face à la mer). 013-998-91-75 (Fairuz) ou 017-950-55-01 (Radzmi). Tlj 17h30-minuit. Bondé, venir de préférence avt 19h. Pas d'alcool.* Une adresse sérieuse et bien placée (un autre *Ana Ikan Bakar* se situe au bord de la 4-voies, moins sympa). *Ikan,* c'est le poisson, *bakar,* ça signifie « grillé », *petai,* c'est la farce. Ici, on sert du poisson grillé aux épices. Les prix sont ceux du marché, ils sont affichés, donc pas de surprise. Tout le monde suit un ballet bien rodé : on repère une table en retenant son numéro ; on choisit son poisson ou ses fruits de mer vivants en précisant grillés ou en sauce (piquante, évidemment) au moment de la pesée ; on pointe du doigt un bon jus de fruit frais ; enfin on retourne s'asseoir et on attend en regardant ses voisins manger avec les doigts. On s'impatiente un peu mais ça finit toujours par arriver ! Reste plus qu'à s'empiffrer en rigolant avec l'assemblée. Une fois repu, il faut passer à la caisse en donnant le numéro de sa table. Convivial et très sympa.

Où prendre le petit déj ?

Instan's Oven (plan A2, **13**) : *Jln Besar, à 25 m gauche du Classic Hotel. Tlj sf lun 9h-18h.* Pour prendre le petit déj ou faire une pause goûter : cookies, cheesecake, pudding, etc. Pas de terrasse cependant.

À voir. À faire

Central Market (plan A1-2) : *Jln Tun Ismail, dans un édifice hideux.* Sympa et populaire. Les étages sont occupés par des magasins de style occidental, tandis que le rez-de-chaussée fleure bon la marée et les tripes de poulet.

Sultan Ahmad Shah Satu Mosque (plan A2) : *au centre-ville.* Son dôme bleu en cloche rappelle celui de la mosquée de Gour-Emir à Samarkand (Ouzbékistan), en beaucoup moins réussi, bien entendu (souvent imité, jamais égalé). Cette mosquée récente possède une architecture plutôt intéressante, en tout cas très imposante avec ses quatre minarets élancés flanqués de dômes secondaires. En revanche, l'immense intérieur manque cruellement d'inspiration. Des centaines de ventilos accrochés aux colonnes.

Pahang Art Museum (plan A2) : *à un jet de pierre de la mosquée. Mar-dim 9h-17h (fermé ven 12h15-14h45). GRATUIT.* Maison blanche au toit de tuiles qui expose les œuvres des artistes locaux.

➢ ***Se balader le long du fleuve,*** histoire de rentabiliser les quais récents dont s'est dotée la ville. On peut voir toussoter les vieux rafiots de pêche.

DANS LES ENVIRONS DE KUANTAN

LA PLAGE DE TELUK CHAMPEDAK (hors plan par B2)

À environ 15 km de Kuantan. Comme il y a peu d'animation à Kuantan, les jeunes de la ville emmènent leurs petites amies ici le soir et se baladent dans le coin au clair de lune. Il faut dire que la plage, bordée par une promenade aménagée, est bien jolie. Passé les fast-foods et le grand hôtel, on tombe sur quelques bâtiments coloniaux abritant échoppes et petits restos populaires. Tout de suite, l'atmosphère est plus agréable. Le week-end, on y vient en famille. Au bout de la plage (côté gauche lorsqu'on regarde la mer), le ponton qui longe le littoral conduit à une petite crique bien abritée du vent, mais attention, en chemin, beaucoup de macaques qui n'ont qu'une idée en tête : vous piquer vos victuailles (éventuellement vos lunettes, votre portable ou votre appareil photo) ! Prudence, donc...

➢ ***Pour y aller de Kuantan :*** bus n° 200 de *Hentian Bandar*, ttes les 20-30 mn, 6h10-23h.

LES GROTTES DE PANCHING (GUA CHARAS)

À 25 km à l'ouest de Kuantan. Depuis Hentian Bandar, bus n° 500 direction Kampung Panching ou Sungai Lembing (départ ttes les 30-40 mn, 6h-19h20 ; compter 40 mn). Dans le village de Panching, demandez au chauffeur de vous arrêter à la jonction pour les Charas Caves, à côté de la police (suivre le panneau « Gua Charas »), puis marchez env 3 km ou faites du stop. En véhicule depuis Kuantan, suivre la Jln Bukit Ubi, toujours tt droit, puis les panneaux « Sungai Lembing ». Parking payant. Grottes ouv tlj 9h-17h. Entrée : 2 Rm, autant pour le parking si vous êtes en voiture. Prévoir bien 45 mn pour monter et redescendre. On voit de loin se profiler cet étrange et abrupt rocher, émergeant des plantations d'hévéas et de palmiers à huile, qui abrite de curieuses grottes. Ce sont les plus connues du pays après les Batu Caves de Kuala Lumpur. Il s'agit en fait d'un sanctuaire bouddhique. Pente méchamment raide (prévoyez des poumons de rechange !). Une fois en haut, s'enfoncer tout à fait au fond de l'immense caverne (apporter une lampe-torche). Attention aux glissades. Quelques bouddhas, dont un couché de 9 m de long. Si la statue se révèle plutôt vilaine (construite dans les années 1960), le cadre est tout à fait impressionnant. Ambiance draculesque, remplie du sinistre concert de piaillements des chauves-souris. Une deuxième grotte, plus haut, offre un beau point de vue. Également un petit temple hindou dédié à Shiva.

SUNGAI LEMBING

Ancien petit village minier à 40 km de Kuantan, après les grottes de Panching. Voilà une belle escapade depuis Kuantan. Le village de Sungai Lembing, constitué de jolies maisons en bois et colorées, se laisse découvrir avec plaisir et en toute quiétude. Mais c'est surtout son musée qui retient l'attention.

➢ ***Pour y aller :*** *depuis Hentian Bandar, bus n° 500, départs ttes les 30-40 mn 6h-19h20.* Aucune difficulté pour s'y rendre en voiture (voir plus haut les grottes de Panching).

– ***Le musée des Anciennes Mines d'étain (Lembing Muzium) :*** *en haut d'une butte, à 1 km env à la fin du village. ☎ 541-23-78. Tlj 9h-17h (fermé ven 12h15-14h45). GRATUIT (s'enregistrer auprès du garde).* Joli petit musée qui évoque la naissance, la grandeur et la décadence de ce village qui a compté jusqu'à

10 000 habitants (trois fois plus qu'aujourd'hui). À l'aube du XXe s, une société anglaise commença à exploiter ces mines d'étain, les plus grandes du monde ! Mais, suite à la chute des cours en 1985, elle dut mettre la clé sous la porte, et le village perdit sa raison d'être.
Présentation élégante et bien faite des atmosphères, techniques et outils de la mine. Les 322 km de tunnels, qui parfois atteignent une profondeur de 700 m, sont en trop mauvais état pour être ouverts aux visiteurs. Consolez-vous avec cet amusant diorama, genre coupe de fourmilière où ses ouvriers torses nus gratouillent les rochers. À l'extérieur, excavateurs et pilons.
– À 500 m de là, en poursuivant le chemin tout droit après le musée, on tombe sur l'ancienne usine réhabilitée. En continuant 500 m de plus, on arrive à un village retiré et accessible par un pont suspendu.

À Lembing, quelques ***petits restos*** malais et chinois au centre du village. Une occasion de côtoyer les habitants, absolument charmants. Également une poignée de ***guesthouses*** pour ceux qui auraient raté le dernier bus.

SUNGAI PANDAN WATERFALL

En venant de Kuantan, prendre à gauche env 4 km avt le village de Panching, c'est 12 km plus loin (fléché). Pas de bus, y aller en taxi (016-922-47-77). Tte l'année, tlj sf ven 9h-17h (18h sam, dim). Entrée : 5 Rm. Sorte « d'aquaparc » naturel où les Malaisiens se rendent en famille. Quelques aires de pique-nique, une petite restauration et une grande cascade, où viennent se rafraîchir les gens de Kuantan. Sur place, quelques sentiers où l'on peut partir à la découverte des oiseaux et des papillons.

PEKAN

À 45 km au sud de Kuantan, Pekan est une petite ville discrète qui semble vouloir se faire oublier du reste du monde. Le calme et la proximité de la mer de Chine plurent tant aux sultans de Pahang qu'ils en firent leur capitale jusqu'en 1889. Pékan mérite surtout une halte pour son musée *Sultan Abu Bakar.* Côté papilles, on y trouve un mets très apprécié, la *murtabak royale,* sorte de plat épicé d'origine indienne, mi-omelette, mi-quiche, qui se vend à la part et dont certaines variantes ne sont disponibles que pendant le ramadan.

Arriver – Quitter

En bus

➢ ***De/vers Kuantan :*** de *Hentian Bandar*, bus n° 400, ttes les 20-30 mn, 6h-19h, puis ttes les 30-50 mn jusqu'à 23h.
➢ ***De/vers le lac Chini :*** 2 bus/j., 1 le mat et 1 l'ap-m, avec *Mara Liner* (*017-9573-582).* Prendre de préférence celui du matin.
➢ ***De/vers Mersing, Johor Bahru :*** 4 bus/j. 9h45-19h15, plus 2 bus de nuit avec la compagnie *Maju*.
➢ ***De/vers Dungun, Kuala Terengganu :*** 2 bus l'ap-m avec la compagnie *Maju* et 1 bus *Utama* le mat qui file jusqu'à Rantau Pajang via Kota Bharu.
➢ ***De/vers Kuala Lumpur, Shah Alam, Klang :*** 1 bus le mat, 1 le soir avec *Utama*.

En taxi

Taxis : *le comptoir se trouve juste à côté de la gare routière. ☎ 422-22-11.* Compter environ 80-100 Rm pour le lac Chini.

Info utile

■ Plusieurs **banques** pour le change et disposant de distributeurs automatiques acceptant les cartes *Visa* et *MasterCard,* devant le resto *Farouk Majou.*

Où dormir ? Où manger ?

Chief's Resthouse: *Jln Istana Permai. ☎ 422-69-41. Bon marché. Ne sert ni repas ni petit déj.* On le dit tout de go : une excellente adresse. Il s'agit d'une grande maison en bois de style colonial datant de 1929, dégageant un charme indéniable. À l'intérieur, vaste salle avec des portraits du sultan de Pahang sur les murs. C'est délicieusement rétro, mélange d'atmosphère coloniale et de déco des années 1970. Chambres toutes climatisées, calmes, très hautes de plafond, avec un beau parquet ciré. Sanitaires pour les plus onéreuses. Les moins chères, sur l'arrière, ont une salle de bains commune nickel, mais elles sont plutôt tristounes.

Restoran Farouk Maju: *Jln Teng Quee (angle Jln Engku Muda Mansor). En plein centre, face à la banque Rakyat. Ouv 24h/24.* Un grand resto indo-malais largement ouvert sur la rue. Joli buffet. On pointe du doigt ce que l'on voit dans la vitrine, et une fois servi, on va s'assoir à une petite table en alu. Beaucoup de locaux.

À voir

Muzium Sultan Abu Bakar *(musée Sultan Abu Bakar)* **:** *Jln Sultan Ahmad. Au bord du fleuve. ☎ 422-13-71. En principe, tlj sf lun 9h30-17h (fermé ven 12h15-14h45). Entrée : 15 Rm.* Dans une grande et superbe bâtisse coloniale édifiée par les Britanniques. Intéressant musée pour en savoir un peu plus sur le Pahang et sa culture. Au total, 4 galeries, lesquelles évoquent aussi bien les us et coutumes des natifs du coin, les Orang Asli (leur art de la chasse, notamment) que la pompe des sultans locaux (bijoux, armes, parures et instruments de musique). Dans le jardin, mis à part quelques reliques militaires (un hélico et un char d'assaut), de photogéniques sculptures animalières en bois flotté importées d'Indonésie.

Dans la même rue que le musée, le long du fleuve, deux **mosquées,** assez ouvragées, celle d'Abdallah d'abord, puis l'élégante mosquée d'Ahmad Shah, avec son bulbe d'oignon en guise de dôme.

Galeri Pengankutan Air *(Musée maritime)* **:** *en traversant la route, face à l'entrée principale du musée Sultan Abu Bakar (mêmes horaires). GRATUIT.* Embarcations traditionnelles exposées en plein air. Certains spécimens sont remarquables : *Perahu Pinas* (avec sa modeste cabine), *Perahu Jalur,* canoës monoplaces, quelques éléments reconstitués d'un navire du IIIe s de notre ère, etc. ; deux canoës assez uniques, creusés dans un tronc de meranti, recouvert d'argile pour l'imperméabilité. Et puis d'étonnantes barques de rivière, utilisées par les Orang Asli, qui étaient capables de défier les rapides. On peut voir deux artisans à l'ouvrage.

LE LAC CHINI (TASIK CHINI)

Malgré la déforestation à outrance qui gagne la région et les multinationales imposant la monoculture du palmier à huile, voici un site encore assez sauvage, au bord du fleuve Pahang, à une soixantaine de kilomètres au sud-ouest de Kuantan. Un endroit de légendes, habité par la communauté native

des Orang Asli, aujourd'hui totalement assimilée.
Le lac est une destination très prisée par les groupes de jeunes Malaisiens. La plupart des touristes n'y viennent qu'à la journée pour une petite balade en bateau ou une partie de pêche.
La meilleure période pour admirer cette imbrication de lacs (une douzaine au total), tous entourés de collines recouvertes d'une végétation quasi impénétrable, s'étend de juin à septembre, quand les eaux sont recouvertes de lotus en fleur !

COUSIN D'ÉCOSSE

Dans le lac vivait, dit-on, le Nâga, monstre de ce loch Ness malais qu'est le Tasik Chini. Les légendes se contredisent : selon certaines, le monstre était un serpent mesurant plus de 1 km de long (sic !), tué à coups de canon par les Anglais à l'époque coloniale. Selon d'autres, on trouve encore dans le lac des poissons mangeurs d'hommes ! Mais bien sûr, comme en Écosse, les scientifiques n'ont jamais rien trouvé.

Arriver – Quitter

En bus

Essayer d'arriver au lac Chini de jour, car le village, qui comporte 4 quartiers, est très étendu, mal indiqué, et il est difficile de se repérer. Les bus s'arrêtent à la gare routière *Mara Liner* (☎ 456-61-91) de Chini 2 (le principal hameau). Pour rejoindre Kampung Gumum, situé à env 8 km de là et dans lequel se trouve la *guesthouse* que l'on vous indique, prendre un taxi (il y en a toujours pendant la journée). Compter env 20 Rm de jour, 30 Rm de nuit. Si vous arrivez tard, *Kak Tam Homestays,* une *guesthouse* située à 200 m de la gare routière, vous dépannera (prendre la direction du relais téléphonique), mais attention, c'est cher, et si vous vous retrouvez là, c'est que vous n'êtes pas en position de force pour négocier...

➢ ***De/vers Kuala Lumpur :*** 3 bus/j. avec *Mara Liner* le mat et l'ap-m. Changement possible à Muazam Shah. Durée : env 6h.

➢ ***De/vers Kuantan :*** 4 départs/j. Durée : env 2h.

➢ ***De/vers Pekan :*** 1 bus/j. Trajet : env 1h30.

En voiture

➢ ***Par la rive droite du fleuve.*** Pas de difficulté. De Pekan, prendre la route n° 82 qui remonte le fleuve Pahang en longeant la rive droite jusqu'à l'intersection avec la n° 12, puis continuer tout droit jusqu'à *Salong* (prochain hameau), puis à gauche, enfin à droite (c'est fléché *Tasik Chini*). Un peu avant le lac, prendre à droite, puis à gauche pour rejoindre Kampung Gumum, suivre les panneaux « Sekolah Kebangsaan Tasik Chini ».

Où dormir ? Où manger ?

Un *resort* au bord du lac proprement dit, et une seule structure d'accueil à Kampung Gumum. Les routards, habitués à un confort sommaire, ne s'en plaindront pas.

De bon marché à chic (30-200 Rm / 7,50-50 €)

🏠 |●| ***Rajan Jones House :*** *dans le Kampung Gumum, 300 m avt le lac, sur la gauche (à 8 km de Chini 2).* 📱 *017-913-50-89.* ● *jones_rajan@hotmail.com* ● *Compter 40 Rm/pers en ½ pens. Essayer impérativement d'arriver avt le soir, pour profiter du dîner ; si besoin, Nee peut vous appeler un taxi.* L'hébergement est on ne peut plus rudimentaire. On dort dans une grande cabane traditionnelle divisée en une dizaine de chambres, sur un matelas mince posé au sol, avec natte et moustiquaire. Les sanitaires sont communs. Tout près de là, une cuisine-salle à manger où un superbe repas concocté vous sera servi par Nee, la maîtresse de maison. Hyper copieux. Nee et Ruth, son fils, organisent des randos dans la jungle, sur résa (voir plus loin « À faire »).

Lac Chini Resort : *en bordure du lac (à 8 km de Chini 2). ☎ 468-80-88 ou 468-68-00. • lakechiniresort.com • Ouv tte l'année. Très bon marché pour le camping et les dortoirs, et plus chic pour les chambres. CB acceptées. (resto slt)* Ce *resort* dont l'entretien laisse parfois à désirer offre des chambres *standard* en bois ou *deluxe,* plus confort, avec clim et eau chaude. La différence de prix se justifie en partie par la vue. Pour trois fois rien, on peut aussi camper le long du lac, ou pour une somme modique s'endormir sous les néons dans l'un des dortoirs ventilés que compte l'hôtel. Côté nourriture, rien de bien original.

À faire

➢ ***Treks dans la jungle :*** *se renseigner en écrivant à l'avance à la* Rajan Jones House. *Compter env 70 Rm/pers, déjeuner compris : départ vers 10h30-11h, retour en fin d'ap-m, après 3 bonnes heures de marche.* Pas de difficulté particulière, on peut même le faire avec des enfants. Bien entendu, prévoir de bonnes chaussures, une gourde, de quoi se protéger contre les moustiques et les sangsues (pulvériser de l'insecticide pour insectes rampants sur vos chaussettes). On emprunte tantôt un petit sentier balisé, tantôt on est obligé de frayer un chemin à la machette. Le seul petit problème, c'est que les jeunes accompagnateurs ne parlent presque pas l'anglais.

➢ ***Balades en barque à moteur :*** *on peut s'adresser au* Lac Chini Resort. *Compter env 130 Rm pour 2h sur la base de 4 pers par embarcation ; 20 Rm/pers supplémentaire. Se grouper est donc avantageux.* Le lac Chini est en fait une sorte d'étoile formée par la réunion d'une douzaine de lacs tournant autour de deux îles principales, *Pulau Bangau* et *Pulau Balai.* En saison sèche, ces lacs s'isolent les uns des autres. En période de mousson, les pluies font gonfler les eaux, c'est la meilleure période pour la pêche.

LE PARC D'ENDAU ROMPIN

Endau Rompin est le deuxième parc de Malaisie péninsulaire. Sa forêt vierge qui couvre près de 870 km² de part et d'autre des fleuves *Endau* et *Rompin,* à cheval sur les États de Johor et de Pahang, est l'une des plus anciennes du monde. Les plus impressionnantes cascades du pays déversent leurs eaux tumultueuses sur des roches volcaniques vieilles de plus de 240 millions d'années. Une expédition scientifique menée en 1985-1986 y a découvert des espèces rares de faune et de flore. Papillons de toutes les tailles et de toutes les couleurs, éléphants, rhinocéros, sangliers, tapirs, varans, calaos, faisans, singes, lémuriens, serpents, sangsues... et tigres évoluent en toute liberté au milieu d'arbres vampirisés par les lianes, de forêts de bambous géants, de palmiers, de jardins de fougères suspendus, d'orchidées...

Infos pratiques

– Pour toute info, adressez-vous au ***Rompin Forestry Department*** *(☎ (09) 414-52-04)* ou au bureau d'entrée de Kampung Peta *(☎ (07) 922-28-12)* ou encore à celui de Selai *(☎ (07) 922-28-75). • johorparks.com.my •*

– Inutile d'y aller pendant la ***mousson*** *(nov-début mars)* : le fleuve est en crue et jungle difficilement praticable, d'ailleurs la plupart des hébergements sont fermés pendant cette période.
– Un ***permis*** est nécessaire. On se le procure dans l'une des 2 entrées du parc situées dans l'État de Johor. *Compter 55 Rm/pers pour un forfait comprenant l'entrée proprement dite, les différentes taxes et assurances ainsi que le permis de randonner. Ajouter les frais de transports et de séjour suivants : transport en 4x4 entre l'entrée du parc et le camp de base A/R 270 Rm/véhicule, max 5 adultes (dans le cas de Selai, on peut aussi se rendre au camp de base à vélo). Les services d'un guide (obligatoire) de 1 à 10 pers : forfait de 170 Rm pour 1 j. et 2 nuits, 230 Rm pour 3 j. et 2 nuits, sinon compter 70 Rm/j. Côté hébergement, compter, par nuitée : 10 Rm en camping, 30 Rm en dortoir de 40 lits, 80 Rm pour 2 en jungle hut (sans clim), 120 Rm pour 2 la nuitée en chalet standard climatisé, 200 Rm en chalet familial pour 4.*
– On peut se rendre dans le parc en individuel, en s'adressant directement au bureau du parc, s'acquitter des différentes taxes, payer son acheminement jusqu'au camp de base ou y aller par ses propres moyens quand c'est possible, régler son hébergement et ses repas ou louer du matériel de camping, mais vous ne vous aventurerez jamais seul dans la jungle car ***les services d'un guide sont obligatoires.***
Sinon, faire appel à une agence comme à Mersing par exemple (voir la rubrique « Adresses et infos utiles » à Mersing), qui effectuera toutes les démarches, vous fournira un guide et assurera votre pension complète pendant votre séjour. Ça revient globalement beaucoup plus cher, évidemment, mais c'est préférable si vous disposez de peu de temps. Pour vous donner une idée, il faut tabler sur 750-800 Rm par personne sur la base de 2 personnes minimum (un peu moins si on est 4) pour une excursion de 2 nuits et 3 jours. C'est le temps minimal pour bien profiter du parc. Ces agences proposent également des stages de survie pour celles et ceux qui souhaiteraient ingurgiter des limaces et des racines.
– Il y a 3 entrées dans le parc. Une dans l'État de Pahang, mais les 2 principales se trouvent dans l'État de Johor : *Kampung Peta* à l'est, c'est la plus fréquentée du fait de sa proximité avec Singapour ; l'autre à *Selai* au sud-ouest (à environ 26 km de *Bekok*), plus sauvage et ouverte depuis 2003 seulement.
➢ ***Kampung Peta :*** pour ceux qui n'auraient pas fait appel à une agence, il faut d'abord, arriver à Keluang, soit en train, soit en bus. Sur place, en profiter pour faire ses courses. Ensuite, prendre un bus local ou un taxi en direction de Mersing et s'arrêter à Kampung Kahang Baharu. De là, le mieux est de convenir d'un transfert avec le parc jusqu'à Kampung Peta car c'est loin (compter 2h de 4x4). L'entrée du parc se trouve à 7 km de Kahang, c'est là qu'on s'enregistre (sur place, quelques chalets, un dortoir et un réfectoire pour faire sa tambouille).
L'autre solution consiste à louer un bateau depuis le port d'Endau situé à 37 km au nord de Mersing, jusqu'au Kampung Peta. C'est là que l'on s'enregistre.
Ensuite on cherche une embarcation pour se rendre au campement de *Kuala Jasin* (environ 45 mn).
De là, différents treks sont possibles. Tout d'abord, en 30 mn, on atteint *Kuala Marong* (camping possible) ; puis, de là, compter un bon quart d'heure pour atteindre la cascade de *Guling Upeh* (baignade possible... avec les sangsues), poursuivre vers la piscine naturelle de *Tasik Air Biru* (rebaignade). De là, un sentier conduit à *Batu Hampar* (camping possible). C'est à partir d'ici que les choses sérieuses commencent. Pour monter sur la *colline de Semanggong* et atteindre la cascade de *Buya Sangkut,* il faut bien compter 3h, car la pente avoisine parfois les 100 % ! Bon courage !
➢ ***Selai :*** l'entrée est plus confidentielle. On y accède à partir de Bekok, desservi par le train ; les formalités se font là-bas *(bureau du parc ouv tlj 8h-13h, 14h-17h (15h30 jeu) ; résa possible des transports et des hébergements par e-mail : • erselaijnpc@yahoo.com •).* Contrairement à Peta, où le camp de base est à 60 km de l'entrée du parc et où l'acheminement se fait

LA CÔTE EST DE LA MALAISIE

moitié en 4x4, moitié en bateau, ici, le camp de base n'étant qu'à 23 km, les plus sportifs peuvent s'y rendre à vélo (sinon en 4x4, compter environ 1h).

🏠 Sur place, on loge dans les chalets en bois du *Lubuk Tapah Base Camp*, le camp de base de l'expédition scientifique de 2002 désormais ouvert au public. Très bien faits et confortables, pour 2 ou 4, ils sont climatisés ou non, assez grands et très bien équipés. La cuisine est excellente, ne pas hésiter y à réserver ses repas et ses pique-niques.

➢ Du camp, partent les différents sentiers pour explorer la jungle, notamment vers les 3 cascades du coin : *Takah Pandan, Takah Beringin* et *Takah Tinggi* où l'on peut se baigner sans problème. Au camp de base, un petit arboretum. On y organise aussi de courts treks de nuit (pas cher du tout, à réserver auprès du parc). Une expérience à ne pas manquer pour écouter les bruits de la forêt et voir les organismes fluorescents.

Les choses à ne pas oublier

Un répulsif antimoustiques efficace (DEET au moins égale à 50 %), des chaussettes antisangsues (ou des chaussettes normales imprégnées d'insecticides pour insectes rampants), une lampe de poche, un couteau, un sac de couchage (ou un sac à viande), des chaussures de marche, des antihistaminiques (en cas de démangeaison), un poncho imperméable. Dernière chose, vous évoluerez dans un environnement sauvage, ne prenez jamais de risques inutiles.

BEKOK

Porte d'entrée ouest du parc d'Endau Rompin, Bekok est un village sans histoire et plutôt sympa, avec des petits rades hors d'âge où de vieux Chinois jouent au mah-jong en sirotant leur thé ou leur bière. Ce sont les descendants des milliers d'ouvriers hakka qui émigrèrent ici au début du XXe s pour travailler dans les plantations d'hévéas, les plus grandes du monde à l'époque. Une communauté qui donna bien du fil à retordre à l'administration britannique d'ailleurs, puisqu'au cours de la période qui précéda l'indépendance, Bekok fut le siège d'un mouvement communiste très actif. Aujourd'hui, c'est une halte salvatrice avant ou après une rando dans le parc d'Endau Rompin. En juillet s'y déroule un festival du durian.

Arriver – Quitter

En train

Bekok est desservi par le chemin de fer qui descend à Singapour. Une gare facilement accessible aussi bien de Kuala Lumpur que de Wakaf Bharu via Kuala Lipis ou Jerantut (Taman Negara Pahang). De la côte est, prendre un bus *Cepat Ekspres* ● *cepatexpress.com.my* ● jusqu'à Keluang, puis poursuivre en train.

➢ ***De/vers Kuala Lumpur :*** de la capitale, un train direct tôt le matin, sinon changer à Gemas. Trajet 4h-4h30. Dans l'autre sens, départ de Bekok le soir. Plus de possibilités par Gemas (4 navettes/j. entre Bekok et Gemas).

➢ ***De/vers Johor Bahru :*** 3-4 liaisons/j. 8h45-23h40 depuis Johor Bahru ; 5h27-17h06 dans l'autre sens. Durée : env 3h.

➢ ***De/vers Wakaf Bharu via Gua Musang, Kuala Lipis et Jerantut :*** 1 train le soir, arrivée le lendemain mat.

Où dormir ? Où manger ?

🏠 ***Rumah Tumpangan Homestay :*** *4, 5 et 6 Jln Station, juste en face de la gare. 📱 019-969-18-38 ou 016-921-83-81 ● hostel_bekok@hotmail.com ● Prix moyens (+ 10 Rm pour arrivée tardive). Pas de petit déj.* 📶 Chez un artiste qui crée des objets de déco, une série de petites chambres proprettes avec ou sans clim. Bon accueil.

Bekok Bicycle Homestay : *C26 Jln Tengku Mahkota. ☎ (07) 922-10-29. 011-106-69-909 ou 901 • villagefunbekok@gmail.com • De la gare, descendre Jln Gunung, puis à gauche sur Jlm MCA, puis à droite sur Jln Tengku Mahkota, c'est une grande maison blanche avec un portail en fer forgé. Double 100 Rm, pas de petit déj.* Aménagée par un passionné de vélo, une maison d'hôtes nickel propose 5 très belles chambres tout confort (clim, salle de bains avec eau chaude et bonne literie). Aux petits oignons pour ses hôtes, le proprio loue une vingtaine de vélos et propose tout un tas d'activités et de circuits pour écumer les environs en 2 ou 3 jours. Billard pour les journées pluvieuses.

Plusieurs petits restos dans le centre, tels **Kedai Makan Zizah** *(tlj 6h30-21h)*, sur jln Gunung, qui sert une cuisine locale très simple et bon marché.

MERSING

IND. TÉL. : 07

• Plan *p. 291*

Petite ville de pêcheurs et de commerçants majoritairement cantonais. C'est ici que se trouve l'un des deux ports d'embarquement pour l'île de Tioman (l'autre se trouve à Tanjung Gemok). On peut aussy y organiser la visite du parc d'Endau Rompin par l'intermédiaire d'une agence.

Arriver – Quitter

En bus

Gare routière *(Bus Stand ; plan A1)* **:** de l'embarcadère (*jeti* ou *jetty*) à la gare routière, compter env 10 Rm en taxi ou 15 mn à pied. Certains bus (à destination de Johor Bahru et Singapour notamment) font une halte au niveau du *Plaza D'Jeti,* à env 100 m de l'embarcadère. Dernière précision : sur l'île de Tioman, certaines *guesthouses* et agences peuvent réserver les billets de bus, moyennant une petite commission.

➢ ***De/vers Johor Bahru et Singapour :*** 7 bus/j. 8h-17h30 avec *Causeway Link Express* ou *Transnasional.* Trajet : 2h30.

➢ ***De/vers Kota Bharu :*** 3 bus/j. avec *Transnasional* et *Cepat Ekspres,* 1 le mat, 2 le soir.

➢ ***De/vers Kuantan, Kuala Terengganu :*** 7-8 bus/j., 11h30-23h30 avec *Maju* et *Transnasional,* la moitié poursuivent jusqu'à Kuala Terengganu. Pour Cherating, changer à Kuantan.

➢ ***De/vers Kuala Lumpur :*** une dizaine de liaisons/j. 9h-22h. Trajet : 6h.

➢ ***De/vers Ipoh, Butterworth (île de Penang) :*** départ en fin d'ap-m avec *Cepat Ekspres.*

➢ ***De/vers Malacca (via Keluang pour le parc d'Endau-Rompin) :*** 3 bus/j., à 7h15, 13h15 et 17h30, avec *S&S Internasional Express.*

➢ ***De/vers Endau (Tanjung Gemok) :*** 8 bus locaux/j., 8h-18h.

En bateau vers l'île de Tioman

Voir les infos dans la rubrique « Arriver – Quitter » de l'île de Tioman.

Adresses et infos utiles

Infos touristiques

Tourist Information Center *(plan B1)* **:** *Jln Abu Bakar. ☎ 799-52-12. • johortourism.com.my • Lun-jeu 8h-13h, 14h-16h30 ; ven 8h-12h, 14h45-16h30 ; sam mat slt. Fermé dim et 1er et 3e sam du mois.* C'est l'office

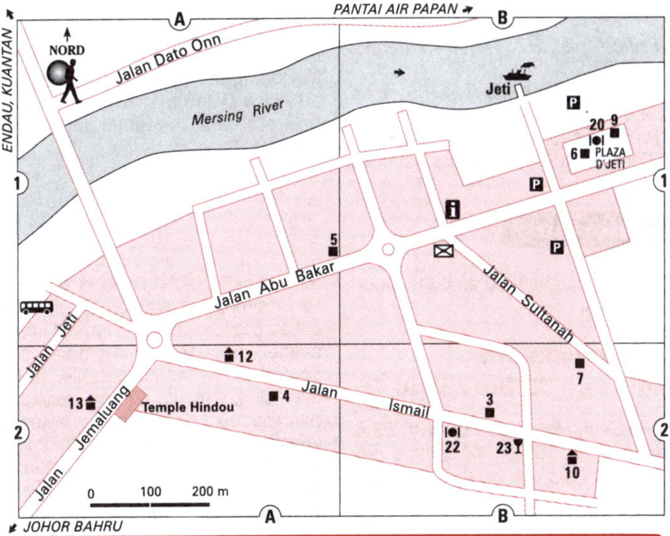

MERSING

Adresses utiles	**Où dormir ?**
Tourist Information Center	**10** Hoi Seng Hotel
3 Maybank	**12** Embassy Hotel
4 BSN et Agrobank	**13** Sweet Hotel
5 Money changers	**Où manger ? Où boire un verre ?**
6 Agence de voyages et consigne du Plaza D'Jeti	**20** Restos du Plaza D'Jeti et The Port Café
7 Police	**22** Restoran Yong Seng
9 Pure Value Vacation	**23** 71 Seventy One Coffee House

de tourisme officiel. Pas très au courant de ce qui se passe.

Poste, argent, change

✉ ***Poste*** (plan B1) **:** *Jln Abu Bakar. Tlj sf dim 8h30-17h.*

■ ***Banques :*** *grosso modo, ouv lun-ven 9h-16h30 (fermé ven 12h30-14h30).* Elles ont un distributeur automatique *Visa* et *MasterCard* et font le change. Entre autres, la ***Maybank*** (*plan B2,* ***3***), Jalan Ismail. La ***BSN*** et ***l'Agrobank*** sont côte à côte (*plan A2,* ***4***) et proposent le service *Western Union.*

■ ***Money changers*** (*plan A-B1,* ***5***) **:** *Jln Abu Bakar. Fermé dim.* Plusieurs dans cette rue, souvent à l'intérieur des magasins tenus par les Chinois.

Agences de voyages

Il en existe plusieurs, notamment au ***Plaza D'Jeti*** (*plan B1,* ***6***), un bâtiment situé près de l'embarcadère, derrière la station de taxis. Elles proposent toutes les mêmes services : excursions, billets de bateau, résas d'hôtels pour les îles, etc. Pour l'île de Tioman, les billets sont tous au même prix.

■ ***Pure Value Vacation*** (*plan B1,* ***9***) **:** *n° 33 Plaza D'Jeti, Jln Abu Bakar.* 📱 *019-753-42-50. Facebook : Pure Value Vacation. Tte l'année, lun-sam 9h-18h (quelquefois dim).* Organise des virées dans le parc d'Endau Rompin.

Divers

■ **Police** (plan B2, **7**) : *Jln Sultanah.* ☎ *799-22-22.*
Station de taxis : *à 100 m de l'embarcadère.* ☎ *799-13-93.*
Parkings (plan B1) : juste à côté de l'embarcadère, plusieurs parkings payants *(compter 15-18 Rm/j.)* et surveillés pour laisser votre véhicule pendant votre séjour sur l'île de Tioman.
■ **Consigne** *(tlj 6h30-19h)* payante au **Plaza D'Jeti** (plan B1, **6**), pratique pour aller faire un tour en attendant le bateau.

Où dormir ?

Peu d'hébergements d'un bon rapport qualité-prix.

Très bon marché (moins de 30 Rm / 7,50 €)

Hoi Seng Hotel (plan B2, **10**) : *53 A, Jln Ismail.* ☎ *799-51-18. Entrée discrète à droite d'une boutique. Réception au 1er étage. Double avec sdb. Pas de petit déj. L'une des adresses les moins chères du centre-ville.* Une poignée de chambres très simples mais très propres. Matelas mousse et un genre de serviette-éponge en guise de drap. Accueil gentil de Mister Ho.

Prix moyens (60-140 Rm / 15-35 €)

Embassy Hotel (plan A2, **12**) : *2, Jln Ismail.* ☎ *799-35-45. • embassyhotelmersing.com • Fourchette basse. Pas de petit déj.* Dans le style « on fait des miracles avec de la peinture », cet établissement, parfaitement impersonnel, propose des chambres d'un confort tout à fait acceptable. Toutes avec clim, fumeurs ou non, *deluxe* ou pas, elles sont d'un rapport qualité-prix imbattable (surtout pour les quadruples standard). Bar au rez-de-chaussée ouvert jusqu'à 1h, qui sert de la bière.
Sweet Hotel (plan A2, **13**) : *5A, Jln Jemaluang.* ☎ *799-22-28. • sweethotelmersing.com • Dans la partie moyenne de la fourchette. Pas de petit déj.* Un hôtel central d'une petite quinzaine de chambres doubles ou quadruples, à la déco kitschoune en diable mais où l'on se pose en confiance. Ici, le confort est au rendez-vous (clim, salle de bains) et c'est propre. Évitez d'avoir une chambre qui donne sur la route principale, assez passante (c'est la route de Johor Bahru).

Où manger ? Où boire un verre ?

Bon marché (10-20 Rm / 2,50-5 €)

Plusieurs petits **restos** *(tlj 6h-20h – jusqu'au départ du dernier bateau en saison)* dans le complexe **Plaza D'Jeti** *(plan B1, **20**)*. Cuisine locale sans éclat mais efficace, c'est l'un des meilleurs plans pour manger à Mersing (ne pas oublier de demander le prix avant de commander). Testez les surprenantes pâtisseries : certaines, gélatineuses, font penser à de la confiture de méduse (vous n'avez jamais goûté ?). S'installer dans ceux où l'on voit le plus de Malais, c'est toujours bon signe. ***The Port Café*** *(tlj 10h-1h ; – parfois).* Un resto à tendance occidentale pas si mal et tout compte fait relativement bon marché, inratable avec son grand toit rouge et sa grande salle ouverte et bien ventilée.
Restoran Yong Seng (plan B2, **22**) : *Jln Ismail. Bon marché. Ouv sur la rue tlj 7h-22h.* Très prisé des locaux. Pas mal de *seafood* cuisinés à la chinoise.
71 Seventy One Coffee House *(plan B2, **23**) : 345 J, Jln Ismail. Bon marché. Tlj 10h-22h.* Pour une pâtisserie, un snack ou un vrai *espresso*, dans une atmosphère climatisée où, pour une fois, le wifi fonctionne vraiment.

L'ÎLE DE TIOMAN

IND. TÉL. : 09

Carte *p. 295*

Des 64 îles volcaniques de la côte est de la Malaisie, Tioman, située à 40 km au large de la péninsule, est la plus grande et la plus fascinante de toutes.
Élu plus belle plage du monde par le très sérieux *Time Magazine* dans les années 1970, ce petit bijou serti de plages paradisiaques et portant en cabochon une jungle intacte sur plus de 12 000 ha a tout pour séduire. Il est entouré de massifs coralliens de toute beauté, et ses eaux de cristal, poissonneuses à l'envi, attirent les plongeurs de tous horizons. Car outre le farniente, on vient aussi ici pour profiter d'une nature d'exception. L'intérieur de l'île recèle pas moins de 45 sortes de mammifères, dont une grande partie sont protégés, comme le loris lent, la civette palmiste ou le chevrotain cerf-souris, un animal déjà présent il y a 34 millions d'années. Les oiseaux ne sont pas en reste, avec plus de 138 espèces. Quant aux reptiles, n'en parlons pas, il suffit de faire quelques pas en dehors des villages pour tomber nez à nez avec des varans de plus de 1,50 m de long !
Côté logement, Tioman demeure encore une destination démocratique où richards et routards se côtoient sans soucis. Du petit dortoir ventilé en balcon sur la plage aux chambres climatisées des *resorts* exotiques avec golf, spa et tout le tralala, chacun trouvera à se loger. À condition de s'y prendre à l'avance, évidemment, surtout en pleine saison...

UN PEU D'HISTOIRE

Pourvue d'importantes réserves en bois de *chengal* (utilisé pour la construction navale), ainsi que de sources d'eau potable, l'île constituait une escale importante entre l'Inde et la Chine, sur la route des épices et des bois précieux, des les premiers siècles de notre ère. Le santal, l'aloès ou le camphre, ou des denrées à plus grande valeur marchande comme l'ébène, l'ivoire ou l'or, constituaient les principales marchandises. Commerce qui tombera dès la prise de Malacca par les Portugais en 1511, avant de redevenir une étape incontournable pour le ravitaillement. Au début du XIXᵉ s, c'est avec la piraterie que Tioman aura à en découdre (d'ailleurs, au nord de l'île, une grotte s'appelle *Jack Sparrow Cave,* ça fait loin de la Caraïbe, mais bon...). Pas moins de 70 habitants de l'île sont fait prisonniers et expédiés vers les marchés aux esclaves. Conséquence : ceux qui ont échappé à la rafle partent chercher du travail sur le continent... Tioman reste inhabitée une bonne quinzaine d'années.
Les eaux de nouveau fréquentables, une partie de la population s'y réinstalle, mais en 1926, une épidémie de paludisme finit par envoyer tout le monde manger des pissenlits par la racine, et la jungle reprend ses droits... Il faut attendre la Seconde Guerre mondiale pour que l'île retrouve un peu d'activité, quand l'armée impériale japonaise décide d'y installer une base avancée afin de surveiller Singapour, alors aux mains des Anglais. Enfin, Tioman endossera définitivement son statut d'île aux plages de rêve à l'occasion du tournage de la comédie musicale *South Pacific,* adaptation du roman de James A. Michener *Tales of the South Pacific,* sortie en 1958.

La légende d'un roi français à Tioman

Nous sommes au XIXe s et Marie-Charles David de Mayrena a la folie des grandeurs. Après s'être proclamé Marie Ier, roi des Sedang, et avoir bourlingué dans toute la Cochinchine, escroquant au passage quelques-uns de ses compatriotes, puis manqué de déclarer la guerre à la France (notons qu'il était quand même chevalier de la Légion d'honneur, faut oser !), notre aventurier se croyant poursuivi par les autorités françaises échoue sur l'île de Tioman, à Juara précisément. Il y plante une palmeraie, y importe chiens et vaches et, comme il se considérait roi de l'île, il vend une partie de la population locale comme esclaves aux Portugais, lesquels s'empressent de les expédier à Madagascar. Marie-Charles David de Mayrena n'aura pas le loisir de vivre très longtemps à Tioman : piqué par un serpent, il meurt l'année même de sa venue.

UN ROI COMPLÈTEMENT TIMBRÉ

Il n'a pas fallu longtemps à Marie Ier, roi des Sedang, pour arborer blason, battre monnaie et surtout émettre des timbres-poste. Doté d'un ego hors norme, notre hurluberlu n'avait pas fini d'imprimer ses premières planches que déjà les philatélistes du monde entier se les arrachaient. Aujourd'hui, les timbres du royaume de Sedang sont rarissimes car ils n'ont jamais servi à rien. La France n'ayant jamais reconnu ce royaume, les lettres furent systématiquement taxées par les postes coloniales françaises.

L'île aujourd'hui

Les promoteurs semblent avoir pris le relais des négociants au long cours dans cette île superbe. Sur le plan économique, Tioman bénéficie d'un statut spécial *duty free* dont on ne sait pas trop si c'est une chance ou une malédiction. Contrairement à ses sœurs du Nord (Perhentian et Redang), passablement amochées par une fréquentation touristique en pleine expansion, Tioman semble tirer son épingle du jeu. L'île est encore belle, l'eau claire, la forêt (presque) vierge. Pourvu que ça dure !

Quand y aller ?

Comme pour toutes les îles de la côte est, la meilleure saison court de mars à octobre, en évitant si possible le pic de juillet et août, d'abord parce qu'il y a beaucoup de monde, ensuite parce que le vent du sud apporte quelques

■ Adresses utiles

- **3** Banque BSN et bateaux-taxis
- **4** Cheers Souvenirs (location de vélos et de motos)

Où dormir ? Où manger ? Où boire un verre ?

- **10** Swiss Cottage
- **11** Babura Resort & Restaurant
- **13** Tioman Cabana
- **14** Berjaya Tioman Malaysia Resort et Delima Tomyam & Seafood Restaurant
- **15** Paya Tioman
- **16** Idaman Beach Holiday
- **17** Japamala Resort
- **18** Nipahnema et Nipah Chalet
- **19** Minang Cove Resort
- **20** Nazri's Place One, Mokhtar's Place, Rinda Café et My Friend's Place
- **23** Bamboo Hill
- **24** Nazri's Place Two
- **26** Ella's Place
- **27** Puteri Salang Inn
- **28** Salang Sayang Resort
- **29** Salang Dreams
- **31** Rainbow Chalets
- **32** Juara Beach Resort
- **33** Bushman Tioman

■ Clubs de plongée

- **10** Tioman Dive Centre et Freedive Tioman
- **21** Diveasia Tioman Island
- **22** et **29** B & J Diving Centre

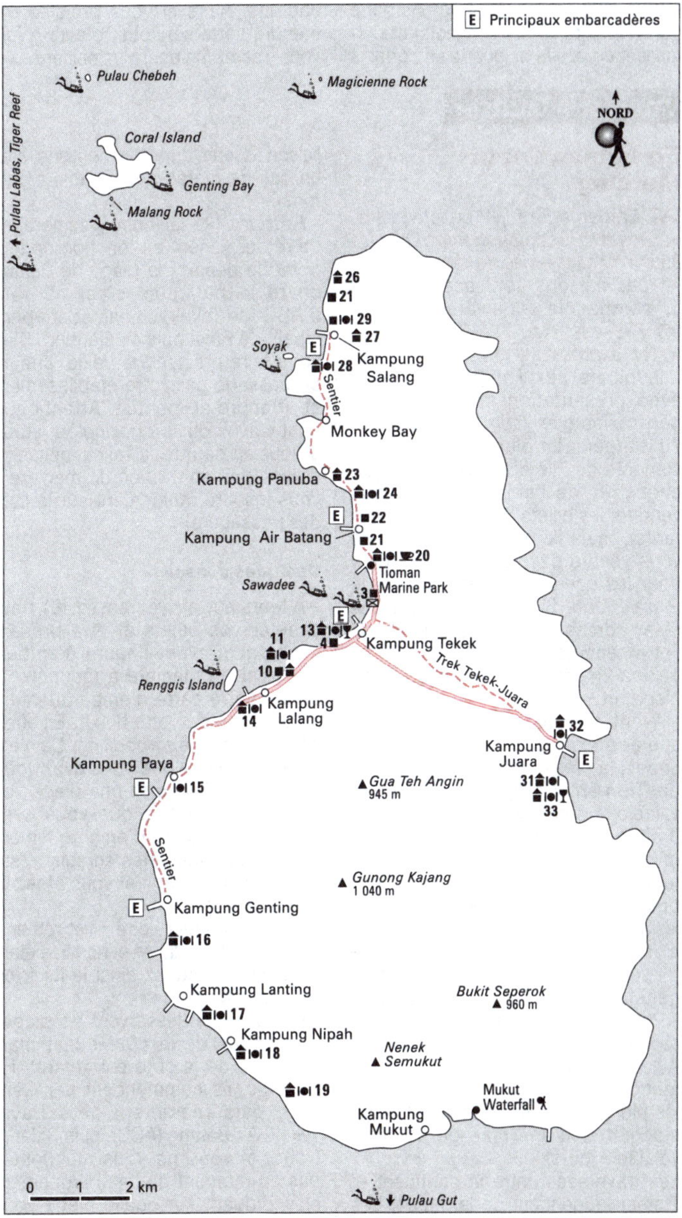

L'ÎLE DE TIOMAN

pluies qui amenuisent la visibilité dans l'eau (pour les plongeurs) et perturbent un peu la baignade en certains endroits. Alors si vous projetez d'y étendre votre serviette, d'avril à juin vous y serez (un peu) plus peinard...

Arriver - Quitter

En bateau depuis Mersing

Embarcadère (*jeti* ou *jetty*) : *il se trouve près du complexe Plaza D'Jeti, à 800 m du centre-ville de Mersing.*

➢ Les liaisons sont assurées par la compagnie *Bluewater Express* (*☎ 799-48-11 ou 799-85-18 • blue water_express@yahoo.com •*). Vente des billets aux *kaunters* n°s 8-10, avec présentation de son passeport obligatoire. Compter autour de 70 Rm/pers. La plupart des établissements de l'île disposent d'un guichet près de l'embarcadère. Tous vendent les billets de bateau (mêmes tarifs), mais ils essaieront aussi de vous vendre des nuits d'hôtel. Idem pour les agences installées dans le *Plaza D'Jeti.* Si vous avez déjà une résa, adressez-vous au guichet de votre hébergement. Durée du trajet : 1h30 à 2h entre le 1er point et le dernier arrêt.

- Avant d'embarquer, il faut payer une ***écotaxe*** de 20 Rm, réduc, destinée à la préservation du parc marin de Tioman. Daté, ce coupon est valable 3 jours consécutifs, il donne droit à la pratique du *snorkelling* (plongée avec palmes, masque et tuba) et bien sûr à la plongée avec bouteille ; il peut y avoir des contrôles une fois sur place, mais c'est rare, c'est pourquoi cette taxe est exigée à l'embarquement (les gens restant généralement 3 jours sur place).
- Pour les sites de plongée des îles proches de Mersing (cas de Besar, Aur, Libu, Tinggi et Permangal), qui font partie du parc national du Johor, les plongeurs avec bouteille devront s'acquitter d'une taxe de 200 Rm, valable 7 jours.

Les traversées entre le continent et Tioman dépendent de la marée. Les horaires sont fixés chaque mois.

- ***Aller :*** 1-3 liaisons/j. en saison. 1er bateau aux alentours de 6h-6h30 et dernier vers 17h30-18h. Une seule liaison assurée durant la mousson, sauf en cas de météo défavorable (vents forts).
- ***Retour :*** 1-2 liaisons/j., les horaires de retour varient en fonction de leur point de départ ; la plage de Salang ouvre le bal, puis c'est au tour d'ABC, de Tekek (embarcadère principal), de Paya puis de Genting. Bien vous faire préciser, la veille, l'heure de passage par votre établissement et attendre au ponton. Attention, il peut y avoir du *surbooking* au retour, si vous embarquez à Tekek, pensez à arriver bien en avance de manière à vous inscrire rapidement sur la liste des passagers.

Quelques conseils

- À Mersing, arrivez assez tôt pour acheter vos billets et être présent sur le quai avant l'heure d'embarquement de manière à récupérer à temps votre carte d'embarquement en échange de votre ticket. En effet, il y a pas mal de *surbooking.* Ce n'est donc pas parce que vous avez votre billet que vous aurez une place ; en revanche, une fois que vous avez obtenu votre carte d'embarquement et que vous vous êtes enregistré sur la liste des passagers, vous êtes sûr de partir.
- Inutile d'acheter votre billet retour à l'avance, car les dates et horaires étant fixes, vous perdriez ainsi le loisir de changer d'avis.
- Les bateaux desservent les plages principales de la côte ouest mais pas celle de la côte est (Juara). En principe, ils commencent par Genting, puis remontent vers Paya, Tekek, Air Batang (ABC), puis Salang. Donc, si vous ne vous manifestez pas au moment de l'embarquement en indiquant sur quelle plage vous voulez débarquer, vous risquez de vous retrouver à Salang, comptez alors 30 à 45 mn de plus. Au retour, les bateaux font le chemin inverse en

commençant par Salang.
– Pour le retour, on achète son billet soit auprès d'une agence, soit directement sur le ponton, avant le départ. L'heure de passage sur votre plage est fonction de l'état de la mer, du remplissage du bateau et de plein d'autres critères pas toujours compréhensibles. Là encore, on n'est jamais à l'abri d'un *surbooking.* Quelques cruches sont restées en carafe et ont dû repayer leur billet plein pot (humour, quand tu nous tiens !).
– À noter qu'il est inutile d'acheter de l'eau avant votre départ pour Tioman. On en trouve sur l'île sans problème, mais c'est pas donné.

En bateau depuis Tanjung Gemok

Port situé à 40 km environ au nord-est de Mersing (près de Padang Endau) et desservi (entre autres) par la compagnie de bus *Maju*. D'ici partent les ferries des compagnies *Bistari Gemilang Shipping* (☎ (09) 413-13-62). Mars-oct slt, 1 départ tlj à 11h du mat ; 2 liaisons/j. en période de vac scol. Et *Dragon Star Shipping* (● dragonstarshipping.com.my ●). Ces bateaux desservent les mêmes plages et dans le même ordre qu'au départ de Mersing. Sur place, quelques restos ouverts 24h/24 mais pas vraiment d'hôtels dignes de ce nom.

Comment se déplacer ?

➢ ***Par la route :*** il n'y a que quelques kilomètres de route revêtue au niveau du village de Tekek, entre le *Berjaya Tioman Malaysia Resort* et le Marine Park, soit environ 6 km.
– Une piste revêtue, uniquement accessible en 4x4 (ça monte raide, on peut toutefois s'y rendre en scooter), traverse l'île, de Kampung Lalang à Kampung Juara.
– On peut facilement louer des vélos à Tekek et auprès des *guesthouses* de Kampung Air Batang (ABC Beach).
– En revanche, pour aller à Kampung Juara, laisser tomber le vélo, à moins d'avoir des mollets dignes du vainqueur du Tour de France, mais ça peut faire l'objet d'un trek (voir « Balades à pied », plus loin).
➢ ***Par les sentiers pédestres :*** se reporter à la rubrique « Balades à pied », plus loin.
➢ ***En bateau :*** pas de liaison régulière entre les différentes plages. Il faut prendre un bateau-taxi. En principe, les tarifs sont indiqués près des embarcadères. Les *guesthouses* peuvent également vous en réserver un. Pas spécialement bon marché. Voici quelques idées de prix (toujours sur la base de 2 personnes, ce qui veut dire que si vous êtes seul, il faut payer pour 2 !) :
– depuis Tekek, compter env 30 Rm/pers pour Kampung Air Batang (ABC Beach) ; env 40 Rm pour Kampung Salang ; 55 Rm pour Kampung Genting ; 90 Rm pour Nipah ; 120 Rm pour Minang Cove et 150 Rm pour Mukut ou Juara ;
– depuis Kampung Salang, compter env 90 Rm/pers pour Kampung Genting ;
– depuis Kampung Air Batang (ABC Beach), compter env 30 Rm/pers pour Kampung Salang ou *Berjaya Tioman Malaysia Resort.*

Hébergement

Comme dans toutes les îles, l'atmosphère est très différente d'une plage à l'autre, d'où l'importance de bien choisir son site en fonction de ce que l'on recherche.
– Les prix indiqués correspondent à ceux de la haute saison (de mi-mars à mi-octobre) ; en basse saison, les réductions tournent autour de 15-30 % et peuvent atteindre 50 %. La plupart des hébergements sont fermés de novembre à fin janvier.
– Chaque hébergement possède en général un resto et propose de la plongée ou du *snorkelling* et vend des billets de bateau.

– Attention, durant les week-ends et les vacances scolaires malaisiennes et singapouriennes, tout risque d'être complet très rapidement et les prix grimpent prodigieusement.

Les plages de Tioman

Le sable n'y est pas aussi beau que dans les îles Perhentian ou Redang, et la plage souvent réduite à peau de chagrin. Certaines sont suraménagées, d'autres quasi désertes. En revanche, l'eau est d'une limpidité incroyable, et même à quelques mètres du bord, avec masque et tuba, on peut admirer de superbes poissons et coraux, souvent des petits requins parfaitement inoffensifs. Notez la poésie des noms des villages : *Kampung Tekek,* c'est le village « du lézard », *Juara,* celui « du poisson-chat », *Lalang,* celui « de l'éléphant ».

Les mouches de sable de Tioman

Pas de problème particulier sur le plan sanitaire, mais il faut malgré tout souligner la présence importune des mouches de sable (*sand flies* en anglais), qui sont de sales petites bestioles. Tout le monde se fait piquer et il y en a sur toutes les plages. Certains réagissent mal à ces piqûres, d'autres ne s'aperçoivent même pas qu'ils sont piqués. Ça gratte, mais c'est sans danger. Elles sont plutôt actives en fin d'après-midi. Si vous êtes sensible, un conseil : sur la plage, essayez d'être légèrement surélevé ! Prendre des cours de lévitation ou, plus simple et moins cher, avoir une chaise longue ou un hamac. Emporter un antihistaminique peut rendre service en cas de démangeaisons. Heureusement, les vilaines bébêtes ne sont pas toujours au rendez-vous, ça dépend de la lune, du taux d'humidité, etc.

Où plonger ?

À Tioman, les fonds sous-marins sont extrêmement variés. Coraux exceptionnels et poissons incroyables : balistes, poissons-perroquets, napoléons, raies à pois bleus, pastenagues, poissons-cochers, requins de récif, en saison des raies-mantas... Nombreux secs (pinacles rocheux) autour des îlots et plein de sortes de coraux. Les sept îlots autour de Tioman offrent d'excellents sites de plongée. Une trentaine de sites sont exploités, tous dans la zone des 10 milles marins autour de l'île principale.

La plongée se pratique de février à octobre ; le reste de l'année, les centres sont fermés en raison de la mousson. Les tarifs sont assez élevés, ce qui s'explique en partie par la proximité de Singapour et par la forte demande. Un conseil : plongez deux fois dans la même journée. Comptez 180-220 Rm pour deux plongées, matériel compris. Nous donnons, plage par plage, les clubs dans lesquels nous avons le plus confiance. Évidemment, que cela ne vous empêche pas d'aller vérifier par vous-même, les choses changent très vite dans ce domaine.

Enfin, ceux qui ne souhaitent pas plonger avec bouteille d'oxygène peuvent louer partout masque et tuba et pratiquer le *snorkelling.* Certains endroits de la côte sont absolument magnifiques, notamment les abords de l'îlot situé à 200 m au large du *Berjaya Tioman Malaysia Resort* !

Voici les principaux sites de plongée qui nous ont bien plu.

Pulau Chebeh *(- 28 m max)* **:** îlot au nord-ouest de Tioman. Il est constitué d'un chaos de roches tantôt formant un mur, tantôt ouvrant sur des passages et des grottes. Jardin géant de canyons de gorgones éblouissantes, coraux mous, fouets de mer. Faune semi-pélagique. Nombreuses variétés de thons, nudibranches, raies-mantas (en saison), raies pastenagues géantes et tortues. Un de nos sites favoris. Attention, il peut y avoir du courant en surface.

Magicienne Rock *(- 22 m max)* **:** au nord-ouest de l'île, à mi-chemin entre Tioman et ses îlots. Magie d'un très pur jardin de coraux durs et mous, autour de trois pinacles entre 5 et 15 m. Une faune peu habituée à voir du monde et donc qui reste curieuse de voir des hommes qui font des bulles. Parmi elle, grosses tortues vertes, mérous imposants, bancs de poissons-cochers, quelques requins de récif, des sérioles couronnées, vie riche et abondante...

Pulau Labas *(- 22 m max)* **:** un îlot avec lequel on joue, surnommé « le gruyère ». On passe dessous à de multiples endroits (une douzaine de passes) dans un agglomérat de rochers assez surréalistes. On voit toujours de la lumière, ce qui est assez impressionnant. Magique. Très belle plongée, encore une de nos préférées.

Tiger Reef *(- 22 m max)* **:** *plutôt pour les confirmés, en raison des puissants courants.* Il s'agit d'un sec en forme d'arc de triomphe naturel couvert de gorgones roses et bleues. Attention aux balistes titans, car ils gardent le site jalousement. Rencontre également avec des bébés barracudas, poissons-cochers, poissons-coffres...

Pulau Gut *(- 19 m max)* **:** île au sud de Tioman. C'est autour d'une sorte d'île aux pirates qu'on plonge. Un minitombant, une vie exubérante, mais uniquement des poissons de petite taille. C'est bien simple, on trouve de tout. C'est beau et ça suffit.

Sawadee *(- 30 m max)* **:** la plus belle des épaves pour la plongée. Il s'agit d'un bateau thaï de 22 m de long sur 7 m de large, coulé en 1985 par la tempête et sur lequel d'importantes concrétions se sont développées. Il offre un abri artificiel parfait aux bébés poissons de toute nature. Ainsi découvre-t-on des petits barracudas, des petites sardines, mais aussi de gros poissons-pierres et d'impressionnantes raies de temps en temps. Vraiment beaucoup de poissons ici.

Soyak wreck *(- 26 m max)* **:** Pulau Soyah est l'îlot situé juste en face de la *jetty* de Salang (on peut y aller à la nage car c'est un site prisé pour le *snorkelling*). Un peu à l'écart, on trouve l'épave d'un bateau de pêche couverte de coraux mous et, quand il y a du courant, de barracudas et de carangues.

Genting Bay *(- 24 m max)* **:** canyon de gorgones au sud-est de Pulau Tulai (Coral Island). Grande diversité de coraux assez exceptionnels autour desquels gravitent des poissons-perroquets.

Malang Rock *(- 15 m max)* **:** site de plongée au sud de Pulau Tulai (Coral Island). Une plongée peu profonde et facile qui permet d'observer toutes les variétés de coraux sur le même site. Tous les échantillons de coraux sont là, quasiment sur présentoir et en tête de gondole. On y croise aussi des tortues Un site également très fréquenté par les amateurs de *snorkelling*.

Renggis Island *(- 12 m max)* **:** îlot en face du *Berjaya Tioman Malaysia Resort.* Certainement la plongée la plus connue de Tioman, du fait de sa proximité avec la côte et de sa vie marine diversifiée. Pas la plus belle du secteur mais constitue, pour les confirmés, une excellente plongée de nuit. Également un beau site pour le *snorkelling*.

Balades à pied

L'île offre plusieurs possibilités de petits treks qui ne présentent pas de difficultés majeures.

Quelques conseils

– Prévoir suffisamment d'eau ; porter de bonnes chaussures fermées et, de préférence, des pantalons longs ou des guêtres pour éviter d'avoir les mollets éraflés (ce ne serait pas très glamour sur la plage...) ; un bâton est utile pour faire du bruit et faire fuir les éventuelles bébêtes. Éviter de poser les mains sur les troncs (il peut y avoir des plantes ou des insectes qui piquent...) ; enfin, ***c'est toujours mieux de ne pas partir seul.***

– Toutes ces randos peuvent être entreprises sans guide. Mais attention, mesdemoiselles ! Il est déconseillé de partir seules en brousse, comme il est préférable de prendre un guide ayant « pignon sur rue », c'est-à-dire un professionnel attaché à un hôtel ou à un club de plongée. Bref, un pro, et non pas le premier gugusse croisé sur la plage qui, lui, n'aura qu'une idée en tête... Il y a déjà eu des épisodes du genre qui se sont mal finis.

– Si vous possédez un smartphone ou une tablette, tâchez au préalable de télécharger la carte de l'île, vous pourrez utiliser le GPS de l'appareil pour vous positionner.

➢ ***La traversée de l'île, de Tekek à Juara :*** *7 km praticables pour des marcheurs de niveau moyen ; compter 2-3h pour l'aller.* Ceux qui souhaitent découvrir une nature vierge seront certainement déçus car le chemin suit un gros câble électrique, une canalisation d'adduction d'eau, et la dernière partie est revêtue (en même temps, on ne peut pas se perdre !). Néanmoins, le trek reste intéressant en raison des différents types de paysages que l'on traverse : jungle épaisse au début, clairsemée en altitude, arbres gigantesques dont certaines espèces sont attestées au crétacé moyen (il y a 120 millions d'années, notamment les *Diptérocarpacées*). On peut voir des macaques à longue queue, des lézards, des écureuils volants, des varans, le tout évoluant dans un univers de bambous géants, de bananiers et de lianes amoureusement entortillées autour des câbles électriques...
Pour débuter la balade, dépasser l'aéroport, au nord de Tekek ; après le pont, prendre la première à droite. Au bout de la route, bifurquer de nouveau à droite sur un tout petit sentier, juste avant la station d'épuration. Montée assez raide pour la première partie du trajet (nombreuses marches en béton). Ensuite, on suit, sur 3 km environ, la route qui mène à Juara. Du village, il est possible de trouver des voitures pour environ 140 Rm à 2 pour rentrer à Tekek.

➢ ***Balade vers le sud, de Tekek à Genting :*** *pour l'ensemble du parcours, compter env 3h de marche.* Pour débuter la balade, traverser le *Berjaya Tioman Malaysia Resort (carte, **14**)* en empruntant le sentier qui longe le golf ; poursuivre le chemin jusqu'à la dernière plage. De là, un autre sentier pénètre dans la jungle ; pas de difficulté, il suffit de suivre la ligne électrique. Après 20 mn environ, on arrive à un gros rocher. Là, prendre à gauche. Suit alors un passage pentu un peu délicat parmi quelques rochers, mais la plage de Paya est toute proche. Possibilité de manger au restaurant *Paya Tioman* (voir à Kampung Paya plus loin).
Pour aller jusqu'à Genting, emprunter le sentier qui grimpe dans la jungle, à l'extrémité sud de la plage de Paya, après le ponton. À Kampung Genting, on peut poursuivre vers Mukut, mais attention, ce dernier tronçon est souvent difficile à trouver, surtout en début de saison. Autrement, la plage de Genting est bien sympa pour se baigner. Et pourquoi ne pas faire du *snorkelling* ? La plupart des établissements proposent une virée de 3h environ. Mais dans ce cas, il faut les prévenir la veille (voir les coordonnées de l'adresse que l'on indique à Kampung Genting, plus loin). Il est ensuite facile de regagner Tekek (ou une autre plage) en bateau-taxi.

➢ ***Balade vers le nord, de Tekek à Salang :*** *en tout, compter 3-4h de marche.* On passe successivement par Kampung Air Batang (ABC Beach), Kampung Panuba et Monkey Bay. Chemin plus difficile au-delà de Monkey Bay, mais tout à fait faisable (toujours suivre la ligne électrique). Pour les détails, se reporter aux parties consacrées à chacune des plages, plus loin. Là aussi tout dépend de la saison, car en période de mousson, la nature reprend ses droits, ce qui fait qu'en début de saison la végétation est très présente et masque en partie le sentier.

Snorkelling

La plupart des *guesthouses* proposent des sorties *snorkelling.* En général, on réserve la veille et il y a deux départs par jour : vers 9h30 (retour à 13h30) et 14h30 (retour à 17h30). On enchaîne plusieurs sites : Coral Island, pause du midi à Salang, puis Malang Rock, Monkey Bay, Shark Point, Marine Park et Renggis Island. Compter env 100 Rm sur la base de quatre personnes minimum par bateau, masques et tubas fournis (mais pas souvent les palmes).
Si vous n'avez pas beaucoup de temps, le meilleur plan est de passer par le centre d'activités nautiques du *Berjaya Tioman Malaysia Resort.* Tous les après-midi entre 14h et 16h, départ à la demande vers l'île de Renggis, juste en face (on peut presque y aller à la nage). Un petit bateau vous dépose à proximité de l'île (il y a une plate-forme flottante), et quand vous en avez assez, vous faites des signes au capitaine pour qu'il vienne vous rechercher. À une cinquantaine de mètres au sud de l'île, vous y observerez des requins pointe noire, tandis que les récifs de coraux qui l'entourent sont magnifiques. Beaucoup de poissons. Compter 60 Rm par personne, transfert en bateau et matériel fourni (avec palmes cette fois, et souvent en meilleur état qu'ailleurs).

SUR LA CÔTE OUEST

KAMPUNG TEKEK

On aime bien Tekek, un vrai village, avec son école, sa mosquée, sa mairie... son petit aéroport (tout petit), et le soir les familles qui s'entassent sur leur scooter pour déguster ce plaisir qui consiste à pétarader sur les 6 km de chaussée revêtue qui séparent l'entrée du *Berjaya Tioman Malaysia Resort* de Marine Park. Bref, une vie qui rappelle qu'on est bien en Malaisie, ce qui manque un peu sur les autres plages. Il n'est pas rare de croiser de gros varans (ce sont des cousins de ceux de Komodo, mais ils sont plus commodes) dans la rivière qui glisse le long des maisons... et des routards aussi puisqu'il y a quelques bungalows au sud du village. L'endroit est de moins en moins prisé par les touristes, malgré une plage plutôt pas mal.

Adresses et infos utiles

Poste, argent, change

Prévoyez de changer votre argent avant d'arriver sur l'île, car les taux pratiqués ici sont très désavantageux.

■ ***Banque BSN*** (carte, **3**) **:** *en face de l'aéroport ; à côté de la poste. Lun-jeu 9h-16h45 ; ven 9h-13h, 14h30-16h45.* Distributeur acceptant carte *Visa* et *MasterCard.* Possibilité également de retirer de l'argent au guichet avec une carte de paiement. Service *Western Union.*

✉ ***Poste :*** *petit bureau en face de l'aéroport, à côté de la* BSN.

Transports

■ ***Location de vélos et de motos : Cheers Souvenirs*** *(carte,* ***4****), dans un* minimarket *qui fait aussi bureau de* *tabac. 019-976-92-85. Tlj 9h-22h. Env 5 Rm/h le vélo ; 15 Rm/h la moto.* Matériel pas toujours en état.

Bateaux-taxis (carte, **3**) : s'adresser aux « capitaines » qui papotent sous la petite pergola située à gauche de la passerelle quand on débarque à Tekek.

Où dormir ? Où manger ? Où boire un verre ?

De bon marché à plus chic (30-300 Rm / 7,50-75 €)

Tioman Cabana (carte, **13**) : *sur la plage, à côté du Coral Reef Holiday's. 013-717-66-77 (Sham) • tiomancabana@gmail.com • Prix moyens.* Dans une maison entièrement en bois pratiquement les pieds dans l'eau, des dortoirs de 4 lits avec ou sans clim et 2 chambres doubles ventilées. Sanitaires communs. C'est rustique, mais l'ambiance est plutôt cool même si les prix nous ont paru un peu surévalués. Côté papilles, une petite cuisine sans prétention, servie chaque soir accompagnée d'un live local (de 22h à minuit) par les gars du coin. L'endroit accueille les surfeurs en période de mousson (location de *boards* et de kayaks). Tenu par Sham, sympa comme tout et très impliqué dans la protection des coraux.

Babura Resort & Restaurant (carte, **11**) : *au sud de Tekek. ☎ 419-11-39. 017-718-46-63 (Mike). • baburaseaview.com • Ratisse large au niveau des prix, certains frôlent le top de la catégorie Chic, petit déj compris. CB acceptée (3 % en sus).* Les chambres les plus onéreuses, dans un bâtiment en dur, offrent le meilleur confort (vue sur la mer, clim et eau chaude, frigo et cafetière) mais ne cassent pas des briques. Les moins chères occupent un long bâtiment style motel américain, elles sont propres et peut-être un peu plus agréables, quoique... *Babura* possède également un resto dont les prix sont tout à fait raisonnables, qui change souvent de proprio mais dont l'emplacement en balcon sur la mer est idéal pour un dîner en amoureux.

Swiss Cottage (carte, **10**) : *à l'extrême sud de Tekek. ☎ 419-16-42. • swiss-cottage-tioman.com • Du top de la fourchette Prix moyens à Plus chic selon confort, petit déj compris. (capricieux).* Sous les cocotiers et les filaos, une quinzaine de bungalows en bois parmi les plus esthétiques de Tekek. Une petite dizaine d'entre eux possèdent la clim, les autres sont rafraîchis par la brise marine. Ventilo, moustiquaire et vue sur mer pour certains. On a bien aimé la cabane perchée dans un arbre, idéale pour se plonger dans un bouquin. Agréable coin détente où l'on sert le petit déj et où, quand le cagnard assomme, on peut siroter une petite bière. L'endroit dégage une bonne atmosphère. Accueil prévenant de Stella ou de sa belle-mère. Club de plongée et stages d'apnée. Un peu surfacturé quand même.

Clubs de plongée

■ ***Tioman Dive Centre*** (carte, **10**) : *hébergé par le Swiss Cottage. ☎ 419-12-28. • tioman-dive-centre.com •* Centre de plongée tenu par deux Anglaises. Sérieux.

■ ***Freedive Tioman*** (carte, **10**) : *hébergé par le Swiss Cottage. 017-588-52-88 ou 011-235-80-667. • info@freedivetioman.com •* Géré par Katrin et Stella, un centre agréé *Apnea Total* (*• apneatotal.com •*) qui propose de la plongée libre (en apnée) pour vous faire tutoyer les vertiges de la grande bleue. Basé sur la respiration et le yoga, un grand rendez-vous avec vous-même. Un peu chérot cependant.

À voir

Marine Park (Selemat Datang Ke Pusat Informasi) : *tt au nord de Tekek ; à 1,5 km env de l'embarcadère principal (on peut facilement y aller à vélo). En face de l'ultime jetty de la baie. En principe, tlj 8h-13h, 14h-17h (fermé ven 12h15-14h45).*

GRATUIT. Expo sur les fonds marins et quelques explications sur la vie aquatique autour de Tioman. Rien de bien sensationnel, les gens du coin viennent surtout y profiter de la clim.

VERS LE SUD DE TIOMAN

KAMPUNG LALANG

Le ***kampung Lalang*** est plus connu aujourd'hui sous le nom de ***Berjaya Tioman Malaysia Resort*** *(carte, **14**)*, du nom de l'hôtel qui occupe tout seul cette grande plage de plus de 3 km. ☎ *419-10-00.* • *berjaya hotel.com* • *Transferts assurés depuis l'embarcadère. À pied, compter 30 mn pour rejoindre Tekek ; sinon, prendre un taxi. Ouv mars-oct. Chalets 550-830 Rm selon taille et situation, super petit déj-buffet inclus ; suites bien plus chères. CB acceptées. (réception slt)* L'ensemble est plutôt réussi. Des bungalows, répartis sur un immense terrain en partie occupé par un golf. Le confort est au rendez-vous, quand bien même certains, de catégorie standard, mériteraient un petit coup de neuf. 3 piscines, 2 restos, un beau golf, terrains de tennis, location d'engins de plage et club de plongée, ceux qui veulent passer des vacances sans se casser la tête trouveront ici chaussure à leur pied. Pas vraiment routard, mais tellement reposant et l'un des meilleurs buffets « à volonté » de la côte est de la Malaisie...

Delima Tomyan & Seafood Restaurant *(carte, **14**)* **:** *devant l'entrée du Berjaya Tioman Malaysia Resort. 013-980-63-99. Tlj 7h-1h du mat (la cuisine ferme à 22h). Bon marché.* Si vous pouvez vous passer d'une bière, c'est ici qu'il faut vous attabler. Dans ce resto malais, les plats locaux sont bien cuisinés : salades, ragoûts, poissons et fruits de mer au barbecue pratiquement tous les soirs. C'est bon. Pas directement sur la plage contrairement à son concurrent d'en face, qui lui, sert de l'alcool mais dont les plats ne nous pas emballés.

KAMPUNG PAYA

Sur une belle plage coupée en deux par un grand ponton, une poignée d'hôtels plutôt chic, d'un rapport qualité-prix discutable, surtout fréquentés par des Singapouriens. L'endroit vaut bien une balade, mais guère plus. On y accède à pied à partir de Lalang ou de Genting (se reporter à la rubrique « Balades à pied » plus haut), sinon en bateau-taxi. Quelques restos et épiceries, un club de plongée.

Où manger ?

Paya Tioman *(carte, **15**)* **:** *petit resto situé entre le Paya Beach Resort et le ponton, à 150 m env en retrait de la plage, dans une clairière (emprunter le petit boardwalk qui enjambe les marigots).* Au menu, plats malais et chinois, ainsi qu'un accueil bien aimable. Prix très doux et excellent poulet au curry, entre autres.

KAMPUNG GENTING

Infrastructure hôtelière assez développée. On y trouve toute la gamme des prix et des services, des supérettes et clubs de plongée. Pas très sauvage. La partie de la plage au sud de la *jetty* est belle et longue, ombragée de filaos et de palmiers à huile. À l'extrême nord, un village de pêcheurs avec des baraques en bois, des hamacs et balançoires pendus aux arbres et de vieux rafiots amarrés au-delà du récif. Belle portion de plage bordée de cocotiers penchés comme autant de tours de Pise. Genting possède des hébergements de toutes catégories. La « station » est surtout fréquentée par les Chinois et les Singapouriens.

Où dormir ? Où manger ?

Idaman Beach Holiday *(carte, **16**) : à l'extrémité sud de la plage (partir vers la droite, une fois débarqué). ☎ (07) 799-18-03 (à Mersing) ou 419-70-48. • idaman_holiday@hotmail.com • Prix chic ; pas de petit déj.* Une petite quarantaine de chambres climatisées. Quelques-unes dans un bâtiment en dur et le reste sous forme de bungalows groupés 2 par 2. Ambiance laque glycéro, lino et ventilo, sanitaires corrects, sans plus, et pas d'eau chaude. Un peu cher tout de même, négocier ou opter pour un package complet. Gestion familiale.

KAMPUNG LANTING

Entre Genting et Nipah, l'accès se fait par la mer. Si vous choisissez ce coin, demandez au capitaine qu'il y fasse halte avant d'accoster à Genting, car l'arrêt n'est pas systématique.

Où dormir ? Où manger ?

Japamala Resort *(carte, **17**) : ☎ (03) 9212-03-72 ; résas à Kuala Lumpur : lun-ven 8h-17h ; sam 9h-18h. ☎ 419-77-77. • japamalaresorts.com • Accessible slt en bateau, ouv tte l'année. Compter 750-1 000 Rm pour un chalet ; 1 550-2 700 Rm pour une villa les pieds dans l'eau selon situation et saison ; réduc en période de mousson.* Au milieu d'une végétation foisonnante qui part à l'assaut de la colline, un ensemble de chalets et maisonnettes en bois sur pilotis parfaitement intégrés à leur environnement. Ici c'est la vie au grand air mais version luxe, dans un esprit ethno-chic où bois sombres et textiles aux couleurs vives font écho au vert émeraude de la jungle ambiante. Chez *Japamala* (partie I ou partie II, avec, en ce qui nous concerne, une petite préférence pour les chalets les plus anciennement construits), tout est superbe et l'on est chouchouté pendant tout le séjour. Piscine, spa, massages, tout y est fait, vous l'aurez compris, pour se payer une bonne tranche de vie facile. Un bar au bout d'un long ponton surplombe la mer, un moment de pur bonheur au coucher du soleil. Côté plaisirs, deux restos, un italien et un thaï vraiment excellent. Un vrai petit coin de paradis. Idéal pour un voyage de noces, par exemple.

KAMPUNG NIPAH & MINANG COVE

On ne le nie pas, la plage de Nipah est une de nos préférées à Tioman. Le chaos d'arènes granitiques qui la ferment vers le sud a beaucoup d'allure, la mangrove et la petite rivière à l'arrière donnent du charme à l'ensemble. La tranquillité est totale et l'absence de ponton la rend difficile d'accès (on est obligé de « beacher »). Ajoutez à cela l'absence de téléphone et de connexion internet, et vous avez la plage idéale pour une robinsonnade. Pour vous y rendre, descendre du ferry ou du *speed boat* à Genting et prendre un *sea-taxi*. Aucune trace de béton pour le moment. Tant mieux !
Minang Cove, elle, est carrément paradisiaque. Une seule structure lovée au pied de deux pains de sucre appelés Gunung Nenek Semukut, face à une plage grande

comme un mouchoir de poche mais absolument adorable. Entre ces deux plages, une tentative de destruction du paysage avec un alignement de chalets dans le pur style bungalows de chantier accolé à une autre structure *(Bagus Place Retreat)*, plus *eco-friendly* mais d'un mauvais rapport qualité-prix.

Où dormir ? Où manger ?

De prix moyens à chic (80-200 Rm / 20-50 €)

Nipahnema *(carte, **18**)* **:** *010-781-10-36. • nipahnema.com • Bas de la fourchette Chic ; repas env 15 Rm.* Une demi-douzaine de chalets ultra-basiques (ventilo, moustiquaire, eau froide) mais fort bien tenus car la patronne veille au grain. C'est le petit monde d'Hafiz et de sa femme Jana, jeune femme fondue d'écologie, descendue tout droit de son Allemagne natale. Situé un peu en retrait de la plage, un petit resto-bar qui compte peut-être parmi les plus beaux endroits du monde pour boire une bière bien fraîche. On l'aura compris, ici règne une ambiance baba-robinson qui tranche avec le reste de l'île. Pourvu que ça dure !

Nipah Chalet *(carte, **18**)* **:** *012-957-60-01. Bas de la fourchette Chic ; repas 15 Rm.* Une poignée de petits chalets tout ce qu'il y a de plus simple (ventilo et eau froide), posés sur le sable dont le tarif est un peu plus élevé que chez son voisin *Nipahnema*. Un lieu comme on les aime, même si c'est quand même assez destroy par endroits. Sinon, une petite paillotte de bric et de broc, les pieds dans l'eau, où l'on peut casser la croûte. Quelques hamacs sous les arbres. Que demande le peuple ?

Très chic (plus de 300 Rm / 75 €)

Minang Cove Resort *(carte, **19**)* **:** *entre Nipah et Mukut. ☎ (07) 799-73-72 (à Mersing). • minangcove.com.my • ½ pens slt : 250-400 Rm/pers selon confort.* Un lieu vraiment extraordinaire. Plage minuscule, végétation très présente. Ambiance sereine, sauvage et très léchée à la fois. Gérées par Tony, sujet britannique et instructeur PADI à ses heures, une vingtaine de chambres et 2 villas décorées avec beaucoup de goût, lumineuses et bien pensées. C'est confortable et tout est conçu pour qu'on y reste : spa, massage et une succulente cuisine de la mer. Le coin se prête à merveille à la découverte des fonds sous-marins. Le paradis existe, nous l'avons trouvé pour vous.

KAMPUNG MUKUT

Le plus gros village du sud de Tioman, avec ses maisons en bois brinquebalantes et ses quelques bateaux de pêche au mouillage. Mukut n'est pas vraiment un lieu où les touristes résident car les endroits pour dormir ne sont pas très engageants. À voir juste pour l'atmosphère. Pendant longtemps, Mukut fut, avec Nipah, la plage où les marins venaient se ravitailler. En effet, elle offre l'avantage d'être moins escarpée que les autres. De plus, un promontoire qui surplombe la petite crique domine le sud de l'île et fournit là un poste d'observation idéal. Enfin, plusieurs sources et cascades permettaient de faire provision d'eau douce.

À voir dans les environs proches

Mukut Waterfall (cascade de Mukut) **:** *le départ de ce trek est situé sur une petite plage à env 15 mn de marche à l'est du village, par un chemin côtier (demander). Puis un sentier bien balisé grimpe vers la cascade. Aucune difficulté. Compter*

15 mn de marche. La plupart des guesthouses de l'île proposent l'excursion. Min 5-6 pers par bateau, 2 départs/j., à 9h30 et 14h30, retour 3h plus tard. Ces vasques naturelles sont très agréables et s'étagent sur plusieurs niveaux. Peu profond et normalement sans danger. Il est possible de s'y baigner à condition d'y aller en début de saison sèche, mais prudence tout de même. Au fond du bassin central, on nous a affirmé qu'il y avait des écrevisses ! Nous, on n'a rien vu. Attention à vos petits petons.

VERS LE NORD DE TIOMAN

KAMPUNG AIR BATANG (ABC BEACH)

Cette plage, qui s'étend sur environ 1 km, reliée désormais au Marine Park par un petit sentier bétonné, est surtout connue sous le nom d'ABC. C'est le point de chute favori des petits budgets et des *backpackers.* Autant vous prévenir tout de suite, la plage proprement dite est réduite à une fine bande de sable au sud ; quant aux deux tiers nord, ce sont essentiellement des cailloux, et l'accès à la mer n'est pas confortable. L'arrière-plage est une succession de bungalows reliés les uns aux autres par un sentier bétonné. L'ambiance y est bien cool, la vie coule à une cadence toute tropicale, et il y a juste ce qu'il faut de restos et de modestes bars pour s'amuser sans faire trop de bruit ; néanmoins, on y est un peu les uns sur les autres au plus fort de la saison.

Où dormir ? Où manger ?

Gros avantage d'ABC, le logement est meilleur marché que dans le reste de l'île, même si les dortoirs ont tendance à disparaître au profit de bungalows avec air conditionné. Chaque adresse ou presque possède son resto.

Bon marché (30-80 Rm / 7,50-20 €)

Mokhtar's Place (carte, **20**) : *à côté de Nazri's Place One, env 15-20 mn de marche depuis Marine Park. 019-704-82-99. • mokhtarplace@gmail.com • Petit déj optionnel, servi à partir de 8h30. (10h-22h slt).* Tenus par la souriante Liza, une quinzaine de petits bungalows doubles ou triples, sans prétention, avec salle de bains (eau froide) et ventilo, très calmes et posés au bord d'une pelouse. Les 2 familiales possèdent même la clim. L'ensemble est aéré et bien entretenu. Un bon rapport qualité-prix et un accueil charmant.

My Friend's Place (carte, **20**) : *dans la partie sud de la plage, à côté de Mokhtar's Place. 019-789-48-13.* Une petite dizaine de bungalows ultra-basiques en bois, doubles ou triples mais avec l'essentiel (terrasse, ventilo, sanitaires et douche froide). La pelouse donne une impression d'espace. Également une petite épicerie. Une adresse qui fait l'unanimité auprès des routards du monde entier mais qui accuse un peu le poids des ans.

Rinda Café (carte, **20**) : *face à la mer, vers le milieu de la baie. Très bon marché.* Dès potron-minet, les femmes de ce tout petit resto s'activent à pétrir les *rotis canaï*. Idéales avec du miel pour un petit déj accompagné d'un café ou d'un thé. Mais faites comme les touristes malais : essayez-les à l'oignon, à la sardine, à la banane ! Bel endroit pour commencer sa journée.

De prix moyens à chic (80-200 Rm / 20-50 €)

Bamboo Hill (carte, **23**) : *le dernier au nord de la plage. ☎ 419-13-39. 019-952-43-92 (Ben) • bamboohillchalets.com • Résa vivement conseillée (6 bungalows slt). Chic ; même prix pour 2 ou 4. Pas de petit déj.* Jolis bungalows en bois accrochés à la falaise et littéralement mangés par le vert. Ils sont tous dotés d'une terrasse surplombant la mer pour admirer le coucher de soleil. Les familiales possèdent une cuisinette. Le tout rafraîchi par la brise de mer et un brasseur d'air pour découper vos rêves de clim en rondelles. Pas d'eau chaude. Une adresse au calme géré par Ben, dont la maman est anglaise.

Nazri's Place Two (carte, **24**) : *vers le nord de la plage. ☎ 419-13-75. 019-767-74-96 (Rosi). Resto ouv le soir slt. Bas de fourchette Prix moyens pour les basiques, Chic pour les doubles avec clim.* Vraiment bien entretenus, ces logements occupent un joli jardin descendant en pente douce vers la mer. Les prix font le grand écart selon la taille et le confort ; bien choisir son nid. Resto engageant agréablement surélevé pour profiter de la vue, plébiscité par ceux qui résident dans le coin. Une belle adresse.

Nazri's Place One (carte, **20**) : *à l'extrémité sud de la plage. ☎ 419-13-29. 017-490-13-84 (Koni). Très bon marché en dortoir (4 lits slt), Chic pour le reste des logements, petit déj compris.* Devant la plus belle partie de la plage, une adresse qui satisfera les personnes privilégiant le confort à l'ambiance (télé, frigo, clim, salle de bains avec eau chaude, et même un peu de pression dans la douche, c'est tout dire...). Au total, une quarantaine de chambres réparties sur 2 niveaux dans 2 bâtiments entourant un large espace vert. Les petits budgets trouveront quand même à se loger (mais sans petit déj), puisque cette adresse dispose d'un dortoir de 4 lits avec sanitaires à partager. Dommage que l'accueil de Koni soit à ce point blasé.

Clubs de plongée

■ **B & J Diving Centre** (carte, **22**) : *☎ 419-12-18. • divetioman.com • Env 240 Rm/pers la formule à la journée.* Club sérieux labellisé PADI 5 étoiles qui propose une formule intéressante : 2 sorties plongée, un peu de *snorkelling*, le repas et les boissons. Petite piscine d'entraînement. Possède un autre bureau à Salang.

■ **Diveasia Tioman Island** (carte, **21**) : *☎ 419-16-54 ou 419-50-17. • diveasia.com.my •* Sérieux et compétent, ce *PADI Center* possède un autre bureau à Salang. Instructeurs français en saison.

KAMPUNG PANUBA

Jolie petite plage de 100 m de long environ et lovée au sein d'une crique bordée de rochers. On l'atteint en bateau-taxi ou en 15 mn de marche depuis Air Batang à travers la jungle (sentier bien tracé et sans difficulté). Sur place, un *resort* qui sombre dans les profondeurs en raison d'une gestion calamiteuse. On évitera d'y résider. De Kampung Panuba, en poursuivant le sentier qui longe la côte vers le nord, on accède à de petites plages sauvages (donc pas très entretenues) où il n'y a pas grand-monde puis à Monkey Bay (voir ci-dessous). Nombreux sites de *snorkelling* tout le long du parcours.

MONKEY BAY

Elle est en fait constituée de deux criques. Depuis Kampung Panuba, on accède à la première plage en 45-50 mn de marche à travers la jungle (pas de difficulté majeure mais, bien entendu, prévoir des chaussures fermées). Si vous voulez juste paresser sur du sable blanc, profiter du calme et vous enivrer d'un parfum de paradis, inutile d'aller plus loin.

Pour atteindre la deuxième crique (c'est elle qui est connue sous le nom de Monkey Bay), il faut poursuivre pendant 20-30 mn vers le nord. Le sentier débute à l'extrémité nord de la première plage. Cette deuxième crique est propice au *snorkelling* : les coraux sont vivants, les poissons très divers et l'eau est peu profonde. Un véritable délice ! De Monkey Bay, on peut rejoindre Kampung Salang en 1h30 environ de marche, toujours dans la jungle. Cette partie est moins fréquentée (suivre le câble électrique). Attention aux singes chapardeurs, ne vous promenez jamais avec de la nourriture en évidence, ni même un simple emballage dans lequel de la nourriture a été stockée car les macaques ont l'odorat fin !

KAMPUNG SALANG

Située au nord de l'île, à environ 3h de marche de Kampung Air Batang (ABC Beach), Salang est une petite station balnéaire dont la plage est grande et agréable mais difficilement « baignable » à marée basse en raison de la présence de rochers. Le village en lui-même est assez fouillis. On y trouve néanmoins quelques adresses pour séjourner, mais c'est nettement moins typique que sur les plages isolées du sud de l'île.

Où dormir ? Où manger ?

De prix moyens à chic (80-200 Rm / 20-50 €)

Ella's Place (carte, **26**) : *à 10 mn à pied du débarcadère, au nord de la plage ; traverser le complexe du* Salang Beach Resort *pour y accéder.* ☎ *419-50-04. Ouv tte l'année. Entre bon marché et prix moyens pour les chambres ventilées, chic pour celles avec clim.* *(resto slt).* On a un petit faible pour cette adresse légèrement excentrée et donc au calme. Face à un bout de plage et entourée d'un jardinet presque coquet, bungalows (pour 2 à 3 personnes) avec terrasse, ventilo ou clim, douche froide pour tout le monde. Quelques hamacs pour se balancer entre 2 cocotiers au-dessus du sable. Une sympathique affaire familiale qui propose aussi des sorties *snorkelling* vers *Coral Island.*

Puteri Salang Inn (carte, **27**) : *à 300 m env en retrait de la plage, de la* jetty, *prendre à droite jusqu'au centre de plongée* Azmi, *puis à gauche le petit sentier bétonné.* ☎ *(07) 799-13-99 (à Mersing).* 📱 *013-746-01-15. Bon marché pour les chambres ventilées, prix moyens pour celles avec clim. Pas de petit déj mais café et thé à dispo.* Les chalets en bois font presque la ronde autour d'une belle pelouse. L'endroit est en retrait de la kermesse du front de plage, et ce n'est pas plus mal pour faire une petite sieste. La plupart sont prévus pour 3 et possèdent la clim (3 seulement avec ventilo, donc moins chers). Douche à température ambiante. L'ensemble est propre, bien tenu, et les prix sont franchement raisonnables. Une adresse sans prétention qu'on aime bien. Accueil gentil.

Salang Sayang Resort (*ou* Zaid's Place *; carte,* **28**) : *à l'extrême sud de la plage.* ☎ *419-50-20.* 📱 *013-740-03-18 (Chilly)* • *salangsayang@hotmail.com* • *Ouv tte l'année. Prix moyens pour les chambres ventilées, chic pour celles climatisées. Attention, les prix augmentent nettement le w-e.* *(au resto slt).* Resort situé devant la plus belle plage de la baie. Les bungalows les moins chers donnent à l'arrière sur un jardin, les plus cossus sont perchés sur les hauteurs, juste au début du sentier menant à Monkey Bay (belle vue). Les autres font la nique aux crabes le long de la plage. Tout ça serait parfait si l'entretien général n'accusait pas le poids des ans (voir plusieurs chambres avant de se décider). Mais dans l'ensemble, le rapport qualité-prix est convenable. L'adresse possède aussi un resto face à la mer.

Salang Dreams (carte, **29**) : *juste à gauche de la* jetty. ☎ *419-50-40. Prix moyens.* Resto-bar où il fait bon traîner, boire un coup, grignoter une omelette, un pancake ou un sandwich. Bien pour les petits creux et pour les petits déj. Terrasse.

Clubs de plongée

■ ***Diveasia Tioman Island*** *(carte,* ***21****)* **:** *à côté d'Ella's Place. ☎ 419-50-17.* C'est l'annexe du club qui se trouve sur ABC Beach.

■ ***B & J Diving Centre*** *(carte,* ***29****)* **:** *☎ 419-55-55.* C'est l'annexe du club qui se trouve sur ABC Beach. On y trouve des instructeurs français de mai à septembre.

SUR LA CÔTE EST

KAMPUNG JUARA

Très joli coin, isolé et intime. Un peu moins de monde que sur les autres plages, même si désormais une route praticable en 4x4 et en scooter relie le village de Juara à celui de Tekek. Les bateaux de ligne n'y accostent pas. Il faut donc descendre à Tekek, puis reprendre un 4x4 (compter environ 15 mn et 140 Rm pour 2 personnes l'aller simple). En prévenant à l'avance, l'établissement dans lequel vous souhaitez loger viendra vous chercher au port de Tekek. Pas grand-chose à faire ici en dehors du farniente, de la baignade et du surf en période de mousson (les plus belles vagues de Tioman).
Le *Juara Turtle Project* *(☎ 419-3244 ; 📱 017-438-30-38 ; • juaraturtleproject.com •)* est situé sur la 2e plage (prendre le petit sentier bétonné qui part sur la gauche en sortant de la *jetty*). Les responsables de l'écloserie sensibilisent sur la nécessité de protéger les tortues marines *(tlj 10h-17h, visites 2 fois/j., le mat et l'ap-m ; durée 45 mn ; tarif 10 Rm/pers).*

Où dormir ? Où manger ? Où boire un verre ?

Une dizaine d'hébergements pas chers mais souvent assez mal entretenus.

🏠 🍽 🍷 ***Bushman Tioman*** *(carte,* ***33****)* **:** *au sud de la plage, après les Rainbow Chalets (y aller en longeant la mer, c'est plus rapide). ☎ 419-31-09. 📱 013-781-00-05. • matbushman@hotmail.com • Cuisine fermée 15h-19h. De bon marché à prix moyens.* Ermitage un peu bohémo-rasta, dégageant une bonne atmosphère. Mat, le proprio, propose des cabanons climatisés, possédant une bonne literie. Tout est nickel. Au resto, quelques plats locaux, à faire passer avec une bonne bière fraîche détaxée, donc bon marché. La vie cool, quoi !

🏠 🍽 ***Rainbow Chalets*** *(carte,* ***31****)* **:** *au sud de la plage (à droite de la jetée en regardant la mer). ☎ 419-31-40. 📱 012-989-85-72. • rainbow.chalets@ymail.com • De bon marché à prix moyens. Pas de petit déj.* Ces chalets mignonnets, plantés dans le sable, ont une allure « cabane de pêcheur » qui n'est pas pour nous déplaire. Conçus pour 2, voire 3 personnes, ils possèdent tous une salle de bains. Pratiquement tout le monde se douche à l'eau chaude et s'endort au ronronnement du climatiseur. Les budgets serrés choisiront le seul qui ne soit pas pourvu de la clim, et pour eux, ça sera eau froide et ventilo. Un bon plan routard, d'autant plus qu'il est ouvert en période de mousson et que l'accueil de Fiza, qui tient la boutique familiale, est très gentil, quand bien même on ne lui voit que les yeux.

🏠 🍽 ***Juara Beach Resort*** *(carte,* ***32****)* **:** *au nord de la plage, à gauche de la jetée en regardant la mer. 📱 019-710-69-91. • juarabeachresort@yahoo.com • De prix moyens à chic.* Petits « chalets suisses » en bois rouge, plantés 2 par 2 en vis-à-vis tout autour d'un petit gazon. Grands ou petits, ils offrent un confort très au-dessus de la moyenne. Planchers bois, édredons colorés, clim, TV, salle de bains avec eau chaude... Ceux qui veulent une vue, choisiront l'une des chambres dans le bâtiment en dur situé près du resto. La maison propose même des forfaits à bon prix. Quant au resto, paraît qu'on y mange bien.

DEPUIS L'ÎLE DE TIOMAN

Excursions en bateau

➢ ***Excursions vers Pulau Tulai (Coral Island) :*** *la plus prisée des excursions. Ttes les guesthouses la proposent. Selon le point de départ, compter env 90 Rm/ pers. Min 4 pers par bateau. En général, l'équipement de snorkelling est fourni. Apporter son pique-nique.* Sable aussi blanc qu'aux Seychelles et très propre, eaux d'une limpidité incroyable. *Snorkelling* extra et plongée avec bouteille de qualité (voir les textes sur nos sites de plongée). Essayer d'y aller avant tout le monde, quitte à affréter son propre bateau pour une heure ou deux, car en saison, ça embouteille fort au-dessus des coraux dès 9h30 !

➢ ***Le tour de l'île :*** *là aussi, tt le monde vend cette balade. Compter 150 Rm/ pers. Min 6-8 pers par bateau. Éviter les embarcations surchargées.* Plusieurs arrêts pour se baigner et faire du *snorkelling.* Mais la balade tourne rapidement au tape-cul, car la côte orientale de Tioman est souvent balayée par un puissant thermique. De plus, c'est entre Nipah et Mukut que l'île est la plus jolie vue de la mer, tant et si bien qu'en faire le tour n'apporte pas grand-chose de plus, finalement.

➢ ***Pêche en mer :*** *s'adresser aux gars qui chassent le touriste devant l'entrée du Berjaya Tioman Malaysia Resort, à Kampung Lalang. Compter bien 900 Rm pour un bateau à la journée selon capacité (4-10 pers), carburant compris, mais on vous conseille de négocier et ferme.* Ici, on taquine le mérou loutre *(crapou)* ou la cohana delagoa *(kerisi),* un poisson que l'on attrape aussi vers Djibouti.

LES AUTRES ÎLES : PULAU RAWA, PULAU BESAR ET PULAU SIBU

IND. TÉL. : 07

De mars à octobre, ces îles sont desservies depuis Mersing (en dehors de cette période, votre hébergeur, s'il est ouvert, affrétera un bateau). On peut aussi visiter celles situées le plus près de la côte sous forme d'une excursion à la journée à partir de la *jetty* de Mersing. De nombreuses agences de Mersing la proposent. On effectue trois arrêts sur des îles différentes pour explorer les fonds sous-marins, se promener, prendre son temps... Le prix inclut en général le prêt de palmes, masque et tuba, un guide parlant l'anglais et le déjeuner (pique-nique sur une des îles).
– Les plongeurs devront s'acquitter d'une écotaxe de 200 Rm valable 7 jours.

PULAU RAWA

Minuscule bout d'île à une quinzaine de kilomètres au large de Mersing. Cette île privée appartient à la famille royale.
➢ ***Pour y aller :*** depuis Mersing, bateaux du *Rawa Island Resort,* à condition de loger sur place, inclus dans le prix de la chambre. Trajet : env 30 mn.

Où dormir ? Où manger ?

Rawa Island Resort : *s'adresser au Rawa Island Office à Mersing, sur la gauche de l'embarcadère (résa indispensable). ☎ (07) 799-12-04. • rawaislandresort.com • Congés : déc-janv. Selon confort, compter 570-800 Rm/pers en pens complète (obligatoire) sur la base d'une double, A/R en bateau inclus. Les tarifs chutent dès la 2e nuitée mais sont majorés en période de vac scol. CB acceptées.* Une série de bungalows en bois posés dans un cadre paradisiaque. Il est strictement interdit de pique-niquer sur l'île... Vous êtes donc obligé de manger au resto, qui est au diapason du prix des chambres.

PULAU BESAR

Cette île est la plus proche des côtes (à 13 km). Un merveilleux havre de paix : 4 km de plage et seulement quelques *resorts*. On peut y admirer les seuls coraux phosphorescents de l'archipel. À l'instar de Koh Lantah en Thaïlande, Pulau Besar a été le théâtre de jeux TV de survie (genre Robinson Crusoé en maillot de bain).

➢ ***Pour y aller :*** 1 bateau/j. depuis Mersing. Compter près de 110 Rm/pers l'A/R. Trajet : env 20-30 mn. Sinon affréter un bateau pour Besar coûte env 600-700 Rm (capacité 10 pers).

Où dormir ? Où manger ?

Aseania Resort : *☎ 799-41-52. • aseaniapulaubesar.com • Dispose d'un kiosque à Mersing. Bungalows indépendants, avec AC et eau chaude, 450-620 Rm/pers selon confort et vue, petit déj et traversée bateau compris. Sur Internet, nombreuses promos de dernière minute, parfois jusqu'à 50 % du prix affiché (résa en ligne possible sur leur site).* Une cinquantaine de villas en bois. Vue sur le large pour les plus chères. Grande piscine pour ceux qui se lasseraient de la mer. Très bon entretien.

D'Coconut Resort : *☎ (03) 4252-66-86 (résas à Kuala Lumpur). • dcoconut.com • Dispose d'un kiosque à Mersing. Bungalows 210-340 Rm pour 2 selon confort ; petit déj compris.* Encore un bel établissement disposant d'une belle piscine, mais un peu moins intimiste que le premier en ce qui concerne les chambres de la *longhouse*. Quelques problèmes d'entretien, aussi.

PULAU SIBU

Petite île paradisiaque encore à l'état presque vierge, à une quarantaine de kilomètres au sud de Mersing, de 6 km de large sur 1 km de long. Sable doré à perte de vue. Au large, vous apercevrez peut-être les *kelongs,* sortes de plates-formes sur lesquelles les pêcheurs déchargent et cuisent les anchois.

➢ ***Pour y aller :*** les bateaux pour Pulau Sibu partent du petit port de Tanjung Leman, situé à 45 km au sud de Mersing. Pas de ligne régulière, se renseigner auprès des établissements de l'île qui assureront le transfert. Compter env 90 Rm/pers l'A/R et 20 mn de traversée. Pour se rendre à Tanjung Leman depuis Mersing, prendre un bus pour Johor Bahru et descendre à Tengaru. Ensuite, poursuivre en taxi. Mais si on ne veut pas s'embêter, prendre un taxi à Mersing.

Où dormir ? Où manger ?

Hébergements chers. Certains ne fonctionnent qu'en pension complète. Une jungle sépare les 2 hôtels, une belle balade d'une vingtaine de minutes.

Sea Gypsy Village : *dans le nord de l'île. ☎ (07) 222-86-42 pour les résas (lun-ven 9h30-17h). • sibure sort.com • Compter env 270 Rm/pers en pens complète sur la base d'une double dans un chalet standard.* Bungalows spacieux et très propres avec une belle plage. Accueil gentil et attentionné. Resto correct.

Rimba Resort : *à l'extrême nord de l'île. 012-710-68-55. • resortma laysia.com • Ouv du Nouvel An chinois à fin nov. 280 Rm/pers en pens complète sur la base d'une double dans un chalet standard.* *Kampung* typique dans la jungle ; une vingtaine de *cottages* sur pilotis et bar sympa. *English breakfast* et cuisine maison délicieux. Le tout à l'abri des palmiers, avec vue imprenable sur le lagon... L'accueil y est particulièrement agréable. Mais attention, la plage n'est pas accessible, il faut aller sur la plage du *Sea Gypsy Village* pour se baigner.

JOHOR BAHRU

800 000 hab. IND. TÉL. : 07

Qui se souvient encore que Johor Bahru abritait le foyer de la culture malaise classique ? Aujourd'hui, la capitale de l'État de Johor, ville-frontière aux portes de Singapour, est une grosse agglomération moderne et sans charme. En semaine, ce sont près de 30 000 motos et motocyclettes chevauchées par des Malaisiens qui franchissent la frontière pour aller travailler dans la prospère cité-État. Le week-end, c'est l'inverse : des dizaines de milliers de Singapouriens déferlent alors sur les centres commerciaux locaux (embouteillages garantis). Pour la plupart des voyageurs, la ville n'est qu'un simple carrefour routier, une formalité. Il faut dire que le centre n'est guère attrayant, même si, à l'ouest, dominant le bras de mer, s'étendent des quartiers plus aérés et verdoyants, souvenirs de l'époque coloniale. Si vous êtes avec des enfants, on y trouve aussi deux parcs d'attractions : Legoland et le parc de Hello Kitty !

LIBERICA, LE CAFÉ DE L'OPIUM

Peu de gens le savent, mais la Malaisie produit une variété de café unique, le liberica, *surnommé «* elephant beans *» à cause de la grosseur de ses grains. Cultivé dans l'État de Johor, il ne représente que 0,01 % de la production mondiale. Mais le plus surprenant, c'est que, depuis les années 1930, il est torréfié avec les ingrédients suivants : beurre ou margarine, sucre, sésame, maïs doux ou blé, et même parfois du sel ! Pourquoi ? Pour renforcer son goût – à cause de l'opium qui, ravageant les esprits au début du XXe s, provoqua aussi un phénomène d'agueusie chez ceux qui le consommaient, c'est-à-dire la perte du goût.*

Arriver – Quitter

En bus

La ville compte 2 gares routières : celle de *Kotaraya II,* au centre, d'où partent surtout des bus vers la périphérie de Singapour, et celle de *Larkin,* à 5 km au nord, pour le centre de Singapour et toutes les liaisons nationales. 3e option pour ceux qui vont à Singapour ou en arrivent : prendre le bus (ou le quitter) à la douane malaisienne, située au centre-ville. De nombreuses agences de Singapour proposent des bus directs pour les villes de Malaisie (voir « Quitter Singapour »), ce qui n'exclut pas les formalités de passage à la frontière, évidemment. Plus cher, mais plus pratique que de transiter par l'une des gares routières de Johor Bahru.

Larkin Bus Terminal : *Jln Garuda, à 5 km au nord-ouest du centre.* ☎ *223-50-17 ou 221-47-91. De nombreux bus locaux indiquant Larkin s'y rendent depuis* City Square, *au centre-ville ; dans l'autre sens, prendre un bus urbain.* Sur place : petit kiosque d'informations à côté du McDo (pas toujours ouvert...), bureaux des compagnies de bus, change, distributeur et nombreux stands pour manger sur le pouce. Les bus longue distance se trouvent au fond du terminal.

➢ ***De/vers Singapour :*** bus env ttes les 15 mn à 1h, 24h/24. Le bus n° 170 (plaque rouge), le moins cher, part même ttes les 10-20 mn 5h20 (5h30 w-e)-0h30 pour Queen Street à Singapour. Autre option avec *Causeway Link (• causewaylink.com.my •),* ttes les 15-30 mn 4h30-23h. Durée : env 1h. ***Attention,*** au passage de la frontière, prenez bien vos affaires avec vous : les bus n'attendent pas et on prend le prochain qui passe... C'est prévu comme ça. N'oubliez pas avec quelle compagnie vous voyagez, ce n'est pas toujours marqué sur le ticket !

➢ ***De/vers Mersing :*** bus ttes les 2h env avec *Transnasional (☎ 019-754-41-82), Causeway Link (• causewaylink.com.my •)* et *S&S International (• ssinternational.com.my •).* Durée : 2h30.

➢ ***De/vers Malacca :*** bus ttes les 2h env tlj 8h-20h avec *Jebat Ekspress, Mayang Sari Express (• mayangsariexpress.com.my •)* ou encore *KKKL (• kkkl.com.my •).* Durée : 2h30.

➢ ***De/vers Kuala Lumpur :*** départs 24h/24, en moyenne ttes les heures, avec quasiment ttes les compagnies présentes au terminal... Durée : env 4h.

➢ ***De/vers Tanah Rata (Cameron Highlands) :*** slt 2 bus/j., mat et soir, avec les compagnies *L.P.M.S. Express (☎ 07-222-28-58)* ou *707 Express.*

➢ ***De/vers Butterworth (Penang) :*** slt 2 bus/j., mat et soir, avec *Pacific Express* et *Sri Maju.*

Kotaraya II Bus Terminal : *Jln Trus, dans le centre, non loin de la gare ferroviaire* J.B. Sentral.

➢ ***Pour Singapour :*** attention, la plupart des bus partant d'ici desservent des secteurs périphériques de Singapour : notamment Jurong East (bus n° 160), Kranji MRT Station (bus n° 170X) et Woodlands (bus n° 950), d'où il vous faudra prendre un autre bus ou le réseau du métro. Donc ne sautez pas dans un bus à l'aveugle, vous vous retrouveriez n'importe où ! *Transtar* propose un service direct *(TS1)* pour l'aéroport de Changi, ttes les heures 5h-21h depuis JB, 8h15-23h15 de Changi.

En taxi collectif

On en trouve sur le côté du *Larkin Bus Terminal.* Les taxis locaux sont rouges, les longue distance bleus. Tarifs affichés mais parfois pas très à jour (valables pour 3 personnes et négociables).

En train

J.B. Sentral : *la gare, située au centre-ville, entre Jln Tun Abdul Razak et Jln Jim Quee, est reliée d'un côté au centre commercial* City Square *et de l'autre à la douane malaisienne.* ☎ *223-47-27 ou 1-300-88-5862.* • *ktmb.com.my* •

➢ ***De/vers Singapour :*** env 10-12 trains/j. pour Woodlands. Trajet : 5 mn. Pas cher et peut faire éviter les embouteillages du Causeway le week-end, mais il faut ensuite prendre le bus puis le métro pour rejoindre le centre de Singapour...

➢ ***De/vers Kuala Lumpur et la côte ouest :*** en principe, 3 trains/j., avec changement à Gemas. Trajet : env 6h40.

➢ ***Pour Jerantut et Kuala Lipis :*** 1 départ/j. Trajet : 9h30-10h30.

En ferry pour l'Indonésie

➢ Environ 5-6 liaisons/j. ***pour Tanjung Pinang*** et une dizaine pour

Batam, sur l'archipel de Riau au sud de Singapour, face à Sumatra. Compter environ 2h de trajet. De là, il faut reprendre un ferry. C'est long, compliqué, mais c'est toujours moins cher que l'avion. Embarquement au *Johor Bahru International Ferry Terminal (JBIFT),* au bout de la Jalan Ibrahim Sultan, au sud-est de la ville. Infos auprès de la compagnie *Tenggara Senandung Sdn Bhd (☎ 221-16-77).*

En avion

✈ ***Aéroport Sultan Ismail*** (Senai Airport) **:** *il est situé à 30 km au nord-ouest de Johor Bahru, ☎ 599-45-00.* • *senaiairport.com* • Sur place : banque, distributeurs et bureau de change, consigne en libre service (casiers) et comptoirs de compagnies de location de voitures *(Hertz, Orix, Delta...).* Pour rejoindre Johor Bahru, bus *Causeway Link* (• *causewaylink.com.my* •) ttes les 1-2h env 6h10-23h45 pour la gare routière de *Larkin.* Compter 8 Rm. Changement pour poursuivre vers Singapour. En taxi (comptoir à la sortie de l'aéroport pour acheter son coupon), compter 40-50 Rm.

➢ ***Pour Kuala Lumpur :*** 3-4 vols/j. avec *Malaysia Airlines* pour le KLIA, 3 vols/j. pour l'aéroport de Subang avec *Firefly* et 2 vols/j. avec *Air Asia* (mat ou soir très tard) vers le *LCCT.*

➢ ***Pour Penang :*** 2 vols directs/j. avec *Air Asia,* mat et soir.

■ ***Malaysia Airlines :*** Johor International Convention Centre, *derrière la grande tour de la* Public Bank, *dans le centre. ☎ 334-10-01 ou ☎ 1-300-88-30-00. Accès par la rue en pente (Jln Salim) depuis Jln Trus (repérez le gros* KFC*). Lun-ven 8h30-17h30.*

■ ***Firefly :*** Johor International Convention Centre, *level 2. ☎ 598-64-88.* • *fireflyz.com.my* • *Lun-sam 8h30-17h30 (13h30 sam).*

En voiture de location

Attention aux panneaux peu clairs. Demandez votre direction avant de sortir de la ville, car on se trompe facilement de sortie. Si vous avez décidé de faire une petite virée à Singapour, sachez que, en principe, c'est interdit avec une voiture de location prise en Malaisie !

Adresses et infos utiles

Infos touristiques

ℹ ***Tourism Malaysia :*** *dans le* JOTIC (Johore Tourist Information Centre) *au niveau 3, Jln Ayer Molek. ☎ 222-35-90.* • *tourismmalaysia.com.my* • *Lun-jeu 8h-13h, 14h-17h ; ven 8h-12h15, 14h45-17h.* Pas mal d'informations sur l'État de Johor, mais pas de plan un peu détaillé de la ville... *Autres bureaux juste après la douane en arrivant de Singapour (tlj 9h-18h) et à la gare ferroviaire (mêmes horaires, mais pas très efficace).*

ℹ ***Johor Bahru Visitor Centre :*** *dans le* JOTIC *au niveau 3. ☎ 223-49-35 ou 224-99-60.* • *tourismjohor.com* • *Tlj sf dim 8h-16h30 (12h30 sam).* Infos sur la ville.

Argent, change

■ Quelques ***money changers*** sur Jalan Meldrum, là où se trouvent les hôtels, mais le taux n'est pas extraordinaire. Mieux vaut changer à la gare ferroviaire, où l'on arrive en sortant de la douane (comparez, certains sont meilleurs).

■ ***Maybank :*** *au pied du* City Square Complex, *face au* Citrus Hotel. Change et distributeur automatique.

Poste et télécommunications

✉ ***Poste :*** *Jln Dato Onn, derrière Jln Ibrahim, parallèle au détroit. Lun-sam 8h30-17h.*

@ ***East Point :*** *au 4ᵉ étage du complexe commercial* City Square, *près de l'escalator menant au 5ᵉ. Tlj 10h30-21h30. Plusieurs accès sur Jln Meldrum aussi, comme au* Pusat Internet Meeting Point *ou à l'hôtel* Hanyasathu *(24h/24).*

Où dormir ?

Johor Bahru n'est pas une ville où l'on séjourne. N'y dormir que si vous n'avez pas d'autre solution, d'autant que l'hôtellerie est de qualité moyenne. De nombreux hôtels se trouvent sur Jalan Meldrum, en plein centre, dans le seul coin à taille humaine, à deux-trois pas de la gare routière *Kotaraya II* et de la gare ferroviaire.

Bon marché (30-80 Rm / 7,50-20 €)

Jomi Homestay : *2 H, Jln Inche Besar. ☎ 226-71-88. 📱 010-565-99-23. • jomihomestay@gmail.com • Prendre la petite Lorong 4, qui donne sur Jln Yahya Awal (prolongement de Jln Ayer Molek), à env 1 km au nord du JOTIC (à gauche). Lit en dortoir très bon marché ; doubles sans ou avec AC bon marché.* À 20 bonnes minutes de marche du centre, cette pension très *roots* conviendra surtout aux routards pas trop regardants. Les chambres ont tout juste un matelas au sol sur une plate-forme en béton, et le dortoir consiste en quelques matelas jetés dans le couloir d'entrée... On partage une seule douche-w-c (correctement tenue) et une cuisine, où le proprio fourre parfois un autre matelas quand il y a trop de monde ! Le mot *homestay* prend ici tout son sens. Vélos en prêt.

Prix moyens (80-140 Rm / 20-35 €)

Hotel Ciq : *54, Jln Lumba Kuda. ☎ 222-22-21. • ciqhotel.com.my • Difficile d'y accéder à pied en raison de la voie de chemin de fer allant vers Singapour.* Planqué dans un coin tranquille, à l'arrière de la gare, ce petit hôtel pimpant dispose d'une poignée de petites chambres d'un bon niveau de confort, avec salle de bains, TV écran plat, AC. Certaines n'ont pas de fenêtre. La seule difficulté sera d'arriver jusque-là, alors prenez plutôt un taxi !

Hotel Hanya Satu : *29, Jln Meldrum. ☎ 228-81-11. • hotel@hanyasatu.com.my •* Très central, cet hôtel dispose de chambres adéquates avec salle de bains, AC et TV. En demander une avec fenêtre. Eau chaude et froide à disposition à chaque étage. Bon accueil.

Où manger ?

De bon marché à prix moyens (10-40 Rm / 2,50-10 €)

Madina Corner : *à l'angle de Jln Meldrum et Jln Siaw Nam, face à l'hôtel Meldrum.* La grande salle ouverte, tapissée de céramiques blanches, est fréquentée par toutes les communautés dans une ambiance conviviale. On choisit son plat parmi ceux qui sont proposés sur le présentoir. Cuisine malaise traditionnelle (épicée donc, à part l'excellent poulet grillé). Bon accueil.

Dans la même rue, quelques autres restos populaires avec de grandes salles ouvertes sur l'extérieur, comme le ***Kedai Kopi,*** qui servent du *chicken* ou du *duck rice* bon marché.

Stalls le soir en contrebas du temple sikh Gurdwara Sahib, le long de l'artère principale du centre-ville. Il y en a d'autres, spécialisés dans les poissons et fruits de mer, entre la mosquée Sultan Abu Bakar et l'hôpital, sur l'avenue qui longe la côte, mais c'est loin à pied.

Anjung Warisan : *Jln Petri, JKR 296. Au nord-ouest du centre, dans un quartier verdoyant excentré, à rejoindre en taxi. Tlj 14h-2h.* Ce resto est composé d'un ensemble de terrasses et plates-formes en bois reliées par des passerelles et accrochées aux troncs et aux branches des arbres. On mange dans les feuillages, assis au sol, et on se prend pour un écureuil malais... à condition d'avoir réservé, sinon, retour à terre ! Bonne cuisine locale. Joueurs d'*angklung* (une sorte de hochet en bambou) à partir de 21h.

À voir. À faire

Downtown (centre-ville) : un bric-à-brac de styles et de genres ! Difficile de trouver un charme à cette ville, mais elle a gardé néanmoins un peu de cette humanité brouillonne qui manque désormais à sa trop nette voisine. Les centres commerciaux et les nouveaux buildings enserrent une poignée de temples anciens, sikh ici, hindou là *(4, Jln Ungku Puan)*. Ce dernier, dédié à Sri Mariammam, est orné d'une multitude de statues colorées et possède une porte massive tapissée de 104 clochettes, vers laquelle grimpe un escalier aux balustrades formées par des trompes d'éléphants ! Selon une croyance locale, chaque clochette appellerait un esprit différent. À l'ouverture et à la fermeture des portes, les esprits seraient donc conviés ou congédiés.

Arulmigu Sri Raja Kaliamman Temple : *entre Jln Tun Abdul Razak et la voie de chemin de fer. Pas facile à trouver : prendre Lebuhraya/Tebrau Highway vers l'est près de la tour du* Tropical Inn, *puis descendre les escaliers à gauche, 200 m plus loin (on peut aussi passer sous l'échangeur !). Tlj 6h-12h, 18h-22h. Entrée : 10 Rm ; photos : 3 Rm.* Vous ne nous croiriez pas si on vous disait qu'il s'agit d'un des plus vieux temples hindous de la région (1922)... Entièrement rhabillé de 300 000 pièces de verre coloré chatoyant, il scintille désormais de toutes parts, extérieur comme intérieur (assez froid d'ailleurs, avec ses néons).

Sultan Ibrahim Bangunan : *Jln Ayer Molek, juste à côté du* JOTIC. *☎ 223-73-44. Lun-ven 8h-16h30. Courtes visites sur demande auprès du personnel.* Secrétariat d'État à l'époque coloniale, ce bâtiment à l'allure martiale (1940), dressé sur une colline, fut utilisé comme poste de commandement par les Japonais pour préparer l'invasion de Singapour durant la Seconde Guerre mondiale.

Istana Besar et Istana Gardens : *le palais du sultan se dresse, tt blanc, à l'ouest du centre, au milieu de 53 ha de jardins. ☎ 223-05-55. Tlj sf ven 10h-17h (vente des billets jusqu'à 16h). Musée payant, jardins gratuits.* Les travaux de construction furent achevés en 1866, juste avant la première visite du sultan Abu Bakar en Europe. Il abrite une belle collection d'antiquités asiatiques, ainsi qu'un riche mobilier de style victorien commandé en Angleterre par Sa Majesté, que l'on découvre en arpentant un superbe parquet lustré. Également des bibelots plus anecdotiques et une salle des trophées avec des pièces insolites, comme cette patte d'éléphant transformée en porte-parapluie... Aujourd'hui, le palais sert simplement de décor aux réunions officielles et aux cérémonies d'État. Les habitants de Johor Bahru viennent faire leur jogging dans les jardins, le matin, parmi les orchidées et les jardins japonais.

Jaro Handicraft Factory : *Jln Sungai Cat. ☎ 224-56-32. Près du* Hyatt Regency Hotel. *Lun-sam 8h30-17h (13h sam).* Cette fabrique d'artisanat emploie des personnes handicapées. Vous pouvez parfois assister à l'assemblage de meubles selon des techniques ancestrales, mais toujours d'actualité. On peut y acheter de la vannerie, des vases, des plats, quelques vêtements, des trousses de toilette, des sacs, ou encore des cahiers reliés à la main, très bien faits.
– Une petite faim en sortant ? En redescendant la rue, prenez à gauche.

La mosquée du sultan Abu Bakar : *Jln Abu Bakar, face au détroit.* Construite de 1892 à 1900 au sommet d'une colline dominant le détroit, elle peut accueillir jusqu'à 2 000 fidèles. Les non-musulmans peuvent en principe y accéder à condition d'être muni d'un sarong et de se couvrir les épaules. Sympa aussi pour profiter de la vue.

Bukit Serene : *Jln Skudai, en allant vers le nord-ouest.* Facilement repérable grâce à sa tour haute de 32 m. Construit en 1938, il abrite la résidence de l'actuel sultan de Johor, donc pas de visite autorisée (on l'admire de l'extérieur !).

Danga Bay : *Batu 4 ½, Jln Skudai.* ☎ *235-23-33.* • *dangabay.com* • Où peut-on vivre, travailler, manger, se détendre, s'amuser ? À Danga Bay ! Une ville dans la ville, en somme. À l'ouest du centre, de gigantesques aménagements du front de mer ont complètement transformé cet espace qui fait face au détroit de Johore. D'ici à 2035 devrait surgir ici l'*Iskandar Integrated Waterfront City,* avec marina, terminal pour bateaux de croisière, hôtels et gratte-ciel.... En attendant, familles en goguette, jeunesse dorée, touristes et jeunes cadres de passage se retrouvent attablés aux bars à jus de fruits, devant une pizza ou un plat chinois. Bureaux, incroyables villas, parc de jeux, musiques qui se succèdent au fil de vos pas, embarcadère, centre commercial... Dans la gamme chic et cher, on trouve de tout et pour tous les goûts. Le plus simple est d'y aller d'un coup de taxi.

MALAISIE : HOMMES, CULTURE, ENVIRONNEMENT

BOISSONS

– ***Eau potable :*** l'eau du robinet est potable dans la majorité des grandes villes, sinon, on trouve partout des bouteilles d'eau purifiée pour pas trop cher.
– ***Eau chaude, eau froide :*** ne soyez pas surpris de voir arriver un verre d'eau chaude sur la table du resto si vous n'avez pas précisé que vous vouliez de l'eau froide *(air sejuk),* c'est une habitude assez répandue dans le pays !
– Délicieux ***jus de fruits frais*** partout dans le pays : sur les marchés, dans les *foodstalls,* dans les quartiers animés. En général, les Malaisiens boivent leur jus d'orange assez sucré. Les puristes le demanderont sans sucre (se dit *ta gula* en malais) ou avec moins de sucre (moins doux, soit *kurang manis*). Goûter, entre autres, le *guava juice* (jus de goyave), le jus d'ananas, etc. Laissez-vous aussi tenter par l'eau de coco *(air kelapa).* On voit, au bord des routes ou sur les marchés, des broyeurs de canne à sucre. Essayez, c'est très énergisant ! Enfin, même si le soja n'est pas un fruit, on peut aussi goûter au lait de soja (*soya milk),* nourrissant...
– ***Le thé*** est très consommé en Malaisie, notamment grâce aux plantations dans les Cameron Highlands, héritage de la colonisation britannique. Il est presque toujours servi sucré avec du lait concentré, à la mode indienne ; sinon précisez que vous souhaitez un thé au lait *(teh susu).* Pour un thé ordinaire, dites : *teh-o kosong,* ou simplement *teh-o* si vous aimez le sucre... *Teh tarik* signifie littéralement « thé étiré », soit le fait de faire passer le thé, le sucre et le lait chaud d'un récipient à un autre pour l'aérer. Enfin, il n'y a pas plus rafraîchissant qu'un *ais limau teh* (ou *ice lemon tea*), le thé glacé au citron, ou encore l'*ais teh,* le thé au lait servi avec de la glace pilée, un vrai bonheur après une balade torride !
– Dans les principaux Chinatowns du pays, on peut goûter les différentes ***infusions d'herbes chinoises,*** qui ne sont donc pas à base de thé, même si on les appelle souvent *chinese herbal tea.* On leur prête souvent des vertus médicinales.
– Outre les différents thés, quelques ***boissons locales particulières*** offrent des goûts et des mélanges assez surprenants. Essayez le *barley,* souvent phonétiquement simplifié en *bali water,* boisson chinoise blanchâtre à base d'orge, quasiment notre sirop d'orgeat. Plus typique encore, le *kat chai suen mui,* de couleur verte ou jaune, à base de citronnade ou de citrons verts pressés (c'est meilleur), boisson dans laquelle on laisse mariner... une prune amère séchée, qui a parfois même un petit goût salé. Spécial !
– ***Le café*** est souvent servi d'office avec du lait concentré *(kopi).* Mais vous pouvez le demander noir (soit sans sucre ni lait, *o kosong*) ou bien avec du sucre mais sans lait *(kopio)* ou encore glacé *(peng).* Si vous le voulez sans sucre ni lait mais glacé, dites *kopi oh kosong peng.* De temps en temps, vous aurez

KOPI INTERDITE

D'un bout à l'autre de la Malaisie, les kopitiams *servent un bon café local. Le mot même est un vrai produit du métissage, rassemblant le* kopi *(café) malais et le* tiam *(boutique) hokkien (une minorité du sud de la Chine).*

même l'occasion d'essayer le café aromatisé à la cardamome. Le matin, on peut souvent accompagner son café de toasts ou de *roti kawin* (la tartine mariée), une tartine sur laquelle on étale de la margarine et du *kaya* (lait de coco épaissi à l'œuf).
– ***L'alcool*** est introuvable dans les établissements malais puisque l'islam est la religion officielle (c'est même gravé dans le marbre de la Constitution). Seuls les non-Malais peuvent obtenir une licence pour vendre de l'alcool. Dans les États de Perlis, Kedah (côte ouest), ainsi que dans ceux de Kelantan et de Terengganu (côte est), il est bien plus difficile de trouver des bars avec licence, même si ce n'est pas formellement interdit. Si vous voulez une petite bière, rabattez-vous donc sur les commerçants chinois. La bière régionale est la *Tiger,* née à Singapour en 1931. Les autres bières, comme *Carlsberg* et *Guinness,* sont brassées dans le pays sous licence.
– Bien sûr, les ***sodas*** sont omniprésents...

ALCOOL : TOLÉRANCE ZÉRO

La justice malaisienne condamne à six coups de fouet et à 1 an de prison tout musulman surpris à boire de l'alcool. Ici, on ne rigole pas ! Cette punition ne s'applique pas aux non-Malaisiens.

CUISINE

C'est la bonne nouvelle, on y mange aussi bien malais que chinois ou indien, voire thaïlandais et indonésien. Au quotidien, on retrouve cependant bien souvent les mêmes aliments de base : riz *(nasi)* et nouilles *(mee)* sont présents dans chaque plat ; poulet, bœuf ou mouton sont les principales viandes (*mutton* désigne souvent la chèvre) ; le poisson, les crustacés (crevettes) ou les fruits de mer sont abondants sur les côtes.
Les épices (cannelle, gingembre, clou de girofle, muscade, poivre, etc.), qui ont fait la gloire de la région, relèvent le goût de toute préparation, souvent additionnées de lait de coco. Les plats très pimentés sont fréquemment accompagnés de concombres pour en atténuer le feu. À noter : *goreng* signifie « frit ». Le *nasi goreng,* par exemple, correspond au riz frit !
Avant de vous mettre à table, sachez que, si les Chinois mangent avec des baguettes, les Malais et les Indiens mangent traditionnellement avec leur main droite, sans couverts. Certains utilisent la fourchette et la cuillère au restaurant. Si vous êtes invité, un repas malais traditionnel commence toujours par une pincée de sel offerte par le plus jeune des enfants, que l'on place sur le bout de la langue afin de se rafraîchir la bouche. Et lors d'un mariage musulman, à la place des dragées, on offre aux invités un œuf dans un coquetier décoré, symbole de fertilité.

Les *foodstalls* et les *hawkers*

Ce sont des marchés (souvent nocturnes) incroyablement animés. Des dizaines de stands, aussi bien malais, chinois qu'indiens. C'est là que tout le monde dîne, de préférence au restaurant. La cuisine est préparée devant les clients. C'est souvent délicieux et toujours très bon marché. On en trouve dans toutes les villes. Les *foodstalls* et les *hawkers centres* sont ouverts à toute heure du jour jusqu'à tard dans la nuit, absolument partout en Malaisie. C'est d'ailleurs dans les *foodstalls* que l'on saisit le mieux l'âme du pays... La nourriture de ces restaurants en plein air est vraiment celle que l'on préfère ! Un petit inconvénient toutefois : les meilleurs *stalls* ne sont pas forcément situés dans les coins les plus touristiques. Et puis sachez que les stands ambulants ont presque disparu : les Malaisiens eux-mêmes préfèrent les stands fixes, qui ont un accès à l'eau courante.

Cuisine malaise

Très souvent épicée, la cuisine malaise fait largement appel au *sambal,* une pâte de piment, crevette et citron vert.

– ***Satay :*** brochettes de viande (bœuf ou poulet, assez gras) marinées dans une délicieuse préparation à base d'épices et de cacahuètes avant d'être grillées au barbecue. Un régal. En quelque sorte, le plat national malais, disponible à un prix dérisoire sur tous les marchés (heureusement, car on en mange une dizaine sans difficulté !). On trouve aussi des *satay* de poisson, de chèvre ou même de tofu.

LA MER EST HALAL, MAIS PAS SI SIMPLE

Les Malais, de religion musulmane, raffolent du poisson et des fruits de mer. Ça tombe bien, car le prophète a dit, en parlant de la mer : « Son eau est pure et ses cadavres sont licites ». Ses ressources sont donc halal. En pratique, les Malais consomment rarement des coquillages, car mangeant avec trois doigts de la main droite, comme le veut la tradition, il leur est difficile de décortiquer des clams, par exemple...

– ***Nasi goreng :*** riz frit accompagné de viande et de légumes.
– ***Mee goreng :*** même plat à base de nouilles.
– ***Ayam goreng :*** poulet frit.
– ***Rendang :*** bœuf au curry.
– ***Nasi lemak :*** riz cuit dans du lait de coco, relevé de gingembre, anis étoilé et cannelle, servi pour le petit déj dans une feuille de bananier, avec une sauce pimentée, des concombres, des anchois secs et des cacahuètes grillées. Un œuf est souvent ajouté sur le dessus. Les affamés lui adjoignent viande *(rendang)* ou fruits de mer.
– ***Nasi padang :*** un plat populaire d'origine indonésienne. Encore du riz vapeur, servi au choix avec viande ou poisson, frits, grillés ou en sauce (curry) et accompagnés de légumes marinés. Très copieux.
– ***Soupes :*** *sup kambing* à base d'agneau, *sup ayam* à base de poulet et *sup ekor* à base de queue de bœuf. Apport de la Thaïlande voisine, la soupe *tom yam* (à la citronnelle et avec plein de bonnes choses dedans comme des feuilles de kaffir, du galanga et du piment) est vraiment excellente... mais appelez tout de suite les pompiers, c'est sévère !

Cuisine indienne

Pourtant bien moins nombreux que les Chinois, les Indiens de Malaisie (certains sont musulmans, ou *mamak*, mais la plupart sont hindous) ont réussi à imposer leurs restaurants dans toutes les villes du pays et sont la plupart du temps ouverts 24h/24. Ils sont souvent appelés *banana leaf,* car on y mange sur des feuilles de bananier, avec les doigts. D'une manière générale, évitez de vous servir de la main gauche, considérée comme impure puisqu'elle sert à la toilette intime... Si vous supportez les plats (très) épicés, les gargotes indiennes ont l'avantage de proposer une cuisine souvent excellente, à la fois copieuse et très bon marché. Et si vous avez le palais délicat, vous pourrez vous rabattre sur les différents pains *(naan, chapati)* et crêpes *(dhosai, roti)* sans accompagnement ou encore sur la *raïta* (le yaourt au concombre), fait spécialement pour éteindre l'incendie du piment.

Quelques plats indiens courants en Malaisie

– ***Murtabak :*** un plat plus spécifiquement *mamak,* sorte de grosse galette à la viande (mouton), aux œufs et aux oignons, particulièrement épicée, avec coriandre, gingembre, piment, ail... Bon et copieux.
– ***Roti canai*** (prononcer « tchanaille ») ***:*** crêpe frite dégustée avec tout ce qu'on veut ou tout simplement du sucre ou du miel, la plupart du temps pour le petit

déj. Très populaire. Variante : le *roti telor,* fourré aux œufs, ou l'incontournable *roti pisang,* pour les palais européens.
– ***Tandoori :*** incontournable, il s'agit de viande marinée dans du yaourt épicé (généralement du poulet, qui prend une teinte rouge) et cuite dans un *tandoor,* un four en terre cuite à demi enfoui dans le sol.
– ***Nasi biryani*** (ou *briyani*) *:* riz au safran (souvent remplacé par du curcuma), généralement servi avec un curry de poulet ou de mouton marinés dans une pâte d'épices.
– ***Nasi kandar :*** un plat de... riz, plus spécifiquement attaché à Penang, accompagné d'un éventail de currys d'origine indienne. Délicieux et bon marché mais, une fois encore, très relevé.

Cuisine chinoise

Les restos chinois sont à ce point omniprésents en Malaisie (surtout sur la côte ouest) qu'on a parfois l'impression d'être en... Chine. Dans les vrais « restos », on mange à de grandes tablées familiales, autour de tables rondes et de plateaux tournants pour que chacun puisse goûter à tous les plats. On trouve des spécialités de (presque) toutes les régions chinoises : cuisines cantonaise, hainanaise, hakka, hokkien, teochew ou de Shanghai. Dans les *foodstalls* populaires, on mange généralement des soupes et toutes sortes de nouilles agrémentées de légumes et de viande. Bonne nouvelle pour les allergiques au piment : peu d'épices ici !

Certaines spécialités

– ***Wan tan mee :*** plat d'origine cantonaise mêlant nouilles, soja, légumes, viande de porc fumée tranchée et crevettes.
– ***Char kway teow*** (prononcer « koué tio ») *:* nouilles de riz plates, frites avec des fruits de mer (coquillages ou crevettes), des œufs, des pousses de soja et une sorte de ciboulette chinoise. Plat d'origine teochow (sud de la Chine).
– ***Bak kuh teh :*** littéralement « viande-os-thé ». Bouillon composé d'herbes et d'épices, le plus souvent avec ail, clous de girofle, cannelle, anis étoilé, graines de fenouil, etc. Dedans surnagent quelques côtes de porc, à déguster avec la main ! Le thé était autrefois servi à côté, bien sûr.
– ***Popiah :*** sorte de rouleau de printemps sucré-salé rempli de bonnes choses. Servi souvent frit, mais plus léger à la vapeur.
– ***Dim sum :*** ce mot désigne un ensemble de petites bouchées traditionnellement servies pour le petit déjeuner *(yum cha),* la plupart cuites à la vapeur. Il peut s'agir aussi de petits pâtés à la viande ou aux fruits de mer, de bouchées farcies, de sortes de raviolis, mais également de quelques petits plats frits. Le tout est présenté dans une jolie petite boîte ronde et servi sur un chariot roulant. Les *dim sum* se dégustent avec différentes sauces, comme la *Hoisin.*
– ***Steamboat :*** copieuse fondue chinoise (sur charbon de bois) à partager, à base de nouilles, légumes, fruits de mer et/ou poulet. On en trouve particulièrement dans les restos des Cameron Highlands.
– ***Chicken rice :*** comme son nom l'indique, du poulet, rôti ou cuit à la vapeur, simplement servi avec du riz. Très simple mais bon et pas cher. Plat hainanais. Parfois préparé avec du canard *(duck).*

Cuisine peranakan

Fort ancienne, la communauté peranakan (ou « ceux qui sont nés ici ») est issue du mariage entre femmes malaises et immigrés de divers horizons. Le plus souvent, ce fut avec des Chinois, formant alors la communauté spécifiquement appelée *baba nyonya* (ou *peranakan cina*). Le métissage de ces deux cultures s'est imposé dans l'architecture et le mobilier, comme au niveau culinaire. Si vous allez à Penang et surtout à Malacca (mais on trouve aussi des restos spécialisés à Kuala Lumpur), ne manquez pas d'y goûter. Sachez que, là encore, les plats sont bien relevés.

– Plat emblématique de la culture peranakan, le ***nyonya laksa*** est une soupe de nouilles de riz très épaisse, cuite dans une sauce à base de lait de coco, pâte de crevettes, ail, oignon, gingembre frais, piment, feuilles de citronnelle, plus des racines et des herbes inconnues chez nous, comme le *galangal.* Ajoutez des morceaux de *nyonya cake,* un peu de concombre émincé, des boutons de rose de porcelaine, des crevettes, des coques ou des morceaux de poulet, un œuf dur, et vous avez l'un des plats les plus divins qu'on ait mangés en Malaisie... bien qu'assez relevé ! À Penang, il existe une variante, *Penang laksa,* plus proche d'une soupe de poisson et plus amer, à cause du tamarin ajouté dans sa composition.

– ***Quelques autres spécialités :*** l'*otak-otak* est une mousse de poisson mixé avec œufs, curry, citronnelle et autres épices, cuite dans une feuille de bananier. L'*inche kabin* est composé de morceaux de poulet marinés au lait de coco et aux épices, frits par deux fois et accompagnés d'une sauce excellente. Le *curry kapitan* est un poulet au curry mais cuit dans du lait de coco. L'*ayam buah keluak* est un ragoût de poulet ou de porc, servi avec de grosses noix noires. Le *kerabu mango* est une salade de mangue verte relevée à la coriandre servie avec poulet ou poisson frit. Enfin, le *lorbak* est du porc roulé dans une feuille de soja frit, une sorte de nem, quoi ! Voir aussi l'introduction de la rubrique « Où manger ? » à Malacca.

Les desserts

Les desserts, plutôt accessoires pour les Malaisiens, présentent des mélanges de goûts souvent déroutants pour les Occidentaux, rappelant en cela certaines boissons locales. D'ailleurs, les desserts sont considérés comme des boissons... mais avec des « choses » dedans !

– ***Ais kacang ou ais batu campur (« ABC ») :*** de la glace pilée, de la *jelly* (gelée sucrée), des fruits, du sirop, un peu de maïs doux... et une bonne poignée de haricots, le tout arrosé de lait concentré !

– ***Cendol :*** glace pilée, sucre de palme, lait de coco et vermicelles étranges et fluorescents, élaborés à base de farine de riz et colorés en vert. Pas le meilleur, mais le plus étrange visuellement, sûrement. Certains *cendol* sont parfumés au durian.

– ***Bubur cha cha :*** sorte de porridge à base de patates douces, taro, perles de tapioca et lait de coco avec, pour les puristes, du sucre de palme. Très doux, très onctueux. Se mange tiède.

– ***Rojak :*** « salade » de mangue, pomme verte, ananas, goyave, *jambu air* (lire plus bas), concombre, miel et... petits morceaux de calamar frit, sur lesquels on verse un coulis épais à base de crevettes séchées et piment ! À se demander pourquoi on le met dans la liste des desserts !

Les fruits

La gamme des altitudes, ajoutée à un climat tropical idéal, permet de cultiver tous les fruits – même la fraise, coqueluche des Cameron Highlands. Outre les classiques ananas, papayes, noix de coco, bananes, mangues ou pastèques, vous trouverez quelques fruits plus rares sous d'autres latitudes.

– ***Durian :*** deux saisons, juillet et décembre. Les Malaisiens en sont fous. Fruit des amours coupables entre un hérisson, un ananas et une noix de coco (pour l'aspect extérieur), le durian, une fois coupé à la machette, répand une odeur, hum... franchement nauséabonde et tenace. À tel point qu'il est interdit dans les hôtels, ainsi que dans les transports en commun ! Sa pulpe crémeuse, quand elle est bien mûre, provoque une véritable passion chez les habitués qui lui trouvent un avant-goût très doux et un arrière-goût délicieusement piquant.

– ***Mangoustan (manggis) :*** mêmes saisons que le durian. Sorte de balle de golf violacée, au cœur blanc formant des quartiers ; aigre-doux. Bourré d'antioxydants et excellent digestif !
– ***Ramboutan (rambutan) :*** ressemble à un oursin rougeaud, mais ne pique pas autant. Un peu le cousin malaisien du litchi chinois, mais avec un noyau proportionnellement plus gros et qui se détache mal. La version sans « cheveux » s'appelle *pulasan* ou *rambut.*
– ***Carambole (blimbing manis) :*** ou encore *starfruit* en anglais, un nom logique puisque, une fois débité, il donne plein de petites étoiles. Acidulé.
– ***Jacque (nangka) :*** c'est le fruit énorme, vert et jaune, du jacquier. Le plus gros fruit du monde, tout simplement. Son goût est particulier, mais il ne faut pas mourir idiot !
– ***Duku (ou langsat) :*** petit fruit rond de 5 cm de diamètre, à coque fine et à pulpe rosée, juteuse et rafraîchissante. Vous en trouverez parfois sur les marchés.
– ***Jambu air ou pomme d'eau*** *(pomme d'amour)* ***:*** rose et conique. Peu de goût mais assez rafraîchissant et riche en vitamine C !
– ***Salak :*** de la taille d'une petite poire, sa peau tirant sur le lie-de-vin est écaillée comme une peau de serpent, d'où son surnom de « fruit-serpent ». Pulpe très savoureuse et sucrée. Appréciée comme un mets très délicat.
– ***Sapotille (ciku) :*** délicieux fruit sucré dont l'extérieur ressemble un peu à un kiwi sans les poils et l'intérieur à une poire bien mûre et juteuse avec un noyau de forme oblongue.
– ***Rambai :*** se vend sous forme de grappes blanches en mars uniquement. Un agréable petit goût de muscat.
– ***Kundang :*** fruit jaune orangé qui a l'apparence de la nèfle, à la peau dure avec un noyau assez gros et filandreux. Acidulé, son goût rappelle celui de la groseille à maquereaux.
– Et puis la banane *(pisang),* la mangue, la noix de coco *(kelapa),* la pomme (*jambu mawar,* soit la « pomme rose », ou *jambu merah* à Malacca), l'œil-de-chat *(mata kuching),* etc.

CURIEUX, NON ?

– Les Malaisiens mangent de l'œuf... couvé ! Cet embryon d'oiseau (souvent de cane) vieux d'une petite vingtaine de jours, se consomme en sauce ou à la coque. On dit que les vrais amateurs préfèrent les déguster dans le noir, afin de se concentrer sur les saveurs et non sur son apparence.
– Laisser de la petite monnaie sur la table en guise de pourboire est signe de mauvaise éducation. Mieux vaut ne rien laisser du tout.
– Quand vous vous asseyez dans le fauteuil d'un barbier, ce dernier vous pose une question : « Junior ou senior ? » Pas pour bénéficier d'une quelconque réduc, mais plutôt pour savoir si vous voulez être pris en main par un coiffeur débutant ou expérimenté.
– Du fait de son odeur pestilentielle, le durian est interdit dans les transports en commun, ainsi que dans les hôtels. D'ailleurs, pour éviter quelques désagréments, il est parfois vendu avec son kit de « survie », à savoir une serviette et une paire de gant en latex.
– Les ascenseurs des immeubles majoritairement habités par des Chinois ne possèdent pas de chiffre 4 ; il est systématiquement remplacé par un autre numéro, comme le 3B par exemple. En effet, le 4 est censé porter malheur car il se dit « si » en pinyin et, de ce fait, se trouve être un homonyme du mot « mort ». Au contraire, le chiffre 8, qui se dit « ba », porte bonheur. Vous n'avez qu'à regarder les numéros de téléphone des Chinois qui en ont les moyens et compter le nombre de 8 !
– Il existe des compétitions de *teh tarik,* littéralement de « thé étiré ». Il s'agit de faire passer le thé, le sucre et le lait chaud d'un récipient à un autre pour l'aérer, en créant ainsi une mousse. Tout un art... assez spectaculaire.

– En malaisien, pas de conjugaison, pas d'article, pas de pluriel : ce sont les élèves qui sont contents !
– Dans les États islamiques du Kelantan et du Terengganu, la vente d'alcool est interdite... officiellement. Dans les îles Perhentian (dans l'État de Terengganu), certains hôtels ont trouvé une solution officieuse : la bière ne figure jamais à la carte, on ne vous la propose que de vive voix !

DROITS DE L'HOMME

Empêtré dans des affaires de corruption, Najib Tun Razak, qui avait porté un temps les espoirs d'une évolution du pays vers plus de libertés, a pour le moins déçu. Il utilise tous les moyens à sa disposition pour faire taire la contestation et les critiques. Et des moyens, il en a. Lois relatives à la sédition ou à la prévention du terrorisme, mesures sur le respect des principes islamiques, les dispositions adoptées pour « compenser » la levée de l'état d'urgence en 2012 ont instauré un climat de répression délétère. Le principal opposant, Anwar Ibrahim, a vu sa peine de 5 ans de prison pour « sodomie » confirmée en février, et des médias ont été interdits de publication ou fermés pour avoir notamment dénoncé des affaires de corruption (lire aussi plus loin la rubrique « Médias »). Particulièrement visés, les militants pour les droits homosexuels et transgenres (LGBT) doivent faire face à une législation draconienne. Les restrictions à la liberté d'expression se sont encore renforcées, et une réforme du Code pénal en cours d'adoption en 2016, prévoyait de réduire l'indépendance de la justice.

« LIBERTÉ » SE DIT *MERDEKA* EN MALAISIEN

Le responsable de l'éducation (!) d'un État malais a admis avoir envoyé 66 jeunes homosexuels, quelques jours, dans un camp de redressement afin qu'ils comprennent, enfin, comment les hommes doivent se conduire. L'homosexualité est encore un délit en Malaisie. À quand les bûchers ?

La menace terroriste est également utilisée comme prétexte à de nombreuses arrestations arbitraires, et des membres de l'opposition ou militants associatifs trop critiques en ont fait les frais. Cependant, le danger du radicalisme islamiste est loin de n'être qu'un simple épouvantail. Selon un sondage préoccupant, 12 % des musulmans malaisiens affirment avoir une bonne opinion de l'organisation État islamique (25 % n'ayant « pas d'opinion »), un chiffre qui étonne, dans un pays connu pour pratiquer un islam modéré. De nombreux départs de jeunes djihadistes vers la Syrie ou l'Irak ont été constatés, et au moins 120 personnes ont été arrêtées depuis 2014 pour leurs liens supposés avec le groupe terroriste. En réponse, les députés ont récemment encore renforcé les prérogatives du gouvernement, désormais habilité à créer des « zones de sécurité » où les pouvoirs des forces de l'ordre seraient accrus. Mais le discours de Najib Tun Razak dans ce domaine paraît pour le moins ambigu. Il a présenté récemment un projet de loi censé renforcer les attributions des tribunaux islamiques *(Syariah courts)*, où les musulmans du pays peuvent être jugés dans certaines affaires, jusque-là essentiellement d'ordre familial. Or, au sein de ces cours, où les juges se réfèrent à la charia et peuvent parfois prononcer des peines de bastonnade, se propage selon certains observateurs un discours ultra-fondamentaliste, à l'origine de la diffusion des thèses les plus radicales au sein de la population.
La Malaisie ne fait enfin aucune différence entre réfugiés et migrants illégaux. Les abus des forces de l'ordre à leur égard sont nombreux, et le pays est souvent dénoncé par les instances internationales pour ne pas lutter suffisamment contre le trafic humain.
Pour plus d'informations, contacter :

■ ***Fédération internationale des Droits de l'homme (FIDH) :*** *17, passage de la Main-d'Or, 75001 Paris. ☎ 01-43-55-25-18. Fax : 01-43-55-18-80. • fidh@fidh.org • fidh.org • Ⓜ Ledru-Rollin.*

■ ***Amnesty International*** *(section française) : 76, bd de la Villette, 75940 Paris Cedex 19. ☎ 01-53-38-65-65. • amnesty.fr •*

N'oublions pas qu'en France aussi les organisations de défense des Droits de l'homme continuent de se battre contre les discriminations, le racisme, et en faveur de l'intégration des plus démunis.

ÉCONOMIE

La Malaisie est aujourd'hui un pays classé dans les NPI (nouveaux pays industrialisés). Son développement lui a permis d'atteindre un des revenus moyens par habitant les plus élevés d'Asie du Sud-Est (PIB d'environ 10 500 $/hab.). Mais tous les Malaisiens ne profitent pas de cette richesse. Les clivages sociaux accentuent les tensions qui opposent les Malais (musulmans), détenteurs du pouvoir politique (bénéficiant du statut privilégié de *Bumiputra,* « Fils du sol »), aux Chinois, qui tiennent les commandes économiques.

Un développement sans précédent

Particulièrement bien dotée en ressources naturelles, et pour cette raison convoitée par les Britanniques qui en firent rapidement une colonie d'exploitation très rentable, la Malaisie a longtemps caracolé en tête des marchés mondiaux pour le ***caoutchouc*** et l'***étain,*** qui ont fait sa fortune et celle de nombreuses familles, chinoises notamment. Le pays a connu une croissance impressionnante dans la décennie qui a précédé la crise asiatique de 1997 : + 7 % en moyenne ! Décrochant le titre convoité de « cinquième dragon d'Asie », derrière la Corée du Sud, Taiwan, Singapour et Hong Kong, le pays s'est mis à attirer de plus en plus de capitaux étrangers. C'est à cette période que l'ex-Premier ministre, le Dr Mahathir, a lancé au pays le défi de la *Wawasan dua pulu dua pulu* (« Vision 2020 »), visant à faire entrer la Malaisie dans le peloton de tête des premières puissances industrielles aux alentours de 2020... Formidable pari sur l'avenir pour les uns, mégalomanie pour les autres.

De la crise aux mégaprojets

Comme tous les pays du Sud-Est asiatique, la Malaisie a subi de plein fouet la crise qui, à partir de 1997, a sévi dans cette partie du monde. Il a fallu près de 10 ans pour que le pays renoue avec la croissance. Cela dit, c'est la rente pétrolière, en augmentation pendant la crise, qui a sans doute permis au pays de se passer de la potion amère du FMI. Lorsque, enfin, la croissance est revenue, le gouvernement a entrepris de restructurer le système bancaire et repris les grands projets de « Vision 2020 ». En dépit des difficultés de la conjoncture internationale, les chantiers se sont multipliés. Aéroports, ponts, routes, autoroutes, complexes hôteliers se sont mis à pousser comme des champignons. C'est à cette époque aussi qu'a vu le jour le mégaprojet du *Multimedia Super Corridor,* une zone de 15 km de large et de 50 km de long étendue entre Kuala Lumpur et l'aéroport international KLIA. Elle englobe Putrajaya (se reporter à la rubrique « Dans les environs de Kuala Lumpur »), nouvelle capitale administrative entièrement informatisée et officiellement censée introduire le concept de... « gouvernement électronique » (sic !). Une deuxième cité du futur, Cyberjaya, à la pointe de la technologie mondiale du multimédia, occupe une partie de ce *Super Corridor.* Surgies de nulle part, ces villes impressionnantes par leur démesure ont pour but premier de drainer les capitaux étrangers.

En avant toute !

L'économie malaisienne se caractérise par un interventionnisme très important de l'État, qui crée un grand nombre d'entreprises parapubliques dans un environnement toutefois très libéral. Si bien que le pays a attiré de nombreux investisseurs étrangers, qui ont joué un rôle majeur dans la transformation du pays. Les exportations, moteur du dynamisme malaisien, sont tirées aujourd'hui par le ***gaz*** (15 % des revenus du gouvernement qui contrôle la société nationale *Petronas*), par l'électronique, le caoutchouc et l'huile de palme (par ailleurs responsable en grande partie de la déforestation). Le tourisme occupe aussi une place prépondérante. Inspiré peut-être par les monarchies du golfe, le gouvernement malaisien oriente de plus en plus ses investissements vers des domaines de pointe (biotechnologies par exemple) et la construction d'autres infrastructures colossales.
Malgré une contraction en 2009, conséquence de la crise économique mondiale, la croissance est repartie à la hausse depuis 2012 (4,5 % en 2016), et le niveau de vie des Malaisiens est désormais parmi les plus élevés d'Asie du Sud-Est. La balance commerciale est largement excédentaire, mais la dépendance des finances publiques aux exportations reste (trop) importante, surtout de la Chine dont l'économie a connu un ralentissement qui impacte la Malaisie de plein fouet. L'accent mis sur la demande intérieure a néanmoins permis de limiter les dégâts, alors même qu'une TVA de 6 % était introduite le 1er avril 2015. À moyen terme, les autorités tablent sur une hausse de leurs exportations grâce au partenariat transpacifique (TPPA) signé en 2016, qui regroupe 12 pays du Pacifique (dont l'Amérique du nord, le Japon, Singapour et le Mexique), représentant à eux-seuls 40 % du PIB mondial.
Sur le plan social, un problème subsiste : malgré une politique de discrimination positive et les efforts à long terme du gouvernement pour améliorer la situation économique des Malais, la population d'origine chinoise continue d'affirmer sa traditionnelle prédominance. La perspective affichée (doubler le revenu par habitant d'ici à 2020 en passant à une économie de la connaissance, tournée vers l'innovation et les produits à forte valeur ajoutée) est supposée s'adresser à tous les Malaisiens, et donc acheter la paix sociale...

ENVIRONNEMENT

Le développement économique effréné de la Malaisie ne s'est guère embarrassé de données écologiques. Les grands projets redessinent le territoire sans vergogne, les mines polluent les cours d'eau, et l'industrialisation est, comme partout, synonyme de pollution et d'émissions accrues de gaz à effet de serre – en particulier dans les États de Selangor, de Perak ou de Johor. La population elle-même manque d'éducation sur le sujet et ne se préoccupe guère des déchets qui s'entassent peu à peu dans les lieux les plus visités.
Le problème majeur reste néanmoins celui de la déforestation. Dans tout le pays, les zones qui n'avaient pas encore été coupées pour laisser place aux plantations de caoutchouc sont en train de l'être pour développer d'immenses exploitations industrielles d'***huile de palme.*** Aujourd'hui la plus consommée dans le monde, elle offre un rendement exceptionnel (4 t par hectare cultivé contre 0,5 pour le colza et le soja). La Malaisie, premier pays exportateur et deuxième pays producteur derrière

LES RESTRICTIONS ATTISENT L'INTELLIGENCE

Pendant la dernière guerre, les Japonais envahirent la Malaisie et récupérèrent la quasi-totalité de la production d'hévéas. Les Russes découvrirent que le pissenlit contient du caoutchouc et ils cultivèrent cette plante industriellement. Cette production perdure aujourd'hui.

l'Indonésie, produit à elle seule 35 % de l'huile de palme. Sur le papier, la forêt couvre encore 59,5 % du territoire national. Dans les années 1950, 73 % du pays étaient encore recouverts par la forêt, et pas par n'importe quelle forêt puisque la jungle de Malaisie est l'une des plus anciennes forêts primaires de notre planète. Un véritable joyau de biodiversité.

LE POISON VERT

L'huile de palme provoque des dégâts écologiques en Asie. Ces palmiers à croissance rapide incitent à la déforestation incontrôlée. Les feux dégagent d'énormes quantités de gaz à effet de serre. Le sol est ensuite irrémédiablement stérile. L'huile de palme se trouve dans la margarine, les biscuits industriels et les barres chocolatées.

Reste que les vastes étendues couvertes de palmiers à huile et d'hévéas sont incluses dans ces chiffres, ce qui en fausse en partie la valeur : 56,6 % des forêts malaisiennes sont utilisées pour la production et qu'il ne reste aujourd'hui de forêt que les parcs nationaux (*Taman Negara* en malais). Du vert, oui, mais plus aucune biodiversité dans ces zones traitées chimiquement (les engrais représentent 60 % du coût de production de l'huile de palme)... Les forêts primaires, elles, ne couvrent que 11,6 % du pays. On focalise toujours sur l'Amazonie, mais la forêt primaire de Bornéo est bien plus ancienne : on estime qu'elle est âgée de 135 millions d'années contre 45 pour l'Amazonie !

Les forêts basses sont les plus attaquées. Outre l'extension des plantations, elles subissent l'extension des zones urbaines, le défrichage et le commerce des bois précieux (en particulier à Bornéo). Dans la péninsule malaise, seul demeure vraiment le poumon vert du Taman Negara Pahang et des réserves adjacentes. Reste que, même là, rien n'est garanti. Les aborigènes Orang Asli sont régulièrement expropriés pour cause d'intérêts supérieurs. La collusion entre personnalités politiques et entreprises impliquées dans des déboisements illégaux a été maintes fois démontrée par les ONG. Raison pour laquelle, peut-être, le gouvernement malaisien finance un organisme de propagande destiné à contrer leurs arguments et promouvoir l'huile de palme... Mais les campagnes menées, dans les pays occidentaux, contre la fameuse huile de palme (son impact sur la santé a été dénoncé, en raison des acides gras saturés que nos organismes n'apprécient guère) peuvent faire bouger les choses : sous la pression, les producteurs se tournent petit à petit vers une norme (CSPO) correspondant à une huile de palme certifiée, autrement dit « vertueuse », même si l'on peut douter des réels effets, au-delà des déclarations d'intention des industriels, sur la sauvegarde de la forêt et, plus largement, de la biodiversité, puisque l'Union européenne demeure toujours l'un des principaux importateurs.

Dernier constat peu encourageant : le bétonnage des côtes, tiré par le développement du tourisme, va croissant. Avec l'explosion du tourisme local se posent des problèmes d'eaux usées rejetées en mer et d'accumulation des déchets. Dans les stations balnéaires et les îles paradisiaques de la côte est, par exemple, la surfréquentation des sites coralliens par les amateurs de *snorkelling,* toujours plus nombreux, endommage de manière irréversible les coraux. Et plus de coraux, signifie plus de poissons, alors la mer se vide de ses beautés naturelles, saison après saison. Des lois sont édictées pourtant, mais tout reste sur le papier puisque rien n'est véritablement mis en œuvre pour qu'elles soient appliquées... (voir la rubrique « Beauté... et fragilité des Perhentian » dans la partie « Kuala Besut et les îles Perhentian »).

Ceux qui voudraient aider les populations autochtones victimes de la déforestation peuvent contacter nos amis de :

■ ***Survival – Pour les peuples indigènes :*** *18, rue Ernest-et-Henri-Rousselle, 75013 Paris. ☎ 01-42-41-47-62. • survivalfrance.org • Ⓜ Tolbiac.*

FÊTES ET JOURS FÉRIÉS

La Malaisie cumule les fêtes malaises, chinoises, indiennes et même occidentales. En tout, 13 jours fériés fédéraux, auxquels les États ajoutent 5 jours, soit 18 jours au total. Résultat, la Malaisie figure parmi les 10 pays comptant le plus de jours fériés au monde ! De plus, particularisme local : les *public holidays* (jours fériés) qui tombent un jour chômé (dimanche ou vendredi, selon les États) sont décalés au jour suivant, histoire d'en profiter !
La religion dominante étant l'islam, la plupart de ces fêtes suivent le calendrier lunaire, les dates avancent donc d'autant d'une année sur l'autre, tandis que les fêtes chinoises et hindoues tombent toujours aux mêmes périodes.
Attention, les jours fériés dépendent aussi des États !

Fêtes musulmanes

– ***Hari Raya Puasa :*** c'est l'*Aïd el-Fitr* ou *Aïd es-seghir* (la petite fête). Ces 2 jours marquent la fin du ramadan. En 2017, la fin du ramadan se déroulera autour du 26 juin, et en 2018 autour du 15 juin. À cette occasion, les musulmans retournent au village dans leur famille, passent à la caisse pour payer le *zakat al-Fitr* (l'aumône de rupture du jeûne censée les purifier), prient et s'en mettent plein la panse. Le dernier jour, les fidèles invitent leurs amis (musulmans ou non) à la maison. Attention, beaucoup de monde dans les transports en commun en vue de cet événement !
– ***Hari Raya Hadji*** (ou ***Hari Raya Aïd el-Adha***) ***:*** c'est l'équivalent de l'*Aïd-el Adha* ou *Aïd el-kebir* (la grande fête). Elle a lieu le 10e jour du mois de *Dhou al-Hijja* (soit le 2 septembre 2017 et le 22 août 2018) et commémore le sacrifice d'Abraham. Ce jour-là, un mouton est égorgé selon le rite, comme dans tous les foyers musulmans du monde.
– ***Awal Muharram :*** c'est le Nouvel An musulman, le 10e jour du mois de *Muharram* (soit le 21 septembre 2017 et le 11 septembre 2018), qui célèbre l'Hégire, en 622, quand Mahomet et ses compagnons quittent La Mecque pour Médine, afin d'y fonder la *Umma* (la communauté des croyants).
– ***Maulidur Rasul :*** c'est le *Mawlid* (ou *Maouloud*), la fête qui célèbre la naissance du prophète Mahomet. Elle a lieu le 12 du mois de *Rabia al-awal,* le 3e mois du calendrier musulman, soit le 12 décembre 2016 et 1er décembre 2017.

Fêtes chinoises, hindoues et bouddhiques

On vous précise si ces fêtes correspondent ou pas à des jours fériés.
– ***Nouvel An chinois :*** la religion pratiquée par les Chinois est relativement discrète, sauf le jour du Nouvel An, où ça pétarade de tous les côtés ! Le calendrier chinois mêlant les cycles lunaire et solaire, la date des fêtes varie également par rapport à notre calendrier. Ainsi, le Nouvel An tombe chaque année entre fin janvier et fin février: en 2017, il tombe autour du 28 janvier, en 2018 autour du 16 février. Il s'ensuit une fiesta de 2 jours, prolongée par une semaine de congés. Attention, à cette période, les hôtels sont pleins, et les prix doublent.
– ***Thaipusam :*** c'est la fête qui se déroule le jour de la pleine lune du mois tamoul de Thai (le 10 février 2017 et le 31 janvier 2018). On y célèbre la naissance de Murugan, un fiston de Shiva et de Parvati, petit frère de Ganesh. Dans la région de Kuala Lumpur, d'impressionnantes processions aux Batu Caves (voir la description dans la rubrique « À voir » à Kuala Lumpur), ainsi qu'aux chutes d'eau de Penang. Férié sur toute la côte ouest, de Johor Bahru à Penang (sauf Malacca).
– ***Hari Wesak :*** le 10 mai 2017 et le 29 mai 2018, c'est le Vesak (ou Vesakha), une fête relativement récente qui est censée célébrer l'anniversaire,

l'illumination et la mort du Bouddha. À cette occasion, les fidèles observent une diète végétarienne, prient, méditent et libèrent des colombes... À voir, notamment à Kuala Lumpur.

– ***Courses des bateaux-dragons :*** elles se déroulent le 5e, du 5e mois chinois, soit en mai ou juin. Grandes courses de pirogues rythmées par des tambours en mémoire d'un saint chinois qui s'est noyé, malgré les efforts des pêcheurs pour le sauver des poissons affamés. À Penang et à Malacca, mais aussi dans d'autres villes de la péninsule.

– ***Fête des Gâteaux de lune :*** appelée aussi « 15 août chinois », cette fête populaire se déroule le 15e jour du 8e mois lunaire, lorsque la lune, censée symboliser l'unité de la famille, est la plus belle et la plus lumineuse de l'année (septembre-octobre). Un paquet de légendes y est attaché. C'est un prétexte pour s'échanger des *moon cakes,* ces gâteaux ronds fourrés avec une pâte de pois verts sucrée, des haricots rouges ou des rhizomes de lotus. C'est la fête des lampions.

– ***Fête des Fantômes affamés :*** le 15e jour du 7e mois (août ou septembre), les Chinois se tiennent sur leur garde, car les damnés de l'Enfer chinois (prostituées, voleurs, opiomanes, meurtriers...) ont droit à un petit mois de vacances sur terre. La communauté vit alors dans l'inquiétude et en profite pour ne rien faire. C'est aussi l'occasion d'un banquet rituel, le *pudu,* où l'on propose aux démons de passage quelques victuailles pour les satisfaire (beaucoup de viande). Autant dire que les humains en profitent largement...

– ***Fête des Neuf Empereurs célestes :*** le 1er jour du 9e mois, soit en septembre-octobre. C'est le retour temporaire sur terre de neuf divinités chinoises. Processions, dévotions et prières...

– ***Deepavali :*** c'est ***Diwali,*** la fête hindoue des Lumières, en octobre-novembre. Les hindous célèbrent la Lumière, symbolisant la victoire sur le Mal et l'Obscur (ou celle du roi Rama sur le roi Ravana). Plein de petites lampes à huile illuminées. Férié partout, sauf à Bornéo.

Jours fériés à date fixe

– ***Nouvel An :*** comme chez nous, le 1er janvier.

– ***Fête du Travail :*** le 1er mai, mais sans le muguet.

– ***Fête nationale*** *(Merdeka Day)* ***:*** le 31 août, jour de l'Indépendance. Parades, spectacles, etc.

– ***Noël :*** eh oui, ici aussi ! Toutes les religions de Malaisie se retrouvent pour participer à cette grande tradition chrétienne.

– ***Agong's Birthday :*** célébration de l'anniversaire du *yang di-pertuan agong,* le roi de Malaisie. La date dépend de la date de naissance du sultan choisi par ses pairs tous les 5 ans... donc pas vraiment fixe !

GÉOGRAPHIE

La Malaisie est un pays bicéphale, écartelé entre la péninsule malaise, rattachée au continent asiatique, et deux États orientaux, Sabah et Sarawak, au nord de l'île de Bornéo – avec, entre les deux, quelques îlots disséminés en mer de Chine méridionale. La péninsule, qui représente à peine 40 % du territoire, s'étire sur 740 km de long et est soulignée, dans toute sa moitié nord, par l'épine dorsale de la chaîne des Titiwangsa, dont les principaux sommets dépassent « seulement » les 2 000 m. Le point culminant de la péninsule, le mont Tahan (2 187 m), est situé au cœur du parc national de Taman Negara – un but de trek ardu mais recherché.

La côte ouest de la péninsule, la plus industrialisée, est entrecoupée de mangroves. À l'intérieur des terres, c'est la forêt tropicale qui domine. Sur la plaine côtière orientale, du nord au sud, de petits deltas marécageux alternent avec des plages de sable. Le sud de cette même plaine est un peu plus plat et on y rencontre quelques forêts inondables. C'est à Bornéo, au Sabah, que se dresse le point culminant du pays : le mont Kinabalu (4 095 m).

HISTOIRE

Les historiens estiment que la péninsule malaise fut d'abord peuplée par les Semangs (ou Negritos) arrivés entre 60 000 et 40 000 av. J.-C. Les côtes malaises constituant un excellent carrefour maritime entre la Chine et l'Inde, grâce notamment aux vents des moussons, le commerce permit aux premiers Malais de troquer leurs arbres aux essences rares contre du fer ou du coton indien. Vers le Ier s, l'influence de l'Inde devient prépondérante. S'ensuit une longue période pendant laquelle d'importants royaumes – comme celui de *Langkasuka,* constitué au IIe s de notre ère, ou celui de *Sri Vijaya,* qui domina entre le VIIe et le XIIIe s une partie de la Thaïlande et de l'Indonésie, le Cham, le Cambodge et le nord-ouest de Bornéo – vont se succéder.
Les armées de l'empire d'Inde du Sud, conduites par Virirajendra Ier, déferlent sur le sol malais au XIe s. La domination des princes hindous-malais ne sera remise en question qu'au début du XVe s, quand arrive l'islam. C'est d'ailleurs sur la côte est de Sumatra que seraient nés les premiers sultans malais. Même si on sait que le malais est né à Sumatra, c'est l'indonésien qui a adopté la langue malaise et non l'inverse.

La gourmandise des Européens

Évidemment, la route des Épices, qui reliait les Moluques à la vieille Europe, ne pouvait laisser les Occidentaux indifférents bien longtemps. Plaque tournante du commerce depuis la fin du XVe s, Malacca intéresse tout d'abord les Portugais, qui s'en emparent en 1511. Les fils du sultan de Malacca chassé par les Portugais créent les sultanats de Johor et d'Aceh, qui rivalisent en puissance avec Malacca. Ils essaient de reprendre Malacca, dont les sujets qui refusent de se convertir au catholicisme sont envoyés *manu militari* comme esclaves dans les autres colonies portugaises de Macao ou de Goa. En 1641, ce sont les Hollandais, alliés à Johor, qui prennent le contrôle de Malacca : la Compagnie néerlandaise des Indes orientales entre alors en scène. Contrairement aux catholiques, les protestants n'essaieront pas de convertir les âmes. Business avant tout. Mais les États malais, désormais sous influence, ne retrouveront pas avant longtemps le plein contrôle de la péninsule.

L'arrivée des buveurs de thé

Désormais enrichis par le commerce du thé chinois, les Anglais cherchent un port en Asie du Sud-Est pour implanter la Compagnie des Indes orientales et servir de relais à leur flotte. En 1786, le sultan de Kedah, alors en bisbille avec le Siam, leur accorde l'île de Penang en échange de leur protection. Les Anglais ne tiendront jamais leur parole, mais les sultans finiront par s'en accommoder. À peine arrivés, les Britanniques, avec à leur tête le très roublard Francis Light, déboisent l'île et y établissent un port pour concurrencer les Hollandais. Voir aussi « Un peu d'histoire » à Penang pour plus de détails.

De la Couronne anglaise à l'invention de la boîte de conserve !

En 1795, l'onde de choc provoquée par la Révolution française renverse le gouvernement hollandais. Le traité de La Haye rétrograde les Provinces-Unies au rang de simple satellite, mettant du même coup les possessions coloniales hollandaises sous tutelle française. Aussi, afin d'éviter que Malacca ne tombe aux mains des Français, les Hollandais cèdent-ils la ville aux Anglais. Ces derniers s'installeront dès le début du XIXe s à Singapour, histoire d'asseoir leur autorité dans la région. Anglais et Hollandais signent un traité en 1824 et se répartissent leurs possessions : les Hollandais renoncent à la Malaisie, c'est-à-dire à Malacca, Penang et Singapour, désormais britanniques, et se gardent les Indes orientales néerlandaises (future Indonésie). Idéalement placée, Singapour, rattachée à Penang et à Malacca dès 1826 pour former les *Straits Settlements* (autrement dit les Établissements des Détroits), qui gagneront le statut de colonie en 1867, aura tôt fait de s'enrichir. Ainsi les Britanniques régneront-ils sur le commerce de la péninsule durant tout le XIXe s. Dès la fin du XIXe s, le boom de l'étain, dont l'exploitation est réglementée par le traité de Pangkor, dope l'activité économique. Dans le même temps, la boîte de conserve apparaît en Amérique et en Europe. Grâce à cette invention, un marché phénoménal s'ouvre alors sur tout le territoire. Révolutionnaire dans un pays producteur de denrées alimentaires, sa venue est à l'origine de nombreuses usines, qui attirent une importante main-d'œuvre, notamment en provenance de Chine. Cet afflux de Chinois dans les mines d'étain va modifier en profondeur le paysage socioculturel et économique du pays... Les Indiens, eux, sont emmenés dans le pays pour construire le chemin de fer et travailler comme ouvriers agricoles dans les plantations.

La naissance d'une fédération

L'affluence d'une main-d'œuvre chinoise constituée en sociétés secrètes et la corruption de certains sultans manipulés par les « résidents » (conseillers britanniques omnipotents) provoquent de nombreux troubles à la fin du XIXe s. L'Empire britannique a en effet manœuvré pour contrôler en sous-main certains États malais (Selangor, Perak, Negeri Sembilan et Pahang) qui se regroupent à partir de 1895 sous l'appellation d'« États malais fédérés », un protectorat britannique, nominalement indépendant. Les quatre autres États malais (Terengganu, Kelantan, Kedah et Perlis), qui dépendaient jusqu'alors du royaume de Siam (Thaïlande actuelle), voient d'un mauvais œil cette mainmise britannique qui ne dit pas son nom. Mais petit à petit, tous accepteront un résident britannique, et deviennent même, à partir de 1909 (traité de Bangkok), protectorats britanniques à leur tour. Le sultan de Johor est le dernier à accepter un résident britannique, en 1914 : enfin... on ne lui laisse pas le choix ! On comprend le mécontentement d'une population malaise (et non malaisienne, nuance) tenue à l'écart de la gouverne de son propre pays. En 1919, avec ces nouveaux protectorats, les comptoirs du Détroit et une fédération à sa botte, la Couronne britannique domine désormais tout le pays, alors connu sous le nom de Malaya (le nom de Malaysia n'apparaîtra officiellement qu'en 1963). Elle peut à loisir profiter d'une nouvelle richesse : le latex, tiré de l'hévéa. Il n'y avait pas un seul de ces « arbres pleureurs » en Malaisie avant l'arrivée des Anglais. Mais une poignée de graines apportées à titre expérimental va transformer la donne. Les planteurs s'enrichissent rapidement, et ce nouvel « or blanc » va permettre à l'Angleterre coloniale de dominer le marché du caoutchouc dans les années 1930.

LE PLUS GRAND VOL BOTANIQUE DE L'HISTOIRE

Au cours d'un voyage au Brésil, en 1876, Henry Wickham, un aventurier britannique, vola des graines d'Hevea brasiliensis *(alors que le Brésil interdisait l'exportation de ces graines) et les rapporta à Londres. De là, elles furent envoyées dans la péninsule malaise. La transplantation fut un succès. En 1877, les premiers hévéas sont plantés à Kuala Kangsar. Aujourd'hui, la Malaisie est devenue le troisième producteur mondial de caoutchouc.*

Vers l'indépendance

Après la cruelle parenthèse japonaise (occupation de Singapour, de Bornéo et de la péninsule malaise pendant la Seconde Guerre mondiale), les Malais se battent pour reprendre le contrôle de leur pays. Revenus après avoir abandonné le pays à l'envahisseur nippon (non sans de violents combats), les Britanniques fondent l'Union de Malaisie en 1946, composée de neuf États ainsi que de Malacca et de Penang. Les Malais s'y opposent car le pouvoir des sultans s'en trouve réduit et la nationalité est trop largement accordée aux immigrants chinois et indiens. L'union est dissoute ; Deux ans plus tard, la Fédération de Malaisie est créée. Elle est composée des 9 sultanats de la péninsule, ainsi que des établissements de Malacca et de Penang. Le statut des sultans est restauré.

De 1948 à 1960, face à l'insurrection communiste, les Britanniques déclarent l'*Emergency* (l'état d'urgence). En 1957, ils accordent l'indépendance à la Fédération de Malaisie. En 1960, l'état d'urgence est levé suite à la défaite des communistes, mais ces derniers ne déposeront les armes qu'en 1989 et le parti communiste sera dissous. En 1963, la nouvelle Fédération de Malaisie compte désormais le Sabah, le Sarawak et Singapour. Celle-ci restera peu de temps, puisqu'elle se déclare république indépendante en 1965. La même année, la Fédération dans sa composition actuelle est proclamée.

Sultans et organisation politique

La Malaisie est une fédération divisée en 14 États, dont 9 sultanats ou royaumes, 4 États sans sultans ayant à leur tête un gouverneur nommé pour 5 ans par le gouvernement, et enfin un État fédéral composé de Kuala Lumpur, la capitale législative, Putrajaya, la capitale administrative, et Labuan, un petit archipel au large de Bornéo. Le pays est membre du Commonwealth. À sa tête, un roi, le sultan des sultans, désigné tous les 5 ans à bulletins secrets par ses pairs des neuf États monarchiques. Cela dit, quand bien même ils promulguent les lois et possèdent le pouvoir de déclarer l'état d'urgence, leur rôle est avant tout honorifique. On les dit oisifs et souvent en vacances... Certains pensent que c'est mieux comme ça. Pourtant, tout le monde s'accorde pour dire qu'ils donnent une identité au pays, un peu de poids historique à la jeune Fédération.

Mais le véritable pouvoir est aux mains du Premier ministre, élu par le Parlement. De nombreux partis politiques s'affrontent à chaque élection, les principaux étant regroupés en deux pôles. Le Barisan National (soit le Front national), large coalition au pouvoir depuis l'Indépendance, est composé de 13 partis représentant les différentes ethnies du pays : entre autres, l'UMNO (Organisation nationale des Malais unis, acquise au Premier ministre), le MCA (Association des Chinois de Malaisie) et le MIC (Congrès des Indiens). Cette coalition remportait à chaque élection générale les deux tiers des sièges au Parlement, mais elle a dernièrement vu son électorat fondre : avec 47,38 % des suffrages aux élections de 2013, elle tient toujours la majorité au Parlement (133 sièges sur 222). L'opposition, désormais appelée *Pakatan Harapan,* Union de l'Espoir, depuis que le parti islamiste qui représentait la 3e composante de cette coalition a fait sécession. Reste donc le DAP (Parti d'Action démocratique), qui recueille les votes de nombreux Chinois et le PKR (Parti de la justice populaire), dirigé par Anwar Ibrahim, principal opposant au régime (voir « Personnages » plus loin).

Souvent décrite comme une « démocratie égarée », ou un régime à l'autoritarisme soft, la Malaisie est à la croisée des chemins : la société civile veut désormais avoir son mot à dire et ne se contente plus d'une gouvernance vieillissante, qui ne correspond plus vraiment aux aspirations des Malais.

Une répartition ethnique des rôles

En 1969, le pays connaît une grave crise se traduisant par d'importants affrontements ethniques. En effet, l'économie ne reflétait pas le pouvoir démographique

des deux principaux groupes ethniques. Ainsi, les 53 % de Malais qui composaient la population ne détenaient que 2 % du capital des sociétés, tandis que les 35 % de Chinois en contrôlaient 27 % (les Indiens 1 %, les étrangers 63 % et l'État 7 %). La Nouvelle Politique Économique (NEP), un plan ambitieux de discrimination positive a donc été mis en place en 1971 qui, sur une période de 20 ans, devait réduire l'important déséquilibre économique en faveur des *Bumiputra,* ou « Fils du sol » (les Malais et les peuples autochtones). Elle a, depuis, été reconduite sous différentes appellations. Par ailleurs, le gouvernement a créé des postes en pagaille dans l'administration, réservée aux Malais, se plaçant ainsi au premier rang mondial du nombre de fonctionnaires. Pour autant, le problème est-il définitivement résolu ? La répartition des richesses reste inégale et, au cours de votre voyage, il est probable que vous ressentiez ces différences.
Après la question des réfugiés vietnamiens et cambodgiens et les explosions sporadiques des maquis communistes (qui ont finalement cessé), l'État doit faire face à une forte immigration indonésienne. Un afflux de migrants maîtrisé selon des méthodes plus ou moins violentes. Enfin, le pays connaît une nette montée du fondamentalisme musulman qui, dans certaines villes d'États islamiques, tente d'imposer le « Hudud » (volet de la charia ayant trait aux crimes, au blasphème, à l'adultère, à l'homosexualité et au comportement vestimentaire), comme c'est le cas dans le Kelantan.

Paix sociale et corruption

La relative prospérité de la Malaisie sur le plan économique et son taux de croissance important ont fait taire bien des ressentiments. Les investissements étant créateurs d'emplois, les tensions intercommunautaires se sont apaisées, chacun ne pensant plus qu'à s'enrichir. Cependant, la Malaisie n'est pas à l'abri d'une récession qui pourrait avoir pour conséquence de réactiver les vieux antagonismes.
Les politiques de l'UMNO, le parti malais, majoritaire pendant 50 ans, ont encouragé les inégalités sociales. À la tête du parti, l'actuel Premier ministre, Najib bin Abdul Razak, est-il sur la voie de l'apaisement des tensions ? Les résultats des dernières élections générales (2013) ont montré que le parti majoritaire s'effritait et ne rassemblait plus largement comme par le passé. Et ce n'est pas le scandale révélé en 2015, dans lequel est impliqué le Premier ministre, qui risque d'inverser la courbe. L'homme fort du pays aurait en effet perçu près de 650 millions d'euros de la part d'un fond souverain qu'il avait lui-même crée en 2009. Dans ce pays où l'autorité du chef est peu contestée, des voix se sont néanmoins faites entendre : en septembre 2015, plusieurs dizaines de milliers de manifestants descendaient dans la rue, même les sultans de Malaisie, traditionnellement en retrait de la vie politique, sont montés au créneau pour réclamer des comptes.
Face à ces accusations, Najib Razak a fait le ménage parmi les plus contestataires et adopté des lois de plus en plus liberticides. Logiquement, en janvier 2016, le (nouveau) ministre de la Justice a déclaré l'affaire classée, sous le motif que la somme correspondait à un don de la monarchie saoudienne pour assurer la victoire électorale de l'UMNO face à la montée d'un parti islamiste proche des Frères musulmans. Version mise en cause par l'opposition malaisienne, des journalistes et enquêteurs étrangers.
D'ailleurs, l'histoire ne s'arrête pas là et les enquêtes internationales se poursuivent. La Suisse ouvre le bal en révélant, début 2016, que 4 milliards de dollars auraient été détournés de fonds publics malaisiens et qu'une partie de ce cette somme se serait retrouvée sur les comptes du Premier ministre. Le Luxembourg, les États-Unis, Singapour disposent aujourd'hui de preuves de plus en plus accablantes dans ce qui fait désormais figure de scandale aux ramifications planétaires.
Combien de temps Najib Razak pourra-t-il se maintenir au pouvoir en durcissant le régime, alors que son mandat s'achève théoriquement en 2018 ?

MÉDIAS

Votre TV en français : TV5MONDE, la première chaîne culturelle francophone mondiale

Avec ses 11 chaînes et ses 14 langues de sous-titrage, TV5MONDE est distribuée dans plus de 190 pays du monde par câble, satellite et sur IPTV. Vous y retrouverez de l'information, du cinéma, du divertissement, du sport, du documentaire...
Grâce aux services pratiques de son site voyage *(• voyage.tv5monde.com •)*, vous pouvez préparer votre séjour et, une fois sur place, rester connecté, avec les applications et le site *• tv5monde.com •* Demandez à votre hôtel le canal de diffusion de TV5MONDE et contactez *• tv5monde.com/contact •* pour toute remarque.

Radio

La bande FM ressemble à une tour de Babel, on s'en doute. On peut capter les informations en langue anglaise. RFI est disponible en ondes courtes et sur Internet dans tout le pays *(• en.rfi.fr/how-to-listen •)*.

Télévision

Il existe une douzaine de chaînes nationales malaisiennes, dont 5 chaînes payantes, et 2 chaînes publiques, RTM (Radio Televisyen Malaysia) TV1 et TV2. Elles s'inspirent beaucoup des chaînes américaines. Les chaînes câblées sont disponibles dans les grands hôtels seulement (films en anglais sur Vision Four). En principe, RTV2 programme des infos en anglais tous les jours entre 12h30 et 13h et à 20h30.

Journaux

Le principal quotidien du pays est *The Star*, devant le *New Straits Times,* en langue anglaise *(• nst.com.my •)*. *The Sun* (gratuit) est le plus largement distribué. Tous ces journaux sont plutôt « bien pensants ». Aucune critique à l'encontre du gouvernement et beaucoup de chiens écrasés. Ça permet néanmoins d'avoir des nouvelles du monde et de comprendre un peu mieux la politique du pays (si on lit l'anglais, *of course*). Car, comme à Singapour, les liens entre les partis au pouvoir et les médias sont des plus serrés. Le plus important groupe de presse, Media Prima (1 hebdomadaire, 2 quotidiens, 3 radios et 4 chaînes de télévision), est détenu par une entreprise affiliée au parti gouvernemental UMNO.
Si vous souhaitez des informations plus critiques et plus indépendantes, allez sur le site *• malaysiakini.com •* C'est le seul organe de presse indépendant de Malaisie en anglais, consultable sur le Web uniquement !
Presque tous les kiosques vendent les éditions asiatiques (mais en anglais) des grands hebdos *Time* et *Newsweek.* Pas mal pour cerner les problèmes économiques, sociaux et politiques de l'Asie du Sud-Est. Quant aux journaux de langue française, on les trouve dans les alliances françaises (Penang, Kuala Lumpur) et sur le Net.

Liberté des médias

La Malaisie occupe la 146e place sur 180 pays du Classement mondial pour la liberté de la presse 2016 établi par Reporters sans frontières. Le Premier ministre Najib Razak mène une guerre personnelle contre les médias jugés « trop indépendants » et n'hésite pas à envoyer les forces de l'ordre dans les rédactions. Ces opérations musclées se traduisent par de nombreuses arrestations arbitraires.

En 2015, pas moins de huit journalistes, dont deux étrangers, ont été arrêtés en vertu de la « Loi relative à la sédition » (Sedition Act), un texte draconien datant de l'époque coloniale qui visait à l'origine les indépendantistes et aujourd'hui largement instrumentalisée par le pouvoir afin de museler toute voix critique à son encontre. Le caricaturiste Zunar, régulièrement censuré et harcelé par les autorités à cause de ses dessins satiriques, est accusé de neuf violations de la loi sur la sédition et encourt une peine de 43 ans de prison pour avoir critiqué, sur Twitter, la condamnation à cinq ans d'emprisonnement d'un opposant politique, Anwar Ibrahim.

La chasse aux journalistes critiques s'étend aussi à Internet où certains sites comme *Sarawak Report* ou *The Edge* ont été bloqués après avoir couvert le scandale national de corruption désormais connu sous le nom de « affaire 1MDB », impliquant directement des officiels et le Premier ministre en personne.

PERSONNAGES

– ***Dato'Ambiga Sreenevasan :*** cette avocate est une grande défenseuse des droits humains, et à ce titre elle a reçu le *US International Women of Courage Award* en 2009. Elle commence sa carrière en défendant une jeune femme musulmane empêchée de se convertir au christianisme, puis, une fois présidente du barreau malaisien, elle organise en 2007 la Marche pour la justice. Elle défend le droit des femmes et la liberté de religion, ce qui lui a valu des menaces de mort et le risque d'une arrestation. Bien que ses détracteurs lui reprochent de financer ses activités avec des fonds américains, elle préside Hakam (société nationale des droits de l'homme). Elle s'occupe également des Orang Asli, les peuples indigènes.

– ***Mahathir ibn Mohamad :*** Malais, petit-fils d'un immigré indien du Kerala, il est né en 1925 à Alor Setar, capitale de l'État de Kedah. Après des études à Singapour, il exerce comme médecin sur l'île de Langkawi, dont il fera plus tard une zone franche. Premier ministre de 1981 à 2003, ce bon « Docteur M. » modernise le pays : le taux de croissance est élevé, le chômage très faible, et il dirige la Malaisie d'une main de fer, prônant les « valeurs islamiques », tout en militant pour une puissante union asiatique. C'est aussi lui qui persécutera son vice-Premier ministre, Anwar Ibrahim (voir ci-après), ayant eu le tort de s'opposer à lui... Chef de file des conservateurs de l'UMNO, c'est aujourd'hui l'un des principaux critiques du Premier ministre Najib Razak, suite au scandale financier.

– ***Anwar Ibrahim :*** le chef de l'opposition, né en 1947. Ex-vice-Premier ministre, Anwar Ibrahim a été arrêté pour « corruption » et... « sodomie » (l'islam, religion d'État, condamne les relations homosexuelles). Condamné à 6 ans de prison et d'inéligibilité pour s'être opposé au Premier ministre après la crise économique de 1997, Anwar Ibrahim regagne son siège au Parlement en 2008, mais il est à nouveau accusé de sodomie. En 2009, la Haute Cour le juge non coupable. Le Procureur général fait appel et la Cour d'appel le condamne en 2014 à 5 ans de prison, verdict confirmé par la Cour fédérale en 2015.

– ***Tsai Ming Liang :*** cinéaste. Né en 1957 à Kuching, dans une famille chinoise, il passe les 20 premières années de sa vie dans un petit village, part à Taiwan faire des études de cinéma et devient scénariste et

DU VÉLOSOLEX AU CORAN

Une histoire en or digne de Gala ! La belle princesse malaisienne Zatashah, francophone et fille du sultan de Selangor, a épousé le charmant Aubry Mennesson. Petit-fils de l'inventeur du Vélosolex, ce Français est donc devenu le gendre de l'un des hommes les plus puissants de Malaisie. Par amour, il s'est converti à l'islam et apprend le malais. Un conte de fées moderne !

réalisateur. Basé à Taipeh, il garde des liens avec sa Malaisie natale. Dans sa filmo, signalons *Vive l'amour* (Lion d'or à Venise), *La Rivière* (Ours d'argent à Berlin), *Et là-bas, quelle heure est-il ?* et *The Hole* (primés à Cannes), ou encore *I don't want to sleep alone,* qui se déroule dans son pays natal. Avec son ami Leonard Tee, producteur malaisien, il réalise *Visage* en 2009, tourné à Paris (notamment au Louvre). Pour ce film-hommage à la Nouvelle Vague française, il a fait jouer Laetitia Casta, Fanny Ardant et Jean-Pierre Léaud. Depuis, il a sorti *Les Chiens errants,* en 2013 (Grand Prix du jury à Venise).

– ***Michelle Yeoh :*** née à Ipoh en 1962, elle est d'abord l'heureuse gagnante de l'élection Miss Malaisie en 1983, puis fait une apparition dans la pub et dans quelques films cantonais, et aussi dans les films de plusieurs ténors du cinéma asiatique. Elle sera révélée sur nos écrans par son rôle de *James Bond girl* dans *Demain ne meurt jamais* (1997), *Tigre et Dragon* (2000), les *Mémoires d'une geisha* (2005), mais le rôle de sa vie lui sera confié par Luc Besson dans son film *The Lady* (2011), qui retrace le parcours de l'opposante birmane Aung San Suu Kyi.

– ***Nicol David :*** née à Penang en 1983, l'ancienne meilleure joueuse de squash de la planète occupe aujourd'hui la 3e place du classement mondial !

– ***Lee Chong Wei :*** né à Bukit Mertajam, il a été 4 fois vice-champion du monde de Badminton et occupait en 2016 la tête du classement mondial.

PLONGÉE SOUS-MARINE

Jetez-vous à l'eau !

Pourquoi ne pas profiter de cette région où la mer est souvent calme, chaude, accueillante, et les fonds riches, pour vous initier à la plongée sous-marine ? Faites le saut : plongez ! La plongée est enfin considérée plus comme un loisir grand public qu'un sport, et c'est une activité fantastique. Entrez dans un autre élément où vous pouvez virevolter au milieu des poissons, les animaux les plus chatoyants de notre planète ! Des règles de sécurité, que l'on vous expliquera au fur et à mesure, sont bien sûr à respecter, comme pour tout sport ou loisir. Ne vous privez pas de tutoyer, en le respectant, le monde sous-marin... et n'oubliez pas que la chasse sous-marine est formellement interdite.

Si, c'est facile !

Pour réussir vos premières bulles, pas besoin d'être sportif ni bon nageur. Il suffit d'avoir plus de 8 ans et d'être en bonne santé. Pour un baptême, un certificat médical vous sera peut-être demandé, et c'est dans votre intérêt. Il est en tout cas de rigueur pour les mineurs et les plus de 60 ans, et pour toute personne désirant passer un niveau de plongée. Certains moniteurs l'exigent systématiquement ; d'autres se contenteront de vous faire signer une décharge médicale.

Les enfants peuvent être initiés dès l'âge de 8 ans, à condition d'avoir un encadrement qualifié dans un environnement adapté (eau chaude, sans courant, matériel adapté). Non, la plongée ne fait pas mal aux oreilles : il suffit de souffler en se bouchant le nez. Non, il ne faut pas forcer pour inspirer dans cet étrange « détendeur » qu'on met dans la bouche, au contraire.

Et le fait d'avoir une expiration active est décontractant, puisque c'est la base de toute relaxation ; être dans l'eau modifie l'état de conscience, car les paramètres du temps et de l'espace sont changés : on se sent, à juste titre, ailleurs. En vacances, c'est le moment ou jamais de vous jeter à l'eau. Et n'hésitez pas à goûter aux plongées de nuit, qui révèlent un monde et des sensations différents. Nous vous indiquons dans le texte des adresses de clubs de plongée.

Attention, vous devez respecter un intervalle de 12h avant de monter en altitude et de 24h avant de prendre l'avion, afin de ne pas modifier le déroulement de la désaturation et d'éviter ainsi les accidents de décompression.

Les clubs de plongée

En principe, tous les clubs sont affiliés, selon leur zone d'influence, à un ou plusieurs organismes internationaux. Les deux plus importants sont la CMAS, Confédération mondiale des activités subaquatiques (d'origine française), et PADI, *Professional Association of Diving Instructors* (d'origine américaine).
La pédagogie PADI est performante (cours sur vidéo), mais la pratique en plongée reste plus limitée. Elle n'intègre pas les paliers. Du coup, pas de plongée en dessous de 40 m et des temps de plongée assez courts pour être conformes à leurs courbes de sécurité.
Dans les régions « influencées », dont la Malaisie, la majorité des clubs plongent à l'américaine, tendant à une certaine standardisation : la durée et la profondeur des plongées sont très calibrées.
Si le club ne reconnaît pas votre brevet, il vous demandera une plongée-test pour vérifier votre niveau. En cas de demande d'un certificat médical, le club pourra vous conseiller un médecin dans le coin. Tous les clubs délivrent un « carnet de plongée » qui, d'une part, retracera votre expérience et, d'autre part, réveillera vos bons souvenirs. Gardez-le et pensez à toujours emporter ce « passeport » en voyage. Un bon centre de plongée est un centre qui respecte toutes les règles de sécurité sans négliger le plaisir.

Comment choisir un centre de plongée ?

– ***Renseignez-vous :*** vous payez pour plonger ; en échange, vous devez obtenir les meilleures prestations. À vous de voir si vous préférez un club genre « usine bien huilée » ou une petite structure souple. Le mieux est de traîner au retour des plongées et de demander l'avis des plongeurs.
– ***Méfiez-vous*** d'un club qui vous embarque sans aucune question préalable sur votre niveau de plongée, vos antécédents et votre situation médicale ; il n'est pas « sympa » mais dangereux.
– ***Regardez*** si le centre est apparemment bien entretenu (rouille, propreté, etc.), si le matériel de sécurité (oxygène, trousse de secours, radio, etc.) est à bord, si le bateau est équipé d'une protection contre le soleil, si vous n'avez pas trop à transporter l'équipement, s'il n'y a pas trop de plongeurs par palanquée (six maximum, est-ce un rêve ?), si les numéros d'urgence sont bien affichés dans le centre (c'est obligatoire).
– ***Les équipements*** sont-ils bien adaptés et en quantité suffisante ? Vous verrez que pour apprécier une plongée, il vaut mieux ne pas être stressé, par exemple par des palmes inadaptées ou un masque qui fuit.
– ***Est-ce que le moniteur plonge*** ou est-ce un pote à lui ? S'il plonge, quel niveau a-t-il ? On constate parfois que certaines structures ne sont pas sérieuses et que les moniteurs ne plongent pas, déléguant le cours à un plongeur dont on ne sait rien. D'autant que les clubs font signer une décharge avant d'aller plonger.
– ***Comment se déroulent les baptêmes ?*** Y a-t-il un moniteur par plongeur ou un pour quatre ? Dans le second cas, c'est une initiation.
– ***Combien de temps dure une plongée ?***
– Pour les confirmés, ***à combien sont gonflées les bouteilles ?*** Entre 180 et 220 bars, c'est bon.
– Soyez aussi vigilant quant au ***comportement de l'équipe*** qui vous encadre. Outre les principes de sécurité, elle doit ***respecter l'environnement.*** Par exemple si, pendant la plongée, un membre du club chasse devant vous, sachez que cette pratique est formellement interdite. Le moniteur va chasser des petits poissons pour amuser le touriste et afin d'attirer les prédateurs (murènes...) qui viennent ensuite les manger dans sa main. Il n'est pas besoin de tuer la faune sous-marine pour attirer les murènes : les poubelles de n'importe quel restaurant regorgent de restes suffisamment appétissants pour ces poissons. Refusez également les

moniteurs qui plongent avec des bâtons en fibre de verre pour titiller les poissons et les faire sortir de leur abri.

– Certains sites de plongée sont dépourvus de mouillages fixes permettant aux bateaux de s'y accrocher, bateaux qui sont alors contraints, pour des raisons de sécurité (courants ou vagues), de jeter l'ancre. Pas de problème à cela dans la mesure où les précautions sont prises pour préserver les fonds coralliens.

– Le monde sous-marin est un monde de silence, rejetez ces pratiques idiotes qui consistent à utiliser à tort et à travers les *shakers* et autres klaxons sous-marins destinés uniquement à avertir d'un danger.

C'est la première fois ?

Alors l'histoire commence par un baptême, une petite demi-heure généralement, pendant laquelle le moniteur s'occupe de tout et vous tient par la main. Laissez-vous aller au plaisir. Même si vous vous sentez harnaché comme un sapin de Noël déraciné hors saison, sachez que tout cet équipement s'oublie complètement une fois dans l'eau. Vous ne devriez pas descendre au-delà de 6 m. On compte généralement un moniteur pour quatre initiés maximum ; bien souvent, c'est plutôt un pour deux.

Puis l'aventure se poursuit par un apprentissage progressif.

En Malaisie

Les brochures rivalisent de couleurs chatoyantes pour vous vanter la beauté des fonds sous-marins de Malaisie. À l'Ouest (à part Langkawi), rien de nouveau ! Tandis qu'à l'Est, c'est un vrai festival de couleurs ! Notre trio de tête : les îles Perhentian, Redang et, surtout Tioman. Car s'il y a un endroit où ceux qui n'ont jamais osé plonger peuvent le faire sans aucune appréhension, c'est bien dans les eaux des îles orientales. L'eau est chaude, claire (la visibilité varie entre 10 et 15 m, parfois 25 m par temps clair et mer calme), et, surtout, la plupart des sites se situent à moins de 15 m de profondeur.

POPULATION

Malais et Chinois : deux cultures distinctes

La population du pays est d'environ 30,5 millions d'habitants : 80 % d'entre eux vivent dans la péninsule malaise, les 20 % restants habitant les États de Sarawak et Sabah, sur l'île de Bornéo. De nombreux groupes ethniques cohabitent en Malaisie : les Malais (50,4 %) et d'autres peuples dits indigènes (11 %) constituent 61,4 % de la population, bien plus nombreux que les Chinois (24 %). Viennent ensuite les Indiens, surtout tamouls, avec 7 % de la population, puis les Népalais, les Philippins et les Birmans.

MALAIS OU MALAISIEN ?

La moitié des habitants du pays sont malais, et tous les habitants sont malaisiens : c'est-à-dire de nationalité malaisienne mais pas forcément d'origine malaise. Donc, « malais » désigne tout ce qui a trait au groupe ethnique, et « malaisien » tout ce qui concerne la nationalité, englobant ainsi tous les groupes ethniques (malais, chinois, indien, etc.). La langue officielle est le bahasa malaysia, *appelée aussi... malais. Mais non, pas de malaise !*

Des Malais, on pourrait dire que ce sont d'abord des hommes de la campagne, vivant tranquillement dans les *kampung* (villages). Ils sont agriculteurs, pêcheurs et, surtout, de fervents musulmans. Ils s'habillent d'un sarong et se coiffent d'un *songkok* (calotte). Quant aux femmes, elles portent un batik et se voilent les cheveux. Appelés *Bumiputra* (d'après un mot sanskrit signifiant « Fils du sol »), ils détiennent le pouvoir politique et possèdent des droits étendus sur les terres qui leur sont spécifiques. Le pouvoir a favorisé, après les émeutes raciales de 1969, les Malais et les peuples indigènes en mettant en place des mesures de discrimination positive, considérant que la minorité chinoise jouait un rôle économique trop important, au détriment des « vrais » Malais.

Les Chinois vivent principalement dans les villes et dominent une grande partie du commerce malaisien. Bouddhistes, taoïstes ou chrétiens, ils parlent le malais (appris à l'école) tout en perpétuant la langue de leurs ancêtres.

Ces deux communautés, malgré des siècles de vie commune, se sont regroupées en clans qui s'évitent et se livrent une concurrence féroce. Longtemps écartés du pouvoir économique, les Malais ont imposé leur langue, supprimant un temps tout enseignement de l'anglais dans les écoles publiques, fixant des quotas pour l'entrée dans les universités aux minorités, imposant des restrictions qui leur sont toutes favorables. Néanmoins, l'anglais est toujours enseigné dans les écoles. On note aussi, ces dernières années, une redécouverte des décrets votés en 1986 interdisant aux non-musulmans l'usage écrit de certains termes liés à l'islam – à commencer par le nom d'Allah ou de la Kaabah. La publication dans un magazine anglophone de la photo d'une chanteuse américaine en tournée locale portant un Allah tatoué sur la peau a même récemment fait scandale, faisant monter au créneau les plus hautes autorités de l'État... Certains craignent désormais pour la liberté d'expression.

La communauté peranakan

Le mot malais *peranakan* vient de « *anak* », qui signifie « enfant », c'est celui qui est né ici, d'une parenté mixte. S'il existe d'autres métissages peranakan (énumérés plus loin), la majorité est le fruit des unions entre femmes malaises (voire indonésiennes ou birmanes) et « Chinois du Détroit » (*Straits Chinese* en anglais), ceux arrivés dans la péninsule malaise avant la colonisation britannique. On les désigne par le mot moyen-oriental *baba,* soit « l'homme », et par *nyonya,* qui est un terme malais qui désigne une femme mariée d'origine non malaise. D'où le nom de communauté baba nyonya, terme le plus fréquemment utilisé mais qui ne concerne que les unions sino-malaises et n'est donc pas l'équivalent du terme *peranakan,* voilà qui est dit !

Si l'on en croit la légende, la princesse Hang Li Poh, fille supposée d'un empereur Ming, aurait épousé au XVe s le sultan de Malacca Mansur Shah. Accompagnée de quelque 500 jeunes de sang noble, elle aurait initié des mariages mixtes entre Chinois et Malaises, donnant naissance à la communauté. En vérité, ce sont les marchands, installés dès cette époque, qui prirent femme malaise. Quoi qu'il en soit, il est étonnant de noter à quel point les deux cultures se sont entremêlées. La cuisine baba nyonya en est la meilleure illustration : très épicée, elle utilise à la fois le lait de coco et la pâte de crevette. Ce particularisme se retrouve aussi dans le style architectural des temples.

D'autres communautés métisses peranakan sont nées dans les anciens ports de Malacca et de Penang. On parle ainsi des Chitty, issus des unions entre Indiens hindous et femmes malaises, des Jawi, descendants des Arabes et des Malaises, et des Kristang (chrétiens), descendants des Portugais et Hollandais mariés localement. Dans chaque cas, il ne s'agit que de quelques milliers de personnes.

Les Orang Asli

Orang signifie « l'homme », *Asli* « origine » (si, du coup, vous vous posez la question, sachez qu'« orang-outan » signifie « homme de la forêt »). Ce sont les premiers habitants de la péninsule malaise, l'équivalent des aborigènes d'Australie. On en compte aujourd'hui moins de 150 000, soit seulement 0,7 % de la population de la péninsule malaise, répartis en 18 tribus. Ils se divisent en trois groupes ethnolinguistiques : les Semangs (ou Negritos), les Proto-Malais et les Senois. Mais si l'on prend en considération la partie malaise de Bornéo, les Orang Asal (terme englobant les Orang Asli, vous suivez ?) sont bien plus nombreux puisqu'ils constituent 11 % de l'ensemble de la population. Ils font partie des *Bumiputra,* même si beaucoup considèrent qu'ils ne sont en fait que des *Bumiputra* de seconde classe. Leur espérance de vie ne dépasse pas 53 ans, contre 74 ans en moyenne pour les habitants de Malaisie.

– ***Les Semangs (ou Negritos) :*** ils vivent surtout dans la jungle des plaines des États du nord de la Malaisie. Liés aux tribus des îles Andamans et aux Mani thaïlandais, ils sont l'un des plus vieux peuples de l'humanité. Leur arrivée dans la péninsule malaise a dû se produire entre 60 000 et 40 000 av. J.-C. : ils ont été les premiers à la peupler. Ils sont très peu nombreux puisqu'ils ne constituent que 3 % des Orang Asli. Désormais sédentarisés, ils vivent encore parfois dans des campements rudimentaires. Leur dénuement est quasi total. Activités principales : fabrique d'armes, d'objets et de paniers en fibres végétales (dont le *rotang,* que nous avons traduit par « rotin » !). À l'origine, les Negritos n'avaient aucun sens de la propriété privée individuelle. Il en reste un esprit communautaire très fort. Leurs chefs n'ont pas de pouvoir réel ni d'avantages matériels. L'homme le plus important du groupe est le *medecineman* ou *halaag.*

ROTIN DE MALAISIE

Ne pas confondre avec le bambou, qui est une herbe géante poussant en une seule branche et qui ressemble parfois au rotin. Bambou et rotin sont tous les deux des plantes asiatiques, mais ce dernier, plus épais, provient du rotang, un palmier d'Inde et de Malaisie à tige grêle. Du rotin, on fait des cannes, des sièges, voire des meubles parfois plus importants.

– ***Les Proto-Malais (Temuan) :*** probablement liés aux ancêtres des Malgaches comme des Polynésiens, ils sont installés dans le sud de la péninsule malaise, vers 4 500 ans av. J.-C. Ils se divisent en 7 sous-groupes. Leur organisation sociale diffère des Senois et des Negritos. Comparés aux Senois, les Proto-Malais ont un sens de la propriété plus développé. Dans la plupart de leurs groupes, la cellule familiale possède la ferme et la terre, et non la communauté. Ce sont les plus intégrés des Orang Asli.

– ***Les Senois :*** arrivés d'Indonésie entre 2 500 et 1 500 av. J.-C., ils vivent principalement dans la jungle des montagnes du centre de la Malaisie et se divisent en cinq sous-groupes. Ceux appartenant au groupe des *Semai* habitent dans le sud du Perak et aux alentours des Cameron Highlands.

Pour plus de précisions sur les Orang Asli, reportez-vous aux chapitres consacrés aux Cameron Highlands et au Taman Negara.

RELIGIONS ET CROYANCES

L'islam est religion d'État. Il cohabite avec le bouddhisme et l'hindouisme, les deux autres principales croyances représentées dans le pays.

Un islam particulier

L'islam est pratiqué par l'ethnie malaise, ainsi que par une faible minorité de Chinois et d'Indiens, de façon plutôt tolérante dans l'ensemble (un bémol toutefois en ce qui concerne les États islamiques du Nord-Est, comme le Kelantan ou le Terengganu, où les principes de la vie musulmane sont appliqués au pied de la lettre). En tout cas, les non-musulmans et à fortiori les touristes sont rarement inquiétés. Mais attention, une Occidentale ne manquera pas de se faire siffler ou écopera de quelques réflexions lancées à la cantonade si elle se promène seule et sans foulard dans certains États du Nord-Est ! Il va sans dire qu'on choquera en se montrant seins nus sur la plage ; quant aux bains de mer, en certains endroits (les plages près des villes de la côte est), mieux vaut les prendre tout habillé pour les dames ! Notre rubrique « Savoir-vivre et coutumes » précise plus loin les quelques règles élémentaires à respecter. Les enfants portent certains jours de fête de chatoyants costumes de soie, les écarts socioprofessionnels ne sont jamais flagrants. Il semblerait néanmoins qu'on assiste à la montée d'un certain fondamentalisme car le salafisme importé d'Arabie Saoudite gagne du terrain, comme en témoignent certaines femmes entièrement voilées, tandis que d'autres portent des gants pour ne pas se souiller au contact des étrangers, en rendant la monnaie par exemple...

LE VENDREDI, LE DIMANCHE DES MUSULMANS

En 621, alors que Mahomet était encore à La Mecque, il envoya un de ses fidèles pour enseigner l'islam aux tout nouveaux convertis de Médine. Une fois sur place, notre homme demanda aux responsables locaux l'autorisation de réunir les nouveaux croyants. Permission lui fut accordée, mais à une condition : qu'il respecte le jour consacré par les juifs aux préparatifs du Sabbat, c'est-à-dire le vendredi. Mahomet entérina cette décision et, dès qu'il s'installa à Médine, institua la prière du vendredi. En ce qui concerne les chrétiens, il a fallu attendre Constantin Ier (272-337) pour que le dimanche soit considéré comme étant le dernier jour de la semaine.

Légendes

Autre spécificité de la religion malaise (qui peut expliquer certaines différences avec d'autres formes de l'islam) : la permanence tenace, à l'instar de l'islam pratiqué en Indonésie, de vieilles superstitions héritées de quelques cultes hindouistes et d'anciennes croyances animistes. Ce sont les fameuses légendes propres à certaines régions du pays (les îles Langkawi, par exemple), mais aussi la certitude, chez la plupart des Malais, que l'âme des morts se réincarne toujours en un quelconque démon, spectre ou esprit malveillant ! Comme le notait l'écrivain et planteur Henri Fauconnier, qui étudia longuement la question : « La vie des Malais se passe à essayer de ne pas marcher sur le pied invisible de quelque chatouilleuse divinité. (...) Ce sont des musulmans intransigeants mais peu orthodoxes. »

HANTÉ PAR HANTU ?

Un Malais qui serait par mégarde tombé de son bateau, d'un arbre ou même simplement de sa hauteur, ne vous dira jamais que c'est par maladresse... Mais il ira probablement, tout de suite, consulter le chaman pour faire fuir la sorcière qui s'en est pris à lui en le poussant. Survivance des croyances animistes des temps anciens, Hantu, « la sorcière », peut se trouver partout et s'en prendre à n'importe qui. Elle est la malchance, le mauvais œil, la superstition...

Indiens et Chinois

La plupart des Indiens de Malaisie sont hindous. Mais une partie d'entre eux sont musulmans. Leurs ancêtres auraient d'ailleurs converti les Malais à l'islam (voir la rubrique « Histoire »).

Les Chinois sont, en majeure partie, bouddhistes, mais plusieurs formes de bouddhisme sont pratiquées, selon les temples fréquentés, les écoles et les moines...

On trouve d'ailleurs quelques temples très curieux dans le pays, dans des grottes (Ipoh), peuplés de serpents ou complètement mégalos (Penang).

SAVOIR-VIVRE ET COUTUMES

Les Malais attachent beaucoup d'importance au comportement en société et à la tenue vestimentaire qui, pour eux, marquent le respect envers les autres. Alors considérons leurs exigences morales comme une règle de politesse. La tradition malaise enseigne par ailleurs que l'étranger est un invité et doit être considéré comme tel ; en contrepartie, nous sommes vus (nous, Occidentaux) comme des ambassadeurs : à nous de donner la meilleure image possible de notre pays. Évidemment, le degré de considération sera proportionnel à la dose de bonne volonté que le touriste mettra à respecter les coutumes du pays.

SURVEILLEZ VOTRE LANGAGE !

Dire qu'une femme est moche constitue un délit en Malaisie. Cela s'appelle « la violence émotionnelle » selon le Département pour le développement des femmes, un organisme gouvernemental. Une loi condamne les hommes qui font souffrir les femmes avec des paroles humiliantes de ce style...

Voici quelques règles de base à respecter en Malaisie.

- ***On ne serre pas systématiquement la main.*** Pour saluer, un hochement de tête et un sourire suffisent, notamment, si vous êtes un homme, quand votre interlocuteur est une femme musulmane ; si elle le désire, elle vous tendra la main la première. Pour saluer une personne âgée, surtout à la campagne, mieux vaut employer une formule malaise plutôt qu'anglaise.
- ***Ne jamais montrer du doigt,*** particulièrement une personne. Si l'on doit désigner quelque chose malgré tout, pointer alors la main droite, le poing fermé, mais pouce tendu dans la direction voulue.
- ***Toujours enlever ses chaussures*** avant d'entrer dans une maison ou un lieu de culte (mosquée ou temple). On doit souvent se déchausser dans les bungalows ou les *guesthouses.* Pour perdre moins de temps, imitez les Malais : portez des tongs, mules ou sandales !
- ***Ne pas toucher la tête des gens,*** y compris celle des enfants.
- ***Ne pas manger avec la main gauche,*** considérée comme impure (bien sûr, l'utilisation de couverts change les données du problème).
- ***Ne pas éternuer ou se moucher à table...*** marque d'extrême incorrection ! Se débrouiller pour aller faire ça dans les toilettes ou sortir carrément dehors. En revanche, il est plutôt de bon ton de faire un peu (beaucoup) de bruit en mangeant, et une manifestation digestive sonore en fin de repas sera toujours la bienvenue !
- ***Invitation :*** quand on est invité chez quelqu'un, ne surtout pas arriver les mains vides. Si l'invitation est spontanée, accepter à la rigueur une boisson, décliner la nourriture (qui serait mangée au détriment des convives prévus). L'insistance de vos hôtes est une obligation dont la contrepartie est un refus tout aussi poli. C'est le cas dans toutes les communautés.
- ***Ne jamais se baigner nu(e).*** Monokini à bannir pour les filles dans tout le pays et bikini à éviter sur la côte est et partout à distance des zones touristiques. En fait, chère lectrice, pour ne pas être regardée de travers, une seule solution : opter pour un modèle une-pièce, pas trop riquiqui.
- ***Pudeur dans la tenue vestimentaire.*** Le regard de l'autre importe dans la société. Ainsi, les femmes doivent éviter, en dehors des plages, de dévoiler cuisses et épaules. Plus la femme se montre « impudique », moins elle est respectée. Cela vaut aussi pour l'homme, d'ailleurs, qui se verra interdire l'entrée des mosquées s'il est vêtu d'un short ou d'un débardeur sans manches.

– ***Pas de disputes en public.*** Les habitants du pays ne se font jamais de scènes en public et en attendent autant des étrangers. Pour eux, un couple ou des amis en train de se disputer représente un spectacle pitoyable.
– Les ***sultans sont très respectés*** par la population. Ne pas les critiquer en public et, en règle générale, éviter de juger la politique nationale (surtout si on ne la connaît pas !).
– Enfin, ne jamais avoir l'air de ***se moquer de quelqu'un.*** Les Malais sont un peuple fier : le moindre manque de respect est souvent considéré comme un affront. On ne vous provoquera pas en duel pour une gaffe, bien sûr, mais un visage peut s'assombrir facilement.

Amok

L'*amok* est un phénomène propre au Sud-Est asiatique. Il s'agit d'une brusque explosion de violence, une fureur guerrière, souvent meurtrière, qui résulte sûrement plus de l'accumulation de révoltes ou de frustrations réelles que du caractère... Cela appartient au domaine de l'irrationnel.
Les cas sont heureusement très rares et son évocation ne vous empêchera pas de trouver chez les Malais une gentillesse naturelle et un sens de l'hospitalité peu communs.

SITES INSCRITS AU PATRIMOINE MONDIAL DE L'UNESCO

Organisation des Nations Unies pour l'éducation, la science et la culture

En coopération avec le centre du patrimoine mondial de l'UNESCO

Pour figurer sur la liste du Patrimoine mondial, les sites doivent avoir une valeur universelle exceptionnelle et satisfaire à au moins un des 10 critères de sélection. La protection, la gestion, l'authenticité et l'intégrité des biens sont également des considérations importantes.
Le patrimoine est l'héritage du passé dont nous profitons aujourd'hui et que nous transmettons aux générations à venir. Nos patrimoines culturel et naturel sont deux sources irremplaçables de vie et d'inspiration. Ces sites appartiennent à tous les peuples du monde, sans tenir compte du territoire sur lequel ils sont situés. Pour plus d'informations : • *whc.unesco.org* •
– En Malaisie, sont classés : les villes historiques de ***Georgetown*** (sur l'île de Penang) et ***Malacca*** (depuis 2008), le patrimoine archéologique de ***la vallée de Lenggong*** (2012) où a été découvert la plus longue présence avérée « des premiers hommes sur un même lieu » ; ***le parc national de Gunung Mulu*** (2000), à Bornéo pour sa biodiversité et ses paysages karstiques, ainsi que ***le parc du Kinabalu*** (2000), également à Bornéo, qui abrite la plus haute montagne d'Asie du Sud-Est (4 095 m).

SPORTS ET LOISIRS

– Pensez à vérifier si vous êtes bien assuré avant de pratiquer un sport en Malaisie, notamment la plongée sous-marine (lire plus haut la rubrique consacrée à ce sport).

Balades et randonnées

Les parcs nationaux ainsi que certaines îles offrent de beaux parcours de trekking à travers la forêt vierge. Pensez à vous équiper avant le départ, car sur place, il est encore difficile de trouver du matériel. Un petit sac à dos, une bonne paire de chaussures, des chaussettes montantes (si possible anti-sangsues), une lampe de poche, un canif, un poncho imperméable et de quoi purifier l'eau constituent l'équipement de base.

Surf

Cherating bien sûr, mais aussi Tioman (Juara) et dans une moindre mesure Perhentian Kecil. Toutes ces plages bénéficient d'excellentes conditions de surf, y compris pour les débutants, mais attention, en période de mousson seulement, c'est-à-dire entre novembre et février. Le maximum de vague en décembre. On trouve généralement à louer du matériel sur place.

SINGAPOUR UTILE

ABC de Singapour

- ***Superficie :*** 712 km² (585 km² pour Pulau Ujong, la plus grande des 64 îles).
- ***Capitale :*** Singapour.
- ***Régime :*** république parlementaire autoritaire.
- ***Chef de l'État :*** Tony Tan Keng Yam. Prochaine élection présidentielle en 2017.
- ***Chef du gouvernement :*** Lee Hsien Loong depuis 2004.
- ***Population :*** 5,4 millions d'habitants ; à 100 % urbanisée.
- ***Densité :*** 7 126 hab./km², la plus élevée du monde après Monaco.
- ***Monnaie :*** dollar Singapour ($S).
- ***Indice de développement humain :*** 11e rang (0,912).
- ***Langues :*** anglais, mandarin, malais, tamoul.

AVANT LE DÉPART

Adresses utiles

En France

Office de tourisme de Singapour : • *singapour@interfacetourism.com* • Pas d'accueil public.
– Également un site en anglais et une page *Facebook* : • *yoursingapore.com* •

■ ***Ambassade de Singapour :*** *16, rue Murillo, 75008 Paris.* ☎ *01-56-79-68-00.* • *mfa.gov.sg/paris-french/* • Ⓜ *Courcelles. Lun-ven 9h-13h, 14h-17h.*

En Belgique

■ ***Ambassade de Singapour :*** *av. Franklin-Roosevelt, 85, Bruxelles 1050.* ☎ *02-660-29-79.* • *mfa.gov.sg/brussels/* • *Lun-ven 9h-12h, 14h-16h.*

En Suisse

■ ***Mission permanente de Singapour :*** *av. du Pailly, 10, 1219 Châtelaine, Genève.* ☎ *022-795-01-01.* • *mfa.gov.sg/geneva/* • *Lun-ven 8h30-13h, 14h-17h.*

Au Canada

■ ***Consulat général de Singapour :*** *suite 5300, 66 Wellington St. West, Toronto, Ontario, M5K 1 E6.* ☎ *416-601-79-79.* • *mfa.gov.sg/toronto/* • *Lun-ven 8h30-13h. Sur rdv slt.*

Formalités

– Un ***passeport*** valable encore 6 mois à compter de la fin du séjour et un ***billet aller-retour*** ou de continuation, et encore ***suffisamment***

d'argent. Pas de visa requis pour un séjour de 30 j. ; au-delà et pour un maximum de 3 mois, une autorisation doit être demandée en ligne aux services d'Immigration de Singapour • *ica.gov.sg* • À la frontière, il faut remplir une fiche d'entrée dans le pays. Ne pas perdre la partie remise par le douanier, qui vous sera demandée à votre départ.

– ***Douanes :*** toujours indiquer un hôtel chic sur le formulaire qu'on vous demande de remplir à l'arrivée à Singapour. *Attention,* si vous arrivez d'Indonésie ou de Malaisie, les paquets de *kreteks* sont systématiquement taxés. Pour les paquets de chewing-gums, lire la rubrique « Dangers et enquiquinements » plus loin. Plus généralement, pour connaître la liste des produits autorisés et/ou taxés, se rendre sur le site de la douane singapourienne : • *customs.gov.sg* • (en anglais).

Pensez à scanner passeport, carte de paiement, vouchers d'hôtel. Ensuite, adressez-les-vous par e-mail, en pièces jointes. En cas de perte ou de vol, rien de plus facile pour les récupérer sur votre smartphone. Les démarches administratives en seront bien plus rapides.

– ***Ariane, le fil à suivre :*** Ariane est un service gratuit mis à disposition par le centre de crise du ministère des Affaires étrangères. Il permet aux voyageurs français qui le souhaitent de s'enregistrer à l'occasion de leurs séjours à l'étranger. Les informations déposées sur Ariane sont utilisées en cas de crise, par exemple pour contacter des voyageurs dans l'hypothèse où des opérations de secours sont organisées ou encore pour joindre rapidement les familles ou les proches en France si une situation le nécessite. Pour en savoir plus : • *pastel.diplomatie.gouv.fr/fildariane* •

Vaccinations

Aucun vaccin obligatoire pour les voyageurs en provenance d'Europe (voir aussi la rubrique « Santé » plus loin).

Carte internationale d'étudiant (ISIC) et carte internationale des auberges de jeunesse (FUAJ)

Voir la rubrique « Avant le départ » dans « Malaisie utile » en début de guide.

ARGENT, BANQUES, CHANGE

La vie est bien plus chère à Singapour qu'en Malaisie... Restos, bars et discothèques sont aussi chers qu'en Europe.

– L'unité monétaire est le ***dollar Singapour*** ($S), divisé en 100 *cents.* En 2016, 1 € valait environ 1,50 $S, et 1 $S à peu près 0,65 €. Pas de marché noir de devises, *of course !*

– Les ***money changers*** changent la plupart des devises. De plus, ils présentent le double avantage d'être présents un peu partout en ville, et surtout d'être ouverts plus tard le soir.

– De très nombreux ***distributeurs automatiques (ATM)*** permettent de retirer de l'argent, nuit et jour, avec les principales cartes de paiement internationales. Tout centre commercial qui se respecte possède son (ou ses) distributeur(s). Le taux est généralement plus intéressant que chez les *money changers* mais la commission de votre banque le fera redescendre bien vite.

Cartes de paiement

Avertissement

Si vous comptez effectuer des retraits d'argent aux distributeurs, il est ***très vivement conseillé d'avertir votre banque*** avant votre départ (pays visités et dates). En effet, ***votre carte peut être bloquée dès le premier retrait*** pour suspicion de fraude. C'est de plus en plus fréquent. Bonjour les tracasseries administratives pour faire rentrer les choses dans l'ordre, et on se retrouve vite dans l'embarras !

De même, pensez à téléphoner à votre banque pour relever le plafond de retrait aux distributeurs et pour les paiements par carte, quitte à le faire rebaisser à votre retour.

Bon à savoir

Avant de partir, notez donc bien le numéro d'opposition propre à votre banque (il figure souvent au dos des tickets de retrait, sur votre contrat ou à côté des distributeurs de billets), ainsi que le numéro à 16 chiffres de votre carte. Bien entendu, conservez ces informations en lieu sûr et séparément de votre carte. Par ailleurs, l'assistance médicale se limite aux 90 premiers jours du voyage, et l'assistance véhicule aux cartes haut de gamme (renseignez-vous auprès de votre banque). N'oubliez pas aussi de VÉRIFIER LA DATE D'EXPIRATION DE VOTRE CARTE BANCAIRE avant votre départ !

Petite mesure de précaution

Si vous retirez de l'argent dans un distributeur, utilisez de préférence les distributeurs attenants à une agence bancaire. En cas de pépin avec votre carte (carte avalée, erreurs de numéro...), vous aurez un interlocuteur dans l'agence, pendant les heures ouvrables du moins.

ACHATS

Singapour a l'image d'un véritable paradis pour les *addicts* de la consommation, tout comme Hong Kong, mais avec le sourire en plus... Cela dit, le bénéfice est moins évident qu'avant. Pour l'électronique, si vous allez en Chine par la suite, gardez vos sous pour l'empire du Milieu où tout sera moins cher. Si vous visez un produit en particulier, il faut absolument partir avec les références techniques précises et les prix pratiqués chez vous pour pouvoir comparer une fois sur place. Selon le contexte économique (taux de change avec l'euro, en particulier), il est parfois intéressant d'acheter, parfois, au contraire, c'est plutôt désavantageux. Intéressez-vous aux marques locales et asiatiques, souvent moins chères. En principe, la TVA de 7 % est remboursable en partant, à l'aéroport.

– Il y a des ***centres commerciaux,*** appelés *« malls »,* partout, tout le long d'Orchard Road, et dans chaque quartier. Vous pouvez vous balader dans des galeries en sous-sol depuis Theatres on the Bay jusqu'à Orchard Road sans voir le ciel et en restant dans une atmosphère climatisée ! Certains centres sont spécialisés dans un domaine particulier. Toutefois, on conseille de faire d'abord un repérage dans les centres commerciaux de Chinatown avant de fréquenter ceux d'Orchard Road, cela vous évitera de retrouver ce que vous avez acheté la veille proposé au prix auquel vous pensiez l'avoir arraché de haute lutte. Cela dit, attention aux différences de qualité (pas mal de produits *cheap* à Chinatown) et à la contrefaçon ! Bref, c'est un sport...

– Bon à savoir : depuis plus de 20 ans, ***The Great Singapore Sale*** régale les accros au shopping (appelés ici *shopaholics*) chaque année de fin mai à fin juillet. 2 mois de soldes gigantesques à travers la ville. Jusqu'à 80 % de réduction.

– ***Matériel électronique :*** pour tout ce qui est ordinateurs, tablettes numériques, téléphones portables, caméscopes et appareils photo, on vous le répète, sachez exactement ce que vous cherchez (le modèle précis et les options qui vont avec, carte mémoire, etc.) et quelle limite de prix vous vous fixez. En principe, les boutiques les moins chères sont sur Beach Road et surtout à *Sim Lim Square,* à l'angle de Bencoolen et de Rochor Canal Road. Mais gare aux arnaques quand même, on nous en a signalé ! Vous pouvez voir également au *Scotts Square Shopping Centre* (il est bon d'y aller pour se faire une idée des tarifs et pouvoir marchander ailleurs), sur Scotts Road, à l'angle d'Orchard Road, au *Tanglin Road Shopping Centre,* ou encore au *People's Park,* à Chinatown. Le *Funan,* à côté du *City Hall,* a bonne réputation pour ses prix moins élevés. Également au *Serangoon Plaza* (dans Little India). Sur Orchard Road, allez voir *Courts, Best Denki, Harvey Norman* ou le *Plaza Singapura...*
Pensez à vérifier si la garantie est internationale, car le plus souvent elle n'est valable que sur Singapour et l'Asie du Sud-Est, et quelle est la marche à suivre pour en bénéficier réellement. Une fois de plus, nous recommandons la plus grande prudence lors des achats à Singapour : vérifiez la compatibilité des systèmes, le type de prise secteur et le type de clavier (*qwerty* et non *azerty*) ou comment le modifier, assurez-vous que la garantie internationale couvre votre pays et que vous avez bien tous les accessoires prévus. Surtout, vérifiez que c'est bien le modèle demandé qui est dans la boîte... Les arnaques existent aussi ici ! Et en cas de problème, adressez-vous au *Singapore Tourism Board* (*☎ 1-800-736-2000 – nº gratuit depuis Singapour, lun-ven 9h-18h*).

– Les **CD** coûtent environ 25 % de moins qu'en Europe. Rayons jazz, blues ou classique assez éclectiques, grand choix en variété internationale, rap et techno.

– ***Vêtements et chaussures :*** les Singapouriens suivent de près la mode occidentale. Toutes les marques de prêt-à-porter (françaises, italiennes, américaines...) sont donc représentées (notamment dans le quartier d'Orchard Road), mais à des prix similaires à ceux pratiqués en Europe. En revanche, les chaussures de sport des grandes marques (Nike, Reebok, Adidas...) fabriquées en Asie sont à des prix attractifs. Les grands couturiers (Gucci, Prada, Hermès, Vuitton, etc.) ont leurs boutiques à Singapour, mais les articles y sont souvent plus chers qu'en Europe, même avec la détaxe. Chez les tailleurs locaux, on peut se faire confectionner un costume en soie sur mesure en 48h. Une institution : *Justmen's Shop* au *Tanglin Shopping Centre* (sur Orchard Road). Moins chers mais un peu racoleurs : les tailleurs d'*Aerial Plaza* (passage couvert entre Raffles Place et Collyer Quay).

– ***Soieries et passementeries :*** nombreuses échoppes et beaucoup de choix dans Chinatown, Little India et Arab Street.

Et selon les quartiers

– ***Arab Street :*** pour les tapis et la soie de Malaisie, d'Inde et de Thaïlande, les batiks d'Indonésie et les pierres précieuses ou semi-précieuses (se reporter à la rubrique « À voir. À faire » à Singapour).

– ***Serangoon Road :*** belles soieries indiennes, paniers, épices, parfums et tissus. Bijoutiers qui travaillent l'or à des prix intéressants.

– ***Chinatown :*** le *Singapore Handicraft Centre* (Chinatown Point) regroupe une dizaine de boutiques d'artisanat chinois. Sinon, plein de vendeurs de petits cadeaux futiles dans la zone de Temple Street.

– ***Les marchés de nuit** (pasar malam)* **:** autrefois, ils encombraient joyeusement les rues par leurs couleurs et leurs bruits, tout cela dans la bonne humeur. Dans Chinatown, le samedi après-midi, animation fébrile. Les Chinois de toute l'île s'y donnent rendez-vous : cerfs-volants, masques... Dans les pharmacies, on trouve un tas de petits animaux écrasés et séchés. Tous possèdent leurs qualités propres.

– ***Holland Village :*** *non loin d'Orchard Rd.* Ⓜ *Buona Vista.* Regorge de boutiques vendant de l'artisanat en provenance d'Indonésie, de Malaisie, de Thaïlande et de Birmanie : tapis, antiquités, batiks et soie. Belles sélections généralement destinées aux expats. Prix fixes et assez chers.
– ***Antiquités :*** *Tanglin Rd, dans le centre commercial du nº 19.* Nombreuses boutiques réparties sur les trois étages. Marchander ferme, mais de superbes choses à admirer (à voir à défaut de pouvoir les acquérir). Un véritable musée !

Marchandage

Dans certains quartiers et sur les marchés, le marchandage est de rigueur, voire vivement conseillé. Si un vendeur s'y refuse, n'insistez pas, allez voir plus loin, et décidez-vous après comparaison. Quelques principes : proposez toujours une somme bien inférieure à celle que vous souhaitez vraiment mettre et montez progressivement jusqu'au prix que vous vous êtes fixé. Cela permet au commerçant de rééquilibrer la balance et d'avoir le sentiment qu'il a le dernier mot. Souriez toujours, c'est le moyen de communication international. Attention, les grands magasins, eux, ont des prix fixes. Cela se complique pour les articles d'artisanat et les antiquités, où la présence d'un prix fixe n'interdit pas le marchandage ! Souvent aussi, le prix est indiqué, mais il n'est que recommandé *(recommended price).*

BUDGET

Singapour a une nouvelle fois été classée « ville la plus chère du monde » en 2016 ! Pour les adresses « Bon marché », les prix sont TTC *(net prices).* En revanche, pour les autres catégories, il faut ajouter près de 17 % de taxes aux prix affichés ou annoncés. Nos fourchettes de prix en tiennent compte.

Hébergement

Les prix des établissements de la catégorie « Chic » varient quelque peu en fonction de la période, et une petite réduction est parfois consentie le week-end. Une précision : éviter de venir à Singapour lors du Grand Prix de Formule 1 (le dernier week-end de septembre, en principe), de très nombreux établissements augmentent leurs prix de 30 % au moins.
– ***Bon marché :*** de 20 à 40 $S/pers (13 à 26 €) en dortoir et moins de 90 $S (60 €) en chambre double.
– ***Prix moyens :*** de 90 à 140 $S (60 à 93 €).
– ***Chic :*** de 140 à 250 $S (93 à 166 €).
– ***De très chic à inabordable :*** de 250 $S à... 3 500 $S pour la suite la plus luxueuse du *Raffles Hotel* (plus de 110 €).

Restaurants

La nourriture est très abordable dans les *food courts* et autres *hawkers centres,* mais nettement plus chère dans les quartiers à la mode comme Club Street ou Marina Bay. Voici une fourchette de prix correspondant à un repas, sans la boisson.
– ***Très bon marché :*** moins de 5 $S (3,30 €).
– ***Bon marché :*** de 5 à 15 $S (3,30 à 10 €).
– ***Prix moyens :*** de 15 à 30 $S (10 à 20 €).
– ***Chic :*** de 30 à 50 $S (20 à 33 €).
– ***Très chic :*** plus de 50 $S (33 €).

Pourboire

À Singapour, il n'est pas d'usage.

CLIMAT

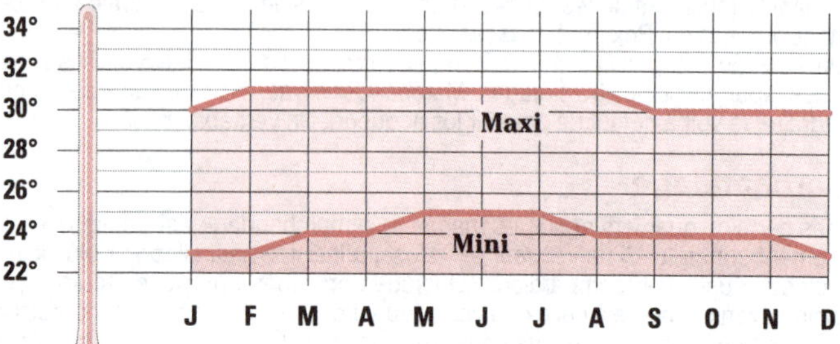

SINGAPOUR :
Moyenne des températures atmosphériques

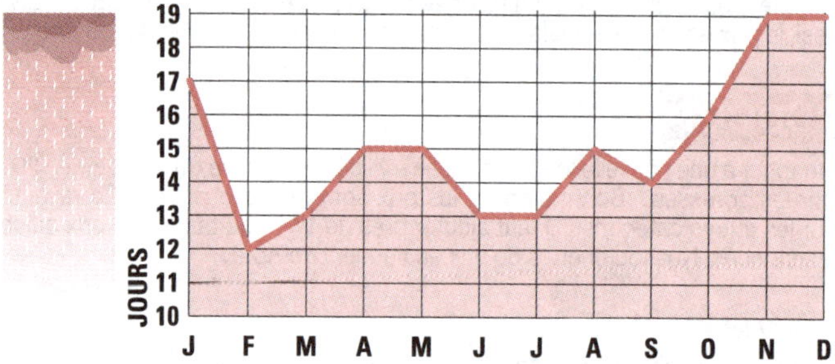

SINGAPOUR :
Nombre de jours de pluie

Situé un degré au nord de l'équateur, Singapour jouit d'un climat chaud et humide avec une moyenne de 20 à 30 °C tout au long de l'année. La saison la plus sèche (ou disons la moins humide) s'étend de mai à septembre. La mousson du nord-est provoque des averses nombreuses entre octobre-novembre et janvier. Les habitants subissent également des « coups de Sumatra », comprenez de violents mais brefs orages. La pluie transforme instantanément les esplanades des centres commerciaux en véritables patinoires. Pour plus de détails, reportez-vous à la rubrique « Climat » du chapitre « Malaisie utile ».

DANGERS ET ENQUIQUINEMENTS

Singapour est une des villes les plus sûres du monde. On peut s'y balader à n'importe quelle heure du jour ou de la nuit sans aucun souci, ce qui n'empêche pas de rester vigilant.

« Singapour, la ville des amendes »

Si vous voulez rapporter un souvenir rigolo ou ne pas perdre de vue la législation locale, achetez-donc l'un des tee-shirts dans les boutiques pour touristes. En anglais, cela donne : « *It's a fine city* », *fine* signifiant à la fois « agréable » et « amende » : pas vraiment des synonymes ! Car à Singapour, toute infraction est passible d'une amende.

D'abord, il est ***interdit de fumer*** dans les lieux climatisés, les bus, les taxis, les restos... Mais il est tout à fait possible de fumer dans la rue... à condition de ne pas envoyer la fumée en direction de votre voisin(e), de respecter une distance de 5 m avec les bâtiments les plus proches et surtout d'écraser votre mégot dans les cendriers au-dessus des poubelles ! Bref, si vous avez ce vice, on conseille de vous en griller une à côté d'une poubelle-cendrier, comme tout le monde. Si vous l'écrasez dans la rue : 500 $S d'amende. Et inutile de vous consoler en vapotant : la cigarette électronique est, elle aussi, interdite.

LA MEILLEURE FAÇON DE MÂCHER...

... c'est de ne surtout pas le faire ! Depuis 1992, une loi interdit la fabrication, l'importation et la consommation de chewing-gum. Un masticateur pris sur le fait est passible d'une amende et de travaux d'intérêt général. À l'origine de cette loi, un dysfonctionnement du métro qui, un jour, ne put ouvrir ses portes en raison d'un chewing-gum qui bloquait le système d'ouverture. À la menthe ? À la fraise ? L'histoire ne le dit pas... Seule exception tolérée, le chewing-gum à usage thérapeuthique. Mais on vous conseille fortement d'emporter votre ordonnance !

Autres exemples : ***traverser hors des passages protégés*** si vous êtes à moins de 50 m de ceux-ci (100 $S), manger et boire dans le métro (500 $S), cracher par terre (1 000 $S), bien que ce soit toléré chez les personnes âgées ou malades, jeter des détritus (500 $S), uriner dans la rue ou oublier de tirer la chasse d'eau des toilettes publiques (1 000 $S), etc. Mâcher du chewing-gum dans les lieux publics peut coûter une amende de 1 000 $S, surtout s'il est jeté sur la chaussée. C'est pourquoi ils sont interdits à la vente ! Attention, l'importation de vos propres gommes à mâcher vous coûtera la même somme... Signalons aussi aux artistes de rue que les graffitis sont considérés comme des actes de vandalisme et réprimés par des coups de bâton !
Les policiers sont pratiquement tous en civil. Vous pouvez faire la connaissance de l'un d'entre eux sans le savoir, prendre un café avec lui et, à la première occasion, il vous sortira sa carte.
Bon, malgré tout cela, les gens fument dans les rues (si, si !), certains crachent par terre (certes dans le caniveau), d'autres traversent en dehors des passages piétons... On a aussi signalé une recrudescence de l'activité des pickpockets. Le tout est de rester vigilant et de respecter au maximum ces règles...

Homosexualité, jeu et prostitution

L'homosexualité est encore considérée comme illégale et passible d'une peine de prison pouvant aller jusqu'à 2 ans, même si en pratique elle est tolérée, à condition de jouer la carte de la discrétion. La loi, de plus en plus contestée, s'applique en fait aux relations masculines et non à l'homosexualité féminine.
Comme à Hong Kong ou à Bangkok, la prostitution est légale, mais le racolage public et le proxénétisme sont punis par la loi. Subtil, n'est-ce pas ? En général, les étrangers pris dans une histoire de prostitution qui a mal tourné font les unes des journaux locaux, pour l'exemple. La prostitution est toutefois bien présente dans certains quartiers.
Quant au jeu, s'il est autorisé depuis l'ouverture de deux casinos en 2010, il reste strictement réglementé, notamment pour les Singapouriens, qui doivent s'acquitter d'un droit à l'entrée.

Drogue

On ne le dira jamais assez : à Singapour, ***on ne badine pas avec la drogue.*** Les amendes sont sévères, pouvant atteindre 20 000 $S et/ou 10 ans de prison si vous êtes arrêté en possession de drogue. La peine de mort est toujours en vigueur pour les trafiquants. Moralité : n'y touchez pas !

HÉBERGEMENT

Les hôtels

Compte tenu des forts taux de fréquentation des hôtels (clientèle d'affaires oblige) et des différentes manifestations et festivals qui se succèdent en ville, il est fortement recommandé de réserver sa chambre à l'avance, ou, pour des offres de dernière minute, de tenter votre chance sur Internet. D'une manière générale, non seulement les réservations s'effectuent de plus en plus via Internet, mais c'est souvent le moyen d'obtenir une remise, voire une excellente remise. Attention, les prix varient du simple au double, voire au triple, suivant la période de l'année, si vous venez en semaine ou le week-end, et selon le taux d'occupation. Dans la plupart des hôtels, si vous vous pointez à la dernière minute à la réception la mine enfarinée, vous aurez sans doute droit aux *rack rates,* c'est-à-dire au prix fort, souvent le double ou le triple du prix pratiqué en temps « normal ». Dans certains hôtels, et en période creuse, il est même possible de marchander. Globalement, il devient difficile de se loger pour un prix modique. Sans l'afficher, les autorités n'aiment pas trop les voyageurs qui ne disposent pas d'au minimum une demi-douzaine de cartes de paiement ! La rénovation urbaine fait régulièrement se volatiliser un grand nombre de petits hôtels et de *guesthouses.* Les *crash-pads,* chambres situées à certains étages d'immeubles tenues par des proprios qui veulent remplir leurs chambres sans véritablement chercher à être aimables, ont quasiment disparu, tandis que les hôtels d'un luxe souvent tapageur, autrefois cantonnés au secteur d'Orchard Road, s'installent dans Chinatown ou Little India. Parallèlement, une nouvelle génération de boutiques-hôtels se développe un peu partout en ville : confidentialité, taille humaine, déco souvent épurée et design, confort moderne, minibar ou kitchenette, salle de fitness, accueil personnalisé, petit déjeuner sous forme de buffet et prix... plutôt chic. Ils ont (presque) tout bon, et compte tenu des promos sur Internet, on finit par s'y retrouver.

Les auberges de jeunesse *(youth hostels)*

On compte quelques AJ officielles sur l'île. Nous en avons sélectionné quelques-unes.

Parmi les auberges de jeunesse privées, on voit poindre une nouvelle vague. Les places y sont chères (autrement dit, réserver impérativement son lit bien à l'avance), mais les prix restent relativement abordables si l'on compare leur confort avec les vieilles adresses aux moquettes tachées et lits qui grincent. Signalons aussi les *poshtels* ou *boutique hostels,* la version carrément chic et donc carrément chère de cette nouvelle génération d'AJ. En général, le petit déj, la connexion wifi (parfois l'accès à un ordinateur) et même quelques balades guidées sont inclus dans le tarif. Pas mal de services comme la vente de tickets de transport ou des visites et attractions à prix réduit. Pour disposer de l'AC, dites « *with air con* ». Si l'on vous propose une chambre moins chère « *with fan* », sachez qu'il s'agit de ventilos. Attention, il est très fréquent que des chambres, même de catégorie « Prix moyens », ne disposent pas de fenêtre. De plus, elles ne sont pas forcément moins chères que les autres. Vérifiez avant de prendre la chambre.

LIVRES DE ROUTE

– ***L'anthropologue mène l'enquête*** (2002), de Nigel Barley (Payot, éd. Petite Bibliothèque, nº 438). Un livre entre le roman biographique de l'écrivain et la biographie de Stamford Raffles, haute personnalité de la Compagnie anglaise des Indes orientales et fondateur de Singapour. Le roman nous mène de l'Indonésie à la péninsule de la Malaisie, en passant par Bornéo et Singapour. Un long voyage pour découvrir la vie des colonies au XIXᵉ s et pour comprendre les conditions historiques de l'ascension politique de Raffles.

- ***Portraits de Singapour*** (2014), de Marion Zipfel (Portraits de ville, Hikari Éditions). L'ouvrage présente la ville à travers le regard d'une douzaine d'expatriés francophones et d'un Singapourien d'origine. Chacun raconte son parcours, son arrivée et son adaptation dans la cité-État, avec en prime un petit carnet de leurs adresses préférées. Intéressant pour ceux qui songent à s'installer...
- ***Crazy Rich à Singapour,*** de Kwan Kevin (éd. Albin Michel, 2015). Quand une Sino-Américaine débarque dans l'aristocratie chinoise de Singapour, cela fait des étincelles. Une comédie saluée par la critique.
- ***Les Français à Singapour, de 1819 à nos jours*** (2012), de Danièle Weiler et Maxime Pilon (Les Éditions du Pacifique). Religieux, botanistes, planteurs, commerçants et aventuriers français ont tenté leur chance à Singapour malgré le barrage de la langue et la prédominance de l'anglais. Ce livre relate leur rôle dans l'histoire locale, sachant qu'aujourd'hui la communauté française représente environ 10 000 personnes.
- ***Singapour*** (2009), de Georges Cassel (Les Éditions du Sonneur). Un texte très court dans le langage fleuri de l'époque, la description d'un Singapour cosmopolite au début du XXe s, toujours d'actualité aujourd'hui même si les conditions de vie ont bien changé. Une ode à la diversité et à la sensualité tropicale qu'un certain Paul Léautaud goûta en son temps.

POSTE

Pas de problème avec les services postaux de Singapour, ils sont très efficaces et on les trouve un peu partout. Ouvert en général du lundi au vendredi de 8h30 ou 9h30 à 17h ou 18h, le samedi jusqu'à 13h ou 14h. Voir les « Adresses et infos utiles » de Singapour. Pour l'Europe et le Canada, compter environ 0,50 $S pour une carte postale et 1,10 $S pour une lettre jusqu'à 20 g.

SANTÉ

Pas de problème particulier à Singapour, où les conditions sanitaires sont très sûres. Le paludisme n'y sévit pas. La transmission de la dengue est sporadique ou inexistante depuis plusieurs années.
Épidémies d'hépatite A et de fièvre typhoïde de plus en plus rares. Eau potable à peu près partout. Si vous emportez votre trousse de médicaments, n'oubliez pas de vous faire délivrer une ordonnance qui les prescrit, traduite en anglais si possible. Cela vous évitera des problèmes !
À ce jour, les vaccinations recommandées en France (tétanos, polio, diphtérie, coqueluche, hépatite B) suffisent si votre voyage vous conduit exclusivement à Singapour. Si ce n'est pas le cas, les vaccins contre l'hépatite A et la fièvre typhoïde sont recommandés. Séjours prolongés (expatriation, par exemple) : vaccin contre l'encéphalite japonaise (à prévoir 2 mois avant le départ). Aucun vaccin obligatoire pour les voyageurs en provenance d'Europe.
C'est à Singapour que les Asiatiques et expats viennent se faire soigner. Un service remarquable, beaucoup d'organisation et, dans les grands hôpitaux, des méthodes de travail impressionnantes.

SITES INTERNET

• ***routard.com*** • Rejoignez la plus grande communauté francophone de voyageurs ! Échangez avec les routarnautes : forums, photos, avis d'hôtels, etc. Retrouvez aussi toutes les informations actualisées pour choisir et préparer vos voyages : plus de 200 fiches pays, une centaine de dossiers pratiques et un magazine en ligne pour découvrir tous les secrets de votre destination. Enfin, comparez les offres pour organiser et réserver votre voyage au meilleur prix. Routard.com, le voyage à portée de clics !

• ***yoursingapore.com*** • Certes, ce site émane directement du ministère du Tourisme de Singapour, mais il présente des infos pratiques et justes pour établir un bon itinéraire. Il est complet et parfaitement à jour. Un outil indispensable avant et pendant !
• ***straitstimes.com.sg*** • Le site du journal le plus populaire de Singapour. Le journal à l'anglaise, avec ses tonnes de suppléments. Côté infos, on retrouve ce qui fait le succès de la version papier : des infos de quartiers, des sujets people et des articles en faveur du pouvoir bien en place.
• ***singstat.gov.sg*** • Le site du département des statistiques de Singapour. Pour connaître les affolantes stats de la ville la plus chère mais aussi l'une des plus prospères au monde !
• ***hungrygowhere.com*** • Site de critiques indépendantes de bars et restos, par des internautes. Bien utile quand on sait que la ville compte près de 7 000 restos !
• ***afsingapour.com*** • Le site de l'association des Français de Singapour. Plein d'infos pratiques, utiles notamment pour les longs séjours.
• ***singaporeexpats.com*** • Un site consacré aux expats, mais on peut y glaner des infos intéressantes sur des thèmes divers.
• ***paris-singapore.com*** • Comme son nom l'indique, un site par et pour les expats francophones.

TÉLÉPHONE, TÉLÉCOMMUNICATIONS

- ***France → Singapour :*** composez le 00 + 65 + n° de votre correspondant.
- ***Singapour → France :*** composez le 001 + 33 + n° de votre correspondant sans le 0 initial.
- ***Cabines à carte :*** de plus en plus rares... Cela dit, on peut encore trouver des cartes vendues en librairies, dans les bureaux de poste et dans les magasins portant l'autocollant *Phone Cards.* Montants de 5 et 10 $S.
- Pour utiliser ***votre téléphone portable,*** il faut avoir contracté une option « monde » auprès de votre opérateur. Mais gare à la note ! Sinon, on peut acheter une carte SIM qui permet d'obtenir un numéro local. Compter environ 10 à 20 $S pour une carte, incluant un petit crédit de communication. Ensuite, possibilité d'acheter des recharges dans les boutiques de téléphonie mobile, supermarchés, stations-service, etc. Trois compagnies se partagent le marché : *Singtel, Starhub* et *M1.* Une précision : si vous avez acheté votre portable auprès d'un opérateur européen, il faut le faire débloquer pour faire fonctionner cette nouvelle carte SIM, ce qui est possible sans frais après un laps de temps dépendant de votre type de contrat.
- ***Un bon plan :*** possibilité de louer un smartphone avec Internet, appels locaux et même internationaux, le tout en illimité, pour environ 15 $S par jour. On peut le louer dès l'arrivée à l'aéroport aux guichets *Handy (☎ 3158-35-57 ; • handy.travel • ; tlj 7h-23h)* dans les halls d'arrivée des terminaux 1 *(counter 1),* 2 *(counter 11)* et 3 *(counter 19).* Ou alors au *Singapore Visitors Centre* (voir les « Adresses et infos utiles »). Présenter son passeport.
- Enfin, ***avec un smartphone ou une tablette numérique,*** il est possible de chatter ou de téléphoner gratuitement grâce aux applications ***Skype, WhatsApp, Snapchat*** ou ***Viber,*** à condition d'avoir un correspondant équipé et une bonne connexion wifi.

TRANSPORTS

Les transports en commun sont relativement bon marché. Les tickets s'achètent dans les stations de métro MRT. ☎ *1-800-336-89-00 ou 1-800-736-20-00* (tourist line). • *smrt.com.sg* •

Tarifs et cartes (métro et bus)

- Bien entendu, on peut acheter les tickets ***à l'unité.*** Il s'agit en fait d'une carte magnétique. Le prix varie selon la distance : d'environ 1,10 à 2,40 $S le trajet.

– Si vous comptez prendre les transports plusieurs fois par jour, vous pouvez acheter le ***Singapore Tourist Pass,*** qui permet d'emprunter librement bus et métro de l'agglomération sans restriction de distance. Trois montants différents : environ 10 $S pour le *1 day pass* (valable 1 jour, comme son nom l'indique), 16 $S pour le *2 days pass* et 20 $S pour le *3 days pass.* Une caution de 10 $S vous sera demandée ; elle est restituée lorsque vous rendez le *pass* dans un délai de 5 jours après l'achat (sinon, c'est perdu). Attention, elle ne peut être restituée qu'aux stations MRT suivantes : Changi Airport, Orchard, Chinatown, City Hall, Raffles Place *(guichet fermé dim et j. fériés),* Ang Mo Kio, Harbour Front, Bugis et Lavender *(guichet fermé j. fériés).*
– Si vous restez plus longtemps, vous pouvez vous procurer la *Cepas Card,* plus connue sous le nom d'***EzLink,*** d'un montant de 12 $S (soit 5 $S de frais et 7 $S de crédit). En vente dans les stations MRT, gares de bus *Interchange* et magasins *7-Eleven.* Elle se recharge ensuite en fonction des trajets parcourus. Vous pouvez l'utiliser dans les bus et dans le métro (pas pour se rendre à l'aéroport). Le prix du voyage est automatiquement débité en fonction de la distance parcourue, c'est pourquoi il est indispensable de la valider à l'entrée et à la sortie du métro ou du bus. Toutes les infos sur • *ezlink.com.sg* •

Le métro

La fierté, légitime, des Singapouriens ! Le métro *(MRT ; Mass Rapid Transit),* créé en 1988, est facile d'utilisation, rapide, très clean et pas cher. Il existe quatre lignes qui ne cessent de s'étendre, se subdivisent et sont parfois prolongées par un *Light Rail.* Wagons hyper climatisés. Trains en service de 6h à 23h30 environ. Compter 2 à 5 mn d'attente entre chaque rame. Prix en fonction de la distance et billets vendus aux distributeurs uniquement. Plan disponible aux guichets des stations et... dans ce guide. Téléphones et w-c dans chaque station.

Les bus

La ville est bien desservie par les bus, pas chers, nombreux, climatisés et rapides. Service assuré de 5h30 à minuit environ. Temps d'attente allant de 5 à 30 mn selon les lignes et l'heure de la journée. Prix en fonction de la distance, comme dans le métro. Panneaux indiquant la direction des bus aux arrêts, mais plusieurs arrêts peuvent porter le même nom, donc bien suivre le trajet parcouru. Si vous n'avez pas de *pass* ou de carte (il existe une *Blue Card,* pour 5 $S, valable à partir de 3 jours), faire l'appoint (en pièces) avant de monter, car le chauffeur ne rend pas la monnaie. Pour s'y retrouver sur les dizaines de lignes qui sillonnent Singapour, acheter le *Transitlink Guide,* un gros guide lourd et épais mais bien pratique. Vendu autour de 5 $S dans les librairies.
– *Pour les noctambules :* les vendredi, samedi et veilles de jours fériés, le *Night Rider* (NR1 à NR8) relie de 23h30 à 4h30 Orchard Road, River Valley, Clarke Quay, Boat Quay, Marina Bay Sands, Resorts World Sentosa et Vivo City. Les mêmes soirs, le *Nite Owl* (1N à 6N) relie de minuit à 2h Marina Centre, Boat Quay, Clarke Quay, River Valley, Orchard Road et Little India.

Les taxis

Voici la ville du monde où le ratio de taxis par rapport au nombre d'habitants est le plus élevé (il y en aurait plus de 25 000). Il existe plusieurs compagnies (se reporter à la rubrique « Adresses et infos utiles. Transports » à Singapour). Dans le centre, inutile de les héler dans la rue, ils ne s'arrêteront probablement pas. Il faut les prendre aux *taxis stands,* des zones spécifiquement aménagées à cet effet, devant les hôtels, ou alors les réserver par téléphone. Ils sont bon marché, sauf aux heures de pointe, et tous équipés de compteur. On peut y monter à quatre, ce qui rend le parcours peu onéreux. La prise en charge tourne autour de 3-4 $S selon la compagnie et le modèle de la voiture. Ensuite s'ajoutent, bien évidemment, le kilométrage, ainsi que différentes taxes liées aux heures de pointe, aux secteurs traversés. Les trajets entre l'aéroport et la ville sont majorés de 5 $S. De minuit à 6h, majoration également de 50 %. *Rens :* • *taxisingapore.com* •

Les *trishaws*

Les *trishaws* sont désormais une attraction pour touristes. La seule compagnie autorisée à Singapour s'appelle *Trishaw Uncle.* On la trouve à l'Albert Mall Trishaw Park, sur Queen Street, entre le *Fu Lu Shou Complex* et l'*Albert Centre Market & Food Centre,* en face du *Bugis Village (plan III, F5,* ***251****).* ☎ *6337-71-11.* • *trishawuncle.com.sg* • Ⓜ *Bugis. Tlj 11h-22h. Balades 30-45 mn à Bugis et Little India pour env 40-50 $S par adulte ; réduc enfants.*

Les *city tours*

Plusieurs compagnies proposent des tours avec système de *hop-on, hop-off* (montée et descente à volonté), combinant astucieusement le simple transport et le tour guidé, à bord de bus généralement à deux étages. Pratique si l'on veut voir un maximum de choses en peu de temps.

– ***Hippo Tours :*** • *ducktours.com.sg* • *Bus tlj à partir de 10h, ttes les 15-20 mn. Compter 26 $S ; réduc enfants. Ticket valable 24h.* Ces bus rouges sillonnent toute la ville selon trois circuits thématiques. À bord, commentaires en anglais. Plusieurs points de vente : à côté de l'office de tourisme sur Orchard Road, au *Suntec City Mall* (près du *Raffle*), au *Singapore Flyer* et dans certains hôtels. Carte disponible des circuits et stations.

– ***City Tours :*** • *citytours.sg* • *Départs fréquents du Singapore Flyer. Compter 34 $S. Ticket valable 9h-17h.* À bord des bus orange *FunVee Hopper.* Circuits relativement similaires au précédent et commentaires au micro.

– ***SIA Hop-On :*** ☎ *9457-28-96.* • *siahopon.com* • *Bus env ttes les 30 mn 9h-21h. Un bon plan à condition d'avoir voyagé et conservé son* boarding pass *des compagnies* Singapore Airlines *ou* Silk Air. *Prix : env 20 $S ; réduc. Sinon 39 $S. Achat du billet dans le bus (prévoir l'appoint).* Bus jaunes à un seul étage. Pas de guide audio dans le car.

La plupart de ces compagnies proposent des billets combinés bus et tour en *bumboat.*

Les *bumboats*

Bateaux (inspirés des sampans traditionnels) à bord desquels on se balade sur la Singapore River. Départ de Clarke Quay. On visite les quais, le port et ses environs, Sentosa, l'île de Kusu... Voir la rubrique « Croisières sur le fleuve et vers les îles » dans « Singapour, un peu plus loin ».

Singapour, l'automobile et la circulation

L'administration a mis en place un certain nombre de règles curieuses mais efficaces pour limiter le nombre de voitures. Les taxes sur les véhicules sont très élevées. Du coup, une voiture coûte deux ou trois fois plus cher qu'en Europe ! Bien évidemment, tout le monde ne peut s'offrir ce luxe. Par ailleurs, le gouvernement met en vente (aux enchères) tous les 15 jours un certain nombre de documents qui autorisent la possession d'un véhicule motorisé (l'équivalent d'une carte grise). Pour les petites cylindrées, la mise à prix est de plus de 15 000 € ! Les véhicules sont équipés d'une *Cash Card* à débit automatique pour circuler du lundi au samedi de 7h30 à 18h30 dans le centre-ville, dans une zone délimitée *(Electronic Road Pricing ; ERP).* Les passagers sont débités sur leur carte dès qu'ils franchissent la zone ERP délimitée par des bornes électroniques. Le prix varie selon l'horaire de passage.

Avenues clean, pas de circulation (ou très peu), couloirs réservés aux bus, piétons prioritaires, taxis climatisés, quiconque venant d'une autre ville asiatique sera étonné.

Aucune difficulté pour conduire si vous louez une voiture pour vous rendre en Malaisie (voir « Transports » dans « Malaisie utile »). La limitation de vitesse est de 50 km/h en ville, 70 km/h sur une 2x2 voies et 90 km/h sur autoroute. Inutile de préciser que les contrôles de vitesse sont fréquents. Dernières précisions : demandez à votre loueur si le véhicule est doté d'une *Cash Card,* cette carte magnétique indispensable pour le péage automatique au poste-frontière. Elle s'achète et se recharge dans les supermarchés (genre *7/Eleven*) et stations-services. On peut l'acheter au poste-frontière si l'on vient de Malaisie. Pour entrer en Malaisie, il faut acheter une autre carte vendue au poste-frontière, côté malais. Pour sortir de Singapour, le réservoir du véhicule doit être au minimum trois quarts plein (c'est la loi !), car l'essence est nettement moins chère en Malaisie. Sinon... 500 $S d'amende, *of course !*

■ ***Hertz :*** *☎ 0825-861-861 (0,15 €/mn). • hertz.fr •* ***Europcar :*** *☎ 0825-358-358 (0,15 €/mn). • europcar.fr •* ***Avis :*** *☎ 0821-230-760 (0,12 €/mn). • avis.fr •*

URGENCES

Urgences médicales et policières

■ ***Police :*** *☎ 999.*
■ ***Pompiers*** *(ambulances)* ***:*** *☎ 995.*
■ ***Hôpitaux :***
– ***Mount Elisabeth Hospital*** *(toutes spécialités – hôpital privé) : 3, Mount Elizabeth Rd. ☎ 6737-26-66. Service ambulancier de l'hôpital : ☎ 6731-22-18.*
– ***Gleneagles Hospital*** *(toutes spécialités – hôpital privé) : 7, Napier Rd. ☎ 6473-72-22.*
– ***K.K. Women's and Children's Hospital*** *(particulièrement spécialisé en pédiatrie et gynécologie ; hôpital parapublic) : 100, Bukit Timah Rd. ☎ 6293-40-44.*

Perte/vol de la carte de paiement

En cas de perte, de vol, ou de fraude, quelle que soit la carte que vous possédez, chaque banque gère elle-même le processus d'opposition et le numéro de téléphone correspondant !

– ***Carte bleue Visa :*** *numéro d'urgence (Europe Assistance) : ☎ (00-33) 1-41-85-85-85 (24h/24). • visa.fr •*
– ***Carte MasterCard :*** *numéro d'urgence : ☎ (00-33) 1-45-16-65-65. • mastercardfrance.com •*
– ***Carte American Express :*** *numéro d'urgence : ☎ (00-33) 1-47-77-72-00. • americanexpress.com •*

Perte/vol du téléphone portable

En cas de perte ou de vol de votre téléphone portable, ***suspendre aussitôt sa ligne*** permet d'éviter de douloureuses surprises au retour du voyage ! Voici les numéros des quatre opérateurs français, accessibles depuis la France et l'étranger.

– ***SFR :*** *depuis la France : ☎ 1023 ; depuis l'étranger : 📱 + 33-6-1000-1023.*
– ***Bouygues Télécom :*** *depuis la France, comme depuis l'étranger ☎ + 33-800-29-1000 (service et appel gratuit).*
– ***Orange :*** *depuis la France comme depuis l'étranger, 📱 + 33-6-07-62-64-64.*
– ***Free :*** *depuis la France : ☎ 3244 ; depuis l'étranger : ☎ + 33-1-78-56-95-60.*

Vous pouvez aussi demander la suspension de votre ligne depuis le site internet de votre opérateur.
Avant de partir, notez (ailleurs que dans votre téléphone portable !) votre numéro IMEI utile pour bloquer à distance l'accès à votre téléphone en cas de perte ou de vol. Comment connaître ce numéro ? Il suffit de taper sur votre clavier *#06#, puis de vous reporter au site *• mobilevole-mobilebloque.fr •*

SINGAPOUR

SINGAPOUR (LA VILLE)

• Le métro *p. 361* • Plan d'ensemble (plan I) *p. 362-363* • Centre-ville (plan II) *p. 364-365* • Le quartier colonial (plan III) *p. 369* • Chinatown (plan IV) *p. 371* • Orchard Road (plan V) *p. 372-373* • Little India (plan VI) *p. 375*

Singapour se compose en fait de 64 îles, dont la plus grande, Pulau Ujong (585 km²), accueille chaque année les 10 millions de touristes, pour beaucoup touristes d'affaires et expats. Si, comme la plupart des visiteurs, vous choisissez d'y séjourner en complément d'une autre destination de la région, vous y passerez sans doute (selon les statistiques officielles) deux ou trois nuits. Si vous le pouvez, prolongez le séjour d'une ou deux nuits. L'infrastructure hôtelière s'est modernisée et diversifiée, et, si on en a les moyens, on y dort même dans un confort de haute volée, vertige Inclus... Quant à sa réputation gastronomique, elle n'est plus à faire : les *hawker centres* et les bons restaurants y pullulent !

Accompagné d'enfants ou pas, découvrez ce qui reste de ses vieux quartiers, typés et animés. Certes, des rues jugées insalubres ont été rayées de la carte, mais de larges secteurs de Little India, plus la minuscule Arab Street, ont été rénovés et en quelque sorte « sauvés ». Et puis il y a surtout Chinatown, rappelant que la ville et sa prospérité sont largement le fait de la très forte communauté chinoise. À Tanjong Pagar, de nombreuses *shophouses* restaurées sont devenues des cabinets d'architecture ou encore des salons de thé et des ateliers d'artistes, attirant une population branchée. Une partie de Bugis Street et le Telok Ayer Market de style Belle Époque, démolis pour construire le métro, ont été reconstruits à l'identique. Quant au quartier colonial, il est en passe de devenir un véritable « *art district* » : les imposants bâtiments, sièges de l'autorité administrative et politique du siècle dernier, sont rénovés à grands frais et accueillent désormais de grands musées (Asian Museum, Singapore Art Museum...). Faisant face à la City, le gigantesque quartier de Marina Bay continue de se développer sur les fameuses « *reclaim lands* » récupérées sur la mer. L'imposant vaisseau du *Marina Bay Sands* et ses impressionnants *Gardens by the Bay* ou encore le musée Art Science ont littéralement surgi des eaux et modifié le paysage, offrant une nouvelle vision moderne, voire futuriste de la ville.

Enfin, si Singapour est votre unique destination, perdez-vous dans la « ville-jardin » en visitant ses nombreux parcs floraux et animaliers, ainsi que l'île de Sentosa, un grand parc à ciel ouvert doté de jolies plages, d'hôtels hyper luxueux et de *lounges* pris d'assaut le week-end.

Bon, la journée (bien remplie !) se termine ? Pas vraiment ! Il ne vous reste plus qu'à vous livrer aux passe-temps nationaux : *shopping, eating & clubbing* ! Dévalisez les *malls* de luxe d'Orchard Road, savourez quelques

gorgées de *Tiger* dans une ambiance festive le long des quais et terminez la nuit dans les innombrables bars, *lounges* et boîtes branchés. Ou sur les *rooftops* des vertigineux buildings, histoire de se déhancher tout en prenant la pleine mesure de la ville.

Arrivée à l'aéroport

✈ ***Aéroport international de Changi*** *(plan I) : infos sur les vols : ☎ 1-800-542-4422.* • *changiairport.com* • « L'aéroport du XXIe s » se trouve à 20 km de Singapour. Considéré comme un des meilleurs aéroports au monde pour la qualité de ses services et la fluidité de circulation de ses près de 50 millions de passagers ! Il y a 3 terminaux (en attendant l'achèvement du T4, le terminal des compagnies *low-cost,* prévu pour 2017). La plupart des compagnies atterrissent au terminal T1, mais avec *Singapore Airlines,* arrivée au T2 ou dans le fabuleux T3. Un *sky train (gratuit)* relie tous les terminaux tous les jours 5h-2h30.

ℹ ***Office de tourisme :*** *dans le hall d'arrivée des 3 principaux terminaux. Ouv 24h/24.* N'hésitez pas à y passer pour prendre un plan de la ville, diverses brochures et pour vous renseigner.

– ***Pour réserver un hôtel :*** se rendre au guichet « Hotel reservation » situé dans les halls d'arrivée des terminaux 1, 2 et 3 *(ouv 24h/24).* On se charge gratuitement de vos réservations d'hôtel, et en plus, vous avez droit à une remise (qui varie selon le taux d'occupation de l'hôtel et la saison). Précisez le prix que vous souhaitez mettre et le quartier où vous souhaitez résider, et ils vous font la sélection. Deux petits inconvénients : tous les hôtels ne sont pas répertoriés et pas de réservation en auberge de jeunesse.

■ ***Bureaux de change :*** *dès le hall des bagages et dans chaque terminal. Ouv 24h/24.* Toutes devises et chèques de voyage.

■ ***Distributeurs automatiques :*** *dans chacun des terminaux.*

■ ***Consigne*** *(left bagage) : dans chaque terminal. Ouv 24h/24.*

■ ***Location de téléphone portable :*** *guichets* ***Handy*** *dans les halls d'arrivée des terminaux 1* (counter 1), *2* (counter 11) *et 3* (counter 19). *☎ 3158-35-57.* • *handy.travel* • *Tlj 7h-23h.* Un très bon plan pour ceux qui ne peuvent s'en passer ou craignent une facture salée. Location d'un smart- phone avec Internet, appels locaux et même internationaux, le tout en illimité, pour environ 15 $S par jour. Présenter son passeport.

Pour se rendre dans le centre, plusieurs possibilités

➢ ***En métro*** (MRT ; *plan Le métro de Singapour*) **:** c'est le moyen de transport le moins cher ; billet env 2-4 $S selon la distance. Un métro toutes les 3-4 mn tlj 5h45-23h15. Trajet : env 30-40 mn vers le centre (changement à prévoir à la station Tanah Merah). Le plus intéressant.

➢ ***En bus :*** le n° 36 passe successivement par Stamford Road, Somerset Road, Orchard Road et Bras Basah Road. Départ ttes les 10 mn tlj 6h-minuit. Préparer sa monnaie. À peine moins cher que le métro mais plus long (env 1h). Sinon, d'une manière générale, tous les bus vont en ville.

➢ ***Avec l'Airport Shuttle :*** un minibus qui dépose chaque voyageur directement à son hôtel. Env 9 $S/pers ; réduc enfants. Service 24h/24, départs env ttes les 15 mn (ttes les 30 mn minuit-6h). Mais, attention, ne dessert que les établissements du centre-ville. S'adresser au *ground transport desk,* dans chacun des halls d'arrivée.

➢ ***En taxi :*** compter env 25-40 $S pour rejoindre le centre (selon la destination). Ils fonctionnent tous avec un compteur ; majoration de 50 % minuit-6h. C'est l'option la plus rentable à 4. Si vous êtes plus nombreux (jusqu'à 7 pers), possibilité de louer un ***maxicab*** ou « big taxi » pour env 60 $S : s'adresser au *ground transport desk,* dans chacun des halls d'arrivée. Service 24h/24.

– Si vous avez voyagé avec *Singapore Airlines* et réservé votre hôtel via leurs services, vous bénéficiez du service *Singapore Stopover Holiday*, qui dispose d'un guichet aux terminaux 2 et 3. Non seulement le service est gratuit, mais en plus ils vous déposent devant votre hôtel ! Mais uniquement si vous en avez fait la demande à la réservation de votre billet d'avion.
– ***Les passagers en transit*** ont la possibilité de prendre une douche (payante), de faire bronzette, de piquer une tête dans la piscine (au terminal 1 seulement) et même de louer (sur une base de 3h minimum) une chambre dans 2 hôtels situés dans les terminaux 1 et 2 ou bien à l'hôtel *Crowne Plaza* à l'extérieur du terminal 3.

Ambassador Transit Hotel (terminal 1) : ☎ *6542-55-38.*
Ambassador Transit Hotel (terminal 2) : ☎ *6542-81-22.*
Ambassador Transit Hotel (terminal 3) : ☎ *6507-97-88.* • *athmg.com* • *Outre les chambres, différents forfaits au choix : env 15 $S pour une douche, près de 75 $S pour un forfait chambre double-piscine-gymnase-sauna.*

Adresses et infos utiles

À Singapour, après le numéro et le nom de la rue, on rencontre le signe « # » suivi de chiffres. Exemple : # 36-04 signifie : 36e étage, pièce 04. Attention, le 1er étage *(first storey)* correspond en fait au rez-de-chaussée.

SINGAPOUR

Offices de tourisme (Tourist Information Centres)

Singapore Visitors Centre *(plan V, K11)* **:** *sur Orchard Rd, à l'angle de Junction of Cairnhill Rd. ATTENTION, l'office devrait emménager un peu plus à l'est sur Orchard Rd, quasiment à l'angle de Koek Rd.* ☎ *1-800-736-20-00 (lun-ven 9h-17h ; gratuit depuis Singapour).* • *yoursingapore.com* • Ⓜ *Somerset. Tlj 9h30-22h30. (gratuit 15 mn, 2 postes, mais pas d'imprimante).* Une mine d'infos sur tout ce qu'il y a à faire et à voir à Singapour. Quantités de docs et brochures à dispo, dont le trimestriel gratuit *Where*, sorte d'*Officiel des spectacles* amélioré, particulièrement bien fichu et truffé d'infos (s'il n'est pas épuisé !). Peuvent réserver une nuit d'hôtel, pour le jour même seulement. *Bon plan :* si vous êtes en voyage d'affaires ou très accro au portable, possibilité de louer un téléphone portable *Handy* avec Internet, appels locaux et même internationaux illimités pour environ 15 $S par jour.
– ***Autre bureau*** dans le centre commercial *Ion Orchard* (niveau 1).
– Également un *Visitor Centre* à **Chinatown** *(plan IV, G9)* **:** lire dans « À voir. À faire ».

Office de tourisme de Malaisie *(hors plan III par F8,* ***1****)* **:** *80, Robinson Rd.* ☎ *6532-63-21.* • *tourism.gov.my* •

Office de tourisme de Thaïlande *(plan V, I11,* ***2****)* **:** *307, Orchard Rd.* ☎ *6235-79-01.* • *tourismthailand.org/sg* • Ⓜ *Orchard. Dans les locaux de l'ambassade de Thaïlande.*

Bureaux de poste

✉ ***Singapore Post Offices :*** la grande poste centrale ne l'étant pas tant que ça, on vous indique quelques-uns des nombreux bureaux de poste du centre-ville. *Par exemple : 231, Bain St, à côté de la* National Library *(plan III, F5),* Ⓜ *Bugis ; 1, Rochor Rd (plan VI, M13),* Ⓜ *Bugis ; 16, Collyer Quay (plan III, F8),* Ⓜ *Raffles Place ; au People's Park Centre (plan III, E8), 101, Upper Cross St,* Ⓜ *Chinatown ; enfin, un bureau à Tanjong Pagar, Pasta Mania, CPF Building (plan II, C4),* Ⓜ *Tanjong Pagar.* Cela dit, la poste la plus originale est sans doute celle d'Orchard Rd *(plan V, K11), qui se trouve au 1, Killiney Rd, entre Orchard et Penang Rd.* Le soir, elle se transforme en... bar (voir le *KPO* dans « Où boire un verre ? ») ! *En général, les bureaux sont ouv tlj sf dim 8h30 ou 9h30-17h ou 18h (13h ou 14h sam).*

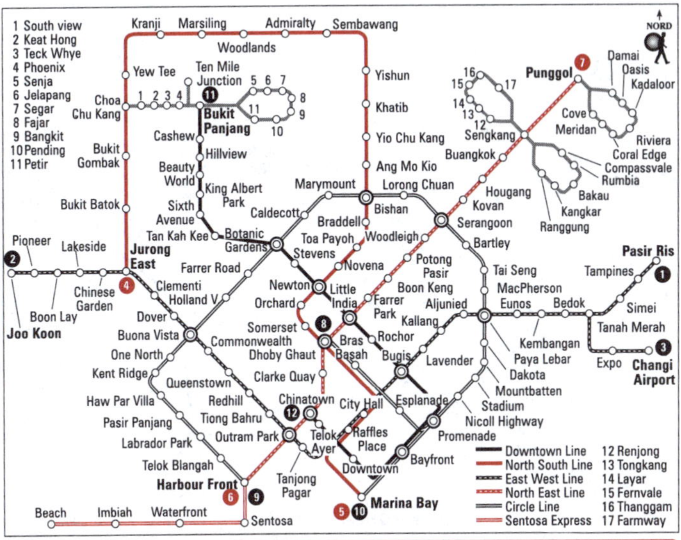

LE MÉTRO DE SINGAPOUR

Centres Internet et téléphonie mobile

@ ***Centres Internet :*** *dans Dunlop St (plan VI, M13,* ***39****) et dans Little India. Ouv 24h/24. Également plusieurs cafés Internet dans le* Lucky Plaza Shopping Mall *ou* Orchard Plazza *(plan V, J11). Et ordis à dispo dans la plupart des backpackers* hostels*.*

■ ***SingTel ComCentre*** *(plan V, K11,* ***3****) : 31, Exeter Rd.* Ⓜ *Somerset. Lun-sam 10h-21h, dim et j. fériés 11h-20h.* Une agence où l'on peut acheter une carte sim locale et des recharges. Bien vérifier la compatibilité avant d'acheter.

Argent, change

Les banques sont généralement ouvertes du lundi au vendredi de 8h30 à 16h30 ou 17h, et le samedi jusqu'à 13h. De nombreux distributeurs acceptent les principales cartes de paiement.

■ ***American Express*** *(plan III, F8,* ***6****) : 16, Collyer Quay, # 03-00.* ☎ *6880-11-11.* Ⓜ *Raffles Place.*

■ ***Société Générale :*** *80, Robinson Rd, # 25-00.* ☎ *6222-71-22.*

■ ***Transfert urgent d'argent liquide*** *(plan V, J11,* ***5****) : au* Lucky Plaza*, 304, Orchard Rd, on trouve une agence* Western Union *(sur la terrasse extérieure, côté Orchard Rd ;* ☎ *6336-20-00) et une agence* MoneyGram *(# 02-34/36).* Ⓜ *Orchard. Tlj 9h-20h. Également un bureau* Western Union *au 211, New Bridge Rd, à l'angle de Pagoda St (plan IV, G9,* ***5****).* Ⓜ *Chinatown. Tlj 10h30-20h30.*

■ ***Bureaux de change :*** *on en trouve assez facilement en ville et dans ts les* shopping centers*. Un bureau dans le* Mustapha Center *(plan VI, M12,* ***7****), Syed Alwi Rd, à Little India.* Ⓜ *Farrer Park. Ouv 24h/24.*

Représentations diplomatiques et francophonie

■ ***Ambassade de France*** *(plan I,* ***8****) : 101-103, Cluny Park Rd.* Ⓜ *Botanic Gardens.* ☎ *6880-78-00.* • *ambafrance-sg.org* • *Lun-ven 8h30-13h.*

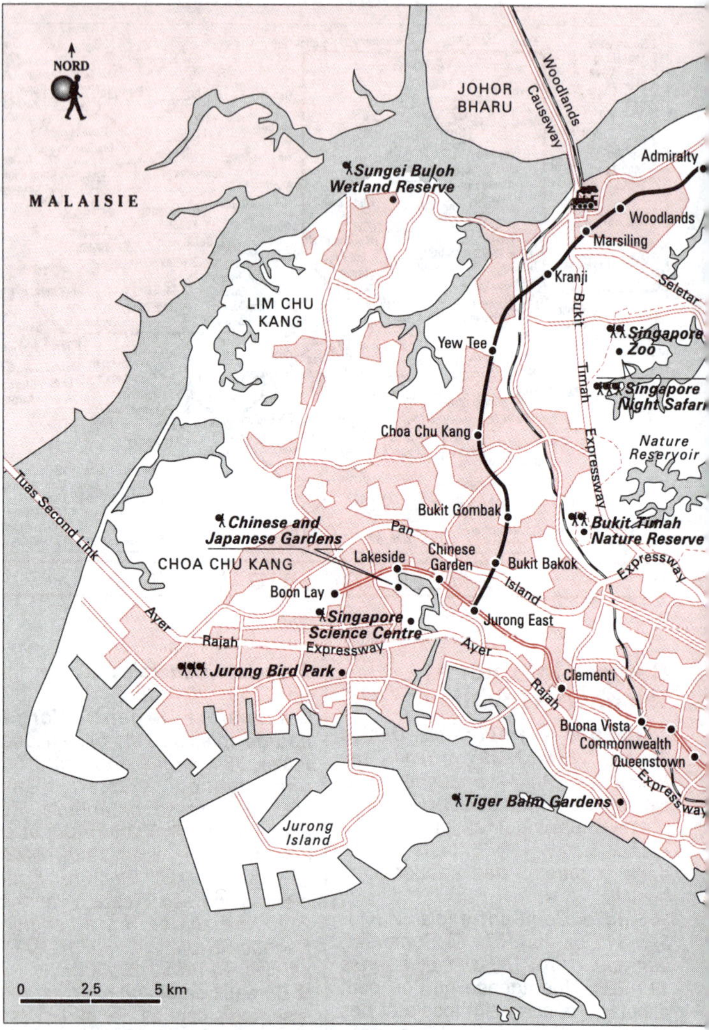

■ **Adresse utile**	●●● **Où manger ?**
8 Ambassade de France	**98** Katong Laksa
Où dormir ?	**100** Chilli Padi Nonya
68 Betel Box Hostel	**143** Marché Restaurant

■ ***Alliance française de Singapour :*** *1, Sarkies Rd.* ☎ *6737-84-22.* • *alliancefrancaise.org.sg* • *Tlj sf dim 9h-19h.* Projections de films en français le mardi soir en principe à 20h. Journaux disponibles. Publie une revue bien faite sur toutes les activités de la communauté de langue française, intitulée

SINGAPOUR – Plan d'ensemble (Plan I)

145 Long Beach Seafood Restaurant	**Où prendre un petit déj ? Où manger une bonne pâtisserie ?**
146 Jumbo Sea Food	
147 No Signboard Seafood	**104** Chin Mee Chin Confectionery

Lien. Un festival du film français est aussi organisé début octobre.

■ **Ambassade de Belgique :** *8, Shenton Way, # 14-01, Temasek Tower.* ☎ *6220-76-77.* ● *diplomatie.be/singapore* ● *Lun-ven 8h30-12h30, 13h30-16h.*

■ **Ambassade du Canada :** *1, George*

■ Adresse utile

4 The French Bookshop

Où dormir ?

32 Hangout Hotel
47 Hotel Quincy
56 Wangz Hotel
58 Klapsons – The Boutique-Hotel

Où manger ?

90 Lau Pa Sat
91 Food Court du Marina Bay Sands et Rise Restaurant
92 Glutton's Bay
96 Spize
122 Open Door Policy
125 Newton Food Centre

Où prendre un petit déj ? Où prendre un thé ?

91 TWG Tea
105 Tiong Bahru Bakery
155 Le buffet du Mandarin Oriental

Où boire un verre ? Où sortir ?

91 Cé La Vi
212 Le Lantern Bar
215 Kyō
217 Pangaea
220 Phuture, Velvet Underground et Zouk

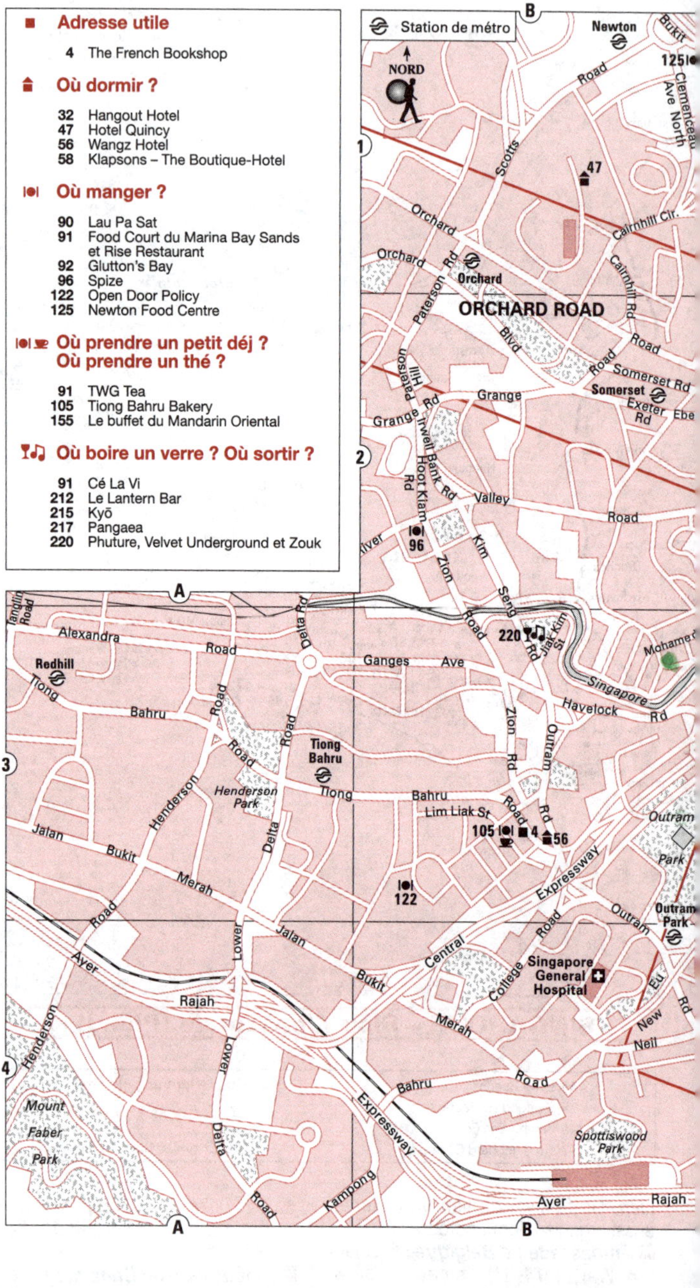

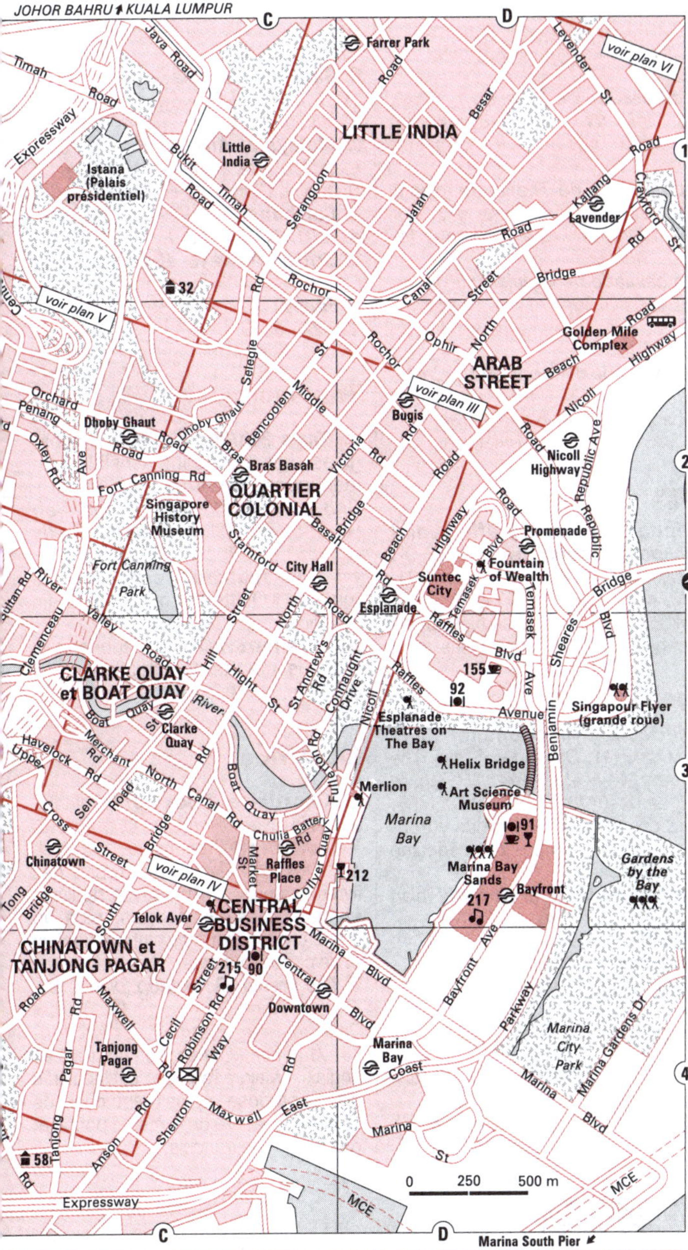

SINGAPOUR – Centre ville (Plan II)

St, # 11-01. ☎ 6854-59-00. • canadainternational.gc.ca/singapore-singapour • Lun-jeu 8h-16h30, ven 8h-13h30.

■ **Ambassade de Suisse :** *1, Swiss Club Link. ☎ 6468-57-88. • eda.admin.ch/singapore • Lun-ven 9h-12h.*

■ **Ambassade de Thaïlande** (plan V, I11, **2**) **:** *370, Orchard Rd. ☎ 6737-26-44. • thaiembassy.sg • Lun-ven 9h15-11h30, 14h-15h.*

■ **Ambassade de Malaisie :** *301, Jervois Rd. ☎ 6235-01-11. • kln.gov.my/web/sgp_singapore.home • Lun-ven 8h30-17h15.*

■ **Ambassade d'Indonésie :** *7, Chatsworth Rd. ☎ 6737-74-22. • indonesianembassy.sg • Lun-jeu 9h30-13h, 14h-16h ; ven 9h30-12h30, 14h30-16h.*

Visas

■ ***Singapore Immigration and Checkpoint Autority*** (plan VI, N12, **9**) **:** *ICA Building, 10, Kallang Rd. ☎ 6391-61-00. • ica.gov.sg • Ⓜ Lavender. Tlj sf dim 8h-16h30 (12h30 sam).* Pour les prolongations de séjours et visas.

Urgences

■ ***Médecin francophone*** *(hors plan V par I11)* **:** *Dr Tan Hooi Hwa, The Camden Medical Centre, 1, Orchard Blvd, # 04-01/02. ☎ 6235-81-66.* Grand centre hospitalier, vous y trouverez tous les services de médecine (dentiste, etc.).

✚ ***Singapore General Hospital*** *(plan II, B4)* **:** *Outram Rd. ☎ 6222-33-22.*

■ **Police :** *☎ 999.*

■ **Ambulance :** *☎ 995.*

■ **Pompiers :** *☎ 995.*

Compagnies aériennes

■ ***Air France-KLM :*** *à l'aéroport. ☎ 6415-51-11 ou 6542-88-22.*

■ **Air Asia :** *à l'aéroport slt (terminal 1). ☎ 6733-99-33.*

■ ***Singapore Airlines :*** *2, Orchard Turn, The Ion Orchard Center, # 04-05. ☎ 6223-88-88.*

■ **Garuda Indonesia :** *101, Thomson Rd, # 12-03, United Square. ☎ 6250-28-88 ou 56-66.*

■ ***Malaysia Airlines :*** *190, Clemenceau Ave, # 02-09/11, Singapore Shopping Centre. ☎ 6336-67-77.*

■ ***Lufthansa :*** *390, Orchard Rd, # 05-01. ☎ 6245-56-00.*

■ ***British Airways et Qantas :*** *15, Cairnhill Rd, # 06-05. ☎ 6622-17-47.*

■ ***Firefly :*** *8, Eu Tong Sen St, # 16-92. ☎ 6227-3833.*

Transports

🚗 ***Taxis 24h/24 :*** plusieurs compagnies. Les prix sont sensiblement identiques. ***Comfort Cab et City Cab*** *(☎ 6552-11-11)* ; ***Trans Cab*** *(☎ 6555-33-33)* ; ***Premier Taxis*** *(☎ 6363-68-88).*

🚌 ***Gare routière :*** se reporter à la rubrique « Quitter Singapour », en fin de guide.

🚆 ***Gare ferroviaire :*** se reporter à la rubrique « Quitter Singapour », en fin de guide.

Librairies

■ ***Kinokuniya Bookstore*** *(plan V, J11,* ***10****)* **:** *Ngee Ann City, Orchard Rd, # 03-06/08. Ⓜ Orchard ou Somerset. Tlj 10h-21h30 (22h sam).* En plus des livres japonais, un bon rayon de livres et magazines en français, plus un grand choix de journaux internationaux et de cartes routières.

■ ***The French Bookshop*** *(plan II, B3,* ***4****)* **:** *55, Tiong Bahru Rd. Ⓜ Outram Park ou Tiong Bahru. Tlj sf lun 11h-18h (15h dim).* Certes, son nom est en anglais... Malgré tout, ce petit local très discret propose le plus grand choix de la ville en matière de livres de poche et d'ouvrages en français.

Où dormir ?

Pour avoir une idée de la variété de l'offre, depuis les auberges de jeunesse à l'ancienne jusqu'aux derniers boutiques-hôtels furieusement contemporains, se reporter à la rubrique « Hébergement » dans le chapitre « Singapour utile ».

Dans et autour du quartier colonial

Bon marché (20-40 $S par pers / 13-26 € en dortoir, et moins de 90 $S / 60 € la double)

Backpacker Cozy Corner *(plan III, F5, **30**)* : *490, North Bridge Rd. ☎ 6338-88-26 ou 6224-68-59. • cozycornerguest.com • Ⓜ Bugis.* Dortoirs mixtes ou juste pour les filles, équipés de *fan* ou d'AC ; également des chambres doubles. Uniquement des salles de bains communes. Bruyant côté North Bridge, mais bien situé, dans le secteur très animé de Bugis Junction (pléthore de petits restos de rues et de bars alentour) et des avantages non négligeables : petit déj, *lockers,* un petit *rooftop garden* pour se relaxer, de l'eau chaude toute la journée. En revanche, les dortoirs n'ont pas de fenêtre et les lits en fer rendent l'atmosphère un peu datée et militaire. Accueil convenable et ensemble bien tenu.

Hangout Hotel *(plan II, C1, **32**)* : *voir « Prix moyens ».*

Prix moyens (90-140 $S / 60-93 €)

Hangout Hotel *(plan II, C1, **32**)* : *10A, Upper Wilkie Rd. ☎ 6438-55-88. • hangouthotels.com • Accès par Emily Hill, face au Mount Emily Park ; sinon, par l'escalier situé au 80, Wilkie Rd. Dortoir bon marché si résa via Internet ; remise pour les membres des AJ. Idem pour les doubles (fourchette haute de « Prix moyens ») : réservez via Internet, sinon vous paierez le prix fort ! Petit déj inclus.* Au bord du mont Émily, et donc dans un environnement verdoyant et au calme parfait. Un hôtel clean qui propose des logements adaptés à différents budgets, depuis les dortoirs séparés ou mixtes de 5 à 7 lits, à la chambre beaucoup plus confortable avec *queen size bed* ou familiale. Attention, certaines chambres sont aveugles et les familiales n'ont que des lits individuels. Déco moderne et sobre avec quelques touches de couleurs pastel, jolie expo de photos et peintures dans les couloirs. Depuis la terrasse perchée sur le toit, la vue sur la ville n'est pas mal du tout ! Salle commune avec coussins pour mater la télé, billard. Laverie. Appels locaux gratuits. En moins de 15 mn à pied, on est au cœur de Little India. Une bonne adresse, vraiment.

South East Asia Hotel *(plan III, E5, **33**)* : *190, Waterloo St. ☎ 6338-23-94. • seahotel.com.sg • Ⓜ Bugis.* Grande bâtisse des années 1950, un peu triste mais située dans une rue piétonne animée (pour nos lecteurs mystiques, 2 temples, bouddhique et hindou, tout à côté). Chambres propres avec AC, TV et salle de bains, qui jouent dans un registre très classique. Si vous le pouvez, préférez les chambres supérieures dans les étages les plus élevés, bien plus claires. Service prévenant. Rien de très mémorable, mais fera l'affaire pour 1 nuit ou 2.

Chic (140-250 $S / 93-166 €)

Bencoolen Hotel *(plan III, E5, **35**)* : *47, Bencoolen St. ☎ 6336-08-22. • hotelbencoolen.com • Ⓜ Bras Basah.* Un hôtel dans la pure lignée des établissements classiques et fonctionnels, et à vrai dire une belle surprise. Un peu plus de 80 chambres de bon confort, la plupart spacieuses, toutes avec salle de bains et AC, moquette et fenêtres. Chambres communicantes pour les familles. Style contemporain un peu daté mais tenue impeccable. Vaste jacuzzi sur la terrasse.

The City Bayview Hotel *(plan III, E5-6, **36**)* : *30, Bencoolen St. ☎ 6337-28-82. • bayviewhotels.com • Ⓜ Bras Basah.* Grand bâtiment qui se donne dès la réception des allures de grand hôtel (de chaîne), mais plutôt dans la fourchette basse de la rubrique question prix (pour les résas sur Internet). Les chambres, sobres et nickel, répondent aux normes de confort international sans charme particulier. Accueil en revanche adorable. Restaurant sur place (buffet) et piscine de poche sur le toit.

Très chic (plus de 250 $S / 166 €)

Rendez-Vous Hotel *(plan III, E5-6,* ***37****) : 9, Bras Basah Rd. ☎ 6336-02-20. • stayfareast.com • Ⓜ Dhoby Ghaut ou Bras Basah. Chambres standard à partir de 190 $S selon période ; deluxe à partir de 230 $S ; petit déj-buffet env 28 $S.* Le plus british... après le *Raffles* (ci-après) ! Dans un bâtiment colonial d'angle joliment restauré et d'un blanc étincelant, un hôtel au charme certain et classieux qui convient parfaitement à la clientèle mixte d'affaires et touristique. Déco à la fois élégante et très contemporaine, chambres évidemment superbement équipées, et service à la hauteur des lieux. Beau buffet au petit déj et formules *English afternoon tea* tous les jours. Tarifs élevés mais justifiés.

Naumi Hotel *(plan III, F6,* ***42****) : 41, Seah St. ☎ 6403-60-00. • naumihotel.com • Ⓜ Esplanade. Doubles à partir de 340 $S, petit déj (super) inclus.* Derrière cette façade discrète et épurée se cache l'un des hôtels les plus en vogue du moment dans cette catégorie. Il faut dire que ce petit hôtel central de 40 chambres a misé gros sur la personnalisation du service et de la déco. Chambres de taille inégale et sans vue particulière, mais d'esprit cosy contemporain chic et dotées de tout le confort (port iPod, écran plasma). Les chambres équipées de kitchenettes sont parfaites, notamment pour les familles, même si les restos de rue sont légion dans le quartier. Superbe piscine à débordement sur le toit. Accueil sincèrement adorable et décontracté. Une belle réinterprétation des codes de l'hôtellerie de luxe, à échelle humaine !

Spécial folies !

Raffles Hotel *(plan III, F6,* ***38****) : 1, Beach Rd. ☎ 6337-18-86. • raffles.com • Ⓜ City Hall. Prix excessivement élevés ; l'hôtel ne possède que des suites dont les prix s'échelonnent entre 760 et... 3 500 $S la nuit ! À ce prix, le transfert aéroport et la bouteille de champ' sont offerts... On conseille quand même d'y aller pour le plaisir des yeux (lire la rubrique*

SINGAPOUR

Adresses utiles

- 1 Office de tourisme de Malaisie
- 6 American Express

Où dormir ?

- 30 Backpacker Cozy Corner
- 33 South East Asia Hotel
- 35 Bencoolen Hotel
- 36 The City Bayview Hotel
- 37 Rendez-Vous Hotel
- 38 Raffles Hotel
- 42 Naumi Hotel
- 60 Five Stones Hostel
- 61 Park Regis Hotel
- 65 River City Inn
- 66 Ruck Sack Inn @ Hong Kong Street
- 67 Parkroyal On Pickering

Où manger ?

- 80 Food Summons
- 81 Raffles City Food Place
- 83 Soup Restaurant
- 85 Forbidden by Indochine
- 87 Thaï Smile
- 88 Jumbo
- 89 Artichoke
- 93 True Blue Cuisine

Où prendre un thé ? Où manger une bonne pâtisserie ?

- 82 Ah Chew Desserts
- 89 Overdoughs
- 150 Tian Fu Tea Room

Où boire un verre ? Où écouter de la musique ?

- 38 Long Bar
- 86 Bar Opium by Indochine
- 180 Dôme
- 182 New Asia Bar (NAB)
- 183 Post Bar
- 184 C.H.I.J.M.E.S.
- 191 Timbré
- 192 The Crazy Elephant
- 193 Café Iguana
- 194 Brewerkz
- 195 1 Altitude
- 204 `The Vault

Spectacles

- 301 Victoria Concert Hall et Victoria Theatre
- 302 Cathay Cineplex

Achats

- 251 Bugis Village

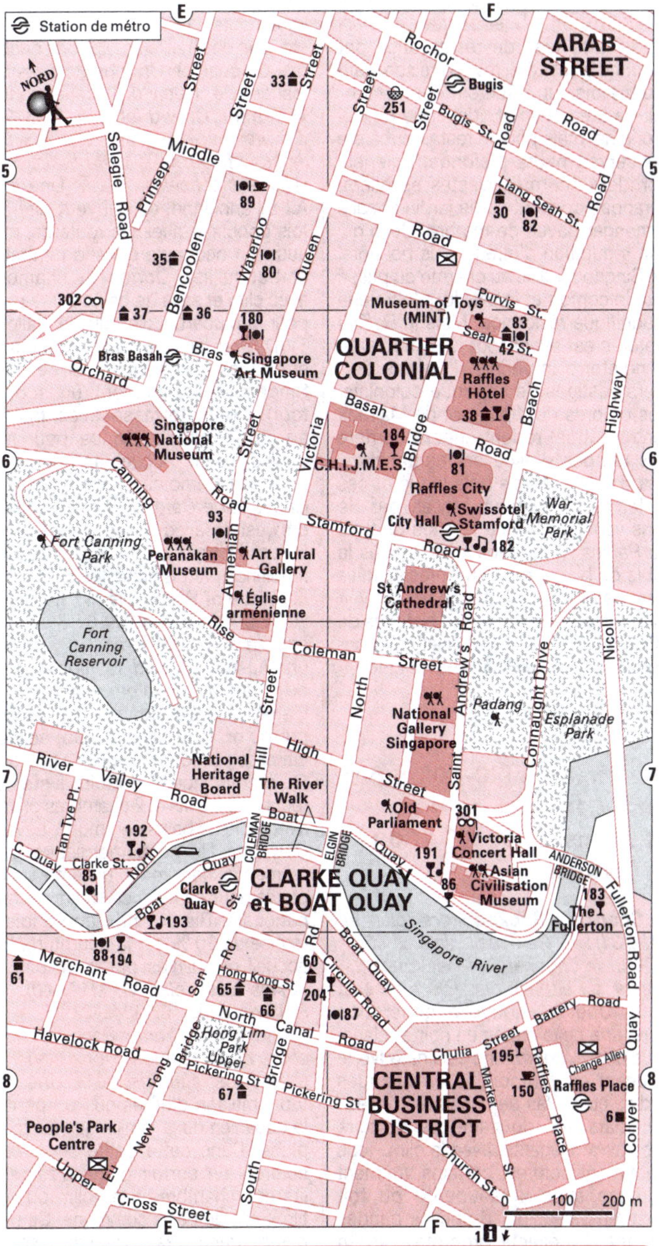

SINGAPOUR – LE QUARTIER COLONIAL (PLAN III)

SINGAPOUR

« À voir. À faire. Le quartier colonial »). Attention, on n'y entre pas en bermuda. 2 années de restauration ont redonné à cet hôtel mythique son faste d'autrefois. Un bâtiment supplémentaire a été construit, identique à celui d'origine, mais pour le reste, tout a été conservé : hauts plafonds, galeries, corridors énormes, vastes escaliers, vérandas donnant sur le jardin et salle à manger pavée de marbre. Celui qui a la réputation d'être le plus bel hôtel de Singapour allie au charme du passé tout le confort et le plaisir qu'offre une magnifique résidence. Mais le *Raffles Hotel,* c'est avant tout le symbole de l'Angleterre impériale, l'un des derniers vestiges de l'époque coloniale. Les ombres de Kipling et de Malraux (entre autres) rôdent encore derrière ces rampes d'escaliers centenaires, ces balustrades de bois laqué et ces salles gigantesques aérées par de gros ventilos. On n'a pas tué de tigre au *Raffles Hotel* depuis 1902 (sous la table de billard pour être précis), mais lorsque Somerset Maugham écrivait qu'on trouvait là toutes les histoires de l'Orient exotique, il ne faisait qu'énoncer une vérité : le *Raffles* est unique !

SINGAPOUR

Dans Little India

Bon marché (20-40 $S par pers / 13-26 € en dortoir, et moins de 90 $S / 60 € la double)

Checkers Backpackers *(plan VI, M13,* ***31****) : 46, Campbell Lane. ☎ 8533-47-93. • checkersinn-backpackers.com • Ⓜ Little India. CB refusées.* Une AJ nouvelle génération avec une belle entrée en noir et blanc, plus une *TV room,* une cuisine ouverte joliment contemporaine et quelques ordinateurs. Pas de chambres privées ici, mais une douzaine de dortoirs récents et élégants, avec la clim. Tous gentiment colorés, certains vraiment sympas avec la soupente du toit mise en valeur par de belles bandes rouges. Excellente propreté. Lits en métal superposés ou non. Draps et couvertures à louer. Petit déj inclus en self-service. Et plein de petits services : imprimante, laverie, extension de visa, etc. L'un des meilleurs rapports qualité-prix du quartier. On regrettera juste le manque de chaleur de l'accueil parfois.

The Inn Crowd *(plan VI, M13,* ***39****) : 73, Dunlop St. ☎ 6296-91-69. • theinncrowd.com • Ⓜ Little India. Résa vivement conseillée.* Une vraie AJ à l'ancienne, ce qui veut dire à la fois populaire chez les routards, mais aussi un peu juste question entretien et tranquillité. Dortoir et chambres avec clim et salle de bains sur le palier pour la plupart. Coin cuisine, salle de TV/DVD et jeux de société, bouquins et excursions gratuites pour découvrir Singapour (notamment un *scooter tour*). Petite terrasse avec parasol au dernier étage, sympa pour faire connaissance. Accueil un peu impersonnel néanmoins. Juste à côté, le *Countryside Café,* un bar aux allures de western avec bières, verres de vin et jus de fruits à prix doux. Le soir, ambiance parfois survoltée.

Prince of Wales *(plan VI, M13,* ***51****) : 101, Dunlop St. ☎ 6299-01-30. • pow.com.sg • Ⓜ Little India.* Encore une AJ un peu *old fashioned* dans ce quartier qui n'en manque pas. L'ambiance est donnée dès l'entrée puisqu'on passe par le pub, souvent animé le soir (donc du bruit à prévoir !). Côté couchage, 3 dortoirs juste corrects de 6 à 8 lits et 2 chambres privées avec salle de bains commune. Laverie. Consigne. Rien d'extraordinaire, c'est même vraiment *roots,* mais on y vient plutôt pour l'ambiance routarde internationale. Bière à prix abordable et remise de 20 % sur la nourriture. Bon accueil, ce qui n'est pas le cas partout.

Alis Nest *(plan VI, M12,* ***40****) : 23, Roberts Lane. ☎ 9245-23-76. • alisnest.com • Ⓜ Farrer Park. La moins chère de la catégorie ; prix planchers et petit déj compris.* Une véritable maison d'hôtes où l'on partage le quotidien de la famille qui habite sur place. Dans cette petite *shophouse* colorée, un dortoir d'une dizaine de lits et 6 chambres avec clim ou ventilo. Salle de bains commune. Ce n'est pas le grand luxe, mais l'atmosphère est agréable et l'accueil charmant. Le propriétaire se fera un vrai plaisir de

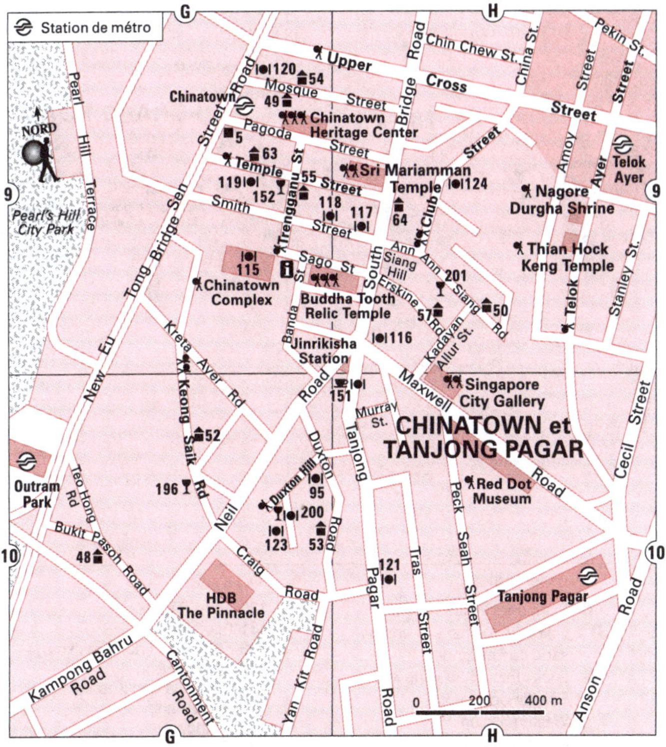

SINGAPOUR – Chinatown (Plan IV)

Adresses utiles

- Chinatown Visitor Centre
- **5** Western Union

Où dormir ?

- **48** New Majestic Hotel
- **49** Wink Hostel
- **50** Match Box
- **52** Hotel 1929
- **53** The Duxton
- **54** The Por-ce-lain Hotel
- **55** Santa Grand Hotel Lai Chun Yuen
- **57** Scarlet Hotel
- **63** Ruck Sack Inn @ Temple Street
- **64** Adler Hostel

Où manger ?

- **95** Latteria Mozzarella Bar
- **115** Restos du Chinatown Complex
- **116** Maxwell Center
- **117** Ci Yan Organic Vegetarian Health Food
- **118** Yummy Viêt
- **119** Mei Heong Yuen Dessert
- **120** Bee Cheng Hiang
- **121** Blue Ginger
- **123** Broth
- **124** L'Angélus

Où prendre un petit déj ou un thé ? Où boire un jus de fruits ? Où manger une bonne pâtisserie ?

- **151** Tea Chapter
- **152** Wonderful Durian

Où boire un verre ?

- **196** The Library
- **200** Lucha Loco
- **201** La Terraza

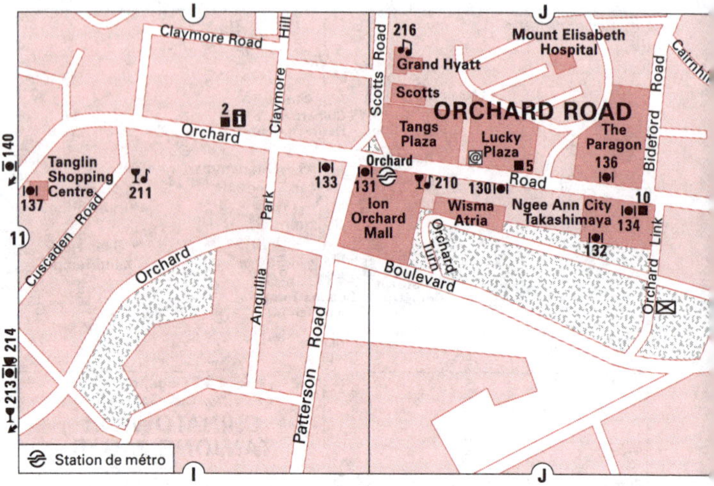

Adresses utiles

- Singapore Visitors Centre
- 2 Office de tourisme et ambassade de Thaïlande
- @ Lucky Plaza Shopping Mall
- 3 SingTel ComCentre
- 5 Western Union et MoneyGram
- 10 Kinokuniya Bookstore

Où manger ?

- 130 Food Republic
- 131 Food Opera
- 132 Food Court du Takashimaya
- 133 Sakae Sushi
- 134 Seoul Garden Korean Restaurant
- 135 Outdoors
- 136 Sushi Tei
- 137 LP+Testu

SINGAPOUR

papoter autour d'un café ou d'un thé que l'on peut se préparer soi-même, dans le salon familial. Une adresse différente.

Chic (140-250 $S / 93-166 €)

Wanderlust Hotel *(plan VI, M13, **44**) : 2, Dickson Rd. ☎ 6396-33-22. • wanderlusthotel.com • Tarif plutôt dans la partie haute de la fourchette de prix, et au-delà en hte saison ; petit déj-buffet inclus.* On adore la carte de visite en forme de *boarding pass*, signe du voyage qui s'annonce. Nombreux objets chinés qui meublent le *lobby* dans une étonnante juxtaposition des genres : vieille chaise de dentiste en guise de fauteuil (peut-être pas idéale pour se détendre...), sièges vintage et lampes de style industriel. Puis, à chaque étage et à chaque chambre, son design et designer, ses surprises décoratives et sa catégorie : les « Pantone » monochromes (faut aimer), les « Mono » plus dans le style origami et, notre coup de cœur, les « Lofts », pas bien grands mais bien pensés. Demander à en voir plusieurs si possible. Au rez-de-chaussée, le restaurant *Cocotte* est très couru des Singapouriens, notamment pour son poulet « à la française ». Joli cadre, mais franchement, on ne voit pas bien l'intérêt, surtout qu'il est cher.

Moon Hotel *(plan VI, M13, **43**) : 23, Dickson Rd. ☎ 6827-66-66. • moon.com.sg • Ⓜ Bugis Street. Petit déj-buffet et minibar compris. Promos sur Internet.* Derrière cette façade ultra-contemporaine mais austère se cache

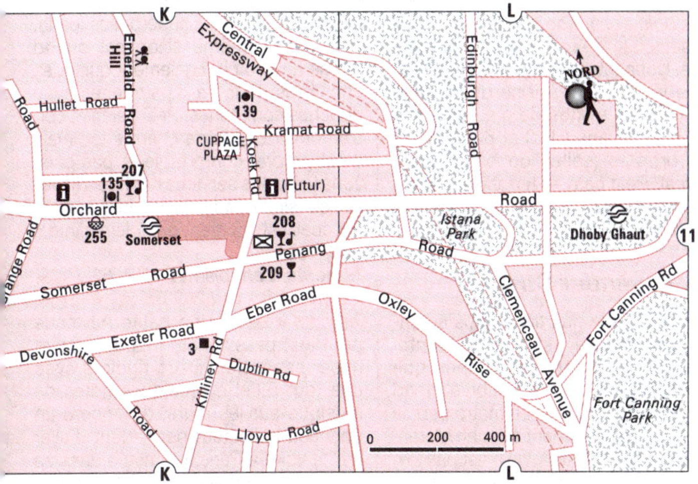

SINGAPOUR – Orchard Road (Plan V)

139 Tandoor Restaurant
140 Jim Thompson on Dempsey Hill

Où boire un verre ? Où écouter de la musique ?

207 Que Pasa, 5 Emerald Hill Cocktail Bar et Ice Cold Beer
208 KPO
209 The Dubliner
210 Nude by Indochine
211 Hard Rock Café
213 PS Café
214 House

Où sortir ?

216 Brix

Achats

255 Smiggle

un élégant boutique-hôtel, sobre et ponctué de violet. Idéalement placé, il comprend 80 chambres, en majorité des *standard* de très petite taille. Forcément, le moindre espace est exploité, et on n'y fait pas sa gym au saut du lit. À peine plus grandes mais plus chères, les *deluxe* n'ont pour seule différence la baignoire à la place de la douche. À vous de voir, mais quitte à faire sauter le budget, autant prendre la somptueuse suite « Moonlight ». Là, au moins, vous épaterez votre moitié ! Pour le reste, excellent confort.

Santa Grand Hotel *(plan VI, M13, **45**) : 3, Veerasamy Rd. ☎ 6298-29-82. • santagrandhotels.com • Ⓜ Little India. 10 % de réduc en réservant sur Internet.* Nettement moins de charme que celui qui vient d'ouvrir dans Chinatown, mais néanmoins agréable et à la déco sobre et contemporaine. Chambres confortables (AC, salle de bains, *queen bed* dans les chambres *deluxe*). Dommage cependant que les *standard* ne soient pas un peu plus grandes... On prend le petit déj dans le resto populaire mitoyen à l'hôtel (c'est original). Le matin, service de navette gratuite pour Orchard et Suntec City (Esplanade).

Dans le quartier d'Arab Street

Bon marché (moins de 90 $S / 60 €)

Green Kiwi Backpacker Hostel @ Bussorah Street *(plan VI, N13,*

46) : *55, Bussorah St. ☎ 9695-93-31. • greenkiwi.com.sg • Ⓜ Bugis. CB refusées.* 💻 📶 À deux pas de la mosquée. Donnant sur la rue piétonne, l'AJ, toute verte comme il se doit, abrite des dortoirs mixtes de 4 à 14 lits (un seul réservé aux filles) et 5 chambres très propres (salles de bains extérieures). Petit café en terrasse sous les arcades. Accueil un peu impersonnel, dommage.

Sur Lavender Street

Ce n'est pas le quartier le plus agréable, car l'artère est très passante. Néanmoins, c'est moins cher que dans les autres quartiers et on s'y rend (presque) directement en métro depuis l'aéroport (changement à Tanah Merah, Ⓜ Lavender). De plus, on n'est pas loin de Little India et relié en métro à Chinatown et Clarke Quay grâce à la station Boon Keng.

Bon marché (20-40 $S par pers / 13-26 € en dortoir, et moins de 90 $S / 60 € la double)

🏠 ***Green Kiwi Backpacker Hostel @ Lavender Street*** (*plan VI, M-N12,* **59**) : *280A, Lavender St. ☎ 9695-93-31. • greenkiwi.com.sg • Ⓜ Lavender ou Boon Keng. CB refusées.* 💻 📶 Rien d'exceptionnel, mais il règne ici une bonne ambiance de voyageurs, très anglo-saxonne. Une dizaine de dortoirs corrects et pas chers, même si on aimerait parfois un peu plus d'espace et d'aération. Sanitaires un peu justes quand il y a du monde. Bon petit déj en revanche. Évitez les 2 chambres privées, sans intérêt. *Rooftop* avec plantes, plus agréable quand il a plu avant, sinon c'est un peu sécos ! Le plus, c'est surtout la disponibilité du personnel et les bonnes infos sur la ville que l'on peut y glaner. Annexe dans le quartier d'Arab Street.

🏠 ***Ruck Sack Inn @ Lavender Street*** (*plan VI, M-N12,* **59**) : *280, Lavender St. ☎ 6295-24-95. • rucksackinn.com • Ⓜ Lavender ou Boon Keng.* 💻 📶 Assez peu de places et d'espace. Un seul dortoir, mixte évidemment, de 14 lits superposés (enfin, pas les 14, même si on est quand même à l'étroit !). Également quelques chambres pour 2 à 4 personnes avec douches communes. Petit salon et cuisine ouverte. Pas de charme fou mais c'est propre, confortable et pas cher. Tous les petits services habituels (laverie, consigne, etc.). Gros point positif : l'accueil est vraiment pro (plein d'infos) et sympa.

🏠 ***Hostel Lah*** (*plan VI, N12,* **62**) : *119, Lavender St. ☎ 6299-38-86. • hostellah.com •* 💻 📶 Une petite AJ tenue par deux passionnés, très sympas et hyper serviables. Déco rigolote avec une tour Eiffel et quelques notes de musique sur les murs, ou encore un panneau indicateur permettant d'aller à Rio, voire à Paris, ou même dans sa chambre... Dortoirs de 4 à 8 lits, climatisés et plutôt spacieux, avec lits métalliques, casiers, et même de petites tables avec coussins, la touche conviviale. Parfois un poil bruyant, certes, à cause de la circulation automobile au carrefour. Cuisine-salle à manger plutôt spacieuse pour prendre le bon petit déj. Salon TV et coin lecture assez zen. Une bonne petite adresse.

Dans et autour d'Orchard Road

Très chic (plus de 250 $S / 166 €)

🏠 ***Hotel Quincy*** (*plan II, B1,* **47**) : *22, Mont Elisabeth Rd. ☎ 65-6738-5888. • quincy.com.sg • Ⓜ Orchard Road. À env 500 m d'Orchard Rd. Compter env 300-350 $S, petit déj compris.* 📶 Une belle affaire, extrêmement bien placée, surtout pour qui aime le shopping. Cette grande tour de 108 chambres abrite en réalité des studios aux grandes baies vitrées avec vue dégagée, équipés de kitchenette et dotés de tout le confort. Chambres pas très grandes mais bien disposées et au décor élégamment contemporain. Très bonne cuisine italienne au restaurant et accueil réellement formidable.

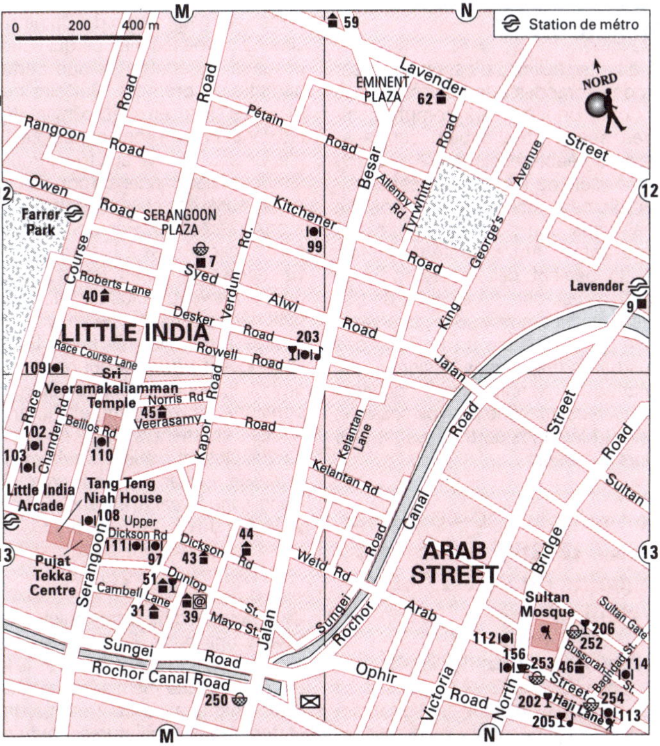

SINGAPOUR – Little India (Plan VI)

Adresses utiles

- 7 Mustapha Center (bureau de change)
- 9 Singapore Immigration and Checkpoint Autority
- @ 39 Centre Internet

Où dormir ?

- 31 Checkers Backpackers
- 39 The Inn Crowd
- 40 Alis Nest
- 43 Moon Hotel
- 44 Wanderlust Hotel
- 45 Santa Grand Hotel
- 46 Green Kiwi Backpacker Hostel @ Bussorah Street
- 51 Prince of Wales
- 59 Green Kiwi Backpacker Hostel @ Lavender Street et Ruck Sack Inn @ Lavender Street
- 62 Hostel Lah

Où manger ?

- 94 Restos de *bak kut teh*
- 97 Madras New Woodlands
- 99 Zen Fut Sai Kai Vegetarian Restaurant
- 102 Delhi Restaurant
- 103 The Banana Leaf Apolo
- 108 Ananda Bhavan
- 109 Sakunthala's
- 110 Kailash Parbat
- 111 Lagnaa
- 112 Zam-Zam Restaurant
- 113 Café Le Caire
- 114 A la Turka

Où prendre un petit déj ou un thé ?

- 156 I Am...

Où boire un verre ? Où écouter de la musique ?

- 51 Prince of Wales
- 202 Bar Stories
- 203 Bellwethers
- 205 Blu Jazz Café
- 206 Bian's Café

Achats

- 7 Mustapha
- 250 Sim Lim Square
- 252 Little ShopHouse
- 253 Digvijay Sequins
- 254 Mahaco Impex

Dans le quartier de Chinatown

Le quartier, délimité d'est en ouest par les deux grandes artères, New Bridge et South Bridge Road, compte quelques beaux hôtels, bien centraux. Mais l'agréable enclave d'Ann Siang Hill, du côté de Telok Ayer, s'est considérablement développée et compte désormais une poignée d'adresses ravissantes. Autre secteur en fort développement, celui de Tiong Bahru Road, à l'est, compte lui aussi de très jolis boutiques-hôtels. Bref, une vaste zone qui rassemble un florilège des plus belles réalisations design, à voir autant qu'à expérimenter, à condition malheureusement de pouvoir casser la tirelire ! Même les dortoirs y sont plus chers qu'ailleurs...

Bon marché (20-40 $S par pers / 13-26 € en dortoir, et moins de 90 $S / 60 € la double)

Wink Hostel *(plan IV, G9,* ***49****)* **:** *8A, Mosquee St. ☎ 6222-29-40. • winkhostel.com • Ⓜ Chinatown. Résa indispensable et le plus longtemps possible à l'avance. Compter 50 $S/pers en dortoir ; lit double 90 $S.* Notre coup de cœur dans cette rubrique, et même dans ce type d'hébergement en ville. Dans une vieille bâtisse au cœur du quartier chinois, des dortoirs design aménagés en lits cabines (les *pods*) individuels (6 par dortoir), ce qui permet une once d'intimité : fini les ronflements du voisin ! Système de *lockers* au pied des lits et éclairage automatique de la cabine avec votre *pass*. Dans les dortoirs des filles, *vanity* et miroirs ! L'*hostel* est entièrement climatisé et possède d'agréables espaces communs : vaste et jolie cuisine équipée, lingerie, salon DVD. Sanitaires impeccables. Accueil vraiment adorable.

Ruck Sack Inn @ Temple Street *(plan IV, G9,* ***63****)* **:** *52, Temple St. ☎ 6438-51-46. • rucksackinn.com • Ⓜ Chinatown. CB acceptées (+ 4 %).* On le repère facilement à sa façade graffitée dans l'animée Temple Street, en plein cœur de Chinatown. Une AJ privée récente, ce qui est déjà un gage de confort et une certaine garantie de propreté. Dortoirs petits mais très clean, en effet, joliment décorés dans un style contemporain agréable. Un seul réservé aux filles. Pour les familles ou les bandes de copains, on y trouve aussi des chambres de 6 à 8 lits à prix intéressant. Pas donné-donné, certes, par rapport à Little India, mais Chinatown est plus touristique, et puis ça les vaut. Inclus dans le tarif : le petit déj sans limite d'heure, un casier, l'accès à un salon-TV (avec DVD et PS3 pour les gamins qui refusent de grandir !), douche chaude commune, consigne et évidemment Internet. Accueil vraiment sympa, ce qui est un vrai plus en matière d'auberges de jeunesse. Également 2 annexes, dans Hong Kong Street et Lavender Street.

Match Box *(plan IV, H9,* ***50****)* **:** *39, Ann Siang Rd. ☎ 6423-02-37. • matchbox.sg • Ⓜ Tanjong Pagar. Remise possible via Internet. CB acceptées (+ 4 %).* Tout près de la très animée *Club Street,* une autre AJ dans le même registre que la précédente, mais le luxe en moins quand même. Vieille bâtisse sympathique avec poutres, parquets et touches de peintures acidulées. À l'étage, 3 dortoirs de 32 lits *(pods)* répartis en dortoirs-cabines, d'où le nom de « boîte d'allumettes ». Tenue parfaite ; on se déchausse d'ailleurs en entrant. Cuisine, lingerie et surtout un très agréable salon, sous les toits, pour prendre du bon temps ou mater un film !

De prix moyens à chic (90-250 $S / 60-166 €)

Adler Hostel *(plan IV, H9,* ***64****)* **:** *259, South Bridge Rd. ☎ 6226-01-73. • adlerhostel.com • Ⓜ Chinatown. Dortoirs env 55-65 $S/pers.* Dans une ancienne et charmante *shophouse* du début du XXe s, d'un blanc presque immaculé, avec des éléments Art déco. Louée dans de nombreuses revues (un peu trop, peut-être ?), l'*Adler Hostel* fait partie de ces AJ nouvelle génération appelées *poshtels* (« AJ chic ») ou même *boutique hostels* ! Et en effet, on dirait un hôtel chic dès le *lobby*... En fait, c'est aussi un *capsule hotel* (et après, promis, on arrête avec les anglicismes !). Ici, on dort dans des *pods* (bon d'accord, pardon), soit des cabines séparées par des rideaux, comme dans l'Orient-Express, dans des dortoirs de 6 à 18 places (mixtes ou réservés aux filles). Une mode rigolote, élégante et futuriste, qui offre plus d'intimité que les habituels et spartiates lits métalliques superposés qui grincent... Certes, c'est presque 2 fois plus cher que dans les AJ conventionnelles, mais l'adresse fait quasiment l'unanimité pour son rapport qualité-prix-confort-accueil. Ici, vous aurez droit à un bon matelas avec drap en soie, couette et 2 oreillers, lampe de chevet personnelle, petit casier individuel, la clim, des douches communes propres et un petit déj. On peut même brancher son ordi sans adaptateur. Adler, le jeune et charmant manager, a tout prévu ou presque. Judicieux conseils et quelques bons plans pour sortir. En plus, c'est bien placé, au cœur de Chinatown et à 5 mn du *Maxwell Centre,* où l'on mange bien et pas cher (voir « Où manger ? »).

Santa Grand Hotel Lai Chun Yuen *(plan IV, G9,* **55***)* **:** *25, Trengganu St. ☎ 6632-07-60. • santagrandhotels.com • Ⓜ Chinatown. Doubles env 110-175 $S. Belles promotions de dernière minute sur Internet. CB acceptées (+ 4 %). Appels locaux gratuits.* L'un des derniers-nés de la chaîne *Santa Grand.* Hyper bien situé au cœur de Chinatown, il est identifiable à sa jolie façade blanchâtre et à ses volets de bois, juste au-dessus des galeries des *shophouses.* Attention, ne pas confondre avec son voisin immédiat, le *Santa Grand Hotel Chinatown,* fréquentable aussi mais bien moins original. À vrai dire, voici le premier théâtre chinois de Singapour : décor grandiloquent, immense hall ceinturé de galeries qui desservent les chambres, moquettes et fauteuils rouge sang, grandes lattes... Surprenant et très beau. Malheureusement, les 80 chambres n'ont pas le même cachet, souvent petites, voire minuscules, mais avec literie récente, climatisées et bien isolées. Attention, on ne peut pas tout avoir : beaucoup n'ont pas de fenêtre. Claustro, demandez à voir !

Très chic (plus de 250 $S / 166 €)

The Por-ce-lain Hotel *(plan IV, G9,* **54***)* **:** *48, Mosquee St. ☎ 6645-31-31. • porcelainhotel.com • Ⓜ Chinatown. Doubles standard à deluxe 250-300 $S, mais bien moins chères sur Internet. Attention : pas de petit déj sur place.* Une belle façade blanche à arcades, des murs noirs dans les parties communes (très sombres car volontairement faiblement éclairées) et dans les chambres, et des décors (tous différents) de rosaces bleues qui reprennent les motifs traditionnels de la porcelaine chinoise. Beaucoup de caractère. Nombreuses chambres, toutes très petites (chaque mètre carré est exploité, mais tout de même, ne pas venir avec des malles) et personnalisées. La plupart donnent sur rue, donc un peu sonores ; quelques autres côté cour mais sans fenêtre. Pas le genre d'hôtel où l'on passe 1 semaine, mais génial pour un court séjour. Accueil adorable.

Hotel 1929 *(plan IV, G10,* **52***)* **:** *50, Keong Saik Rd. ☎ 6347-19-29. • hotel1929.com • Dans le paisible quartier de Duxton Hill. Chambres 230-300 $S, petit déj compris (bien moins cher sur Internet).* Cet établissement aurait très bien pu s'appeler *Hotel 1970* tant le thème de sa déco rappelle les années disco... Couleurs flashy, motifs psychédéliques, luminaires et fauteuils globuleux. On ne s'ennuie pas dans ce boutique-hôtel pour *fashionistas* ! Une trentaine de chambres bien équipées, de taille variable, mais les *standard* sont généralement exiguës. Préférer dans la mesure du possible celles en angle. Des inconvénients largement compensés par la chaleur de l'accueil et l'ambiance aussi sympa que décontractée. Autres bons points : le jacuzzi en terrasse sur le toit et l'accès gratuit à la piscine du *Majestic* voisin (mêmes patrons, voir plus bas).

Wangz Hotel *(plan II, B3,* **56***)* **:** *231, Outram Rd. ☎ 6595-13-88.*

SINGAPOUR

• wangzhotel.com • Ⓜ Outram Park. Prévoir 5-10 mn de marche. À l'écart de Chinatown. Doubles env 270-300 $S via Internet (rack rate à partir de 500 $S...). Impossible de manquer cet édifice futuriste, au carrefour (bruyant) d'Outram et Tiong Bahru Roads. Complètement rond et doublé d'une sorte de couverture métallique qui filtre la lumière, il relève plus de l'architecture de bureau que de l'hôtel de charme. Et pourtant... Dès la réception, le ton (chaleureux) est donné : vaste hall lumineux, où sont servis d'excellents petits déjeuners-buffet, grands tapis, parquets, élégante déco urbaine colorée *arty*-design avec de beaux meubles de signature. Clientèle jeune et branchée. Une quarantaine de chambres réparties sur 6 étages, parfaitement isolées et très lumineuses car sans vis-à-vis, épousent les contours arrondis du bâtiment, ce qui leur confère, ainsi qu'aux salles de bains, ce caractère si singulier. Sont inclus : le petit déj, une partie du minibar (la 1re nuit !), un accès au *fitness centre* et la navette toutes les heures pour aller à Orchard Road ou Sentosa. Également un *rooftop bar* avec de la musique live les vendredi et samedi. Excellent accueil, hyper pro. Pour ceux que ça intéresserait, le secteur abrite une librairie et une boulangerie-salon de thé francophones.

New Majestic Hotel (plan IV, G10, **48**) *: 31-37, Bukit Pasoh Rd. ☎ 6511-47-00. • newmajestichotel.com • Ⓜ Outram Park. Doubles à partir de 335 $S sur Internet.* Cet hôtel de luxe fait honneur au quartier investi par les architectes et les créateurs. Chacune des 30 chambres a été conçue par un artiste différent, et la déco, toujours très design, varie selon les inspirations de chacun : baignoires jumelles ou installées dehors, dans la cour privative, même les salles de bains surprennent. Chambre du photographe avec des œuvres au mur, ou encore la « Wayang Room », une belle chambre chinoise avec des tentures rouges façon *Épouses et concubines*. Petite piscine également originale, jacuzzi, centre de fitness, accueil charmant. On adore ! Si votre budget vous le permet, le jeu en vaut la chandelle.

Scarlet Hotel (plan IV, H9, **57**) *: 33, Erskine Rd. ☎ 6511-33-33. • thescarlethotel.com • Ⓜ Tanjong Pagar ou Chinatown. Doubles 350-550 $S ; à partir de 250 $S sur Internet.* Encore un magnifique boutique-hôtel derrière cette jolie façade néocoloniale. Plus classique dans le style que les autres, mais pas moins dans la recherche décorative. Quelle classe ces rondins de cuir accrochés aux portes pour accueillir les journaux du matin ! Du pastel au pourpre, certaines chambres affichent un style élégamment contemporain ou gentiment colonial, d'autres vont chercher dans le baroque Grand Siècle ! Luxueux et cher, mais pas tant que ça compte tenu des prestations très haut de gamme. À savoir, les chambres les moins chères n'ont parfois qu'un petit puits de lumière en guise d'éclairage naturel. Pour finir, bonne cuisine au *Breeze,* le restaurant sur le toit-terrasse, ou au *Korner,* la brasserie du rez-de-chaussée, et un bar ravissant, le *Bold,* invitation à jouer les prolongations dans de profonds fauteuils...

Klapsons – The Boutique-Hotel (plan II, C4, **58**) *: 15, Hoe Chiang Rd. ☎ 6521-90-30. • klapsons.com • Au sud du Business District. Doubles 330-580 $S selon confort, petit déj-buffet et minibar compris. Petites promos sur Internet.* Un hôtel d'à peine 20 chambres dans un pur esprit contemporain, voire futuriste, et design. Ici, tout est concept ! À commencer par la réception située dans une sphère métallique, au centre du *lobby,* à laquelle on accède par un escalier comme dans une soucoupe volante... Chaque chambre est personnalisée et tout a été pensé pour assurer un confort sans faille. Concernant l'aménagement des douches, c'est le concept « *open* » qui a prévalu. Elles sont posées dans la chambre, avec une simple paroi transparente en plexiglas. C'est un parti pris... Resto dans la même veine et musique *lounge.* Accueil (trop) discret, mais ça aussi, c'est concept !

☗ ***The Duxton*** *(plan IV, G-H10, **53**) : 83, Duxton Rd. ☎ 6227-76-78. • theduxton.sg • Ⓜ Tanjong Pagar ou Outram Park. Doubles env 195-305 $S selon confort ; suites encore plus chères ; petit déj en sus. Parfois une promo sur Internet. Appels locaux gratuits.* Très bel hôtel situé dans une rue où de nombreux bars ont poussé ces dernières années. Rassurez-vous, double vitrage à toutes les fenêtres. Coquette façade de style maison de commerce chinoise et élégant intérieur colonial comportant beaucoup d'antiquités. Grand confort et un certain charme, bien qu'un peu empesé. Et surtout, un excellent rapport accueil-qualité-prix.

Sur Boat Quay et autour

De bon marché à prix moyens (20-40 $S par pers / 13-26 € en dortoir, et moins de 140 $S / 93 € la double)

☗ ***River City Inn*** *(plan III, E8, **65**) : 33C, Hong Kong St. ☎ 6532-60-91. • rivercityinn.com • Ⓜ Clarke Quay. CB refusées.* Malgré une entrée d'immeuble sans charme, voici une excellente AJ, bien décorée (jolies couleurs, quelques tableaux) et accueillante. Dortoirs de 6 à 26 lits, mixtes ou réservés aux filles. Dans les grands dortoirs, les lits métalliques sont alignés comme à la parade devant une belle rangée de baies vitrées. Certes, à 26 dans un dortoir, la tranquillité n'est pas garantie ! Mais c'est assez confortable tout de même et vraiment propre. Sanitaires communs bien entretenus. Casiers. Salon agréable avec TV, jeux de société, bouquins, musique et... lance à incendie, un vrai élément de déco. Personnel aimable et fort serviable.

☗ ***Ruck Sack Inn @ Hong Kong Street*** *(plan III, E8, **66**) : 38A, Hong Kong St. ☎ 6532-49-90. • rucksackinn.com • Ⓜ Clarke Quay. CB acceptées (+ 4 %).* Cette succursale de Temple Street (voir plus haut) est bien placée pour ceux qui voudraient se rapprocher des lieux de vie nocturne de Boat Quay sans être loin de Chinatown. Espaces communs agréables et colorés, que l'on fréquente bien volontiers du petit déj (que l'on peut avaler à toute heure de la journée) au petit mail du soir. Sur 3 niveaux, des dortoirs mixtes et climatisés de 6 à 10 lits, pas bien grands, il faut bien le dire. Cela dit, ils sont plutôt gais, propres et confortables. Bon, les lits superposés grincent un peu... Également des chambres privées pour 2 à 4 personnes. On peut même louer au mois. Personnel sympa.

☗ ***Five Stones Hostel*** *(plan III, E8, **60**) : 61, South Bridge Rd. ☎ 6535-56-07. • fivestoneshostel.com • Ⓜ Clarke Quay. Réception au 2e étage. Réserver le plus tôt possible pour avoir une place. Compter 31-38 $S/pers en dortoir ; double 113 $S.* La plus centrale des AJ, et sans doute une des plus sympas. Ambiance très jeune et routarde. Dortoirs simples aux couloirs acidulés de 6 à 14 personnes, dont un réservé aux filles.

Chic (140-250 $S / 93-166 €)

☗ ***Park Regis Hotel*** *(plan III, E8, **61**) : 23, Merchant Rd. ☎ 6818-88-88. • parkregissingapore.com • Ⓜ Clarke Quay (prendre la sortie B). À partir de 175 $S. Promos Internet jusqu'à 60 % selon période.* Emplacement idéal et stratégique pour cet hôtel récent (2010) de 7 étages. Chambres au confort ultra-contemporain, toutes claires et de belles dimensions, décorées sobrement, avec d'élégantes touches de couleurs. Coup de cœur pour les chambres du 2e étage appelées « *quay rooms* » avec accès direct à... la piscine extérieure. Terrasse et chaises longues privatives. Incroyable ! Excellent petit déj-buffet, salle de fitness, bar extérieur au bord de l'eau et personnel prévenant. Un bon rapport qualité-prix au regard de tous ces avantages.

Très chic (plus de 250 $S / 166 €)

☗ ***Parkroyal On Pickering*** *(plan III, E8, **67**) : 3, Upper Pickering St.*

☎ 6809-88-88 ou 1-800-2557-795 (gratuit depuis Singapour). • parkroyalhotels.com • Ⓜ Clarke Quay. Doubles env 270-560 $S selon confort et saison. Promos sur Internet à certaines périodes. On y séjourne pour son architecture vraiment originale, soit 3 tours sur pilotis de béton, reliées entre elles par des balcons de verdure, le tout surplombant un autre espace vert, le Hong Lim Park. Waouh : quelles vertes tiges et quel vertige, à la fois urbain et verdoyant au cœur de la ville, presque New York et l'Amazonie réunis ! Sous les pilotis, la structure semble faite de pièces de béton empilées, façon puzzle, toutes de couleurs différentes, allant du blanc au sable en passant par le gris. Chambres design avec du bois clair, parquet flottant, mobilier de salle de bains anguleux comme il se doit, robinets de la baignoire comme encastrés dans un coffre-fort, larges baies vitrées donnant sur la végétation... Piscine avec terrasse ouverte sur la ville et petits salons enfermés dans de vastes cages à oiseaux, d'où l'on détaille bien la structure de l'hôtel. Tout confort, bien sûr. Spa et *fitness centre*. Une vraie réussite !

À Geylang

Bon marché (20-40 $S par pers / 13-26 € en dortoir, et moins de 90 $S / 60 € la double)

Betel Box Hostel (plan I, **68**) : *200, Joo Chiat Rd. ☎ 6247-73-40. • betelbox.com • Ⓜ Paya Lebar ou Eunos.* Geylang est le village malais de Singapour. Certes, c'est aussi, par endroits, le *red light district* de la ville, mais vous y verrez surtout de nombreuses *shophouses* peranakan (ou baba nyonya) et une ambiance de village. Tony Tan, le patron, propose 5 dortoirs de 6 à 20 lits, avec béton ciré et lits métalliques superposés. Salle de bains attenante ou à l'extérieur. Il sait aussi créer une atmosphère bien routarde autour du bar avec billard, salon-TV et une petite bibliothèque. Enfin, Tony connaît Singapour comme sa poche et guide lui-même ses clients au cours d'un *foodwalk tour* qui fait quasiment l'unanimité ; compter environ 30 $S (80 $S si vous ne dormez pas sur place). Également un *cycling tour*.

Où manger ?

Si vous êtes amateur(-trice) de *dim sum*, vous trouverez facilement en ville une succursale de la chaîne ***Din Tai Fung***, d'origine taïwanaise, qui fait (presque) l'unanimité chez les aficionados des bouchées cantonaises à la vapeur (les plus réputées sont les *xiao long bao*, au porc). On en trouve généralement dans les centres commerciaux. Par exemple, ceux d'Orchard Road *(plan V, J11)*, au *Paragon* et au *Wisma Atria* (voir plus loin *Food Republic ; plan V, J11,* **130**). Ou encore au *Raffles City (plan III, F6)*, au *Suntec City (plan II, D2)* et au *Marina Bay Sands (plan II, D3). Ts sont ouv tlj 11h (10h w-e)-21h30. De prix moyens à chic.*

Dans le quartier colonial

Bon marché (5-15 $S / 3,30-10 €)

Raffles City Food Place (plan III, F6, **81**) : *252, North Bridge Rd, # 03-15. Dans le Raffles Commercial Centre. Au 2e étage. Ⓜ City Hall. Tlj jusqu'à 21h.* 25 à 30 échoppes de nourriture essentiellement chinoise et japonaise. Avec tous les cols blancs des bureaux alentour, on y mange dans un raffut d'enfer le midi, un peu au coude à coude sur de grandes tablées. Un plat copieux coûte souvent moins cher qu'une canette de bière. Cuisine fraîche, délicieuse et parfumée, parfois épicée. Un stand propose notamment des plats de nouilles confectionnées sur place à la demande. Un autre enfin, au centre, propose de délicieux jus de fruits frais. Là encore, une bonne affaire.

Food Summons (plan III, E5, **80**) : *261, Waterloo St. Tlj jusqu'à 21h.* Un petit *food court* de quartier, simple mais sympathique. Très local, très populaire. On peut essayer par exemple le *hainanese chicken rice* de Leong Yeow, mais aussi la *fish soup*,

SINGAPOUR

les *noodles* et autre *wanton mee.* Ou alors un plat indien, indonésien ou malais. Également un stand de *rojak* et un autre pour les jus de fruits. Tant que vous êtes là, jetez un œil à l'éclectisme du quartier : juste à droite, un centre catholique (avec un café-resto branché au rez-de-chaussée !) ; juste en face, 2 jolies maisons colorées aux n°s 54 et 60 ; et, au n° 24, un centre d'études israélite.

I●I Le long de Liang Seah Street *(plan III, F5),* nombreux petits restos qui font office de cantines populaires le midi. Avec pas mal de *steamboat buffets...*

Prix moyens (15-30 $S / 10-20 €)

I●I ***Soup Restaurant*** *(plan III, F6,* ***83****) : 39, Seah St. ☎ 6333-93-88. Ⓜ Bugis ou City Hall. Tlj midi (jusqu'à 14h) et soir.* Un resto chinois très prisé le midi par une clientèle d'employés *middle class.* Il vous faudra peut-être attendre un peu avant qu'une table ne se libère dans l'une des 2 salles climatisées, à la déco sobre et boisée, mais ça va en général assez vite. Le soir, c'est plus posé. On y sert une cuisine savoureuse et parfumée. Pour passer commande, cocher le formulaire écrit en chinois après avoir fait votre choix sur la carte (repérez-vous aux numéros des plats !), la spécialité maison étant le *ginger chicken.*

Chic (30-50 $S / 20-33 €)

I●I ***Artichoke*** *(plan III, E5,* ***89****) : Sculpture Sq, 161, Middle Rd. ☎ 6336-69-49. Tlj sf lun 18h30-21h45 ; brunch le w-e 11h30-14h45. Résa indispensable (après 15h).* Ce lieu d'expositions est consacré aux œuvres en 3D : on y trouve une étonnante chapelle repeinte au goût du jour, quelques salles d'expo, un patio fort agréable et un restaurant spécialisé dans la cuisine du Moyen-Orient. Jolie salle agrémentée de grands tableaux, comme à l'école. Les bobos singapouriens de la classe moyenne aiment venir y déguster les *mezze,* le houmous, le *baba-ganoush,* mais aussi des plats plus roboratifs à base de thon, de calamars ou d'agneau. Un lieu bien agréable, branché et assez original. Le midi, le kiosque sert uniquement des pâtisseries orientales.

I●I ***True Blue Cuisine*** *(plan III, E6,* ***93****) : 49, Armenian St. ☎ 6440-04-49. Tlj 11h-14h30, 18h-21h30. Menus 32 $S le midi, 42 $S le soir ; ajouter les taxes de 17 %. CB acceptées.* Dans une ancienne *shop-house* typique, vraiment superbe, avec patio intérieur et mobilier chaleureux. Certes, l'adresse est chère et éminemment touristique. On y vient pour prolonger agréablement la visite du Musée peranakan voisin par une dégustation de la cuisine ad hoc et dans un cadre qui l'est tout autant. Goûtez par exemple à l'*ayam buah keluak,* un ragoût de poulet épicé accompagné de grosses noix bien noires que l'on racle avec une petite cuillère. Bon et original. Pour les frileux, optez pour le *rendang sapi,* soit du bœuf sauce coco. Addition salée (n'oubliez pas les taxes) et service parfois inégal (ne pas arriver à la fin du service), certes, mais le lieu et la cuisine valent bien une petite étape chic.

Sur Boat Quay et Clarke Quay

Un des rares quartiers de Singapour où l'on peut manger en terrasse, et au bord de l'eau.

Sur **Boat Quay** (rive sud), les restos jouent à touche-touche sur près de 200 m ! Le choix ne manque pas mais c'est hyper touristique. On ne vous donne pas d'adresse particulière, ça change souvent. Comme partout, il y a du bon et du moins bon, et de toute façon, ce secteur est un peu en perte de vitesse... N'hésitez pas cependant à y aller au feeling, selon vos envies du moment, en bravant le racolage incessant des restaurateurs. On y mange indien, thaï, coréen, indonésien, chinois, espagnol, italien, international, etc. Un vrai tour d'horizon culinaire. Cela dit, faites attention à l'addition, surtout pour les fruits de mer facturés au poids ! Certains vont jusqu'à facturer le *chili crab* dans les 300 $S...

Sur **Clarke Quay** (rive nord), grand choix d'adresses aussi, plus branchées

et chères, et quelques tables d'exception (voir ci-dessous notre sélection) avec terrasses et vues sur les buildings illuminés en toile de fond. Ça, c'est Singapour ! Le secteur est aussi (surtout ?) connu pour ses bars et ses lieux de sortie branchés (voir plus loin la rubrique « Où boire un verre ? Où écouter de la musique ? »).
Un peu plus loin, on peut rejoindre ***Robertson Quay*** (rive nord), moins touristique, à l'ambiance un peu moins Disney, mais c'est aussi cher. Pas mal de petits restos, notamment japonais, en particulier sur l'agréable placette de Robertson Walk.

Prix moyens (15-30 $S / 10-20 €)

|●| ***Thaï Smile*** *(plan III, E-F8,* ***87****)* **:** *8, Lorong Telok.* Ce qu'on aime chez *Thaï Smile...* ce sont les plats taille *small* (proposés aussi en version médium et large), ce qui permet de se constituer un petit échantillonnage de spécialités thaïlandaises, la carte étant abondamment fournie. Délicieux *thai style sweet chili chicken,* sans oublier la classique *mango salad.* Cuisine authentique et ambiance conviviale en terrasse. Une belle découverte dans ce quartier si touristique.

|●| ***Jumbo*** *(plan III, E7-8,* ***88****)* **:** *30, Merchant Rd, Riverside Point. ☎ 6532-34-35. Tlj midi et soir.* Le mastodonte de la restauration de fruits de mer. On n'en compte pas moins de 6 en ville, dont un à l'aéroport. Le plus couru est celui de l'East Coast Park, mais celui-ci jouit d'une situation diablement agréable en plein air et près de la rivière. Les places au bord de l'eau sont d'ailleurs très prisées et attribuées aux réservations faites par téléphone. Carte aussi longue que le bottin, déclinant spécialités de poissons et fruits de mer, toujours d'une grande fraîcheur. Service efficace et, comble de délicatesse, on vous affuble d'un tablier-bavoir pour éviter de vous tacher !

De chic à très chic (plus de 30 $S / 20 €)

|●| ***Forbidden by Indochine*** *(plan III, E7,* ***85****)* **:** *Clarke Quay, sur la pl. de la Fontaine (rive nord). ☎ 6557-62-68. Ⓜ Clarke Quay.* La chaîne Indochine a encore frappé fort avec son décor qui ressemble à la Cité interdite de Pékin. La terrasse est bordée de statues pékinoises que vous ne pouvez pas rater. L'intérieur est un brin plus sage, à part sa pièce tout en glace où se trouve un bar. Atmosphère lounge à l'intérieur, comme à l'extérieur. La carte surfe toujours sur la vague indochinoise, adaptée au palais occidental.

Dans le quartier des affaires et Marina Bay

Bon marché (5-15 $S / 3,30-10 €)

|●| ***Lau Pa Sat*** *(Telok Ayer Market ; plan II, C4,* ***90****)* **:** *Raffles Quay. Ⓜ Raffles Place. Ouv 24h/24.* Attention, le lieu était récemment en cours de rénovation... En attendant sa réouverture, quelques échoppes s'installent autour à la tombée de la nuit. Sachez tout de même qu'à l'origine, en 1825, le Telok Ayer Market était un marché mouillé (le sol était arrosé en permanence pour conserver toute la fraîcheur des produits arrivant directement par bateau). Cette belle architecture métallique d'époque victorienne date de 1894. Démontée lors de la construction du métro, elle a été remontée ici à l'identique et transformée en *food centre.* Vous devriez y retrouver bientôt ses restaurants de spécialités diverses (cuisines malaise, coréenne...), ainsi que sa clientèle de costards-cravates en journée et de fêtards des boîtes alentour la nuit.

|●| ***Food Court du Marina Bay Sands*** *(plan II, D3,* ***91****)* **:** *Basement du Marina Bay Sands. Ouv 24h/24.* Le meilleur de la cuisine asiatique réparti en une vingtaine de stands. Cher, mais la qualité est quasiment irréprochable. Essayez, entre autres, le fameux *bah kut teh* (soupe aux travers de porc) de *Ng Ah Sio (# B2-50, stall 11).* Vous trouverez aussi dans le même édifice une succursale de la chaîne *Din Tai Fung,* spécialisée dans les *dim sum.*

|●| ***Glutton's Bay*** *(plan II, D3,* ***92****)* **:** *8, Raffles Ave, Esplanade Mall 01-15.*

Ⓜ *Esplanade.* Un grand *food centre* à ciel ouvert, familial et populaire, qui prend réellement vie le soir venu. Spécialités locales convenables, à déguster surtout sur les tables au bord de l'eau : vue imprenable sur Marina Bay et le spectacle lumière qui s'y tient tous les soirs à 8h et 21h30 (plus 23h les vendredi et samedi). Magique !

Très chic (plus de 50 $S / 33 €)

|●| ***Rise Restaurant*** *(plan II, D3,* ***91****) : au rdc de la tour 1 du Marina Bay Sands.* ☎ *6688-55-25. Ouv tlj aux 3 services : petit déj (38 $S), déj (48 $S) et dîner (68 $S).* Dans le superbe atrium du *MBS,* sur une estrade légèrement en surplomb, devant de vastes baies vitrées, le lieu est sans conteste bien plus agréable en journée que le soir, bien qu'assez bruyant finalement par phénomène de résonance. Mais le buffet vaut vraiment le coup, pour la variété de ses choix. Cuisine internationale, et une large part consacrée aux produits de la mer, mais aussi de beaux plats de viande comme la joue de bœuf Wagyu. Buffets gargantuesques.

Dans Little India et un peu plus à l'ouest

Plusieurs restos indiens vraiment bien, et même un certain renouveau d'adresses, dans ce quartier qui a encore plus de charme et de vitalité à la tombée de la nuit.

Très bon marché (moins de 5 $S / 3,30 €)

|●| *Food court* au dernier étage du ***Pujat Tekka Center*** *(plan VI, M13)* et tout autour, dans Buffalo Road et Kerbau Road, nombreuses échoppes de rue proposant d'excellentes spécialités indiennes, très bon marché. Fameux tandooris, currys et *biryani* chez ***Blue Diamond*** *(24-26, Buffalo Rd),* mais laissez-vous guider aussi par votre flair... Stands de bonne qualité générale, certains disposent d'une poignée de tables.

De bon marché à prix moyens (10-30 $S / 6,60-20 €)

|●| ***Madras New Woodlands*** *(plan VI, M13,* ***97****) : 12-14, Upper Dickson Rd.* ☎ *6297-15-94.* Ⓜ *Little India. Tlj en continu 7h30-23h.* Le genre d'adresse qu'on adore pour son authenticité. Du matin au soir, les Indiens du quartier prennent place avant d'aller bosser dans cette cantine de rue sans charme pour boire le célèbre *tchai* (qu'ils versent et font mousser devant vous) ou manger un *thali,* cette spécialité végétarienne du sud de l'Inde consistant en un plateau dégustation de soupes et légumes souvent très relevés ! Mais délicieux. Pour accompagner (ou pour éteindre le feu), excellents *cheese parotha* et *plain lassi.* Service cool très sympa.

|●| ***Zen Fut Sai Kai Vegetarian Restaurant*** *(plan VI, M12,* ***99****) : 147, Kitchener Rd.* ☎ *6298-03-36.* Ⓜ *Farrer Park. Tlj sf lun 10h-21h. Plutôt « Bon marché ».* Une adresse d'un autre âge. Restaurant chinois végétarien, d'inspiration taoïste (son nom signifie « Le Monde du Moine »). Viandes et poissons sont littéralement sculptés dans votre assiette avec de la pâte de soja ! À accompagner, pour ceux qui osent les mélanges audacieux, d'un thé aux chrysanthèmes. Salle au charme désuet, tenue par un couple chinois d'une autre époque.

|●| ***Delhi Restaurant*** *(plan VI, M13,* ***102****) : 64, Race Course Rd.* ☎ *6296-45-85.* Ⓜ *Little India. Tlj 11h30-23h30.* Cadre plus intimiste que ses (nombreux) voisins. Spécialisé plutôt dans la cuisine du nord de l'Inde. On vous conseille le poisson cuit dans une feuille de bananier, délicieux ! Un resto réputé, à juste titre. Personnel très aimable.

|●| ***The Banana Leaf Apolo*** *(plan VI, M13,* ***103****) : 54, Race Course Rd.* ☎ *6293-86-82.* Ⓜ *Little India. Tlj jusqu'à 22h30.* Dans une grande salle aux allures de cantoche, aux murs recouverts de marbre et qui ne désemplit pas, un resto indien où cuisines du nord et du sud du pays font bon ménage. On vous conseille le *thali,*

servi comme là-bas sur une feuille de bananier avec plein de petits plats qu'on mange avec les doigts. On vient aussi pour déguster le fameux *fish head curry*, qui a fait le succès de la maison. Très populaire et fréquenté par les familles indiennes.

Ananda Bhavan *(plan VI, M13, **108**)* : 665, Buffalo Rd. ☎ 6294-29-41. Sans doute l'un des meilleurs indiens végétariens du secteur et l'un des plus anciens ! Cuisine de tradition indienne et quelques spécialités chinoises à base de produits frais et naturels. Un soin à la préparation que l'on retrouve dans les assiettes colorées, généreuses et savoureuses. Pour les fans, autre très belle annexe dans le terminal 2 du *Changi Airport*.

Sakunthala's *(plan VI, M12-13, **109**)* : 66, Race Course Rd. ☎ 6293-66-49. Ⓜ Little India. Autre valeur sûre, le *Sakhunthala's*, du nom de la mère des propriétaires. Grande variété de plats de toute l'Inde, quelques spécialités chinoises et cuisine à base de viande halal appréciée de la communauté musulmane. Excellents *biryanis* et spécialité de *fish head curry*. Addition qui flirte plutôt avec les « Prix moyens ».

Kailash Parbat *(plan VI, M13, **110**)* : 3, Belilios Rd, au rdc de l'Hotel Grand Chancelor. ☎ 6836-55-45. *Prix moyens.* Dans un cadre contemporain un peu froid, et pas seulement à cause de la clim. Cela dit, cette ambiance « famille et classe moyenne » repose de l'animation tonitruante du quartier ! De plus, l'adresse est excellente et le service plutôt courtois (n'hésitez pas à poser des questions, ça vous renseignera et ça détendra le personnel...). À la carte, nombreuses spécialités du Penjab. Ne manquez pas le *pani puri*, de subtiles bouchées aux légumes dans lesquelles on injecte délicatement un peu de bouillon froid pimenté et du sirop avant de les avaler, mais tout entières, sous peine de s'en mettre partout. Miam ! Excellent *paneer butter masala* pour suivre. Également des plats *sindhi* (Pakistan), comme le *koki*, mais aussi des *biryanis* et des *chaats* (snacks).

Lagnaa *(plan VI, M13, **111**)* : 6, Upper Dickson Rd. ☎ 6296-12-15. Ⓜ *Little India. Tlj jusqu'à 22h30.* Une envie de laisser un p'tit graffiti sur les murs ? Allez-y, ici, c'est permis ! Au 1er étage, autre salle avec parquet, tables basses et coussins (on enlève ses chaussures avant de monter). Bonne cuisine du nord et du sud de l'Inde, et conviviale *curry fondue* à partager. Service aimable. Très touristique : adresse prisée des routards du monde entier.

Restos de bak kut teh *(hors plan VI par M12, **94**)* : 347, Balestier Rd (☎ 6352-61-92 ; *tlj sf mar 12h-14h30, 18h-2h30*) et 154, Rangoon Rd (☎ 6292-09-38 ; *tlj 8h-23h – 16h mer*). Ⓜ *Farrer Park ou Boon Keng.* 2-3 adresses pour avaler le *bak kut teh*, la soupe traditionnelle aux travers de porc, un plat simple mais goûteux, que l'on se transmet ici de père en fille. Si vous voulez le goûter au resto d'origine, allez sur Balestier, dans le modeste resto de papa. Si vous préférez un décor plus touristique (salle à l'ancienne, terrasse, lampions chinois, musique ad hoc), allez chez fifille, sur Rangoon Road. Honnêtement, on préfère l'original, y compris pour les saveurs.

Dans le quartier d'Arab Street

Le quartier de North Bridge Road n'est pas très animé le soir (sauf pendant le ramadan), mais les bons restos de la rue attirent toujours beaucoup de monde.

Très bon marché (moins de 5 $S / 3,30 €)

Zam-Zam Restaurant *(plan VI, N13, **112**)* : 699, North Bridge Rd. Ⓜ *Bugis. Tlj 8h-23h.* En face de la mosquée, une adresse populaire depuis 1908. Cuisine indienne musulmane. On resterait des heures à regarder les cuisiniers faire voler les pâtes *filo* comme des crêpes pour confectionner de copieux *roti* indiens. Fourrés de toutes sortes de garnitures et servis chauds, ils constituent des sandwichs délicieusement roboratifs. À la carte, bons plats pas chers du tout. Également célèbre pour son café aux épices et pour sa grande variété de thés. Hyper clean. Bref, un incontournable !

De bon marché à prix moyens (5-30 $S / 3,30-20 €)

|●| ***Café Le Caire*** *(plan VI, N13,* ***113****) : 39, Arab St.* Ⓜ *Bugis. Tlj 11h-3h30 (5h30 ven-sam).* Un resto tout simple qui étale quelques tables sous les arcades. Classiques moyen-orientaux : falafels, *foul,* houmous, kebabs, etc. Pour se mettre au diapason avec l'atmosphère du quartier.

|●| ***A la Turka*** *(plan VI, N13,* ***114****) : 16, Bussorrah St.* ☎ *6294-03-04.* Pour un peu, on se croirait au pays des loukoums tant le décor est réaliste dans ce petit resto simple. Quelques tables (dont certaines en terrasse, sous la galerie, très appréciées), dans un cadre à dominante de bleu et une ambiance tamisée. On s'y sent bien, et le service y contribue. Dans l'assiette, les grands classiques ottomans : *pidelers* (sortes de pizza), *boreks,* falafels, kebabs et pain *lavash*. Goûteux et généreux. Pas d'alcool mais un bon choix de jus de fruits.

Dans Chinatown et Tanjong Pagar

Ne manquez pas de faire un tour dans Smith Street, surnommée « Food Street », une rue piétonne où s'alignent les échoppes de cuisine (chinoise, bien sûr), avec chacun sa ou ses spécialités. Souvent, les plats sont en photo, il suffit de choisir ce qui vous plaît. À deux pas, dans le *food court* de Banda Street, un Autrichien a même installé sa guérite à choucroute et saucisses, ***Wuerstelstand,*** pour les amateurs. Très animé les soirs et week-ends, on y déballe tables et chaises au beau milieu de la rue. Bonne ambiance garantie.

Très bon marché (moins de 5 $S / 3,30 €)

|●| ***Les restos du Chinatown Complex*** *(plan IV, G9,* ***115****) : au 2e étage du centre commercial.* Ⓜ *Chinatown. Tlj jusqu'à 22h.* Un vaste *food court* qui a envahi tout l'étage du centre commercial (très joli avec son toit en forme de pagode) avec des dizaines de petits restos. Vous n'avez que l'embarras du choix, et la qualité est au rendez-vous. Fins et fameux « depuis 1958 », les *popiah* ou *rolls* de chez Ann Chin (stand 02-112) ! Un *food court* très populaire, où les tables bourdonnent.

|●| ***Maxwell Center*** *(plan IV, H9,* ***116****) : South Bridge Rd, au croisement de Niel Rd et Maxwell Rd.* Un des plus authentiques et un des meilleurs *hawkers centres,* à fréquenter au déj en même temps que tous les travailleurs, pour en prendre le pouls. Stands de très bonne qualité et beaucoup de choix : nouilles sautées chez *Food Stuff,* spécialités du sud de l'Inde chez *Hajmeer, Kwaja* ou encore le très couru, sans faire de vilain jeu de mots, *hainanese chicken rice* de chez *Tian Tian.* D'une manière générale, laissez-vous porter par vos goûts et les longues queues devant les stands, souvent synonymes de qualité. Pour finir, jus, *smoothies* et brochettes de fruits frais (ou assiettes à composer) au stand 84. Bon à savoir, les habitués réservent leur place avant d'aller faire la queue, en plaçant un petit paquet de mouchoirs sur le tabouret. Gare à ne pas prendre une place réservée...

Bon marché (5-15 $S / 3,30-10 €)

|●| ***Ci Yan Organic Vegetarian Health Food*** *(plan IV, H9,* ***117****) : 8, Smith St.* ☎ *6225-90-26.* Ⓜ *Chinatown. Tlj 12h-23h.* Cadre tout simple de tables et bancs en bois, qui change de ce qu'on a coutume de voir dans le quartier, et plats déclinés sur ardoise. Spécialités végétariennes et souvent bio, différentes tous les jours : *rice porridge,* soupes variées, *mixed vegetables vermicelles...* C'est un peu l'aventure, mais finalement, on n'est pas déçu et on sort repu. Quelques bons desserts et du bon miel en vente sur place. Ici, tout est frais, *yummy* (goûteux) et *healthy* (bon pour la santé), comme aime à le répéter le gentil patron.

Yummy Viêt (plan IV, G-H9, **118**) : *28, Smith St.* ☎ *6222-51-91.* Ⓜ *Chinatown. Tlj 11h-23h.* Une petite cantine sans prétention, ouverte sur la rue, qui décline une longue carte de spécialités purement vietnamiennes. Sous des noms de codes tels que M12, M21 ou M34, vous dégusterez un délicieux *mi xao don,* un *com ga chiên* ou encore un *bàhn mi ca-ri gà...* traductions et photos à l'appui. Ouf ! Fin, fameux et bon marché, bien que pas toujours très copieux.

Mei Heong Yuen Dessert (plan IV, G9, **119**) : *65-67, Temple St.* ☎ *6221-11-56.* Ⓜ *Chinatown. Tlj 10h30-21h30 (22h sam).* Les desserts étant une denrée rare dans les restos chinois, venez finir votre repas dans cette boutique-resto de poche qui régalera les becs sucrés : gâteaux en tout genre (carottes, cacahuètes, amandes...), crèmes, gelées (aux herbes, par exemple). Douceurs et calories servies généreusement !

Bee Cheng Hiang (plan IV, G9, **120**) : *angle Mosque St et New Bridge Rd.* Ⓜ *Chinatown. Tlj 7h-23h. À emporter slt.* Sorte d'épicerie chinoise (plusieurs enseignes dans la ville) qui, outre plein de gâteaux et de produits plus ou moins étranges, vend des lamelles de bœuf ou de porc grillées et caramélisées, légèrement épicées, confectionnées sous vos yeux. À tester !

Prix moyens (15-30 $S / 10-20 €)

Blue Ginger (plan IV, H10, **121**) : *97, Tanjong Pagar Rd.* ☎ *6222-39-28.* Ⓜ *Tanjong Pagar. Ouv midi et soir ; attention, ne servent plus après 14h15 et 21h45.* Installé dans une *shophouse* typique de Tanjong Pagar. Déco sobre et atmosphère posée pour découvrir la cuisine peranakan, typiquement singapourienne. Une cuisine raffinée, plutôt épicée, mais les plats relevés étant signalés par une petite pastille, il y a toujours moyen de s'en sortir à bon compte. Très beau choix de spécialités à base de fruits de mer, qui feront toutefois caracoler l'addition dans la catégorie « Chic ».

Très chic (plus de 50 $S / 33 €)

Open Door Policy (plan II, B3, **122**) : *19, Yong Siak St.* ☎ *6221-93-07.* • *odpsingapore.com* • *Tlj sf mar ; service 12h-15h, 18h-23h. Résa préférable le soir. Petite sélection de vins au verre.* La toute nouvelle annexe de Ryan Cliff, talentueux chef du *Tipping Club,* l'adresse chic et branchée de Dempsey Hill. Ça tombe bien ! Pour le tiers du prix de la maison mère, on goûte, sous la houlette du second chef et de ses commis formés à bonne école, une cuisine pas moins audacieuse, tendance *fusion food,* et quelques trouvailles moléculaires. Carte courte qui annonce déjà la surprise : *papaduck papadum with crusted duck filets, flamed tuna carpaccio with radish and yuzu salad...* On se prend au jeu de la découverte, jusqu'au délicieux *chocolate and pistachio souffle.* Le chef s'amuse, et nous aussi. Épatant ! En plus, c'est copieux et le service est sympa. Notre coup de cœur gastronomique.

Broth (plan IV, G10, **123**) : *21, Duxton Hill.* ☎ *6323-33-53.* Ⓜ *Tanjong Pagar ou Outram Park. Tlj sf sam midi et dim. Env 40 $S.* Dans la partie branchée de Chinatown, une rue tranquille, pavée et arborée, à l'écart des pubs et des bars. Déco de bistrot, casiers à vins, dessins d'Arcimboldo et poutres au plafond, musique jazzy en fond sonore. Petite terrasse romantique. Cuisine inventive façon *fusion food* assez réussie. Les vins, comme partout, ne sont pas donnés.

Latteria Mozzarella Bar (plan IV, G10, **95**) : *40, Duxton Hill.* ☎ *6866-19-88. Tlj sf sam midi 12h-15h, 18h-22h15. Repas complet env 70 $S.* Dans votre panorama culinaire du quartier, il ne manquait que l'Italien, vous savez, celui qui est heureux s'il a des femmes et du vin. Eh bien, il faudra qu'il se contente de mozzarella, du moins dans un premier temps, car c'est la spécialité du lieu. Belle carte déclinant quasiment toutes les variantes de ce fromage frais, délicat, parfumé, comme la classique *bufala,* mais aussi la *stracciatella* ou encore la *sfoglia...* À vrai dire, on vient surtout pour ce ressourcement à l'européenne, pour reprendre un peu de fraîcheur entre deux immersions asiatiques. Et pour ce décor : une vaste terrasse avec une jolie vue sur une enclave de maisons élégantes et savamment restaurées. Sinon, addition un peu salée (mozzarella au même prix que les plats) et service un rien brouillon.

|●| ***L'Angélus*** *(plan IV, H9,* ***124****)* **:** *85, Club St.* ☎ *6225-68-97.* Ⓜ *Chinatown. Tlj sf sam midi et dim. Compter env 60-80 $S.* Défense et illustration de la franchouillardise à Singapour : décor de bistrot parisien, affiches de Dubout, casier à ronds de serviette dont un réservé à Nicolas Sarkozy (pas encore revenu à ce jour !). Tout ou presque vient de France : l'andouillette, le foie gras ou les escargots... encore faut-il avoir envie d'en consommer par 40 °C ! Mais les expats british adorent retrouver cette *French touch* dont ils raffolent. Grands crus du Bordelais au prix du platine en lingot (cela dit, pas si chers que cela quand on examine les millésimes), mais aussi honnête corbières du patron.

– Notez que le patron de *L'Angélus*, qui a emménagé dans le quartier bien avant qu'il ne devienne à la mode, est en train d'y créer un véritable *French quarter*. Le pâté de maisons abrite en effet ***Les Bouchons*** *(au 7, Ann Siang Rd)*, un bistrot spécialisé dans le steak-frites (même les pommes de terre viennent de l'Hexagone !), le bar à vins ***Le Carillon de L'Angélus*** *(24, Ann Siang Rd)*, ***Le Petit Navire*** *(18, Ann Siang Rd)*, un bar à huîtres, poisson et fruits de mer, et enfin ***Le Barrio Chino*** *(60, Club St)*, un bar musical situé en face de *L'Angélus*...

Autour d'Orchard Road et à Dempsey

Tous les centres commerciaux possèdent des restos et *food courts* dans lesquels on se sustente bien et à bon compte. Nous en avons sélectionnés quelques-uns parmi les plus sympas. Bon à savoir, les *food courts* et boutiques bon marché se situent en *basement*, et plus on monte, plus les boutiques et restos sont chic et chers...

Du côté de Dempsey, pas mal de restos branchés, bons et chers, destinés essentiellement à la clientèle d'expats. Gros avantage, la plupart ont des terrasses. Attention, prévoir un taxi pour s'y rendre.

Très bon marché (moins de 5 $S / 3,30 €)

|●| ***Newton Food Centre*** *(plan II, B1,* ***125****)* **:** *au carrefour de Scotts Newton Rd. Du métro Newton, emprunter la passerelle. Ouv de 7h jusque tard dans la nuit.* Caché au milieu des arbres, un *hawker centre* parmi les plus animés et touristiques de la ville. Il est donc légèrement plus cher que les autres, mais la qualité reste constante. Fraîcheur garantie des fruits de mer, excellents, même si, ici, les plats typiques sont le *BBQ stingray* (raie grillée épicée, délicieuse), ainsi que le *satay*. Cuisines indienne, chinoise et malaise. Un bon choix dans ce quartier.

De bon marché à prix moyens (12-30 $S / 8-20 €)

|●| ***Food Opera*** *(plan V, I-J11,* ***131****)* **:** au basement *4 (niveau - 4) du* Ion Orchard Mall. Superbe *food court* dans une élégante salle arrondie avec chaises transparentes et stands d'excellente qualité. Très bonne cuisine indienne.

|●| ***Food Court du Takashimaya*** *(plan V, J11,* ***132****)* **:** au sous-sol du Takashimaya Center. Dans cet équivalent singapourien de nos Galeries Lafayette, ambiance grande cantoche sans aucun charme, mais très bons stands japonais. Toujours plein !

|●| ***Sakae Sushi*** *(plan V, I11,* ***133****)* **:** *501, Orchard Blvd, Wheelock Place, 2e étage.* ☎ *6737-62-81.* Ⓜ *Orchard.* Un principe original : des sushis défilent sur un « serpent » roulant à travers la salle. Prenez ceux qui vous plaisent. À la fin, on compte les assiettes dans votre plateau selon leurs couleurs (les rouges sont les plus chères). Également un choix de plats à la carte, plus variés. Les prix restent raisonnables pour la qualité. Attire un grand nombre de Singapouriens, mais le service étant

rapide, on n'attend généralement pas trop longtemps.

Food Republic (plan V, J11, **130**) : *au 4e étage du Wisma Atria Center (l'une des ailes du Ngee Ann City).* Ce qu'on aime surtout dans les *Food Republic,* c'est l'effort fait sur la déco, ici façon cahutes traditionnelles. Pour le reste, cuisine asiatique convenable et très bons stands de desserts. Également une succursale de la chaîne de *dim sum Din Tai Fung.*

Seoul Garden Korean Restaurant (plan V, J11, **134**) : *dans le centre commercial Ngee Ann City, Orchard Rd.* ☎ *6836-13-39.* Ⓜ *Somerset ou Orchard. Au 5e étage de ce mastodonte couleur praliné. Tlj 11h30-22h30. Dim, gratuit moins de 9 ans.* Plusieurs autres adresses en ville, c'est une chaîne. La grande spécialité, ici, c'est le barbecue coréen. Buffet à volonté : on choisit ses aliments et on les prépare ensuite soi-même à table, sur un réchaud. Beaucoup de monde, l'endroit est généralement bruyant.

Spize (plan II, B2, **96**) : *409, River Valley Rd.* ☎ *6734-91-94. Tlj 10h-6h du mat !* Pour les noctambules en tout genre, voici le rendez-vous des affamés de la nuit, pas loin du conglomérat de boîtes *Phuture-Velvet-Zouk* (voir « Où sortir ? »). Une faune parfois un peu interlope, souvent drôle et un peu éméchée, vient se restaurer pour une faim de nuit d'une cuisine asiatique de bonne facture dans tous les sens du terme. Épongez votre nuit arrosée avec un *paratha* au curry ou une bonne omelette aux *noodles,* cela ne vous ruinera pas et votre estomac vous dira merci (mais gare aux plats épicés). Pour les amateurs de *chicken rice,* aller chez *Boon Tong Kee* à côté (ouvert tard également).

De prix moyens à un peu plus chic (20-35 $S / 13,30-23,30 €)

Outdoors (plan V, K11, **135**) : *180, Orchard Rd.* ☎ *6738-88-98.* Ⓜ *Somerset.* Un café-resto ouvert sur Orchard Road, perché sur un deck en bois avec un peu de végétation autour. Ventilos pour aérer cette belle terrasse, bien agréable pour regarder l'animation de la rue tout en sirotant une bière fraîche (assez chère tout de même !). Plats à tendance internationale, pas si mal que ça. Surtout animé en soirée. En fait, on vient plus pour le cadre.

Sushi Tei (plan V, J11, **136**) : *dans le centre commercial Paragon Center, Orchard Rd.* ☎ *6376-22-21.* Ⓜ *Somerset ou Orchard. Tlj sf dim 11h30-22h.* Installé au 5e et dernier étage du centre commercial, un resto japonais qui sert d'excellents sushis. Les petites assiettes défilent sur un long tapis roulant. Il suffit de se servir. Cadre agréable assez chic, qui joue dans un registre sobre et contemporain. Nombreuses autres enseignes en ville.

Très chic (plus de 50 $S / 33 €)

LP+Tetsu (plan V, I11, **137**) : *Tanglin Shopping Centre.* Laurent Peugeot, chef étoilé bourguignon sacrément créatif, part régulièrement se ressourcer au Japon. Le terroir bourguignon profite alors de la rigueur nippone, et les mariages sont détonants : les escargots flirtent avec les langoustines en tempura, et la subtilité des épices rencontre le velouté d'un vin de Pernand... Cela dit, on vous conseille plutôt le menu du déjeuner, d'un excellent rapport qualité-prix, alors que le soir, les prix s'envolent.

Tandoor Restaurant (plan V, K11, **139**) : *11, Cavenagh Rd.* ☎ *6733-83-33.* Ⓜ *Somerset. Au sous-sol de l'hôtel Holiday Inn Parkview. Tlj 12h-14h30, 19h-22h30. Résa conseillée.* L'incontournable restaurant de Singapour en matière de gastronomie de l'Inde du Nord, comme le prouvent toutes les récompenses affichées à l'entrée. Décor superbe, service stylé. Menu ou grand choix à la carte de plats et currys végétariens. Tout cela se paie, bien entendu.

Jim Thompson on Dempsey Hill (hors plan V par I11, **140**) : *45, Minden Rd, à Dempsey.* ☎ *6475-60-88. Tlj 12h-15h, 18h-minuit (23h dim). Buffet dim midi.* Dans le quartier des restos chic pour expats, un excellent resto thaï, certes onéreux, mais de très bonne qualité et logé dans une vaste et belle maison de style colonial : en fait, une ancienne caserne ! Tantôt grandiloquent, avec cette grande terrasse en bois entourée de végétation, tantôt plus cosy, mais les tables sont bien espacées, la décoration hyper raffinée, jouant sur le blanc et le doré, avec de hautes banquettes. Délicieuse salade de papaye, entre autres, et tous les classiques thaïlandais (currys, plats végétariens, etc.). Belle sélection de vins également.

Sur Harbour Front

Marché Restaurant *(plan I,* ***143****) : dans le centre commercial* Vivo City, *unit 03-14, 1, Harbour Front Walk. ☎ 6376-82-26. Tlj 11h (10h w-e et j. fériés)-23h.* Restauration « fraîche, saine et rapide », tel est le concept à mi-chemin entre le self et le *food-court,* qui consiste à faire son choix, comme dans un marché où les produits, tous appétissants, dégoulinent des étalages, auprès des différents stands. Salades, soupes de légumes, quiches, plats du jour, crêpes, pâtisseries « à la française »... dans un cadre frais et aéré. Ça change des nouilles sautées (délicieuses au demeurant), et pour une fois, on n'est pas dans un sous-sol. Portions très généreuses.

À Geylang

Certes, c'est un peu excentré, mais c'est le quartier idéal pour goûter à la cuisine peranakan ou baba nyonya, une cuisine à la fois chinoise et malaise. Vous la paierez bien moins chère que dans le centre-ville de Singapour...

De bon marché à prix moyens (5-30 $S / 3,30-20 €)

Katong Laksa *(plan I,* ***98****) : à l'angle d'East Coast Rd et de Ceylon Rd.* Une bonne petite cantine pour déguster le fameux *laksa peranakan,* la traditionnelle soupe épaisse avec des nouilles plates et du lait de coco. Bon et pas cher.

Chilli Padi Nonya *(plan I,* ***100****) : 11, Joo Chiat Pl. ☎ 6275-10-02. Tlj 11h30-14h30, 17h30-22h. Plat env 15 $S.* Tout près du *Betel Box Hostel* (voir « Où dormir ? » à Geylang), un bon restaurant peranakan dont la réputation a dépassé les frontières du quartier. La salle n'a rien d'exceptionnel, on y vient plutôt pour son ambiance conviviale et ses bonnes spécialités. On vous conseille notamment le *frog leg porridge,* l'*assam fish* ou encore le *bua kua lat* (ragoût de poulet aux noix noires).

Sur la côte est

À 45 mn de bus environ (bus n° 16 du centre-ville) ou à 15 mn en taxi (plus pratique à plusieurs), on trouve sur Upper East Coast Road l'***East Coast Seafood Centre,*** un vaste complexe de restos de fruits de mer en plein air et en bord de mer. 2 rangées de restos : l'une face à la mer, l'autre en 2e ligne, tous avec une grande terrasse. Autant dire que les tables au bord de l'eau sont prises d'assaut. Ambiance familiale et festive le soir. Produits d'une extrême fraîcheur : vous pouvez choisir dans des viviers ce que vous voulez déguster dans votre assiette ! Parmi les incontournables :

Prix moyens (15-30 $S / 10-20 €)

Long Beach Seafood Restaurant *(plan I,* ***145****) : 1018, East Coast Parkway. ☎ 6445-88-33. Tlj 11h-0h15 (1h15 sam).* Spécialiste du *deep fried fish,* mais aussi connu pour son crabe au poivre. Goûtez aussi aux *live drunken prawns,* crevettes qu'on vous présente vivantes et qu'on enivre sous vos yeux avant de les emporter à la cuisine pour les y préparer... Beaucoup de monde, mais beaucoup de tables aussi. Ça tourne vite.

Jumbo Sea Food *(plan I,* ***146****) : 1206, East Coast Parkway. ☎ 6442-34-35.* Un mastodonte qu'on ne présente plus, spécialiste du fruit de mer en général. Il y en a même un dans l'aéroport de Changi ! Mais c'est celui-ci que l'on préfère. Carte longue comme un annuaire téléphonique, et là aussi fraîcheur indiscutable.

No Signboard Seafood (plan I, **147**) : 1202, East Coast Seafood Centre. ☎ 6448-99-59. Ouv le soir slt (15h-23h30). Mme Ong Kim Hoi, la fondatrice, tenait dans les années 1970 une toute petite échoppe de fruits de mer, sans enseigne, dans un *hawker centre.* Sa réputation la dépassa bien vite, au point que les amateurs cherchaient le fameux restaurant sans nom *(« no signboard »)* et s'y bousculaient. Un sobriquet qui lui valut ce nom définitif. Depuis, elle a fait du chemin, la p'tite dame : le *No Signboard* est devenu une chaîne et LE rendez-vous des amateurs de *white pepper crab.* Également des menus « testeurs » pour plusieurs personnes, ce qui permet d'avoir un bon éventail des spécialités, y compris le requin !

Où prendre un petit déj ou un thé ? Où boire un jus de fruits ? Où manger une bonne pâtisserie ?

Dans le quartier colonial

Ah Chew Desserts (plan III, F5, **82**) : Liang Seah St, 01-11. ☎ 6339-81-98. Ⓜ Bugis. Dim-jeu 12h30-23h30, ven-sam 13h30-0h30. Dans cette rue qui regorge de restos, derrière Bugis Junction, une adresse spéciale becs sucrés car, dans ces petites salles sans grand charme (d'un côté une cantine, de l'autre un salon plus cosy), on ne sert QUE des desserts. Manioc à la noix de coco, gâteaux au thé et la fameuse *paste* aux amandes, agrémentée d'une sauce au choix (sésame...). Les Chinois s'y pressent en nombre. Tout est frais et délicieux !

Overdoughs (plan III, E5, **89**) : Sculpture Square, 161, Middle Rd. ☎ 6336-69-49. Tlj sf lun 11h30-18h30 (16h dim). C'est le kiosque à gâteaux du restaurant moyen-oriental branché *Artichoke,* qui fait aussi brunch le week-end (voir plus haut « Où manger ? »). On y grignote d'excellentes pâtisseries orientales tout en profitant du patio, havre de paix en retrait de l'agitation automobile, avant ou après un œil aux expos en cours. Sympa.

Dans Chinatown

Tea Chapter (plan IV, G-H10, **151**) : 9A-11A, Neil Rd. ☎ 6226-11-75. Ⓜ Chinatown. Aux 1er et 2e étages d'une maison en bois. Tlj 11h-23h. Tarification particulière : compter une charge de 7 $S/pers, plus 5 $S si on choisit un emplacement à table dans les espaces cloisonnés, plus le prix du choix du thé (10-20 $S selon packages). Se déchausser à l'entrée. Adresse pas trop touristique, même si la reine Elizabeth *herself* et le prince Philip sont venus un jour y prendre le thé. Assis par terre ou à une table basse coréenne, prenez votre temps pour goûter aux différentes sortes de thés et laissez-vous conseiller. Demandez à assister à la cérémonie du thé, ça vaut le coup d'œil. On peut aussi y grignoter des *dim sum* et des gâteaux au thé. Au final, c'est cher mais raffiné et unique dans le coin. Au rez-de-chaussée, jolie sélection d'objets liés à la cérémonie du thé : services en porcelaine, boîtes à thé, pinces... pas donné non plus !

Wonderful Durian (plan IV, G9, **152**) : à l'angle de Temple St et Trengganu St. Tlj 10h-23h. Avec un nom pareil, ceux qui haïssent ce fruit si particulier, interdit dans nombre d'hôtels et de lieux publics, prendront leurs jambes à leur cou ! Les autres tenteront l'expérience, mais sans doute avec fébrilité... Néanmoins, il faut goûter une fois dans sa vie ce fruit qui a l'odeur de l'oignon mais un goût, selon les aficionados, d'une subtilité tout asiatique. On vous le conseille sous la forme de fruit plutôt qu'en milk-shake. Si vous regrettez de nous avoir écouté, vengez-vous avec un jus de fruits frais, comme l'excellent et photogénique *dragon fruit* !

Vers Arab Street

I Am... (plan VI, N13, **156**) : 674, North Bridge Rd, à l'angle de Haji Lane.

☎ *6295-55-09. Tlj 11h30-23h (1h ven-sam, 22h dim). Fermé 1 lun sur 2.* Ce resto-café a la bonne idée de disposer ses tables dehors, à l'orientale, juste à l'entrée de la jolie Haji Lane, refuge des jeunes créateurs de la ville. On s'attable donc avec plaisir sous les arcades, en toute décontraction, en attendant l'un des serveurs munis de sa tablette électronique, prêt à exaucer votre commande. Bien pour avaler un petit déj tardif ou pour un goûter composé d'un bon café et d'un *rainbow cake* de toutes les couleurs. Pour le brunch du week-end, la carte se connecte au poulailler (*eggs benedict,* entre autres). Sinon, bien aussi pour un grignotage salé (*fish & chips, pasta,* pizzas, burgers...). Ambiance cool sur fond de musique *lounge.* Bon, après cette petite pause, *I Am...* plutôt de bonne humeur et prêt à visiter les stylistes de Haji Lane !

À Dempsey

House *(hors plan V par I11, **214**) : 8D, Dempsey Rd.* ☎ *6475-77-87.* High *tea jeu-ven 15h-17h30 (22 $S/pers).* Le quartier animé de Dempsey s'est construit dans d'anciens entrepôts de l'armée. *House,* en rez-de-jardin d'un baraquement, avec un petit jardin d'hiver à l'arrière, n'échappe pas à la règle du vintage branché. Fait essentiellement salon de thé, avec une formule *high tea* (thé et buffet de pâtisseries) extra. Vraiment bon, et cadre zen et reposant.

Vers Boat Quay

Tian Fu Tea Room *(plan III, F8, **150**) : au sein du* Si Chuan Dou Hua Restaurant, UOB Plaza 1, *80, Raffles Pl.* ☎ *6535-60-06. Tlj 14h30-18h.* Pour prendre *a tea with a view,* comme dirait James Ivory. Il est conseillé de réserver en demandant une table bien placée. Au 60e étage de la tour *UOB,* on déguste dans un cadre chic l'une des 25 variétés de thé proposées, du vert, du rouge, du jaune ou encore du blanc, sous l'œil avisé et pédagogue du maître de thé maison et sans perdre la ville des yeux. À accompagner de quelques douceurs chinoises traditionnelles *(chinese sweets).* Prix chic, évidemment.

Autour de la marina

Le buffet du Mandarin Oriental *(plan II, D3, **155**) : 5, Raffles Ave, Marina Square.* ☎ *6338-00-66.* Ⓜ *Esplanade. Sur résa. Compter 45 $S/pers.* L'un des hôtels les plus luxueux de Singapour accueille aussi bien les voyageurs d'affaires que les touristes fortunés (et encore, promo parfois très intéressantes sur Internet). Pour cette clientèle exigeante, on sert tous les matins, en salle ou en terrasse arborée, un petit déj d'anthologie ! Il y a tant de buffets qu'on en perd son latin : céréales, viennoiseries et pains de toutes sortes, et pancakes, douceurs lights, fruits, jus et *smoothies,* yaourts maison aux fruits, confitures, plats chauds occidentaux et chinois... Le tout orchestré par un jeune chef italien talentueux. Réputé, et à juste titre. Service grande classe mais atmosphère très décontractée. À s'offrir en fin de matinée pour faire d'une pierre deux coups !

TWG Tea *(plan II, D3, **91**) : Marina Bay Sands, 2, Bayfront Ave, B2 89-89A.* Ⓜ *Marina Bay. Tlj 10h-23h30 (minuit ven-sam).* Cette grande maison de thé propose la plus large variété de thés au monde (rien que ça !), avec plus de 800 domaines de récoltes différents et 400 sortes de thés. Pour accompagner ce doux breuvage, laissez-vous tenter par une pâtisserie ou par l'un de leurs sorbets à base... de thé, bien sûr. Un moment d'élégance (service stylé) pour une pause shopping chic ! Autres enseignes dans le *Ion Orchard* et le *Takashimaya,* sur Orchard Road.

À Geylang

Chin Mee Chin Confectionery *(plan I, **104**) : 204, East Coast Rd.* ☎ *6345-04-19.* Ⓜ *Eunos. Tlj sf lun 8h30-16h.* Un des plus anciens *kopitiam* de Singapour. Pas bien grand et simple, mais décoré de jolies céramiques. Beaucoup de succès, donc pas mal d'attente à prévoir ! Clientèle de tous âges. Bien pour un petit déj ou pour un goûter. Boulangerie

SINGAPOUR

traditionnelle : ne manquez pas le *pandan kaya toast* (tartines avec une crème à base de lait de coco, œufs et sucre), une sorte de pain perdu peranakan, le best-seller de la maison. À accompagner avec des œufs et un surprenant café *gao*. Sinon, des tartes aux œufs, des *chocolate cupcakes* et des choux à la crème, vraiment délicieux ! Et puis profitez-en pour visiter la Holy Family Church à deux pas, l'une des plus anciennes églises de la ville...

À Tiong Bahru

Tiong Bahru Bakery *(plan II, B3, **105**) : 56, Eng Hoon St. Ⓜ Outram Park ou Tiong Bahru. Tlj 8h-22h.* Si vous logez dans le quartier, par exemple au *Wangz Hotel* (voir « Où dormir ? »), venez donc ici boire un café et déguster une succulente pâtisserie réalisée *by the Frenchie Gontran Cherrier* ! Prix un poil élevés, certes, mais super qualité. Ambiance chaleureuse et musicale. Pas de wifi, ça vous obligera à discuter ! Quel contraste avec la vie typiquement chinoise qui règne encore dans ce pâté de maisons, petits autels taoïstes, encens et prière au coin de la rue... Le soir, on peut y revenir pour les bars.

Où boire un verre ? Où écouter de la musique ?

Dans les bars de Singapour, on boit de la bière, beaucoup de bière. En soirée, elle est d'ailleurs servie en carafe (une *jug* contient 4 *mugs*), voire en « tourelle », une machine à pression posée sur votre table. La plus connue est la Tiger, brassée à Singapour depuis 1931. Les amateurs de brune boiront plutôt la surprenante ABC Stout, encore plus caramélisée que la Guinness.

Mojitos, piña coladas, caïpirinhas complètent allégrement la carte de cocktails des bars chic. Et si vous voulez être terriblement chic, commandez un cognac. Les Chinois en raffolent. À moins que vous en pinciez pour le whisky, les Japonais produisent quelques précieux nectars qui n'ont plus rien à envier aux Écossais.

Les prix des consommations sont élevés. La pinte est à environ 16 $S ! *Happy hours* dans certains bars (les verres sont moins chers, voire à moitié prix) en principe de 17h-18h à 20h-21h.

Pour ce qui est de la vie nocturne, Singapour a, semble-t-il, décidé de s'amuser. Les bars accueillent aujourd'hui des DJs venus des quatre coins de la planète. Les boîtes reçoivent plus volontiers des groupes de rock, funk ou acid jazz. La vie nocturne de Singapour est circonscrite à quelques quartiers. Boat Quay et Clarke Quay ainsi que Tanjong Pagar concentrent un nombre impressionnant de bars, les discothèques s'étalant le long de la Singapore River, jusqu'à Mohammed Sultan Road.

Boat Quay sera plutôt l'endroit pour dîner, tandis que sur Clarke Quay, vous pourrez rester boire un verre, danser, rencontrer Singapouriens et expats jusque tard dans la nuit.

SINGAPOUR

Dans le quartier colonial

Dôme *(plan III, E6, **180**) : 71, Bras Basah Rd. ☎ 6339-07-92. Dans la rotonde du musée d'Art moderne. Tlj 8h30-22h30 (23h ven-sam).* En terrasse sous les parasols, ou à l'intérieur dans un joli décor de brasserie rétro, sans doute l'un des plus agréables de cette chaîne. Beau choix de cafés servis chaud ou froid (délicieux café frappé), *smoothies*, jus de fruits glacés et une carte de pâtisseries à faire craquer les ascètes ! *Apple pies*, crumbles, *carrot cake* ou encore le fameux *New York cheese cake*... Pour une pause méritée après la visite de l'un des musées du secteur.

Long Bar *(plan III, F6, **38**) : 1, Beach Rd. Ⓜ City Hall. Au 1er étage du Raffles Hotel. Entrée par Bras Basah Rd. Tlj jusqu'à 1h (2h ven-sam). Concerts certains soirs.* Décor colonial avec éventails mécaniques qui se balancent en cadence. Derrière le bar, une odalisque plutôt osée pour les canons de la morale singapourienne.

On y sert le fameux *Singapore Sling* (voir le *Raffles Hotel* dans « À voir. À faire »). Mais demandez-le *shaken*, sinon il sera servi prémixé (tout fout le camp, mon ami !). À accompagner de quelques tapas, bonnes mais chères. Non, vous ne rêvez pas ! Le sol est jonché d'écorces de cacahuètes... Alors faites comme tout le monde et jetez-les par terre ! Les colons britanniques faisaient ainsi, la tradition a perduré... On peut également jouer au billard au ***Bar & Billiard Room.*** Dans le *lobby* de l'hôtel, au ***Tiffin Room,*** vous pourrez aussi déguster le *tiffin*, l'en-cas raffiné du colon britannique : thé des Cameron Highlands, sandwichs au cresson nain et beignets au curry. *Enjoy yourself !*

🍷 ♫ ***New Asia Bar*** *(**NAB** pour les intimes ; plan III, F6, **182**) :* *Swissôtel Stamford, 2, Stamford Rd.* 📱 *9177-73-07.* Ⓜ *City Hall. Au 71ᵉ étage de l'Equinoxe Complex. Tlj 17h-1h (3h ven-sam) ; happy hours jusqu'à 21h.* Il faut traverser l'*Introbar* pour atteindre l'ascenseur qui vous propulse tout en haut de cette tour dominant la ville. Vue panoramique extraordinaire (super au coucher du soleil), les places près des baies vitrées sont d'ailleurs prises d'assaut ! À la nuit tombée, l'ambiance monte, et expats, Singapouriens et touristes se retrouvent autour d'un verre. Quand la nuit s'avance, on se trémousse sur de la musique dance. Les barmen jeunes et enjoués font des shows façon *Cocktail* (les amateurs de Tom Cruise apprécieront !). À ne pas manquer ! Toutefois, le bar est souvent réservé pour des soirées privées. Dans ce cas, allez au bar du dessous, la vue n'y est pas mal non plus !

🍷 ***Post Bar*** *(plan III, F7, **183**) :* *Fullerton Square.* ☎ *6877-81-35.* Ⓜ *Raffles Place. Au rdc du Fullerton Hotel.* Cet imposant édifice abritait à l'époque coloniale le quartier général des postes. Il ne fut transformé en hôtel qu'en 1997. Une habile restauration lui a redonné son lustre d'antan, et le *Post Bar* est une parfaite reconstitution des années 1930. Lignes géométriques que l'on retrouve dans les motifs du carrelage, verres et miroirs biseautés, lustres et boiseries, nous téléportent dans une autre époque. C'est chic et superbe, comme la clientèle et le prix des cocktails... On y vient donc surtout pour le décor nostalgique.

🍷 ***C.H.I.J.M.E.S.*** *(plan III, F6, **184**) :* *Victoria St (à l'angle avec Bras Basah Rd).* Ⓜ *City Hall.* Un ancien couvent, une église où sont organisées des expos, des jardins et terrasses, quelques cafés aux noms pas très locaux et des restos pas terribles, hormis le très chic cantonnais *Lei Garden.* Mais très sympa à l'apéro, à la nuit tombée, lorsque le lieu se pare de toutes ses loupiotes lumineuses. L'un des rares endroits dans Singapour où l'on peut prendre un pot en plein air, avec le sentiment d'échapper à l'effervescence de la ville. Calme et reposant.

Sur Boat Quay et Clarke Quay

À deux pas de Clarke Quay, une rue entière a été couverte et ventilée. Dedans, les bars les plus sympas, les plus fous, les plus bondés s'alignent pour le plus grand plaisir des fêtards. N'hésitez pas à passer de l'un à l'autre en fonction de vos envies. Ils ferment généralement vers 2-3h.

🍷 ***Bar Opium by Indochine*** *(plan III, F7, **86**) :* *Empress Pl, Boat Quay.* Ⓜ *Raffles Place.* Un bien bel endroit pour s'imprégner le soir de la magie de Singapour. Terrasse près de la rivière, flanquée de palmiers. Colonnade élégante, tables basses en rotin, hauts tabourets, intérieur éclairé de mauve, musique jazz live. Cocktails pas donnés, mais spectacle enchanteur avec les gratte-ciel en fond de décor. Atmosphère posée et huppée. Voir aussi le *Waterfront Restaurant by Indochine* dans la rubrique « Où manger ? ».

🍷 ♩ ***Timbré*** *(plan III, F7, **191**) :* *1, Old Parliament Lane, à l'angle de Boat Quay.* ☎ *6336-33-86.* Ⓜ *Raffles Place. Happy hours 18h-21h.* Un peu à l'écart de l'animation, une terrasse près de la rivière, idéale pour admirer les immeubles du quartier des affaires. Au-delà de l'emplacement, ce qui fait recette, c'est le choix des alcools. Nombreuses vodkas pures ou aromatisées, whiskies. Sans parler des cocktails. Parfois des concerts gratuits à partir de

20h30-21h (sessions indiquées sur place). Clientèle plutôt trentenaire.

🍷 ♪ ***The Crazy Elephant*** *(plan III, E7, **192**)* **:** *7, Clarke Quay (rive nord). Ⓜ Clarke Quay. Happy hours 17h-21h.* Déco *roots* de vieilles caisses en bois et graffitis aux murs. Souvent de bons groupes de blues et de rock'n'roll, le soir à partir de 22h. Bonne ambiance relax, mais le personnel pousse un peu à la conso.

🍷 ♪ ***Café Iguana*** *(plan III, E7, **193**)* **:** *30, Merchant Rd. Ⓜ Clarke Quay. Au niveau de Riverside Point.* Un des bars qui bougent pas mal. Atmosphère mexicaine, bruyante et animée sous l'œil bienveillant du portrait géant de Frida Kahlo. Bonne programmation musicale et carte fournie de cocktails sud-américains. Le must, la tequila bien sûr.

🍷 ***Brewerkz*** *(plan III, E7-8, **194**)* **:** *Riverside Point, Merchant's Rd. Ⓜ Clarke Quay. Prix variables selon créneau horaire.* Un lieu bien connu des amateurs de bières, puisqu'ici ils les brassent eux-mêmes. Vaste terrasse, dans un secteur plutôt tranquille de Clarke Quay, très agréable et avec vue imprenable jusqu'à Boat Quay.

🍷 ***1 Altitude*** *(plan III, F8, **195**)* **:** *au 63e étage du Former OUB Centre, 1, Raffles Pl. ☎ 6438-04-10. Tlj 18h-2h (4h ven-sam, 1h dim). Entrée : env 30-35 $S, boisson incluse. En principe, âge requis : filles 21 ans, garçons 25 ans.* Pour boire un verre chic sur le toit de la ville, prenez votre mal en patience (vous ne serez pas seul !) avant de pouvoir accéder aux 2 ascenseurs successifs qui vous propulseront au 63e étage de la tour. Là-haut, vue époustouflante à 360° sur la cité-État. À 282 m d'altitude, les nuages sont parfois de la *party* et on reçoit les SMS de bienvenue des opérateurs malais ! Boissons pas données, évidemment.

🍷 ***The Vault*** *(plan III, E-F8, **204**)* **:** *23, Circular Rd. ☎ 6222-50-01. Ⓜ Clarke Quay. Tlj sf dim 11h-2h (3h ven-sam).* Après avoir investi les locaux d'une ancienne banque sur South Bridge Road, cette « chambre forte » a vu son compte transféré ici, sur Circular Road. Pour que ça tourne plus rond peut-être ? En tout cas, le compte est bon puisque la maison a emporté les lourdes portes en bronze et a reconstitué son décor de *lounge* new-yorkais avec briques et métal. Côté musique, la tendance est au *groovy funk* et aux stars de la Motown.

Dans Chinatown et Tanjong Pagar

Duxton Road *(plan IV, G-H10)* est un peu la rue de la Soif. Les bars (plus ou moins avenants) s'alignent les uns à côté des autres, changeants fréquemment de nom et de proprio. L'ambiance ne nous a pas emballés, mais ceux qui veulent jouer une partie de billard en sirotant une bière trouveront ici le bar de leurs rêves. Le vendredi soir, Club Street *(plan IV, H9)* est totalement envahie par la foule, il est même difficile de s'y frayer un chemin ! L'atmosphère y est plutôt branchée, et le coin est également apprécié des expats.

🍷 ***The Library*** *(plan IV, G10, **196**)* **:** *47, Keong Saik Rd, à gauche du Nautri Liora Hotel. ☎ 6221-83-38. Tlj sf dim 18h-1h30.* Cette « bibliothèque » qui n'affiche même pas son nom n'est qu'un leurre très en vogue à Singapour. Il suffit de dégotter le mot de passe au bar voisin ou sur la page Facebook, de le donner à la jeune personne assise devant les rayonnages de bouquins, et la bobinette cherra... On ne vous dit rien de plus, ce serait idiot, mais venez plutôt en semaine.

🍷 ***La Terraza*** *(plan IV, H9, **201**)* **:** *12, Ann Siang Rd. ☎ 6225-16-94. Ⓜ Chinatown. Tlj sf dim, le soir slt. Résa conseillée.* Dans le *Screening Room,* un complexe de 5 étages abritant un cinéma, un théâtre, un resto, un *lounge* et donc cette terrasse, oui, mais pas n'importe laquelle, puisqu'elle est perchée au 4e et dernier étage. La vue sur la ville illuminée est saisissante, les contrastes entre les vieilles demeures du quartier, le Buddha Tooth Relic Temple et les immeubles de verre créent une esthétique urbaine tout à fait remarquable ! Tables hautes ou fauteuils sous la voûte étoilée. Fond de musique électro bien tranquille. Grand choix de cocktails et quelques tapas pour agrémenter. Clientèle principalement d'expats.

Lucha Loco *(plan IV, G10, **200**) : 15, Duxton Hill.* ☎ *6226-39-38.* Dans la petite enclave villageoise de Duxton Hill, un bistrot mexicain branché qui ne désemplit pas le soir, même en semaine. Sympa pour boire un mojito, une margarita, une tequila ou un mezcal dans une atmosphère bobo-festive, tout en avalant d'excellents tacos ou un bon *ceviche*. Cela dit, mieux vaut réserver pour manger !

Vers Arab Street et Little India

Blu Jazz Café *(plan VI, N13, **205**) : 11, Ophir Rd.* ☎ *8265-82-01. • blujaz.net • Ⓜ Bugis. Tlj sf dim jusqu'à minuit (2h ven-sam).* Une déco colorée, avec un côté psychédélique assumé ! Régulièrement des groupes s'y produisent. La programmation (assez éclectique !) est de qualité. Agréable terrasse végétalisée pour prendre le frais. On aime.

Bar Stories *(plan VI, N13, **202**) : 57A, Haji Lane.* ☎ *6298-08-38. Tlj 15h-minuit (1h le w-e).* Dans la ruelle des jeunes créateurs singapouriens, un petit bar à cocktails sur 2 niveaux. Les barmen, appelés ici « mixologistes », improvisent des cocktails au gré de vos envies et de leurs humeurs. Résultat des courses : les clients se pâment et passent un moment charmant ! Ah, en revanche, ça se paie un p'tit peu, cette créativité « cocktailistique ».

Bian's Café *(plan VI, N13, **206**) : 52, Kandahar St.* ☎ *6292-29-13. Tlj sf lun 11h-22h.* On aime bien ce bar paisible en journée, avec sa petite terrasse et ses fauteuils en osier, qui abrite à l'étage un petit musée sur l'Histoire de l'opéra chinois à Singapour. Nombreuses photos d'artistes.

Bellwethers *(plan VI, M12, **203**) : 120, Desker Rd.* ☎ *6297-90-66. Tlj sf dim 17h-1h.* Un bistrot un peu caché, sans chichis mais populaire, où les Singapouriens viennent en bande de copains piocher dans un grand choix de bières à la pression de tous les horizons et de whiskies. En plus, on y mange pas mal du tout et pour pas trop cher. En principe, musique live le samedi soir. Service super sympa et bonne atmosphère.

Prince of Wales *(plan VI, M13, **51**) : 101, Dunlop St.* ☎ *6299-01-30. Ⓜ Little India.* Pour les routards bien *roots* qui ne se font pas avoir par le nom de cette auberge de jeunesse pas du tout chic (voir « Où dormir ? ») ! Son bar s'avère souvent bien animé le soir en fin de semaine. Bière pas chère, qui plus est. Clientèle jeune, fauchée et internationale, *of course !*

Autour d'Orchard Road et à Dempsey

Que Pasa *(plan V, K11, **207**) : 7, Emerald Hill.* ☎ *6235-66-26. Ⓜ Somerset. Tlj 18h-2h (3h w-e).* Certes, on a déjà vu plus typique dans le style asiatique, mais ce bar à tapas-là nous a enchantés. Culs de bouteilles qui s'alignent, boîtes à cigares qui s'empilent (seuls les membres du cercle fermé peuvent y fumer le cigare), une odeur de cave comme dans une belle maison de campagne tout en bois, des piments qui pendent en grappe et une impressionnante carte des vins.

5 Emerald Hill Cocktail Bar *(plan V, K11, **207**) : à l'adresse de son nom !* ☎ *6732-08-18. Ⓜ Somerset. Tlj 12h-2h (3h ven-sam, 17h dim). (en fait, celui du Que Pasa voisin !).* Appelez-le *number 5*, comme les habitués qui ont une plaque de cuivre gravée à leur nom au bar. Le cadre (une ancienne maison peranakan du début du XXᵉ s quasiment en l'état) est superbe. Clientèle variée et ambiance relax. Bonne musique assurée par un DJ. Spécialité de sakés et de martinis.

Ice Cold Beer *(plan V, K11, **207**) : 9, Emerald Hill Rd. Ⓜ Somerset. Tlj 17h-2h (3h ven-sam).* Votre sauveur si vous en avez marre de la Tiger Beer. Au minimum, 30 bières au choix, servies glacées bien sûr, dans des verres givrés pour parfaire le tout. Terrasse souvent pleine dès l'heure de l'apéro. Ambiance plus survoltée lorsqu'il y a du foot.

KPO *(plan V, K11, **208**) : 1, Killiney Rd.* ☎ *6733-36-48. Ⓜ Somerset. Tlj sf dim 16h-1h (2h ven-sam).* Si vous avez des cartes postales à envoyer, venez avant 16h, c'est un bureau de poste. Ensuite, le lieu devient... un bar ! Un concept pour le moins original, avec une élégante architecture de métal et de verre, une terrasse et des plantes vertes qui lui donnent un petit côté serre contemporaine. Quelques belles plantes, en effet, et des deux sexes. Bon choix de bières, mais un peu plus chères qu'ailleurs, sauf lors des *happy hours*. Un DJ et parfois un *live band* apportent la touche *chill out*, parfaite pour un début de soirée.

The Dubliner (plan V, K11, **209**) : *165, Penang Rd. ☎ 6735-22-20. Tlj 12h-1h (2h ven-sam et j. fériés, minuit dim).* Le classique pub irlandais dans toute sa splendeur. La bonne adresse pour ceux qui cherchent à tout prix un lieu où mater un match de foot ou de rugby.

Nude by Indochine (plan V, J11, **210**) : *435, Orchard Rd. ☎ 6333-50-03. Ⓜ Orchard.* Grande terrasse ouverte sur Orchard Road qui attire avec ses lumières bleutées et sa musique live à partir de 21h30. Clientèle variée qui aime cette ambiance typique d'Orchard Road, ses paillettes, son strass et ses cocktails bien frappés.

Hard Rock Café (plan V, I11, **211**) : *50, Cuscaden Rd. ☎ 6235-52-32. Tlj jusqu'à 1h (2h le w-e).* Assoiffés de culture occidentale, les Singapouriens se devaient d'avoir leur *Hard Rock Café*. Inévitables objets du culte : disques d'or des Beatles, guitare d'Eric Clapton, clavier d'Elton John, etc.

PS Café (hors plan V par I11, **213**) : *28B, Harding Rd. ☎ 6479-33-43.* Plusieurs *PS Café* en ville (sur Orchard Road, dans Club Street), mais celui-ci est sans doute le mieux placé, notamment pour sa vaste terrasse sur gazon, et fauteuils en pleine verdure. Essentiellement fréquenté par les expats. Idéal pour un brunch ou un goûter-break : énormes parts de gâteaux !

Dans le quartier des affaires et à Marina Bay

Le Lantern Bar (plan II, C-D3, **212**) : *Fullerton Bay Hotel, 80, Collyer Quay. ☎ 6597-52-99. Ⓜ Raffles Place. À l'entrée de la Singapore River, sur Boat Quay. Résa indispensable (demander les places face à la baie).* Ce gros cube de verre, posé au pied des gratte-ciel du quartier d'affaires, possède l'une des plus agréables terrasses en plein ciel. Au dernier étage, à côté de la splendide piscine exclusivement réservée aux clients (trop de chance !), vaste terrasse aménagée en espaces cosy individuels : banquettes, larges fauteuils, tables basse et dais avec rideaux... De quoi se prendre, la nuit tombée, pour un pacha face à la marina et ses incroyables réalisations architecturales. Excellents cocktails et carte de snacks (excellents aussi). Là, ami lecteur, tu viendras le portefeuille bien garni et sans tes tongs !

Le Cé La Vi (plan II, D3, **91**) : *au dernier étage du Skypark, Marina Bay Sands, Tower 3, 1, Bayfront Ave. ☎ 6688-76-88. Entrée : env 40 $S, boisson incluse.* Surplombant Marina Bay, on retient surtout ce *skybar* pour sa vue époustouflante. Venir à la tombée du jour, quand la ville se pare de tous ses feux. Pour poursuivre la soirée, club *lounge* juste à côté et une carte de cocktails réputés. Le soir, en fin de semaine, commander une boisson au bar relève quasiment de la technique putschiste tant il y a de monde !

SINGAPOUR

Où sortir ?

Gageons que vos nuits singapouriennes seront presque plus belles que vos jours ! Si à la tombée de la nuit la chaleur diminue, l'ambiance bat son plein dans quelques endroits de la ville qui lui donnent un autre visage, une autre atmosphère. Tous les grands hôtels possèdent une discothèque, et sur Clarke Quay, les bars-boîtes s'alignent les uns à côté des autres. N'hésitez pas à bouger, à commencer ici pour mieux finir là-bas. Mais surtout n'oubliez pas : tenue correcte exigée *(dress code)*. Dans certains lieux, l'âge minimum requis est de 21 ans pour les filles et de 23 ans pour les garçons (voire 25 !). Prévoyez aussi un bon budget si vous passez d'un lieu à l'autre. L'entrée tourne autour de 25-40 $S en moyenne, boisson incluse en général (mais pas toujours !). Les pov' filles sans le sou choisiront donc de sortir le mercredi, jour des *ladies nights* gratuites ! Sachez que la grosse soirée à Singapour est le vendredi soir. Il y a donc foule et files absolument partout. Au fait, pas la peine de sortir avant minuit. Pour un *before,* les *lounges* musicaux sont dans la rubrique précédente, avec les bars. Voici quelques-unes des adresses emblématiques de la ville.

Discothèques

Trois anciens entrepôts reconvertis en boîte sur la Singapore River se disputent le haut du pavé singapourien. L'avantage : elles sont toutes dans la même rue et au même endroit, au **17, Jiak Kim Street** (plan II, B3). *Tlj sf dim-mar jusqu'à 4h (5h ven-sam).*

Sur Clarke Quay

🍷 ♫ **Zouk** (*plan II, B3,* **220**) **:** *☎ 6738-29-88.* • *zoukclub.com* • Attention, même si c'est une institution, prononcez bien le « k » au chauffeur de taxi, sinon vous finirez au... zoo. De nombreux DJs du monde entier se partagent les platines. Tous styles de musique, du disco à la techno, dans des salles en cascade alternant avec des salons et des bars. Incontournable.

🍷 ♫ **Phuture** (*plan II, B3,* **220**) **:** son décor plus qu'avant-gardiste ravira les fans de hip-hop et de drum'n'bass. La boîte la plus alternative. Clientèle jeune.

🍷 ♫ **Velvet Underground** (*plan II, B3,* **220**) **:** un peu plus tranquille que le *Phuture.* Ambiance soul et garage. Les fans de Starck (le Français *himself*) et Keith Haring seront ravis : ils se sont chargés de la déco. Belles plantes et mecs musclés aiment à s'y montrer. Tenue décontractée tolérée.

Et ailleurs...

♫ **Kyō** (*plan II, C4,* **215**) **:** *Keck Seng Tower, 133, Cecil St. 📱 8299-87-35 (mar-sam à partir de 14h).* • *clubkyo.com* • Ⓜ *Raffles Place. Mer-sam 21h-3h, voire plus tard le w-e.* Une ancienne banque reconvertie en boîte à la déco hyper contemporaine. Normal, c'est là que défile la scène électro internationale. Ici, on entend toutes sortes de musiques, mais le mot d'ordre, c'est TST40, « Tout sauf le Top 40 ». Pas mal de DJs et de pointures des platines. Programme sur le site internet.

♫ **Brix** (*plan V, J11,* **216**) **:** *au sous-sol du Grand Hyatt, 10, Scotts Rd. ☎ 6738-12-34.* Ⓜ *Orchard. Tlj 21h-3h (4h jeu-sam).* Un sous-sol tout en brix... pardon en briques, à la new-yorkaise. On vient volontiers se trémousser au son d'un excellent *live band,* souvent pêchu et de qualité.

♫ **Pangaea** (*plan II, D3-4,* **217**) **:** *2, Bayfront Ave, Crystal Pavillion South, Marina Bay Sands. 📱 8611-70-13.* Ⓜ *Raffles Place.* Prononcer « Panjéa ». Situé sous le grandiose *Marina Bay Sands,* c'est le temple du m'as-tu-vu, la boîte la plus jet-set et la plus friquée de Singapour, clairement destinée à l'élite internationale. On y trouve logiquement le cocktail le plus cher d'Asie : dans les 43 000 $S ! Tenue classe et sourire dominateur de rigueur. Carte de crédit bien fournie très conseillée.

– ***Clubs gays et lesbiens :*** bien que l'homosexualité (surtout masculine) soit encore officiellement interdite, les clubs sont tout de même tolérés. Pour les filles, on peut par exemple se rendre au bar-karaoké **HQ,** 95, Club Street, à Chinatown. Pour les garçons, la boîte en vogue est le ***Tantric,*** 78, Neil Road, à Tanjong Pagar (où les boissons sont servies en *double shot* !).

– Certaines boîtes de nuit sont fréquentées par de nombreuses prostituées. Cela dit, ce sont des institutions de la nuit où vont tous les Singapouriens : l'ambiance y devient assez délirante au cœur de la nuit. Les plus connues sont les **Orchard Towers** *(390, Orchard Rd),* 4 étages de boîtes avec *live music* jusqu'à 3h du mat ainsi qu'un *food court* au sous-sol et un resto thaï de bonne qualité au 4e étage. L'autre lieu de perdition s'appelle **Attica** *(3A, River Val Rd, à Clarke Quay).* Clientèle jeune et délurée.

Karaokés

Difficile d'y échapper à Singapour. Les rues sont hérissées d'enseignes

« KTV » (pour *Karaoke Television*). Et il n'y a pas que les bars : restos, centres commerciaux, etc., le karaoké est partout. Mais les lieux branchés changent vite, le mieux est donc de demander à de jeunes Singapouriens quel est le dernier karaoké à la mode si vous voulez pousser la chansonnette.

Spectacles

Se procurer *Where*, trimestriel gratuit qui répertorie les festivités et offre des tuyaux pour le shopping. Disponible à l'office de tourisme, dans certains hôtels et dans la plupart des centres commerciaux et autres grands magasins d'Orchard Road.

– ***Cinémas :*** une bonne cinquantaine de cinémas dans l'ensemble très populaires. Films d'arts martiaux chinois, comédies musicales indiennes ou malaises (sous-titrés en anglais), et succès de box-offices hollywoodiens. Films d'art et essai au ***Cathay Cineplex*** *(plan III, E5,* ***302*** *; au 6, Hand Rd ; • cathay.com.sg •)*, dans le quartier d'Orchard Road, le plus vieux cinéma de la ville, ouvert depuis 1939 et entièrement remis à neuf.

Les amateurs de ***musique classique*** ne manqueront pas les concerts au ***Victoria Concert Hall*** *(plan III, F7,* ***301****)*, sur Empress Place *(☎ 6339-61-20 ; • vch.org.sg •)*. Pour les concerts du Singapore Symphony Orchestra (SSO pour les intimes), programmation à consulter sur *• sso.org.sg •*

Ballets chinois et opéra : au ***Victoria Theatre*** *(plan III, F7,* ***301****)*, même édifice que le Victoria Concert Hall cité ci-dessus. *Rens : ☎ 6337-74-90 (lun-sam 12h-20h, dim 10h-22h) ; ou consultez les quotidiens.*

– ***Opéra de rue :*** il s'agit du *wayang*, opéra chinois que vous aurez peut-être la chance de voir au détour d'une rue, un samedi soir. Les spectacles se tiennent plutôt entre juillet et septembre, pendant le festival des Fantômes affamés *(Hungry Ghosts Festival)*, entre Serangoon Road et Jalan Besar (et aussi dans Chinatown). Atmosphère animée. En général, le spectacle reste 2 jours au même endroit et débute vers 19h.

SINGAPOUR

Achats

La plupart des achats se font dans les *shopping centres*. On en trouve aujourd'hui dans tous les quartiers et à toutes les stations de métro ! Sur Orchard Road sont concentrées les grandes enseignes internationales, et l'avenue ne manque pas d'atouts pour séduire les touristes. Il fait bon s'y promener le soir, surtout lorsqu'elle se pare de tous ses feux... ou en période de fêtes. Pour tout ce qui est tissus, objets artisanaux et même bijoux, vous trouverez plutôt votre bonheur dans les quartiers ethniques (voir la rubrique « Achats » dans le chapitre « Singapour utile »).

Dans Little India et Arab Street

Mustapha *(plan VI, M12,* ***7****)* : *ouv 24h/24.* Grand magasin qui occupe à lui tout seul un énorme pâté de maisons. Des rayons entiers consacrés aux montres de grandes marques internationales (prix intéressants), à l'électronique, aux vêtements et produits de beauté. À l'étage, hypermarché alimentaire où l'on trouve... de tout ! Du miel de Nouvelle-Zélande au poivre de Kampot, le choix est vertigineux.

Sim Lim Square *(plan VI, M13,* ***250****)* : *1, Rochor Canal Rd. Ⓜ Bugis ou Little India. Tlj 10h30-21h.* Le temple de l'électronique. Beaucoup de choix, on peut y faire de bonnes affaires, mais à condition de s'y connaître, d'avoir déjà mené sa propre enquête et... d'être un as de la négo. Pour les petits creux, très bon *food court* sur place.

Bugis Village *(plan III, F5,* ***251****)* : *Ⓜ Bugis Village.* Un grand marché couvert dédié à la fripe et aux fringues. C'est le moment de relooker l'ado de la famille pour pas grand-chose. Plusieurs étages et des centaines d'échoppes à touche-touche. Pas mal d'accessoires, chaussures, ceintures, sacs à dos...

Little ShopHouse *(plan VI, N13, **252**)* **:** *43, Bussorah St.* ☎ *6295-23-28.* Une petite cabane aux trésors, un poil poussiéreuse, entièrement dédiée à la culture peranakan. Bijoux, foulards, articles décoratifs et surtout les fameuses broderies réalisées sur place. Une paire de chaussons brodés nécessite pas moins de 100h de travail à la main et coûte de 800 à 1 600 $S ! L'adorable propriétaire est toujours flatté de montrer son travail.

Digvijay Sequins *(plan VI, N13, **253**)* **:** *89, Arab St. Lun-sam 9h-18h, dim et j. fériés 13h30-17h.* Broderies, boutons, galons, rubans, franges, passementeries, perles, paillettes, plumes et accessoires en tout genre. Le royaume de la mercerie.

Mahaco Impex *(plan VI, N13, **254**)* **:** *51, Arab St.* ☎ *6396-06-96. Tlj 9h30-19h30.* L'une des meilleures boutiques pour acheter des tissus en soie, des châles et des pashminas en cachemire. Excellente qualité et on ne pousse pas à la conso. Accueil familial.

Dans Chinatown

Pagoda Street, Temple Street et Trengganu Street *(plan IV, G9)* forment une sorte de triangle-rectangle regorgeant de magasins et de stands de rue vendant des petits gadgets un peu clinquants mais pas chers et souvent rigolos : étiquettes de bagages fun, baguettes pour enfants débutants, tee-shirts humoristiques, etc. Le tout... fabriqué en Chine ! Citons aussi la boutique *The Tintin Shop,* au 56, Pagoda Street, pour (s')offrir un produit dérivé du fameux reporter, ou encore *Carpenter Inn,* au 36, Temple Street, pour acheter de jolies baguettes et surtout de très beaux peignes en bois (un peu chers, d'accord).

Dans Orchard Road

Smiggle *(plan V, K11, **255**)* **:** *nombreuses boutiques en ville (adresses sur • smiggle.com.au •), dont 2 sur Orchard Rd. Une au Wisma Atria, au nº 435 (# B1-40), l'autre au nº 313 de l'avenue. Ⓜ Orchard ou Somerset. Tlj 10h-22h.* Vous voyagez avec des enfants ou vous souhaitez faire plaisir à une petite nièce ? *Smiggle* est le temple du gadget et de la papeterie flashy pour enfants : *lunch boxes* roses ou violettes, taille-crayon à pile (une révélation !), trousses à poches multiples en caoutchouc, gommes, feutres, stylos à l'effigie de héros, lampes de poche... Beaucoup de bricoles pas chères et des promos. Un lieu de perdition de 5 à 99 ans. Autre boutique à *Bugis Junction (200, Victoria St ; Ⓜ Bugis).*

SINGAPOUR

À voir. À faire

Jusque dans les années 1980, les autorités de Singapour n'ont eu de cesse de raser les vieux quartiers les uns après les autres. C'est un certain sens de l'histoire commune, une identité propre à la ville et, surtout, une échelle humaine qui s'en sont allés. Heureusement, en 1986, le gouvernement a décidé de préserver six secteurs, dont une partie de Chinatown, une portion de quai, un coin de Little India et toute une série de buildings anciens. Ouf ! Singapour a eu chaud !
Parallèlement, d'autres quartiers subissent de sérieux liftings, à commencer par le quartier colonial.

SINGAPOUR, QUARTIER PAR QUARTIER

Le quartier colonial *(plan III)*

Délimité du nord au sud par la Bras Basah Road et la Singapore River. On y trouve un certain nombre de monuments d'architecture civile du XIXᵉ s, Ce sont pour la plupart les bâtiments symboliques de l'administration coloniale. Aujourd'hui, le secteur sud est en cours de réaménagement : le superbe Asian Civilisation Museum et la National Gallery sont les exemples mêmes de la volonté de l'État de donner une plus grande place aux arts et à la culture, et de transformer peu à peu le « *civic district* » en « *art district* ».

Singapore Art Museum (SAM ; plan III, E6) **:** *71, Bras Basah Rd. ☎ 6332-32-22. • singaporeartmuseum.sg • Ⓜ Bras Basah. Tlj 10h-19h (21h ven). Entrée : env 10 $S ; réduc ; gratuit ven 18h-21h.* Installé dans l'ancienne école catholique Saint-Joseph, l'un des plus beaux vestiges du Singapour colonial, fondée au XIXᵉ s par le père français Jean-Marie Beurel. Cette magnifique architecture en demi-cercle abrite désormais un musée dont la vocation est de faire découvrir l'art contemporain en général, et celui du Sud-Est asiatique en particulier, au travers d'expos temporaires renouvelées tous les trimestres.

Dôme : *à côté de l'entrée. Voir plus haut la rubrique « Où boire un verre ? Où écouter de la musique ? ».*

Singapore National Museum (plan III, E6) **:** *93, Stamford Rd. ☎ 6332-36-59. • nationalmuseum.sg • Ⓜ Bras Basah. Tlj 10h-18h. Entrée : env 10 $S ; réduc étudiants ; gratuit enfants et seniors ; Living Galleries gratuites 18h-20h. Expos temporaires parfois gratuites. Audioguide inclus (hyper complet : il contient 9h d'enregistrement !).* Au cœur de l'*Heritage District*, dans un beau bâtiment victorien de 1887, le seul endroit originellement construit à des fins culturelles puisqu'il abritait la bibliothèque. Le musée présente de manière claire et pédagogique l'histoire de Singapour à travers différentes galeries thématiques. Expo temporaire au sous-sol et collection permanente au niveau 2. L'expo permanente la plus importante, consacrée à l'***Histoire de Singapour,*** est accessible par une longue descente hélicoïdale au fond du musée. De la naissance de l'île et de l'arrivée des peuples de Chine jusqu'à la proclamation de l'indépendance en 1965, les événements majeurs de l'histoire et les multiples aspects sociétaux sont évoqués de façon intelligente, dans une belle muséographie, bien qu'un peu sombre et labyrinthique. On y trouve notamment les 11 « trésors nationaux », parmi lesquels un morceau de la pierre fondatrice de la ville (voir encadré), un meuble funéraire et sa couverture brodée, le sceptre d'or donné à la ville à l'occasion de son indépendance, un ancien décor de marionnettes de rue, ou encore des portraits de différents gouverneurs britanniques. Ne pas manquer non plus la petite salle consacrée à l'opium et à la façon de « chasser le dragon » ! Grandes sections dédiées à Raffles et au processus de colonisation, aux différents courants d'immigration, à la Seconde Guerre mondiale suivie de l'occupation japonaise, puis aux tentatives d'obtention de l'indépendance jusqu'à nos jours. Le tout illustré de documents, objets, films et photos d'époque. Le parti pris de ne pas s'attacher qu'à la grande histoire, mais de s'intéresser à l'aspect sociétal de cette histoire, aux hommes et aux femmes (une section entière leur est consacrée) qui l'ont « écrite », en fait une visite quasi incontournable pour comprendre la société, s'approprier la richesse et la vivacité culturelles de cette ville.

SUR CETTE PIERRE, ON A BÂTI UNE VILLE

La pierre de Singapour fut découverte au XIXᵉ s à l'embouchure de la Singapore River, non loin de l'actuel Fullerton Hotel. *C'est la plus vieille inscription retrouvée (datée du XIIᵉ s environ), sans doute du sanskrit de Sumatra. Voici donc tout ce qui reste du gros bloc d'origine... dynamité en 1843 pour bâtir le fort Fullerton ! Le morceau restant fut envoyé au Royal Asiatic Society Museum de Calcutta pour analyse.* Raffles himself, *très intrigué, aurait fait verser dessus un acide puissant pour tenter de déchiffrer, en vain, son écriture cunéiforme... Ouf ! la pierre est aujourd'hui classée Trésor national.*

SINGAPOUR

Ne manquez pas non plus les quatre ***Living Galleries*** qui, comme leur nom le suggère, sont vraiment très vivantes. Dotées d'une muséographie contemporaine réussie, elles sont axées sur l'art de vivre en général. La galerie ***Food*** aborde la diversité alimentaire, l'importance du repas dans le mode de vie des Singapouriens, et la cuisine de rue. Allez donc humer les trésors de la salle des épices et jetez un œil à l'émouvant *kueh tu tu,* ce *hawker-bike* qui sillonnait les rues de Singapour pour vendre des gâteaux à base de farine de riz, de noix de coco et de sucre de palme. Petite vidéo sur l'art du *satay,* la délicieuse brochette malaise, et vous voilà sans doute déjà affamé ! Mais la visite se poursuit dans la galerie ***Film,*** où l'on peut visionner des extraits de films anciens, assez émouvants d'ailleurs, et voir des affiches d'époque. Jolie section consacrée à l'opéra chinois et au *wayang* (théâtre musical de rue chinois), avec de beaux costumes et bijoux. La galerie ***Photography*** présente les premiers daguerréotypes et de très beaux portraits de vieilles familles singapouriennes, aidée en cela par d'intéressantes vidéos... Collection de vieux appareils au fond. Enfin, la galerie ***Fashion,*** consacrée à la mode et au rôle des femmes dans la société, mais c'est malheureusement la moins riche...
Plusieurs passages en verre, dont la grande coursive rythmée par le mouvement de balancier de huit imposants chandeliers suspendus (œuvre de l'artiste singapourienne Suzanne Victor), permettent un éclairage naturel très réussi.
– Cafétéria et boutique sur place.

Peranakan Museum *(plan III, E6)* **:** *39, Armenian St. ☎ 6332-75-91. • peranakanmuseum.org.sg • Ⓜ City Hall ou Bras Basah (prévoir 10 mn de marche ensuite). Tlj 10h-19h (21h ven). Entrée : env 10 $S ; réduc ; ½ tarif ven après 19h.*
Dans une authentique demeure « bourgeoise » peranakan, un musée consacré à cette culture très particulière, fruit des unions entre commerçants étrangers (surtout chinois) et femmes malaises. Tous les thèmes ou presque sont abordés : origine des familles, mariage, langue, habits traditionnels, religion, vie publique, plaisirs de la table, etc. Entre projections de films, témoignages sonores, écrans tactiles, photos, superbes objets d'expositions (broderies, vaisselles) et reconstitutions de scènes de vie, on est totalement immergés dans le quotidien et les coutumes de cette population, issue des mariages entre marchands chinois venus à Singapour et femmes malaises. Parmi les objets exposés, ne manquez pas cette nappe agrémentée de fleurs et d'oiseaux asiatiques, européens et sud-américains, composée de plus d'un million de perles. Dans la section mariage, jetez un œil à cet ensemble de trois broches disposées comme des larmes et ornées de diamants, et à cette chaise du XIXe s sculptée comme de la dentelle et dotée d'un dossier en porcelaine finement peinte. Dans la section religion, remarquez ce surprenant autel des années 1920 en teck, orné de motifs taoïstes dorés (dragons et autres figures mythologiques) avec, au centre, une représentation de la très chrétienne Sainte Famille ! Cette peinture aurait été ajoutée ultérieurement, après la conversion de ses propriétaires au catholicisme. Dans la section *food & feasting,* un exemple typique de *kamcheng,* un récipient en porcelaine chinoise aux couleurs très vives. La dernière section consacrée aux vêtements, avec entre autres le traditionnel *kebaya* brodé, est superbe. Un must !
Pour goûter la cuisine peranakan, juste à côté du musée, le très élégant restaurant ***True Blue Cuisine*** (voir « Où manger ? »).

Art Plural Gallery *(plan III, E6)* **:** *38, Armenian St. ☎ 6636-83-60. • artpluralgallery.com • Ⓜ City Hall ou Bras Basah. Tlj sf dim et j. fériés 11h-19h. GRATUIT.*
Juste en face du Peranakan Museum, une belle galerie d'art contemporain sur quatre niveaux, ouverte par le Suisse Frédéric de Senarclens. Tout est à vendre, bien sûr, mais en général les expos temporaires se situent aux niveaux 1 et 2. Aux niveaux 3 et 4, beaucoup d'Européens.

Fort Canning Park *(plan III, E6)* **:** il s'étire entre les stations MRT Clarke Quay et Dhoby Gaut. Rien ou presque dans ce très banal jardin public ne le laisse deviner, et pourtant voici le centre historique de Singapour. Des fouilles archéologiques attestent que cette colline était déjà le siège du pouvoir malais au XIVe s, ce dernier régnant alors sur *Temasek,* la « ville de la mer ». Le dernier roi de l'ancienne Singapour s'y fit, paraît-il, enterrer (on peut voir son mausolée construit en... 1990), conférant au lieu un caractère sacré et inviolable. D'ailleurs, le lieu s'appelle *Bukit Larangan* en malais, soit « la colline interdite ». Ce qui n'empêchera pas sir Stamford Raffles d'y implanter sa première demeure de gouverneur en 1822 ainsi qu'un jardin botanique. En 1859, la résidence est remplacée par un fort portant le nom du premier vice-roi des Indes britanniques, Charles John Canning. Balade agréable.

Dans la partie sud de North Bridge Road, des théâtres, édifices publics, couvents et églises dans de grands jardins très agréables. À l'angle de Hill Street et d'Armenian Street, voir la croquignolette et toute blanche ***église arménienne*** *(plan III, E6-7),* dite « de saint Grégoire l'Illuminateur ». Édifiée en 1835 d'après les plans du célèbre architecte local George Coleman, c'est la plus vieille église de Singapour.

À l'angle de Beach Road et de Bras Basah Road se dresse le splendide ***Raffles Hotel*** *(plan III, F6,* ***38 ;*** *Ⓜ City Hall ; voir « Où dormir ? » et « Où boire un verre ? Où écouter de la musique ? »).* L'hôtel le plus illustre de Singapour, sinon l'un des plus connus au monde. Édifié en 1887 par les frères Sarkies, d'origine arménienne. Malgré son agrandissement et sa rénovation, malgré
le nombre de to
sa galerie march
malgré son in
tique de souven
conserve un cha ... ée du dernier étage
qui retraçait tou ... sait encore où et
quand, ni même ... e originale du *Sin-*
gapore Sling, ni ... qui lisaient le guide
Woman in the Tr ... Doris Geddes (elle
tenait boutique ... e de Xavier Cugat,
tandis que Som ... icitaires ornant les
pochettes d'allu ... cet affront, buvez
donc un *Singapore Sling* au *Long Bar,* où ce fameux cocktail a donc été inventé (voir encadré).

À LA REINE !

C'est au Long Bar *du* Raffles Hotel *qu'en 1915 fut inventé le* Singapore Sling. *Comme le faisait Kipling au temps prétendument « béni » des colonies, n'hésitez-pas à y venir pour déguster ce cocktail dont la recette est la suivante : un gros tiers de gin, du sherry-brandy, de la bénédictine et du cointreau, une larme de jus d'ananas et de citron vert. Ça arrache un peu, hein ? Attention, n'oubliez pas de sacri-* ... *nt les cosses de*

•Rénovation → mi 2019
•Raffles Gift Shop
3 Seah Street open

Museum of Toys *(MINT ; plan III, F5-6)* **:** *26, Seah St. ☎ 6339-06-60. • emint.com • Tlj 9h30-18h30. Entrée (très chère) : 15 $S ; ½ tarif moins de 12 ans ; forfait famille.* Un collectionneur privé, passionné de jouets, a ouvert ce lieu régressif qui plaira aux nostalgiques. Les quatre (petits) étages ne montrent qu'un dixième à la fois de l'impressionnante quantité d'affiches, voiturettes, puzzles, robots, fusées, soldats de plomb *collectors,* entassés dans des vitrines, qui datent des années 1930-1970. Betty Boop, Tintin, les superhéros de Marvel... Il y en a pour tous les goûts et tous les âges !

Au resto ***Mr Punch*** *(tlj 9h30-22h30 – 18h30 dim),* en *basement,* petite carte tout à fait correcte pour croquer un morceau dans un décor de vieilles affiches publicitaires émaillées, ou en terrasse (agréable) sur la rue. Et tout un tas de bricoles pour enfants à la boutique !

SINGAPOUR

C.H.I.J.M.E.S. *(plan III, E-F6)* **:** *Victoria St (à l'angle avec Bras Basah Rd).* Ⓜ *City Hall.* Ce couvent du XIXe s (*Convent of the Holy Infant Jesus*, soit C.H.I.J.M.E.S., à prononcer sans le « J ») fut fondé par Mathilde Raclot, une nonne française, aidée en cela par son compatriote le père Jean-Marie Beurel, afin d'établir une école, un orphelinat et un refuge pour les femmes en difficulté. En 1983, l'histoire s'arrêta et la chapelle fut désconsacrée, si l'on ose dire, avant d'être déclarée monument national. Le lieu a été transformé en galerie marchande ! La chapelle gothique, qui accueille parfois des expos, est plantée au milieu d'un jardin bordé de bars et de restos qui vous transportent quelque part en Provence. En soirée, l'église se pare de ses guirlandes lumineuses, et c'est assez magique. Voir aussi la rubrique « Où boire un verre ? Où écouter de la musique ? ».

IL EST (ABANDON)NÉ LE DIVIN ENFANT

En longeant la chapelle du C.H.I.J. M.E.S., repérez donc la Gate of Hope *ou « porte de l'Espoir ». Au XIXe s, c'est devant cette petite porte que les enfants chinois nés pendant l'année du Tigre, signe de malchance dans l'astrologie chinoise, étaient abandonnés. Quel contraste aujourd'hui avec cette ambiance de bars festifs !*

Swissôtel Stamford *(plan III, F6)* **:** *2, Stamford Rd.* Ⓜ *City Hall. Entrée commune avec le centre commercial* Raffles City. *Tenue correcte exigée (pas de short ou bermuda).* Au sein du *Raffles City*, gratte-ciel conçu par Leoh Ming Pei, l'architecte de la Pyramide du Louvre. Avec ses 73 étages, le *Swissôtel Stamford* fut un temps l'hôtel le plus haut du monde. Au sommet, on jouit d'une vue imprenable depuis le *New Asia Bar* ou du bar situé à l'étage d'en-dessous (voir « Où boire un verre ? Où écouter de la musique ? »). En novembre s'y déroule le *Swissôtel Vertical Marathon*. Rens : • *swissotelverticalmarathon.com* •

À VOS MARQUES, PRÊTS, GRIMPEZ !

Depuis 1987, chaque année en novembre, le Swissôtel Stamford *organise le* Swissôtel Vertical Marathon. *Il s'agit d'une course à pied dans les escaliers de l'hôtel qui rassemble des centaines de participants. Le challenge est simple : gravir les 1 336 marches et les 73 étages de l'hôtel le plus vite possible. Le record à battre, détenu par un Allemand, est de 6 mn 52 s. Les ascenseurs mettent, eux, 34 s pour atteindre le 70e étage !*

Bordant le ***Padang*** *(plan III, F6-7)*, immense esplanade léguée par les Anglais, où se disputent régulièrement des matchs de cricket et où défilent les parades militaires, on remarque la ***Saint Andrew Cathedral,*** de style gothique, sur Coleman Street. Elle fut construite en 1856 sur les ruines d'une précédente. Ses murs intérieurs sont enduits d'un emplâtre composé de *shell lime*, de blancs d'œufs et de sucre. Curieux...

National Gallery Singapore *(plan III, F7)* **:** *1, St. Andrews Rd.* ☎ *6271-00-00.* • *nationalgallery.sg* • *Dim-jeu, 10h-19h30 ; ven-sam 10h-22h. Entrée : 20 $S ; réduc.* 13€
Conçu par le Français Milou, cet ensemble récent abrite des collections d'art moderne et contemporain de toute l'Asie du Sud-Est, du XIXe s à nos jours. Plus de 8 000 œuvres sont réunies dans les anciens bâtiments du *Supreme Court* et du *City Hall*.

Asian Civilisations Museum *(ACM ; plan III, F7)* **:** *1, Empress Pl.* ☎ *6332-77-98.* • *acm.org.sg* • Ⓜ *Raffles Place. Tlj 10h-19h (21h ven). Entrée : env 15 $S ; réduc.* 10€

L'un des quatre musées nationaux, situé dans d'anciens bâtiments coloniaux. Y sont exposés des objets en provenance de tout le Sud-Est asiatique, de la Chine à l'Inde, jusqu'aux routes islamiques de l'Ouest asiatique. La présentation thématique met en évidence les échanges et influences qui ont ainsi façonné cette société multiculturelle, et elle invite en premier lieu les Singapouriens à s'interroger sur leurs origines. De ce point de vue, et au travers d'un parcours ponctué de cartes géographiques et de bornes interactives qui replacent judicieusement les objets dans leur contexte, de documents sonores et visuels, de fascicules et d'animateurs présents dans les salles, on découvre l'immense richesse de cette société multiethnique. La muséographie est simple mais efficace.
Hors ses volumes gigantesques, le musée n'est pas très grand (il se visite en 1h tout au plus), et les salles se découvrent au fil des pages, tel un livre ouvert. À l'image de la galerie consacrée à l'art islamique où des moucharabiehs compartimentent les espaces et nous font avancer d'une page à l'autre. Des premières technologies de l'âge du bronze aux royaumes de l'Asie du Sud-Est, on aborde de façon presque exhaustive (manquent encore les sciences, sans doute à venir) et on explore les cultures asiatiques dans leur ensemble, celles qui font aujourd'hui la richesse de Singapour. Tiens, saviez-vous que l'utilisation du bleu en porcelaine ne vient pas de Chine mais du cobalt envoyé par les Perses ?

The Old Parliament *(plan III, F7)* **:** *Old Parliament Lane. Entre Boat Quay et High St.* Le plus ancien édifice gouvernemental de la ville. Assez massif. Il abrite aujourd'hui *The Arts House* *(☎ 6332-69-00 ; • theartshouse.com.sg • ; tlj 10h-22h),* où se déroulent différentes manifestations culturelles.

Victoria Theatre and Concert Hall *(plan III, F7)* **:** *11, Empress Pl.* Le bâtiment est le siège de l'orchestre national construit en l'honneur de la reine Victoria en 1905. Juste devant l'entrée, statue en bronze de Raffles.

SINGAPOUR

Le Central Business District et Marina Bay
(M Raffles Place ; plan III, F8)

***Central Business District* :** on dit *CBD* (prononcer « cibidi »). C'est le cœur véritable de la ville. Un côté Wall Street complètement assumé, peu ou pas d'ombre entre ces buildings gigantesques comme ceux des banques *UOB* et *OUB,* conçus par le Japonais Kenzo Tange, des places écrasées de chaleur et des *executive women* en tailleur et collants ! Le midi, les employés du quartier s'accordent une pause déjeuner mais... debout devant des écrans vidéo qui, dans la plupart des vitrines, les informent de l'évolution des marchés boursiers ! Autour de Raffles Place, les tours des banques jouent à qui sera la plus haute, brimées de ne pouvoir dépasser 277 m de hauteur (maximum autorisé à Singapour pour permettre aux avions de survoler la ville sans problème). Plus loin, ce sont les rues gagnées sur la mer, Shenton Way, Cecil Street ou Robinson Road, et leurs enfilades de rutilants édifices.

À l'embouchure de la rivière, face à la mer, un petit détour s'impose pour jeter un œil au ***Merlion*** cracheur d'eau *(plan II, D3),* mi-lion, mi-poisson, emblème de Singapour (plus chouette la nuit, lorsqu'il est illuminé).

Fountain of Wealth *(plan II, D2)* **:** *Temasek Blvd, Suntec City Mall. Suivre Raffles Blvd, puis sur la gauche. Bus nos 36, 106, 111, 133 et 857. Accès à la fontaine par le centre commercial.* La grotte de Lourdes version new age ! Vous pourrez voir des businessmen venir toucher l'eau, l'air contemplatif... Il faut dire qu'ils n'ont pas lésiné sur la symbolique (plutôt chargée). Vous êtes prêt ? Cette fontaine s'inspire directement du mandala, la représentation hindoue du ciel et de la terre. Elle est aussi la paume d'une main composée des cinq immeubles de 45 étages autour. C'est également la fontaine la plus large au monde : elle couvre une superficie de 1 683,07 m², et le tout pèse 85 t. L'ensemble, paraît-il, est parfait pour votre feng shui, l'harmonie de votre corps avec l'air... Le soir, show laser tonitruant avec jets d'eau de 30 m (dirigés vers le bas) et possibilité de célébrer votre anniversaire avec incrustations de messages dans la fontaine !

Esplanade Theatres on the Bay *(plan II, D3)* **:** construit sur l'emplacement de terres asséchées à l'embouchure de la Singapore River. Ce complexe culturel, articulé autour d'un théâtre de 2 000 places et d'une salle de concerts de 1 600 places, est relié en souterrain au réseau du MRT et aux galeries commerciales qui permettent de rejoindre Orchard Road. Promenade agréable au bord de la marina, d'où l'on aperçoit la *skyline* du quartier des affaires, le *Merlion* cracheur d'eau et la grande roue. Petit amphithéâtre en plein air couvert d'un velum où se produisent des artistes locaux. Programmation internationale de haute volée : • *esplanade.com* •

Singapore Flyer *(grande roue ; plan II, D3)* **:** *30, Raffles Ave.* ☎ *6333-33-11.* • *singaporeflyer.com* • Ⓜ *Promenade. Tlj 8h30-22h30 (dernière entrée à 22h). Durée : env 30 mn. Tarifs : env 33 $S ; enfants 21 $S.* Pour admirer Singapour d'en haut, grimper dans les cabines vitrées de cette grande roue panoramique de 150 m de diamètre qui culmine à 165 m ! Vue évidemment saisissante à 360° sur la ville d'un côté, les faubourgs et l'activité portuaire de l'autre. Pas de panique, les cabines sont stables et climatisées. À recommander plutôt en fin de journée pour un joli coucher de soleil. Et pour sortir le grand jeu, possibilité de dîner dans la cabine. Bon...

LE SENS DES AFFAIRES

La grande roue de Singapour, inaugurée en 2008, a fait couler beaucoup d'encre. À ses débuts, elle tournait dans le sens inverse des aiguilles d'une montre. Ce qui n'était pas du tout du goût des maîtres du feng shui ! Selon eux, toutes les bonnes énergies de la ville étaient emportées au large et donc perdues. Du coup, grosse pression auprès des responsables de la roue ! Aujourd'hui, elle tourne dans l'autre sens, amenant ainsi avec elle les richesses vers le quartier des affaires et la ville tout entière. Nous voilà rassurés !

The Helix Bridge *(plan II, D3)* **:** le pont piéton relie les berges du *Marina Center* à la promenade de *Marina South,* au pied de l'*Art Science Museum.* Il complète les réalisations de *Marina Bay* (*Gardens by the Bay* notamment) et relie désormais ce secteur au quartier des affaires. De forme hélicoïdale, joliment éclairé la nuit, ce pont offre une vue superbe sur la baie et le *Marina Bay Sands.*

Marina Bay Sands and the Sky Park *(plan II, D3)* **:** *10, Bayfront Ave.* Ⓜ *Marina Bay.*

Le *Marina Bay Sands* est une vraie ville dans la ville : un hôtel formé de trois tours de 55 étages et de plus de 2 500 chambres, une galerie commerciale hyper luxueuse, une quarantaine de restaurants, un *food court,* un casino, un centre de convention, une salle de spectacle de 2 000 places et, enfin, le *Sky Park* qui flotte à 200 m dans les airs. Une carte d'identité qui tient du *Guinness Book !*

L'immense hall s'étire sous une voûte qui monte jusqu'au 23ᵉ étage ! Une dizaine d'œuvres contemporaines monumentales meublent le *lobby,* parmi lesquelles *Drift,* d'Antony Gormley, une structure métallique de 40 m de long et de 15 m de large, suspendue à 23 m de haut, qui représente un homme en mouvement.

Le *Sands Sky Park,* ce long navire d'un peu plus de 1 ha, posé sur les trois tours, est si vaste qu'il peut contenir jusqu'à trois A 380 ! Doté d'une piscine olympique de 150 m de long et à débordement (sur le vide absolu), de jacuzzis, de jardins, de restaurants dont le très chic et cher *Sky on 57* de Guy Savoy, il est réservé aux deux tiers de sa surface à la clientèle de l'hôtel. Alors, à moins d'y passer la nuit, vous pourrez toujours accéder au pont du navire par l'ascenseur de la tour 3.

Accès de 9h30 à 22h (23h le week-end), payant *(env 25 $S/pers)* pour la simple vue, mais franchement la vue est époustouflante et... ébouriffante, il peut y avoir beaucoup de vent ! Sinon, accès gratuit en prenant un verre au bar. On vous le conseille, le bar est sympa (voir aussi plus haut la rubrique « Où boire un verre ? Où écouter de la musique ? »).

– Spectacle laser le soir sur la façade du *Marina Bay Sands* et sur l'eau. *Tlj à 20h et 21h30, également à 23h ven-sam.*

The Gardens by the Bay (plan II, D3) **:** *18, Marina Gardens Drive. • gardensbythebay.org.sg • Ⓜ Marina Bay, puis bus nº 400 jusqu'à Marina Barrage. Sinon, accès par une passerelle à l'arrière du* Marina Bay Sands, *de loin le plus bel accès pour la vue sur les jardins. Accès au* Flower Dome *et au* Cloud Forest *: env 30 $S.*

Dans la lignée des grands projets urbains, ces jardins ont été développés à l'entrée de la baie, sur les *reclaimed lands* (terres récupérées sur la mer). L'idée étant de promouvoir ce nouveau quartier comme un poumon vert au cœur de la ville et de donner un sens au slogan « *A city within a garden* ». Au total, plus de 50 ha (sur Marina South), littéralement sortis de mer, ont été aménagés en différents pôles thématiques.

– On trouve d'abord un complexe du conservatoire avec ses deux dômes monumentaux en verre : le ***Flower Dome*** *(ouv 9h-21h),* où sont présentées les végétations des climats méditerranéens et semi-arides d'Afrique et d'Australie, et le ***Cloud Forest,*** pour la végétation de montagne tropicale (Malaisie et Amérique du Sud). Baobabs, *grass trees* et, moins exotiques pour nous autres Européens, oliviers, cyprès, hortensias, fleurs des champs... Les pousses sont encore jeunes et gagneront en luxuriance avec le temps, mais le circuit est plaisant. La chaleur y est maintenue à 23-25 °C, régulée par un système d'ouverture des panneaux de verre qui les composent, au nombre respectif de 3 300 et 2 500. Un système de turbine électrique récupère l'excès de chaleur et la transforme en liquide de refroidissement, complétant ainsi la ventilation des serres 24h/24.

– Les ***Supertrees*** *(ouv 5h-2h du mat)* sont d'immenses structures en fer hautes de 25 et 50 m et plantées de végétation. Parce qu'il fallait un pendant au développement vertical de cette zone – le *Marina Bay Sands* et la grande roue – et qu'on ne peut faire pousser de grands arbres sur les *reclaimed lands,* les botanistes ont eu l'idée de monter ces immenses structures métalliques recouvertes de vraies plantes, à la façon des murs végétaux. Véritable tour de force pour trouver des plantes adaptées à ce mode de culture vertical, faciles d'entretien, jolies à regarder, légères et adaptables au climat chaud de Singapour... De fait, ils impressionnent et dominent le paysage ! On en compte 18, dont 12 constituent, au centre du parc, une forêt d'aspect futuriste reliée par des passerelles au niveau de la canopée *(accès libre pour le* Supertree Grove, *prévoir 5 $S pour l'*OCBC Skyway, *long de 128 m et haut de 22 m).* Vue et effet garantis. L'arrosage des plantes provient du système de refroidissement des dômes. Certains arbres sont équipés de panneaux photovoltaïques permettant leur éclairage de nuit. Magique !

– Les ***Jardins à thème,*** malais, indien, chinois, colonial... constituent une vitrine de l'horticulture tropicale et une belle démonstration de la biodiversité de notre planète.

Le projet se développe de l'autre côté de la baie, avec le *Bay East Garden,* et du côté de la Grande Roue, sur *Bay Central.*

Nombreux ***restos*** répartis sur le site, tous budgets confondus, du *hawker center Satay by the Bay* au très chic *Pollen,* dans le *Flower Dome,* tenu par un disciple de Gordon Ramsay.

Art Science Museum (plan II, D3) **:** *10, Bayfront Ave. Ⓜ Promenade ou Marina Bay. Prévoir un bon quart d'heure de marche. Tlj 10h-22h (dernière admission à 21h). Entrée : 16-25 $S selon les expos.* Au pied du *MBS,* un superbe édifice en forme de fleur de lotus aux pétales géométriques incurvés. Monumental hall et

larges galeries d'expos permanentes consacrées aux liens art-science, autrement dit au processus qui donne naissance à l'œuvre, de l'inspiration à la création. Également deux grandes expos temporaires par an.
– Juste à côté, la ***boutique Louis Vuitton*** : « l'Island Maison », comme on la surnomme, s'intègre à merveille dans ce secteur entièrement dévolu au luxe. Un cube de verre futuriste flottant sur l'eau, telle une pierre précieuse (la forme rappelle un quartz, surtout la nuit lorsqu'il est éclairé), et relié au rivage par un pont. Mais, quels que soient votre budget et vos intentions, rien ne vous empêche d'y faire un tour.

Boat Quay et Clarke Quay *(plan III, E-F7)* **:** la plupart des vieilles maisons chinoises qui bordent *Boat Quay* sont d'anciens entrepôts. La rivière a été nettoyée, les ateliers d'artisans ont rouvert, des rues sont réservées aux piétons, mais les anciennes maisons rénovées accueillent désormais bars et restos. Trois ponts permettent de passer d'une rive à l'autre de la Singapore River : l'*Elgin Bridge* à double voie, le *Cavenagh Bridge,* élégante passerelle suspendue au pied du *Fullerton Building,* et l'*Anderson Bridge* aux arcatures aériennes. La rive nord de *Clarke Quay* qui borde l'*Empress Place Building* et le *Nouveau Parlement* a été aménagée en agréable promenade ponctuée de sculptures – les *People of the River* – rappelant l'activité ancestrale qui régnait sur les quais. Jolie carte postale le soir venu, avec les buildings du quartier des affaires se reflétant dans les eaux de la Singapore River.

Chinatown (M *Chinatown ; plan IV)*

Notre quartier préféré avec une coexistence entre l'ancien et le moderne qui fait le régal des photographes. Au-dessus des vieilles maisons aux murs penchés par l'âge et bâties selon de nombreuses croyances et superstitions (voir encadré) se dressent d'arrogants gratte-ciel aux vitres fumées et des centres commerciaux débordant d'articles sophistiqués. Quant à Club Street, c'est une véritable enclave festive au cœur du quartier chinois. À ne pas manquer !
Les contours du vieux Chinatown sont très circonscrits, de Cross Street à Kreta Ayer Street du nord au sud, et entre New Bridge Road et South Bridge Road. De fait, il s'étend aujourd'hui au-delà de South Bridge Road, du côté de Club Street et d'Ann Sian Road, deux enclaves qui ont conservé leur aspect « village », et du côté de Maxwell Road jusqu'à Tanjong Pagar au sud-est.

CHINATOWN MODE D'EMPLOI

Dans les anciennes demeures et les temples, la marche en bois, partie intégrante de la porte d'entrée que l'on doit enjamber, est là pour empêcher l'accès aux esprits rampants ! Portes et fenêtres sont parfois agrémentées de morceaux de miroir destinés à renvoyer l'image de l'esprit volant et à le faire fuir. De même, d'autres esprits, qui ne se déplacent qu'en ligne droite, seront arrêtés par un « mur des génies », sorte de paravent placé derrière le portail. Tout cela sous l'œil dominateur des buildings ultramodernes !

Chinatown Visitor Centre *(plan IV, G9)* **:** *2, Banda St. ☎ 6221-51-15. • chinatown.sg • Tlj 9h-21h (22h w-e et j. fériés).* Infos sur le quartier, évidemment, plus plan et brochures. On peut aussi vous vendre des tickets de transport et vous réserver un hôtel. Petite boutique sympa avec un bon choix d'ouvrages en anglais sur le vieux Chinatown.

➢ Voici une ***balade à pied*** qui vous permettra de découvrir et d'apprécier ce quartier restauré et assez propret aujourd'hui.

✱ Commencez par la discrète **Back Alley,** qui relie Club Street, côté Cross Street, à South Bridge Road : une relique de l'envers du décor touristique, où l'on trouve souvent de petits vendeurs de rue désargentés, comme dans un minimarché aux puces. Ensuite, empruntez **Mosque Street** *(plan IV, G-H9),* où les maisons de thé étaient autrefois (comme les pubs anglais) interdites aux femmes. En face de la mosquée, pour les curieux et les adeptes de la médecine chinoise, une succursale moderne de la pharmacie *Beijing Tong Ren Tang.* Dans **Pagoda Street,** parallèle à la première, des échoppes en tout genre : librairies, vendeurs de porcelaine, toute une série de tailleurs et, au nº 26, *The Tintin Shop,* une boutique de produits dérivés du célèbre reporter. Tout ce coin est idéal pour faire quelques emplettes de gadgets en tout genre.

✱✱✱ **Chinatown Heritage Centre** *(plan IV, G9)* **:** *48, Pagoda St.* ☎ *6221-95-56 ou 6338-68-77.* ● *singaporechinatown.com.sg* ● *Tlj 9h-19h. Entrée : env 10 $S ; réduc.* Réalisation remarquable grâce aux techniques audiovisuelles : ce musée, consacré à l'histoire de l'immigration chinoise, se visite avec émotion sur trois niveaux. Les différents aspects de la vie quotidienne des Chinois (coolies ou marchands) sont illustrés par des tableaux vivants agrémentés de documents passionnants. On suit l'immigré par le récit de son arrivée à Singapour au milieu des baluchons, on passe par la fumerie d'opium, l'alcôve de la prostituée, les tripots où l'on joue au mah-jong et aux dés. À partir du plan de Chinatown, on se retrouve dans les locaux des associations d'entraide organisées autour de l'appartenance à la province d'origine ; évocation des métiers : le bijoutier, le tailleur, le fabricant de lanternes ; reconstitution des fêtes du Nouvel An, scènes de théâtre et de cabaret, étals de marché, plats traditionnels... jusqu'aux affres de l'occupation japonaise en 1942. L'aspect le plus poignant de l'exposition se trouve dans la présentation de l'habitat sordide, la pièce unique où pouvait s'entasser une famille entière (pauvre mobilier, cuisine crasseuse et sanitaires infects) et dans les témoignages vidéo. On mesure plus aisément le chemin parcouru par la population chinoise en deux ou trois générations.

✱ On poursuit par **Temple Street.** Le carrefour entre Temple Street et Pagoda Street était autrefois connu comme un lieu de fumeries d'opium, de jeu et de prostitution. Les pharmacies chinoises ont pris le relais et sont encore présentes. Arrêtez-vous donc au nº 36, à la boutique *Carpenter Inn,* qui, comme son nom ne l'indique pas, ne vend que des baguettes et surtout de beaux peignes. Tous en bois, de différentes qualités, de différentes teintes, il y en a pour tous les goûts. Plutôt cher, mais du beau travail. Plus loin, **Smith Street,** très animée avec ses restos qui s'installent dès la tombée de la nuit et où les odeurs de nouilles sautées rivalisent avec celles des *dim sum.*

✱ **Trengganu Street,** qui coupe Mosque Street, Pagoda Street, Temple Street et Smith Street, regorge de stands de gadgets rigolos (voir la rubrique « Achats »). Également quelques échoppes aux mille senteurs qui accapareront d'abord vos narines, puis votre regard. Un brin racoleur tout de même...

✱ **Chinatown Complex** *(plan IV, G9)* **:** *à l'angle de Smith St et Trengganu St.* Au sous-sol était autrefois installé un célèbre « marché mouillé », ainsi dénommé parce que le sol était mouillé et que l'on y trouvait en abondance toutes sortes de produits frais, fruits et légumes. Il a été entièrement rénové pour satisfaire les règles d'hygiène les plus élémentaires. Néanmoins, il mérite toujours qu'on s'y attarde pour son extraordinaire fourmillement quotidien, et notamment pour la vente du poisson à la criée. Au 2e étage, un vaste et très abordable *food court* (voir « Où manger ? »). En face, de nombreux joueurs de mah-jong (surtout le week-end).

✱✱ **Keong Saik Road** *(plan IV, G10)* **:** avant de reprendre South Bridge Road, faites un crochet par cette rue incurvée qui offre l'une des perspectives les plus étonnantes de Singapour. Un bonheur pour les photographes ! Bordée de *shophouses,* anciennes maisons chinoises typiques, basses, soigneusement restaurées et repeintes, certes, mais toujours occupées par des commerces, elle est dominée par l'une des plus incroyables réalisations de ces dernières années, le *Pinnacle (1, Cantonnment Rd),* un énorme *HDB* (logements sociaux) constitué de trois immeubles reliés par des passerelles suspendues. Ça plaît ou pas, mais le contraste est saisissant.

Duxton Hill *(plan IV, G10)* **:** en remontant Neil Road par la gauche, puis en tournant tout de suite à droite dans Duxton Road, on arrive dans ce secteur qui a vu pousser ces dernières années bars, restos et hôtels design comme des champignons ! Rien de sensationnel, si ce n'est ce côté village avec cette adorable ruelle pavée, arborée, bordée de petites maisons blanches repeintes, aux volets de bois et décors de linteaux en stuc. Un miracle de quiétude aux pieds d'un mastodonte !

Buddha Tooth Relic Temple *(plan IV, G-H9)* **:** *288, South Bridge Rd. • btrts.org.sg • (ascenseur).* Un temple récent (2007) mais édifié selon le style de la dynastie Tang, et qui comprend un musée dédié à la culture bouddhiste. Au rez-de-chaussée, c'est le temple lui-même. Notez le clinquant de la décoration, mais également la ferveur générale, et aussi les bols à offrandes remplis de petites pièces de monnaie que l'on offre avec déférence. Le musée se trouve au niveau 3 *(tlj 9h-19h ; entrée libre, mais se couvrir les jambes et les épaules ; tissus à disposition).* Nombreuses statues provenant de différents pays d'Asie représentant le bodhisattva Maitreya, qui n'est autre que le futur Bouddha. Dans la dernière salle, dite « chambre des reliques », nombreux coffres censés contenir des reliques du Bouddha (notamment des *brain relics,* soit des particules du cerveau !). Au niveau 4, la chambre du Bouddha, dans laquelle se déroulent les célébrations *(tlj 9h-18h).* Les estrades sont réservées à la méditation. Au fond, dans une grande pièce en verre (on ne peut y entrer), le petit stupa en or contient un coffre qui lui-même renferme une dent du Bouddha. Selon la légende, celle-ci aurait été retrouvée après l'effondrement d'un stupa birman en 1980. La relique est entourée de 35 bouddhas en or et par Maitreya lui-même, gardé par quatre lions. Ne pas hésiter à grimper sur le toit du temple (niveau 5), pour admirer l'immense moulin à prières entouré de milliers de bouddhas miniatures et d'un jardin dans lequel s'épanouissent de magnifiques orchidées.

Sri Mariamman Temple *(plan IV, H9)* **:** *244, South Bridge Rd. Tlj 7h-12h30 (13h ven), 17h-21h (21h30 ven). Droit d'entrée pour appareils photo. Se déchausser avt d'entrer.* Ce temple, le plus vieux et le plus important temple indien de Singapour (fondé en 1827, en partie reconstruit dans les années 1960), est désormais classé Monument historique. Il fut créé par Naraina Pillai, un fonctionnaire de l'*East India Company,* qui fit ensuite des affaires (dans la construction et le textile), devenant l'un des chefs de la communauté indienne. Dédié à la déesse Mariamman, réputée pour guérir les grandes épidémies, le temple témoigne de ce qu'étaient les conditions de l'époque à laquelle il fut bâti par des immigrants venus d'Inde du Sud. Murs, portes et toits sont décorés de figures polychromes. Très beau *gopuram* (ou pagode) dont les sculptures représentent des divinités hindoues. Des vaches gardent l'enceinte du temple, restauré par des sculpteurs venus du sud de l'Inde. Ne pas manquer les peintures du plafond. Ce temple est le théâtre de la cérémonie annuelle de la marche sur les braises (Theemithi) en octobre-novembre.

UN TEMPLE INDO... CHINOIS

Le temple Sri Mariamman possède un élément assez exceptionnel : l'existence de deux fenêtres de style chinois situées sous le gopura et que l'on ne retrouve dans aucun autre temple hindou à Singapour. Elles permettaient aux Chinois d'effectuer leurs prières... tout en restant à l'extérieur du temple.

SINGAPOUR

★★ On emprunte ensuite ***Club Street,*** l'une des plus vieilles rues de la ville. De nombreuses guildes de marchands chinois et autres clubs s'y étaient installés. Ce n'est donc pas la multitude de bars et restos branchés du secteur qui explique son nom ! Ses anciennes demeures ont été restaurées et repeintes et, ici, on est loin de l'agitation du centre de Chinatown... sauf le vendredi soir, quand les Singapouriens y viennent en masse. On retrouve cet esprit « village », un rien bobo, dans l'adorable ***Ann Sian Road,*** au bout de Club Street. Voir nos bonnes adresses, par là, pour un goûter gourmand (« Où prendre un petit déj ou un thé ? Où boire un jus de fruits ? Où manger une bonne pâtisserie ? »).

★ On prend ensuite à droite sur ***Cross Street.*** Sur la gauche, au niveau d'Amoy Street, le *Far East Square,* un exemple de reconstruction du quartier, avec des reconstitutions de temples, d'échoppes, le tout sous une bulle vitrée.

★ Un peu plus loin, ***Telok Ayer Street,*** réputée dans les années 1850-1870 pour la traite des esclaves. Le bas de Telok Ayer Street abritait les derniers métiers traditionnels de Chinatown : saponaires, fabricants de charbon de bois ou d'objets mortuaires en papier destinés à être brûlés lors de la crémation du défunt. La rénovation les a chassés du quartier. On voit toutefois la reconstitution du *Ying Fo Fui Kun,* bâtiment qui abritait une ancienne association d'entraide de Chinois immigrés du XIXe s. Intéressant. Au nº 140, remarquer le ***Nagore Durgha Shrine*** *(plan IV, H9),* construit en 1828. Architecture pour le moins curieuse réunissant des colonnes, une façade musulmane ainsi que deux tourelles. Le tout ressemble à un gâteau. Bizarre, bizarre... Plus bas, dans la même rue, voyez le ***Thian Hock Keng Temple*** *(plan IV, H9),* temple taoïste érigé par les premiers immigrants en hommage à la déesse de la Mer, qui leur avait permis d'atteindre Singapour sains et saufs. Avec ses portes peintes, ses dragons sur le faîte du toit, ses poutres somptueusement décorées, ses bâtons d'encens fumants, sa fontaine aux vœux, le « temple du Bonheur céleste » dégage une atmosphère étrange. C'est le plus ancien temple chinois de Singapour (1840). Fin avril-début mai, grande fête pour honorer Ma Chu Poh, la déesse de la Mer.

★ On termine ce tour par ***Stanley Street*** et ***Amoy Street,*** en passe de devenir le Chinatown yuppie : agences de pub et bureaux d'avocats investissent en nombre les élégantes *shophouses* (maisons de commerce traditionnelles) joliment rénovées. Dans ***Stanley Street,*** ici plus qu'ailleurs peut-être, les contrastes entre les anciennes demeures et les bâtiments modernes s'expriment avec une puissance toute particulière.

★ ***Red Dot Museum*** *(plan IV, H10)* **:** *28, Maxwell Rd. ☎ 6327-80-27. • museum.red-dot.sg • Ⓜ Tanjong Pagar. Tlj sf mer-jeu 11h-18h (20h le w-e). Entrée : 8 $S ; réduc.* Impossible de louper ce grand bâtiment rouge qui occupe tout un pâté de maisons. Il comprend un espace d'expositions permanentes et temporaires liées exclusivement à la création contemporaine, et en particulier aux objets du design primés dans le monde. Une sorte de laboratoire des tendances. Présentation d'objets du quotidien depuis les années 1960, amusante comme tout. Plusieurs bars dans l'enceinte du musée.

Tanjong Pagar *(Ⓜ Tanjong Pagar ; plan IV, H10)*

Autrefois terrain de plantation de la muscade, c'est la première zone classée de Singapour (le fait que ce soit l'ancienne circonscription de l'ex-Premier ministre Lee Kuan Yew y est peut-être pour quelque chose...). Près de 200 *shophouses* rénovées de façon superbe et peintes de jolies couleurs pastel accueillent aujourd'hui bars et restos. La rue est également célèbre pour ses nombreux magasins de robes de mariée. Cela dit, le quartier est peu vivant, excepté le soir. Au carrefour entre Neil Road et Tanjong Pagar Road se trouve ***Jinrikisha Station*** *(plan IV, H9),*

vers nº 93, intersec° avec Craig Rd et Maxwell Rd

une ancienne gare qui servait autrefois de dépôt aux pousse-pousse. Juste en face, l'excellent *Maxwell Center* (voir « Où manger ? »). Et à deux pas :

Singapore City Gallery *(plan IV, H9-10)* **:** URA Centre, 45, Maxwell Rd. ☎ 6321-83-21. • ura.gov.sg • Ⓜ *Tanjong Pagar ou Chinatown. Tlj sf dim et j. fériés 9h-17h. GRATUIT.* Pour les passionnés d'architecture, une intéressante exposition de maquettes de la ville couvrant les transformations de Singapour au cours du dernier demi-siècle. Également un *light and sound show* autour de la maquette du centre-ville *(Central Area Model ; ttes les heures 10h-16h),* soit... 2 % de la surface de la cité-État. Et puis un diaporama sonore et visuel de 7 mn, où l'on est entouré par des vues de la ville de l'aube au coucher du soleil. Pas mal de panneaux, interactifs ou non, et quelques animations pour les enfants, pour le coup vraiment interactives.

Orchard Road (Ⓜ *Somerset et Orchard ; plan V*)

Très longue avenue, symbole, avec le quartier des affaires, de l'image qu'entend donner le Singapour d'aujourd'hui. Bordée de parcs et de jardins agréables, de grands hôtels et de *shopping centres* les plus luxueux où toutes les marques prestigieuses sont réunies. Relayée ensuite par **Tanglin Road.** Là encore, on construit de manière frénétique, tout en conservant les arbres et les jardins. *Tanglin* vient de la transformation du chinois *Tung Leong,* qui signifie « les sommets des collines de l'Est ». Quelques (sages) délires architecturaux à signaler quand même : le *Tanglin Palace,* en style Tudor ; sur Orchard Road, la tour de la *Tang's Plaza,* 33 étages et un toit inspiré de ceux des pagodes, avec chevrons rouges et tuiles de porcelaine d'un vert vif ; en face, le *Ion Orchard,* monstre d'acier et de verre surmonté d'une haute tour de verre ; ou encore le *Wheelock Place,* à l'intersection avec Scotts Road, en forme (au choix) de crayon ou de fusée intersidérale.

– Bon plan pour parcourir l'avenue sans effort : prendre le bus n° 174 près de la porte Tanglin des jardins botaniques (devant l'hôpital), en direction de New Bridge Road. Pour moins de 1 $S, vous remonterez tout Orchard Road dans un bus climatisé.

Emerald Hill Road *(plan V, K11)* **:** *petite rue perpendiculaire à Orchard Rd.* Ⓜ *Somerset.* Quartier rebaptisé ***H_2O*** pour ses fontaines. Regroupe surtout un bel ensemble architectural de maisons peranakan construites de 1900 à 1930 et miraculeusement préservées. Souvent convertis au christianisme, les Peranakan ont quitté la Malaisie musulmane pour le Singapour colonial, où ils représentaient une bourgeoisie riche et puissante. Style architectural très éclectique, sino-malais au départ donc, mais qui emprunte pour l'aspect ornemental des façades à l'influence coloniale (colonnes ioniques et corinthiennes, festons...) et des façades colorées dans des teintes pastel. Ces maisons sont aujourd'hui très prisées des expatriés : à deux pas de l'incessante circulation d'Orchard Road, le quartier est un véritable havre de paix.

Little India (Ⓜ *Little India ; plan VI*)

Ce quartier subit également les foudres du *Department of Housing,* bien que le projet de conservation de la ville s'applique en partie à ce secteur. Un quartier qui baigne dans le parfum des guirlandes de jasmin tressé, de l'encens, des épices fraîchement moulues, au rythme des chansons d'amour tamoules. C'est l'un de nos endroits ethniques préférés.

Quand sir Thomas Raffles arriva à Singapour, en 1819, il était accompagné de 120 Indiens qui habitèrent principalement dans le quartier près de Chulia Street à Chinatown, que Raffles leur avait initialement attribué. Originaires principalement de Calcutta et de Madras, les immigrants indiens affluèrent ensuite dans ce qui devint, au début du XXe s, une région couverte de fruits et légumes. Ce quartier, des deux côtés de Serangoon Road, prit le nom de *Little India*.

PÉTAIN ROAD

Le maréchal Pétain a droit à sa rue, près de Jalan Besar Stadium. Un hommage en l'honneur de ses victoires lors de la guerre de 14-18. En revanche, on a oublié ses exactions lors du régime de Vichy, et donc le maréchal a toujours pignon sur rue.

➢ Nous vous proposons une courte ***balade*** à la découverte des meilleurs endroits de Little India.

– ***Serangoon Road*** *(plan VI, M12-13)* est l'une des plus vieilles rues de Singapour. Traversez-la pour atteindre ***Little India Arcade.*** Jadis réservé aux crémations, ce groupe d'échoppes, réhabilité en 1982, est devenu, depuis, un grouillant petit paradis du shopping. Faites un tour chez *Handlooms,* un marchand de saris agréé par le gouvernement indien. En entrant côté Serangoon Road, on arrive à un vendeur de confiseries indiennes *(Indian candies).* Sous l'arcade, des échoppes médicinales ayurvédiques avec les savants qui proposent potions et remèdes, des vendeurs de bétel, de tissus, de sculptures, d'argenterie, et un petit centre culturel indien...

– Quittez ensuite Little India Arcade par Campbell Lane, tournez à droite. On croise, surtout le matin, des ***marchands de fleurs*** très colorées, symbole de prospérité. Les colliers sont composés de roses rouges, d'œillets jaunes et de jasmin blanc. Les mardi et vendredi, les divinités hindoues sont honorées avec des colliers de jasmin. Mais, aux grandes dates religieuses, des guirlandes plus élaborées sont placées au cou des divinités. Face à vous, le magasin *Johti,* qui ne désemplit pas. Il propose fruits et fleurs en offrandes. Vous y trouverez aussi bien des épices, des bâtons d'encens, des ustensiles de cuisine, que des saris de toutes sortes (au 1er étage).

– Sortez par Dunlop Street et tournez à droite, puis longez la rue où vous trouverez aussi bien du riz et du sucre que du khôl, du henné ou des huiles parfumées.

– Revenez sur Serangoon Road par la Upper Dickson Road. Faites un tour au ***Pujat Tekka Center*** *(plan VI, M13),* un grand marché couvert sur trois niveaux : stands vestimentaires à l'étage et alimentaires au rez-de-chaussée. Excellentes sélections d'épices, fruits et légumes, et quelques stands particulièrement réputés pour la qualité de leur choix. Au 37, Kerbau Street, ne manquez surtout pas la ***Tan Teng Niah House*** *(plan VI, M13),* véritable « arc-en-ciel » architectural. Un peu plus haut, possibilité de visiter le ***Sri Veermakaliamman Temple*** *(plan VI, M13),* construit en 1881 par des apprentis bengalis et dédié à la déesse Kali « la Courageuse ». Les mardi et jeudi, les rues sont remplies de croyants qui prient, font des dons ou des vœux.

– En sortant du temple, tournez à droite et continuez sur ***Serangoon Road.*** Les ***bijoutiers*** sont très respectés, car ils reproduisent des images des dieux. Entrez dans une boutique et demandez à voir une bague appelée *navarethinam* (voir encadré). Aujourd'hui encore, la plupart des bijoutiers sont des Indiens qui réalisent des bijoux à partir d'anciens modèles.

LE SOLEIL A RENDEZ-VOUS AVEC LA LUNE

Portée habituellement par les Indiens, la bague navarethinam *est incrustée de neuf pierres différentes (chacune représentant neuf planètes visibles, dont le Soleil et la Lune). Elle est censée neutraliser les interférences des planètes entre elles.*

– Continuez sur Serangoon Road jusqu'au point de départ.

– ***Kitch'n Coach :*** ☎ 918-688-59. ● kitchncoach.sg ● Prévoir 3-4h. Cours de 80-90 $S/pers. La matinée commence par une visite guidée du fameux *Tekka Market,* l'un des marchés les plus colorés et authentiques de Singapour, avec la chef

Susanne Despature. Dans un français impeccable (elle est suisse), Susanne vous guide dans le labyrinthe des étals et livre tout un tas d'infos précieuses sur les produits phares de la cuisine asiatique et leur utilisation. Suit un cours de cuisine fusion chez elle, en petit groupe, puis la dégustation ! Le tout dans une ambiance bon enfant. Une expérience atypique !

Le quartier d'Arab Street (Ⓜ Bugis ; plan VI, N13)

Ici, c'est tout un quartier qui a subitement disparu, soit plusieurs rues autrefois peuplées de petits commerces, de temples discrets et d'arbres vivaces se nouant autour de vieux murs fatigués. À la place, une vaste esplanade à l'herbe rase. Du quartier subsistent donc seulement quelques rues, serrées autour de la mosquée du Sultan, qui regroupent plusieurs ethnies d'origine moyen-orientale. On y voit pourtant des restos indiens, des pharmacies chinoises aux mystérieuses plantes et préparations, des bijouteries qui proposent de belles pierres semi-précieuses à des prix corrects, des tailleurs qui vous confectionnent une chemise encore moins chère que dans le centre. Haji Lane, la plus petite rue de la ville, abrite nombre de jeunes créateurs tendance. L'ambiance est tout de même nettement moins fébrile qu'à Chinatown. Un minuscule quartier, à peine un village...

➢ Commencez la balade par ***Arab Street.*** Vous y trouverez de très beaux tissus (sarongs, soie, coton), des tapis et quelques rares et superbes batiks parfois signés de grands maîtres à des prix encore abordables. À deux pas, ***Bussorah Street,*** désormais piétonne et plantée de palmiers, fait un peu décor de cinéma et offre une belle perspective sur la mosquée du Sultan. Sur ***North Bridge Road,*** les boutiques des joailliers jouxtent celles des parfumeurs musulmans où l'on peut élaborer son propre parfum avec des essences naturelles (sans alcool, islam oblige).

Sultan Mosque *(plan VI, N13)* **:** *North Bridge Rd. Ouv à la visite tlj sf ven mat 9h-12h, 14h (14h30 ven)-16h.* La plus grande mosquée de Singapour.

Haji Lane *(plan VI, N13)* **:** celle qui était autrefois glauque se transforme peu à peu en une rue *trendy* et pittoresque. C'est la seule rue de Singapour où les graffitis sont tolérés ! Ailleurs, c'est un délit passible d'amende et de coups de bâton... Pas mal de jeunes créateurs y ont pignon sur rue.

Bugis Street *(plan III, F5)* **:** l'ancien quartier canaille de la ville a subi un sérieux lifting. De gros efforts furent entrepris pour essayer de recréer l'ambiance des « bons vieux jours » de cette rue détruite en 1985, lors de la construction du métro, et rouverte en 1991. Résultat : les travestis qui avaient fait la « réputation » de l'endroit ont bien évidemment disparu ; restent quelques bars et restos et un centre commercial (encore un !), *Bugis Village,* reconstitution d'une rue à l'ancienne mais « sous verre » (voir la rubrique « Achats »). Le quartier a perdu de son charme mais a gagné en respectabilité et en touristes !

Geylang et Katong (plan I)

Ⓜ *Kallang ou Aljunied.* À l'est de la ville, deux des quartiers les plus typiques de Singapour habités à l'origine par les Malais et les Peranakan. En deux bonnes heures, on découvrira une animation intense, quantité de temples chinois, de *shophouses* bigarrées, de boutiques d'artisans malais, de *hawkers centres,* de restaurants populaires et d'étalages de marchands de fruits. Geylang Road (longue de 5 km) et Sims Avenue sont traversées perpendiculairement de rues numérotées appelées *Lorong* (numéros pairs à droite, impairs à gauche).

➢ Commencez la balade en rejoignant la station de métro de Kallang *(plan I)*. Prenez ensuite à gauche Geylang Road. 300 m plus loin, tournez à gauche dans Lorong 9, bordé de temples bouddhistes. À droite ensuite, Sims Avenue, avec ses échoppes de marchands de fruits et légumes. Bifurquez dans Lorong 17, agréablement environné d'arbres qui ne masquent pourtant pas les hauts hôtels illuminés de néons criards !
Dans Lorong 19, une curieuse maison chinoise rococo estampillée 1929. Notez les policiers indiens sculptés en façade ! De l'autre côté, franchissez la passerelle piétonne qui surplombe Geylang Road, à hauteur de Lorong 18. Ici débute le quartier chaud *(Red Light District)* et ses prostituées venues de toute l'Asie. De petits hôtels bon marché proposent des tarifs de « transit » à l'heure, destinés, bien sûr, à accueillir les ébats des prostituées et de leurs clients, mais aussi aux jeunes couples locaux à la recherche d'un peu d'intimité qui doivent souvent attendre longtemps pour disposer d'un logement à eux.

➢ Poursuivez Geylang Road vers l'est, jusqu'à Lorong 29. À gauche, entre deux immeubles, un magnifique temple chinois au portail ouvragé et au toit en pagode. Quelques étonnantes maisons chinoises encore dans Lorong 30 A et un autre temple un peu plus loin, dans Lorong 33, bien pourvu en restos d'extérieur. Le chemin vers le *Geylang Serai Market,* 500 m plus loin, passe par le centre commercial de *City Plaza.*

➢ Les courageux peuvent poursuivre en direction de la côte vers le quartier de Katong : la longue Joo Chiat Road à l'entrée de laquelle le *Joo Chiat Complex* propose un assortiment particulièrement large de textiles de toutes sortes. La rue se déroule en une longue ligne droite jalonnée de superbes *shophouses* de style peranakan (voir la belle enfilade aux tons pastel dans Koon Seng Road). Les petits restos alternent avec les bars karaoké et les boutiques d'artisanat qui ont toutes leur petit autel d'offrandes à l'entrée. Tout au bout, prendre à droite East Coast Road pour voir un peu plus loin un superbe temple hindou. Fin de la promenade, on ne se trouve pas loin du bord de mer et de l'*East Coast Park.*

SINGAPOUR

East Coast Park (plan I) **:** *une des destinations de w-e des Singapouriens. Pour y aller : prendre le bus n° 16 sur Orchard Rd, descendre à Marine Parade Rd et traverser le tunnel sous la Highway.* Complexe balnéaire qui regroupe, sur plusieurs kilomètres de littoral, plages de sable (en partie importé d'Indonésie !), loisirs nautiques et restos de *seafood* (voir la rubrique « Où manger ? »). Location de vélos (8 km de pistes cyclables), de planches à voile, et le ***Playground at Big Splash*** *(902, East Coast Parkway ; ☎ 6440-97-03 ; • bigsplash.com.sg • ; lun-ven 12h-17h45, sam-dim 9h-17h45),* un complexe de restos, bars et diverses distractions (vélos à louer, minigolf, *kangoo shoes...*).

À voir, un peu plus loin

Mount Faber (plan I) **:** *pour y aller, on peut grimper à pied (la côte est plutôt raide !) ou prendre le téléphérique au Harbour Front (tlj 8h30-21h) qui relie le mont à l'île de Sentosa (voir plus loin « Les îles voisines »). Pour se rendre au Harbour Front : Ⓜ Harbour Front ou bus direct n° 143 sur Orchard Rd et descendre au terminus.* Du haut de cette grosse colline, on embrasse toute la ville, le port et les îles. On voit même les HLM construites au milieu des arbres à l'écart de la ville, dans lesquelles ont été relégués les résidents de Singapour après la destruction de leur ancien habitat.

The Southern Ridges (plan I) **:** *à quelques encablures du centre « busy » de Singapour. Pour y aller : le plus simple est de se faire déposer en taxi aux parkings C ou D du mount Faber.* Cette zone de préservation forme une longue bande

de verdure qui s'étire sur 47 ha. Plusieurs sentiers, qui offrent tous de belles vues, ont été aménagés dans ce grand parc paisible. Parmi les plus intéressants :
– ***Canopy Walk*** *(0,3 km)*, un sentier perché à 16 m de haut qui constitue une fabuleuse plate-forme pour la découverte de la végétation et de la faune de la canopée ;
– ***Henderson Waves*** *(0,3 km)*, le pont piéton qui enjambe Henderson Road et relie les deux collines. En arrivant du parking C, superbe vue sur ce long serpent ondulé en bois particulièrement photogénique ! Très emprunté par les joggeurs ;
– ***Faber Walk*** *(1 km)*, un long sentier sur une passerelle. En métal, la passerelle est fermée les jours de pluie car elle devient glissante.

SINGAPOUR, UN PEU PLUS LOIN

Les parcs d'attractions

Singapore Science Centre (plan I) : *15, Science Centre Rd. ☎ 6425-25-00. • science.edu.sg • Près de Jurong Town Hall Rd. Pour y aller, prendre le métro jusqu'à la station Jurong East Station puis 10 mn de marche, ou bus nos 66 ou 335 de Jurong East Station. Tlj 10h-18h. Entrée : 12 $S ; Omni Theatre 14 $S ; réduc enfants.* Surtout destiné au jeune public (anglais indispensable), il ressemble un peu au parc de la Villette à Paris, avec plusieurs salles bien organisées regroupant près de 500 pièces concernant les sciences physiques et naturelles. Département de mathématiques, des sciences de l'information, simulateur de vol dans la section aviation, *Imax Movie*, planétarium semblable à la Géode. Réserver sa place en arrivant, car beaucoup de monde. À proscrire le week-end.

Tiger Balm Gardens *(Haw Par Villa ; plan I)* : *262, Pasir Panjang Rd. ☎ 6872-27-80. Pour y aller, bus n° 10 de Shenton Way ou n° 143 d'Orchard Rd ; autre possibilité : prendre le métro jusqu'à la station Buona Vista puis le bus n° 200. Tlj 9h-19h. GRATUIT. Ne pas y aller le w-e (files d'attente interminables).* Les fameux jardins du Baume du Tigre ont été créés dans les années 1930 par l'inventeur du célèbre Baume du Tigre. Ils illustrent la mythologie chinoise (ses contes, ses paradis et ses enfers). Les créateurs ont fait don au gouvernement du parc qui attire un million de visiteurs par an, dont beaucoup de Japonais. Les Occidentaux trouveront cela très kitsch : des centaines de statues polychromes en stuc ou une promenade en barque dans le ventre d'un immense dragon. Ces attractions amuseront ceux qui ont gardé leur âme d'enfant.

Les parcs naturels et animaliers

Singapore Zoo (plan I) : *80, Mandai Lake Rd. ☎ 6269-34-11. • zoo.com.sg • Dans un très beau jardin situé au centre nord de l'île. Pour y aller, bus n° 171 d'Orchard Rd (ou Scotts Rd) jusqu'à Mandai Rd, puis de l'autre côté de la rue, bus n° 927 ; ou bien prendre le métro jusqu'à la station Ang Mo Kio puis bus n° 138. D'une manière ou d'une autre, compter 1h15 de transport. En taxi, env 25 $S depuis la marina et 45 mn de trajet. Tlj 8h30-18h. Entrée : 33 $S ; réduc moins de*

SINGAPOUR

12 ans. Billets combinés avec le Singapore Night Safari ou le Jurong Bird Park et même pour les 3. Réduc sur les achats via le site internet.
Vraiment un très chouette zoo en bordure d'un lac artificiel. Pas de grilles, peu de cages. Les animaux sont retenus par des obstacles naturels : rochers, rivière et autres. Beaux spécimens de lions, rhinocéros, tigres de Sumatra, varans de Komodo et même des ours polaires. Vous remarquerez que chaque animal est sponsorisé par une marque. Eh oui, à Singapour on adore la pub, et tout se sponsorise. Bien entendu, les tigres sont parrainés par... la fameuse bière Tiger !
Différents spectacles d'animaux 10h30-17h. Possibilité aussi de prendre un petit déj *(wild breakfeast)* avec d'autres bestioles sympathiques comme le gibbon, le python ou le binturong *(tlj 9h-10h30)*. Oui ! Vous ne rêvez pas... L'une des attractions principales de ce zoo avec le show des otaries et celui des éléphants. Site internet bien conçu avec suggestions d'itinéraires.

Singapore Night Safari (plan I) : *parc zoologique nocturne, à côté du précédent. • nightsafari.com.sg • ☎ 6269-34-11. Pour y aller, se reporter au Singapore Zoological Garden. Sinon, bus spécial pour le retour 21h30-23h30 : départ ttes les 15-30 mn pour Marina Square via Orchard Rd ; prix : env 6 $S. Compter 30 mn en taxi depuis le centre. Tlj 19h30-minuit. Entrée : 45 $S ; réduc. Possibilité de tickets combinés avec le zoo ou le Jurong Bird Park.*
Parc de 40 ha où sont rassemblés plus d'un millier d'animaux. À 19h30, 20h30 et 21h30 (show supplémentaire à 22h30 les vendredi et samedi), n'oubliez pas d'assister au show de présentation (pas mal fait) de quelques spécimens du parc dans le petit amphithéâtre (faites gaffe à ce qui se passe entre vos jambes !). La visite s'effectue ensuite en petit train ou à pied (pas pour la totalité du parc) sur des sentiers bitumés. Certains animaux sont en totale liberté dans la partie où circule le train. Pour les animaux en cage, les enclos de couleurs sombres se confondent dans la pénombre. Ne soyez pas trop surpris de vous retrouver nez à nez avec une panthère tapie dans l'obscurité !
Attraction très prisée par les Singapouriens, toujours beaucoup de monde, mais à la fin de la soirée on se retrouve presque seul. Self-service convenable avant d'attaquer les pistes.

SINGAPOUR

Jurong Bird Park (plan I) : *Jln Ahmad Ibrahim, Jurong Hill. ☎ 6265-00-22. • birdpark.com.sg • Pour y aller, prendre le métro jusqu'à la station Boon Lay, puis bus n° 194. Compter env 15 mn. Tlj 8h30-18h. Entrée : 29 $S ; réduc. Possibilité de billets combinés avec le zoo et le Night Safari. Shows d'oiseaux tlj 10h-16h (annulés en cas de pluie).* C'est le plus vaste parc d'oiseaux du monde. Une gigantesque volière, sur 20 000 m², avec la plus grande chute d'eau artificielle jamais réalisée. Plus de 8 000 oiseaux, de superbes volières et environ 600 espèces du monde entier. La présentation des oiseaux de nuit est remarquable. Également un aquarium géant dans lequel évoluent des pingouins tout de suite à droite en entrant. Évitez de prendre le petit train (de surcroît payant : 5$S) qui vous fait faire la visite à 20 km/h en compagnie des hordes japonaises.

Chinese and Japanese Gardens (plan I) : *Yuan Ching Rd, Jurong. ☎ 6261-36-32. Pour y aller, Ⓜ Chinese Garden, puis marcher un peu. Tlj 6h-22h (23h le w-e) ; 9h-18h pour le Bonsai Garden et le Garden of Abundance. GRATUIT, sf pour le Bonsai Garden (pas chère).* Grand parc au cadre très agréable : pièce d'eau, location d'embarcations à pédales... Le dimanche, les mariés en costume posent pour les photos souvenir. Belles pagodes dans le jardin chinois qui contraste avec la sérénité zen des jardins de pierres japonais. Impressionnante collection de bonsaïs.

Botanic Gardens (plan I) : *à l'angle de Cluny Rd et Holland Rd. ☎ 6471-71-38. • sbg.org.sg • Ⓜ Botanic Gardens ou bus nos 105, 106 ou 174 d'Orchard Blvd, ou n° 106 de Bencoolen St. Descendre après le Gleneagles Hospital. Tlj 5h-minuit. GRATUIT.*

De tous les parcs de Singapour, c'est celui situé le plus près du centre-ville, à quelques encablures d'Orchard Road. Si vous n'avez guère de temps à consacrer aux parcs, rendez visite au moins à celui-ci. Vous comprendrez pourquoi on surnomme Singapour « The Garden City ». Plantes tropicales du monde entier ; étang sur lequel évoluent gracieusement quelques cygnes. ***National Orchids Garden*** *(ouv 8h30-19h, dernière entrée à 18h ; entrée 5 $S, réduc, gratuit moins de 12 ans)* abritant plus de 2 000 espèces différentes, dont la fameuse orchidée tigre ou la mystérieuse orchidée noire de Sumatra. Ne manquez pas les orchidées « VIP » dédiées à des personnalités internationales. On y retrouve dès le petit matin de nombreux Singapouriens qui y font leur jogging.
C'est très agréable de se détendre, après une journée de shopping, dans une atmosphère baignée de parfums d'hibiscus, de frangipaniers et de bougainvillées ! Et si une petite faim ou une grosse soif vous prend subitement, un *hawker* (on y trouve des jus de fruits frais parmi les meilleurs de la ville) se trouve caché dans la verdure, à côté de l'entrée. Sinon, il y a l'excellent restaurant *Halia*.

Bukit Timah Nature Reserve *(plan I) : 177, Hindhede Dr. Pour y aller, bus nº 171 de Stamford Rd ou bien encore de la station de métro Newton ; s'arrêter après le* Beauty World Plaza. *La réserve est sur la droite (marcher un peu). Actuellement en travaux, la réserve n'ouvre que le w-e 7h-17h (dernière admission). Renseignez-vous avant d'y aller au cas où le site ait rouvert à plein temps. GRATUIT.* Singapour est la seule ville du monde (avec Rio de Janeiro) à avoir conservé plusieurs hectares de forêt tropicale à quelques kilomètres du centre. Pour ceux qui ne vont pas à Bornéo mais qui veulent néanmoins se plonger dans la verdure des forêts tropicales et avoir une (petite) idée de ce qu'est la jungle. Des sentiers bien balisés (on reste quand même à Singapour) permettent de s'y balader. Plan à l'entrée. Les singes sont en totale liberté. Bukit Timah est le point culminant de Singapour : 163 m (!).

Sungei Buloh Wetland Reserve *(plan I) : 301, Neo Tiew Crescent. ☎ 6794-14-01. • sbwr.org.sg • Pour y aller, bus nº 925 de la station de métro Kranji ; le bus s'arrête à l'entrée du parc le dim et en période de vac, sinon petite trotte de 15 mn depuis le parking de Kranji Reservoir. Tlj 7h30 (7h dim)-19h. GRATUIT.* 87 ha de mangrove s'étendent à l'extrême nord-ouest de l'île. C'est le moment de se munir de jumelles pour observer les oiseaux migrateurs qui viennent de Malaisie et qui, en route vers le sud, y font escale entre septembre et avril. Les espèces non migratrices y abondent également : échassiers, pluviers, bécasseaux... Chemins de promenade sur passerelles de bois, pas besoin de se chausser de bottes ! Huttes d'observation et audiovisuel au centre d'accueil.

Croisières sur le fleuve et vers les îles

Plusieurs compagnies proposent des croisières allant de la simple balade en *bumboat* le long de la Singapore River à la croisière en mer avec repas. Ces balades n'ont rien de très palpitant, mais ça peut plaire aux enfants...

■ ***Singapore River Cruises and Leisure :*** *☎ 6336-61-11. • rivercruise.com.sg • Plusieurs embarcadères le long de la Singapour River dont un au* Parliament House Landing Steps, *près de la statue de Raffles (plan III, F7, **302**). Ⓜ City Hall. Achat des tickets et départ ttes les 15 mn env 9h-22h30. Durée : 40 mn. Prix : 22 $S ; réduc enfants.* Balade le long de la Singapore River à bord d'un *bumboat*.

■ ***Watertours :*** *31, Marina Coastal Dr, # 01-09, Marina South Pier (plan II, D4). ☎ 6533-98-11. • watertours.com.sg • Départ de* Marina South Pier *à 10h30 et 15h (la moins chère des croisières), autres croisières à 15h (avec high tea) et 18h30 (la plus chère, avec dîner). Durée : 2h-2h30. Prix : 29-57 $S selon croisière ; réduc enfants.* Ce sont des croisières à bord du *Cheng Ho*, réplique de la jonque impériale *Da Fu* de

SINGAPOUR

la dynastie ming. Découverte du port puis balade vers les îles de Kusu et de Lazarus, puis on longe les côtes de l'île de Sentosa.

■ ***Singapore Duck Tours :*** ☎ 6738-33-38. ● *ducktours.com.sg* ● *Départs ttes les heures 10h-18h de* Suntec City Mall *(plan II, D2). Durée : 1h. Prix : 33 $S ; enfant 23 $S.* Cher pour ce que c'est : à savoir une balade dans un ancien véhicule militaire amphibie, d'abord sur l'eau, le long de la Singapore River, puis un petit trajet sur la terre ferme dans le quartier colonial.

LES ÎLES VOISINES

L'ÎLE DE SENTOSA (plan I)

Après avoir servi de repaire aux pirates et de base militaire aux Britanniques, cette île en face du port de Singapour a été en grande partie aménagée en parc d'attractions. Vaste complexe à ciel ouvert, elle se compose aujourd'hui de 60 % de végétation et de 40 % d'infrastructures ! Une douzaine de somptueux *resorts* de luxe et de *lounges* on ne peut plus branchés, parmi lesquels le sublime *Capella,* un ancien bâtiment militaire réinterprété et *designé* par l'architecte Norman Foster. Également un casino, des plages, des musées et quantité d'attractions familiales, d'immenses *shopping centres* comme l'étonnant *VivoCity,* enfin le plus grand *océanarium* du monde *(Marine Life Park),* quoiqu'un peu controversé (déception des visiteurs qui finalement n'y verront pas de grands requins, dauphins capturés dans des conditions parfois dénoncées).

Des animations et festivals y sont organisés toute l'année, avec de grands moyens (superbe festival des fleurs en janvier), et drainent d'importantes foules, Singapouriens et touristes venus de toute l'Asie : près de 20 millions par an. Si vous ne faites pas une thèse du genre « De l'utilisation du dimanche par les Singapouriens en ce début de XXIe s », vous pourrez aisément sauter cette visite. Car, malheureusement, ça tourne vite au racket commercial. C'est aussi le coin le plus branché, le plus fun et le plus chic pour tous les apprentis jet-setters du week-end. Plutôt ironique, quand on sait que Sentosa signifie « tranquillité » en malais...

Une exception toutefois : la plage de Tanjung Pandang, bien agréable pour une pause baignade.

Arriver – Quitter

Se rendre à Harbour Front *(plan I).* Ⓜ *Harbour Front.* De là, plusieurs possibilités.

➢ ***Avec le Sentosa Express :*** navette sur rail qui part du *VivoCity Centre* (centre commercial collé au Harbour Front), *lobby* L, au 3e étage. Prix : 4 $S/pers. Départs fréquents (ttes les 5-10 mn env tlj 7h-minuit).

➢ ***En téléphérique** (cable car) :* ☎ 6377-96-26. Se prend à la *tower II* du Harbour Front. Départs tlj 8h45-22h. Prix A/R : env 26 $S ; réduc. On peut aussi prendre la *Jewel Box* du haut du mont Faber *(plan I).*

➢ ***En taxi :*** compter le prix de la course à laquelle s'ajoute le droit de passage du taxi (entre 2 et 6 $S suivant l'heure et le jour).

➢ ***À pied :*** les plus courageux traverseront le pont à pied (500 m) par le *Sentosa Boardwalk* et paieront 1 $S pour le franchir ! Accessible 24h/24. Départ depuis le *VivoCity Center.*

SINGAPOUR

Circuler dans l'île

➢ ***Le Sentosa Express*** dessert les stations Waterfront, Imbiah et Beach Stations, les 3 pôles d'attraction de l'île.
➢ ***Le bus :*** 3 lignes tournent en boucle 7h-22h30 (minuit le w-e, 22h pour la ligne rouge) et desservent les différents pôles d'attraction. Elles convergent vers Beach Station.
➢ ***Le Beach TraM*** dessert le littoral de part et d'autre de Beach Station : ligne orange vers Palawa et Tanjong Beach, ligne rose du côté de Siloso. Fonctionne tlj 9h-23h (minuit le w-e).

Infos utiles

– Au droit d'entrée élevé s'ajoutent de nombreuses attractions payantes (et ça finit par faire cher, surtout en famille !) : *env 8-26 $S/pers selon activité ; réduc enfants. Propose des pass : 69,90 $S pour 16 attractions, valide 1 journée 9h-19h. Pour tt rens :* ***Sentosa Leisure Group,*** *☎ 1-800-736-86-72.* *• sentosa.com.sg • (site très complet avec pas mal de promos à saisir).*
– Sur l'île, 4 points information et billetterie, dont un à l'entrée du parc et un autre à l'arrêt Beach Station du tram. Nombreux fascicules avec horaires et descriptifs, et plan de l'île à dispo.

Où manger ?

Pour les petites fringales à minibudget, pas mal d'échoppes et cafés, parmi lesquels le *Food Republic* du *VivoCity Shopping Mall* et le tout récent *hawker* :

Malaysian Food Street : *au rdc du Resort World Sentosa. Tlj 11h-22h.* Un authentique *hawker* dans un décor de vieille ville où l'on déguste les spécialités phares du pays : les délicieuses versions malaisiennes du *wanton mee* ou du *hokkien mee,* le *kampung nasi lemak.* Plats assez relevés dans l'ensemble. Fameux desserts « maison » dont le délicieux et rafraîchissant *Penang cendol.* Comme dans tous les *hawkers,* une fois qu'on a fait son choix, on prend son plateau et on s'installe autour des grandes tables d'hôtes.

SINGAPOUR

Où manger une glace ?

Only You : *dans le forum du Resort World Sentosa.* Le royaume des desserts locaux et des glaces coiffées de *toppings* en tout genre.

Où bruncher ? Où boire un verre ?

Tanjong Beach Club : *120, Tanjong Beach Walk. ☎ 9750-53-23. Mar-ven 11h-23h, sam-dim 10h-minuit. Fermé lun. Plats env 20-55 $S ; boissons 15-25 $S.* Avec sa piscine chic face à la plage, ses palmiers, sa musique *lounge* et sa clientèle *brunchée,* pardon branchée, qui se presse menu-menu lors du brunch du dimanche, on se croirait quelque part entre Miami et Saint-Tropez ! Chic, cher et snob, mais la croisière s'amuse... Et puis, 4 fois par an, la maison organise une *full moon party,* très courue elle aussi.

À voir. À faire

Sur l'île, plein de trucs à faire et de quoi s'occuper facilement une journée. Petits conseils d'amis : éviter le week-end, et si pas le choix, venir tôt le matin. En début d'après-midi, ça vire au cauchemar ! À éviter par ailleurs en période du Nouvel An chinois (janvier), en juin et en novembre-décembre.

– ***Les musées : Images of Singapore*** (un musée d'Histoire) dans l'ancien hôpital militaire ; le ***Fort Siloso,*** l'un des quatre forts de l'île, préservé, évocation historique bien faite, avec la scène de la reddition des Japonais en 1945 ; également le ***Maritime Experiental Museum*** (et son aquarium) à la superbe architecture en forme de coque de bateau inversée.

– ***Les divertissements : insectarium*** (pas mal du tout) ; ***coralarium*** (bien fait) ; l'***Oceanarium Underwater World*** (30 $S, mais passionnant : pour connaître le grand frisson des profondeurs grâce à un tunnel transparent qui traverse un bassin rempli de requins et autres prédateurs des mers) ; et le lagon (certes artificiel) des dauphins roses, une espèce rare. Également un ***merlion*** géant en béton, un terrain de golf de 18 trous, une piste de patinage à roulettes, des canoës, des vélos, des segway en location, un parc d'attractions nautiques et la ***Wave House*** *(● wavehousesentose.com ● ; résa indispensable le w-e),* une plage artificielle, etc. Sans compter les nouvelles attractions qui apparaissent chaque année.

– Enfin le parc d'attractions des ***Studios Universal*** *(● rwsentosa.com ● ; lun-jeu 9h-18h, ven-dim 10h-20h ; à partir de 74 $S/pers, promos fréquentes sur le site internet),* où l'on retrouve les attractions phares de la firme hollywoodienne, y compris les plus récentes, centrées autour des films maison, *Jurassic Park, Madagasca, Shrek* ou *Spiderman.* Également deux *roller coasters* dont un complètement dans le noir.

LES AUTRES ÎLES

Pulau Ubin *(plan I)* **:** *située entre Singapour et la Malaisie. Prendre le métro jusqu'à la station Tanah Merah, puis le bus nº 2 pour Changi Village jusqu'au terminus. Poursuivre à pied jusqu'au Changi Point Ferry Terminal. De là, un bumboat vous conduit jusqu'à Pulau Ubin dès que vous êtes 12 à bord, du mat au soir, pour 5 $S A/R. Kiosque d'information à l'arrivée.* Vous débarquerez sur une île qui ressemble à ce que devait être Singapour il y a 50 ans. Possibilité de louer des VTT pour faire le tour de l'île à la végétation luxuriante (une carte est fournie) : au passage, des carrières, des étangs vert émeraude, des chemins bordés de cocotiers, un temple bouddhique caché dans la jungle. Faune intéressante avec de nombreuses espèces d'oiseaux, des macaques, des lézards et un joli serpent jaune citron *(Oriental Whip Snake)* tout à fait inoffensif. Mais la vocation de l'île pourrait bien changer (à suivre).

Saint John's Islands et Kusu : *au sud de l'île de Sentosa. Départs des bateaux de Marina South Pier (plan II, D4), au 31, Marina Coastal Dr : 10h et 14h lun-ven ; 9h, 12h et 15h sam ; ttes les 2h 9h-17h dim et j. fériés. Les bateaux desservent successivement Saint John's Island et Kusu Island. Compter 30 mn pour atteindre Kusu ; 30 mn supplémentaires pour Saint John's Island. Prix : env 15 $S ; réduc enfants. Le dim slt (car ce jour-là, il y a davantage de liaisons), vous pouvez vous arrêter à Kusu et reprendre le prochain bateau pour Saint John's Island.* Deux petites îles tranquilles avec plages de sable, récifs de corail et sentiers de balade, tout cela loin de la rumeur de la ville.

SINGAPOUR : HOMMES, CULTURE, ENVIRONNEMENT

ARCHITECTURE

À l'image de sa population, l'architecture de Singapour est multiple et variée. Si dans des quartiers tels que Chinatown, Little India ou Colonial District subsiste encore un style architectural spécifique, propre au groupe ethnique qui les habite, la cité-État surprend d'abord par sa fusion des genres et son brassage des influences.
Pourtant, dans les années 1970, le Premier ministre de l'époque, Lee Kuan Yew, s'efforce de gommer les particularismes des différents quartiers pour adopter une architecture plus moderne et, surtout, plus haute, afin, entre autres, de palier la faible superficie de l'île. Après une première phase de reconstruction complète de Chinatown et de Little India, jugés trop insalubres et incompatibles avec la volonté de modernisation de Singapour, le gouvernement opte finalement pour une politique de rénovation, particulièrement des *shophouses.* Ces petits immeubles, traditionnellement composés d'un rez-de-chaussée abritant un commerce et d'un ou deux étages hébergeant la famille, ont longtemps fait le charme de l'île. Désormais, à Chinatown, anciennes habitations rénovées jouxtent de vertigineux et récents buildings. Singapour, entre tradition et modernité...
Colonial District, autre quartier typique, frappe par son architecture victorienne, reflet de la colonisation britannique. Quant au quartier des affaires, il incarne de manière évidente la démesure propre à Singapour : des gratte-ciel de verre et d'acier tous plus hauts les uns que les autres, conçus par des architectes de renommée internationale. Et ce n'est pas fini, car les projets vont bon train. Ces futures constructions sont l'occasion d'une véritable surenchère en matière d'innovation : des bâtiments toujours plus grandioses et futuristes. Dans le genre avant-gardiste, comment ne pas mentionner le complexe conçu par Moshe Safdie, *Marina Bay Sands :* trois luxueuses tours de 55 étages sur lesquelles a été posé un... navire toit-terrasse avec piscine à débordement !
Mais, bien que Singapour soit urbaine par excellence, l'île, surnommée *the Garden City* et en passe de devenir *a city within a Garden,* ne manque ni de parcs ni de végétation. La ville est verte et son architecture le devient tout autant. Volonté affirmée de l'État, les *greenroofs,* intéressants d'un point de vue esthétique comme écologique, y sont de plus en plus courants. Toujours surprenant de voir un building gris d'acier au sommet verdi par des toitures végétalisées...

Les *HDB*

Les années 1970 et l'indépendance de Singapour marquent également le début d'une nouvelle politique de logement de Lee Kuan Yew. Ce dernier souhaite non seulement que chaque citoyen singapourien ait une habitation salubre à faible loyer, mais aussi que ces habitations soient des lieux d'intégration des différentes populations de l'île. Sont alors construits de nombreux logements sociaux à quotas, les immeubles *HDB (Housing Development Board).* Chaque immeuble doit être habité par des Chinois, des Malais et des Indiens. Du point de vue sociologique comme esthétique, le contraste avec nos HLM est évident ! La démesure n'est en effet pas réservée aux buildings de la City et un réel effort est fait pour faire de ces tours de beaux bâtiments. De plus, les *HDB* abritent généralement un *Community Centre* proposant toutes sortes d'animations et de services à destination des familles.

BOISSONS

Pour vous rafraîchir, évitez donc les sodas... Désaltérez-vous plutôt dans un *food court* en vous faisant préparer un jus de pêche, d'orange, de melon, de banane... ou le tout mélangé. Pas cher, et Dieu que c'est bon ! Parfait, car l'alcool n'est pas donné. Dans les restos et les bars à karaoké, vous verrez les Singapouriens aisés commander d'onéreuses bouteilles de cognac VSOP et les siffler allègrement avec des glaçons comme de la limonade. Le whisky est déprécié depuis que les Chinois se sont aperçus que c'était la boisson des prolos anglais. En revanche, les amateurs de bière seront comblés par la variété locale, la Tiger Beer et la ABC, une bière brune, proche de la Guinness.

« TIME FOR A TIGER »

Cet ancien slogan publicitaire de la fameuse bière singapourienne servit de titre à une nouvelle d'Anthony Burgess. L'écrivain britannique, alors peu connu, demanda au brasseur de lui offrir une horloge ornée du slogan-titre. Il essuya un refus. 15 ans plus tard, une fois Burgess célèbre grâce à Orange mécanique, *la firme se rendit compte de son erreur et lui offrit de consommer gratuitement toutes les bières qu'il voulait pendant ses séjours à Singapour. Burgess répondit : « Trop tard. Je suis devenu un adepte total du gin. »*

CINÉMA

Il faut que vous y alliez ! Le spectacle est autant sur l'écran que dans la salle... Ici, pas mal de films indiens, américains et, surtout, hongkongais et thaïs. Peu de films à proprement parler made in Singapore. Mais, aussi lent soit-il, le développement de l'industrie cinématographique singapourienne est indéniable. Notamment grâce à l'acteur et réalisateur Jack Neo qui, s'inspirant des blockbusters américains, est parvenu à populariser un cinéma local abordant des thèmes spécifiques à la ville-État, tels que le matérialisme dans *Money no Enough* (1998) ou l'élitisme de son système éducatif dans *I not Stupid* (2002).
On commence même à voir des films singapouriens sélectionnés dans des festivals de cinéma internationaux. Le premier étant *Barbie Digs Joe* (1990), un court-métrage d'Eric Khoo, réalisateur, scénariste et producteur né en 1965 à Singapour. Ont suivi trois longs-métrages du même réalisateur (sortis en France) : *Be With me,* présenté à Cannes en 2005 dans le cadre de la Quinzaine des réalisateurs, *My Magic,* en compétition officielle en 2008, tous deux non primés mais très remarqués, et *Tatsumi* (2011), un bel hommage à l'auteur de mangas japonais. En revanche, *Ilo, Ilo* d'Anthony Chen a reçu la Caméra d'or à Cannes en 2013 : une grande première.

CUISINE

Si, sur le plan économique, les Chinois tiennent le haut du pavé, question cuisine, toutes les nationalités contribuent à faire de Singapour un haut lieu gastronomique : cuisines malaise, indienne, indonésienne, chinoise, vietnamienne, thaïe, peranakan, française, italienne, anglaise, mexicaine... Un véritable tour du monde culinaire.

Quelques spécialités phares

Une cuisine internationale, donc, mais quelques spécialités essaient pourtant, même si elles n'ont pas été créées à Singapour, de s'arroger le titre de « plat national ».

– ***Chicken rice :*** spécialité de l'île de Hainan, au sud de la Chine. Ce sont des lamelles de poulet cuites à la vapeur accompagnées de riz cuit dans le jus, servies avec des sauces aux piments, au gingembre et au soja.

– ***Fish head curry :*** un plat originaire du sud de l'Inde, de prime abord peu engageant. Imaginez une tête de poisson (en règle générale du rouget, plus rarement du mérou ou de la lotte) qui baigne dans une sauce au curry très épicée. Finalement, ça se laisse manger et, bien préparée, la chair du poisson s'avère très délicate.

– ***Chili crab et black pepper crab :*** du crabe cuit dans une sauce épicée ou au poivre que l'on mange avec les doigts. Mais au préalable, on a pris soin de casser les pattes avec un genre de casse-noix. Attention, certains restos les vendent au prix de l'or !

– ***Carrot cake (chai tow kueh) :*** rien à voir avec ce gâteau à la mode que l'on déguste en Occident. Cette recette *teochew* consiste à frire des cubes de farine de riz et de radis blanc dans une omelette, avec quelques jeunes oignons. Dans sa version *dark,* on ajoute de la mélasse ou une sauce noire sucrée.

– Et aussi le ***char kway teow,*** le ***bak kuh teh,*** la ***cuisine peranakan,*** etc. Pour un panorama bien plus complet, plongez-vous donc dans la rubrique « Cuisine » de la partie Malaisie plus haut !

Où manger ?

Tout aussi traditionnel, pour nourrir son petit monde, Singapour possède de nombreux complexes de restauration que le gouvernement n'a heureusement pas détruits mais modernisés.

– Les ***hawkers centres*** (ou *food centres*) regroupent les étals des anciens marchands ambulants chinois, les *hawkers,* que les services d'hygiène du gouvernement ont peu à peu contraints à la sédentarisation. Qu'ils soient en plein air ou dans les centres commerciaux climatisés pour les plus modernes, l'ambiance est indescriptible. Les Chinois viennent y manger leur soupe aux vermicelles ou les *dim sum* du petit déj et s'y retrouvent en masse au déjeuner. Et, si personne ne se regarde vraiment, il semble que tout le monde communique. On y trouve quantité de plats, des fruits de mer au poulet, le tout très bon marché. On commande des *seafood* à un stand, des *noodles* ou des *fried shrimps* à un autre, un jus de durian ou une *Tiger Beer* à un troisième. On choisit librement une table quelconque et... on est fort surpris d'être servi aussi vite ! En général, on paie au moment de la commande. Vous remarquerez que chaque stand a une vaisselle différente (ou au moins marquée), de façon à ce que les *hawkers* puissent la récupérer facilement parmi les dizaines de tables.

– Les ***food courts*** sont des *hawkers centres* améliorés et ressemblent davantage à des cafétérias ou à un rassemblement de self-services (par exemple, à Lau Pa Sat ou sur Orchard Road). C'est souvent le meilleur moyen de se sustenter pour pas cher, surtout dans les quartiers plus chic.

– Les ***night hawkers*** sont des dizaines de petites échoppes de nourriture pas chère qui se mettent en place par quartiers, par spécialités, dès la tombée de la nuit (*Glouton Bay* à Esplanade, *Lau Pa Sat* à Raffles Quay). On y mange vite, on y boit de la bière, on s'y retrouve entre amis, dans le respect des traditions singapouriennes.

– En dehors de ces « marchés », ce ne sont pas les restos qui manquent : la ville en compte près de 7 000, de la gamme moyenne à la plus chic !

Et l'hygiène dans tout ça ?

Si vous éprouvez encore certaines réticences à manger dans les *hawkers* ou les *food courts,* sachez que la *NEA* (l'Agence nationale de l'environnement de Singapour) a mis en place un système d'évaluation et de classification des stands. Les établissements se voient attribuer une note, allant de A à D (A étant la meilleure) selon des critères d'hygiène bien définis (propreté et entretien des locaux, fraîcheur des produits, etc.) et de qualité de la cuisine. L'affichage sur leur façade de la note obtenue étant obligatoire, cela peut s'avérer utile lors du choix de votre stand. Évidemment, les A sont davantage mis en avant que les D !
Les jugements sont revus régulièrement et un établissement peut être dégradé. Pire, sa licence peut être suspendue, voire révoquée en cas de non respect des normes de santé publique.

Quelques fruits à goûter

– Goûtez le ***durian,*** fruit presque aussi gros qu'un ballon de foot, doté de piquants et facilement reconnaissable à son odeur ! Du coup, il est interdit dans certains lieux publics (hôtels, métro, bus, etc.). La chair n'a vraiment pas le goût de son odeur, il est donc très prisé des locaux. Plus rarement des Occidentaux... Extrêmement nourrissant, il est aussi très vitaminé. C'est d'ailleurs un fruit assez cher, à la consistance douce et un peu crémeuse. Fruit d'été.
– Le ***ramboutan*** est rouge et rond avec l'aspect d'un marron, et son goût rappelle les litchis.
– Le ***chiku*** a la forme d'un œuf. On lui enlève la peau (un peu comme un kiwi, sans les poils) pour déguster sa chair, au goût très sucré, légèrement musqué.
– Et puis le ***duku*** et le ***mango,*** qui viennent de Malaisie, de Thaïlande, d'Inde ou des Philippines.
– Le ***mangoustan,*** de la taille d'une petite orange, au goût de framboise, est le meilleur des fruits tropicaux. En juillet-août, mais on en trouve d'importation en hiver.
– Le ***fruit du dragon*** *(dragon fruit),* à l'extérieur rose-violet avec un intérieur blanc et des graines noires, est également un excellent fruit, un peu acidulé.
– La ***carambole (starfruit)*** sert à faire un jus très rafraîchissant, tout au long de l'année.
Sans oublier les kiwis, ananas, bananes, pommes, poires, fraises...
On trouve tous ces fruits dans les échoppes des *hawkers* et *food courts,* présentés coupés ou en brochettes, mixés en jus ou *smoothies,* avec le plus souvent des indications sur leurs propriétés nutritionnelles. L'occasion de faire une belle cure de vitamines.

CURIEUX, NON ?

– Face à l'augmentation du nombre de divorces et à la baisse de la natalité, les stages sur la « reproduction » et la « deuxième chance » se multiplient. On ne compte plus le nombre de livres consacrés au couple, au plaisir et à la sexualité. Lee Kuan Yew proposait, quant à lui, un remède tout personnel : le recours à la polygamie.
– Les portes du *Grand Hyatt,* l'un des plus grands hôtels de Scotts Road, sont disposées en biais. Il ne s'agit pas d'une simple originalité architecturale : comme d'autres, l'établissement se conforme aux principes du feng shui, espérant attirer la chance en harmonisant les courants d'énergie qui nous entourent.

– L'eau constitue un véritable enjeu à Singapour, qui doit en partie l'importer de Malaisie. Pour diminuer cette dépendance, l'État non seulement traite les eaux usées, mais les met en bouteille. La marque *NEWater* est vendue et consommée désormais partout en ville. Bel exemple de recyclage !
– Au premier abord (même au second), le langage parlé dans la rue peut surprendre. Le « singlais » mêle les 4 langues officielles, à savoir du vocabulaire anglais, agrémenté ici et là d'expressions indiennes et malaises, structuré par la grammaire et la syntaxe du mandarin. Bon courage !
– Par souci de propreté, le chewing-gum est interdit. Une interdiction parmi d'autres qui vaut à la ville d'être surnommée la « *fine city* », « *fine* » signifiant en anglais à la fois « agréable » et « amende ». Pas vraiment des synonymes !
– Singapour est l'un des plus petits États au monde, mais la ville compte encore gagner 100 km^2 de terre sur la mer d'ici à 2030.

DROITS DE L'HOMME

De paradis, Singapour n'en a que le statut fiscal, car pour le reste, le régime autoritaire élaboré patiemment par Lee Kuan Yew, au pouvoir de 1959 à 1990 et décédé en mars 2015, a tout d'un roman orwellien. Un système devenu même un modèle pour bon nombre de dirigeants asiatiques ou du Golfe, qui aimeraient secrètement accéder à un tel degré de sophistication dans le contrôle des citoyens et la répression des rares contestataires.
Lee Hsien Loong, le fils de Lee Kuan Yew et actuel Premier ministre de la cité-État, se garde bien d'ailleurs de revenir sur ces instruments liberticides. La société singapourienne, dominée par le Parti d'action populaire, ultra-majoritaire, semble sclérosée, sous surveillance constante d'un Big Brother informatique et policier impossible à remettre en cause. Les médias peuvent être à tout moment interdits, et l'espoir des quelques Singapouriens souhaitant s'accorder un minimum de libertés grâce au Web a été douché depuis longtemps. Plusieurs blogueurs ont été arrêtés et emprisonnés pour s'en être pris au gouvernement, l'un d'entre eux âgé de 16 ans seulement, a passé près de 4 semaines en prison pour avoir diffusé une vidéo parodiant l'intouchable Lee Kuan Yew peu après sa mort. La diffamation est régulièrement utilisée pour infliger des amendes lourdes aux organes de presse ou aux blogueurs trop critiques. Les militants pour la cause homosexuelle sont particulièrement dans le viseur des autorités, la loi interdisant tout discours positif sur ce sujet.
Une nouvelle disposition introduite par Infocomm Development Authority devrait interdire en outre aux fonctionnaires, à partir de mai 2017, d'avoir accès à Internet sur les ordinateurs gouvernementaux, afin de ne pas dévoiler ou se faire pirater des informations confidentielles. La création artistique est également soumise à la censure et des œuvres peuvent être interdites lorsque le gouvernement les juge « obscènes » ou « répréhensibles », tout en conservant une définition très floue de ces termes.
Seul îlot de « liberté », le *Speakers' Corner,* ouvert en 2000 dans le Hong Lim Park, sur le modèle londonien. Les citoyens peuvent s'y rassembler, manifester et s'exprimer « librement » à condition de n'être ni insultants ni offensants à l'égard du pouvoir. Et tout cela, bien entendu, sous surveillance-caméra permanente.
La loi sur la sécurité intérieure est également à l'origine de dérives (détention sans limite de durée ni inculpation officielle, etc.). La peine de mort est toujours de mise à Singapour, une sanction quasi systématique en cas de meurtre ou de trafic de drogue. Amnesty International dénonce en outre l'usage de la bastonnade, régulièrement administrée dans les cas de violation de la loi sur les migrations. Les travailleurs étrangers, souvent d'origine indienne ou chinoise, sont soumis à toutes sortes de discriminations et travaillent dans des conditions éprouvantes. Néanmoins, un progrès social inhabituel à Singapour a permis à

quelque 200 000 domestiques, essentiellement des femmes d'origine étrangère, de bénéficier d'un jour de congé par semaine.
Pour plus d'informations, contacter :

■ **Fédération internationale des Droits de l'homme (FIDH) :** *17, passage de la Main-d'Or, 75011 Paris. ☎ 01-43-55-25-18. • fidh@fidh.org • fidh.org • Ⓜ Ledru-Rollin.*

■ **Amnesty International** *(section française)* **:** *76, bd de la Villette, 75940 Paris Cedex 19. ☎ 01-53-38-65-65. • amnesty.fr • Ⓜ Belleville ou Colonel-Fabien.*

ÉCONOMIE

Croissance, rentabilité et enrichissement personnel régissent l'économie singapourienne et le mode de vie de ses habitants. On travaille beaucoup, on investit, on achète, tout cela sans relâche de peur de connaître de nouveau la pénurie. Une attitude symbolisée par le *kiasu,* un trait de caractère qui consiste à être roublard et à rouler tout le monde, de peur... d'être roulé soi-même !
Quelques chiffres pour illustrer clairement le succès économique de ce Dragon asiatique (comme la Corée du Sud, Hong Kong et Taïwan) : Singapour est la première place financière d'Asie et la quatrième mondiale ; elle est première dans le classement *Doing Business* de la Banque mondiale pour la facilité à y faire des affaires ; c'est le deuxième port mondial derrière Shanghai ; elle se situe au sixième rang en terme de PIB/habitant ; et elle est devant tout le monde en nombre de millionnaires rapporté au nombre d'habitants !
Dans les années 1960, Singapour a tiré son épingle du jeu en écoutant, entre autres, les conseils d'un économiste hollandais, Albert Winsemius. La ville devient d'abord une base industrielle (pétrochimie), manufacturière et de services qui, par le biais d'exonérations fiscales, a le pouvoir d'attirer les investisseurs étrangers. Après le premier choc pétrolier, l'activité économique de l'île se diversifie, s'orientant vers l'électronique. Le transport maritime et aérien plus le secteur bancaire viennent compléter la liste de ses points forts et assurer la prospérité de la cité-État.
Depuis le début des années 1990, Singapour a décidé de délocaliser ses industries les plus rudimentaires en Birmanie, en Chine ou au Vietnam, pour ne garder que les services (63 % de ses richesses) et la haute technologie (produits pharmaceutiques, électronique). Sans oublier de gros efforts budgétaires dans le domaine de la recherche, en créant des campus délocalisés à partir d'universités renommées (françaises, entre autres). Singapour mise donc sur les cerveaux ! L'économie est foncièrement dirigée par le gouvernement : 60 % du PIB est engendré par 50 entreprises publiques. Toutefois, la crise économique mondiale de 2009 a ralenti la croissance du PIB d'abord temporairement, puis de nouveau dès 2011 pour glisser jusqu'à 2 % en 2016. En cause : le ralentissement de l'économie chinoise, dont Singapour est très dépendante, et plus généralement la faible croissance mondiale.

L'avenir ? L'art, la culture et le jeu !

Il est visible (presque à l'œil nu) que l'accent est mis, entre autres, sur le tourisme. Le gouvernement a entrepris des travaux d'infrastructures monumentaux, comme la construction du gros « hanneton », l'*Esplanade on the Bay,* espace dédié à la musique et à l'art. Singapour se donne pour vocation de devenir le pôle artistique du monde asiatique. Et elle fait tout pour s'en donner les moyens. Les quartiers typiques de la ville sont rénovés et non pas détruits. La ville cherche à garder son image de ville multiculturelle, son fonds de commerce essentiel. Singapour se donne un nouveau visage (pas seulement urbanistique) tout en perpétuant la tradition. Les postes économiques tels que la finance, le commerce, l'industrie pharmaceutique, la chimie ou l'e-business font toujours sa force, mais elle cherche désormais à se construire une identité en se libéralisant (modestement) et en s'ouvrant (énormément) sur l'extérieur et sur de nouvelles sources de revenus. Le gouvernement a en effet levé l'interdiction des casinos en 2010 en ouvrant deux établissements, faisant de Singapour le centre de loisirs d'Asie du Sud-Est. L'affaire s'est d'ailleurs très rapidement révélée lucrative, puisqu'avec 6 milliards de dollars de recettes les casinos singapouriens seraient en passe de rattraper Las Vegas !

ENVIRONNEMENT

Voilà un domaine dont le gouvernement peut se vanter, et à juste titre. Mais à quel prix ! La propreté est de rigueur sur toute l'île-État. Des poubelles aux quatre coins des rues, l'interdiction formelle de manger, de boire et bien évidemment de fumer dans le métro, la fierté du pays. Vous comprendrez dès votre arrivée à l'aéroport : c'est nickel. On vous défie de trouver un papier gras ou un mégot de cigarette par terre sur Orchard Road (on fume devant les cendriers-poubelles). Ne parlons même pas des chewing-gums, carrément interdits dans le pays. Lire à ce sujet la rubrique « Dangers et enquiquinements ».
L'écologie est une préoccupation du gouvernement, mais aussi des habitants de Singapour. Les mesures contre la pollution se multiplient, notamment avec un contrôle très rigoureux des gaz d'échappement, mais aussi de l'eau et du bruit. Une réelle politique de transports « verts » est mise en place, avec le développement du MRT (le métro de Singapour).
Autre problème crucial : l'eau. Singapour dépend encore trop de l'eau potable en provenance de Malaisie. Si bien que le gouvernement a beaucoup misé sur un projet : le *NEWater,* qui recycle les eaux usées de la ville. Oubliées les réticences du début ! L'eau *NEWater,* vendue en bouteilles, se boit... et se voit tout particulièrement sur les tables des politiciens lors des grands événements nationaux. Récompensé en 2007 par le Stockholm Water Industry Award, ce projet fait avancer Singapour sur la voie de l'autonomie. Poursuivant le même objectif, une nouvelle station de désalinisation est entrée en service en 2013, triplant la capacité de dessalement de l'île, dont seulement 10 % des besoins en eau sont actuellement pourvus de cette manière. Les autorités estiment que *NEWater,* plus la désalinisation, pourraient répondre à 80 % de la demande d'ici à 2060 (sachant qu'elle aura quasi doublé par rapport à la consommation actuelle).

nparks.gov.sg

Faune et flore

Pour la faune, il faut aller dans les réserves ou encore sur les petites îles au nord pour découvrir des caméléons, des lézards volants et même des macaques à longue queue. À *Sungei Buloh Wetland Reserve,* parc marécageux, sur 87 ha de mangrove, c'est un festival ornithologique avec plus de 180 espèces d'oiseaux qui se retrouvent là de septembre à mars pendant leur migration. Pêle-mêle : hérons, martins-pêcheurs, serpents d'eau et varans.
La flore se résume désormais à quelques espaces qui survivent à l'invasion de l'urbanisme. Une des dernières enclaves est la *Bukit Timah Nature Reserve (plan I),* qui couvre 164 ha de végétation primaire. On y trouve aussi plusieurs variétés de bois tropicaux. Autrement, sur la côte, au nord de l'île, mais aussi à Pulau Ubin et Pulau Tekong, on retrouve quelques forêts de mangrove. Mais l'essentiel de la végétation est cultivé pour les parcs et jardins de la ville. N'hésitez pas à vous y promener, ce sont souvent de véritables petits bijoux d'ornementation.

FÊTES ET JOURS FÉRIÉS

À Singapour, pluriethnisme et société de consommation effrénée obligent, la fête ne s'arrête jamais ! Les dates des fêtes que nous indiquons peuvent varier d'un ou plusieurs jours, la plupart (d'origine chinoise) dépendant du calendrier lunaire. Si vous préparez votre voyage en fonction d'une fête particulière, vérifiez la date précise auprès de l'office de tourisme ou du site officiel en anglais ● *yoursingapore.com* ● qui annonce et décrit brièvement les manifestations prévues dans l'année. Et si vous avez la chance d'assister à l'une de ces fêtes, sachez que toutes sont l'occasion d'illuminations assez spectaculaires.

– ***Nouvel An :*** 1er janvier. Compte à rebours, concerts et feux d'artifice, sur Orchard Road et le long de la Singapore River.

– ***Thaipusam :*** en janvier ou février. Fête religieuse hindoue, avec notamment une extraordinaire procession entre Serangoon Road et Tank Road dans Little India.

– ***Nouvel Au chinois :*** 2 jours en janvier ou février. Le moment ou jamais de visiter une Chinatown enluminée de multiples guirlandes et lampions, bruissant d'activité, surtout en fin d'après-midi. Presque toute la population chinoise de la ville vient ici faire ses emplettes. Des marchés installent leurs étals un peu partout. On y trouve *hong-baos* (petites enveloppes rouges dans lesquelles seront cachées les étrennes), mandariniers porte-bonheur et toutes sortes de décorations (souvent très kitsch, toujours rouge et or) pour la maison. Et on mange dans la rue des *bah quahs* (délicieuses tranches de porc grillé), des *lup cheongs* (bonnes petites saucisses chinoises) ou des gâteaux aux cacahuètes. Au fait, « bonne année » se dit *Kong xi* (prononcez « chi ») *fatt choy.*

– ***Chingay Procession :*** la 1re ou la 2e semaine suivant le Nouvel An chinois. Grande parade (multiraciale) : porteurs de drapeaux, danses du lion, etc.

– ***Birthday of the Monkey God :*** en janvier ou février au Monkey God Temple sur Seng Poh Road. Procession de médiums en transe, possédés par l'esprit du « dieu singe » chinois. Impressionnant !

– ***Good Friday*** *(Vendredi saint)* **:** en avril.

– ***Labour Day*** *(fête du Travail)* **:** 1er mai.

– ***Jour du Vesak :*** en mai. Célébration du Bouddha.

– ***Singapore Arts Festival :*** en juin. De la danse au théâtre en passant par les concerts. Dans les principaux lieux artistiques de la ville.

– ***Singapore Dragon Boat Festival :*** fin juin. Spectaculaires courses de bateaux traditionnels. Autour de l'île de Sentosa ou sur Marina Bay.

– ***Festival of the Hungry Ghosts*** *(festival des Fantômes affamés)* **:** fête mobile, juillet-août. Spectacles superbes d'opéra chinois (Wayang) donnés durant tout le festival de la 7e lune.

– ***Fête nationale :*** 9 août.

– ***Thimithi Festival*** (marche sur braises) **:** fête mobile, octobre-novembre.

– ***Pèlerinage à l'île de Kusu :*** fête mobile, taoïste, octobre-novembre.

– ***Festival of the Nine Emperor Gods*** *(festival des Neuf Dieux Empereurs)* **:** fête mobile, octobre-novembre.

– ***Deepavali :*** fête mobile, octobre-novembre. Célèbre la victoire de la lumière sur l'obscurité. Little India en est logiquement tout illuminée (au sens propre du terme).

– ***Hari-Raya :*** le ramadan, mobile. Vers Arab Street et dans le quartier malais de Geylang Serai, illuminations et, autour des mosquées, une pléthore de marchés nocturnes où déguster de nombreuses spécialités malaises.

– ***Elephant Parade :*** plusieurs semaines entre mi-novembre et mi-janvier. Il s'agit de la plus grosse exposition de plein air de modèles d'éléphants à taille humaine ! On en voit partout dans les rues, colorés, peints, décorés par des artistes. Des reproductions en taille réduite sont en vente dans des boutiques éphémères au profit de l'Association de sauvegarde des éléphants d'Asie.

– Une belle période pour voir Singapour est le mois de décembre, pendant lequel les Singapouriens se ruent dans les magasins décorés de manière fastueuse pour **Noël.** Les illuminations sont vraiment superbes (*Christmas Light-Up,* notamment sur Orchard Road), et il est assez amusant d'observer cette agitation toute commerciale.

GÉOGRAPHIE

Singapour est une île de 712 km² environ et qui compte un peu moins de 200 km de côtes. Elle ne cesse de s'agrandir en gagnant des terres sur la mer. L'île principale mesure environ 40 km d'est en ouest et 18 km du nord au sud. Mais Singapour, c'est aussi un chapelet d'une soixantaine d'îles, qui sont petit à petit annexées : certaines sont destinées à l'industrie, d'autres aux animations touristiques ou encore aux réserves naturelles. L'île principale est composée au centre de roches volcaniques (vers Bukit Timah et Bukit Mandai). À l'est, c'est plutôt plat, avec un sol de gravier et de sable. À l'ouest, en revanche, c'est assez vallonné.

HISTOIRE

L'île, nommée au XIVe s *Temasek,* « ville de la Mer », fut rebaptisée *Singa Pura* ou « ville du Lion » par ***Sang Nila Utama,*** un prince de Sumatra, dont la mauvaise vue lui fit apercevoir un lion (*singa,* en sanskrit) sur l'île. Aucun lion n'y résida jamais, mais le nom est resté. Sang Nila Utama considéra cela comme un bon signe et décida d'ériger une nouvelle ville à cet endroit, qu'il dénomma *Singapura.*
Singapour resta possession du sultanat de Sumatra jusqu'en 1819. Le 28 janvier de cette année, ***sir Thomas Stamford Raffles*** pénètre dans l'étroit chenal de la Singapore River, situé à l'extrême pointe de la Malaisie, au carrefour de plusieurs mers. Cet agent de la Compagnie britannique des Indes orientales comprend immédiatement l'essor potentiel de ce petit bout de jungle. Objectif : développer une nouvelle base commerciale pour contrecarrer le monopole des comptoirs portugais et hollandais de Java, Sumatra, Bornéo. Il signe, pour cela, avec le sultan de Johor, un ***accord donnant aux Britanniques le droit d'établir un comptoir*** sur l'île et de le déclarer port franc. L'accord comprenait la célèbre phrase : « Notre objectif n'est pas territorial mais commercial : un grand empire commercial à partir duquel nous pourrons étendre notre influence politique si les circonstances le nécessitent. » En route pour la Chine, les vaisseaux chargés de denrées, de tissus et d'épices devaient bientôt faire halte à Singapour plutôt qu'à Penang ou Malacca.
De 150 pêcheurs, l'île passa en 1824 à 10 000 habitants, pour la plupart commerçants. La destinée de la ville était tracée. Raffles officialisait à cette date la ***souveraineté britannique*** et pouvait, après avoir rasé la forêt, développer les bases économiques de ce nouveau carrefour mondial.
En déclarant Singapour « un port franc où régnera la liberté, sans taxe, sans restriction », Raffles traçait une ***voie royale aux commerçants de l'Asie du Sud-Est.*** L'ouverture du canal de Suez en 1869 devait appuyer cette hégémonie. Les Chinois du Kuang Tong et du Fujian vinrent en masse sur l'île au trésor et contribuèrent à créer le ***miracle économique.*** Sûrs d'eux, travailleurs acharnés, ils devaient rapidement faire pâlir de jalousie les Malais.
Le Singapour multiracial passa rapidement sous domination démographique et économique chinoise. Après l'occupation japonaise (de 1942 à 1945), qui laissa de très mauvais souvenirs, la ville redevint une colonie de la Couronne, avant de mettre en place un gouvernement d'autonomie en 1959, qui aboutit à l'***indépendance en 1965.***
En 2004, Lee Hsien Loong, fils de ***Lee Kuan Yew, le Premier ministre « fondateur » de l'État de Singapour,*** prend la suite de son père, édulcore un peu la politique de papa, mais sur le fond, le débat démocratique n'existe pas (lire plus haut la rubrique consacrée au « Droits de l'Homme »). Depuis 1959, le Parti d'action

populaire remporte une écrasante majorité de sièges à chaque élection législative. Si en 2011, il obtient son plus mauvais score depuis l'indépendance : seulement... 60 % des voix (!), les élections législatives de 2015 voient le parti remporter sa... 14e victoire d'affilée avec, cette fois, près de 70 % des suffrages. Pour certains, le résultat, qui intervient quelques mois après le décès de Lee Kuan Yew, sonne comme la reconnaissance d'un héritage.
Mais les défis perdurent, notamment les fortes inégalités sociales et la pression à la baisse des salaires liée à la présence d'une importante main-d'œuvre immigrée et donc faiblement payée. Quelques grèves et émeutes sociales, en 2012 et 2013, ont d'ailleurs confirmé l'inquiétude pour l'avenir, car malgré un modèle économique reconnu, la croissance n'atteignait que 2 % en 2016. De plus, un Livre blanc prévoyant de passer de 5,3 à 6,9 millions d'habitants en 2030 afin d'assurer un niveau de vie élevé a mis le feu aux poudres. Comme la natalité est en berne (1,2 enfant par femme) malgré une prime de naissance conséquente, il va de soi qu'on ne peut accroître la population qu'au moyen d'une plus forte immigration... Du coup, le sentiment anti-étranger est monté d'un cran et les autorités se sont cru finalement obligées de durcir les conditions d'entrée pour les expatriés.
Cela dit, le chef du gouvernement n'a pas changé. La continuité paraît donc toujours l'emporter sur le changement...

LANGUES

Quatre langues officielles à Singapour : le malais, le tamoul, l'anglais et le mandarin, auxquelles il faut ajouter une vingtaine d'autres langues et dialectes.
Afin de maintenir un lien avec la culture et la puissance économique chinoises, le gouvernement semble favoriser le mandarin. On voit en effet fleurir dans la ville d'immenses calicots : « Parlez moins les dialectes et davantage le mandarin. » De plus en plus de mariages ont lieu entre des Singapouriens d'origine chinoise mais de provinces et donc de dialectes différents. Ils communiquent alors en mandarin. Au cœur de Chinatown, les vieux ne parlent que des dialectes chinois non mandarins (hokkien, hakka, teochew, etc.).
L'anglais est la langue de l'administration. Elle est imposée aux élèves dans les écoles mais, suivant la politique de bilinguisme du gouvernement, les écoliers doivent désormais apprendre une seconde langue parmi les trois autres langues officielles, le plus souvent celle de leurs origines (qu'ils parlent en famille).
Quant au malais, il est perçu comme la langue nationale. L'hymne de Singapour, *Majulah Singapura,* est d'ailleurs chanté en malais.
Le Singapourien de la rue s'exprime souvent dans une langue hybride : le singlais (ou *singlish,* contraction de Singapour et de *English,* vous l'auriez deviné !). Une langue utilisant le vocabulaire anglais et de nombreuses expressions empruntées aux autres langues parlées sur l'île, mais à la grammaire, la conjugaison et la syntaxe mandarines. Tout cela donne une langue au premier abord très surprenante, voire incompréhensible pour une personne ne parlant que l'anglais « traditionnel ». Maintenant, rien ne vous empêche d'acheter un de ces petits dictionnaires en vente dans les librairies locales. *OK lah* (d'accord) ?

MÉDIAS

Votre TV en français : TV5MONDE, la première chaîne culturelle francophone mondiale

Avec ses 11 chaînes et ses 14 langues de sous-titrage, TV5MONDE est distribuée dans plus de 190 pays du monde par câble, satellite et sur IPTV. Vous y retrouverez de l'information, du cinéma, du divertissement, du sport, du documentaire...

Grâce aux services pratiques de son site voyage (● *voyage.tv5monde.com* ●), vous pouvez préparer votre séjour et, une fois sur place, rester connecté, avec les applications et le site ● *tv5monde.com* ● Demandez à votre hôtel le canal de diffusion de TV5MONDE et contactez ● *tv5monde.com/contact* ● pour toute remarque.

Presse

Les kiosques de Singapour sont bien approvisionnés en journaux étrangers. Le principal groupe de médias, Singapore Press Holdings (SPH), proche du gouvernement, détient une quinzaine de journaux et de magazines, publiés dans les quatre langues du pays. Le journal anglophone *Straits Times* est celui qui rencontre le plus de succès. Connu pour sa couverture régionale, il donne également pas mal d'infos dans ses suppléments sur les activités culturelles (concerts, ciné, expos...).

Télévision

Toutes les grandes chaînes internationales sont reçues. Pour les chaînes françaises, c'est TV5 qui est diffusée.

Liberté de la presse

Singapour occupe le 154e rang sur 180 dans le Classement mondial de la liberté de la presse établi par Reporters sans frontières en 2016, soit son niveau le plus bas depuis la création du classement en 2002. Des blogs et des sites d'information indépendants ont émergé pour pallier la proximité de la presse traditionnelle avec le gouvernement. Un système de licence strict et applicable aux blogs individuels enregistrant plus de 50 000 visites, ainsi que des lois répressives, telles que le *Media Development Authority Act,* le *Films Act* et le *Broadcasting Act,* permettent à l'Autorité de développement des médias (MDA) de censurer les contenus journalistiques.
Ainsi, en mars 2016, la plateforme d'informations The Online Citizen a fait l'objet de plusieurs procédures visant à la dissuader de maintenir son ton critique vis-à-vis des autorités. Quelques mois plus tôt, l'organe de régulation, à la solde du gouvernement avait ordonné la fermeture du site d'information *The Real Singapore* (TRS), à cause de contenus jugés trop critiques à l'encontre des autorités. Deux de ses supposés contributeurs ont été accusés de « sédition », un crime passible de 21 ans d'emprisonnement.
Les poursuites pour diffamation sont monnaie courante dans la cité-État, y compris de la part de son Premier ministre Lee Hsien Long. En 2014, ce dernier avait porté plainte contre le blogueur et militant des droits de l'homme Roy Ngerng, suite à la publication d'un article exposant des malversations en lien avec le fonds de pension central du pays.

PERSONNAGES

– ***Lee Kuan Yew :*** né en 1923 et d'origine chinoise, Premier ministre de 1959 à 1990, *Ministre senior* de 1990 à 2004 puis *Minister mentor* (conseiller des ministres) de 1994 à 2011. C'est lui qui a mis son île sur les rails de la compétitivité (mais à quel prix ?) et qui lui a donné son indépendance en 1965. Un vrai père de la nation. Même en dehors du gouvernement, il est resté très influent et écouté, entre autres par son fils, Lee Hsien Loong, le Premier ministre actuel, et ce jusqu'à sa mort en 2015.
– ***Sir Thomas Stamford Raffles :*** né en 1781 à la Jamaïque. Agent de la Compagnie des Indes orientales, il s'installe sur l'île de Singapour en 1819. Il organise la nouvelle base du commerce anglais pour contrer les Portugais et les Hollandais

dans la région. C'est le début d'une grande histoire avant tout commerciale. Il a fait de Singapour un port franc inévitable sur le chemin de la Chine, et lui a donné son ampleur. Passionné par Napoléon, il fit escale à Sainte-Hélène : il fut stupéfait par l'arrogance, le dédain et le manque de courtoisie de l'empereur déchu.

POPULATION

Attention, sujet délicat : la société singapourienne se veut pluriethnique et respectueuse de ses différentes composantes. Le credo officiel est donc la tolérance vis-à-vis des minorités, et les autorités répriment sévèrement toute discrimination basée sur l'origine ethnique ou religieuse, et c'est tant mieux. Si les Singapouriens peuvent paraître communautaristes (ils se sentent de culture chinoise avant d'être singapouriens, par exemple), ils sont très tolérants vis-à-vis des autres cultures. Ce melting-pot remarquable est d'ailleurs un des attraits les plus intéressants de Singapour.

– ***Les Malais :*** habitants originels de l'île auxquels se sont joints des Malais de la péninsule, ils ne représentent plus aujourd'hui que 13 % de la population de Singapour et sont majoritairement musulmans. Groupe ethnique le plus désavantagé de l'île, les Malais sont très peu présents dans les sphères politique et judiciaire et se voient interdire l'exercice de certaines professions, principalement dans l'armée (marine, aviation, etc.).

– ***Les Chinois :*** leur présence dans le coin (surtout en Malaisie) est attestée depuis le XIVe s. Mais c'est quand Singapour devient l'un des Établissements anglais des Détroits *(settlements)* en 1826 qu'affluent en masse des Chinois des provinces du Sud (Hokkiens, Teochews, Cantonais et Hakkas). Les triades, ces fameuses sociétés chinoises (philanthropiques avant de devenir, pour certaines, mafieuses), ont joué jusqu'à la fin du XIXe s un grand rôle, facilitant l'installation et l'intégration des immigrés chinois, ce qui explique que cette communauté soit désormais majoritaire à Singapour (74 % de la population). Sous des apparences de modernité, le Chinois de Singapour garde de ses origines un penchant pour les superstitions et les croyances qui échappent largement à l'Occidental, et son matérialisme de nouveau riche s'accompagne encore parfois d'une rugosité dans les rapports humains.

– ***Les Indiens :*** ils représentent 9 % de la population. Les premiers sont arrivés entre 1825 et 1873 comme forçats. Ils ne ratent jamais une de leurs fêtes religieuses et s'invitent à tous les mariages. Puis sont venus les Tamouls (principale ethnie indienne de Singapour) pour travailler comme dockers sur le port ou comme ouvriers à la construction du chemin de fer. Ce sont eux, avec les Tamouls du Sri Lanka, qui sont chargés des boulots les moins valorisants : voirie, entretien, terrassements, etc. Mais cela tend à évoluer (très légèrement) avec, depuis les années 1990, l'arrivée d'une minorité d'Indiens ingénieurs et autres travailleurs hautement qualifiés.

– ***Les Gurkas :*** cette communauté d'origine népalaise est célèbre pour sa combativité et son sens de l'ordre. Les Gurkhas avaient démontré leur courage en luttant vaillamment contre les Anglais en 1816. Voilà pourquoi, depuis 200 ans, ils appartiennent à l'élite de l'armée britannique. Aujourd'hui 2 000 d'entre eux font partie des meilleurs éléments de la police de Singapour.

– ***Les minorités :*** les *Eurasiens,* d'ascendance britannique, hollandaise, portugaise, faiblement représentés. Les *Arabes,* venus du Yémen. Les *Bugis,* marins pêcheurs (pour ne pas dire pirates). Venus des Célèbes, ils ont laissé leur nom à une des rues les plus célèbres de la ville (Bugis Street).

Le pluri-ethnisme de Singapour est pour beaucoup dans le charme que distille encore la ville. Mais, abstraction faite des quartiers ethniques (dont Little India serait le meilleur exemple), la ville offre souvent le visage d'une capitale occidentale. Et « l'américanisation » de la jeunesse inquiète le gouvernement. D'où la multiplication, par exemple, des musées thématiques (comme celui consacré aux civilisations asiatiques, à l'héritage chinois) pour inciter les jeunes Singapouriens à renouer avec leurs racines.

RELIGIONS ET CROYANCES

À Singapour, où la liberté de culte est érigée en droit fondamental et respectée (c'est toujours ça), se dressent indifféremment clochers gothiques, *gopurams* polychromes et minarets dorés. Même si la société est laïque (l'enseignement religieux est banni des écoles publiques), même si, là encore, certaines valeurs occidentales ont fortement pénétré les mentalités, la pratique religieuse reste stable. Depuis quelques années, on assiste même à un regain de la religiosité chez les jeunes Singapouriens. Les Malais sont en majorité musulmans (voir le chapitre « Religions et croyances » dans la partie Malaisie), les Indiens communément hindous, parfois bouddhistes, musulmans ou sikhs.
La communauté chinoise (même si certains se convertissent au christianisme) se partage en principe entre bouddhisme et taoïsme. De fait, les Chinois mélangent allègrement ces deux religions à un fond ancien d'animisme. Tout un monde invisible où se croisent Bouddha, Kuan Yin (déesse de la Miséricorde), une multitude de dieux lares (domestiques) et des énergies vitales dont le pragmatisme économique s'accommode plutôt bien. Ainsi, l'attention particulière accordée au *feng shui* (littéralement le « vent-eau »). Pour saisir la chance *(joss),* il faut savoir exactement comment se placer face à ces courants invisibles qui sillonnent la surface du globe.

SAVOIR-VIVRE ET COUTUMES

N'oubliez pas de n'utiliser que la main droite pour manger au sein de la communauté malaise... la main gauche étant réservée à la toilette intime. De même, un présent ne se donne qu'avec la main droite et si votre interlocuteur se touche légèrement le poignet droit avec la main gauche, cela signifie qu'il vous marque un grand respect. Quant aux cartes de visite *(business cards),* très répandues dans les relations d'affaires, elles se remettent et se reçoivent avec les deux mains, pouces tendus, face à l'interlocuteur, avec une légère inclination du buste. Pas question de les enfourner négligemment dans une poche, il faut la regarder attentivement avec un air très intéressé avant de la ranger.

Censure

Singapour reste un pays très contrôlé. Les groupes de rock sont briefés avant chaque concert, leurs chansons sélectionnées, et les films sont tronçonnés. Les œuvres à caractère pornographique sont interdites.
Sous le gouvernement de Goh Chok Tong, la censure s'est (oh, à peine) assouplie. Ainsi, si vous allez au cinéma, vous verrez peut-être la mention « R(A) » sur les affiches. Il s'agit d'un film qui comporte quelques scènes légères (d'où le R pour *restricted* ; le film est interdit aux moins de 21 ans), mais qui mérite, vu sa valeur artistique (le A), d'être diffusé. Il subsiste donc quelques passages torrides, le gérant du cinéma et la presse ne manquent pas de le clamer, et le film reste à l'affiche pendant 6 mois. Ce que l'on supprime davantage aujourd'hui, ce sont les passages sur l'homosexualité et la drogue. L'homosexualité est toujours officiellement interdite à Singapour et la criminalisation de la sodomie va en ce sens. Quiconque « enfreint » cette loi est en principe toujours passible d'emprisonnement... mais les poursuites sont quasi inexistantes. D'ailleurs, ces dernières années, quelques bars gays ont ouvert leurs portes à Chinatown.

SITE INSCRIT AU PATRIMOINE MONDIAL DE L'UNESCO

Organisation
des Nations Unies
pour l'éducation,
la science et la culture

En coopération avec
le centre du patrimoine mondial de l'UNESCO

Pour figurer sur la liste du Patrimoine mondial, les sites doivent avoir une valeur universelle exceptionnelle et satisfaire à au moins un des 10 critères de sélection. La protection, la gestion, l'authenticité et l'intégrité des biens sont également des considérations importantes.

Le patrimoine est l'héritage du passé dont nous profitons aujourd'hui et que nous transmettons aux générations à venir. Nos patrimoines culturel et naturel sont deux sources irremplaçables de vie et d'inspiration. Ces sites appartiennent à tous les peuples du monde, sans tenir compte du territoire sur lequel ils sont situés. Pour plus d'informations : • *whc.unesco.org* •

– À Singapour, pour l'instant seul le ***Jardin botanique*** est classé depuis 2015.

les ROUTARDS sur la FRANCE 2017-2018

(dates de parution sur • **routard.com** •)

Découpage de la FRANCE par le ROUTARD

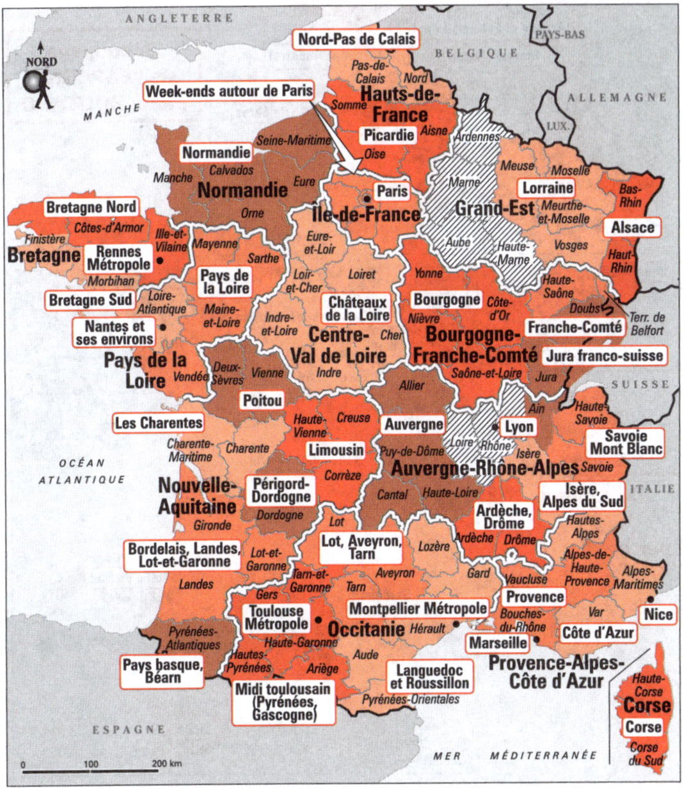

Autres guides nationaux

- Hébergements insolites en France (mars 2017)
- La Loire à Vélo
- La Vélodyssée (Roscoff-Hendaye)
- Nos meilleurs campings en France
- Nos meilleures chambres d'hôtes en France
- Nos meilleurs restos en France
- Les visites d'entreprises

Autres guides sur Paris

- Paris
- Paris balades
- Restos et bistrots de Paris
- Le Routard des amoureux à Paris
- Week-ends autour de Paris

les ROUTARDS sur l'ÉTRANGER 2017-2018

(dates de parution sur • **routard.com** •)

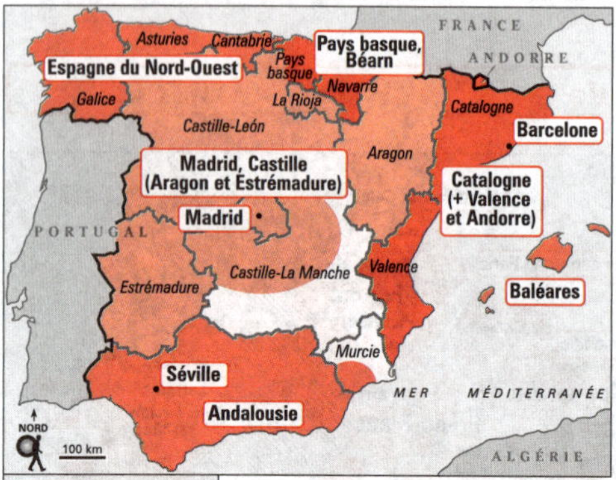

Découpage de l'ESPAGNE par le ROUTARD

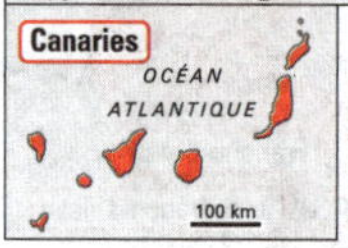

Découpage de l'ITALIE par le ROUTARD

Autres pays européens

- Allemagne
- Angleterre, Pays de Galles
- Autriche
- Belgique
- Budapest, Hongrie
- Capitales baltes (avril 2017)
- Crète
- Croatie
- Danemark, Suède
- Écosse
- Finlande
- Grèce continentale
- Îles grecques et Athènes
- Irlande
- Islande
- Madère
- Malte
- Norvège
- Pologne
- Portugal
- République tchèque, Slovaquie
- Roumanie, Bulgarie
- Suisse

Villes européennes

- Amsterdam et ses environs
- Berlin
- Bruxelles
- Copenhague
- Dublin
- Lisbonne
- Londres
- Moscou
- Prague
- Saint-Pétersbourg
- Stockholm
- Vienne

les ROUTARDS sur l'ÉTRANGER 2017-2018

(dates de parution sur • routard.com •)

Découpage des ÉTATS-UNIS par le ROUTARD

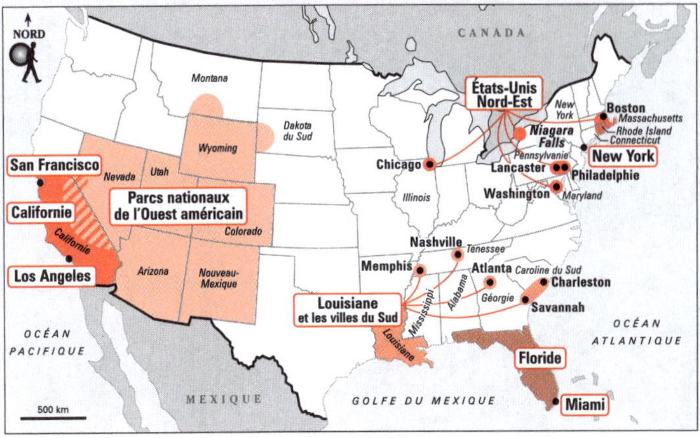

Autres pays d'Amérique

- Argentine
- Brésil
- Canada Ouest
- Chili et île de Pâques
- Costa Rica (nouveauté)
- Équateur et les îles Galápagos
- Guatemala, Yucatán et Chiapas
- Mexique
- Montréal
- Pérou, Bolivie
- Québec, Ontario et Provinces maritimes

Asie et Océanie

- Australie côte est + Red Centre
- Bali, Lombok
- Bangkok
- Birmanie (Myanmar)
- Cambodge, Laos
- Chine
- Hong-Kong, Macao, Canton
- Inde du Nord
- Inde du Sud
- Israël et Palestine
- Istanbul
- Jordanie
- Malaisie, Singapour
- Népal
- Shanghai
- Sri Lanka (Ceylan)
- Thaïlande
- Tokyo, Kyoto et environs
- Turquie
- Vietnam

Afrique

- Afrique du Sud
- Égypte
- Kenya, Tanzanie et Zanzibar
- Maroc
- Marrakech
- Sénégal
- Tunisie

Îles Caraïbes et océan Indien

- Cuba
- Guadeloupe, Saint-Martin, Saint-Barth
- Île Maurice, Rodrigues
- Madagascar
- Martinique
- République dominicaine (Saint-Domingue)
- Réunion

Guides de conversation

- Allemand
- Anglais
- Arabe du Maghreb
- Arabe du Proche-Orient
- Chinois
- Croate
- Espagnol
- Grec
- Italien
- Japonais
- Portugais
- Russe
- G'palémo (conversation par l'image)

Les Routards Express

Amsterdam, Barcelone, Berlin, Bruxelles, Budapest, Dublin, Florence, Istanbul, Lisbonne, Londres, Madrid, Marrakech, New York, Prague, Rome, Venise.

Nos coups de cœur

- Les 50 voyages à faire dans sa vie (nouveauté)
- Nos 52 week-ends dans les plus belles villes d'Europe
- France
- Monde

- Studio M Hotel
  N°3 Nanson Rd Sing. 238910.
- Visitsingapore.com

INDEX GÉNÉRAL

Attention : Bornéo n'est pas traité dans ce guide.

INDEX GÉNÉRAL

LISTE DES CARTES ET PLANS

INDEX GÉNÉRAL

Nous tenons à remercier tout particulièrement Loup-Maëlle Besançon, Thierry Bessou, Gérard Bouchu, François Chauvin, Grégory Dalex, Fabrice Doumergue, Cédric Fischer, Carole Fouque, Michelle Georget, David Giason, Claude Hervé-Bazin, Emmanuel Juste, Dimitri Lefèvre, Fabrice de Lestang, Romain Meynier, Éric Milet, Pierre Mitrano, Jean-Sébastien Petitdemange et Thomas Rivallain pour leur collaboration régulière.

Emmanuelle Bauquis
Jean-Jacques Bordier-Chêne
Michèle Boucher
Sophie Cachard
Lucie Colombo
Agnès Debiage
Émilie Debur
Jérôme Denoix
Flora Descamps
Louise Desmoulins
Tovi et Ahmet Diler
Clélie Dudon
Sophie Duval
Alain Fisch
Roman Fossurier
Bérénice Glanger
Adrien et Clément Gloaguen
Marie Gustot
Bernard Hilaire
Sébastien Jauffret
Jacques Lemoine
Amélie Mikaelian
Caroline Ollion
Martine Partrat
Odile Paugam et Didier Jehanno
Émilie Pujol
Prakit Saiporn
Jean-Luc et Antigone Schilling
Caroline Vallano

Direction : Nathalie Bloch-Pujo
Contrôle de gestion : Jérôme Boulingre et Adeline Cazabat Barrere
Secrétariat : Catherine Maîtrepierre
Direction éditoriale : Catherine Julhe
Édition : Matthieu Devaux, Géraldine Péron, Olga Krokhina, Gia-Quy Tran, Julie Dupré, Emmanuelle Michon, Sarah Favaron, Ludmilla Guillet, Flora Sallot, Elvire Tandjaoui, Quentin Tenneson, Clémence Toublanc et Sandra Vavdin
Préparation-lecture : Agnès Petit
Cartographie : Frédéric Clémençon et Aurélie Huot
Fabrication : Nathalie Lautout et Audrey Detournay
Relations presse France : COM'PROD, Fred Papet. ☎ 01-70-69-04-69. • *info@comprod.fr* •
Direction marketing : Adrien de Bizemont, Clémence de Boisfleury et Charlotte Brou
Contacts partenariats : André Magniez (EMD). • *andremagniez@gmail.com* •
Édition des partenariats : Élise Ernest
Informatique éditoriale : Lionel Barth
Couverture : Clément Gloaguen et Seenk
Maquette intérieure : le-bureau-des-affaires-graphiques.com, Thibault Reumaux et npeg.fr
Relations presse : Martine Levens (Belgique) et Maureen Browne (Suisse)
Régie publicitaire : Florence Brunel-Jars

Remarque importante aux hôteliers et restaurateurs

Les enquêteurs du *Routard* travaillent dans le plus strict anonymat. Aucune réduction, aucun avantage quelconque, aucune rétribution n'est jamais demandé en contrepartie. Face aux aigrefins, la loi autorise les hôteliers et restaurateurs à porter plainte.

Avis aux lecteurs

Le Routard, ce n'est pas comme le bon vin, il vieillit mal. On ne veut pas pousser à la consommation, mais évitez de partir avec une édition ancienne. Les modifications sont souvent importantes.
Les réductions accordées à nos lecteurs ne sont jamais demandées par nos rédacteurs afin de préserver leur indépendance. Les hôteliers et restaurateurs sont sollicités par une société de mailing, totalement indépendante de la rédaction, qui reste donc libre de ses choix. De même pour les autocollants et plaques émaillées.

Avec routard.com, choisissez, organisez, réservez et partagez vos voyages !

✓ Rejoignez la plus grande communauté francophone de voyageurs : plus de **2 millions** de visiteurs !

✓ Échangez avec les routarnautes : forums, photos, avis d'hôtels.

✓ Retrouvez aussi toutes les informations actualisées pour choisir et préparer vos voyages : plus de 200 fiches pays, une centaine de dossiers pratiques et un magazine en ligne pour découvrir tous les secrets de votre destination.

✓ Enfin, comparez les offres pour organiser et réserver votre voyage au meilleur prix.

Les **Routards** *parlent aux* **Routards**

Faites-nous part de vos expériences, de vos découvertes, de vos tuyaux. Indiquez-nous les renseignements périmés. Aidez-nous à remettre l'ouvrage à jour. Faites profiter les autres de vos adresses nouvelles, combines géniales... On adresse un exemplaire gratuit de la prochaine édition à ceux qui nous envoient les lettres les meilleures, pour la qualité et la pertinence des informations. Quelques conseils cependant :
– Envoyez-nous votre courrier le plus tôt possible afin que l'on puisse insérer vos tuyaux sur la prochaine édition.
– N'oubliez pas de préciser l'ouvrage que vous désirez recevoir, ainsi que votre adresse postale.
– Vérifiez que vos remarques concernent l'édition en cours et notez les pages du guide concernées par vos observations.
– Quand vous indiquez des hôtels ou des restaurants, pensez à signaler leur adresse précise et, pour les grandes villes, les moyens de transport pour y aller. Si vous le pouvez, joignez la carte de visite de l'hôtel ou du resto décrit.
– N'écrivez si possible que d'un côté de la lettre (et non recto verso).
– Bien sûr, on s'arrache moins les yeux sur les lettres dactylographiées ou correctement écrites !
En tout état de cause, merci pour vos nombreuses lettres.

122, rue du Moulin-des-Prés, 75013 Paris

• *guide@routard.com* • *routard.com* •

Routard Assurance *2017*

Née du partenariat entre *AVI International* et le *Routard*, *Routard Assurance* est une assurance voyage complète qui offre toutes les prestations d'assistance indispensables à l'étranger : dépenses médicales, pharmacie, frais d'hôpital, rapatriement médical, caution et défense pénale, responsabilité civile vie privée et bagages. Présent dans le monde entier, le plateau d'assistance d'*AVI International* donne accès à un vaste réseau de médecins et d'hôpitaux. Pas besoin d'avancer les frais d'hospitalisation ou de rapatriement. Numéro d'appel gratuit, disponible 24h/24. *AVI International* dispose par ailleurs d'une filiale aux États-Unis qui permet d'intervenir plus rapidement auprès des hôpitaux locaux. À noter, *Routard Assurance Famille* couvre jusqu'à 7 personnes, et *Routard Assurance Longue Durée Marco Polo* couvre les voyages de plus de 2 mois dans le monde entier. *AVI International* est une équipe d'experts qui répondra à toutes vos questions par téléphone : ☎ 01-44-63-51-00 ou par mail • *routard@avi-international.com* • Conditions et souscription sur • *avi-international.com* •

Édité par Hachette Livre (58, rue Jean-Bleuzen, CS 70007, 92178 Vanves Cedex, France)
Photocomposé par Jouve (45770 Saran, France)
Imprimé par Lego SPA Plant Lavis (via Galileo Galilei, 11, 38015 Lavis, Italie)
Achevé d'imprimer le 18 novembre 2016
Collection n° 13 - Édition n° 01
84/3973/0
I.S.B.N. 978-2-01-330196-1
Dépôt légal : novembre 2016

PAPIER À BASE DE FIBRES CERTIFIÉES